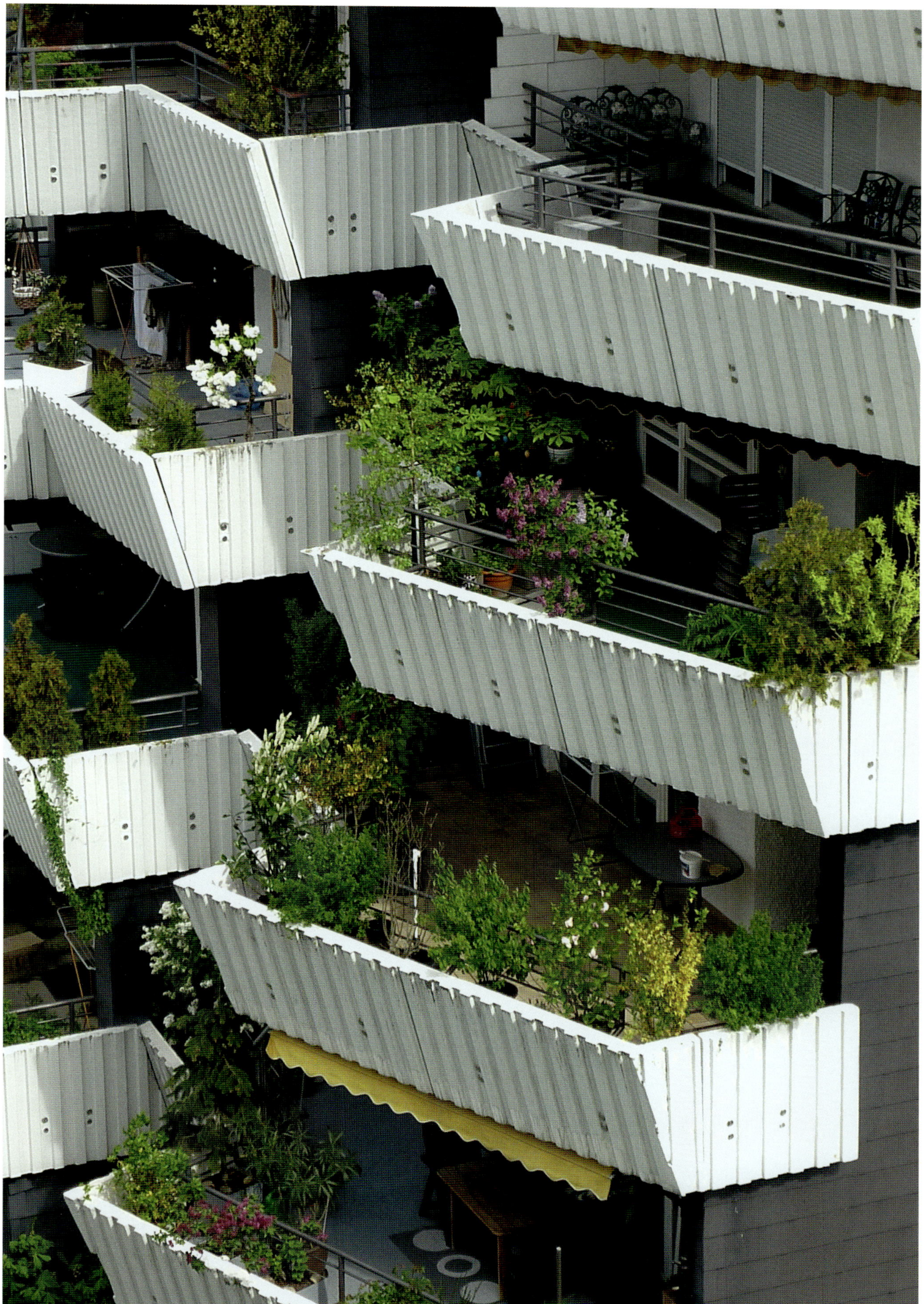

VDL Vereinigung der Landesdenkmalpfleger

wohnen 60 70 80

Junge Denkmäler in Deutschland

hrsg. von der
Vereinigung der Landesdenkmalpfleger
in der Bundesrepublik Deutschland

DEUTSCHER KUNSTVERLAG

Inhaltsverzeichnis

Vorwort

Provokant ziert den Betonbau des Marler Rathauses der Schriftzug »Les fleurs du mal« (»Die Blumen des Bösen«). Die Aufschrift in Verbindung mit einer Betonvase für frische Blumen am Fuß der großen Freitreppe ist eine Intervention des Konzeptkünstlers Mischa Kuball aus dem Jahr 2014. Mit dem Titelzitat von Charles Baudelaires Gedichtband von 1857, der von dem Dilemma einer inhumanen Welt handelt, in der es keine menschliche Kunst geben kann, konfrontiert Kuball den Betrachter mit dem verbreiteten Vorurteil gegenüber der Architektur der 1960er Jahre, dass sie inhuman und zerstörerisch sei. Es ist natürlich ungerecht diesem Gebäude gegenüber, handelt es sich doch um eines der Meisterwerke der Architektur von Jacob Bakema und Johannes van den Broek, die den Rathauskomplex von 1960 bis 1965 in durchaus utopischem Geist für eine aufstrebende Industriestadt als Zeichen für ein demokratisches Miteinander errichtet hatten. Gespeist ist das Vorurteil vor allem aus den Erfahrungen mit dem industrialisierten Bauen der 1960er bis 1980er Jahre. In diesen Jahrzehnten entstanden ungeheure Baumassen, die im Hinblick auf ihre Bewertung für die Denkmalpflege eine Herausforderung darstellen. Denn es kann nicht alles geschützt werden, sondern nur das Besondere und Beispielhafte mit hohem Zeugniswert für die jeweilige Zeit. Doch auf welcher Grundlage kann eine belastbare Auswahl erfolgen? Welches sind die Kriterien dafür?

Diesen und anderen Fragen will das vorliegende Buch nachgehen, das aus der langjährigen Beschäftigung der AG Inventarisation der Verei-

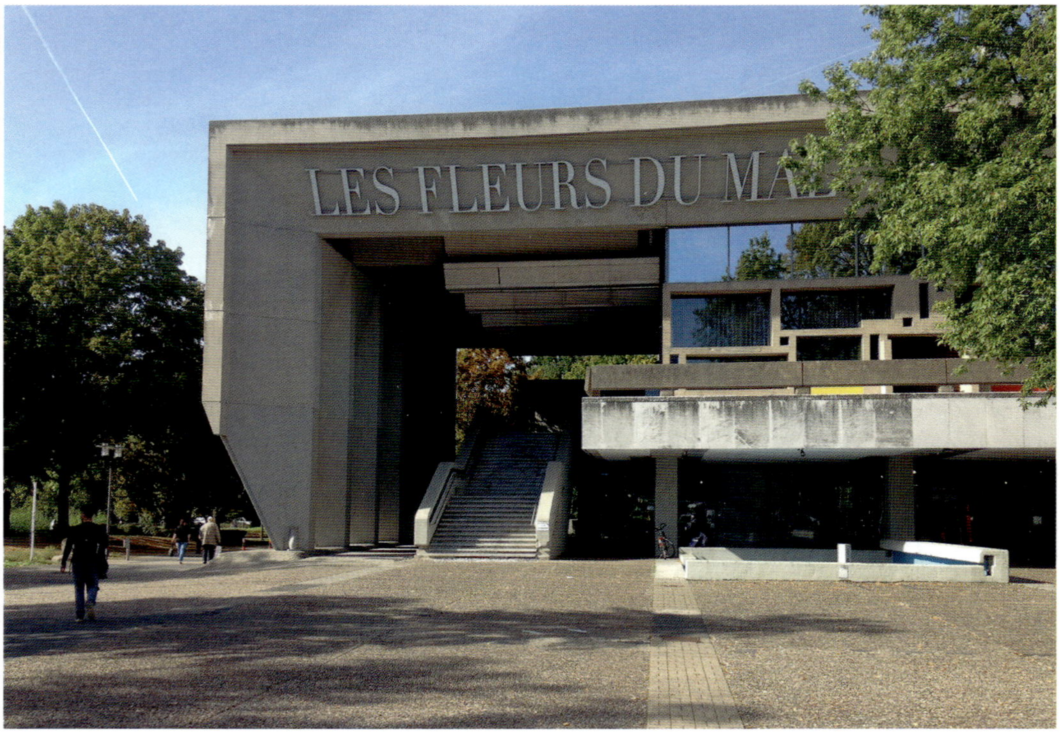

Abb. 1 Marl, Rathaus, Jacob Bakema und Johannes van den Broek, 1960–65, Intervention, Mischa Kuball, 2014

nigung der Landesdenkmalpfleger (VDL) mit diesem Thema entstanden ist. Die drei Jahrzehnte von 1960 bis 1990 umspannen die boomenden 60er Jahre, die Studentenproteste von 1968, die Ölkrise von 1973, den wiederbeginnenden Aufschwung, die Konkurrenz der politischen Systeme und schließlich das Ende der DDR im Jahr 1989. In diesen bewegten Zeiten ist eine entsprechend vielfältige, widersprüchliche, aber auch innovative Architektur entstanden. Die beiden deutschen Staaten schufen unterschiedliche Voraussetzungen des Wohnungsbaus. In der DDR war das Privateigentum eingeschränkt, der Bauherr zumeist der Staat. Die Ressourcen waren begrenzter als in der Bundesrepublik, sodass der Großsiedlungsbau und konstruktiv die Möglichkeiten der seriellen Großtafelbauweise stärker ausgereizt wurden. Insbesondere durch die Kunst am Bau wurde der politische Anspruch der Wohnarchitektur herausgestellt. Bei all dem ist es zugleich überraschend, dass die architektonischen Entwicklungen in Ost und West, was die Abfolge der stilistischen Strömungen angeht, weitgehend synchron und mit nur geringem Zeitversatz verliefen.

Die 1960er Jahre brachten den industrialisierten Massenwohnungsbau, vor allem im Westen aber auch das individualisierte Bauen bis hin zum experimentellen Bauen mit neuen Baustoffen, Stahl, Glas und besonders dem formenreichen Stahlbeton. Wohnungsnot und Fortschrittsoptimismus ließen in Ost und West Großsiedlungen entstehen. Die 1960er und 1970er Jahre sind mit einem vermehrten Nachdenken über die politische und soziale Dimension der Architektur verbunden und die utopischen Gedanken wurden wichtiger. Sie ließen jedoch auch die Kritik an der zunehmenden Anonymisierung des industriellen Bauens wachsen und führten zu einer Wiederentdeckung der Altstadt und des kontextualen Bauens. Für die Siedlung wie für die Stadt wurde anstelle der aufgelockerten, gegliederten Bebauung die bauliche Verdichtung zum Programm erhoben. Die 1980er Jahre schließlich brachten in der Bundesrepublik und in der DDR den Durchbruch der Postmoderne mit ihren historisierenden Bauformen, Zitaten und ironischen Konnotationen.

Diese vielfältige Geschichte des Wohnungsbaus in Deutschland soll anhand der Baudenkmäler veranschaulicht werden. Das Buch bietet den ersten bundesweiten Überblick der bislang erfassten Baudenkmäler dieser drei Dezennien. Neben einigen ikonischen Bauten der Architekturgeschichte werden vor allem weniger bekannte vorgestellt, die die Forschungsdiskussion bereichern werden. Dabei ist keine erschöpfende Architekturgeschichte das Ziel, sondern die Denkmäler selbst sollen ihre Geschichte erzählen. Die Beispiele sind nach Bauaufgaben strukturiert, wobei kurze Einleitungskapitel den Rahmen abstecken. Ein Einleitungsaufsatz erläutert die Methodik und Praxis der Denkmalerfassung.

Dieses Buch wäre nicht entstanden ohne die Mitwirkung und Unterstützung vieler tatkräftiger und kreativer Kolleginnen und Kollegen. An erster Stelle sind hier die Mitglieder der Arbeitsgruppe Inventarisation der Vereinigung der Landesdenkmalpfleger (VDL) zu nennen, die seit einigen Jahren durch Tagungen die Themen der Publikation vorbereitet und – mitunter ergänzt durch andere Autorinnen und Autoren der Landesdenkmalämter – die Texte verfasst haben.
Für das Bildmaterial ist den zahlreichen Fotografinnen und Fotografen Dank auszusprechen.
Vor allem den Mitgliedern der Projektgruppe, Dr. Martin Hahn, Dr. Clemens Kieser, Dr. Stefan Kleineschulte und Dr. Detlef Knipping, zugleich Sprecher der AG Inventarisation, kam die Aufgabe zu, das Format der Publikation zu entwickeln und das Profil zu schärfen, sodass das Ergebnis nicht Produkt eines Einzelnen, sondern eines Teams ist. Ohne die Ideen und das große Engagement der Mitglieder der Projektgruppe wäre das Buch nicht das, was es heute ist.
Darüber hinaus ist dem Redaktionsteam aus Dr. Helmtrud Köhren-Jansen, Dieter Krienke M.A., Dr. Paul Mahringer und Kristine Marschall M.A. in besonderer Weise zu danken. Großer Dank gebührt auch der engagierten Betreuung der Publikation durch den Deutschen Kunstverlag, insbesondere David Fesser M.A., Dr. Andrea Nabert, Dr. Anja Weisenseel und Edgar Endl M.A., der für das gelungene Layout verantwortlich zeichnet.

Das Buch erscheint zugleich als Katalog der gleichnamigen Ausstellung auf der Denkmal-messe 2020 in Leipzig. Wir wünschen dem Buch eine breite Leserschaft und hoffen, dass wir für die jungen Baudenkmäler in Deutschland werben können und neugierig machen auf drei spannende Jahrzehnte moderner Architektur und modernen Städtebaus.

Prof. Dr. Markus Harzenetter
Vorsitzender der VDL

Dr. Detlef Knipping
Sprecher der AG Inventarisation

Moderne bewerten! Die Inventarisation der Denkmäler der 1960er bis 1980er Jahre in Deutschland

Um Denkmäler zu schützen, muss man sie kennen, und um für das Verwaltungshandeln eine Grundlage zu schaffen, muss diese Kenntnis kommuniziert werden, gleichgültig ob traditionell in Form von gedruckten Listen oder digital über das Internet.

Ein Blick in die etwa 200-jährige Geschichte der Listenerfassung der Denkmäler ist lehrreich. Nehmen wir das Land Bayern: Im Jahr 1835 wurde von König Ludwig I. die »Generalinspection der plastischen Denkmäler« gegründet. Der Generalinspektor Sulpiz Boisserée und sein baldiger Nachfolger Friedrich von Gärtner erhielten den Auftrag, alle Denkmäler Bayerns zu erfassen. Für das nicht gerade kleine Land sollte dies lediglich durch eine Person mit der Unterstützung zweier Zeichner geleistet werden. Niemanden wird das Scheitern des Projekts verwundern. Noch abenteuerlicher war die Initiative des Nachfolgers Ludwigs I. Im Jahr 1852 ordnete König Maximilian II. an, in ganz Bayern Gedenktafeln vor historisch bedeutenden Gebäuden aufzustellen, und regte an, über ein Verzeichnis der aufgestellten Gedenksteine zu einem Verzeichnis der Denkmäler zu gelangen. Auch diesem Projekt war kein Erfolg beschieden.[1]

Dieser kurze Blick in die Geschichte beleuchtet ein Grundproblem jeder Denkmalerfassung: Ohne genügend Personal und Geld muss jede Erfassungskampagne scheitern.

Vor dem Hintergrund des Positionspapiers des Deutschen Städtetages zur Inventarisation[2] wurde im April 2019 in der Arbeitsgruppe Inventarisation der Vereinigung der Landesdenkmalpfleger (VDL) der Stand der Denkmalerfassung deutschlandweit abgefragt.

Zunächst das positive Ergebnis: Die Erstaufstellung der Denkmallisten in den 1980er Jahren bis in die 2000er Jahre ist in Ost und West bei annähernd allen Landesdenkmalämtern abgeschlossen. Problematischer ist jedoch für die Aktualität der bestehenden Denkmallisten, dass nur etwa die Hälfte aller Bundesländer über mehr oder weniger flächendeckend und systematisch revidierte Denkmallisten der Ersterfassung verfügen bzw. in wenigen Jahren verfügen werden. Deutlich wurde darüber hinaus, dass neben der Revision der Ersterfassung auch die Nacherfassung der baulichen Leistungen der jüngst vergangenen Zeit ein zentrales Thema ist. Gemeint ist damit die Architektur in der Bundesrepublik ebenso wie in der DDR vor allem der 1960er bis 1980er Jahre, welche die architektonischen oder städteplanerischen Leistungen von der konservativen Moderne, dem International Style, dem Strukturalismus und Brutalismus bis hin zur Postmoderne umfasst.

Von fast allen Fachämtern wurde die systematische und flächendeckende Denkmalerfassung von Architektur der 1960er bis 1980er Jahre als großes Desiderat genannt. Zwar erfolgen bei allen Landesdenkmalämtern anlassbezogene Einzelfallprüfungen, aber nur das Saarland hat bei der Erfassung weitgehende Vollständigkeit erreicht. Die Landesämter in Baden-Württemberg, Bayern, Hamburg und Rheinland-Pfalz haben seit einigen Jahren Projekte zur systematischen Inventarisation begonnen. Die Landesämter in Rheinland, Westfalen und Baden-Württemberg konnten die Erfassung der Kirchenbauten der Nachkriegsmoderne abschließen. In Hessen erfolgte diese für die Kirchenbauten in Frankfurt und Offenbach. In Berlin wurden in einzelnen bauaufgabenbezogenen Projekten – ohne Vollständigkeit zu erreichen – Denkmäler bis 1990, insbesondere bedeutende Großbauten, in die Denkmalliste eingetragen. In Thüringen wurde ein erster Schritt mit der Auswertung der Literatur für diese Zeit getan und eine Liste von Prüfobjekten erstellt.

Die Erfassung der Architektur von 1960 bis 1990 ist dabei besonders dringlich, da sie sich durch Abriss und Umbau gerade in einer Erneuerungswelle befindet. Zwar sind die wissenschaftlichen Publikationen zu dieser Architektur beinahe unüberschaubar geworden, sie stehen jedoch immer noch in einem Missverhältnis zum Fehlen einer breiten öffentlichen Wertschätzung. Vor allem die akute Bedrohung ist die Ursache dafür, dass die AG Inventarisation der VDL seit mehr als einem Jahrzehnt die Erfassung der Architektur der 1960er bis 1980er Jahre zu einem Schwerpunktthema gemacht hat.

Doch wie kann die denkmalwerte Architektur dieser Zeit erfasst werden? Als gravierendstes Problem stellt sich dabei die ungeheure Baumasse dar. Allein in den 20 Jahren von 1960 bis 1980 sind in der Bundesrepublik und DDR insgesamt mehr als 12 Millionen Wohnungen errichtet worden.[3] Wie kann eine Auswahl aus dieser Masse erfolgen, die auf einer belastbaren Quellenbasis beruht?

Die anlassbezogene Einzelfallprüfung gehört zwar zur täglichen Praxis, kann aber keine dauerhafte Alternative zu einer systematischen Untersuchung sein, die allein dazu geeignet ist, die adäquate breite Quellenbasis für die denkmalfachliche Bewertung zur Verfügung zu stellen.

Für eine systematische Untersuchung gibt es grundsätzlich nur zwei praktikable Methoden: Die eine ist die Erfassung nach Bauaufgaben. Hier kann über die Literaturrecherche hinaus sogar bis hin zur Abfrage der Daten bei den Bauverwaltungen der Gemeinden und Kirchen eine breite Materialbasis geschaffen werden. Die andere Methode ist eine gebietsbezogene, flächendeckende Erfassung auf Grundlage einer möglichst breiten Auswertung von Architekturzeitschriften, Architekturführern und vereinzelt Architektenmonografien. Die Inventarisation nach Bauaufgaben ermöglicht dabei in aller Regel eine größere Vollständigkeit der Materialbasis und damit größere Validität der Auswahl. Etwa bei den Kirchenbauten ist nicht zuletzt durch den Abgleich der Informationen mit den Kirchenverwaltungen annähernde Vollständigkeit der Recherche zu erzielen. Im Rheinland, in Westfalen und jüngst in Baden-Württemberg ist dies erfolgreich gemacht worden. Der Nachteil dieser Methode ist augenfällig, da sie zeitintensiv ist und ihre Grenze bei Bauaufgaben findet, man denke nur an das Ein- oder Mehrfamilienhaus, wo sie aufgrund der schieren Masse an Bauten nicht zu leisten ist. Sie funktioniert im Wesentlichen nur bei Sonderbauten.

Die zweite Methode, die gebietsbezogene Erfassung auf der Grundlage einer Auswertung der wichtigsten Architekturzeitschriften, der Architekturführer und von Architektenmonografien, hat jedoch den Nachteil, dass hier nicht alles erfasst wird, sondern nur eine Auswahl von Bauten. Sie ist zudem wesentlich davon abhängig, ob

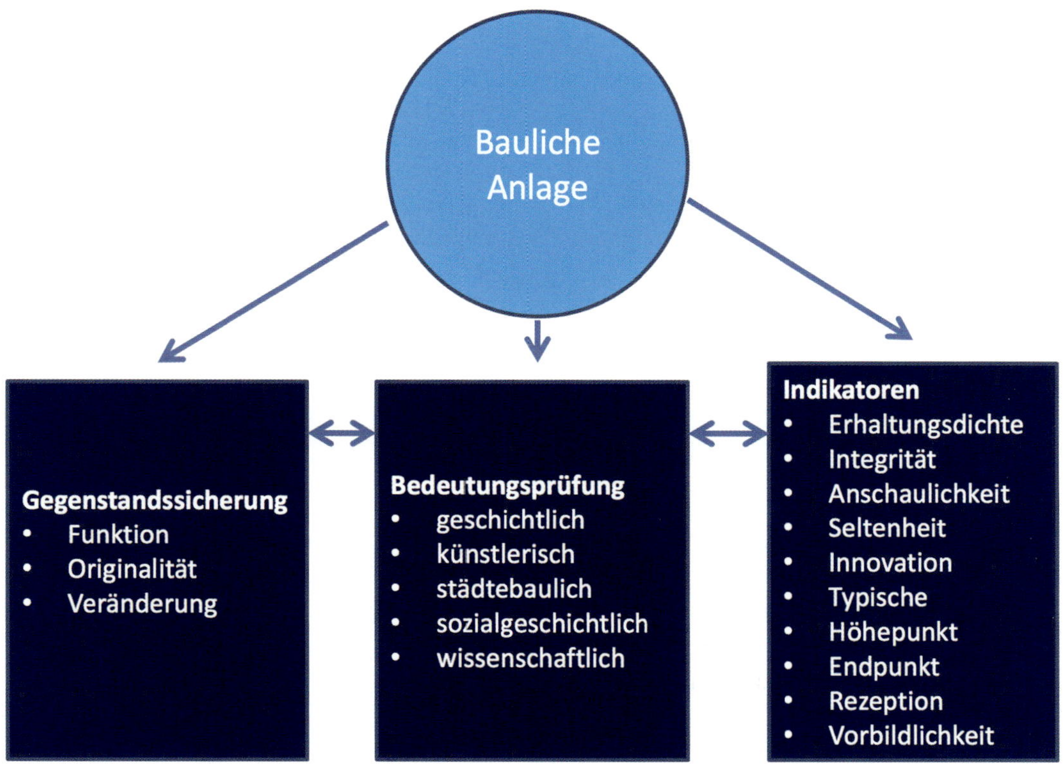

Abb. 1 Schema der Denkmalbewertung

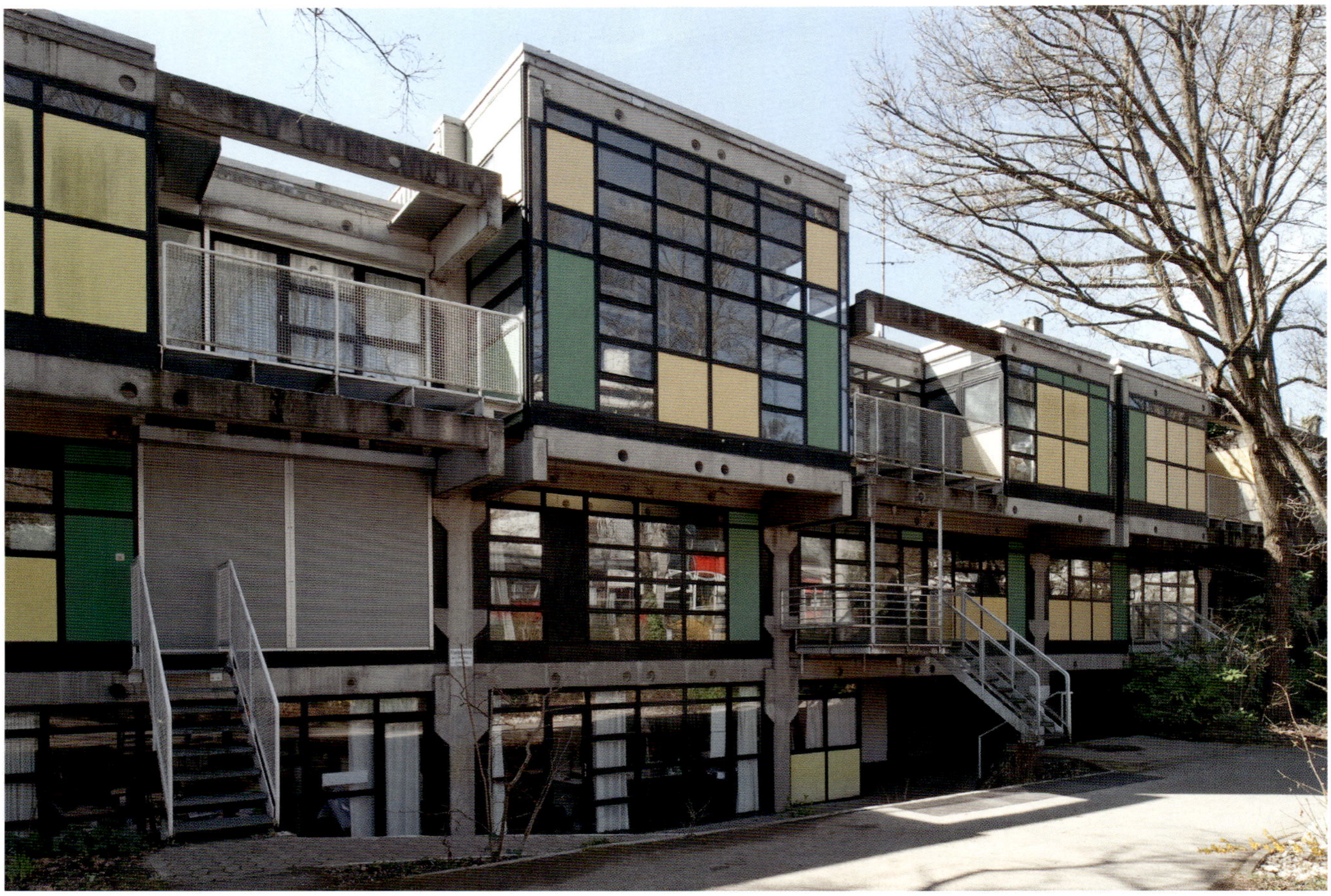

Abb. 2 Otto Steidle, Genter Straße, München, 1969–71

Architekten publikationswillig waren, was allerdings bei den bedeutenden Büros in aller Regel zutrifft. Der Vorteil der Methode ist aber genauso evident: Mit vergleichsweise geringerem Personal- und Zeitaufwand kann zumindest ein Großteil der herausragenden Bauten erschlossen werden. In Bayern konnte man nach dieser Methode mit nur einer Person innerhalb eines Jahres einen Großteil der bedeutenden Bauten erfassen und in die interne Datenbank eingeben.

Diese Art der Schnellerfassung ist sicher die effektivste, um rasch einen Überblick über den potenziellen Denkmalbestand zu bekommen. Sie braucht aber auch den Mut zur Lücke! Aber es ist ohnehin eine Illusion anzunehmen, dass mit einer einzigen Kampagne die Erfassung zum Abschluss gebracht werden könnte. Es wird auch für die Denkmäler der 1960er und 1980er Jahre ein ständiges Fortschreiben der Denkmalliste geben.

Doch nach welchen inhaltlichen Kriterien kann die Auswahl der Denkmäler erfolgen? Es ist kein Geheimnis, wenn man feststellt: Nach denselben Kriterien, die auch für die Auswahl der anderen Denkmäler gelten. Es braucht keine neuen Denkmalschutzgesetze für die Auswahl der jungen Denkmäler. Das hier abgebildete, vor allem am Bayerischen Denkmalschutzgesetz orientierte Bewertungsschema gilt für alle Baudenkmäler (Abb. 1), auch für diejenigen der jüngeren Zeit: Wie bei jedem potenziellen Baudenkmal ist das Gebäude auf seine geschichtliche, künstlerische, städtebauliche, sozialgeschichtliche und wissenschaftliche Bedeutung zu prüfen. Dabei geht es, vereinfacht gesagt, darum, zu erkennen, inwiefern ein Gegenstand Zeugnishaftigkeit besitzt und als wie bedeutend diese Zeugnishaftigkeit zu bewerten ist.[4] Der Vergleich ist dabei die wichtigste der geisteswissenschaftlichen Methoden, um eine wissenschaftlich begründbare Einordnung und Bewertung der Zeugnishaftigkeit zu ermöglichen. Wie bei jedem potenziellen Baudenkmal ist vor der Bewertung zunächst die Gegenstandssicherung notwendig. Diese befragt die bauliche Anlage nach ihrer Funktion, Originalität und Veränderungsgeschichte. Die Indikatoren für eine besondere Bedeutung sind wie auch sonst die besondere Erhaltungsdichte, Integrität und Anschaulichkeit des historischen Bestandes, nicht unwesentlich die Seltenheit, die Frage, ob die bauliche Anlage zeittypisch oder innovativ ist, sie einen Höhepunkt oder Endpunkt markiert, eine Rezeption erfahren hat, vorbildlich wurde und so weiter. Diese Indikatoren sind bekannter Bestandteil der inventarisatorischen Praxis. Das Ergebnis der Bewertung, die in eine Eintragung in die Denkmalliste münden kann, ist eine Auswahl aus dem potenziellen Denkmalbestand.[5]

Bundesweit wird in der Erfassungspraxis zu den jungen Denkmälern Eines deutlich: Das Problem der Masse an baulichen Anlagen führt dazu, dass vor dem Hintergrund des mahnenden Indikators Seltenheit vor allem Objekte in die Denkmalliste eingetragen werden, die durch ihre architekturgeschichtliche Bedeutung und damit baukünstlerische Qualität herausragen. Beispielsweise bei der Wohnanlage in der Genter Straße in München von Otto Steidle von 1969–71 ist die konstruktive Struktur, die wie beim Baukasten von Fertigbauelementen geprägt wird, zum ästhetischen Gestaltungsprinzip geworden (Abb. 2). Der strukturalistische Bau entfaltete prototypische Wirkung für die Architektur der 1970er Jahre.[6] Hohe bundesweite Aufmerksamkeit erhielt die Saalgasse in Frankfurt (Abb. 3). Unter Beteiligung internationaler Architekten war dort ähnlich der Idee der Strada Novissima in Venedig eine bunte, oft ironische Bebauung in postmoderner Formensprache entstanden, die bald zur Inkunabel postmodernen Bauens wurde.[7] Die Dominanz der künstlerischen Bedeutung als Auswahlkriterium ist ein Faktum, das zeigt, dass auch die Anwendung der Bedeutungskriterien in der Erfassungspraxis abhängig ist von der jeweiligen geschichtlichen Situation, in der die Erfassung erfolgt.

Abb. 3 Saalgasse, Frankfurt am Main

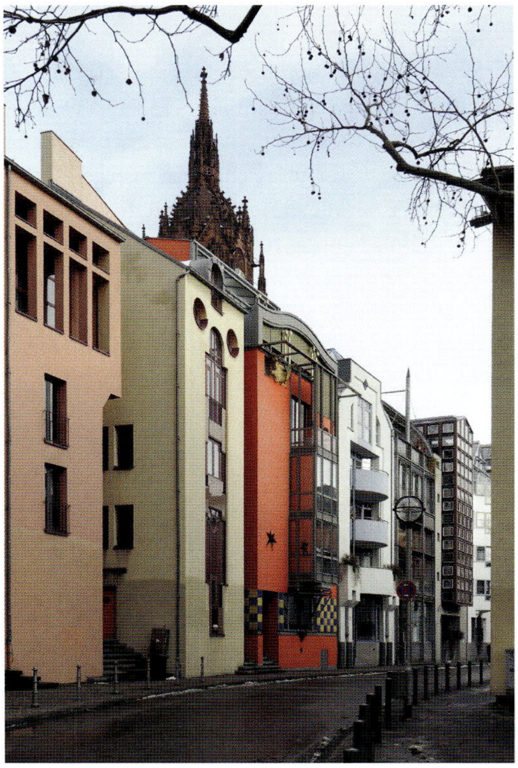

Aber man sollte bei der Bewertung der Architektur von 1960 bis 1990 nicht zu einer Schönheitsjurie verfallen und die Breite des Bedeutungsspektrums des erweiterten Denkmalbegriffs unbedingt offenhalten. Es geht in der Architektur nicht nur um Formprobleme, sondern auch um Ideen. Heute fast vergessen, konnte beispielsweise besonders in den 1960er und 1970er Jahren Architektur als utopischer Beitrag zur Lösung sozialer Probleme aufgefasst werden. Beispielsweise wollten die Architekten Brockstedt, Discher und Brand mit der 1975/76 realisierten Siedlung in Kiel-Schilksee durch kollektives Eigentum und Gemeinschaftsräume einen Beitrag für einen besseren Menschen leisten.[8] Jenseits der künstlerischen Bedeutung muss deshalb bei jeder Denkmalbewertung die Frage nach der geschichtlichen, der sozialgeschichtlichen, material- und technikgeschichtlichen, wissenschaftlichen und städtebaulichen Bedeutung gestellt werden.

Für die Architektur der 1960er bis 1980er Jahre wird mitunter in den denkmalfachlichen Diskursen ein Generaldispens hinsichtlich der Integrität des historischen Bestandes erteilt, weil oftmals Baumaterialien verwendet wurden, die sich als nicht nachhaltig erwiesen haben.[9] Die hohe Integrität des historischen Baubestandes ist auch bei Bauten dieser Zeit ein wichtiger Indikator für die Denkmalbedeutung. Doch gilt für diese wie auch für Gebäude aus älteren Bauphasen, dass nicht die Quantität der Substanz, sondern wesentlich die Bedeutung des Gebäudes insgesamt über die Denkmaleigenschaft entscheidet. Kommt einem Gebäude der Nachkriegsmoderne hohe Bedeutung zu, können Einbußen an historischer Bausubstanz untergeordnet gewertet werden.[10]

Wie wird eine Erfassungskampagne organisiert? Die Erstellung einer Materialbasis und die Eingabe in eine Datenbank ist der erste und kleinste Schritt in der Denkmalerfassung. Viel personal- und zeitintensiver ist das danach einsetzende mehrstufige Verfahren: von der Außenbesichtigung, über die beschreibende und fotografische Bestandsaufnahme bis zur Erstellung eines Zwischengutachtens, dann die Auswahl der Objekte, die für eine Innenbesichtigung mit Eigentümergesprächen relevant sind, schließlich die Innenbesichtigungen mit abschließendem

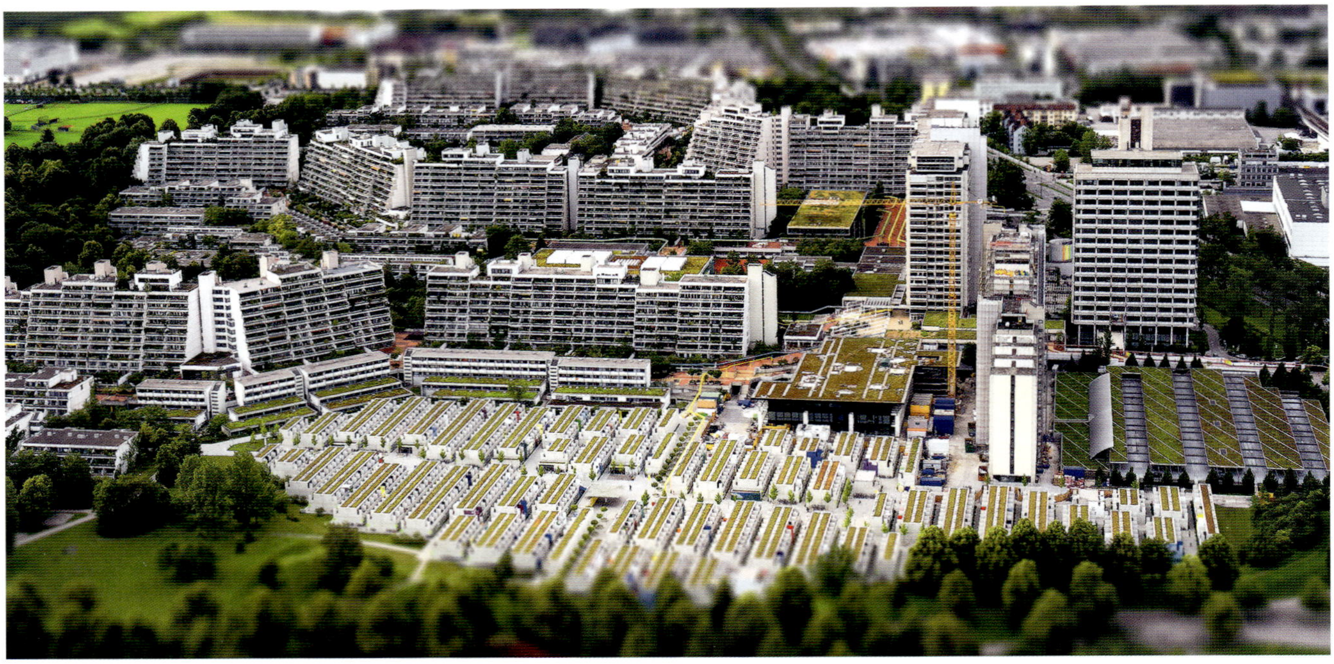

Abb. 4 Olympisches Dorf, München, 1972

Gutachten und dann die Schlussauswahl derjenigen Objekte, für die der formelle Nachtrag in die Denkmalliste eingeleitet wird.

Jedoch brauchen die jungen Denkmäler oftmals mehr als einen Eintrag in die Denkmalliste durch einen Verwaltungsakt. Sie müssen in besonderer Weise erklärt und vermittelt werden. Dies erfordert einen hohen Kommunikationsaufwand, da sie - von der akademischen Fachwelt abgesehen - in der breiten Öffentlichkeit immer noch strittig sind. Es hat sich gezeigt, dass zuallererst das intensive, oft mit Präsentationen verbundene Gespräch mit den Eigentümern und Betroffenen eine hohe Bedeutung besitzt. Ideal ist es, wenn bei Großeigentümern wie beispielsweise den Landeskirchen gemeinsame Bereisungen zu ausgewählten Objekten gemacht werden können, um die Bewertungskriterien transparent zu machen. Auch sollten die Erfassungskampagnen von der Pressearbeit und Publikationen begleitet werden, wie dies in idealer Weise bis hin zu Ausstellung in Baden-Württemberg mit der Ausstellung »Zwölf« zu den Kirchenbauten der Nachkriegsmoderne geschah.[11]

Wie in jeder Epoche der Architekturgeschichte hat es auch in der zweiten Hälfte des 20. Jahrhunderts herausragende Leistungen gegeben. Um einen Höhepunkt innerhalb der herausragenden Leistungen zu markieren, sei nur an den 1972 fertiggestellten Olympiapark mit Olympischem Dorf in München erinnert (Abb. 4), für das gerade ein Weltkulturerbestatus angestrebt wird. Das Olympische Dorf mit etwa 3500 Wohneinheiten, das von vornherein für eine Wohnnutzung nach den Olympischen Spielen konzipiert worden war, wurde von dem Büro Heinle, Wischer und Partner und dem Büro Wirsing und Eckert in enger Abstimmung mit Günther Behnisch erbaut. Die komplett autofreie, vor allem von Terrassenhäusern geprägte Wohnsiedlung Olympisches Dorf ist wie die Spielstätten in die dem Voralpenland nachempfundene Parklandschaft integriert und Teil des Gesamtkunstwerks Olympiapark.[12]

Solche Glanzlichter der Architekturgeschichte machen überdeutlich: Werden die besonderen baukulturellen Leistungen dieser Zeit nicht in absehbarer Zeit erfasst, droht ein schwerer Verlust für das bauliche Erbe Deutschlands. Da es sich um Baulichkeiten handelt, die für die junge Bundesrepublik Deutschland und die ehemalige Deutsche Demokratische Republik stehen, würden wir wichtige, schützenswerte Zeugnisse verlieren, die anschaulich und greifbar von einer komplexen, pluralen und widersprüchlichen Geschichte des Wohnens in einem einst geteilten Deutschland erzählen.

Detlef Knipping

1 Vgl. allg. Barbara Six: Erfassen des Bestehenden: Die Anfänge der Inventarisation in Bayern, in: 100 Jahre Bayerisches Landesamt für Denkmalpflege, 1908–2008. Katalog. Inhalte, Praxis, Schwerpunkte, hrsg. v. Egon Johannes Greipl und Achim Hubel, Regensburg 2008, S. 81.

2 Denkmalschutz braucht Grundlagen: Erfassung und Schutz unseres baukulturellen Erbes. Positionspapier des Deutschen Städtetages, in: http://www.staedtetag.de/publikationen/materialien/087404/index.html (6.1.2020)

3 Vgl. die Online-Publikation des Statistischen Bundesamtes »Bauen und Wohnen. Baugenehmigungen / Baufertigstellungen«, 2018, https://www.destatis.de/DE/Themen/Branchen-Unternehmen/Bauen/Publikationen/Downloads-Bautaetigkeit/baugenehmigungen-baufertigstellungen-pdf-5311101.pdf?__blob=publicationFile (5.1.2020) und allgemein Rainer Mackensen: Städte in der Statistik, in: Die Stadt in der Bundesrepublik Deutschland. Lebensbedingungen, Aufgaben, Planung, hrsg. von Wolfgang Pehnt, Stuttgart 1974, S. 129–165, und Wolfgang Pehnt: Deutsche Architektur seit 1900, Ludwigsburg, 2. Auflage, München 2006, S. 332f.

4 Vgl. dazu und zum Folgenden ausführlich Detlef Knipping: Industriekultur und Denkmalerfassung: Komplexität und Kriterienwandel, in: Schall und Rauch. Industriedenkmäler bewahren. Dokumentation der Jahrestagung der Vereinigung der Landesdenkmalpfleger in der Bundesrepublik Deutschland, 13. bis 15. Juni 2016 in Oberhausen, Petersberg 2017, S. 190ff.

5 Die von den Denkmalschutzgesetzen verlangte Auswahl basiert dabei aus systemtheoretischer Sicht immer auf einem Vorgang der Reduktion von Komplexität, der in den wissenschaftlichen Diskursen in dieser Strenge nicht erforderlich ist. Vgl. zum Problem der Reduktion von Komplexität als conditio sine qua non jeden denkmalpflegerischen Verwaltungshandelns ebd., S. 192f.

6 Vgl. im Katalog, S. 214–217.

7 Vgl. im Katalog, S. 160–163.

8 Vgl. im Katalog, S. 120–123.

9 Einen Überblick zu den Diskursen bietet Ingrid Scheurmann: Konturen und Konjunkturen der Denkmalpflege. Zum Umgang mit baulichen Relikten der Vergangenheit, Köln, Weimar, Wien 2018, S. 107f.

10 Vgl. hierzu Detlef Knipping: Wie viel Substanz braucht ein Denkmal?, in: Das Denkmal als Fragment – das Fragment als Denkmal. Denkmale als Attraktionen. Jahrestagung der Vereinigung der Landesdenkmalpfleger und des Verbandes der Landesarchäologen und 75. Tag für Denkmalpflege 10.–13. Juni 2007 in Esslingen am Neckar, Esslingen 2008, S. 233–245.

11 Gotteszelt und Großskulptur. Kirchenbauten der Nachkriegsmoderne in Baden-Württemberg, Ausstellungskatalog Zwölf, mit Beiträgen von Folkhard Cremer, Tamara Engert, Bernd Gehrke u. a. (Arbeitshefte des Landesamtes für Denkmalpflege, Band 38), Ostfildern 2019.

12 Vgl. allg. Karen Beckmann: Urbanität durch Dichte? Geschichte und Gegenwart der Großwohnkomplexe der 1970er Jahre, Bielefeld 2015, S. 348–387 und Werner Durth und Paul Sigel: Baukultur. Spiegel gesellschaftlichen Wandels, Bd. 2, 2. Auflage, Berlin 2016, S. 556ff.

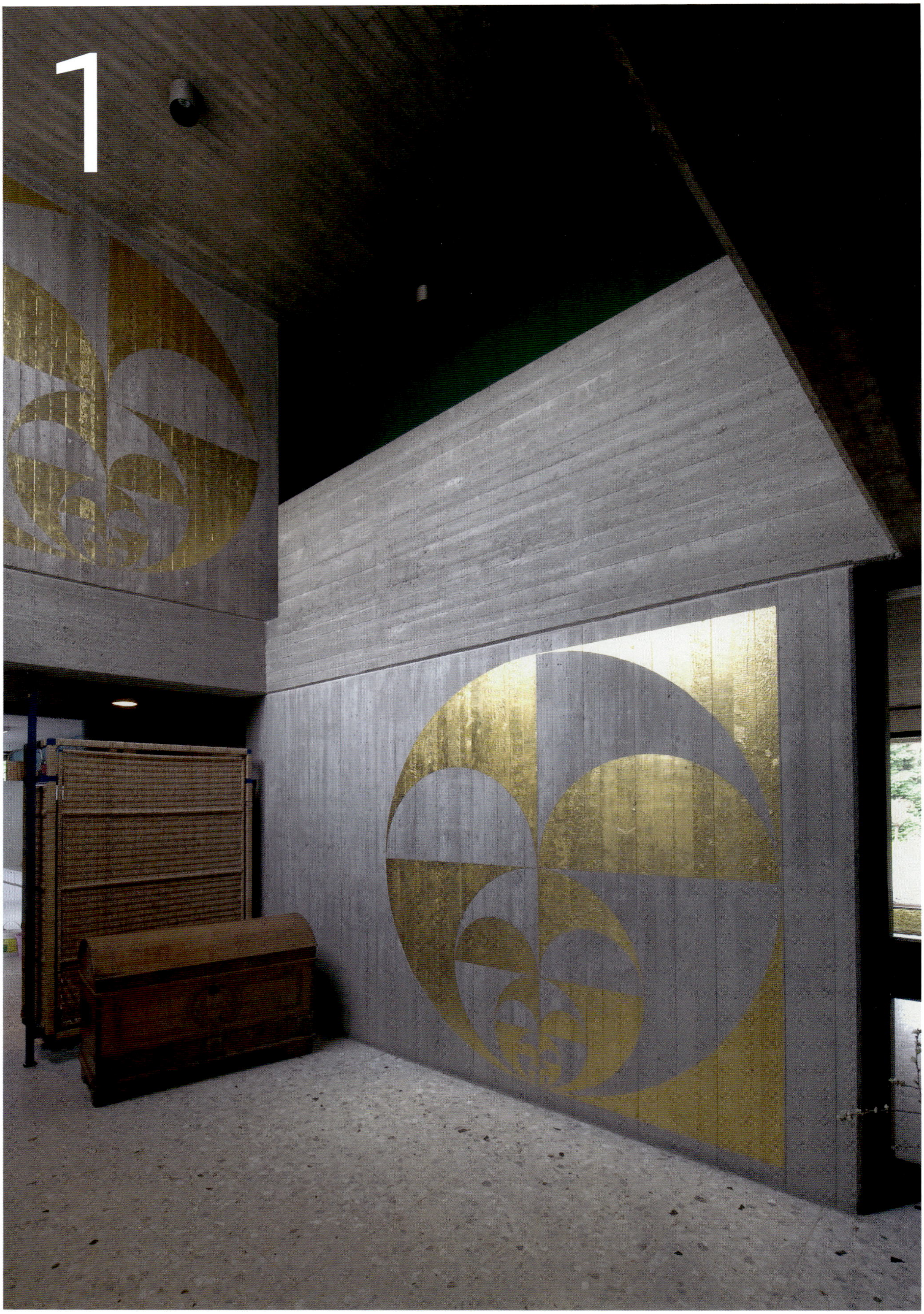
1

Ich wohne, wie ich sein will – Privathäuser

In den 1960er Jahren erlebte der Bau von privaten Wohnhäusern in Deutschland einen ästhetischen Wendepunkt. Nach Ende des Zweiten Weltkriegs hatte, von Ausnahmen abgesehen, gefälliger Biedersinn geherrscht. Mit dem sich einstellenden Wohlstand wuchs nun eine aufmüpfigere Generation heran, die nach neuen Lebensmustern suchte und von der entstehenden Popkultur begleitet wurde. Es folgte ein fundamentaler, durchaus von Widersprüchen begleiteter Mentalitätswandel, der in äußerst vielseitiger, oft experimenteller Architektur Ausdruck fand. Das Bauwesen der BRD erlebte seit den frühen 1960er Jahren einen Boom, in dem sich junge Architekten und Bauherren zu ästhetisch ambitionierten und bautechnisch experimentellen Projekten aufschwangen. In der DDR lag der Schwerpunkt in diesen Jahren aus baupolitischer Sicht auf der Entwicklung und Erstellung serieller Mietswohnhäuser und schlichter Eigenheime. Doch auch hier entwickelte sich vor dem Hintergrund des spürbaren wirtschaftlichen Aufschwungs schon bald eine eigenständige Qualität im privaten Bauen.

Der »Ölpreisschock« der 1970er Jahre bedeutete einen erneuten baulichen Wendepunkt. Die steigenden Heizkosten wirkten unmittelbar auf die Architektur der Privathäuser. Vom Glas ging es zurück zur festen Wand, vom Funktionalismus zurück zur tradierten Form. Weg von Eindruck heischenden Solitären, hin zu einer spielerisch-ironischen Formenkombinatorik, die in den 1980er Jahren als »Postmoderne« bekannt wurde. Die Utopien der 1960er Jahre wurden zunehmend als gescheitert erkannt und mit dem Rückzug ins grüne Privateigentum der Vorstadt quittiert.

Für die Denkmalpflege stellt der Einsatz von ausgedehnten Glasflächen und Flachdächern, skulptural geformten Betonfassaden, von einst brandneuen und unerprobten Baustoffen eine große Herausforderung dar. Die ästhetisch atemberaubenden Wohnhäuser dieser Jahrzehnte erweisen sich heute vielfach als nicht mehr ökonomisch beheizbar. Energetische Sanierungen bzw. Isolierungsmaßnahmen bergen unter gegenwärtigen Bedingungen die Gefahr des ästhetischen Totalverlusts dieser Kulturdenkmale.

Clemens Kieser

Ein Haus mit Hang zur Moderne

Haus Köhnemann

Sarenweg 38
Lemsahl-Mellingstedt
Hamburg

Architekten: Meinhard von Gerkan und Volkwin Marg
Innenarchitekt: Wilfried Köhnemann
Gartenarchitekt: Günther Schulze
Bauzeit: 1968/69

Hanglagen versprechen meist eine reizvolle Aussicht, sind aber oft schwieriger Baugrund. Um hier ein ansprechendes Einfamilienhaus zu bauen, braucht es einen guten Architekten - oder am besten gleich drei. Wie gut die Arbeit von Architekt, Innenarchitekt und Landschaftsarchitekt ineinander greifen kann, zeigt dieses Haus auf einem weitläufigen Grundstück am Alsterlauf im Hamburger Norden.

Das Büro von Gerkan und Marg wurde Mitte der 1960er Jahre damit beauftragt, ein Wohnhaus für die Familie Köhnemann zu entwerfen, das den Bedürfnissen der Bewohner gerecht wird und die Eigenheiten des Grundstücks bestmöglich ausnutzt. Bei einem durch hohe Bäume beschatteten, abschüssigen Grundstück stellt dies durchaus eine anspruchsvolle Bauaufgabe dar. Das von Volkwin Marg entworfene Haus erfüllt die vorgegebenen Kriterien damals wie heute in besonderem Maße. In den 50 Jahren seit seiner Erbauung 1968/69 wurde es kaum verändert, sodass es heute als unverfälschtes Denkmal erhalten ist.

Zur Straße hin wirkt das Haus Köhnemann eher unscheinbar, denn mit seiner niedrigen Traufhöhe versteckt es sich nahezu vor neugierigen Blicken. Auf der Rückseite öffnet es sich dagegen mit großen Fensterfronten zum Garten, dessen Gelände zur Alster hin nach Osten steil abfällt.[1] Die straßenseitige Außenwand ist teilweise mit einer Holzverschalung aus kanadischem Riesenlebensbaum verkleidet und bietet

Abb. 1 Straßenansicht, 2014

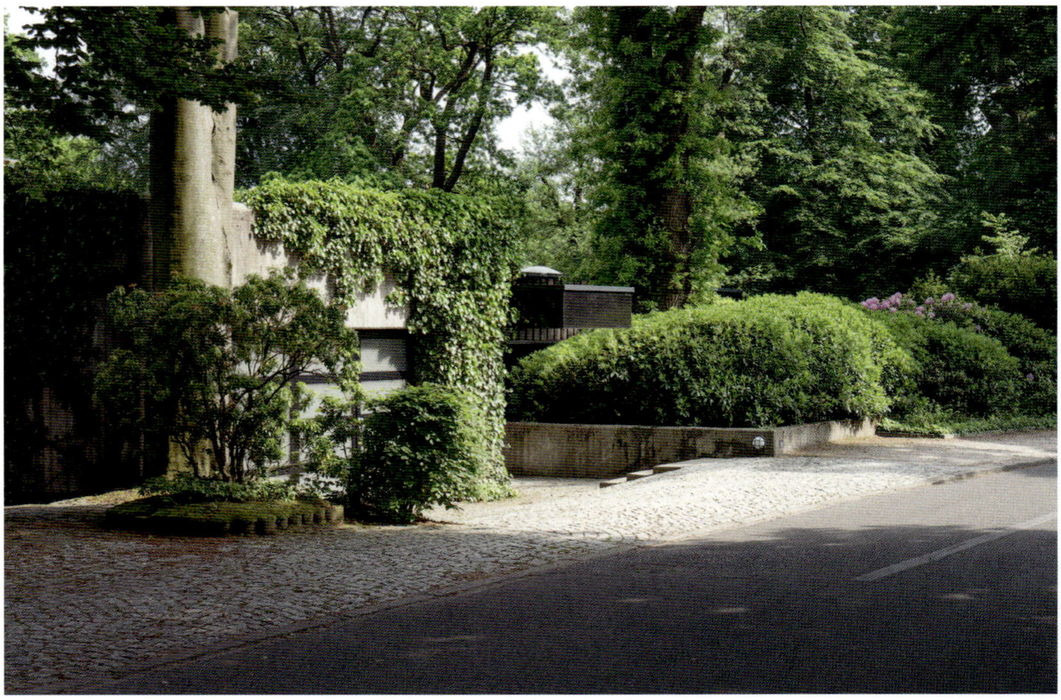

einen zurückhaltenden Eingangsbereich. Im Inneren sind die anspruchsvoll gestalteten Wohn- und Arbeitsräume in sich durchdringenden, überschneidenden und gegeneinander versetzten Kuben untergebracht.[2] Auf der oberen Ebene liegen die Wohn- und Schlafräume sowie die Küche, unten befinden sich ein Atelier sowie ein Gästezimmer. Das Kaminzimmer erstreckt sich an der Süd- und Ostseite über beide Ebenen und bietet so einen großzügigen Wohnraum, der die Geschosse verbindet und über große Fensterflächen ungestörte Ausblicke in den Garten bietet.

Der offene Grundriss des Hauses ermöglicht eine flexible Nutzung der Wohnfläche. Das Gästezimmer im Untergeschoss verfügt über einen separaten Eingang und kann so eine eigenständige Einliegerwohnung bilden. Der Atelierbereich, ebenfalls über einen eigenen Eingang betretbar, und das Kaminzimmer lassen sich zueinander öffnen, zum Beispiel für Feste und größere Gesellschaften. Die privaten Bereiche der Familie bleiben dabei nicht einsehbar.[3] Im oberen Teil bieten flexible Trennwände die Möglichkeit, Wohnräume, Esszimmer und Küche je nach Bedarf zu verbinden oder voneinander abzutrennen. Von beiden Ebenen gelangt man auf Terrassen, die eine beeindruckende Aussicht über den weitläufigen Garten hinab ins Tal des Alsterlaufes bieten.

Der Garten, der in seinen Grundstrukturen bis heute ebenfalls kaum verändert ist, wurde von dem Gartenarchitekten Günther Schulze gestal-

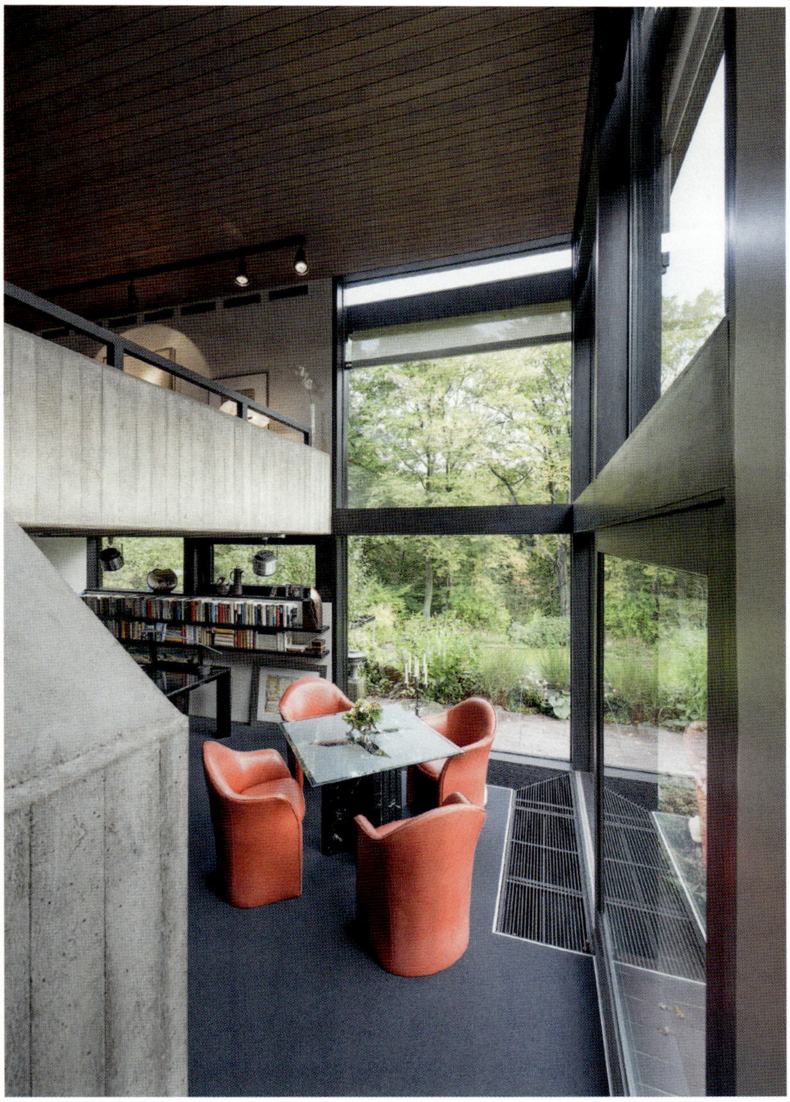

Abb. 2 Kaminzimmer, 2014

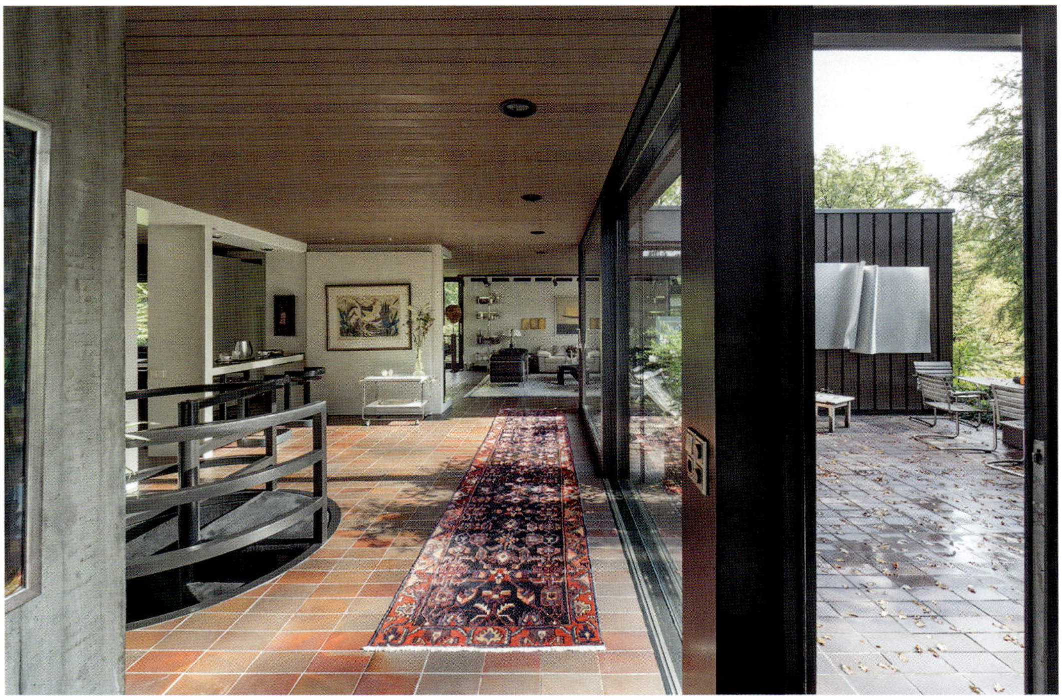

Abb. 3 Wohnbereich, 2014

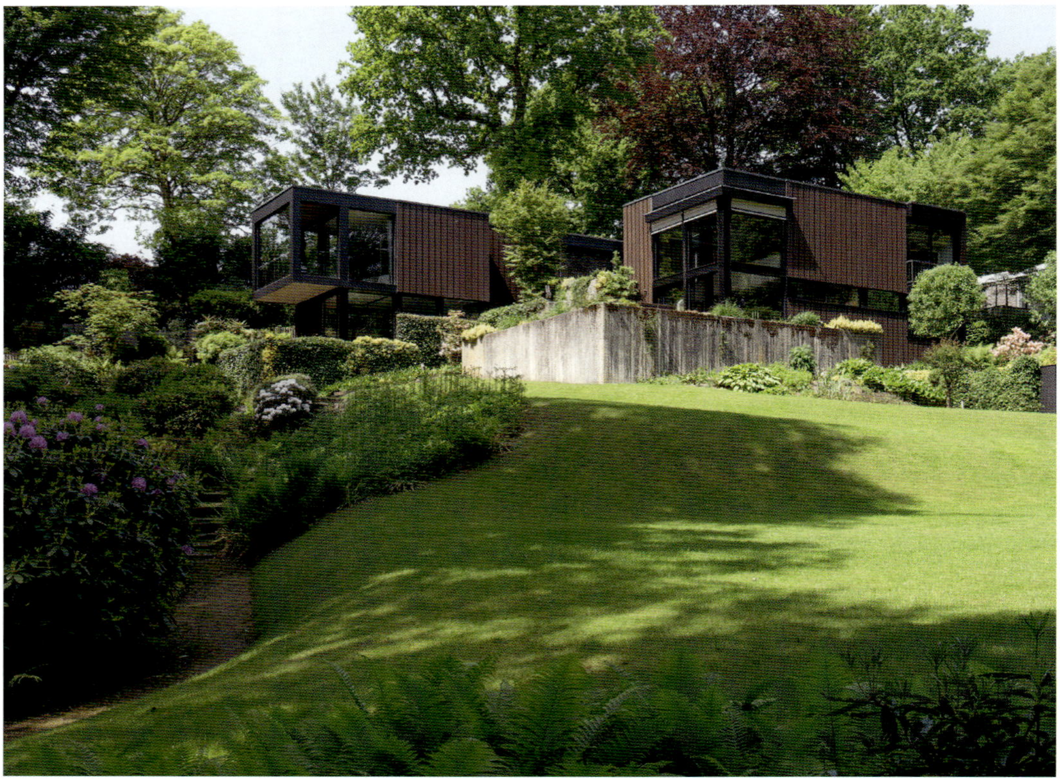

Abb. 4 Gartenansicht, 2014

tet. Durch seine Entwürfe für den Platz der Republik in Altona 1957 und besonders für die Internationale Gartenbauausstellung in Hamburg 1963 hatte Schulze sich auch über die Grenzen Hamburgs hinaus einen Namen gemacht. Er wurde daraufhin mit der Planung der Grünflächen in der City Nord beauftragt, einer »Bürostadt« im Hamburger Norden, für die er eine geradlinige Gestaltung mit Rasenflächen und rasterartig gepflanzten Bäumen wählte. Für das Haus Köhnemann entwickelte er ein sehr viel organischeres Gartenkonzept, das die Villa harmonisch in seine Umgebung einbettet. Der alte Baumbestand wurde Teil der Gestaltung und begrenzt das Grundstück nach Süden und Osten. Durch Terrassierung entstehen fließende Räume, die durch geschwungene Wege erschlossen werden. Große Rasenflächen vermitteln ein Gefühl von Weite, Strauchbepflanzungen modellieren die Hänge und bilden den Übergang zwischen den Böschungsmauern aus Sichtbeton und der Rasenfläche. Im unteren, südlichen Teil des Grundstücks liegen einige Quellteiche, die den Terrassenkonturen folgen und den parkähnlichen Charakter des Gartens unterstreichen.

Abb. 5 Garten mit Blick auf den Alsterlauf, 2014

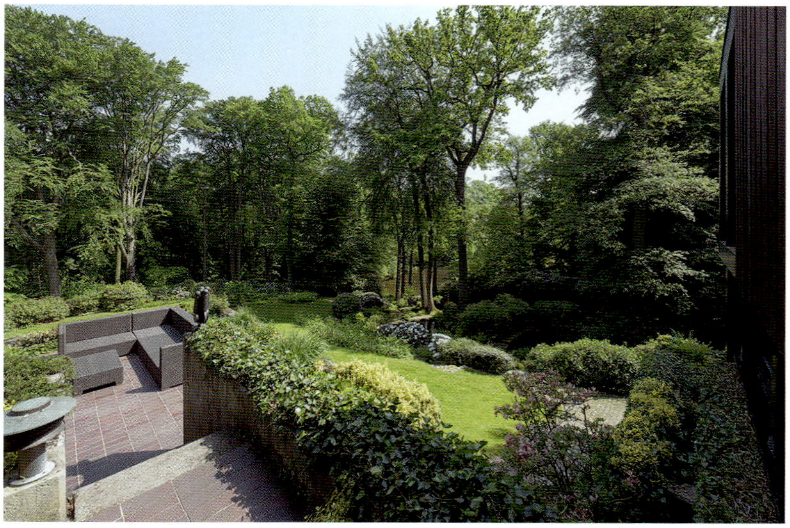

Die vielfältigen Strukturen des Gartens finden ihr Gegenstück in der Fassade des Hauses, die durch die Materialien Beton, Stahl, Holz und Glas eine lebendige Oberfläche erhält und dem Auge je nach Betrachtungsstandpunkt immer neue Ansichten bietet. Harte Kanten wirken hier in Verbindung mit Holz weniger scharf, Glasflächen und Stahl lassen massige Gebäudeteile leichter erscheinen. Der winkelförmige Grundriss umschließt eine windgeschützte, besonnte Terrasse und lädt immer wieder dazu ein, nach draußen zu treten und die Aussicht zu genießen. Hier zeigt sich der starke Einfluss der klassischen Moderne, der fließende Räume schafft und Innen- und Außenraum ineinander greifen lässt. Die Großzügigkeit des Gartens findet sich auch im Innenbereich, mit langen Blickachsen und interessanten Durchblicken. Große Glasflächen lassen

Licht ins Innere, verleihen der Konstruktion mehr Leichtigkeit und schaffen Verbindungen zwischen verschiedenen Bereichen.

Die Grundformen, aus denen sich das Haus zusammensetzt, basieren auf simplen Kuben. Es entsteht trotzdem nie der Eindruck, dass hier etwas »zusammengewürfelt« oder beliebig wie aus einem Baukasten zusammengesetzt wurde, denn dafür ist das Gebäude zu sehr an seine Umgebung angepasst, zu individuell auf die Bewohnerbedürfnisse zugeschnitten. Die moderne Grundidee dieses Hauses drückt sich also in Formen aus, die zwar aus der Moderne bekannt sind, sich aber auch im Sinne der 1960er Jahre verwenden lassen: kubische, modulare Elemente, die in Serie auftreten können und zusammen ein Gebäude ergeben, dass sich zumindest in der Theorie beliebig durch Hinzufügen weiterer Elemente erweitern ließe. Für das Haus Köhnemann setzte man diese Formen in verschiedenen Materialien um: Das Untergeschoss und die Stützmauern sind aus Ortbeton, die weiteren Außenwände und die Dachkonstruktion aus Stahl und Holz.[4] So werden die Prinzipien der Moderne aufgegriffen und in zeitgemäßer Weise umgesetzt. Die Gegebenheiten des Geländes bestimmen dabei die Verteilung, Gestaltung und Gewichtung der einzelnen Raumkörper. Durch die Mischkonstruktion aus Stahl, Holz und Beton können materielle Akzente gesetzt werden, die eine zeitgenössische Ästhetik ausdrücken. Gerade die Verwendung von Holz lässt das Gebäude in einen Dialog treten mit der natürlichen Umgebung. Die enge Zusammenarbeit von Architekt, Gartenarchitekt und Bauherr, zugleich Innenarchitekt, ließ ein bemerkenswertes Zusammenspiel kubischer Raumelemente entstehen, das der Hanglage nicht nur angepasst ist, sondern deren Qualitäten im Gegenzug besonders hervorhebt.

Julia Tammert

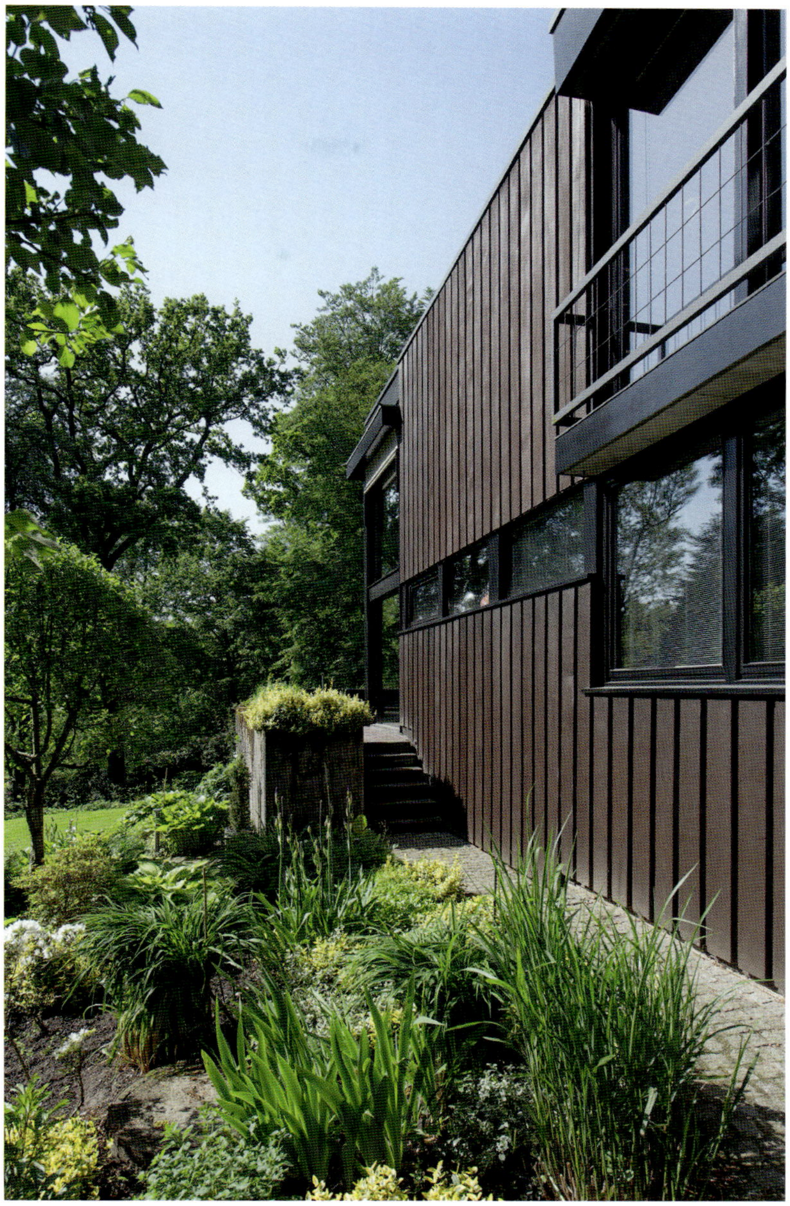

Abb. 6 Gartenfassade, 2014

Abb. 7 Wohnbereich mit Terrasse, 2014

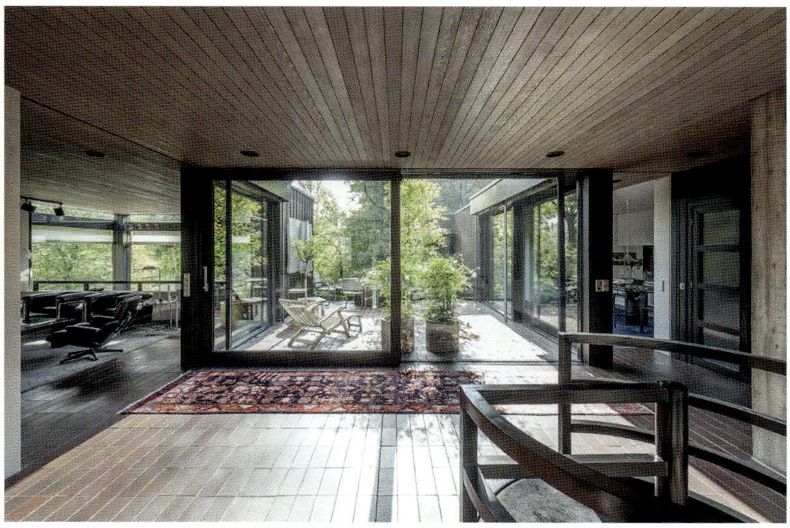

1 Ralf Lange: Architektur in Hamburg. Der große Architekturführer. Über 1000 Bauten in Einzeldarstellungen, Hamburg 2008, S. 226.

2 Von Gerkan, Marg und Partner: Architektur 1966–1978, Stuttgart 1978, S. 101–104, hier S. 101.

3 Wohnhaus mit Atelier in Hamburg, in: Detail. Zeitschrift für Architektur, Baudetail und Einrichtung, Jg. 17, Nr. 4, 1977, S. 449–452, hier S. 450.

4 Wohnhaus Köhnemann in Hamburg, in: Bauwelt, Jg. 62, Heft 14, 1971, S. 540.

Würfelträume eines Städtebauers

Wohnhaus Seebacher

Johann-Friedrich-Walte-Straße 4
Bremen

Architekten: Wendelin Seebacher
Bauzeit: 1974

Unter den privaten Wohnhausbauten der Nachkriegszeit in Bremen fällt ein Beispiel besonders ins Auge: das von dem Städtebauer und Architekten Wendelin Seebacher (geb. 1938) für sich selbst errichtete Haus. Es ist ein geschickt gestaffelter, von Frank Lloyd Wright inspirierter Flachdachbau von bemerkenswerter raumbildnerischer Klasse.

Der Bau imponiert umso mehr, wenn man weiß, dass Seebacher in seiner beruflichen Laufbahn in erster Linie als Städtebauer tätig war und nur relativ wenige Bauten als Entwurfsarchitekt komplett durchgeplant hat. Der gebürtige Bremer studierte 1957–1960 Architektur an der Technischen Hochschule Darmstadt bei Heinrich Bartmann und Ernst Neufert. 1961 arbeitete er kurze Zeit bei den bekannten Bremer Architekten Rolf Störmer und Martin Zill. 1962–1965 setzte er sein Studium mit der Vertiefung Städtebau fort. Von 1965 bis 1972 war Seebacher am Stadtplanungsamt Bremen tätig und begleitete unter anderem die Planung für das unter Beteiligung des Städtebauinstituts Nürnberg entstandene sogenannte Demonstrativbauvorhaben Osterholz-Tenever, ein ebenso ambitioniertes und zeittypisches wie nach heutigem Wissen sozial verfehltes, hoch verdichtetes Massenwohnungsbau-Trabantenstadtprojekt. Aus gegenwärtiger Perspektive kritisierte er später das Geschehen öffentlich mit einem Buch: »... das tun wir nicht wieder. Bremen Osterholz-Tenever. Geschichte eines Demonstrativbauvorhabens«[1]. Von 1973 bis 1994 leitete Seebacher die Abteilung Städtebau der »Bremischen Gesellschaft für Stadterneuerung,

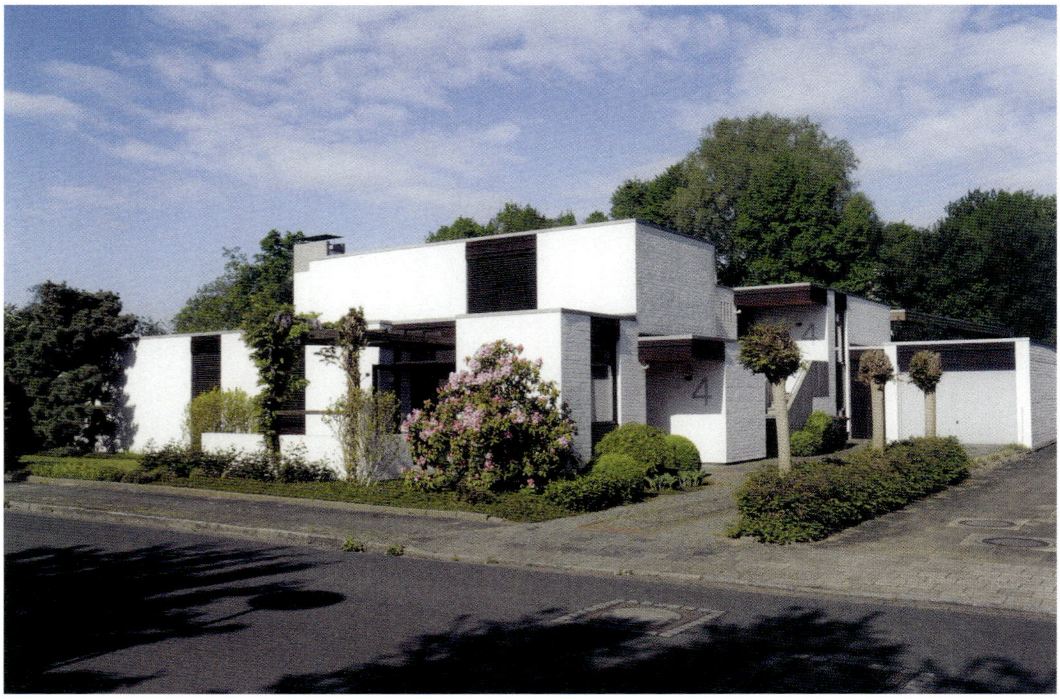

Abb. 1 Haus Seebacher, Ansicht von Osten

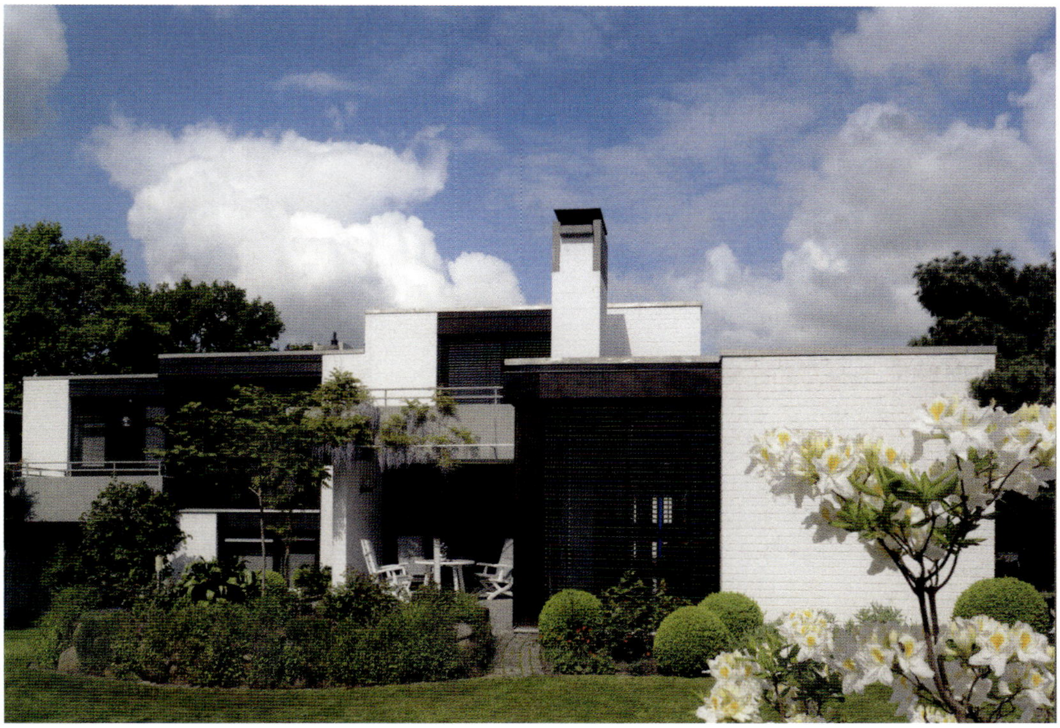

Abb. 2 Ansicht von Süden

Abb. 3 Diele mit Blick zur Terrasse, rechts die Galerie

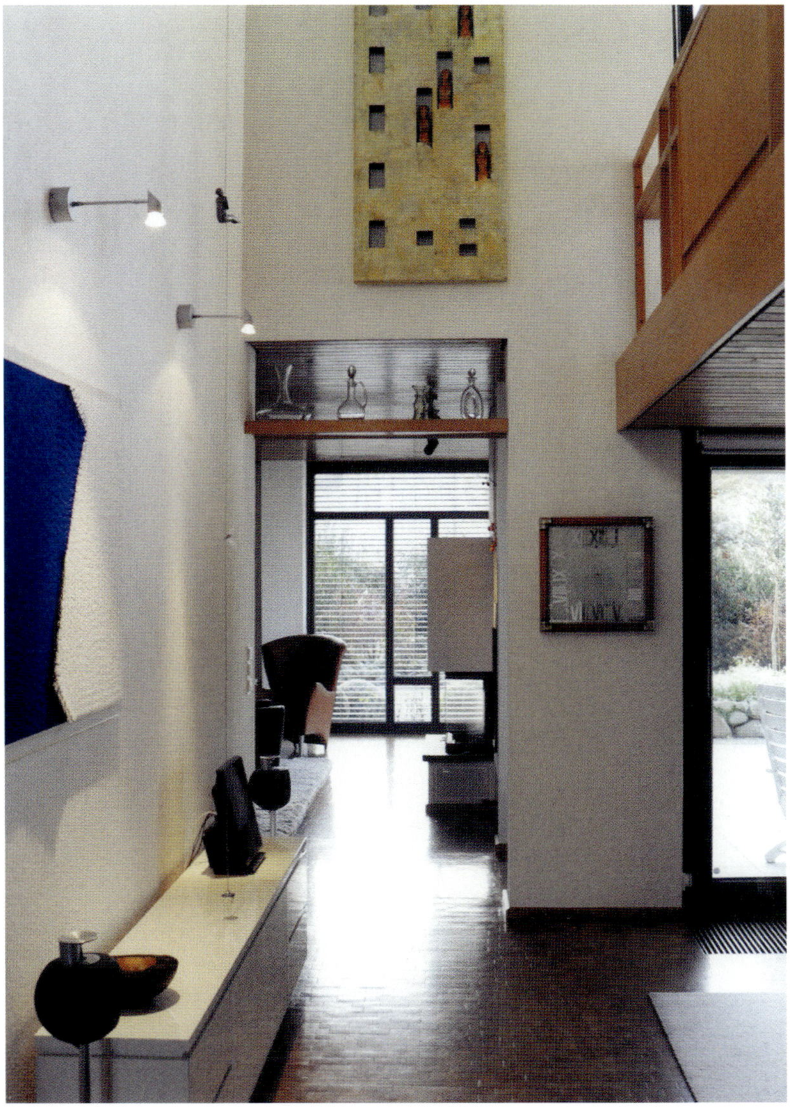

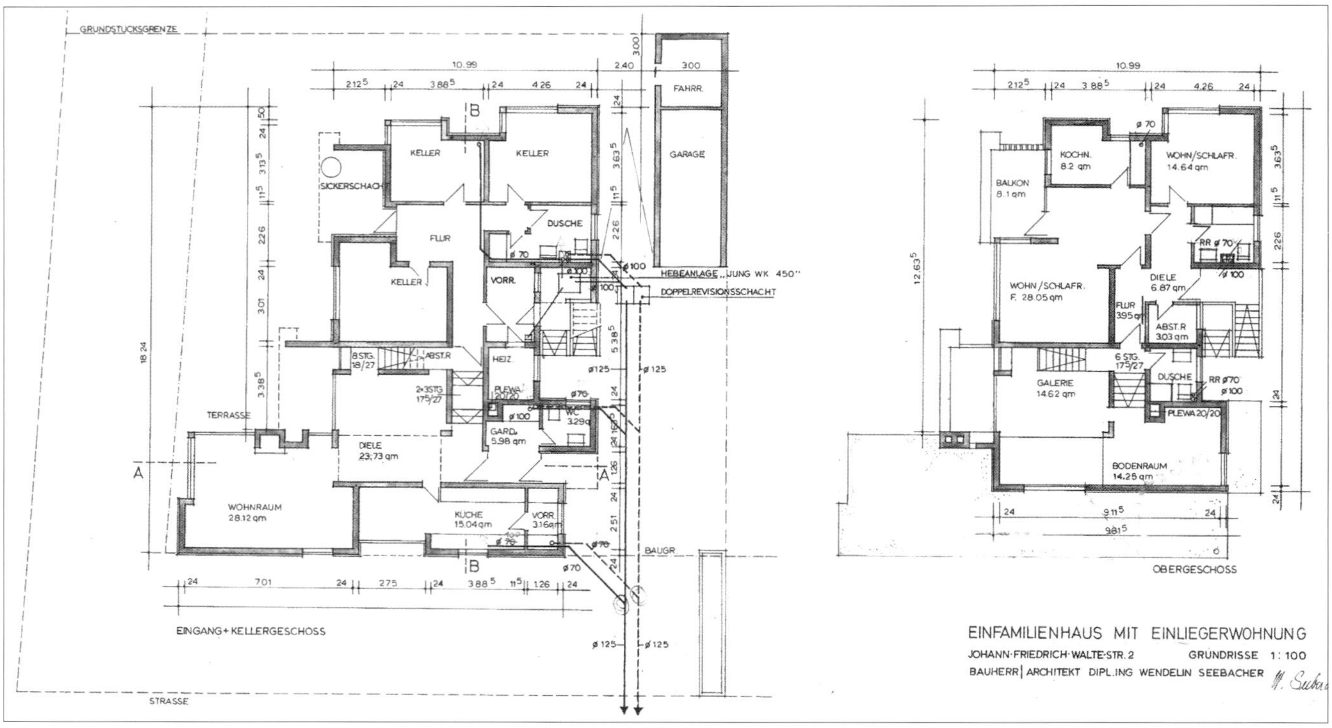

Abb. 4 Eingabepläne, Grundrisse (die angegebene Hausnummer 2 änderte sich später auf 4)

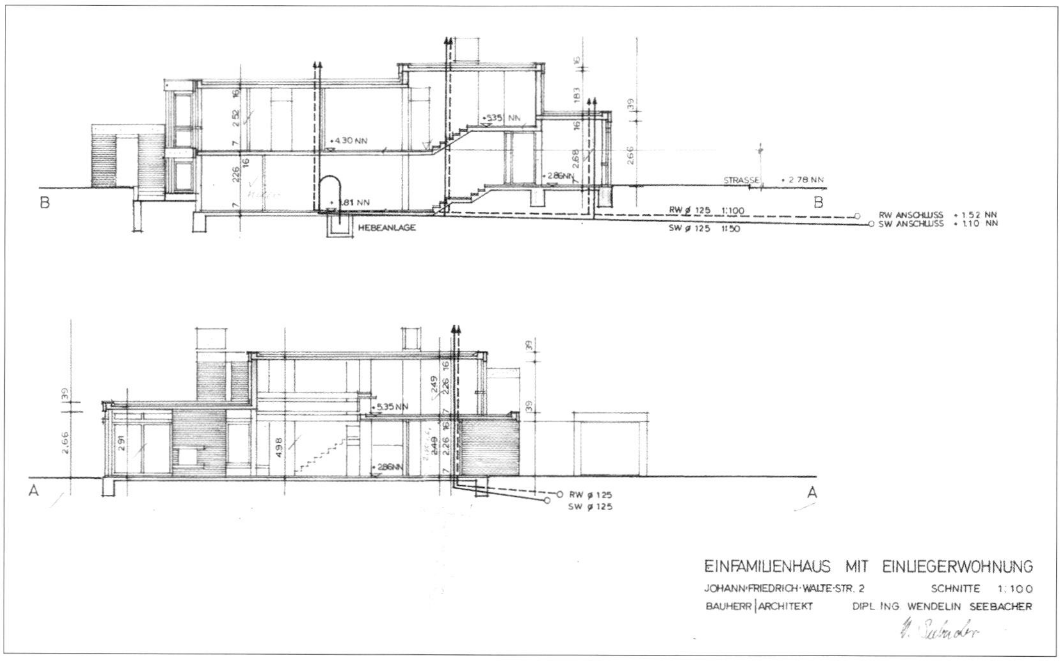

Abb. 5 Eingabepläne, Schnitte

Stadtentwicklung und Wohnungsbau« einer damals städtischen Gesellschaft, die meist nur kurz »Bremische« tituliert wurde. Später wurde er dann Geschäftsführer einer weiteren stadteigenen bremischen Firma, der STAVE Stadtentwicklung Vegesack.

Das Haus Seebacher wurde 1974 erbaut,[2] verrät aber in seiner Formensprache deutlich, dass erste Ideen zu seiner Planung bereits in den 60er Jahren entstanden. Das prägnante Architekten-Wohnhaus gewinnt seine Form aus der Addition und kunstvollen Verschachtelung klarer Kuben. Die Scharfkantigkeit seiner Erscheinung wird gesteigert durch den harten Kontrast zwischen weiß geschlämmtem Kalksandstein-Verblendmauerwerk und dunkel gehaltenen Fenstereinfassungen und Attikaelementen. Das Haus liegt an einer ruhigen Wohnstraße am Rand der Stadt

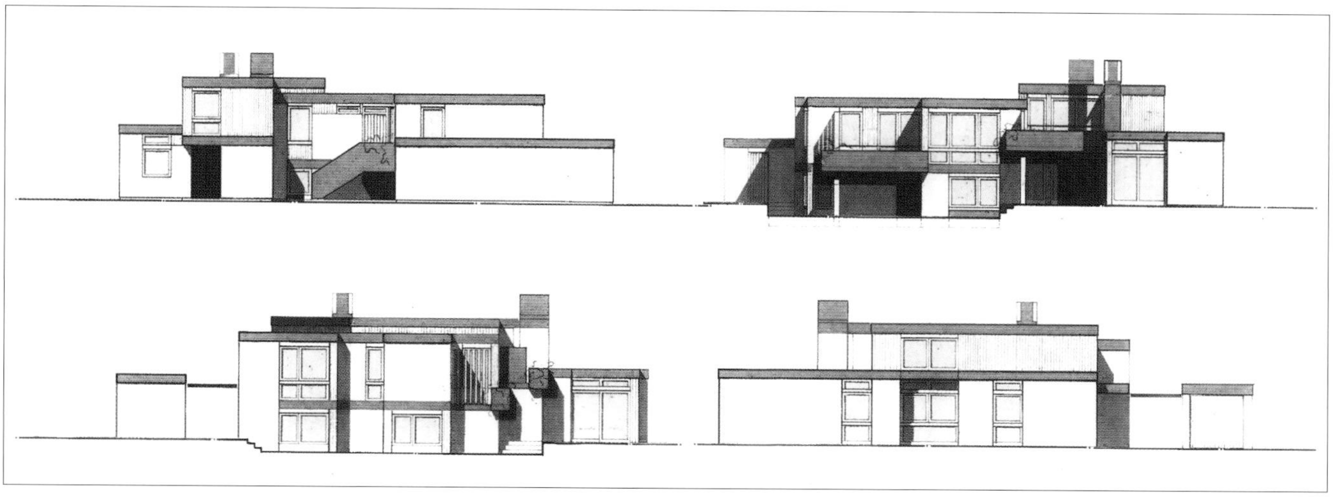

Abb. 6 Ansichten. Im Uhrzeigersinn, beginnend oben links: N, S, W, O

im Grünen. Der Eingang ist an der Nordseite des Hauses nahe der Zufahrt zur zugehörigen Garage situiert. Eine separate Erschließung dient einer zweiten Wohnung, die bei Bedarf auch mit der Hauptwohnung verbunden werden konnte. In Wahrheit ist das im Bauantrag »Einfamilienhaus mit Einliegerwohnung« benannte Bauwerk allerdings eher ein vollwertiges Zweifamilienhaus; die zweite, völlig autonome Wohnung war für die Schwiegereltern des Bauherrn und Architekten entstanden. Die formale Eingeschossigkeit laut Bauantrag erweist sich in der Realität als faktische partielle Zweigeschossigkeit. Der hintere Bauteil ist mit einem Souterrainsockel unterfangen, der ebenfalls zu Wohnzwecken, nämlich als Wohneinheit für die Kinder und zum Schlafen, diente. Der vordere Bauteil weist eine erhöhte Galerie auf. Charakteristisch für das Innere ist ein Raumgefüge mit Splitlevels, das an die Diele angelagert ist. Die Diele erschließt einen großzügigen Wohnraum mit Terrasse und einen von innen wie von außen zu befeuernden Kamin. Nach oben öffnet sich der Raum zur Galerie, hier entsteht ein Raumgebilde mit eindrucksvollen 4,50 Metern Höhe. Skulpturale äußere Gestalt und interessante Raumbildung des Inneren ergänzen und bedingen sich. Das Haus besitzt hohe Wohnqualität. Es erweist sich als einer der charaktervollsten und überzeugendsten Entwürfe im Einfamilienhausbau seiner Zeit in Bremen.

Als Inspirationsquelle nennt Seebacher[3] seinen Lehrer Heinrich Bartmann, der in Bremen bereits 1964 das damals spektakuläre moderne Focke-Museum errichtet hatte, vor allem aber Frank Lloyd Wright, der ihn mit seinen differenziert gestaffelten, auf die Hausumgebung bezogenen Wohnbauten, allen voran das berühmte Haus Fallingwater, beeindruckt hatte. Auch das eigene Wohnhaus sollte auf die Ausblicke und den Garten hin orientiert sein. Die Grünplanung, die gekurvte Beet-Strukturen mit den klaren rektangulären Linien des Hauses kontrastierte, nahm Seebacher selbst vor. Ganz wichtig war ihm in der Nachfolge Wrights das Raumerlebnis, das Moment der Überraschung, die durch wechselnde Raumbezüge erzeugte Spannung. Diese Kategorien entsprachen auch seinem städtebauerischen Credo, wie er es im Wohnquartier Unteres Vegesack realisierte.[4]

Rolf Kirsch

1 Wendelin Seebacher: ... das tun wir nicht wieder. Bremen Osterholz-Tenever. Geschichte eines Demonstrativbauvorhabens, Bremen 2013.

2 Vgl. Eberhard Syring: Bremen und seine Bauten 1950–1979, Bremen 2014, S. 422.

3 Die folgenden Informationen entstammen einem Gespräch mit Wendelin Seebacher im Herbst 2018.

4 Architektur in Bremen und Bremerhaven, Worpswede 1988, Objekt Nr. 152, Würdigung: »Das Untere Vegesack ist eines der wenigen guten Beispiele, bei denen es nach weitgehender Flächensanierung gelungen ist, ein ganzes Quartier behutsam mit hoher Qualität neu aufzubauen, dem neuen Ort dabei eine eigene Identität zu geben und dennoch Alt und Neu miteinander zu verbinden.«

Ein Bungalow im Sozialismus

Haus Göpfert

Krügerstraße 39
Dresden-Loschwitz
Sachsen

Architekten: Rolf Göpfert
Gartenarchitekt: Werner Bauch
Bauzeit: 1963–65

Das Architektenhaus ist Teil der Elbhangbebauung von Dresden-Loschwitz, die – Hamburg-Blankenese vergleichbar – vorrangig aus Villen besteht. Bei dem markanten Bau handelt es sich um ein Beispiel des Bungalowtyps und eines der seltenen individuell gestalteten DDR-Privatwohngebäude.

Das 1963–1965 ausgeführte Einfamilienhaus mit Garten und Einfriedung hat der Dresdner Architekt Rolf Göpfert für sich und seine Familie entworfen. Es wurde mit einer Ausnahmegenehmigung zur individuellen Projektierung errichtet. Göpfert, der sich vor allem als Hochschullehrer einen Namen gemacht hat, arbeitete von 1949 bis 1955 als wissenschaftlicher Mitarbeiter in der Meisterwerkstatt von Hermann Henselmann, einem der prominentesten Architekten der DDR. Danach wurde er an die Technische Hochschule Dresden, ab 1961 Technische Universität, berufen, wo er bis zu seiner Emeritierung 1969 als Professor für Gebäudelehre und Entwerfen unterrichtete. Göpfert war zudem Vertrauensarchitekt der Arbeitsstelle Dresden des ostdeutschen Instituts für Denkmalpflege. Er beteiligte sich an verschiedenen Kirchenrestaurierungen. Sein größtes Projekt, das 1967–1968 erbaute Ministerium für Bauwesen der DDR im Zentrum von Berlin, wurde zum Großteil mittlerweile abgebrochen.[1]

Haus Göpfert erscheint als eingeschossiges, T-förmiges Gebäude, das aus einem längeren, straßenparallel gelagerten Wohn- und Wirtschaftsflügel mit Garage und einem rechtwinklig dazu stehenden Schlafflügel besteht. Der Wohnbereich, hier mit Flur, Küche, Essdiele, Stube und Bibliothek, folgt dem Einraum-Prinzip, da nur wenige kleine Trennwände die Sicht- und Blickbeziehungen im Inneren stören. Die Räume werden von großzügigen Fensterflächen belichtet, die zugleich die Modernität des Gebäudes unterstreichen. Die Flachdächer der beiden Flügel haben mit fünf Prozent eine äußerst geringe Neigung. Seitlich des Hauses ist ein geschützter Freisitz mit Kamin, Wasserbecken, Terrasse und ausgreifender Mauer über L-förmigem Grundriss angeordnet. Dahinter liegt ein offenbar später entstandener Pool.

Der Garten wurde nach Entwürfen von Werner Bauch, einem bekannten Dresdner Landschaftsarchitekten und Hochschullehrer, angelegt.[2] Er setzt sich aus einem zentralen Bereich im Winkel des Hauses und den umliegenden Flächen, darunter ein Badegarten, der den Pool rahmt, zusammen. Wegeplatten aus Waschbeton verbinden den Eingang des Anwesens mit der Garage, umgeben das Haus und dienen als flächiger Bodenbelag. Der Übergang vom Haus in den Garten erfolgt ebenerdig. Wabensteinwände und diverse, auch figurale Kunstwerke (Froschkönig am Wasserbecken, Relief am Kamin, stilisierte Nixe am Pool, Japanische Laterne und Vogeltränke) beleben die Anlage.

Äußerst nobel und unangepasst besticht Haus Göpfert mit seinen kubischen Bauformen, den glatt geputzten sowie weiß geschlämmten Ziegelmauern und den Flachdächern, die in der Tradition des Neuen Bauens der Weimarer Republik stehen. Dabei wirkt es wie ein »freundlicher Eindringling«[3] inmitten einer landläufigen Bebauung. Das gestalterisch anspruchsvolle Gebäude bildete eine innovative Antwort auf die seit dem Ende des Zweiten Weltkrieges im Osten Deutschlands fast ausschließlich entstandenen Satteldachhäuser mit ihrer konstruktiven, aber in gleichem Maße konventionellen Solidität. Zugleich wandte sich Rolf Göpfert mit seinem Entwurf demonstrativ von den in der DDR zur Doktrin erhobenen Nationalen Bautraditionen der 1950er Jahre ab, deren Werke nach den politischen Vor-

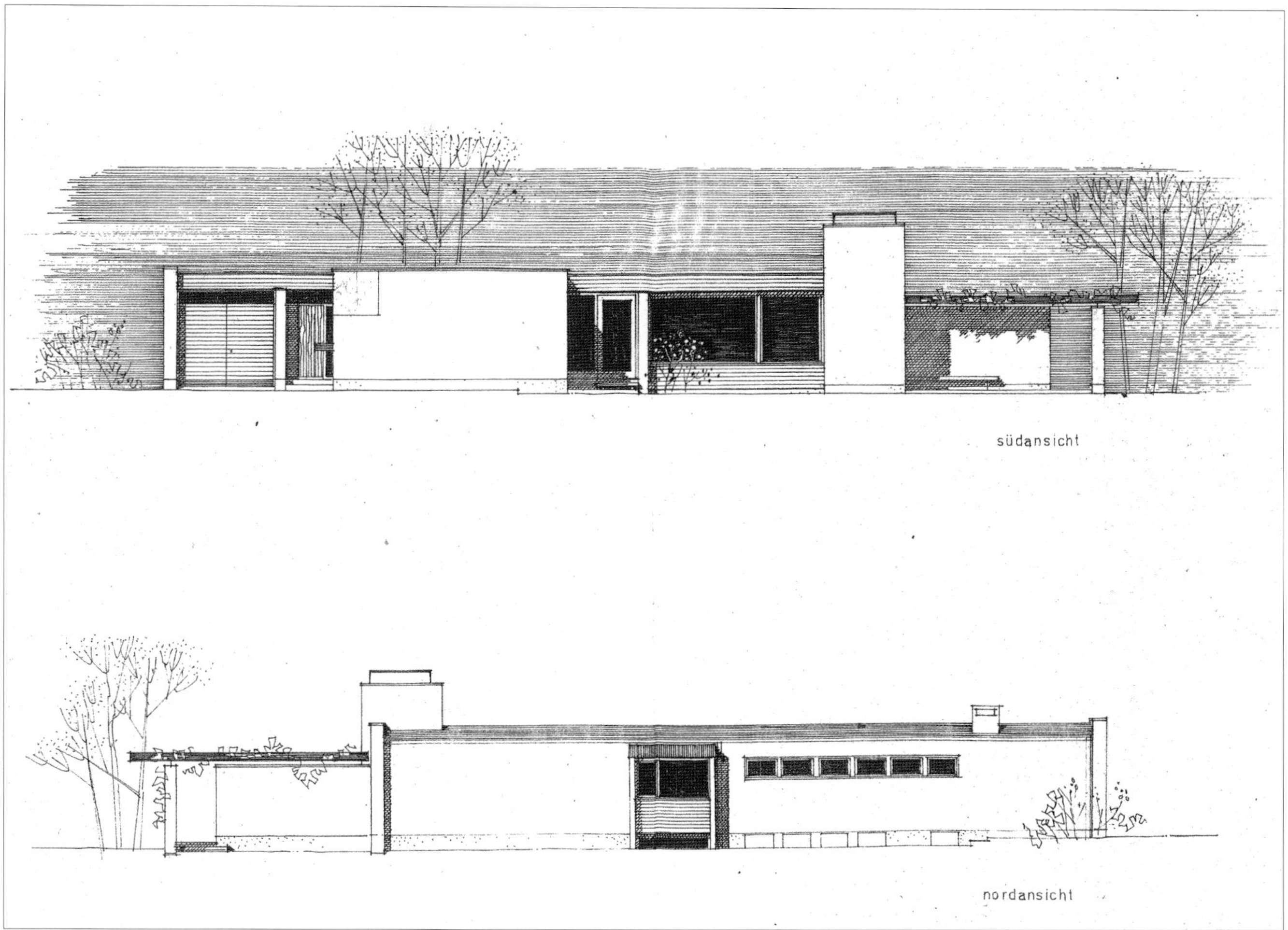

Abb. 1 Süd- und Nordansicht

gaben fortschrittlich im Inhalt und national in der Form sein sollten. Als man sich um 1960 auch hier der Moderne öffnete, empfanden das viele Architekten als Befreiung. Leider wurden mit der bald folgenden Rationalisierungswelle im staatlich gelenkten Bauwesen der DDR die formalen Möglichkeiten spürbar eingeengt.

Sucht man nach weiteren Bezügen, von denen sich Rolf Göpfert bei der Planung seines Hauses leiten ließ, so haben zweifelsohne die seit Mitte der 1950er Jahre in der alten Bundesrepublik und Westberlin entstandenen Bungalowbauten eine Rolle gespielt. Göpfert kannte sicher das 1956–57 errichtete Haus Luckhardt in Berlin-Dahlem, damals war die Stadt noch »offen« und der Westteil zugänglich. Wassili Luckhardt entwarf einen »avantgardistischen Bungalow«[4] aus einem flachen kubischen Baukörper mit gläsernen Wänden und weißer Dachscheibe, einer L-förmig ausgreifenden Mauer sowie einer vorgelagerten Gartenterrasse.[5] Ein anderes prominentes Beispiel ist das für Bundeskanzler Ludwig Erhard konzipierte Wohnhaus in Gmunden am Tegernsee. Es wurde nach Entwürfen Sep Rufs von 1954 bis 1955 errichtet.[6] Die Vermittlung der Vorbilder erfolgte vor allem über Architekturzeitschriften, wie »Der Baumeister« und »Die Bauwelt«, die den Hochschullehrern an der Technischen Universität Dresden zur Verfügung standen.[7] Auch Vertreter der Internationalen Moderne wie Richard Neutra und Marcel Breuer dürften mit ihren Vorstellungen beim Bau von Haus Göpfert Pate gestanden haben.

Auch im Vergleich zu anderen DDR-Einfamilienhäusern handelt es sich beim Göpfert-Haus um ein gestalterisch herausragendes Beispiel. Der Eigenheimbau war in der DDR weiter verbreitet als man gemeinhin annimmt und wurde in der Breite auch staatlich gefördert. So entstanden bereits ab 1950 in Ostberlin,[8] aber auch anderen Orten zahlreiche Bauten und vereinzelt sogar ganze Eigenheimsiedlungen, vorrangig für Künstler und Wissenschaftler. Diese und die meisten der nachfolgenden Häuser waren aber vor allem traditionelle Rechteckbauten mit Satteldächern. Individuelle Objekte wie das Göpfert-

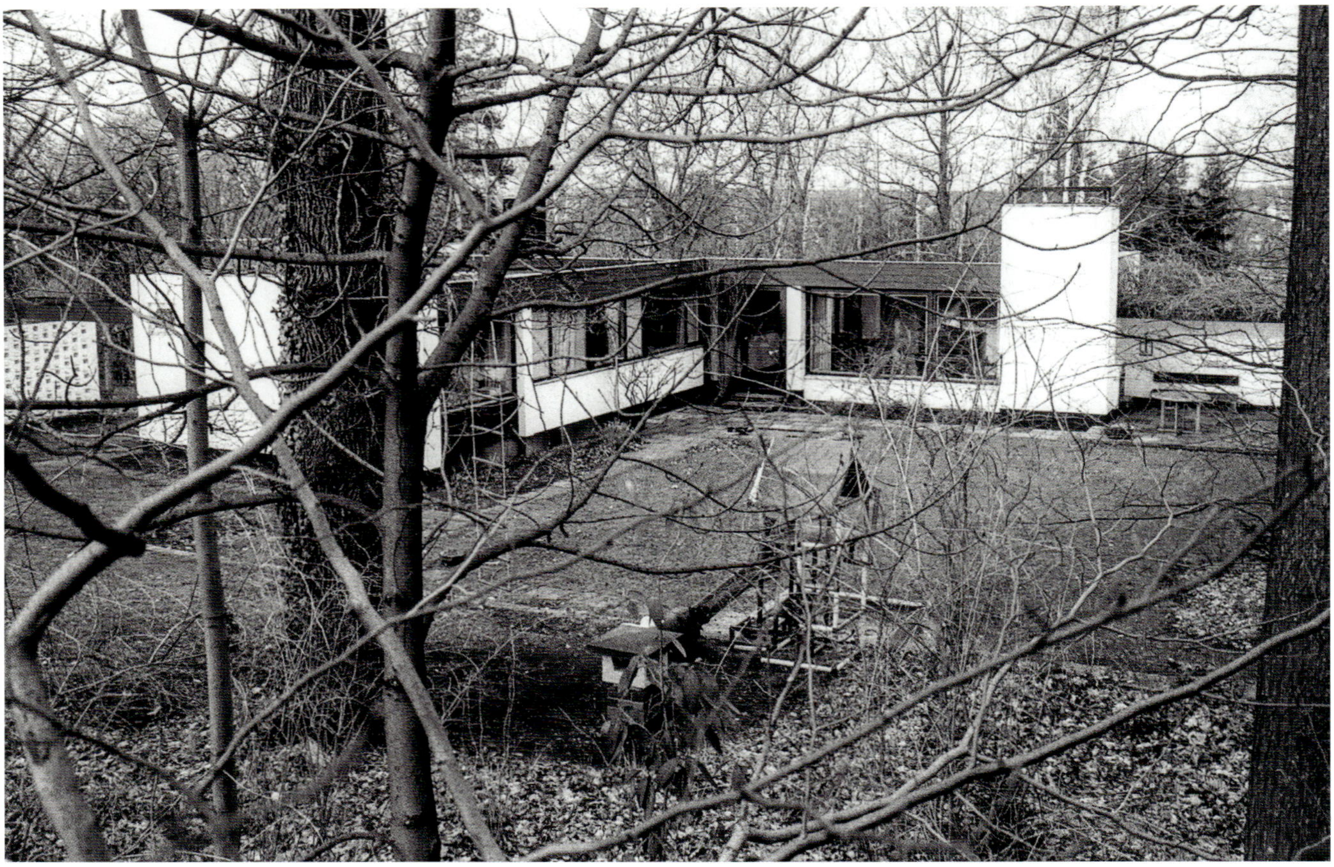

Abb. 2 Ansicht von Südosten, Zustand 2002

Abb. 3 Ansicht von Südwesten

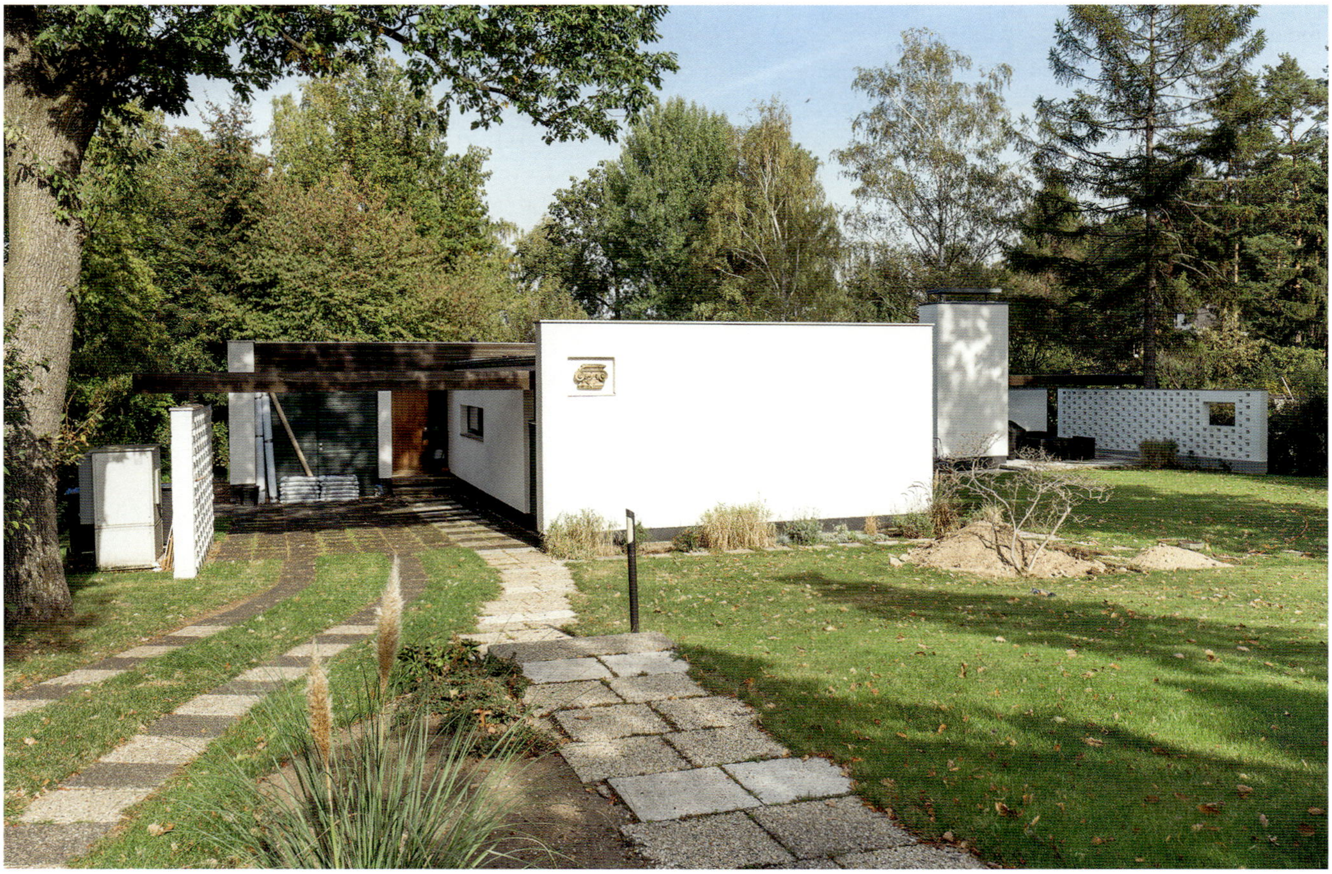

Haus, zumal für den gehobenen Wohnungsbau, entstanden nur selten, bildeten aber keine ausgesprochenen »Nischenarchitekturen«.

So konnten bisher neben dem Göpfert-Haus einige vergleichbare Bauten recherchiert werden. Dazu gehören zwei weitere Einfamilienhäuser in Dresden: ein futuristisch anmutender Wohnbau, der 1963 von Kurt Nowotny, dem Schöpfer der Leipziger Hauptpost, für Werner Ludwig, den Präsidenten des ostdeutschen DRK, projektiert wurde, und ein Bungalow für den Volkskammerpräsidenten der DDR, Johannes Dieckmann, 1964 von den Architekten Heiner Kulpe, Hans-Peter Schmiedel und Manfred Zumpe entworfen.[9] Erwähnenswert sind in diesem Zusammenhang auch das 1969–70 errichtete Haus des Physikers und Hochschulrektors Christian Weissmantel im Chemnitzer Stadtteil Rabenstein, ein zweigeschossiger Kubus mit Flachdach und axial angeordneten Fenstern, sowie ein allerdings erst 1975–80 für den Maler Bernhard Heisig in Leipzig-Leutzsch ausgeführtes Wohn- und Ateliergebäude. Näher bekannt ist auch ein 1969–70 erbautes individuelles Einfamilienhaus im Thüringischen Weimar, das der Architekt und Hochschullehrer Emil Schmidt entworfen hat.[10]

Der besseren Materialästhetik wegen erscheinen die westdeutschen Vorbilder zumeist in einem helleren Licht, aber hinsichtlich des gestalterischen Ansatzes und der Individualität sind das Göpfert-Haus und die anderen oben erwähnten DDR- Einfamilienhäuser durchaus vergleichbar und vielfach auch ebenbürtig.

Michael Müller

1 Vgl. Dank an einen Werkmeister. Rolf Göpfert zum 80. Geburtstag, in: Die Union, Jg. 38, Nr. 288, 1983, S. 4; Architekturführer der DDR. Berlin. Hauptstadt der Deutschen Demokratischen Republik, Berlin 1976, S. 81; Dresden und seine Architekten. Strömungen und Tendenzen 1900–1970, erarbeitet u. a. von Bernhard Sterra, Dresden 2011, S. 176.

2 Vgl. Dresden und seine Architekten (wie Anm. 1), S. 125–126, 163.

3 Baukunst der Nachkriegsmoderne. Architekturführer Berlin 1949–1979, hrsg. u. a. von Adrian von Buttlar, Berlin 2013, S. 340.

4 Baukunst der Nachkriegsmoderne (wie Anm. 3), S. 341.

5 Vgl. Falk Jaeger: Bauen in Deutschland. Ein Führer durch die Architektur des 20. Jahrhunderts in der Bundesrepublik und West-Berlin, Stuttgart 1985, S. 64.

6 Vgl. Alexander Kraus: Wohnhaus Dr. Sedlmayer (1967/68). Denkmalwerte Wohnkultur der Nachkriegsmoderne in Hamburg, in: Die Denkmalpflege, Jg. 61, Nr. 1, 2003, S. 26.

7 DDR-Architekten wurden nur äußerst selten auf Studienreisen in das »kapitalistische« Ausland geschickt. Vgl. Heinrich Rettig: Studentenwohnheime in Dresden, in: Deutsche Architektur, Jg. 11, Nr. 10, 1962, S. 616.

8 Vgl. Baukunst der Nachkriegsmoderne (wie Anm. 3), S. 340.

9 Auf Zumpe gehen noch weitere derartige Bauten im Umland von Dresden zurück. Vgl. Manfred Zumpe Architekt. Aus seinem Wirken und Werk 1955–1995, Dresden 1995, S. 33–34.

10 Vgl. Stadt Weimar. Stadterweiterung und Ortsteile, Bearbeitung u. a. Rainer Müller, Altenburg 2009, S. 792–793 (= Denkmaltopographie Bundesrepublik Deutschland. Kulturdenkmale in Thüringen. Band 4.2).

Zwischen Tradition und Moderne

Haus Schmidt

Rainer-Maria-Rilke-Straße 32
Weimar
Thüringen

Architekt: Emil Schmidt
Bauzeit: 1969–71

Wohnhäuser der 1960er und 1970er Jahre in der DDR – alles Beton, alle Platte? Keineswegs: Diese Periode der Baugeschichte hat auch Modern-Traditionelles zu bieten, wie ein Blick auf das Architektenhaus Schmidt im »klassischen« Weimar zeigt. Emil Schmidt war einer der einflussreichsten Lehrer der Weimarer Hochschule für Architektur und Bauwesen in den 1950er/60er Jahren. Sein Werk ist geprägt von der Anpassung traditionalistischer Architekturkonzepte an die zeitgenössische Moderne. An seinem eigenen Wohnhaus in Weimar, einem seiner letzten Werke, hat er gleichsam die Summe seines architektonischen Vermächtnisses gezogen.

Am südlichen Ende der Weimarer Rainer-Maria-Rilke-Straße steht das von 1969 bis 1971 errichtete Wohnhaus des Weimarer Architekten und Hochschullehrers Emil Schmidt (1912–1979).[1] Es ist ein Schlüsselwerk im Œuvre des Architekten und signifikant für die von ihm in Lehre und Praxis vertretenen Positionen.[2] Individuell geplant und realisiert, steht es in zweifacher Hinsicht quer zu den Doktrinen der zeitgenössischen DDR-Baupolitik, nämlich einerseits stilistisch als Vertreter einer traditionalistischen Baukunst gegenüber einer offiziell geforderten, auf Rationalisierung und Normierung gegründeten funktionalistischen Architektur, andererseits als Einfamilienhaus gegenüber einem staatlich geförderten Massenwohnungsbau.

Schmidt, der von 1951 bis 1969 die Professur für Baugestaltung, Bauaufnahme und Entwerfen an der Hochschule für Architektur und Bauwesen Weimar inne hatte, orientierte sich in seinem Unterricht dezidiert an der Werklehre Paul Schmitthenners. Wechselwirkungen von Ort,

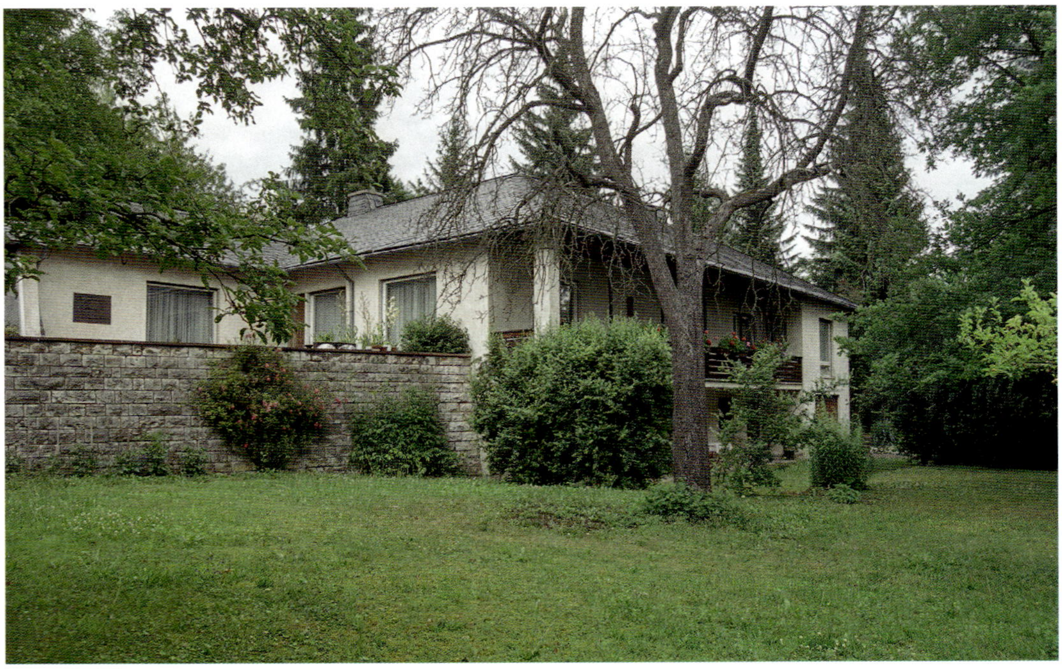

Abb. 1 Haus Schmidt, Blick von Südwesten, 2005; im Bild der Querbau und der Ostflügel mit Loggia

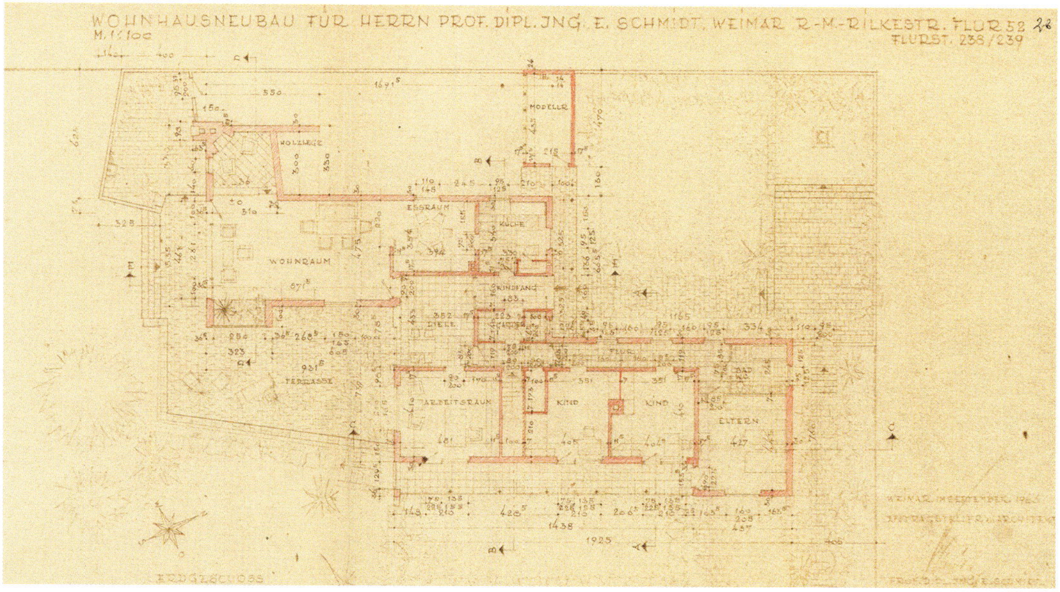

Abb. 2 Entwurf für den Wohnhausneubau, Grundriss Erdgeschoss, September 1966

Klima, Material und Konstruktion waren daher zentrale Inhalte der Lehre. In dieser Ausrichtung stand Schmidt nicht allein, vielmehr nahm er eine Tradition auf, die letztlich in Nachfolge von Schultze-Naumburg die Architektenausbildung an der Weimarer Hochschule in der Nachkriegszeit bestimmte.[3]

Schmidt blieb über die Umbrüche im Bauwesen der DDR hinweg ein »engagierter Verfechter der Stuttgarter Schule«[4] und vertrat seine Position auch »gegen aufkommende Bedenken vehement bis in die späten 1960er Jahre. So erklären sich die teils verblüffenden Ähnlichkeiten der studentischen Arbeitsblätter über einen Zeitraum von fast vierzig Jahren.«[5]

Der Entwurf für das Wohnhaus ist auf September 1966 datiert.[6] Es sollten mehr als zwei Jahre vergehen, ehe der erste Spatenstich erfolgte. Hintergrund für diese Verzögerung waren die Querelen um die Neustrukturierungen der Weimarer Hochschule im Rahmen der Dritten Hochschulreform von 1968. In deren Folge wurde Schmidt aus dem Lehrkörper entfernt und das von ihm geleitete Institut aufgelöst. Es folgte eine schwere persönliche Krise mit Selbstmordversuch und längerer Krankheit. Nach einer kurzzeitigen Delegation an das Wohnungsbaukombinat Erfurt wurde er 1970 emeritiert. Vor diesem Hintergrund kann das Wohnhaus auch als persönliches Statement gelesen werden, in

Abb. 3 Änderungsentwurf zum Westflügel mit Grundriss und Südwestansicht, September 1969

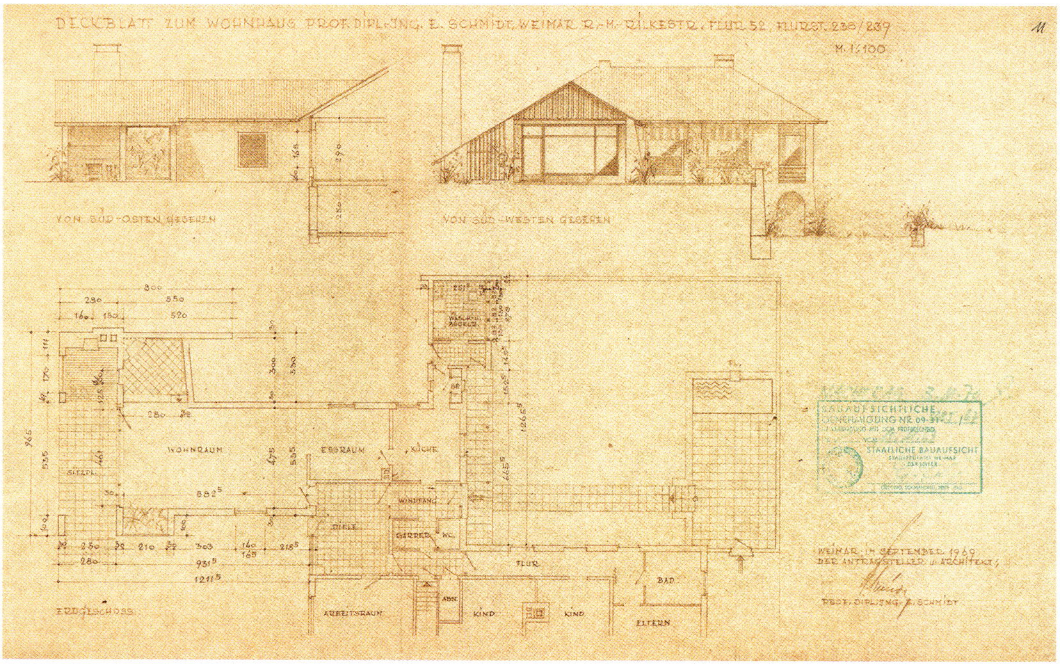

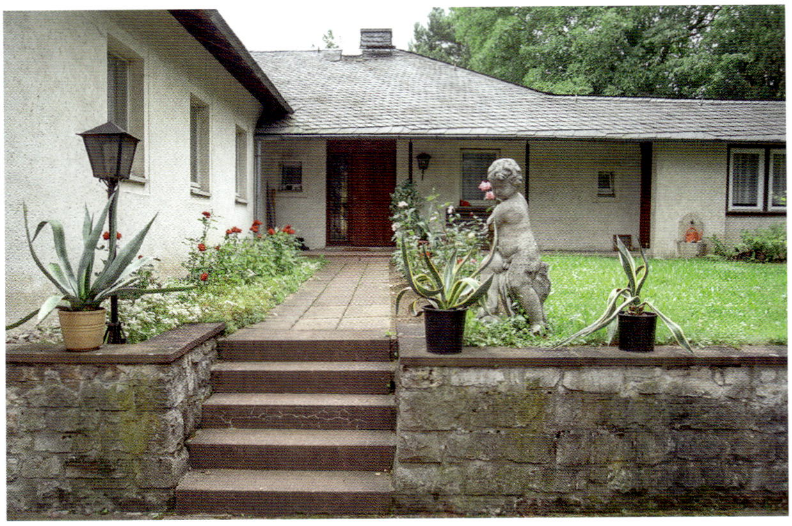

Abb. 4 Eingangsbereich mit Hochparterre von Nordosten, 2005

dem der fast Siebzigjährige noch einmal für eine andere Architektur plädiert.

Schmidt nutzte die gegebene topografische Situation des nach Südosten mäßig abfallenden Geländes und ordnete das Haus so an, dass es erhöht und von der Straße betont abgerückt an der nordwestlichen Grundstücksgrenze steht. Dadurch ergab sich ein großes, gärtnerisch gestaltetes Vorfeld. Der eingeschossige Baukörper besteht aus zwei etwa gleich großen, parallel gestellten Flügeln in versetzter Lage und einem Querbau gleicher Höhe als Verbinder. Die Disposition mit zweifach abgewinkeltem Grundriss ermöglichte die Anlage mehrerer Terrassen bzw. Freiplätze, die ein wesentliches Element des architektonischen Konzepts sind und Außen- und Innenraum miteinander verschränken.

Markant – und von Schmidt auch bei anderen Projekten gern aufgegriffen[7] – ist das Motiv der Loggia mit horizontal gegliederter Brüstung. Als Freisitz ist sie zugänglich von den dahinter gelegenen Schlafräumen der Eltern und Kinder sowie dem Arbeitsraum des Bauherrn.

Im zurückgesetzten Westflügel befindet sich das Wohnzimmer, das zusammen mit der Kaminecke und dem Esszimmer einen einzigen, etwa 60 Quadratmeter großen Raum bildet. Ein Blumenfenster an dessen Südostecke, der besseren Besonnung wegen geneigt, ist anhand dieses Details auch am Außenbau auszumachen. Bodengleich zum Wohnzimmer liegt die diesem Raum südlich vorgelagerte Terrasse, gleichfalls mit einem Kamin versehen und durch das entsprechend weit vorgezogene Hausdach vor Niederschlag geschützt.[8]

Der Querbau nimmt Funktionsräume wie Diele, Garderobe und Küche – Letztere mit Durchgang zum Essraum – auf. Die Bauweise des Hauses ist handwerklich-traditionell: Schalungsstein- bzw. Vollziegelmauerwerk, Rieselputz mit Glattputzfaschen an den Wandöffnungen und altdeutsche Schieferdeckung auf den flach geneigten, tief herabgezogenen Walmdächern.[9]

Städtebauliche Einordnung, Baugestaltung und Konstruktionsweise lassen den Einfluss Schmitthenners erkennen. Auch in der Grundrissgliederung gibt es Verwandtschaft. So findet sich die »Einrichtung wenigstens eines Großzügigkeit und Weite vermittelnden Raumes, zu dessen Gunsten andere Räume sehr klein konzipiert werden«[10]. Auch der für Bauten Schmitthenners charakteristische Wechsel von hellen und dunklen Raumzonen ist gegeben.

Andererseits aber ist es nicht allein ein konservatives Werk. Derart flach geneigte und auf Freipfeilern weit vorgezogene Dächer wie am Haus Schmidt sind aus dem Werk von Frank Lloyd Wright bekannt. Namentlich die frühen Werke Wrights mit den auf Freistützen auskragenden flachen Dächern, den großzügig überdachten Terrassen und Loggien und der damit erzielten Verbindung von Außen- und Innenraum klingen bei Schmidt als Reminiszenz an. Auch andere Aspekte, etwa der Verzicht auf Fensterläden und Fensterteilung, überhaupt das freie, funktionsbezogene Wand-Öffnungs-Verhältnis der Fassaden, verweisen auf eine moderate Anpassung an Formtypen der Moderne.

Nicht zuletzt ist es aber die Freiraumgestaltung, die modern wirkt. Hierfür stehen die Weiträumigkeit der Anlage, die über Terrassen hergestellten fließenden Übergänge von Innen und Außen und eine auf die funktionale Ordnung des Hauses abgestellte Verteilung von Nutz- und Zierflächen. So sind vor dem Hauseingang nach Norden ein Hochparterre mit Rasenflächen und

Abb. 5 Grundstückszufahrt mit Mülltonnenstellplatz; im Hintergrund Nachbarhaus Rainer Maria-Rilke-Straße 30

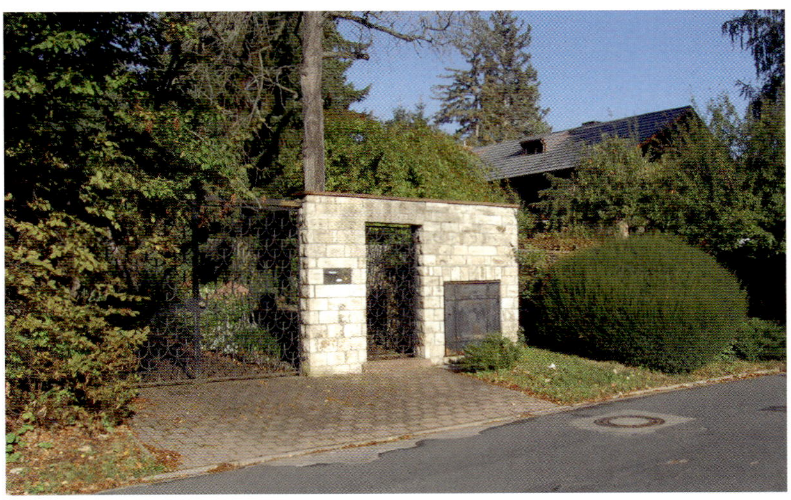

Wasserbassin, vor dem Westflügel nach Osten eine Terrasse mit Brunnen und nach Süden das Schwimmbecken und ein Gerätehaus angeordnet.[11] Die Rasenflächen südlich und östlich des Hauses werden als offene Freiräume durch wenige akzentuiert eingesetzte Gehölze gegliedert.

Auch bei der Gestaltung der Grundstückszufahrt gibt sich die Verbindung von Tradition und Funktionsgerechtigkeit zu erkennen: Torpfosten und Einfriedungsmauer mit Natursteinverblendung aus örtlichem Travertin, schmiedeeiserne Tore und Türen in handwerklicher Fertigung, aber auch ein kleiner gemauerter Verschlag für die Mülltonnen, vom Straßenraum über eine schmiedeeiserne Klappe erreichbar.

Haus Schmidt erweist sich somit als ein Werk, das auf eine eigene Weise handwerkliche, traditionelle Bauausfertigung mit moderner Raumauffassung und Detailgestaltung verbindet und vielfältige historische Bezüge über das bloß Biografische hinaus eröffnet. Bedeutung hat es dabei sowohl für die Architektur in der DDR der 1960/70er Jahre als auch für die Architektur in Weimar und an der Weimarer Hochschule für Architektur und Bauwesen. Für die Weimarer Architekturschule der 1950er/60er Jahre spiegelt es die charakteristische Anpassung traditionalistischer Architekturkonzepte an die zeitgenössische Moderne wider. Haus Schmidt ist eines der letzten Beispiele dieser Richtung. Mit der Hochschulreform von 1968 und der Durchsetzung des industrialisierten Wohnungsbaus auch in der Lehre war für eine solche Architektur kein Platz mehr.[12]

Rainer Müller

1 Der Bezug des Hauses erfolgte 1971, die Schlussabnahme aber erst 1973. Bauchronologie lt. Bauakte im Bauaktenarchiv der Stadt Weimar (im Folgenden BAA Weimar): Entwurfszeichnung vom September 1966, Bauantrag vom 17.7.1967, Baugenehmigung vom 15.11.1967, Nachtrag zur Schaffung eines überdeckten Sitzplatzes vom 30.10.1970, Überprüfung Schornsteine am 29.11.1971, funktionsfähige Fertigstellung des Einfamilienhauses am 24.5.1973. Gerätehaus: Entwurf vom 31.6. 1974, Bauerlaubnis 2.8.1974, Bauabnahme 27.9.1975. Vgl. Rainer Müller, Bernd Mende, Alf Rößner u. a. (Bearb.): Stadt Weimar. Kulturdenkmale in Thüringen. Bd. 4.2, Altenburg 2009, S. 792f.

2 Eine Übersicht zu Leben und Werk Emil Schmidts bietet Katharina Schmidt: Prof. Dipl.-Ing. Emil Schmidt. Sein Leben und Werk. Seminararbeit, Weimar 2004 [Maschinenschrift; vorhanden: Bauhaus-Universität Weimar, Lehrstuhl Architekturgeschichte III]. Vgl. auch Andreas Butter: Neues Leben, neues Bauen. Die Moderne in der Architektur der SBZ/DDR 1945–1951, Berlin 2006, S. 745.

3 Ausführlich hierzu Mark Escherich: Schülerschaft und Wirkung der Weimarer Architekturschule unter Paul Schultze-Naumburg und seinen Nachfolgern, in: Kulturreformer. Rassenideologe. Hochschuldirektor. Der lange Schatten des Paul Schultze-Naumburg. Publikation des gleichnamigen Kolloquiums vom 3. bis 4. Dezember 2015 an der Bauhaus-Universität Weimar, Heidelberg 2018, S. 177–188 sowie diverse weitere Beiträge in dem Tagungsband. Weiterhin Schmidt (wie Anm. 2), S. 41–54.

4 Dieter Salzmann: Erinnerungen, in: Architekturstudium in Weimar. Belegarbeiten von Dieter Salzmann 1950–1954, hrsg. von Norbert Korrek und Christiane Wolf, Weimar 2015, S. 6–9.

5 Escherich (wie Anm. 3), S. 183.

6 BAA Weimar (wie Anm. 1), Bl. 23–29. – Schmidt (wie Anm. 2), S. 82f.

7 Beispielsweise kehrt das Motiv der Loggia bei verschiedenen Wohnhausentwürfen Schmidts der 1960/70er Jahre wieder. Vgl. Schmidt (wie Anm. 2), S. 79–82.

8 Der überdeckte Sitzplatz am Westflügel wurde erst nachträglich mit Schreiben vom 30.10.1970 beantragt. BAA Weimar (wie Anm. 1), Bl. 11.

9 Die Schieferdeckung weicht von der im Bauantrag vom 17.7.1967 beantragten Deckung mit Falzpfanne ab. BAA Weimar (wie Anm. 1), Bl. 19v.

10 Marc Hirschfell: Das ist das Haus vom Nikolaus. Die Geschichte des Walmdachhauses als Urform und Idealtyp. Dissertation Halle-Wittenberg 2005, S. 147, http://digital.bibliothek.uni-halle.de/hs/urn/urn:nbn:de:gbv:3-000013048 (26.9.2018)

11 Das Gerätehaus entstand erst in den Jahren 1974/75. Vgl. Anm. 1.

12 Emil Schmidt sollte nach seiner Pensionierung gelegentlich noch im Wohnbau beratend tätig sein. Gerade in Weimar finden sich Hinweise auf seine Tätigkeit. So zeigt der Entwurf für die um 1975 errichteten Eigenheime der »Siedlergemeinschaft Hermann-Löns-Straße« charakteristische Elemente Schmidt'scher Architektur wie flache, tief herabgezogene Walmdächer, quadratische sprossenlose Verbundfenster und Loggien mit horizontal gegliederten Brüstungen. Auch das in direkter Nachbarschaft zum Haus Schmidt errichtete Eigenheim Rainer-Maria-Rilke-Straße 30 erhielt nach Planänderung im Jahr 1975 eine solche Loggia. Waren diese Eigenheime individuelle Lösungen auf Grundlage typisierter Elemente, so basiert das Gros der in den 1970/80er Jahre errichteten Eigenheime auf Typenentwürfen wie dem EW 65. Deren traditionalistisches Erscheinungsbild als eingeschossige Satteldachhäuser steht nicht nur in merkwürdigem Kontrast zur normierten Fertigteilbauweise, sondern auch zur Forderung nach einer zeitgemäßen, modernen Architektur und veranschaulicht bezeichnend das Dilemma für viele Architekten in der DDR.

Vom Heimatstil zum Brutalismus – eine Architektenvilla am Ammersee

Villa Michel

Hohe Rainäckerstraße 11
Pähl am Ammersee
Bayern

Architekt: Hubert Michel
Bauzeit: 1964–68

Das baukünstlerische Gestalten Hubert Michels steht beispielhaft für die enorme Wandlungsfähigkeit der deutschen Nachkriegsarchitektur in einem wechselvollen 20. Jahrhundert. Sie erlaubte Sprünge vom konservativen Heimatstil zur Avantgarde.

Die Villa Michel liegt in einer kleinen Straßensiedlung auf einem Höhenrücken von Aidenried, der zum Ammersee hin abfällt. Der Architekt Hubert Michel (1913-2005) baute sie für sich und seine Familie in den Jahren von 1967 bis 1968.[1]

Blickt man auf die Villa am Ammersee, könnte man kaum glauben, dass der Architekt seine Ausbildung bei dem für den konservativen Heimatstil stehenden Architekten Schultze-Naumburg an der Staatlichen Hochschule für Baukunst in Weimar erhalten hatte. Seine erste Berufserfahrung machte er im Architekturbüro des moderneren Fritz Norkauer in München, den er ebenfalls aus Weimar kannte. Neben Norkauer war es sicherlich auch seine freundschaftliche Verbundenheit zu Josef Wiedemann, die Hubert Michel zu neuen Formen und Baukonstruktionen führte. Öffnete er sich mit den Riva Film-

Abb. 1 Außenansicht

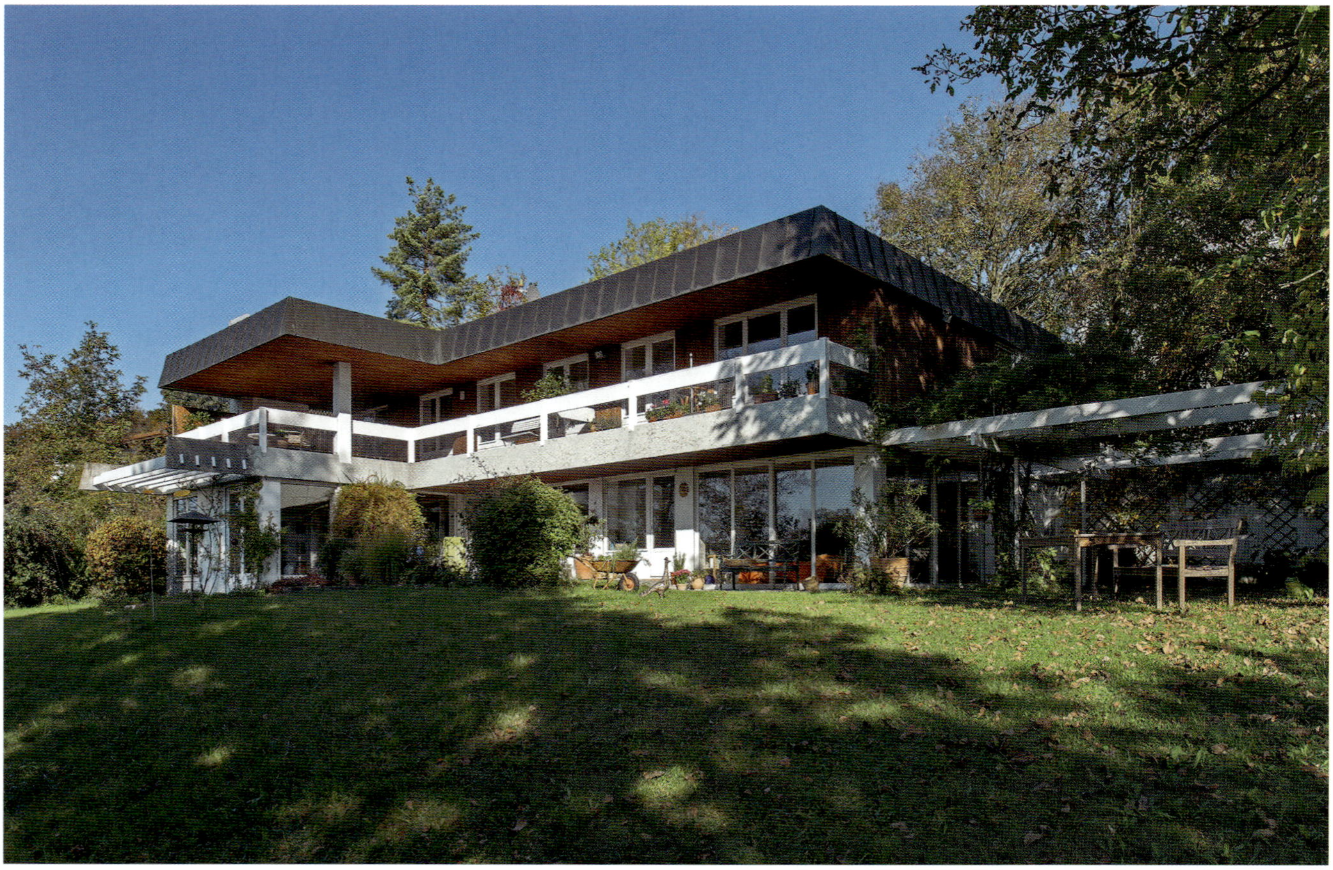

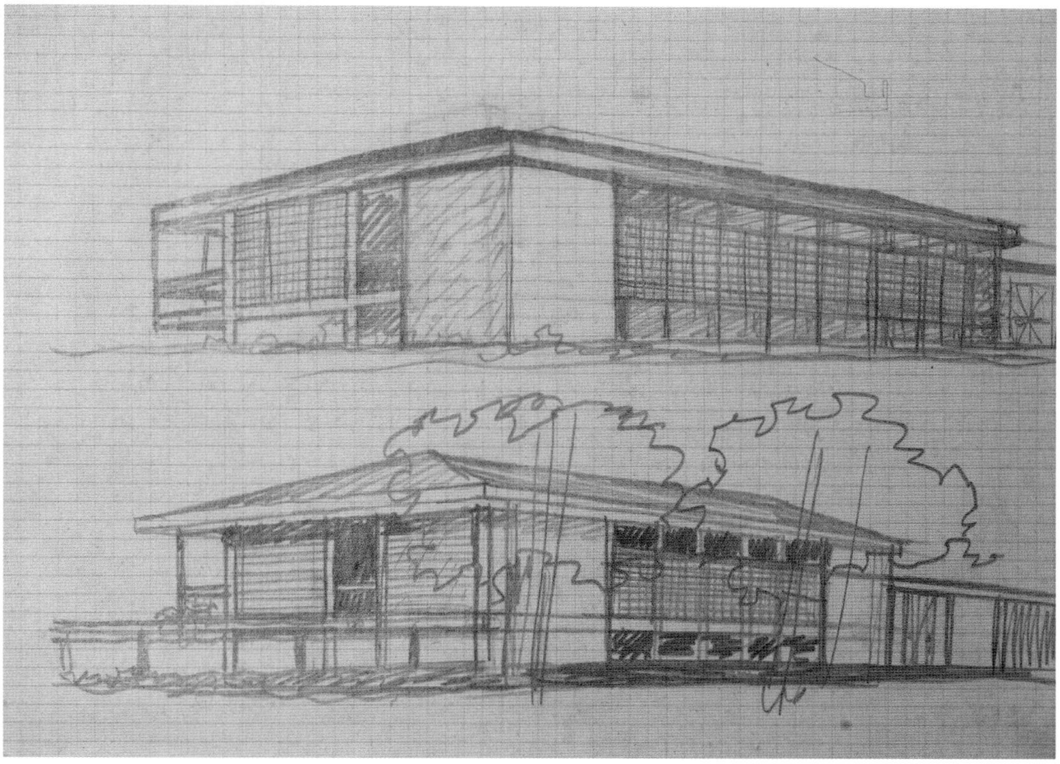

Abb. 2 Ansichten, Handskizze, vor 1967

und Fernsehstudios in München-Unterföhring (1960) dem Funktionalismus, so wandte er sich mit dem Hochhausbau am Rotkreuzplatz in München (1965, Schwesternschule und Krankenhauserweiterung) dem Brutalismus zu.[2]

In diesem Geist gestaltete er auch sein Wohnhaus in Aidenried, dessen Grundstück er schon in den 1950er Jahren erworben hatte. Seine Skizzen zeigen die Entwicklung der Entwurfsideen von einem geschlossenen, von konstruktiven Formen bestimmten Wohnhaus hin zu einem aufgelockerten, beinahe gestisch durchgliederten Baukörper, der sich der umgebenden Natur und dem großen Garten öffnet.

Die Villa ist ein zweigeschossiger, mehrfach abgewinkelter Stahlbetonskelettbau mit Ziegelsteinausmauerung und einem flachen Walmdach. Die Öffnung zur umgebenden Natur geschieht vor allem durch die abgewinkelte Kubatur und das gartenseitig weit vorkragende Dach, das einen großen, umlaufenden, teilweise aufgeständerten Balkon überdeckt. Der Balkon wird aus der vorgezogenen Betonbodenplatte des Obergeschosses gebildet, die zugleich die Böschung der später verblechten Betondeckenplatte des Dachgeschosses aufnimmt. Das Balkongeländer ist als Holzkonstruktion ausgeführt. Große Teile der Außenmauern sind holzverschalt, ebenso wie die über dem Balkon vorkragende Decke des Dachgeschosses. Vor allem die gartenseitige Fassade ist durch große Fenster geöffnet, die Innen und Außen verbinden. Im Obergeschoss ist der westliche zweigeschossige Risalit als Freisitz mit außen liegendem, offenem Kamin gestaltet. Der

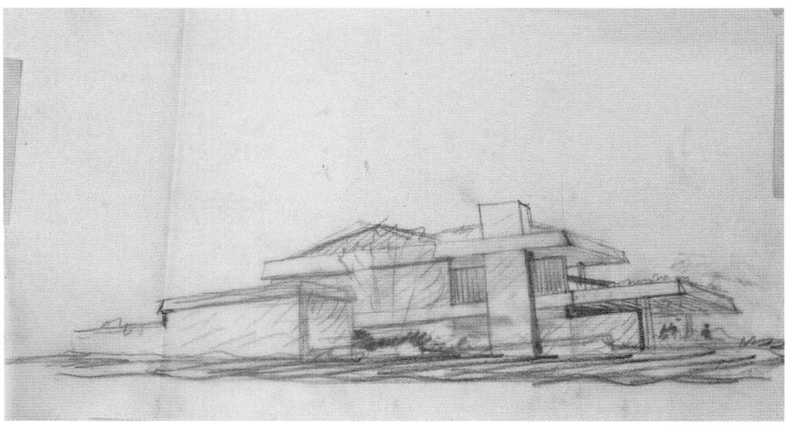

Abb. 3 Ansicht, Handskizze, vor 1967

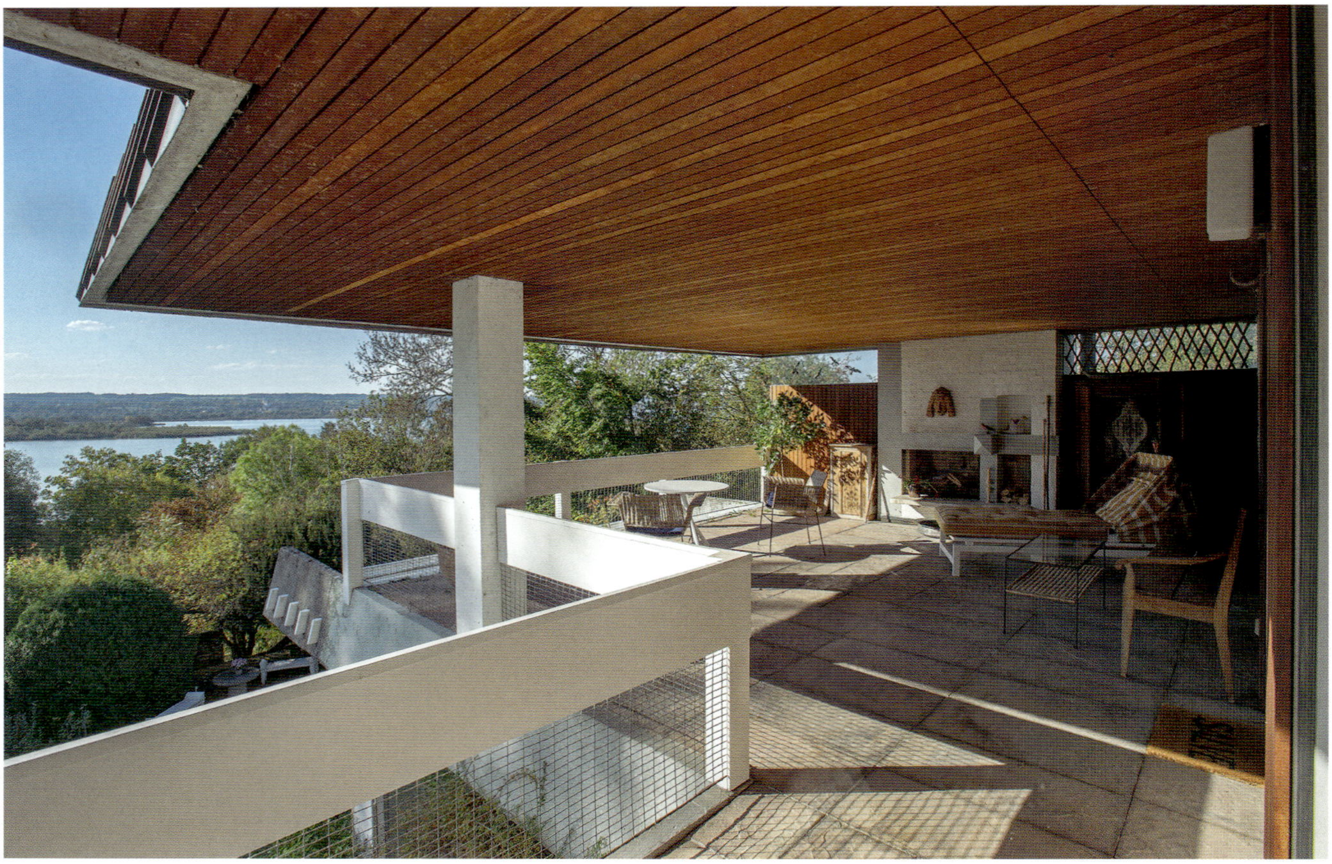

Abb. 4 Freisitz

Abb. 5 Wohnzimmer, 1967–68

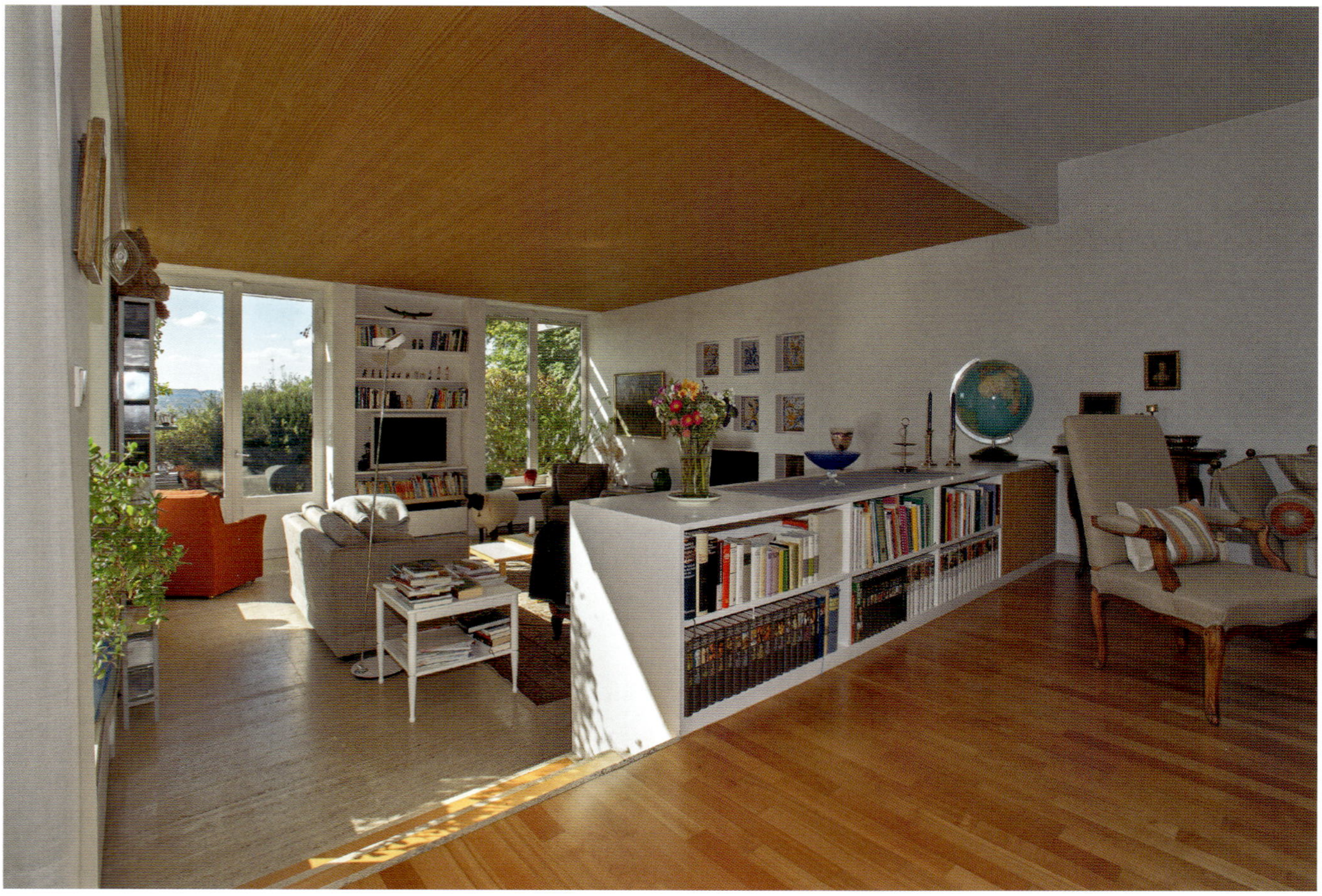

Balkon des westlichen Risalits ist stichbalkenartig verlängert, um als Träger für durchgesteckte Holzbalken zu dienen, die eine Pergola ausbilden. Eine ähnliche Pergola findet sich auch auf der südlichen Schmalseite des Gebäudes. Im Norden des Wohnhauses ist mit straßenseitiger Zufahrt eine Garage angebaut. Straßenseitig sind aus der Betondeckenplatte heraus weit vorkragende Nasen ausgebildet, die als Wasserspeier dienen.

Das Binnengefüge ist entlang eines firstparallelen Mittelkorridors entwickelt, wobei die Wohnräume auf der Gartenseite angeordnet sind. Die Mitte nimmt auf der Westseite das große, abgewinkelte Wohnzimmer ein, das als Split-Level-Raum mit beinahe geschosshohen Fenstern ausgebildet ist. Die Bodenbeläge wechseln abwechslungsreich von Parkett zu Travertin. Ein geometrisch streng gestalteter, in die Nordwand eingelassener und mit figürlich bemalten, glasierten Tontafeln geschmückter Kamin bildet den Blickfang des westlichen, abgesenkten Teils des Wohnzimmers.

Paradigmatisch wurden mit diesem Villengebäude neue künstlerische Leitideen wie die expressiv gestische Qualität der Architektur, das Exponieren der technischen Konstruktion und des Materials Beton umgesetzt. Durch den geöffneten Baukörper und durch die Verwendung von Holz gelingt die Verbindung von Villa und Natur. Die plastische Gliederung des Baukörpers, die Fensterfassade im Erdgeschoss und das Split-Level-Wohnzimmer erinnern dabei zugleich an die Tradition der Villenbauten Mies van der Rohes und an die amerikanischen Villen Richard Neutras und Frank Lloyd Wrights.

Detlef Knipping

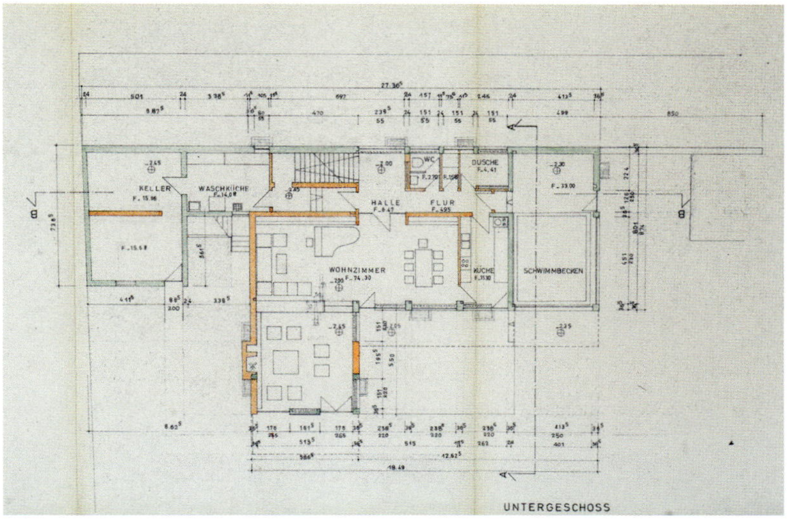

Abb. 6 Grundriss, Erdgeschoss, 1967

1 Vgl. Bauakte, Landratsamt Weilheim-Schongau, Pähl, Hohe Rainäckerstraße 11.

2 Für die biografischen Hinweise dankt der Verfasser herzlich Mathias Michel, dem Sohn des Architekten.

Innen ist außen und außen ist innen

Wohnanlage Dr. Pabst-Haasper

Am Fischerberg 44–48
Dillingen-Pachten
Saarland

Architekt: Karl Hanus
Landschaftsarchitekt: Wolfgang Walter
Bauzeit: 1975/76

Dillingen ist wegen seines Hüttenwerks seit dem 19. Jahrhundert ein wichtiger Industriestandort im Saarland. Hier entstand Ende der 1960er Jahre ein Wohnbaugebiet im Grünen zwischen einem Gewerbegebiet und dem Hüttenwald. Über einhundert Wohnhäuser wurden im neuen Quartier Am Fischerberg gebaut, darunter das bemerkenswerte Wohnhaus mit der Nr. 44/48: Natur und Architektur verschränken sich hier zu einer wahren Wohnlandschaft.

Das Doppelwohnhaus wurde 1975/76 nach Plänen des Saarlouiser Architekten Karl Hanus für das Ehepaar Dr. Werner Pabst und die Familie ihrer Tochter in Hanglage errichtet. Die Gartenkonzeption geht auf den Landschaftsarchitekten Wolfgang Walter zurück.[1]

Der Architekt Dr. Karl Hanus (1927–2013) wurde in Saarlouis geboren, studierte in Stuttgart und Essen, eröffnete in Saarlouis sein Architekturbüro und arbeitete im Saarland, wo seine Schulen, Hochschulen, Sport- und Vereinsstätten, Verwaltungs- und Geschäftsgebäude, Fabriken, Siedlungen und Privatwohnhäuser entstanden. 1974 erhielt er den Kunstpreis des Saarlandes. Seine architektonischen Referenzen gehen auf die Klassische Moderne zurück. Körperhaftigkeit, Kontrast, Harmonie in der Proportion, besondere konstruktive und handwerkliche Sorgfalt bestimmen sein Werk.[2]

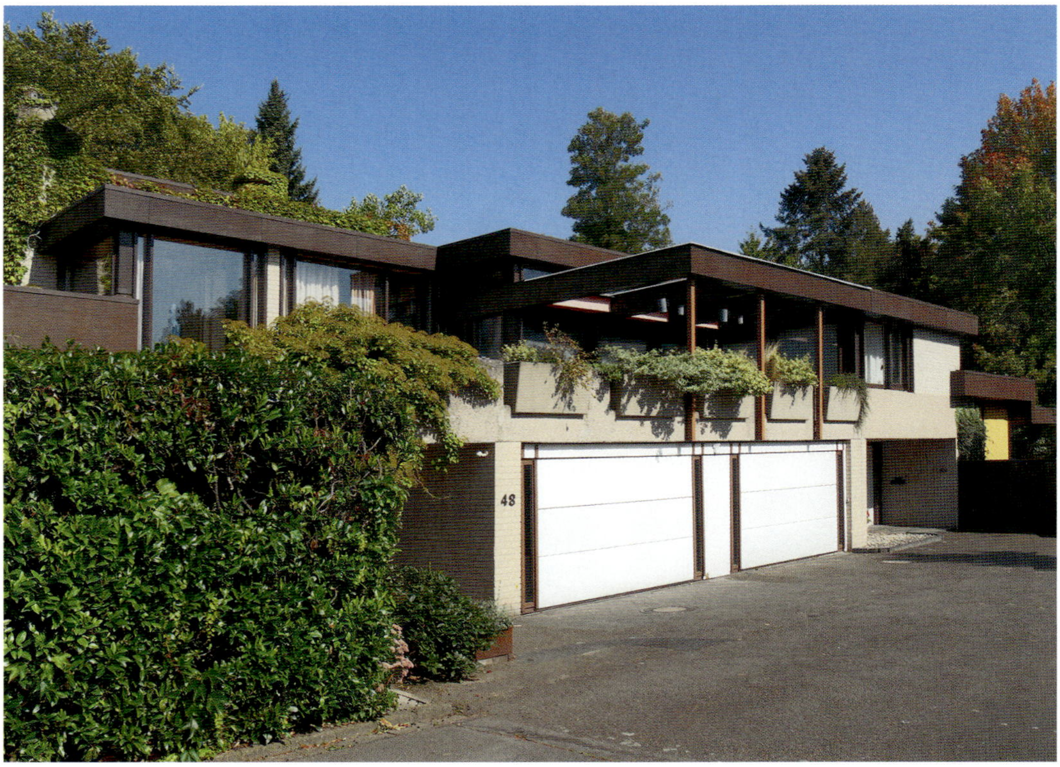

Abb. 1 Wohnanlage von der Straßenseite, Aufnahme 2018

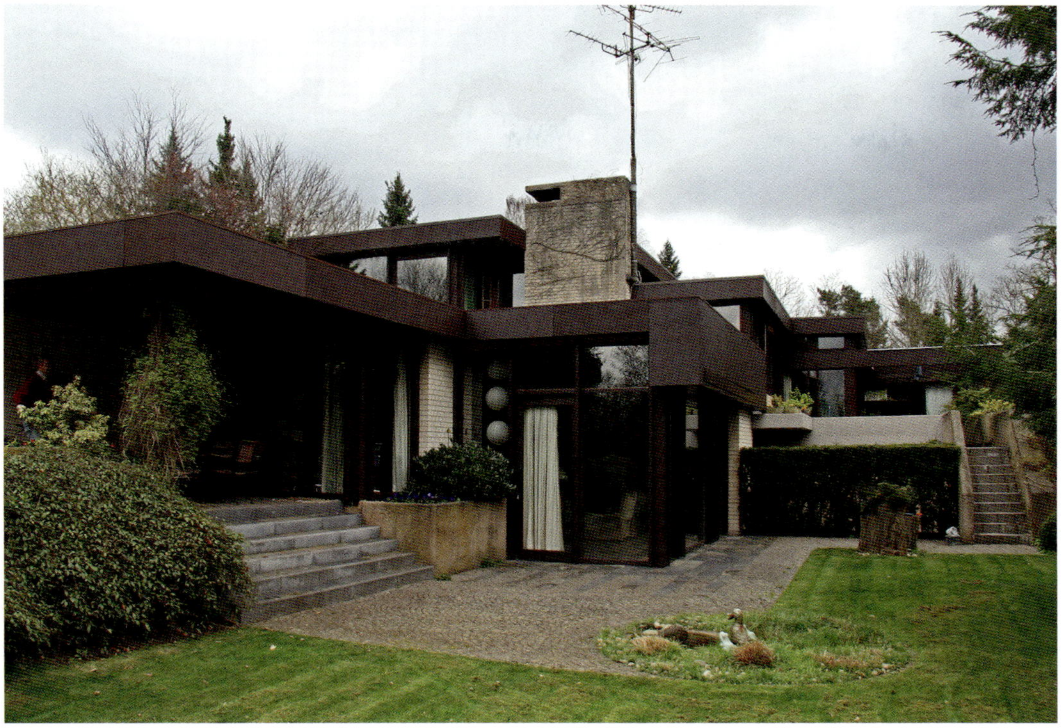

Abb. 2 Blick von der Gartenseite, Aufnahme 2008

Die Bauaufgabe bestand in der Schaffung von individuellen und gemeinschaftlichen Wohnbereichen und in der Vorsorge einer zukünftigen mühelosen Trennung der Haushälften. Es entstand eine unkonventionelle Wohnanlage aus verschieden großen, in die Höhe gestaffelten, sich durchdringenden Baukompartimenten. Die übliche durchgehende Geschossausbildung wurde aufgegeben. Die Räume orientieren sich an drei Hauptebenen. Flache Kuben stapeln sich bergseitig in die Höhe und schichten sich talseitig treppenartig in Richtung Waldrand.

Das große rechteckige Hallenschwimmbad bildet das gleichermaßen verbindende und separierende Zentrum der Wohnanlage zusammen mit der straßenseitigen, breiten Doppelgarage.

Abb. 3a Grundriss Ebene 1

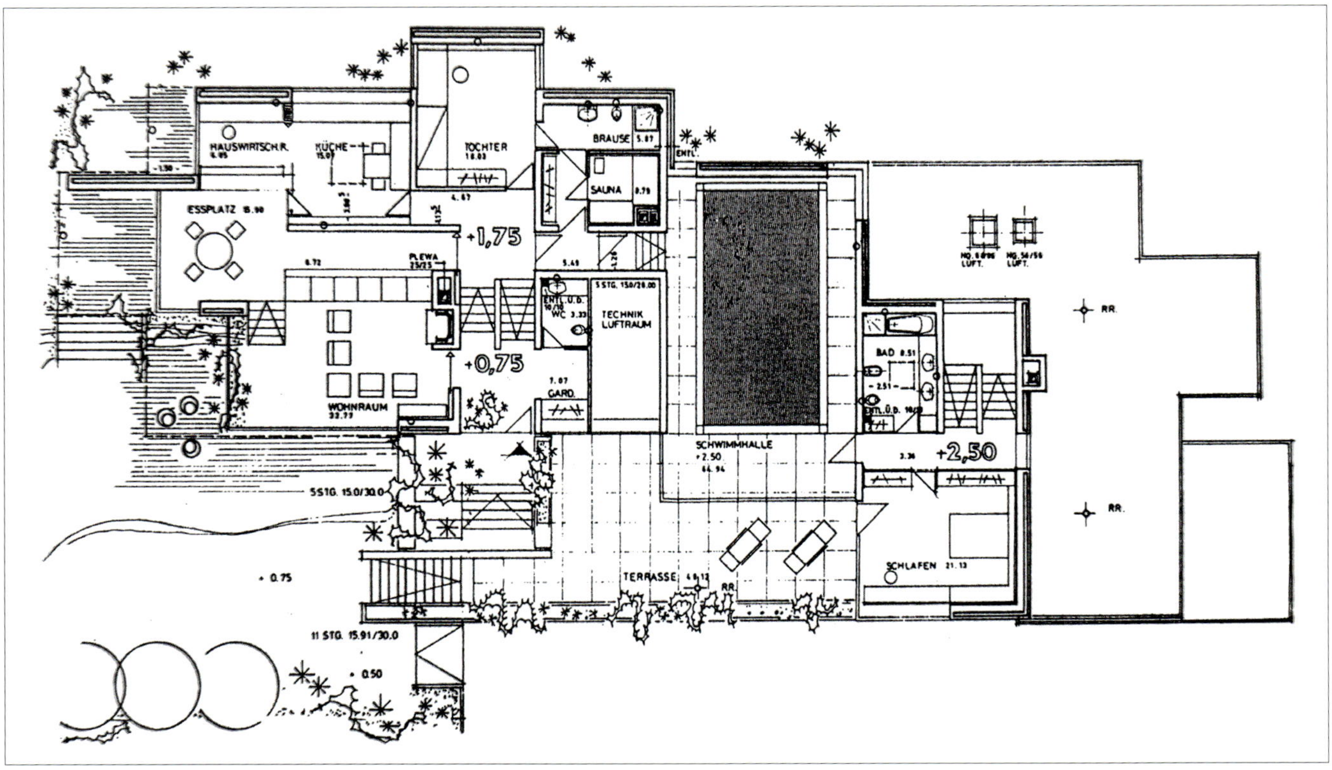

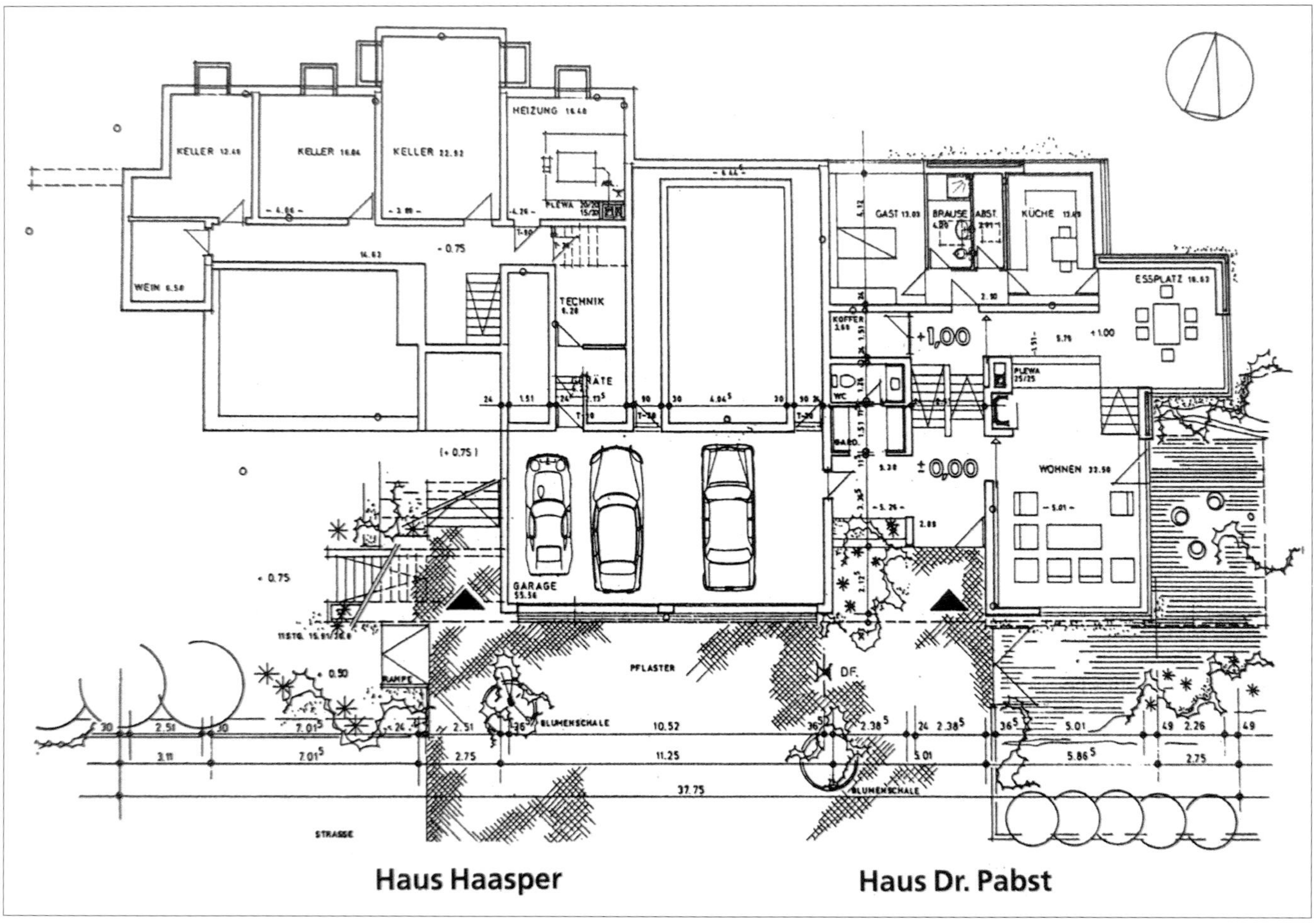

Abb. 3b Grundriss Ebene 2

Abb. 3c Grundriss Ebene 3

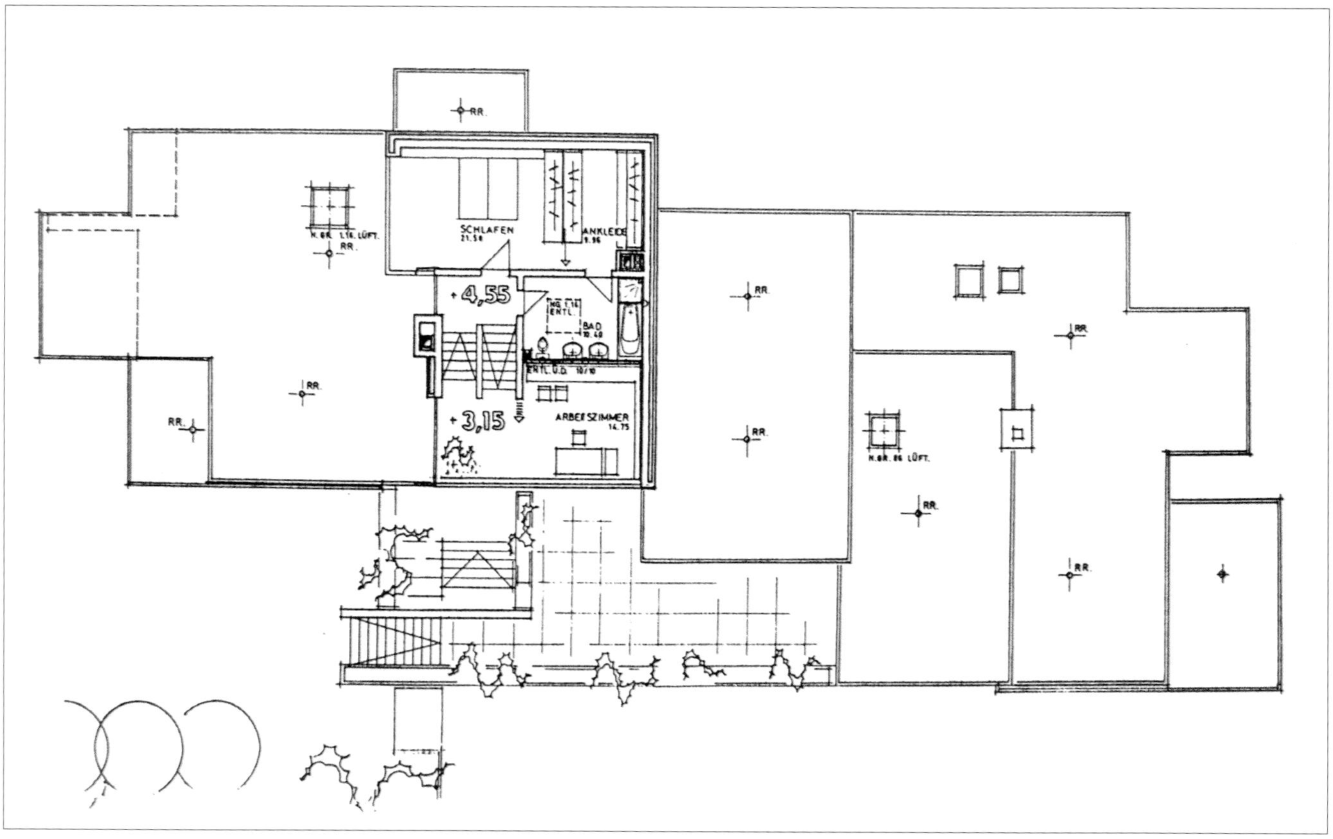

Die zurückliegenden Zugänge sind schützend umbaut. Bleibt die Hauptfassade ebenerdig weitgehend geschlossen, öffnen sich die oberen Räume mittels wandfüllender großer Fenster und Glastüren auf teils überdachte Terrassen.

Kalksandsteine, Zedernholz und Sichtbeton kommen zum Einsatz. Konstruktionsbetont wird ein starker Hell-Dunkel-Kontrast zwischen den hellockerfarbenen Wänden und dem Dunkelbraun der Holzfenster, Glastürrahmen und hölzernen Überständen der Flachdächer erzeugt. Außentreppen und Terrassenbrüstungen mit integrierten Pflanzkübeln bleiben betonsichtig. Die Natursteinplattenböden im Inneren setzen sich auf den Terrassen und hausnah auch im Garten fort. Akkurat sind Rasenflächen mit Randpflasterung, Pflanzrondellen oder angeböschten Staudenbeeten eingefasst. Einzelbäume setzen Höhenakzente. Die »Natur« ist hier also akribisch geplant, nichts bleibt dem Zufall überlassen.

Wohnen findet auf versetzten Ebenen und in differierenden Raumhöhen statt. Große Durchgänge, Treppen und Galerien, Wandscheiben, Einbauschränke, Regalwände und die mit Zedernholz verkleideten Decken bestimmen die Binnenstrukturen und lassen eine großzügige Wohnlandschaft entstehen.

Im Vergleich zu früheren Wohnbauten von Karl Hanus breitet sich die Pachtener Wohnanlage weiter aus und entwickelt vielfältige Erschließungsqualitäten: Sie scheint in ihre Umgebung hinein- bzw. hinauszuwachsen. Das Ergebnis, ein fortwährender Dialog zwischen außen und innen, eine Einheit von Natur und Architektur, ist eine Hommage an den amerikanischen Architekten und Schriftsteller Frank Lloyd Wright.[3] Dieser postulierte mit seinen Präriehäusern, nicht zuletzt aber mit seinem berühmten Haus Fallingwater von 1939 eine innige Verbindung von Architektur und Natur. Wichtige architektonische Vorstellungen des 20. Jahrhunderts finden sich also nicht nur in Pennsylvanias Appalachen, sondern auch im heimischen Saarland.

Kristine Marschall

1 Institut für aktuelle Kunst im Saarland, Archiv, Bestand: Hanus, Karl, Dossier 170.

2 Marlen Dittmann: Karl Hanus Bauten und Projekte 1957–1993, S. 74–77.
Marlen Dittmann: Karl Hanus, in: Künstlerlexikon. Institut für Aktuelle Kunst. http://institut-aktuelle-kunst.de/kuenstlerlexikon/hanus-karl (28.11.2018)

3 Bastian Müller: Architektur der Nachkriegszeit im Saarland. Denkmalpflege im Saarland 4, Saarbrücken 2011, S. 215.

Konsequent modern wohnen

Villa Steinmann

Robert-Koch-Straße 16
Ahlen
Nordrhein-Westfalen

Architekt: Harald Deilmann
Bauzeit: 1965

Die skulptural gestaltete Villa in Ahlen gehört zu den Meisterwerken des Architekten Harald Deilmann, der hier für einen aufgeschlossenen Bauherrn seine ästhetischen Vorstellungen ohne Einschränkungen verwirklichen konnte. Das repräsentative Anwesen demonstriert modellhaft anspruchsvolles Wohnen auf höchstem planerischem Niveau.

Das großvolumige Wohnhaus in Ahlen fällt durch seine eigenwillige Gestaltung innerhalb des eher traditionell geprägten Wohnviertels mit gehobenen Einfamilienhäusern mit Sattel- und Walmdächern auf. Die Bauherrschaft, Dr. Rudolf Steinmann und seine Frau, hatte 1965 unweit des Stadtparks nordwestlich des historischen Stadtkerns zwei benachbarte Bauplätze erworben, um auf dem nunmehr großzügigen Eckgrundstück ein Einfamilienhaus mit Flachdach als Sichtbetonbau errichten zu lassen. Bevor Steinmann 1964 als Chefarzt der chirurgischen Abteilung des St. Franziskus-Hospitals in Ahlen tätig wurde, praktizierte er in Münster, wo der an moderner Architektur interessierte Mediziner den fast gleichaltrigen Architekten Harald Deilmann persönlich kennenlernte. Ihn beauftragte Steinmann mit dem Entwurf für den neuen Wohnsitz. Das zweigeschossige Haus sollte den Raumbedarf der achtköpfigen Familie erfüllen und ein der gesellschaftlichen Stellung angemessenes Raumprogramm aufweisen. Dementsprechend wurde auf ein großes Esszimmer neben dem geräumigen Wohnzimmer Wert gelegt. Es waren zudem ein Arbeitszimmer, drei Bäder und ein Schwimmbad zu integrieren. Insgesamt ergab sich schließlich eine Nutzfläche von 340 Quadratmetern.

Deilmann plante das Gebäude konsequent von den Nutzungsanforderungen her. Besonders deutlich wird dies im Erdgeschoss, wo er die Räume beiderseits einer »Grundlinie« anordnete, die sich außen durch eine Betonmauer fortsetzen sollte. Auf der Nordseite wird die Mitte von der Eingangshalle – mit vorgelagertem Windfang – und dem unmittelbar anschließenden Treppenhaus eingenommen. Östlich davon findet sich die Küche und im Westen das Arbeitszimmer. Südlich der erwähnten Linie ist im Westen das Wohnzimmer platziert, das sich in großem Durchgang zum Esszimmer hin öffnet. Daran schließt im Osten das längsrechteckige, weit ausgreifende Schwimmbad an. Zwischen Küche und Schwimmbad ist ein Nebentreppenhaus eingefügt.

Das doppelläufige Treppenhaus führt ins Obergeschoss, wo von der Galerie, welche die zweigeschossige Eingangshalle zweiseitig umgibt, die Erschließung der Raumgruppen über gewinkelte Flure erfolgt. Auf der gesamten Südseite erstreckt sich ein großer, abschnittsweise vorspringender Balkon, der das über dem Schwimmbad gelegene Elternschlafzimmer auf

Abb. 1 Grundriss

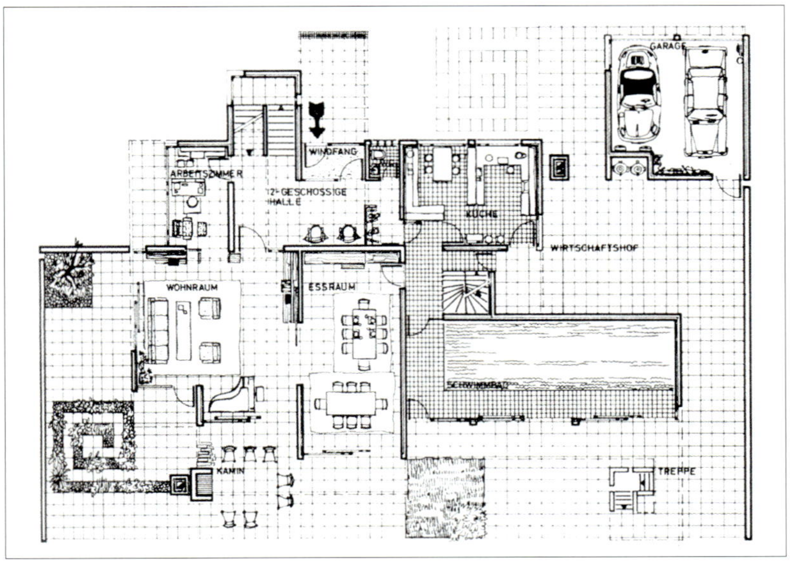

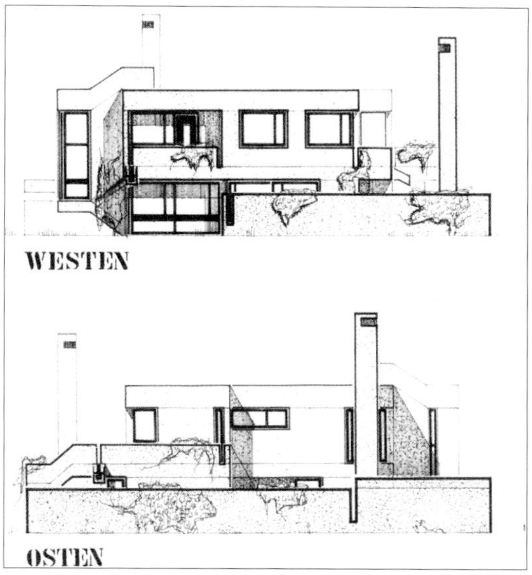

Abb. 2 Entwurf mit Ansichten von Westen und Osten

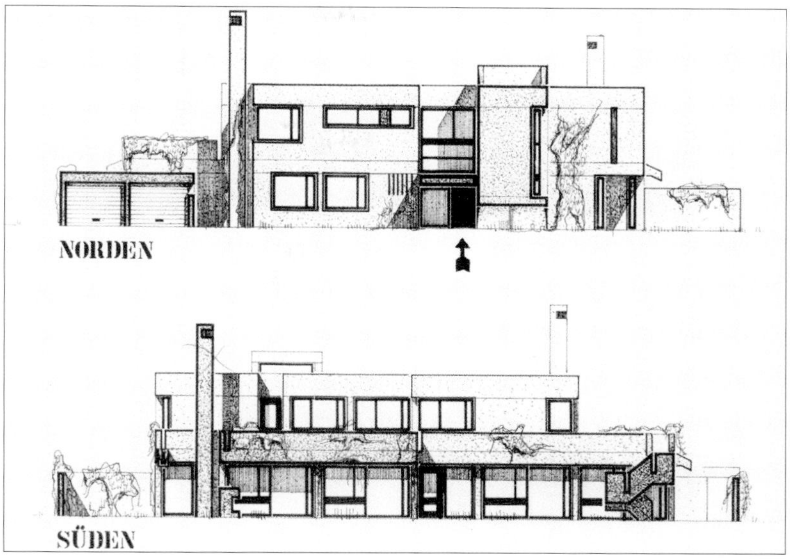

Abb. 3 Entwurf mit Ansichten von Norden und Süden

drei Seiten umschließt. Die zum Garten ausgerichteten Wohnräume öffnen sich wie das Schwimmbad in wandhohen Fenstern bzw. Schiebe-Fenstertüren zur vorgelagerten Terrasse aus Waschbetonplatten.

Das Gebäude erscheint skulptural durchgebildet, da die einzelnen Raumkörper gleichsam wie zusammengeschobene Kuben mit unterschiedlich großen Grundflächen wirken.[1] Dies wird verstärkt durch die über weite Strecken nicht kongruenten Außenkonturen der beiden Geschosse. Dazu trägt auch die unregelmäßig ausgebildete Durchfensterung bei, zumal die Belichtung an vielen Stellen durch über Eck gestellte Scheiben erfolgt.

Auf der Eingangsseite tritt der überhöhte Baukörper des Treppenhauses weit vor die Hausflucht und wurde über der sichtbar gemachten Treppenschräge wie eine Mischung aus Raumscheibe und schwebendem Erker inszeniert. Das daneben liegende Vordach vor der gänzlich verglasten Eingangshalle ragt noch weiter vor und hat einen markanten Wasserspeier, wie er auch bei der Terrasse und dem Balkon vorkommt. Der frei stehende Schornstein für die Ölheizung bildet einen vertikalen Akzent im Nordosten und trägt ebenfalls zur skulpturalen Erscheinung bei. Ursprünglich sollte als Pendant dazu ein gleichermaßen frei aufragender Schornstein für einen großen Außenkamin auf der Südseite emporgeführt werden. Die Verlegung des Kamins ins Innere, an die Nordwand des Wohnzimmers, war die einzige nennenswerte Modifikation, die auf den Bauherren zurückgeht. Ansonsten konnte Deilmann seine Vorstellungen ungeschmälert umsetzen, weshalb dieser nach späterer Aussage von Rudolf Steinmann diese Villa als eines seiner konsequentesten Wohnhäuser bezeichnete.

Der Sichtbetonbau mit seinen unbehandelten Oberflächen zeigt eine feine Durchgestaltung: Dezente Schattenfugen trennen die Wandflächen vom Bereich der Geschossdecke und der Attikazone des Flachdachs. Die Wandflächen weisen vertikale Schalungsbretterabdrücke auf, die übrigen Bereiche hingegen horizontale Abdrücke, wie sie zudem die Balkonbrüstungen zeigen. Es besteht ein markanter Kontrast zwischen den hellen Betonflächen und den zurückliegenden, von dunklem Holz gerahmten, überwiegend ungeteilten Glasflächen.

Im Inneren wird der schalungsraue Beton an den Decken und Wänden der Flurbereiche gezeigt. Nach dem Farbkonzept waren die Wand und Treppenuntersicht im Obergeschoss der Ein-

Abb. 4 Eingangsseite (Norden)

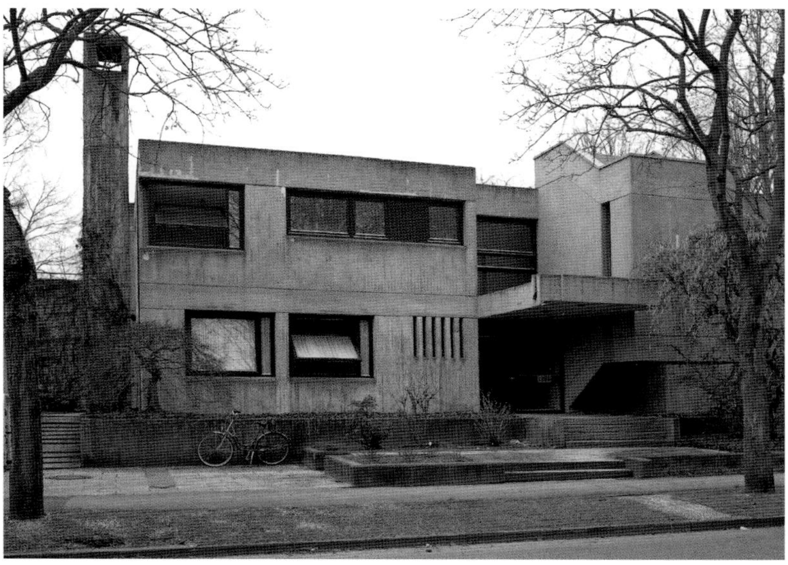

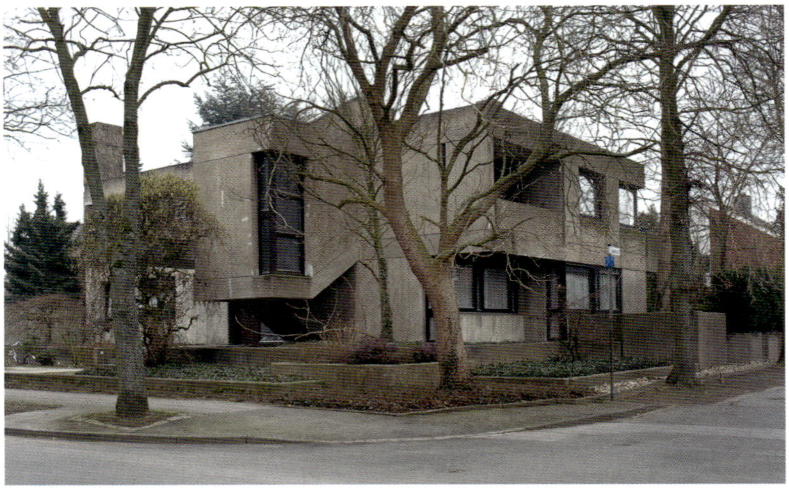

Abb. 5 Ansicht der Nordwestseite

gangshalle petrolgrün gestrichen.[2] Ein besonderer Blickfang sind großformatige geometrisierende Wandgestaltungen aus Kreissegmenten von Blattgold an über Eck liegenden Wänden im Erd- und Obergeschoss der Eingangshalle. Der Gegensatz von blankem Beton und Goldauftrag ist effektvoll inszeniert und gewinnt an Spannung, indem beide Darstellungen wie ein Positiv und Negativ aufeinander bezogen sind. Der Raumeindruck wird im Wohn-, Ess- und Arbeitsbereich von den gebeizten Nadelholzverkleidungen an den gedämmten Außenwänden mitbestimmt. Alle Fußböden im Erdgeschoss bestehen aus Platten mit italienischen geschliffenen Marmorkieseln. Dort sind die Türen raumhoch, und diejenigen zu den Haupträumen wurden aus dunklem Wengeholz gefertigt. Im Obergeschoss, wo die außenliegenden Wände mit Gipskarton verkleidet sind, finden sich weiße Türen mit Oberlichtern. Ein wichtiges Element in der Konzeption Deilmanns waren großformatige Einbauschränke, gefertigt von der Firma Rincklage van Endert aus Münster. Derjenige zwischen Wohn- und Esszimmer fungiert sogar als Raumteiler. Zur Beleuchtung wurden kreisförmige Einbauleuchten in gleichmäßigen Abständen in die Betondecken eingebracht, es kamen aber auch zylindrische Aufbauleuchten zum Einsatz. In den Bädern waren die Wandflächen mit Kleinmosaik überzogen.

Auch die künstlerische Gestaltung des Schwimmbads stammt von Harald Deilmann. Die gesamte nördliche Längswand des Schwimmbads ist mit einem reliefartigen Wandbild versehen, das eine abstrakt maritime Thematik besitzt. Geometrische Felder mit monochromem *opus sectile* in Blau-, Grün- und Grautönen bilden die Flächen, aus denen plastische, glasierte Keramikelemente hervortreten. Neben einem abstrakten, weißen Wellensaum sind insbesondere Fische unterschiedlicher Form und Größe hervorzuheben.[3]

Nachdem das vollunterkellerte und mit Ölzentralheizung ausgestattete Haus Ende 1967 bezugsfertig war, konnte im Folgejahr die Vorgarten-

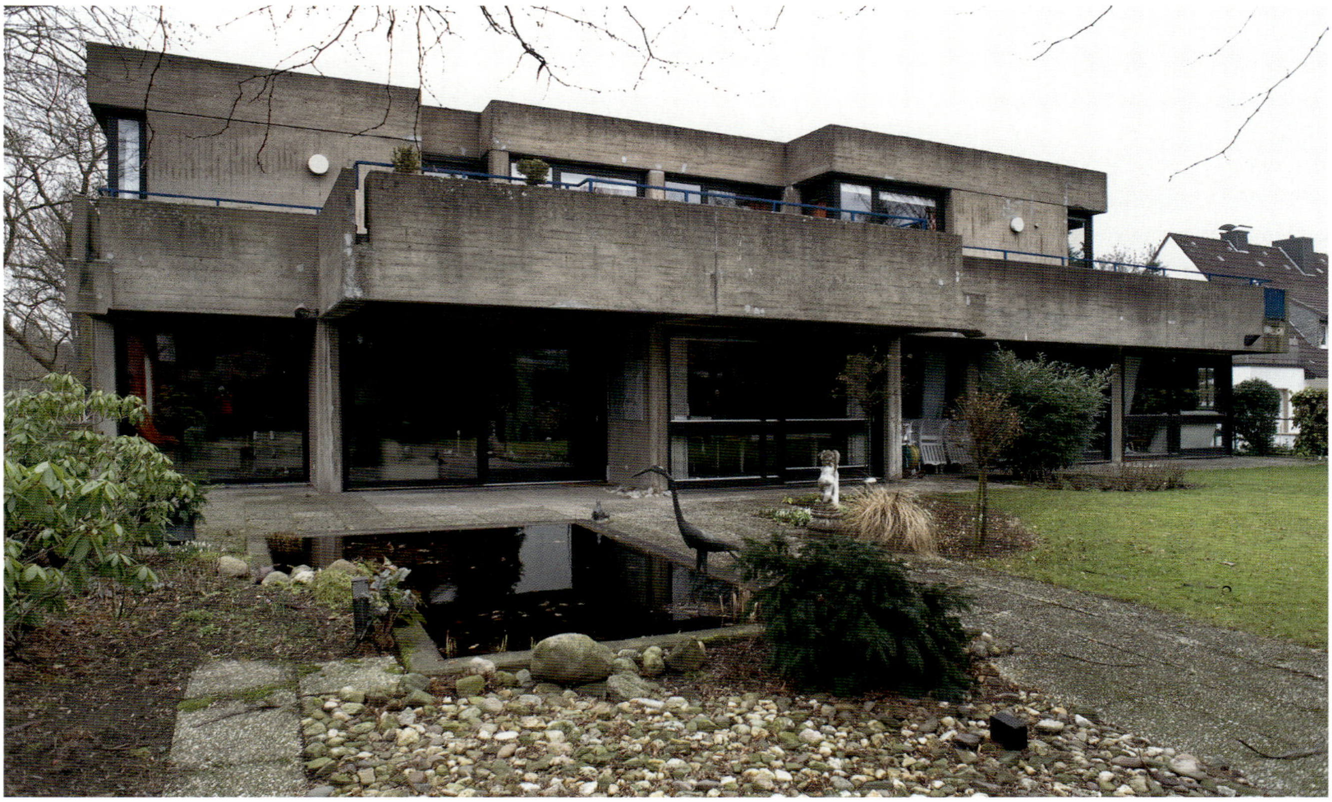

Abb. 6 Gartenseite (Süden)

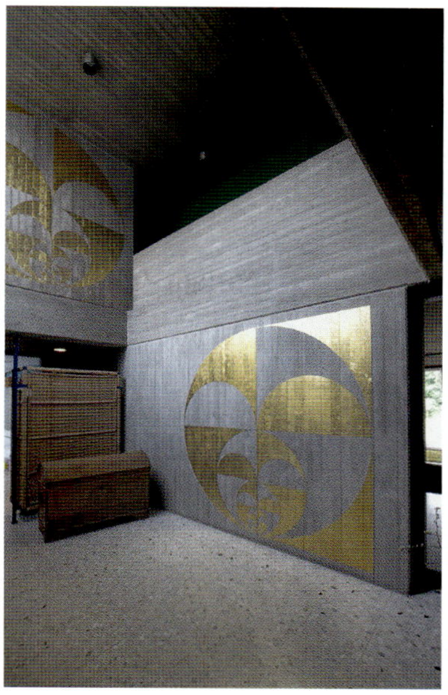

Abb. 7 Eingangshalle

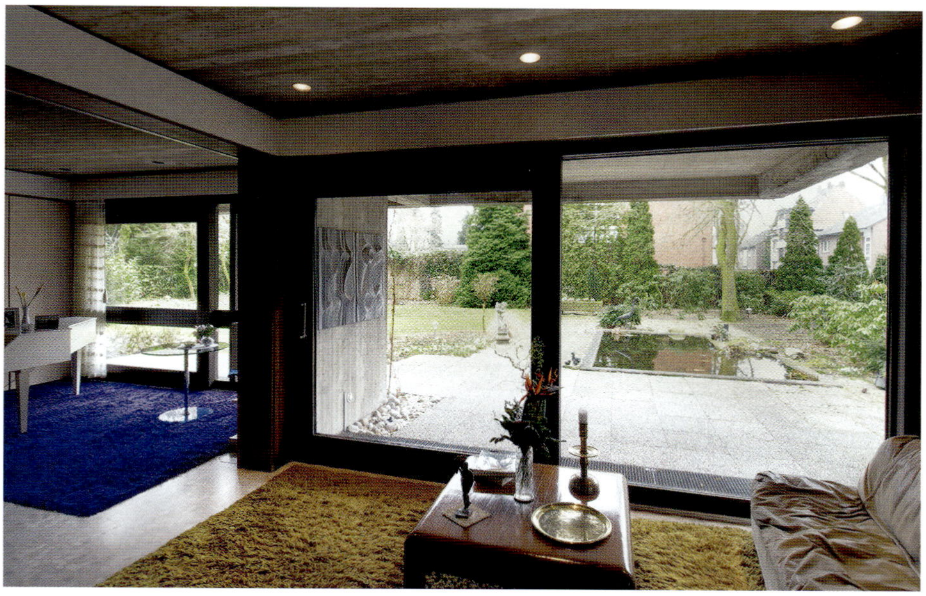

Abb. 8 Blick vom Wohnraum in den Essbereich und Garten

gestaltung realisiert werden. Streng orthogonal ausgerichtete Betonmäuerchen fassen gestufte Beete ein und gliedern das Gelände auf verschiedenen Niveaus. Der Zugangsweg besteht aus Waschbetonplatten. Zuletzt kam eine Betonsichtschutzwand an der Mozartstraße hinzu.

Wenige Jahre später verkleidete der mit der Familie befreundete Künstler Hermann Kunkler aus Raesfeld den oberen Teil des Betonkamins mit Kupferplatten. Dies war nahezu die einzige Veränderung bis 1996, als man das Obergeschoss als separate Wohneinheit abtrennte. In diesem Zuge wurde auch das Schwimmbad abgedeckt und zum Wohnraum umgestaltet. Nach kurzem Leerstand erfolgte 2017 die umfassende Sanierung sowie der zurückhaltende Umbau zu einer Jugendhilfeeinrichtung.[4]

Die Villa Dr. Steinmann ist ein aussagekräftiger Vertreter des konsequent modernen Wohnbaus der 1960er Jahre, der die Form- und Wohnvorstellungen jener Zeit dokumentiert. Im Werk des bekannten Architekten nimmt es eine herausragende Stellung ein, da er Raumideen folgerichtig in stark plastische Gestaltungselemente umsetzte. Derartige Gedanken lassen sich bei seinen Wohnhausprojekten ab etwa 1960 erkennen. Doch erst mit den Entwürfen für drei Villen am Lago Maggiore 1962 wurde Deilmanns Umgang mit einander zugeordneten Raumkuben freier. Dies wurde dort begünstigt durch die Staffelung der Hausniveaus aufgrund der Hanglage. Damit war eine wichtige Voraussetzung für die Gestaltungsmöglichkeit der Villa Dr. Steinmann erreicht. 1965 formulierte man angesichts der Bauentwürfe für Ahlen entsprechend assoziativ: »Die Fassaden sind frei komponierte Bilder.«[5]

Michael Huyer

Abb. 9 Wandbild im ehemaligen Schwimmbad

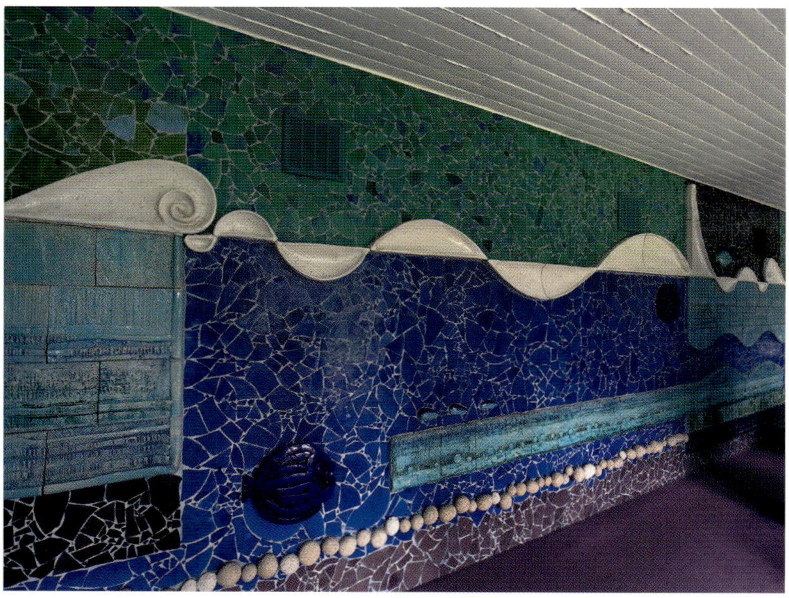

1 In H. Deilmanns Werkverzeichnis wird das Gebäude aufgeführt. Gerhard Schwab: Harald Deilmann: Bauten und Projekte 1955–1965, in: db Deutsche Bauzeitung, Nr. 8, 1965, S. 627–662, hier S. 641. Grundlegend ist der Denkmalpflegebericht von Fred Kaspar, in: Westfalen, Nr. 88, 2010, S. 221–224.

2 Auch im Arbeitszimmer und im Nebentreppenhaus waren die Wände petrolgrün.

3 Die Ausführung oblag der »Keramik werkstatt hans lechner« aus Witten.

4 Neben der Betonsanierung wurden u. a. die gesamte Dämmung und Installation erneuert sowie einige Öffnungen verändert.

5 Schwab (wie Anm. 1), S. 641.

Betonsolitär im Steinbruch

Wohnhaus Hellenthal

St. Ingberter Straße 5 a
Mandelbachtal-Heckendalheim
Saarland

Architekt: Johann Peter Lüth
Bauzeit: 1966/67

Heckendalheim ist ein ländlich geprägter Ort im Saarpfalz-Kreis. An der Hauptstraße, der St. Ingberter Straße, liegt im südlichen Bereich des Ortsausgangs ein Privatparkplatz. Ein kopfsteingepflasterter Weg windet sich leicht hangaufwärts durch hohen Baum- und Buschbestand über einen Graben in ein weitläufiges aufgelassenes Steinbruchareal. Dort überrascht ein schroffer Betonsolitär das Auge des Betrachters.

Nach Entwürfen des Architekten Johann Peter Lüth entstand 1966/67 das Wohnhaus für die Familie Eva und Josef Hellenthal mit ihren Kindern.[1] Der dreigeschossige, hangseitig viergeschossige, schalungsrau belassene Betonbau steht auf einer kleinen Geländeerhebung und bildet der Architektenintention zufolge ein massiges Gegengewicht zum teils hoch anstehenden Sandsteinmassiv der umgebenden Steinbruchwände. Der relativ schmale, hochrechteckige Baukörper steht in feinfühligem Dialog mit der außergewöhnlichen Topografie. Große kompakte Sichtbetonflächen alternieren mit quadratischen oder rechteckigen Öffnungen. Fast fassadefüllend und gestalterisch dominant bietet die durchfensterte Schmalseite im Westen geschossübergreifend Einblicke in die Wohnstruktur bzw. Ausblicke in die Umgebung. Zur Eingangsfront

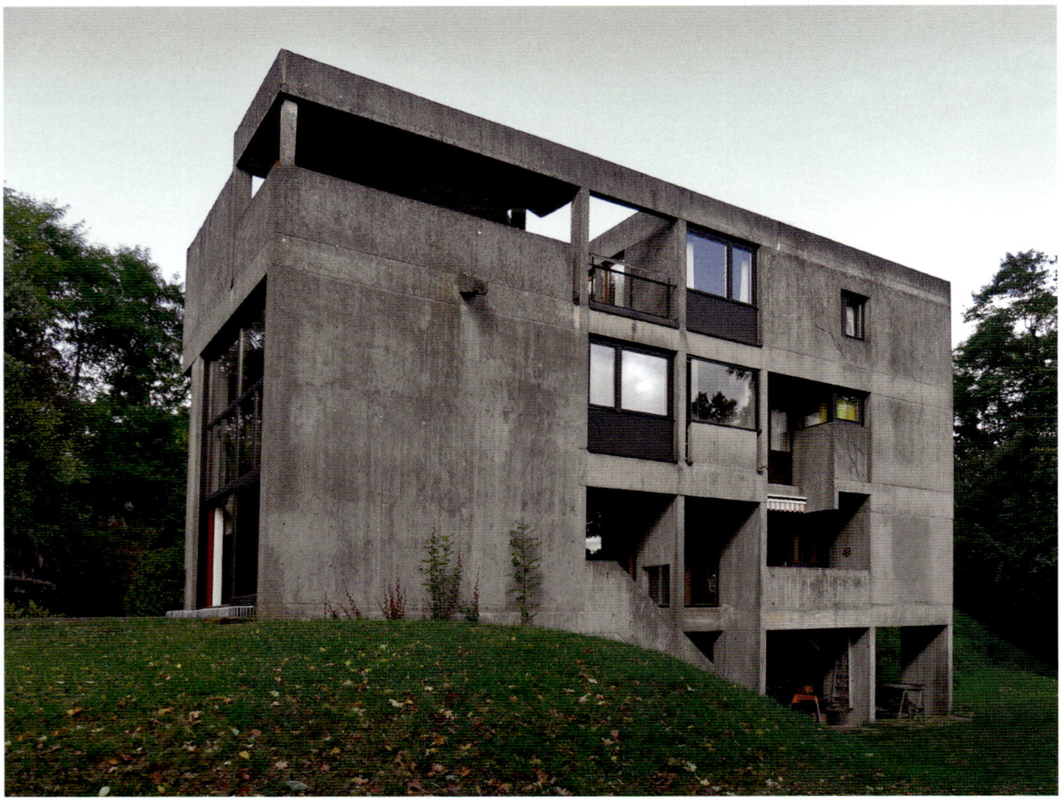

Abb. 1 Der Betonsolitär von der Hangseite, Aufnahme 2018

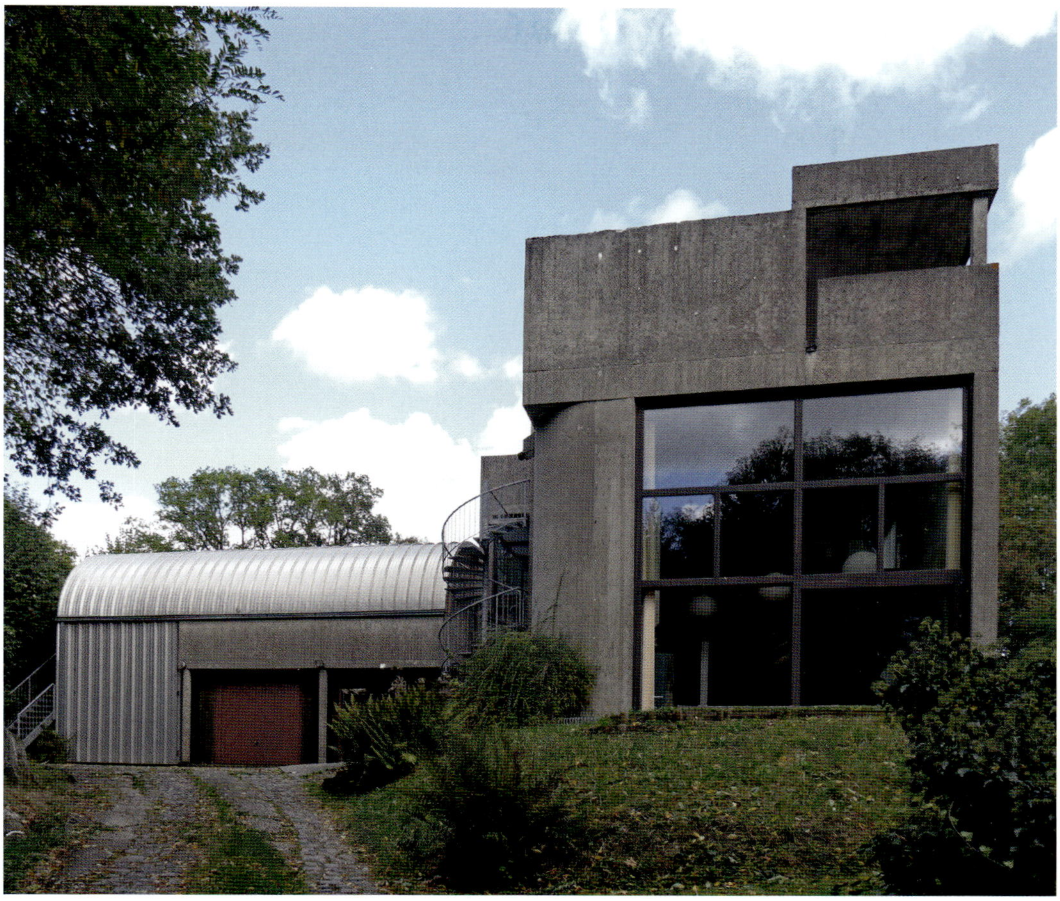

Abb. 2 Hofseite mit jüngerem Garagenaufbau, Aufnahme 2018

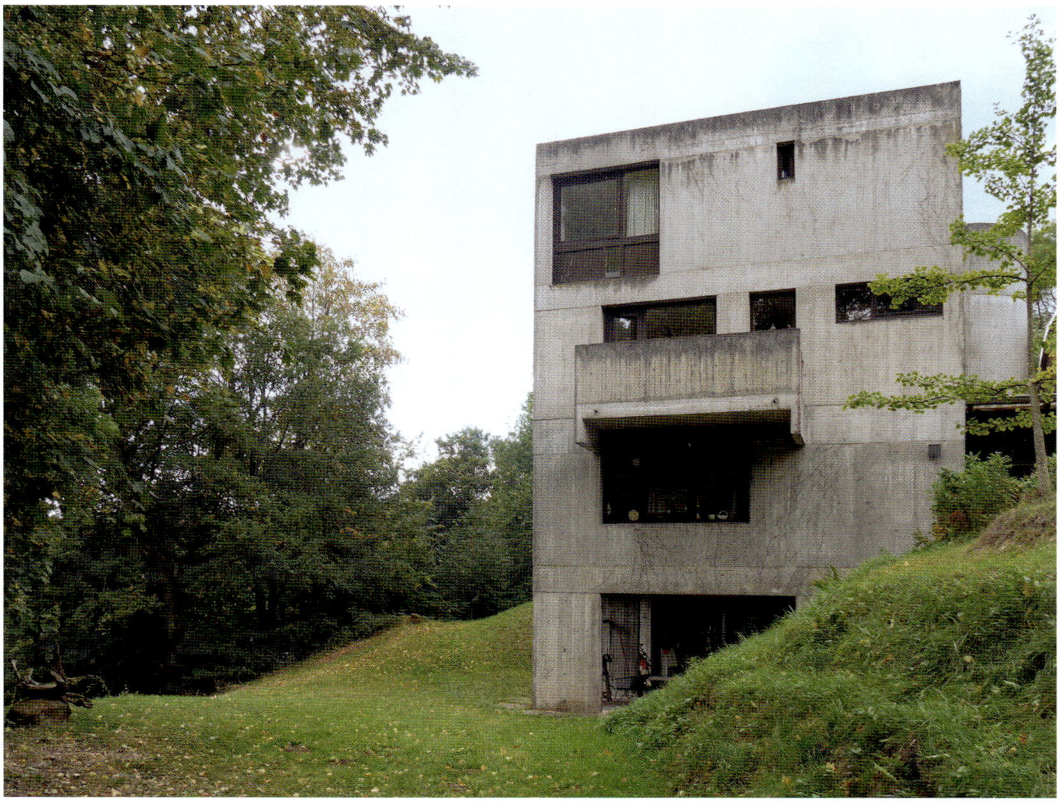

Abb. 3 Rückwärtige Schmalseite des Hauses, Aufnahme 2018

überleitend ist die Hausecke raumhoch abgerundet, während der Kubus der Dachterrasse überkragt. Die Hofseite kommt als Pendant zum anstehenden Fels mit wenigen kleinen Öffnungen aus. Geschützt vom turmartig viertelrund geschwungenen Treppenhaus verbirgt sich die Haustür unter dem begehbaren Überbau der ursprünglich eingeschossigen Doppelgarage.

Die Außenarchitektur bestimmen graue Betonflächen, in die das Schwarzbraun der teils raumbildend tief zurückgesetzten Tür- und Fensterabschlüsse sehr dunkle, fast höhlenartige Akzente setzt. Außenraum dringt auf diese Weise vornehmlich auf der Südseite in den Baukörper. Hier lag im hangseitig ausgebildeten Untergeschoss das Schwimmbecken, das zwischenzeitlich zur Werkstatt umgebaut wurde. Ein offener, ebenfalls in der Gebäudekubatur verbleibender Treppenabgang führt vom Wohnraum auf nahe Rasenflächen. Diese hausnahen Freiräume erlauben teils weite Aussichten in die tief gestaffelte Kulisse einer sich selbst überlassenen Flora. Außen fokussieren Wandausschnitte den Blick auf die scheibenartig dünne, geschwungene Teilüberdachung der Dachterrasse und ein klar definiertes betongerahmtes »Himmelsbild«. An der östlichen Schmalseite tritt der Balkon des Schlafzimmers im ersten Obergeschoss pointiert vor den Kubus.

Großzügige Offenheit und abgeschlossene Wohneinheiten bestimmen auch die Binnenstruktur. Der geschossübergreifende, repräsentative Wohnraum mit maximal durchfensterter Westseite und betoniertem Kaminofen ist durch eine Wandscheibe von der Diele abgeschottet und zum Essbereich aufgeweitet. Im ersten Obergeschoss ist der Wohnraum vom Büro über eine geschwungene Empore einsehbar und über eine Galerie mit Wendeltreppe auch zugänglich. Privat und somit verborgener sind Küche, Schlafzimmer und Sanitäranlagen. Schalungsrauer Beton dominiert weiß verputze Wände und helle Holzflächen der Zimmertüren und Einbauschränke. Als Bodenbeläge wurden Beton und rote Klinker gewählt. Im schlichten Treppenhaus setzt das Rot des handgeschweißten Eisengeländers mit handbreiten Handläufen aus schräg gestellten Eisenbändern einen kräftigen Farbakzent.

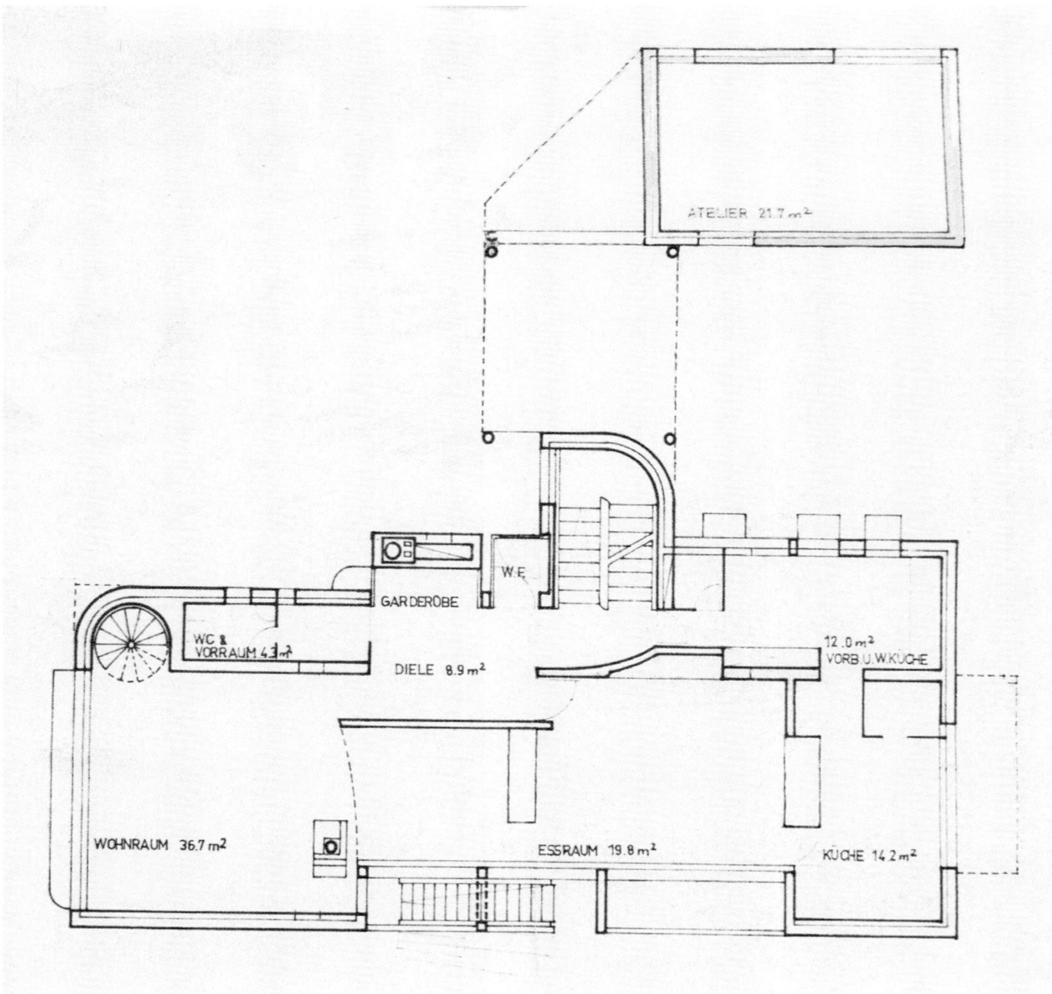

Abb. 4 Grundriss des Erdgeschosses

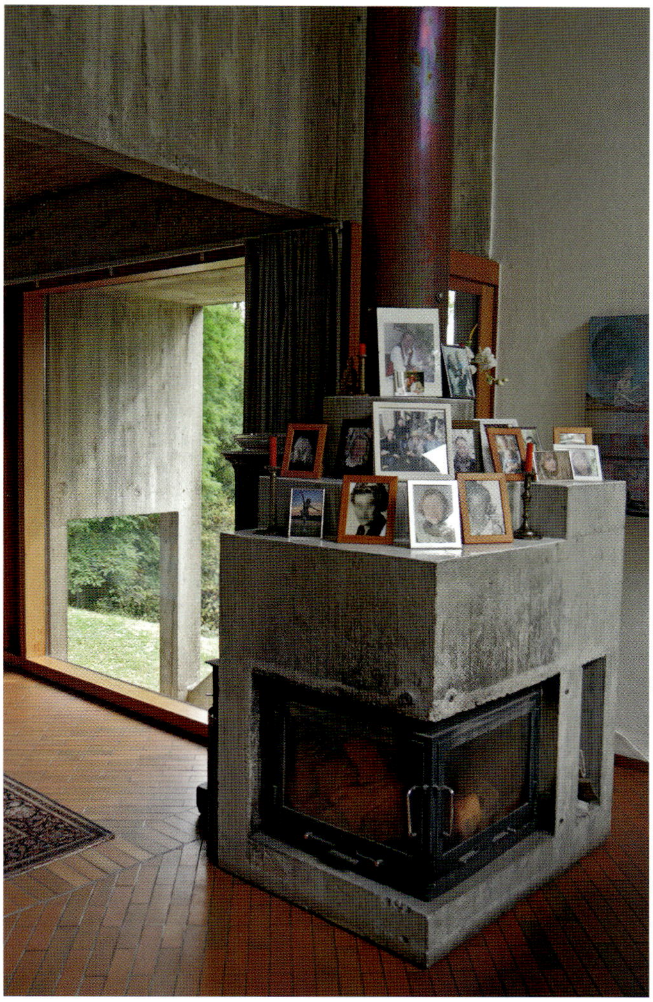

Abb. 5 Wohnraum mit Kamin, Aufnahme 2018

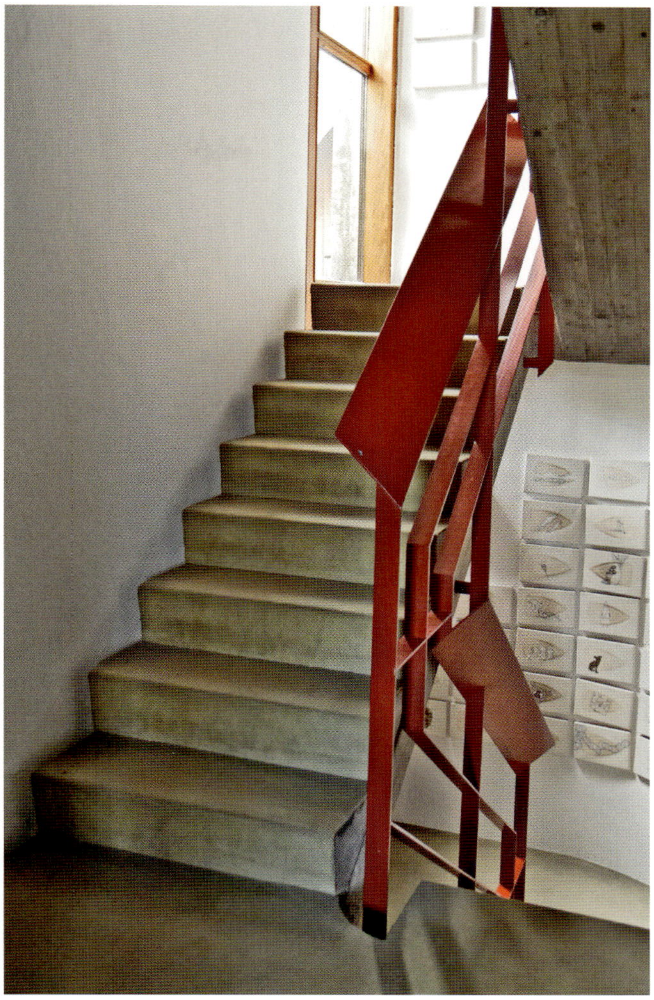

Abb. 6 Treppenhaus und Treppengeländer, Aufnahme 2018

Der bauliche Bestand wurde weitestgehend bewahrt und 2002 mit einem Garagenanbau ergänzt. Das Wohnhaus Hellenthal zeichnet sich durch strenge Geometrie und Detailfreude im Umgang mit kubischen Elementen aus. Im ausgeprägten Wechselspiel zwischen Topografie und Architektur entsteht ein auffallend körperhafter Solitär. Das geschossübergreifende Raumkompartiment des Wohnraums und die geschwungene Dachscheibe zitieren ganz unzweifelhaft aus dem Repertoire des schweizerisch-französischen Architekten Le Corbusier.[2] Das Haus im Steinbruch ist damit ein signifikantes Beispiel des Brutalismus und ein im saarländischen Wohnungsbau seltener Vertreter dieser Architekturströmung. Dem örtlich anstehenden Sandstein wurde mit dem Kunststein Beton ein wahrhaft anregender Dialog eröffnet. Für viele überraschend ist schließlich, dass ein solch kompromisslos moderner Bau ausgerechnet von einem späteren Denkmalpfleger errichtet wurde. Peter Lüth war von 1985 bis zu seinem Ruhestand 2002 Landeskonservator des Staatlichen Konservatorenamtes des Saarlandes.[3] Denkmalpflege und moderne Architektur schließen sich also nicht aus, wie der Betonsolitär im Steinbruch anschaulich beweist.[4]

Kristine Marschall

1 Marlen Dittmann: Marlen Dittmann im Gespräch mit Johann Peter Lüth, in: Interview Architektur. Saarbrücken 2012. http://institut-aktuelle-kunst.de/uploads/kunst objekte/interview_Lueth.pdf (10.10.2018).

2 Bastian Müller: Architektur der Nachkriegszeit im Saarland. Denkmalpflege im Saarland 4, Saarbrücken 2011, S. 226.

3 Claudia Maas: Lüth, Johann Peter. Künstlerlexikon. Institut für aktuelle Kunst im Saarland. http://institut-aktuelle-kunst.de/kuenstlerlexikon/lueth-johann-peter. Kurzvita J.P. Lüth: Geb. 10.5.1937 Stargard/Pommern, gest. 31.07.2014 Völklingen/Saarland, Architekt und Landeskonservator des Saarlandes. Studium Architektur und Städtebau TU Berlin und TH Hannover. 1965 Diplom-Ingenieur, 1966–1975 eigenes Architekturbüro in Saarbrücken, anschließend Bauamtsleiter Stadtverband Saarbrücken, von 1985 bis zum Ruhestand 2002 Landeskonservator des Staatlichen Konservatoramtes des Saarlandes.

4 Die Autorin im Gespräch mit Josef Hellenthal in Heckendalheim am 24.09.2018.

Extravaganz mit Maß und Ziel

Atelierhaus Sumfleth

Gottorpstraße 1
Othmarschen
Hamburg

Architekt: Thomas Darboven
Bauzeit: 1972–75

Viel Raum auf wenig Fläche – diese Forderung lässt sich bei einem Handtuchgrundstück nicht leicht erfüllen. Da braucht es einen kreativen Architekten mit vielen Ideen und großen Vorbildern, um diesem Problem zu begegnen. Und wenn man schon mal dabei ist, plant man den Garten am besten gleich mit – groß ist er ja nicht.

Wer die Gottorpstraße in Hamburg-Othmarschen entlangläuft, entdeckt eine ganze Reihe unterschiedlich gestalteter Einfamilienhäuser. Nicht zu außergewöhnlich und nicht zu weit entfernt von traditionellen Bauformen, aber doch individuell in ihrer Ausführung und von hoher Qualität, wie es einige denkmalgeschützte expressionistische Backsteinbauten zeigen.

An der Ecke zur Reventlowstraße trifft man dann auf ein Gebäude, das zwar nicht durch seine Größe auffällt, aber durch seine Gestaltung und Materialität dennoch heraussticht. Der Sichtbetonbau mit Flachdach, der aussieht, als seien mehrere Frachtcontainer aufeinander gestapelt, spannt einen Bogen zwischen berühmten internationalen Vorbildern und einem eigensinnigen Hamburger Architekten, der eigentlich Bildhauer ist.

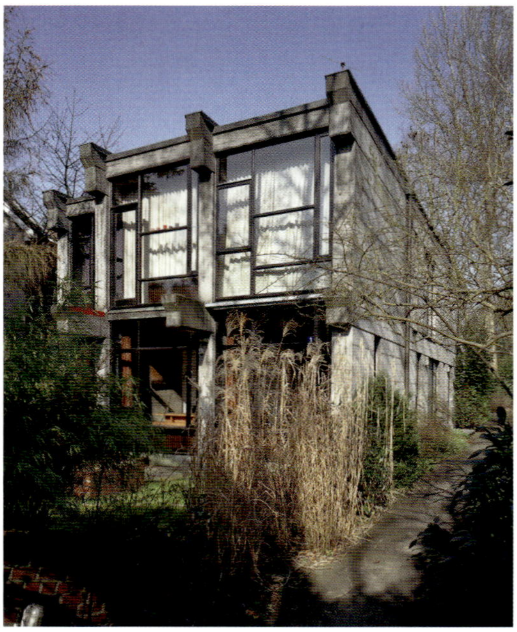

Abb. 1 Straßenansicht, 2007

Thomas Darboven (eine verwandtschaftliche Beziehung zur bekannten Hamburger Handelsfamilie besteht tatsächlich, wenn auch entfernt) machte sich vor allem durch Kunst am Bau einen Namen und prägt mit seinen Skulpturen und der Gestaltung öffentlicher Plätze an vielen Orten das Bild der Stadt.

Das erste von ihm entworfene Haus, ein Zweifamilienhaus in Beton und rotem Klinker in der Fontanestraße in Hamburg-Osdorf, entstand 1965–66 und gab den Anstoß zur Zusammenarbeit der Familie Sumfleth mit dem Architekten. Den zukünftigen Bauherren gefiel Darbovens Gliederung der Wohnräume in »Kommunikations- und Privatbereiche« sowie seine Verwendung von Beton als Baumaterial. Grundlage für die Raummaße und Gliederung des Innenraumes bildete der Modulor, ein von Le Corbusier entwickeltes Maßsystem, das sich an den Proportionen des menschlichen Körpers und den Regeln des goldenen Schnittes orientiert.[1]

Der Weg von der Idee zum fertigen Entwurf war nicht immer gradlinig, oft steil, und man kam nur langsam voran. Das neue Heim der Sumfleths sollte auf einem schmalen Grundstück entstehen, das durch Abtrennung vom Nachbargrundstück entstanden war – nicht gerade Traummaße für ein Haus mit großem Raumprogramm. Die Wünsche und Vorstellungen der Familie für ihr neues Zuhause mussten mit Darbovens Ideen zusammengeführt werden. An einer Umsetzung wurde oft bis tief in die

Nacht gearbeitet. Ein gemeinsamer Urlaub in Frankreich diente folglich nicht nur der Erholung, sondern wurde auch dazu genutzt, die Bauten Le Corbusiers zu studieren.

Nach Jahren der Planung begannen 1972 die Bauarbeiten auf dem schmalen Grundstück. Die Nachbarn müssen gedacht haben, ein UFO sei gelandet: Roher Beton, raumhohe gegliederte Fensterflächen und eine moderne Gartengestaltung sorgten für Aufsehen und neugierige Blicke über den Gartenzaun. Vier Längswände bilden die tragende Konstruktion des dreigeschossigen Hauses und teilen es in drei Achsen auf. Zum Bau wurde »Thermocrete« verwendet, ein Beton, der durch spezielle Zuschläge eine höhere Wärme- und Schalldämmung verspricht. Während die Längswände nach außen eher massiv wirken und das Gebäude zu den Seiten Richtung Nachbarn abschirmen, sind sie im Inneren an mehreren Stellen durchbrochen, sodass sich Räume über mehrere Achsen erstrecken können. Dabei werden von Darboven Bereiche geschaffen, die er in kommunikativ und privat unterteilt, offen und einladend oder abgeschirmt und zurückgezogen. Diese Aufteilung ist allerdings nicht in Stein gemeißelt (oder vielmehr gegossen), sondern lässt sich den Wünschen der Bewohner anpassen. Trennwände mit lichtstreuenden Glaseinsätzen lassen sich als Ganzes abmontieren

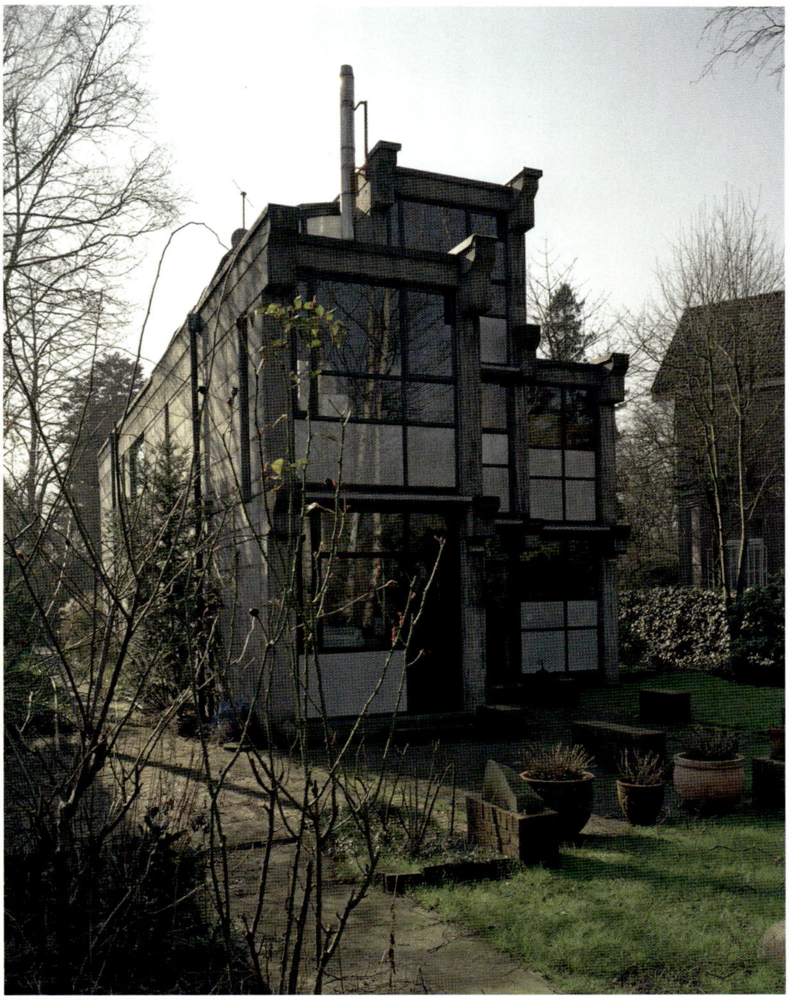

Abb. 2 Gartenansicht, 2007

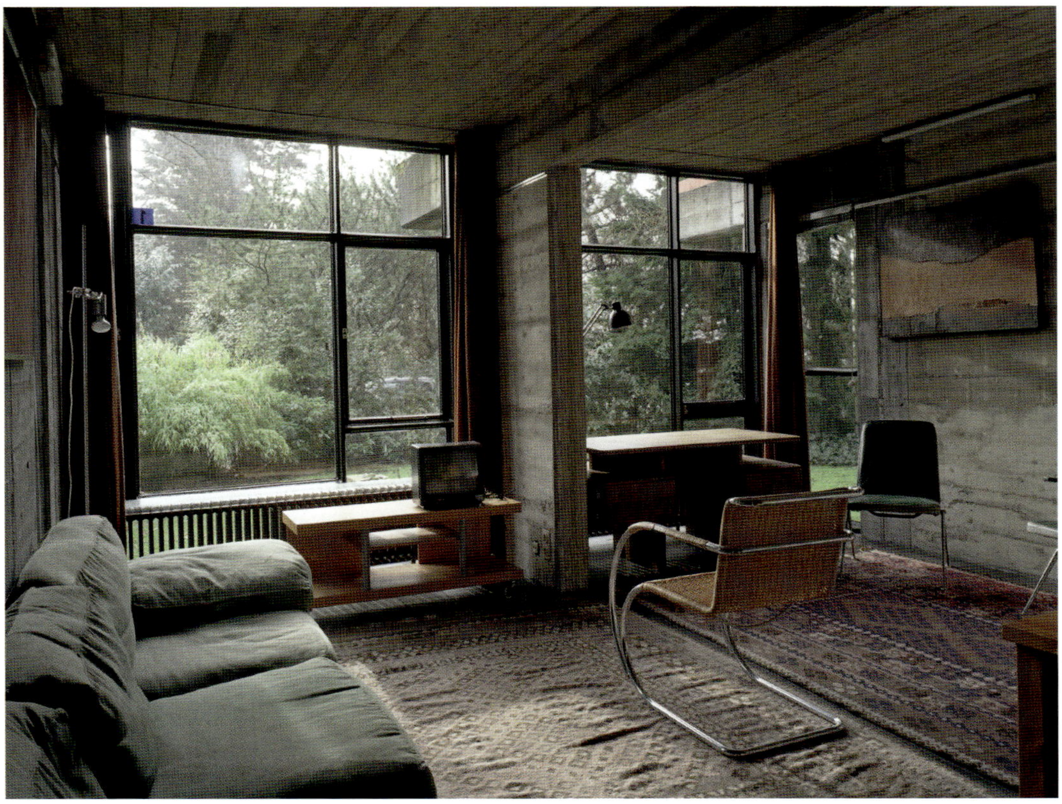

Abb. 3 Unteres Wohnzimmer, 2007

Abb. 4 Essbereich, 2007

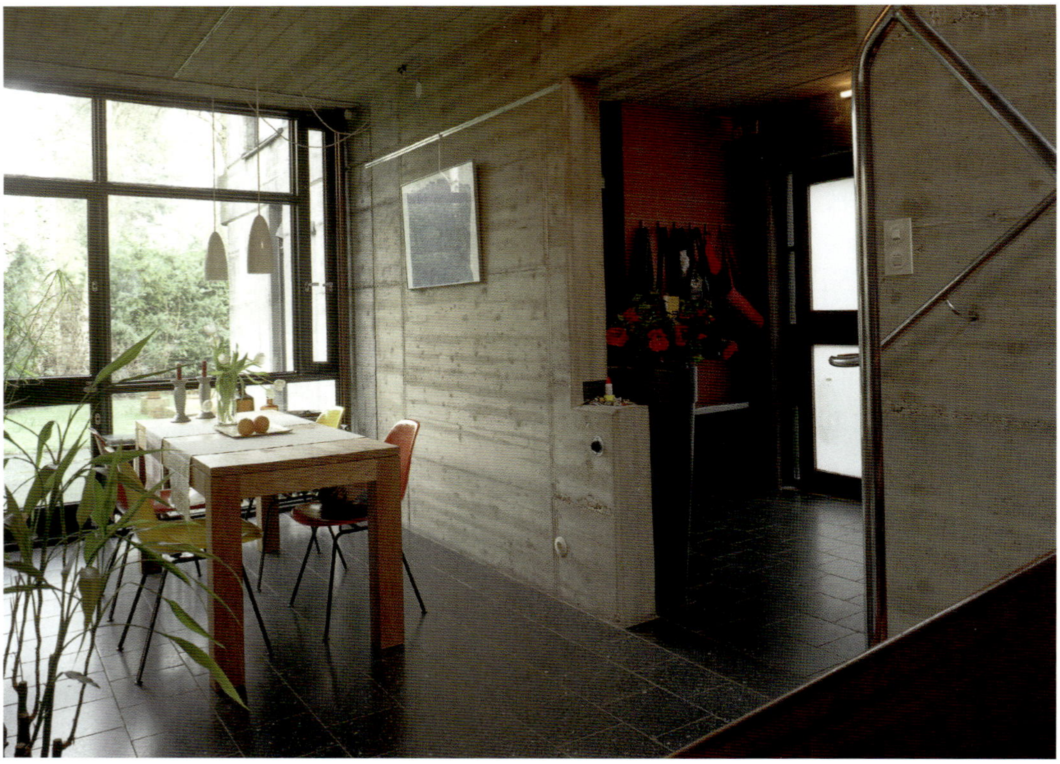

und verschieben, sodass andere Raumaufteilungen möglich sind und auf wechselnde Familien- und Arbeitsstrukturen reagiert werden kann. Allein der Küche im Erdgeschoss und den zwei Badezimmern wurde ein fester Ort zugewiesen. Die restlichen Räume bieten Platz für Wohnen, Schlafen, Arbeiten und Spielen. Für den Bauherrn Dr. Hellmut Sumfleth, der neben seiner Tätigkeit als Augenarzt auch Maler war, wurde im ersten Stock ein Atelier eingerichtet, welches namensgebend für das Haus wurde. Darüber befindet sich noch ein einzelner Raum, der »Leuchtturm«, der ursprünglich als Bibliothek geplant wurde und Zugang zur Dachterrasse gewährt.

Abb. 5 Treppenraum und Badezimmer, 2007

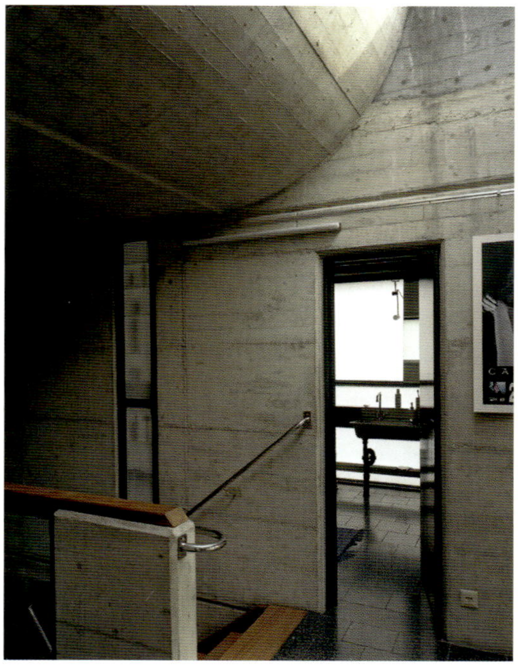

Zu den Schmalseiten nach Norden und Süden schließen die Räume mit wandhohen, fein gegliederten Fensterflächen ab, die viel Licht hineinlassen und Blicke auf den Garten freigeben. Dort setzt sich die Gliederung in Achsen fort: Die Längswände werden durch niedrige unterbrochene Backsteinmauerelemente nach außen verlängert, wodurch auch im Garten verschiedene räumliche Strukturen und Terrassen entstehen.

Das gesamte Haus, wie auch der Garten, folgt einer Grundordnung, die sich vielleicht am besten mit dem Zollstock in der Hand entdecken lässt. Die Abstände zwischen den Achsen, die Höhe der Räume, jede Türöffnung und jede Fensterfläche – in allem steckt der Modulor. Dies zeigt nicht nur eine große Bewunderung für die Arbeit Le Corbusiers, sondern eine fast spielerische Experimentierfreude mit Maßen und Proportionen. Es überrascht, dass innerhalb eines so strengen Systems und einer Gliederung in Achsen mit einem Abstand von nur 2,26 Metern so vielfältige und durchaus großzügige Wohnbereiche entstehen können, die sich bis in den Garten erstrecken.

Obwohl Darboven bei diesem Projekt als Architekt arbeitete, steckt doch viel seines künstlerischen Schaffens im Atelierhaus – die ästhetische Strukturierung des Betons oder die aufwendig gearbeiteten Fensterprofile sind Zeugnis dafür. Verteilt im Haus hängen bis heute Bilder Darbovens, auch Möbel wie den Geschirrschrank in der Küche entwarf er speziell für dieses Haus. Sein bildhauerisches Gespür für Oberflächen und ihre Wirkung unter wechselndem Lichteinfall zeigt sich besonders schön in den zwei Rundungen der Decke über dem Treppenhaus, die das einfallende Licht des Oberlichtes nach unten leiten und so die feine Maserung des Betons hervortreten lassen. Nicht nur Le Corbusier stand Pate für den Entwurf des Atelierhauses, auch Ludwig Mies van der Rohes Idee der fließenden Räume lässt sich erkennen – dieser werden jedoch auch abgetrennte, private Raumbereiche entgegengesetzt. Mit der engen Verbindung von Haus und Garten durch ein gemeinsames gestalterisches Prinzip wird Darbovens Entwurf Teil einer Reihe, die sich aus Arbeiten wie den Landhäusern von Frank Lloyd Wright und frühen Entwürfen Mies van der Rohes zusammensetzt.[2]

Die Mauerstücke im Garten gliedern diesen nicht nur und verbinden das Haus strukturell mit seiner Umgebung, sondern deuten bereits an, wie das Haus erweitert werden könnte oder wo weitere Elemente und Achsen anschließen könnten. Darboven entwarf das Haus nicht nur als alleinstehendes Einfamilienhaus, sondern sah es bereits als Prototyp für Reihenhäuser und Cluster, konzentrierte Gruppierungen mehrerer Häuser zu einer zusammenhängenden Einheit.[3] Das Serielle, nicht hermetisch Abgeschlossene und flexibel Erweiterbare findet sich als Konzept in zahlreichen Entwürfen dieser Epoche und ist häufig Ausdruck von Zukunftsoptimismus und dem Glauben an stetiges Wachstum. Der Drang, möglichst viel Wohnraum für eine große Zahl an Menschen zu schaffen, traf auf die Forderung, den Flächenverbrauch zu reduzieren und die voranschreitende Zersiedelung zu stoppen.[4] So entstanden neue Bauweisen und Produktionsformen, die sich gegenseitig beeinflussten und zu einer eigenen Ästhetik führten.

Beinahe kann man froh sein, dass der für eine spätere Bauphase geplante Balkon am Haus der Sumfleths am Ende doch nicht gebaut wurde. So zeigen die auskragenden Betonkonsolen an der Südseite bis heute, welche Möglichkeiten das Haus zur Erweiterung bietet und wie die modulare Bauweise eine Anpassung an die persönlichen Bedürfnisse der Bewohner zulässt. Bisher wurden Cluster oder Reihenhäuser basierend auf dieser Grundform noch nicht realisiert. Ob es jemals dazu kommen wird, lässt sich nicht sagen, und so bleibt das Atelierhaus zunächst ein singuläres Beispiel für ein Stadthaus, das Themen der klassischen Moderne aufgreift, diese aber auf eine höchst kreative und künstlerische Art neu verbindet und so ein ganz eigenes Raumgefühl schafft.

Julia Tammert

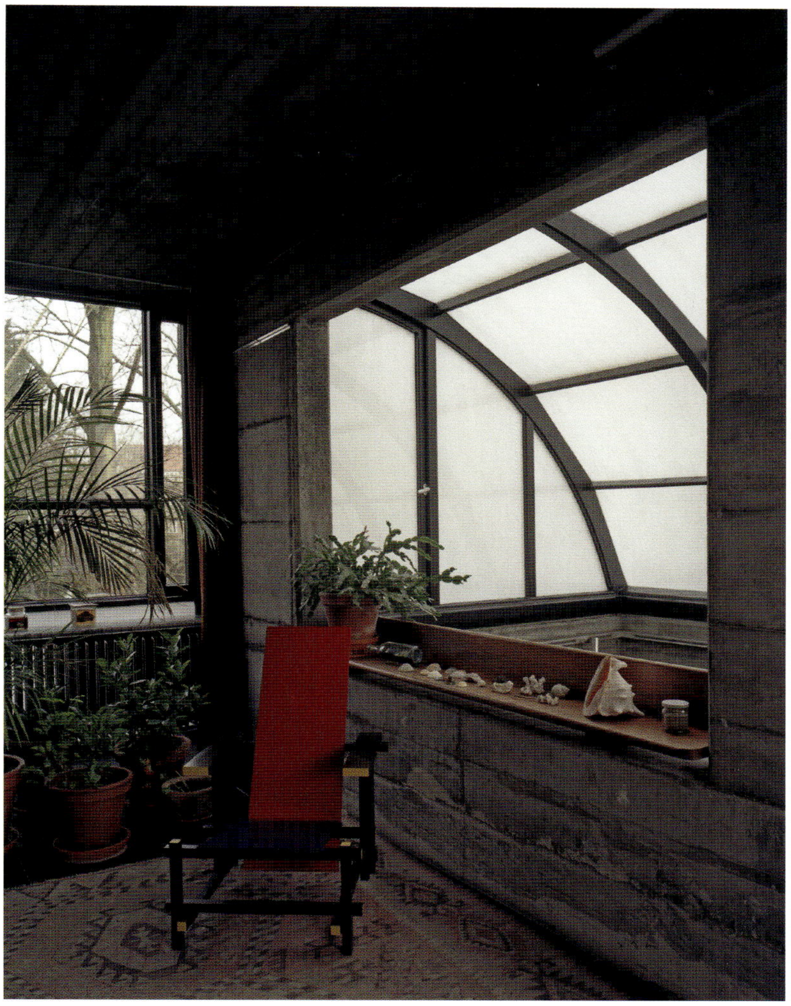

Abb. 6 Dachgeschoss, »Leuchtturm«, 2007

1 Volkwin Marg, Gudrun Fleher: Architektur in Hamburg seit 1900. Ein Führer zu 192 sehenswerten Bauten, Hamburg 1983, S. 166.
2 Denkmalschutzamt Hamburg und Freie Akademie der Künste: Schön und Modern. Hamburger Bauten der Nachkriegsjahrzehnte. Ausstellung und Veranstaltung im Rahmen des Hamburger Architektursommers, Hamburg 2012, S. 19–20.
3 Beschreibung des Architekten Thomas Darboven, Dokument aus der Kartei des Denkmalschutzamtes Hamburg.
4 Andrea Koenecke: Walter Rossow (1910–1992). Die Landschaft im Bewusstsein der Öffentlichkeit, München 2014, S. 229–235.

Postmoderne in Arkadien

Villa Glashütte

Gemarkung Utscheid
Bitburg-Prüm/Utscheid
Rheinland-Pfalz

Architekt: Oswald Mathias Ungers
Gartenarchitekt: Bernhard Korte
Bauzeit: 1986–88

Die 1986–88 erbaute Villa Glashütte gehört zu den wenigen Häusern, die der Kölner Architekt Oswald Mathias Ungers im Laufe seines Lebens für sich und seine Familie gebaut hat. Seine abgeschiedene Lage mitten in einem idyllischen Waldtal in der Südeifel macht das Haus zur idealtypischen ›villa rustica‹ im Sinne der antiken Vorstellung vom mythischen Arkadien und zu einer anerkennenden Reverenz an den Renaissance-Architekten Andrea Palladio. Wo, wenn nicht bei diesem durch historische Bezüge nobilitierten Bau, wird der radikale Paradigmenwechsel von der Nachkriegs- zur Postmoderne derart offensichtlich?

Auf dem weitläufigen Grundstück mitten im Wald, das Oswald M. Ungers (1926–2007) Mitte der 1980er Jahre erwarb, befand sich einst eine Glashütte, die im 18. Jahrhundert betrieben wurde. An gleicher Stelle entstand später eine kleine Siedlung. Nach anfänglichen Überlegungen, die ruinös gewordenen Vorgängerbauten zumindest in Teilen zu erhalten und in den Neubau mit einzubinden, ließ Ungers die Reste der Siedlung letztlich bis auf wenige Grundmauern abreißen. Stattdessen errichtete der Architekt eine monolithisch wirkende Villa mit Satteldach über einem quadratischen Grundraster von 18,5 × 18,5 Metern, die sich tempelartig über einem grasbewachsenen Erdsockel erhebt. Die vier aufgehen-

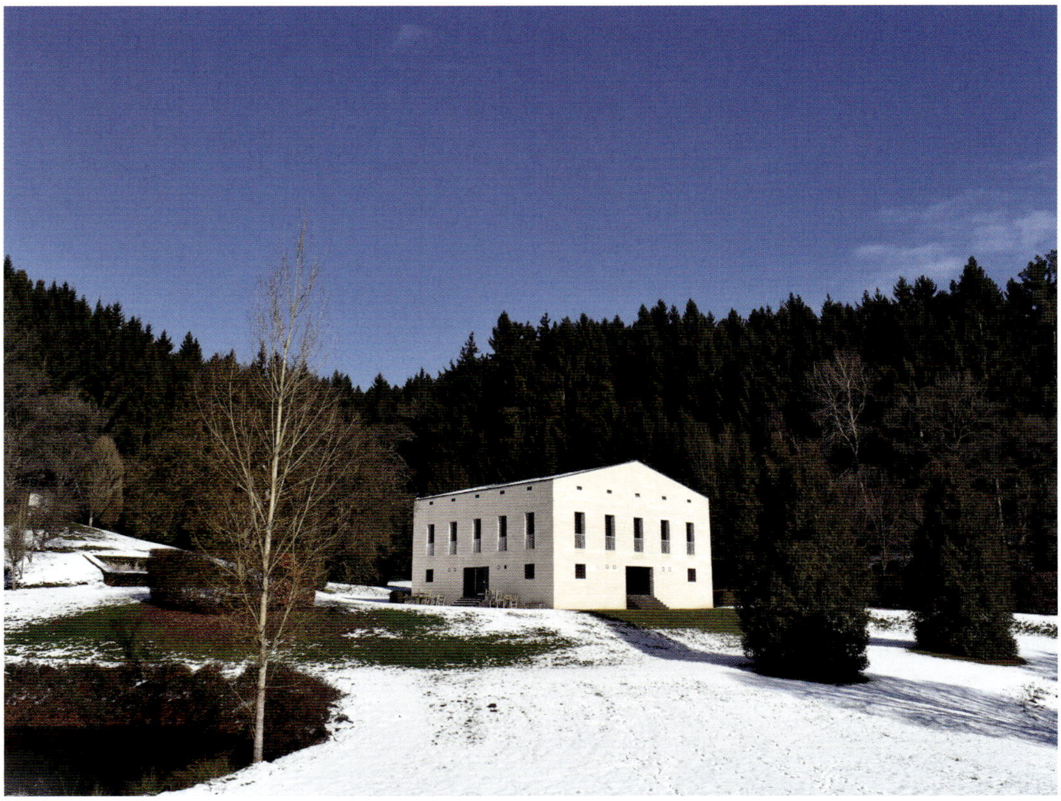

Abb. 1 Die Villa Glashütte bei Utscheid, Aufnahme 2018

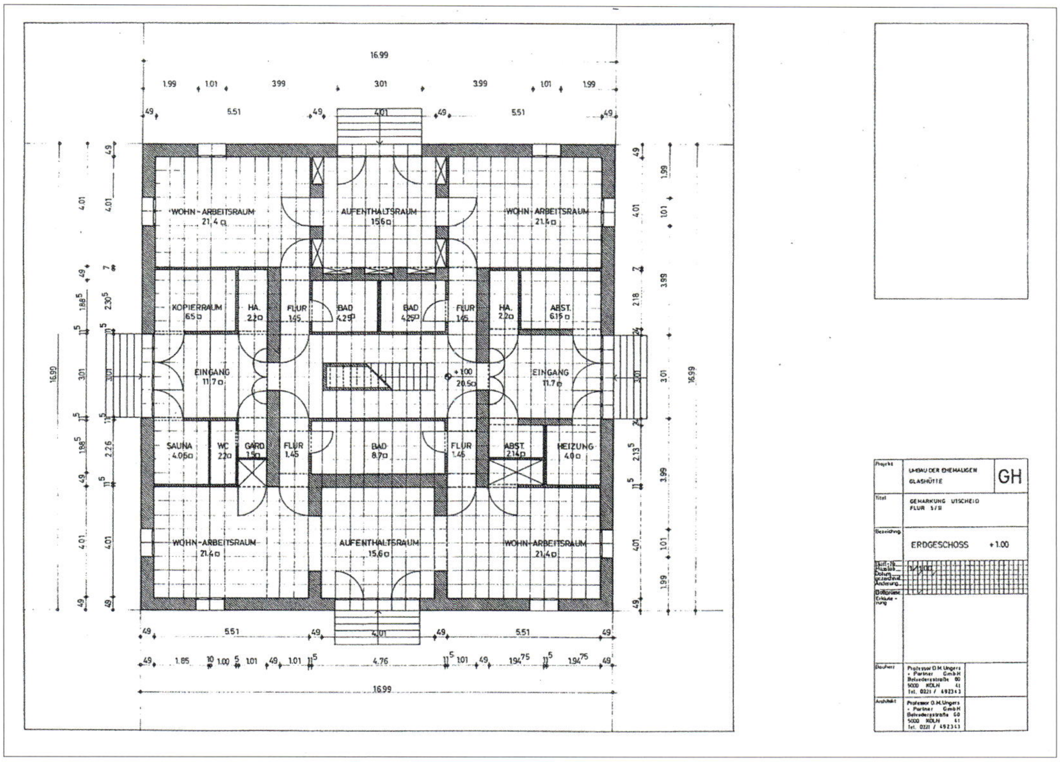

Abb. 2 Grundriss des Erdgeschosses

den Wände aus sichtbarem Natursteinmauerwerk sind von je fünf Fensterachsen bestimmt. Die dunklen Öffnungen der scharf eingeschnittenen Fenster und Türen mit ihren tiefen Laibungen, welche die Fassaden durchbrechen, setzen sich deutlich von dem hellen Kalkstein ab. Die glatten Oberflächen der Wände unterstützen den artifiziellen Charakter des Hauses, der in Kontrast zur umgebenden Natur steht.

Gemäß den architektonischen Vorstellungen von Ungers, die sich an antiken Vorbildern und bedeutenden Renaissance-Baumeistern wie An-

Abb. 3 Zentrale Halle im Obergeschoss

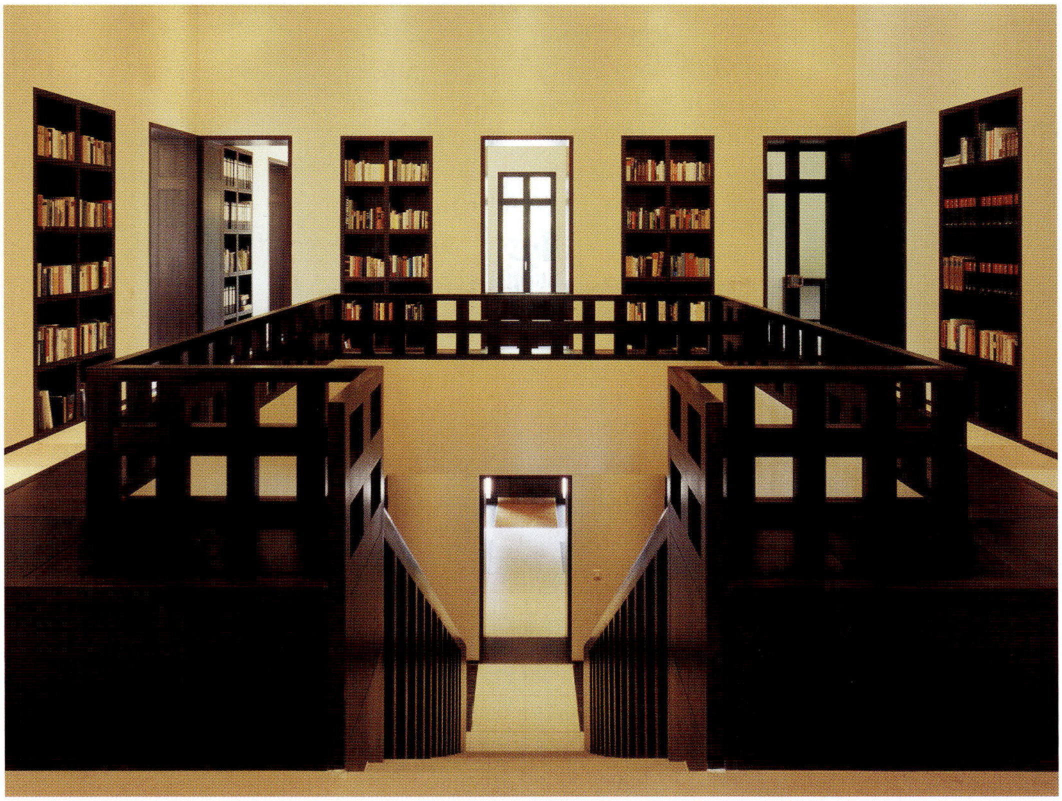

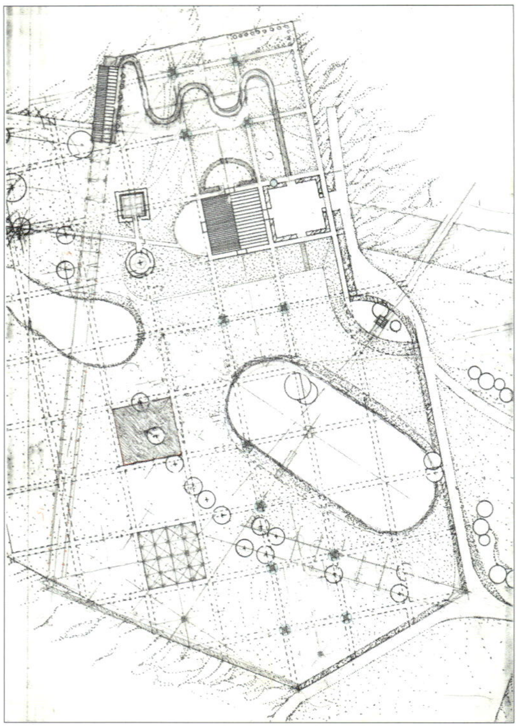

Abb. 4 Entwurf der Gartengestaltung, o. J.

drea Palladio orientierten, folgt die Raumanordnung der Villa ebenso wie das Äußere einer klaren Geometrie. Auf zwei Ebenen gruppieren sich die Räume in symmetrischer Anordnung um das dominierende atriumartige Treppenhaus mit offener Galerie. Dem strengen Duktus des Hauses, der bis in die Einrichtungsdetails konsequent durchgehalten wird, entspricht auch die enfiladenartige Anordnung der Räume, die insbesondere im Obergeschoss deutlich wird. Alle Räume erschließen sich hier in einer strengen Achse – vom mittleren Fensterfeld über die hohen, schmalen Türen des Flures bis hin zur gegenüberliegenden Seite. Die Fenster der verschiedenen Räume liegen sich demnach exakt gegenüber, sodass man in einer Blickachse unterschiedliche Landschaftsausblicke erhält. Bis heute finden sich keine Bilder an den Wänden, da gemäß den Vorstellungen von Ungers die vom Fenster gerahmte Natur als Landschaftsbild ausreichen sollte.

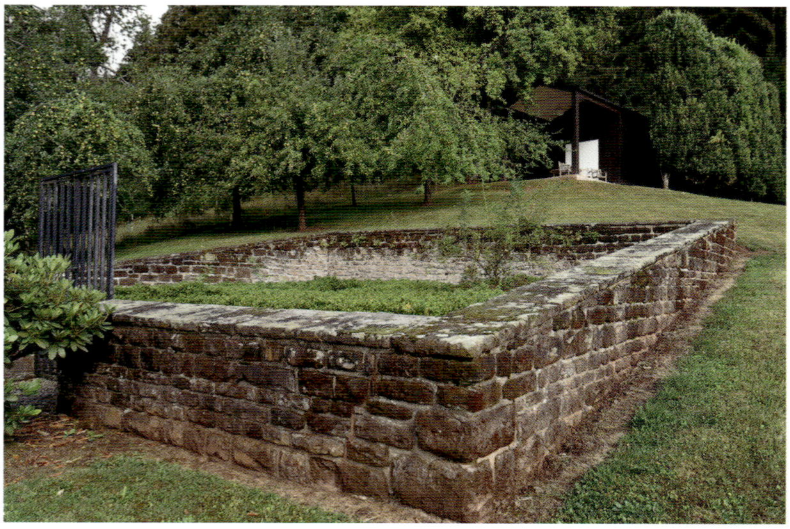

Abb. 5 Kreuzgarten mit Modellhaus im Hintergrund, Aufnahme 2018

Ungers hob selbst zwar stets die Absicht hervor, in Glashütte den Gegensatz von »gewachsene[r] Natur« und dem »kunstvoll arrangierte[n] Objekt« sichtbar machen zu wollen,[1] doch letztlich ist auch die unmittelbar die Villa umgebende Landschaft ein artifiziell bearbeitetes Grundstück, das auf den durchdachten Entwurf des namhaften Gartenarchitekten Bernhard Korte zurückgeht. Dieser hatte es nicht immer leicht mit Ungers, denn während Korte die Elemente seines Entwurfs aus den Koordinaten des Hauses und den Gegebenheiten des Ortes entwickelte, wollte Ungers seine eigenen Vorstellungen von einer römischen Landschaftsvilla durchsetzen. Herausgekommen ist letztlich eine beeindruckende Gartenanlage, die den kontextuellen Ansatz von Korte mit den von Ungers gewünschten antiken Bezügen vereint. Den Ausgangspunkt des Entwurfs bildete dabei das quadratische Raster in den Maßen des Hauses, das der Gartenkünstler von den noch erhaltenen Grundmauern eines Hauses der ehemaligen Siedlung ableitete und anschließend als Struktur über die Landschaft legte. Die quadratische Rasterung des Geländes ließ Achsen und Kreuzpunkte entstehen, die durch verschiedene Anpflanzungen wie etwa Thujen akzentuiert wurden. Daneben gibt es Elemente, die das vorgegebene Raster durchkreuzen und als Fragmente in Erinnerung an den alten Ort in der Landschaft angeordnet sind. Im Bereich des südlichen Grundstücks markiert etwa eine Obstbaumallee eine historische, nicht mehr genutzte Wegebeziehung der alten Siedlung, die Korte mit Obstbäumen ergänzt und als zweizeilige, das Raster störende Allee weitergeführt hat. Auch der westlich vom Haupthaus gelegene kleine quadratische Kreuzgarten mit den Maßen 9 × 9 Meter, der nach dem Konzept eines aus der Mariensymbolik stammenden Motivs des *hortus conclusus* angelegt wurde, ist leicht aus der Achse gerückt. Er ist auf den Fundamenten und im Zentrum des ehemaligen engeren Glashüttenbereichs eingerichtet worden. Der Kreuzgarten übernimmt demnach den quadratischen Grundriss eines alten Hauses und bildet damit den Ursprung des gesamten Bezugssystems der Ungersschen Villa, die sich sowohl geometrisch als auch thematisch auf den Kreuzgarten bezieht.

Oberhalb des Kreuzgartens, an höchster Stelle des Geländes, befindet sich am Waldrand eine langgestreckte Holzhütte, die als Ausstellungsraum dient. Hier ließ Ungers Prototypen der Architekturgeschichte in Form von Gipsmodellen aufstellen, unter anderem das Mausoleum von Halikarnassos und das Pantheon in Rom, außerdem Abgüsse berühmter antiker Skulpturen wie der Nike von Samothrake sowie Modelle eigener Bauten und Entwürfe. Das Modellhaus, an dessen Stelle sich einst ebenfalls ein Haus der alten Siedlung befand, sollte sich nach den Vorstellungen von Bernhard Korte bis zur südlichen Waldgrenze als geschlossene Grünarchitektur fortsetzen. 42 Pappeln wurden zu diesem Zweck in zwei Reihen als verlängerte Achse des Ausstellungshauses gepflanzt. Den Endpunkt der Allee am jenseitigen Waldrand markiert eine sieben Meter hohe, weiße Säule aus Carrara-Marmor, die in Anspielung auf das antike Arkadien und die damit verbundene Sehnsucht nach den weltabgeschiedenen Landschaften die Inschrift *ET IN ARCADIA EGO* trägt.

In der Talsohle mit weitläufigen Wiesen liegen zwei Seen, die ähnlich wie die alte Obstbaumallee im südlichen Gelände als Erinnerungsstücke fungieren, die bereits zu Zeiten der Glashütte existierten und als amorphe Formen in das strenge Raster des neu gestalteten Gartens eingebettet wurden. Den südlichen der beiden Seen ließ Ungers begradigen und in Form eines *circus maximus* anlegen. Auf das Wasser setzte Ungers einen alten, inzwischen abgängigen Kahn, der nach dem mythologischen Gedanken des Flusses Styx und seines Fährmanns Charon zwischen Insel und Ufer pendeln sollte. Auf dem amorphen Teich ließ Ungers hingegen zwei weiße Schwäne schwimmen, die jedoch nicht lange überlebten. Außerhalb des Gartens unterhielt der Architekt zudem eine Schafzucht. Die Haltung erwies sich jedoch als schwierig, sodass die Tiere später wieder abgegeben wurden. Ungers' Idee, ein weißes Pferd auf den umgebenden Wiesen grasen zu lassen, wurde hingegen nie realisiert.

Die genannten Elemente der Landschaft wie auch die Villa mit ihren ablesbaren antiken und renaissancezeitlichen Bezügen, wie etwa zur Villa Rotonda von Palladio, verdeutlichen die von Ungers verwirklichte Idee einer römischen Landschaftsvilla, in deren Tradition die gesamte Anlage steht. Die *Villa Hadriana*, die für Ungers der Inbegriff der römischen Stadt war, galt ihm dabei als Prototyp.[2] Der Landschaftsarchitekt Bernhard Korte setzte diese Vorstellungen gestalterisch in Bezug zum Vorhandenen und schuf auf diese Weise gemeinsam mit Ungers ein einzigartiges Gesamtkunstwerk. Das Haus und die Anlage der Landschaft veranschaulichen daher nicht nur die architektonischen Vorstellungen des Architekten Ungers und seine von der Renaissance und den klassischen Maßen der Antike beeinflusste Denkweise auf exemplarische Weise, sondern verweisen darüber hinaus auch auf postmoderne Gestaltungsprinzipien, wenn unter Rücksichtnahme auf den *genius loci* und durch assoziative Gestaltung der Landschaft eine Art Erinnerungsort geschaffen wird.

Leonie Köhren

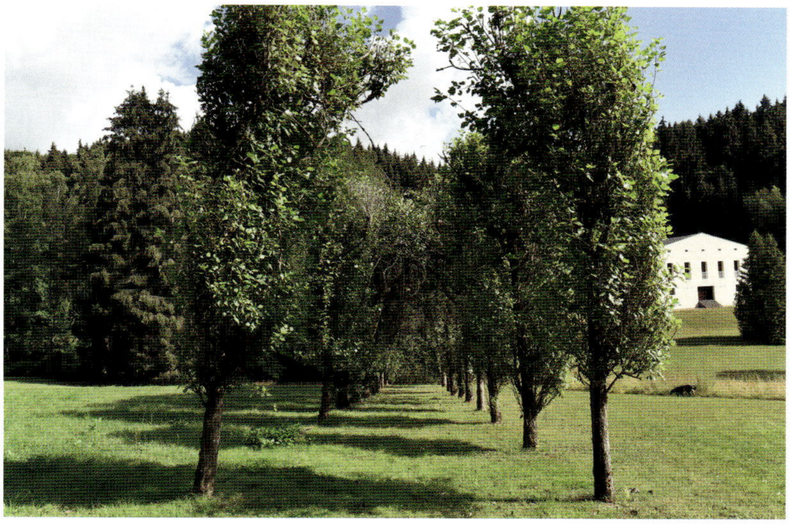

Abb. 6 Pappelallee, Aufnahme 2018

1 Oswald Mathias Ungers: Aphorismen zum Häuserbauen, Braunschweig, Wiesbaden 1999, S. 54.
2 Ungers (wie Anm. 1), S. 63–64.

Modern in Lübeck

Atriumhäuser

Solmitzstraße 39 und 41
Lübeck
Schleswig-Holstein

Architekten: Kuno Dannien, Uli Fendrich
Bauzeit: 1969/70

Die vier Atriumhäuser, die bei der Stadterweiterung der 1960er Jahre um den Stadtteil Kücknitz entstanden sind, sind ein herausragendes Beispiel funktionalistischer Moderne in Lübeck. Zugleich gehören sie zu den Schlüsselbauten im Œuvre des bedeutenden Lübecker Architekten Kuno Dannien – hier in Partnerschaft mit dem Architekten Fendrich.

Kücknitz war über Jahrhunderte ländlich geprägt und entwickelte sich erst ab der zweiten Hälfte des 19. Jahrhunderts durch seine unmittelbare Lage an der Trave zu einem Industriestandort für Schiffsbau und Eisenverhüttung. Mit dieser Entwicklung fand ein enormer Bevölkerungszuwachs statt und Kücknitz wuchs mit einigen weiteren Dörfern zu einem Stadtteil von Lübeck zusammen.[1] Kurze Zeit später, infolge des Zweiten Weltkrieges und der Flüchtlingsströme aus den ehemaligen Ostgebieten, fand eine erneute Erweiterung des Stadtgebietes durch das ab den 1950er Jahren entstehende Siedlungsgebiet »Roter Hahn« statt.[2]

Die hier näher betrachteten Wohngebäude mit Arztpraxen von den Architekten Dannien

Abb. 1 Kuno Dannien und Uli Fendrich, Atriumhaus, Lübeck, 1969/70

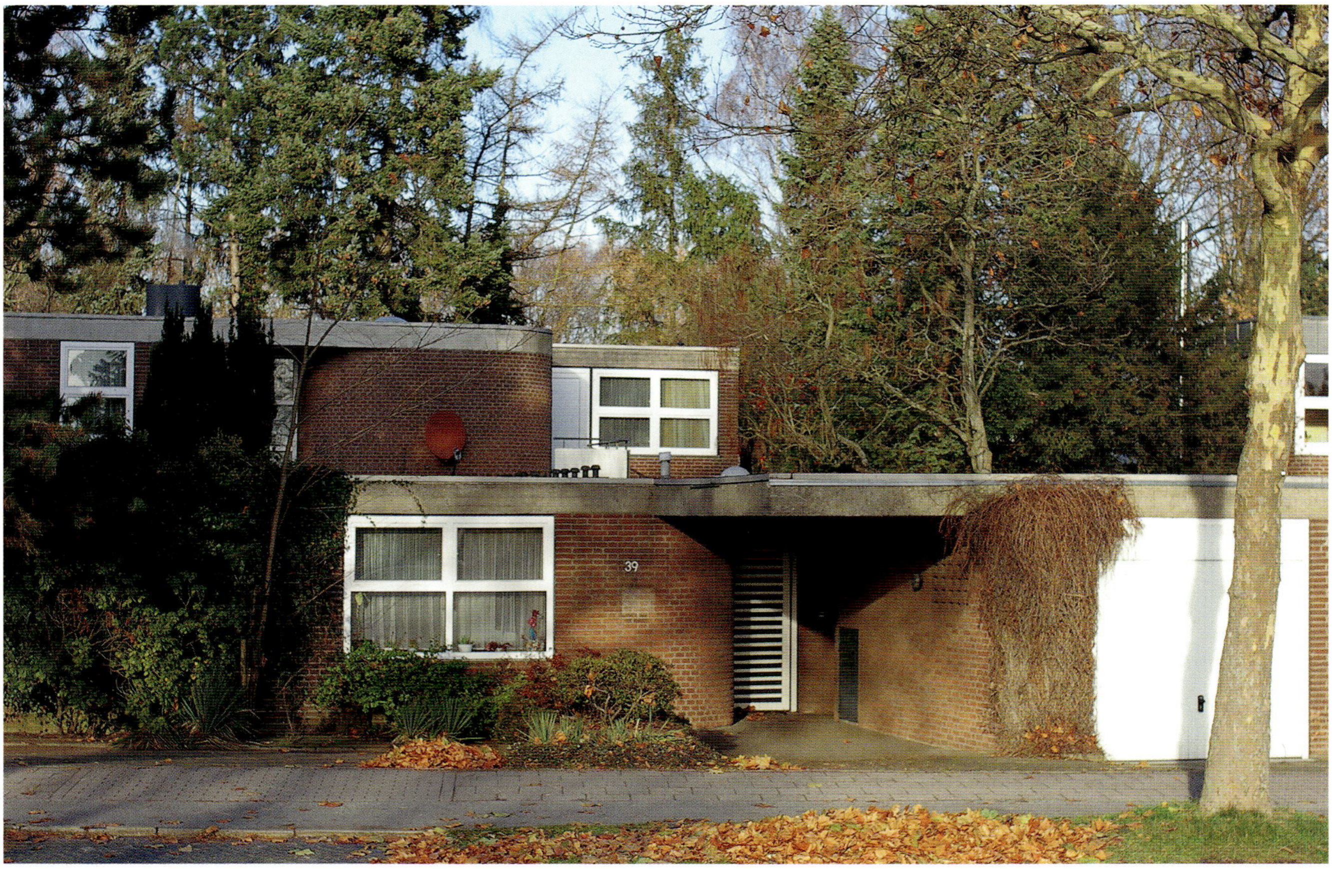

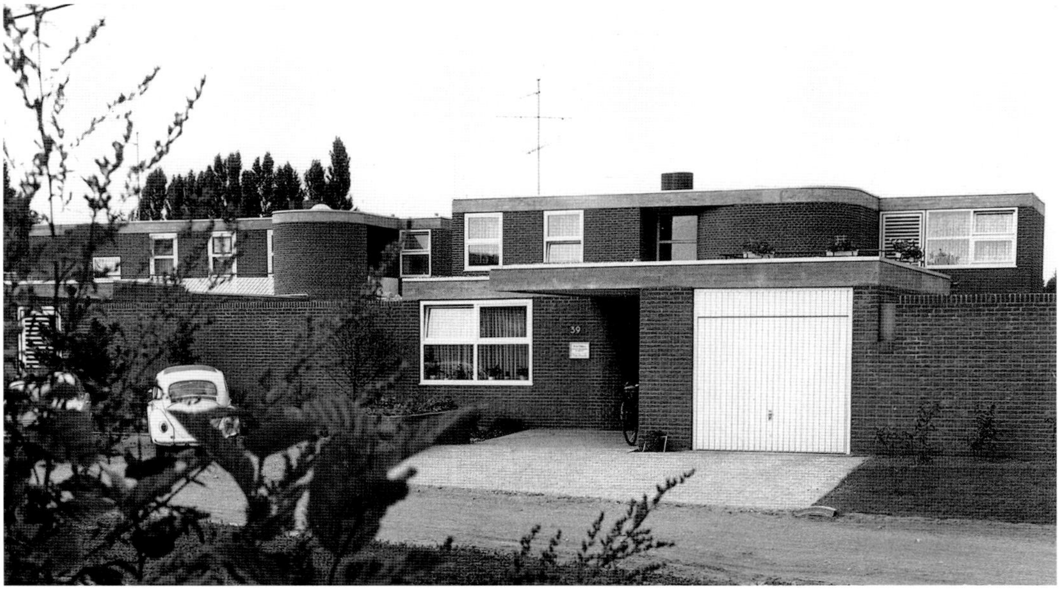

Abb. 2 Atriumhaus, Lübeck, 1969/70

und Fendrich gehören zu den Bauten der notwendigen öffentlichen Versorgung dieser entstehenden Siedlung. Die zu beplanenden Grundstücke liegen entlang der Haupterschließungstraße B 75, die die Verbindung zwischen dem Siedlungsgebiet »Roter Hahn« und der Bundesstraße herstellt. Die Planung der Objekte fand noch vor Inkrafttreten des Anfang der 1970er Jahre beschlossenen Bebauungsplans statt. Entlang des Verlaufs der Straße werden zudem ein Altenheim und entsprechend der günstigen Lage zum neuen Wohngebiet weitere funktionale Elemente des öffentlichen Lebens geplant.[3]

Die vier als Gebäudegruppe zusammengefassten Objekte reihen sich, versetzt zueinander, entlang des leicht geschwungenen Verlaufs der Solmitzstraße auf und bilden mit weiteren öffentlichen Einrichtungen den Auftakt zur Siedlung. Aufgrund der Anordnung an der verkehrsreichen Hauptzuwegung zur Siedlung wählten die Architekten Dannien und Fendrich den Gebäudetypus des Atriumhauses. Mit einer für die Nachkriegsmoderne typischen additiven Bautypologie von je einem länglichen eingeschossigen Kubus mit einem breiteren zweigeschossigen reihten die Architekten die L-förmigen Bauten aneinander und bildeten so die daraus entstehenden Atrien aus. Die einzelnen Flachdachhäuser wurden mit ihrer langen Seite an der jeweiligen östlichen Grundstücksgrenze angeordnet. Die eingeschossigen Baukörper liegen dabei ungefähr auf der Mitte der Parzelle und schließen mit einer gebäudehohen Mauer auf der anderen Hälfte der Grundstücke zur Straße hin ab. Im rückwärtigen Bereich folgen darauf die zweigeschossigen Gebäudeabschnitte. Sie sind

Abb. 3 Grundriss Atriumhaus, Lübeck, 1969

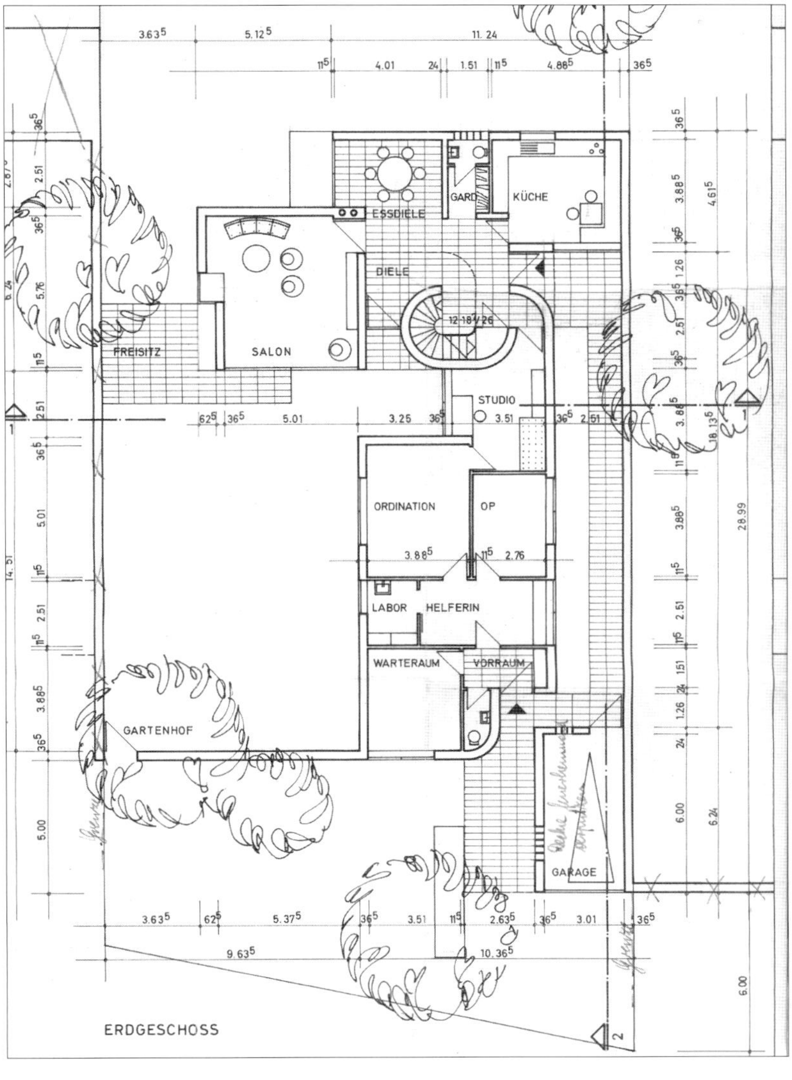

Abb. 4 Atriumhaus, Gartenansicht, Lübeck, 1969/70

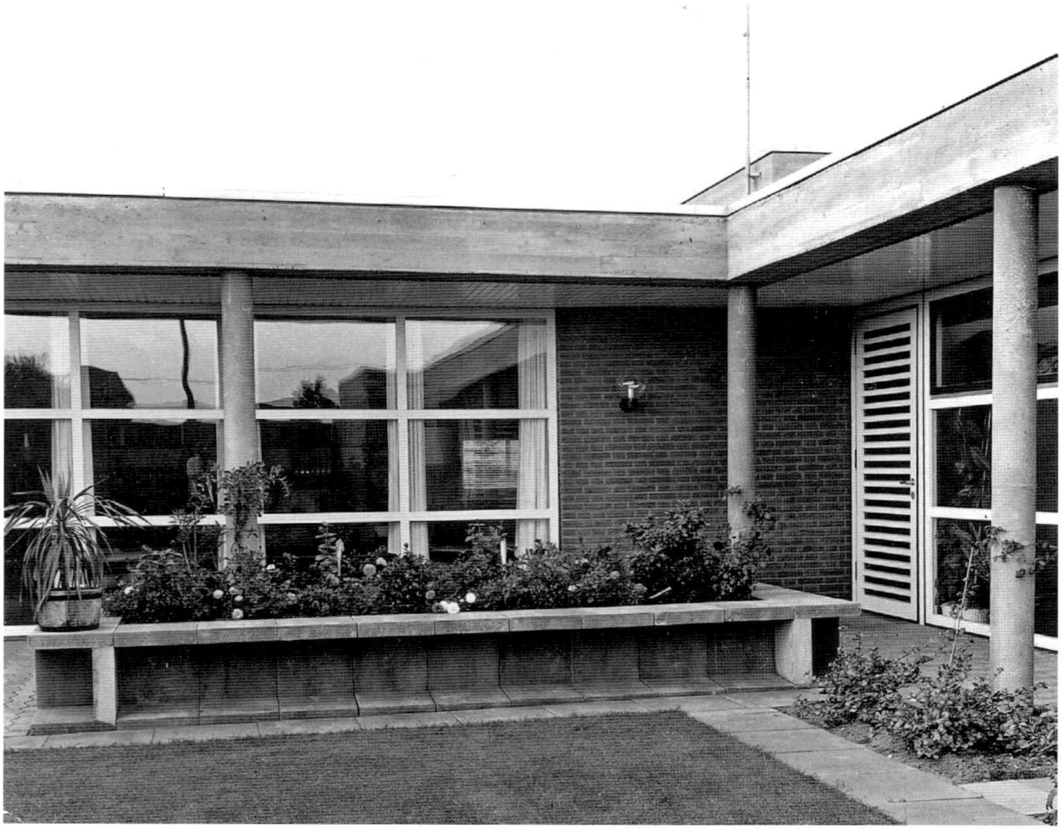

über die ganze Breite des jeweiligen Grundstücks geplant worden. Die in geschlossener Weise ausgebildete Gebäudehülle schließt mit ihren zum öffentlichen Raum orientierten Fassadenflächen als ziegelsichtige Lochfassade ab. Wie erwähnt, werden die schmalen Straßenfassaden durch eine erdgeschosshohe Mauer verlängert und bilden mit der kurzen Seite des Grundkörpers die privaten Gartenhöfe. Aus der Lage der Gebäude zur Straße ergeben sich auch die inneren Funktionen. Straßenseitig befinden sich die eingeschossigen Arztpraxen, an die rückwärtig die zweigeschossigen privaten Wohnräume der Arztfamilien anschließen. Gemäß einer auch äußerlich klar nach den Funktionen erkennbaren Gliederung werden die Arztpraxis und die Wohnbereiche getrennt voneinander erschlossen. An dem neuralgischen Punkt der Funktionsübergänge wurde auch die innere Erschließung des Wohnbereichs angeordnet, der äußerlich an den apsidial hervortretenden Wendeltreppen ablesbar ist.

Abb. 5 Atriumhaus, Gartenansicht, Lübeck, 1969/70

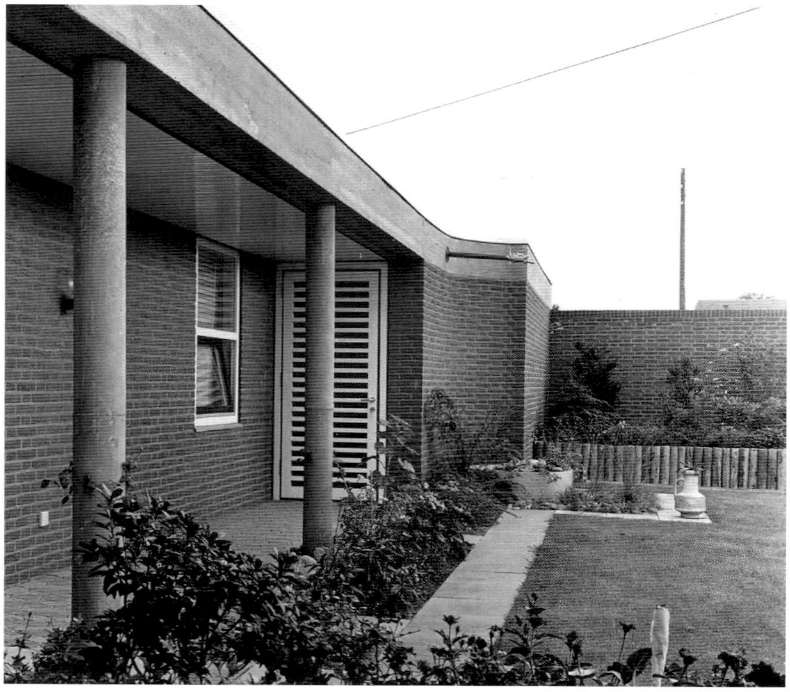

Die wesentlichen Merkmale der vier Atriumhäuser mit der konsequenten und klaren Gliederung von privaten und öffentlichen Bereichen im Innen- und Außenraum, den homogen-ziegelsichtigen Fassaden mit den durchlaufenden Betonbändern, die die Geschossigkeit betonen, sowie den systematisierten Öffnungen sind an allen vier Objekten anschaulich erhalten geblieben. Sie zeigen die damalige zeittypische Entwurfshaltung, wie das Sichtbarmachen der inneren Funktionen in der Gebäudegliederung und Fassade, die maximale Reduzierung des Fassadenschmucks sowie die Fassadenzonierung lediglich durch Material- und Farbwechsel.

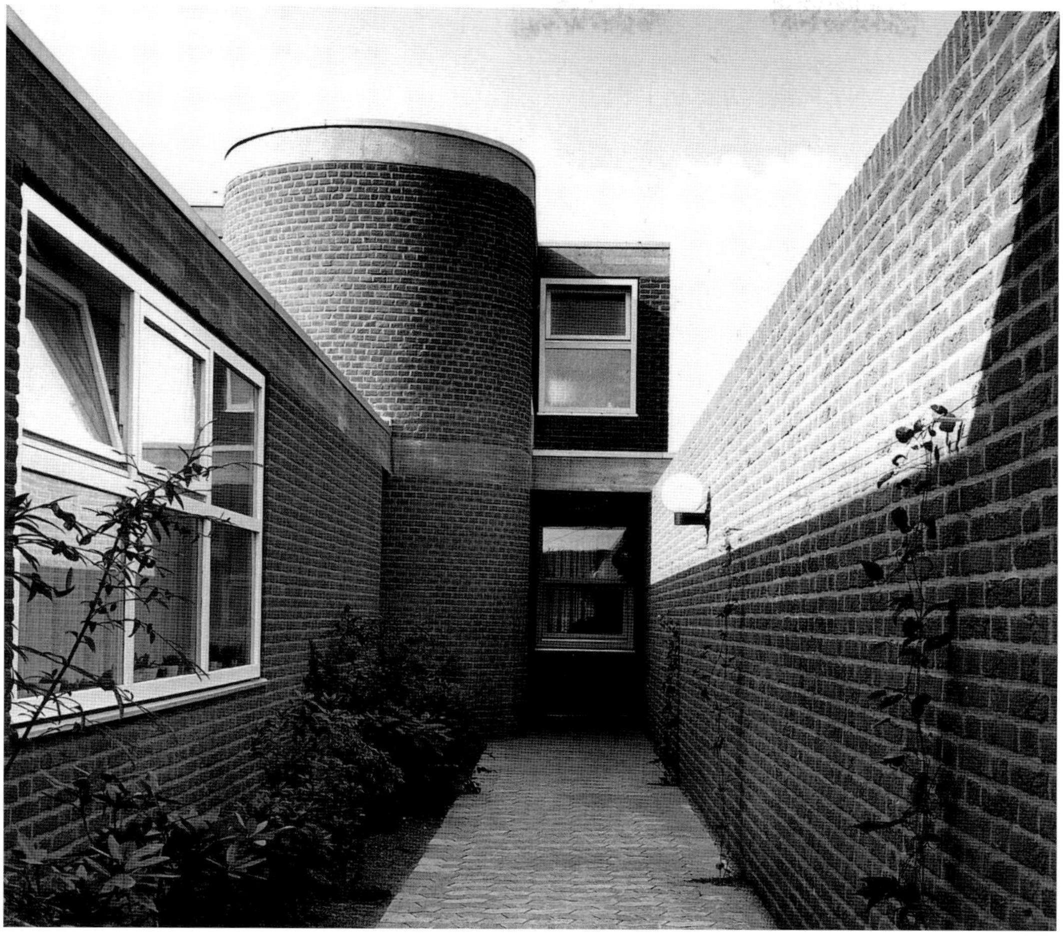

Abb. 6 Atriumhaus mit Treppenhausapside, Lübeck, 1969/70

Die Qualität des Entwurfs wird von der schlüssigen äußeren Gestaltung bis in die ausgearbeiteten Grundrisse mit großen Wohn- und Essküchen sowie raumhohen Verglasungen der Wohnflächen zu den privaten Außenräumen hin und Balkonen, die sich aus der Grundfläche der Terrassen im Erdgeschoss entwickeln, eindrücklich belegt.

Typologisch ist die Gebäudegruppe als Adaption eines L-förmigen Bungalowtypus zu verstehen, der in der Bundesrepublik eines der gängigen Leitbilder für Wohnhäuser im Siedlungsbau der 1950er bis 1970er Jahren darstellt. Auch die Ausbildung von verglaster Gartenseite und geschlossener Straßenfassade sind ein prägendes Charakteristikum für diesen Siedlungstypus.[4] Die als Kettenhäuser mit Atrium angelegte Baustruktur der Kleinstsiedlung ist ein herausragendes Beispiel für dieses Leitbild des Siedlungsbaus der Nachkriegsmoderne.[5] Sie bilden mit wenigen weiteren Beispielen – wie etwa der Siedlung der 1960er Jahre von Richard Neutra in Quickborn – in Schleswig-Holstein ein herausragendes Beispiel für den Siedlungsbau. Zudem ist die Vereinigung von Wohnen und Arbeiten in Privatgebäuden (Arztpraxen) ein Novum. In Kombination mit der an diesem Ort geplanten stadträumlichen Funktion als Teil der Versorgungsleistungen für den neugeschaffenen Stadtteil bildet die Gebäudegruppe mit ihrer funktionalistisch modernen Architektursprache ein Alleinstellungsmerkmal über die Stadtgrenze Lübecks hinaus. Der Komplex gehört aufgrund der hohen baukünstlerischen Qualität zu einem der Schlüsselwerke des Lübecker Architekten Kuno Dannien.

Christoph Wojtkiewicz

1 Antjekathrin Graßmann (Hrsg.): Das Neue Lübeck-Lexikon. Die Hansestadt von A bis Z, Lübeck 2011, S. 203.
2 Uwe Müller: Kücknitz. Ein Stadtteil im Wandel vom Klosterdorf zum Industrierevier, Lübeck 1987, S. 81.
3 Bauakten aus dem Archiv der Bauordnungsbehörde der Hansestadt Lübeck. Objekte Solmitzstraße 39 und 41
4 Carola Ebert: Entspannte Moderne. Der westdeutsche Bungalow 1952–1969 als Adaption eines internationalen Leitbildes und Symbol einer nivellierten Mittelschichtsgesellschaft, Kassel 2016, S. 4 u. 109–110.
5 Ralf Lange: Architektur und Städtebau der sechziger Jahre. Planen und Bauen in der Bundesrepublik Deutschland und der DDR von 1960 bis 1975. Hrsg. Deutsches Nationalkomitee, Bühl (Baden) 2003, S. 28.

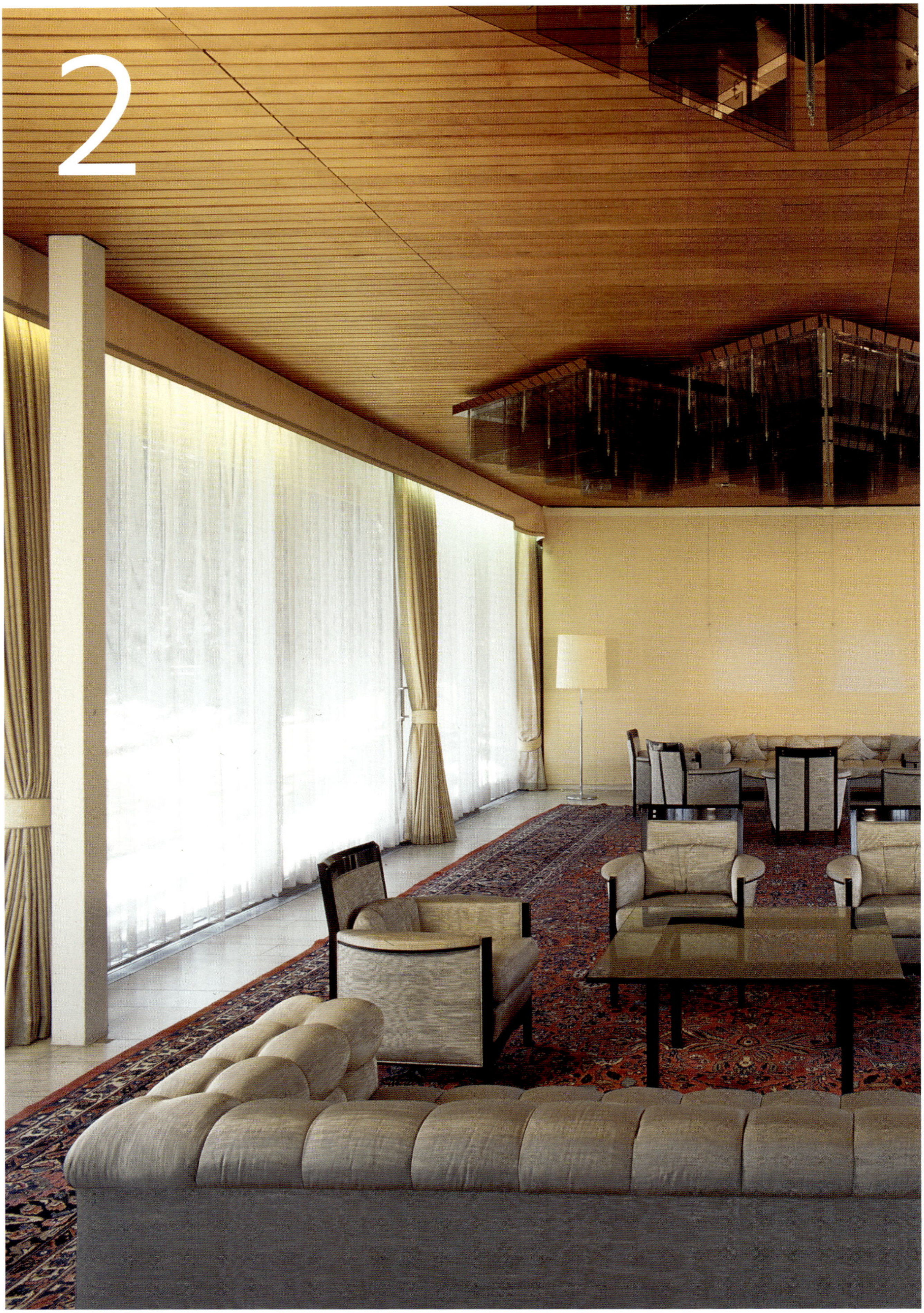
2

Wie die Macht wohnen sollte

Das geteilte Deutschland ist Geschichte. Übrig geblieben sind zwei bedeutende, für die Teilung exemplarische Monumente. In Bonn führte der gläserne Kanzlerbungalow der Welt seit 1963 vor, wie die Bundesrepublik Deutschland von der Welt gesehen werden wollte: demokratisch und transparent, verlässlich gegenüber seinen Partnern, bescheiden, moderat im Auftreten und fern von patriotischem Getöse.

Während die Kanzler der BRD in ihrer Dienstwohnung Staatsgäste empfingen und bewirteten, blieben die Mitglieder des Politbüros der DDR im Privaten unter sich. Die für sie eigens errichtete Waldsiedlung Wandlitz war seit 1960, ganz wie der Kanzlerbungalow, als Siedlung eine strengstens bewachte Liegenschaft.

Beim Besuch dieser beiden symbolhaften Stätten der deutschen Zeitgeschichte ist auffallend: Die internationale Repräsentation politischen Understatements des Kanzlerbungalows war der gewünschte Ausdruck auch dieser modernen Staatsarchitektur. Dem gegenüber stand eine aus heutiger Sicht baulich vorgeführte Bodenständigkeit und Rechtschaffenheit des privaten Wohnens der ostdeutschen Führungselite, deren Versorgung und Komfort den Lebensstandard der DDR übertraf. Dennoch war die biedere Ästhetik der Waldsiedlung auch als politisches Statement gedacht. Ob Bonn oder Wandlitz – privilegierte Staatsbauten waren sie beide.

Clemens Kieser

»Wandlitz« – Wohnen im Kollektiv

Waldsiedlung

Brandenburgallee, Bussardweg, Habichtweg, Eichelhäherweg, Kurallee
Bernau
Brandenburg

Architekt: Walter Schmidt und Kollektiv
Gartenarchitekt: Hugo Namslauer und Kollektiv
Kunstschmiedearbeiten: Fritz Kühn
Bauzeit: 1958–60

Als »Wandlitzer Ghetto« hat der Liedermacher Wolf Biermann sie besungen: Die Waldsiedlung, in der die SED-Führung fast 30 Jahre lang lebte, war zu DDR-Zeiten rigoros abgeschottet. Die Parteielite hatte nicht nur ihr Volk eingeschlossen, sondern auch eine Betonmauer um sich selbst errichtet. Dahinter vermutete manch DDR-Bürger Luxusvillen – und wurde nach der Wendevom biederen Lebensstil der Machthaber überrascht.

Die so unscheinbare wie geschichtsträchtige Siedlung befindet sich einige Kilometer nordöstlich von Berlin, im dicht bewaldeten Gebiet zwischen Bernau und Wandlitz.[1] Hier lebten bis 1989/90 die Mitglieder und Kandidaten des SED-Politbüros. Das als »Wildforschungsgebiet« getarnte Gelände war rings von einer Betonmauer umgeben und wurde engmaschig überwacht. Nichts drang von hier ungewollt nach außen. Und so machten die Arbeiter und Bauern des ostdeutschen Staats sich eben ihr eigenes Bild vom dortigen Funktionärsleben.

Am 23. November 1989 gelang es einem Reporterteam des DDR-Fernsehens, die Siedlung erstmals zu betreten. Der am selben Abend ausgestrahlte Bericht, der vor allem Enthüllungen zum Wandlitzer System der »Sonderversorgung« enthielt, wurde in Ost und West zur Sensation. Für weitere Schlagzeilen sorgten die wenig später auf dem Gelände durchgeführten Hausdurchsuchungen und Festnahmen führender Politbüromitglieder. Bereits im Januar 1990 war das Areal für jedermann frei zugänglich. Zehntausende Schaulustige strömten nun hierher, um sich

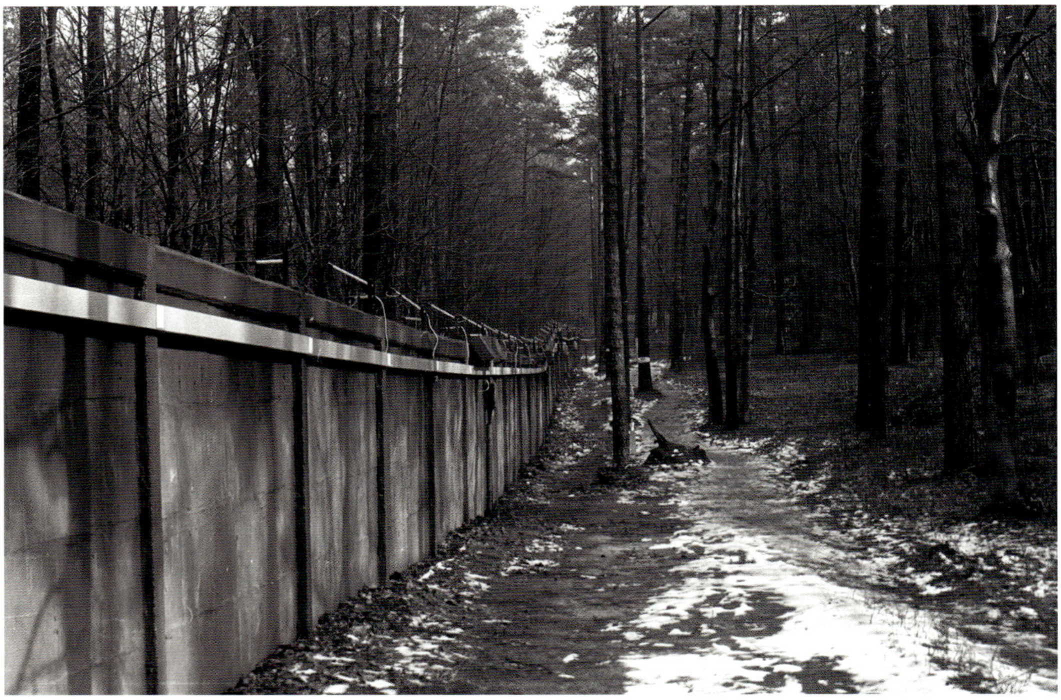

Abb. 1 Abschnitt der Betonmauer mit Postenweg

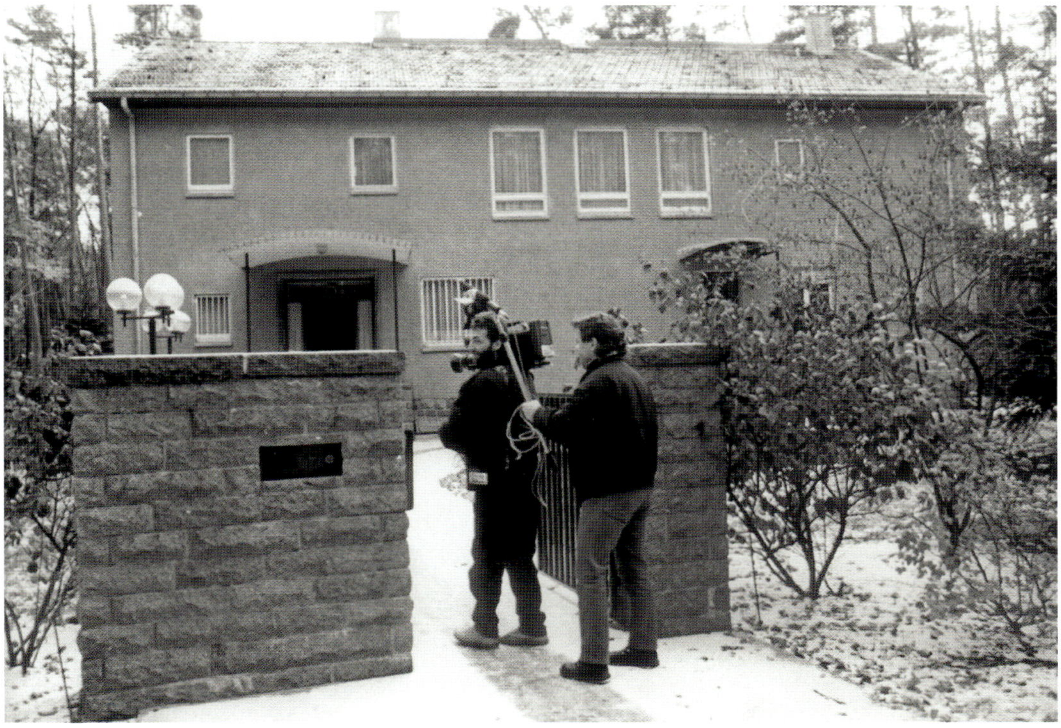

Abb. 2 November 1989: Erstmals erhält ein Reporterteam Zutritt auf das abgeschirmte Gelände.

selbst einen Eindruck von den Wohn- und Lebensverhältnissen der langjährigen DDR-Machthaber zu verschaffen. Für manch einen fiel die Besichtigung ziemlich ernüchternd aus, denn die als Luxusvillen kolportierten Wohnbauten entpuppten sich außen wie innen als bieder daherkommende Eigenheime.

In den Nachkriegsjahren hatte zunächst ein Villenquartier in Berlin-Pankow als Wohnstätte der DDR-Führungskader gedient. Doch galt der Standort wegen der nahen Sektorengrenze und der innenpolitischen Unruhen seit 1953 zunehmend als unsicher. 1956 erwog das SED-Politbüro erstmals, für sich eine außerhalb Berlins gelegene und rigoros abgeschottete Wohnsiedlung zu errichten, ab 1958 wurde das Neubauvorhaben realisiert. Förmlicher Auftraggeber war das Büro des Ministerratspräsidiums, tatsächlich aber oblagen alle Entscheidungen dem Ministerium für Staatssicherheit (MfS).

Abb. 3 Historische Karte der Waldsiedlung mit den 1958–60 entstandenen Bauten

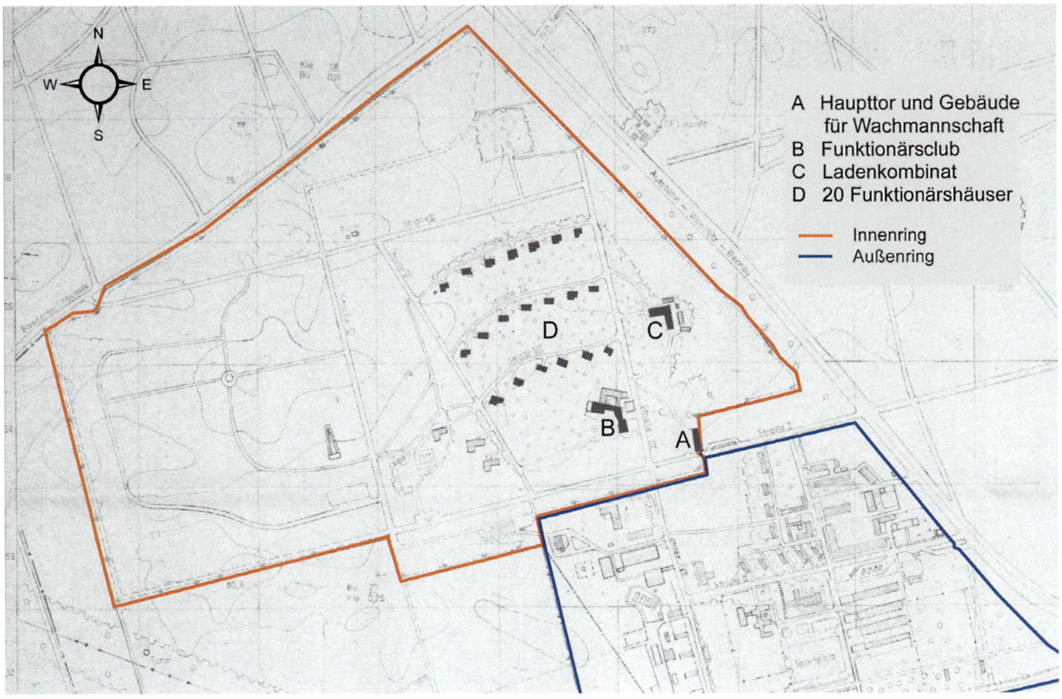

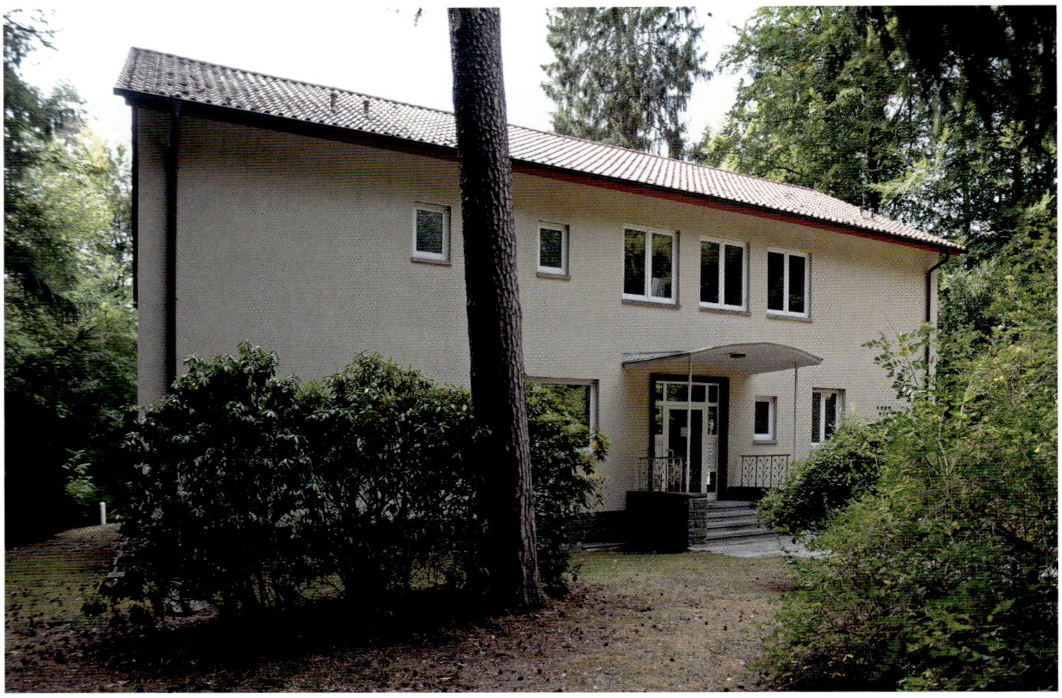

Abb. 4 Typenwohnhaus für eine Funktionärsfamilie, nördliche Eingangsseite

Zur Ursprungsanlage gehörte ein »Außenring«, in dem Gebäude für Wachmannschaften, Servicepersonal und technische Versorgung untergebracht waren, sowie der zusätzlich gesicherte »Innenring«. Hier entstanden bis 1960 zwei Gemeinschaftsbauten (Funktionärsclub, Ladenkombinat) sowie, etwas abgerückt davon, die eigentliche »Funktionärssiedlung«. Letztere umfasste 20 zweigeschossige, architektonisch wenig anspruchsvoll gestaltete Einfamilienhäuser, die sich nach simplem Schema in aufgelockerter Form an drei leicht geschwungenen Waldwegen reihten. Sie wurden unter Verwendung von Typenentwürfen als Dienstwohnsitze erstellt. Die Pläne lieferte ein Kollektiv des Regierungsbaubüros »Dynamo-Bau«. Dessen Leiter, der Architekt Walter Schmidt, hatte bereits an anderen staatlichen Großbauvorhaben in Ostberlin mitgewirkt.

Alle Häuser blieben – baulich mehr oder weniger modernisiert – erhalten. Sie präsentieren sich architektonisch weitgehend homogen als traufständige Gebäude mit überstehendem Satteldach und schmucklosen Putzfassaden. An den

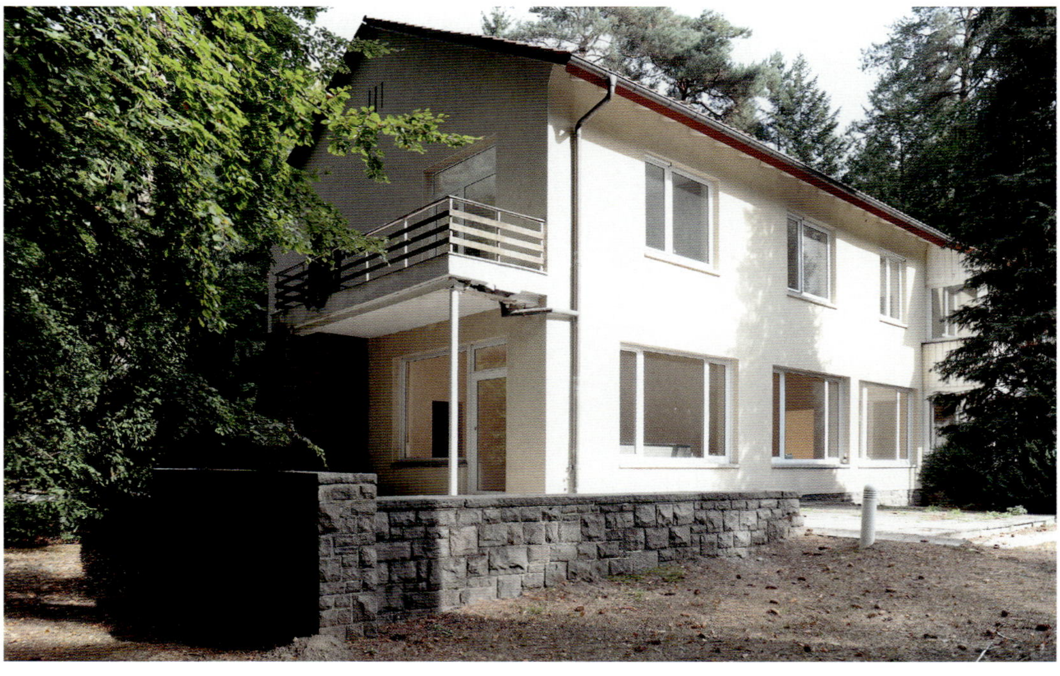

Abb. 5 Typenwohnhaus für eine Funktionärsfamilie, südliche Gartenseite

Nordseiten fällt einzig der markant überdachte Hauseingang ins Auge. Etwas gefälliger wirken die nach Süden gelegenen Hausrückseiten, wo Panoramafenster, Balkone, meist ein Wintergarten sowie stets eine breit vorgelagerte Terrasse aus Naturstein das Fassadenbild beleben und den Bezug zum gärtnerisch gestalteten hinteren Grundstücksteil herstellen.

Im Inneren besaßen die Funktionärsdomizile großzügige Grundrisse. Die Wohnfläche schwankte je nach Zahl der Familienmitglieder zwischen 180 und 320 Quadratmetern – und lag damit weit über dem DDR-Durchschnittsmaß. Das Raumprogramm wies ein einheitliches Schema auf: Im Erdgeschoss gruppierten sich zentral um eine großzügige Diele mit Treppenaufgang das Wohn- und das Esszimmer der Familie sowie ein Arbeitszimmer, eine Garderobe und die Küche mit Speisekammer. Im Obergeschoss befanden sich Schlaf-, Gäste- und Kinderzimmer nebst Bädern, im Kellergeschoss die Hauswirtschaftsräume. Alle Wohnhäuser waren nach Fertigstellung vollständig ausgestattet und möbliert an die Bewohner übergeben worden; im Vorfeld geäußerte Wünsche hinsichtlich Material, Stil und Dekoration hatten dabei Berücksichtigung gefunden.

Mit Umnutzung des Geländes in eine Klinik erfuhren die Funktionärshäuser unpassende Modernisierungen. Im Inneren blieb vom ursprünglichen Bestand meist nur wenig erhalten. Historisches Inventar findet sich u.a. noch im Erdgeschoss des Hauses von Walter Ulbricht. Der damals ranghöchste und mächtigste Politiker der DDR lebte hier mit seiner Ehefrau Lotte bis 1973. Das schon anfangs stattliche Gebäude wurde 1966 giebelseitig erweitert, um Platz für die private Bibliothek des Spitzenfunktionärs zu schaffen. Diese Räumlichkeiten sind weitgehend authentisch überkommen. Künftig soll hier ein kleines Museum an die Geschichte der Funktionärssiedlung erinnern.

Noch gut nachvollziehen lässt sich die ursprüngliche gärtnerische Gestaltung der Siedlung. Bei den Rodungen zu Baubeginn hatte man den Waldbestand teilweise beibehalten. Nur im Umfeld der Wohnhäuser erfolgten großflächigere Auslichtungen. Hinter den Häusern erstreckte sich jeweils eine locker mit Sträuchern und prägenden Einzelbäumen bepflanzte Rasenfläche. Zur Staffage gehörten ferner Wasserbecken, Blumengefäße und Vogeltränken aus Sandstein, die z.T. noch heute existieren. Punktuell waren in den Gärten auch Werke namhafter DDR-Bildhauer aufgestellt (heute als Sammlung in Bernau zu besichtigen). Die Grundstücke besaßen keinerlei Einfriedungen – man wollte sich als Kollektiv verstanden wissen. Erst später wurden auf Wunsch einiger Funktionärsfamilien trennende Abpflanzungen vorgenommen.

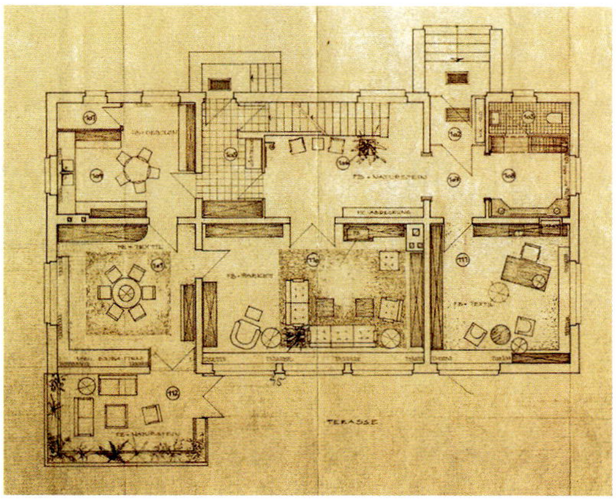

Abb. 6 Typenwohnhaus für eine Funktionärsfamilie, Grundriss des Erdgeschosses

Das Gelände der Waldsiedlung wurde nach 1990 in eine gemeinnützige Gesundheitseinrichtung umgewandelt mit der erklärten Absicht, die Vergangenheit des Standorts möglichst rasch dem Vergessen anheim zu geben. Wie im Fall vieler anderer ideologisch belasteter DDR-Hinterlassenschaften kam es auch hier in der Folgezeit zu Veränderungen bzw. Abrissen, ohne den dokumentarischen Wert einzelner Siedlungsbestandteile und deren historische Aussagekraft für künftige Generationen genauer zu prüfen. Erst mit größerem Zeitabstand entspannte sich die Wahrnehmung. Inzwischen wird die Bedeutung der einstigen Politbüro-Siedlung als authentischer Geschichtsort von breiten Kreisen akzeptiert, auch wenn sich dem heutigen Besucher vieles nicht mehr direkt erschließt und es deshalb erläuternder Informationen bedarf.

Ilona Rohowski

1 Jürgen Danyel, Elke Kimmel: Waldsiedlung Wandlitz. Eine Landschaft der Macht, Berlin 2016.

Transparentes Wohnen am Rhein

Kanzlerbungalow

Adenauerallee 139–141
Bonn
Nordrhein-Westfalen

Architekt: Sep Ruf
Bauzeit: 1963/64

Ab 1949 war Bonn Regierungssitz der neu gegründeten Bundesrepublik. Bewusst provisorisch und ohne langfristige Perspektive zogen die politischen Schaltzentralen und Verwaltungen überwiegend in vorhandene Bauten. Dennoch entwickelte sich mit der Zeit im Bonner Süden ein Parlaments- und Regierungsviertel. Von der Straße zurückgesetzt, unauffällig und doch unmittelbar im Zentrum des Viertels liegt der Kanzlerbungalow von Sep Ruf. In dem funktionalistischen Bau, der die neue Zurückhaltung der deutschen Demokratie repräsentierte, trafen sich die politischen Größen der damaligen Zeit.

Konrad Adenauer, der erste Bundeskanzler, hatte das Palais Schaumburg durch Hans Schwippert zum Kanzleramt umbauen lassen. In dessen erweitertem Park, den der Landschaftsarchitekt Hermann Mattern neu gestaltete, ließ Ludwig Erhard, Adenauers Nachfolger, nach Plänen von Sep Ruf 1963/64 einen Bungalow errichten, den die Bundeskanzler fortan als Residenz und Empfangsgebäude nutzten und so zum Ort der internationalen Begegnung und des Gesprächs mit den Großen der Weltpolitik machten: Yitzhak Rabin, Jimmy Carter, Leonid Breschnew, Jacques Chirac und andere diskutierten hier in privatem Rahmen zentrale politische Themen.

Ruf war – zusammen mit Egon Eiermann – seit 1962 im Planungsrat der Bundesbaudirektion tätig, der »sowohl Lösungen für eine verbesserte Unterbringung des Parlaments [...] als auch Rahmenbedingungen für eine städtebauliche Entwicklung« des Regierungsviertels im Bonner Süden formulieren sollte.[1] Ludwig Erhard selbst hatte Sep Ruf bereits 1954/55 mit dem Bau seines

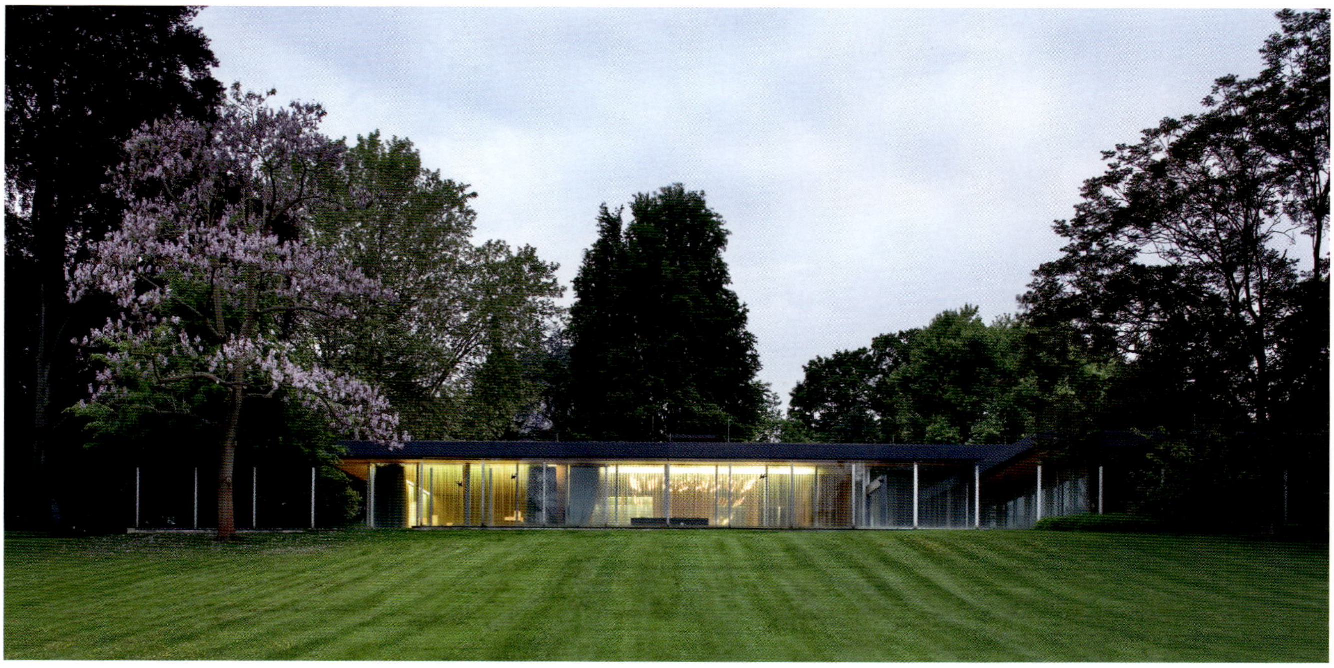

Abb. 1 Ansicht von Nordosten/Rheinansicht, Gebäude und Park

privaten Wohnhauses in Gmund am Tegernsee beauftragt und sich früh als Förderer der modernen Architektur erwiesen.

Das eingeschossige, teilunterkellerte und mit großen Glasflächen versehene, als Stahlskelett errichtete filigrane Gebäude besteht aus zwei über quadratischen Grundrissen angelegten Atriumhäusern mit weit ausladenden Flachdächern, die versetzt zueinander angeordnet sind. Der südliche, größere, höhere und transparentere Teil enthält die Repräsentations- und Empfangsräume, der nördliche, durch das Klinkermauerwerk eher introvertiert wirkende Teil dient hingegen als Privatwohnung – eine subtile Hierarchisierung beider Bauteile, die sich wie selbstverständlich in die sanft abfallende Parklandschaft einfügen. Verschiebbare und versenkbare Trennwände ermöglichen – je nach Anlass – flexible Raumnutzungen. Travertinböden und Palisanderwände bilden die wandfeste Ausstattung. Das klassisch-moderne Mobiliar stammt von dem US-amerikanischen Möbelhersteller Herman Miller.

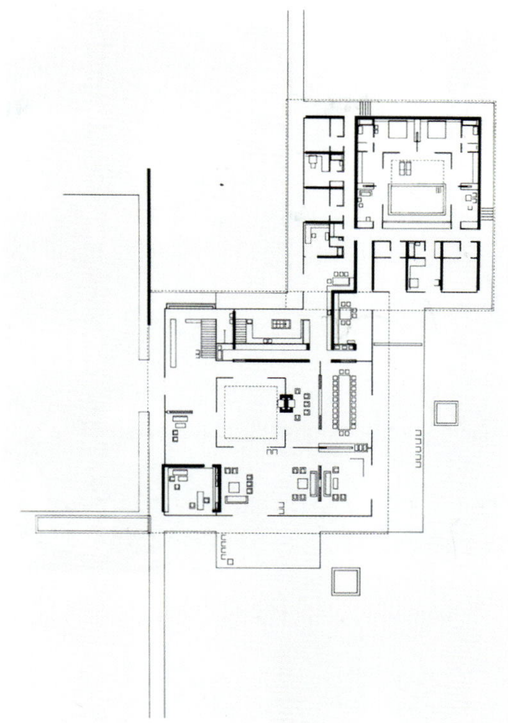

Abb. 2 Grundriss, Repro aus: Hans Wichmann: Sep Ruf, 1986, S. 123

Die Baugattung des eingeschossigen, flachgedeckten Bungalows mit seinem offenen Grundriss, seiner Großzügigkeit und seiner Transparenz sowie der Öffnung zum Garten hin hatte sich damals in den avantgardistischeren Kreisen des Bürgertums als Kennzeichen eines modernen Lebensstils zu etablieren begonnen, der mit dem amerikanischen »way of life« gleichgesetzt wurde. Sep Ruf hatte solche Bauten schon in den 1930er Jahren errichtet und orientierte sich dabei an internationalen Vorbildern, nicht zuletzt an Ludwig Mies van der Rohes Pavillon der Weltausstellung in Barcelona (1929) und am Haus Tugendhat in Brno (1929/30).

Der Kanzlerbungalow belegt in der konsequenten Umsetzung der pavillonartigen Anordnung, der Staffelung der Baukörper sowie der großen Transparenz – erreicht durch Skelettkonstruktion und raumhohe Fenster – die Bedeutung der amerikanischen Moderne für die deutsche Baugeschichte der Nachkriegszeit.

Abb. 3 Ansicht von Westen/Eingangsseite, Gebäude und Park

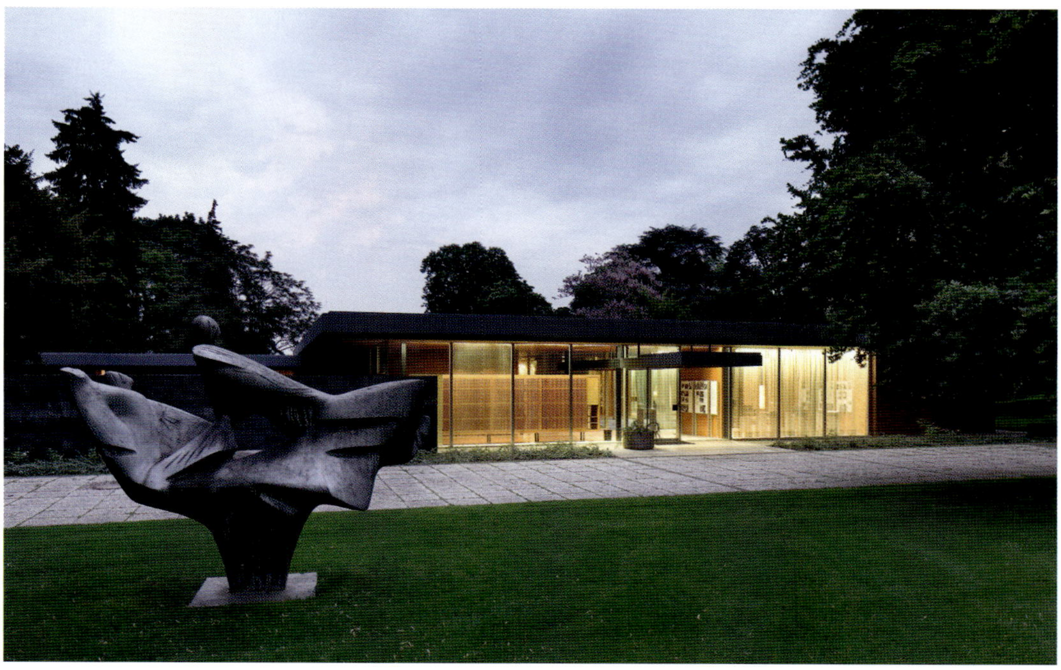

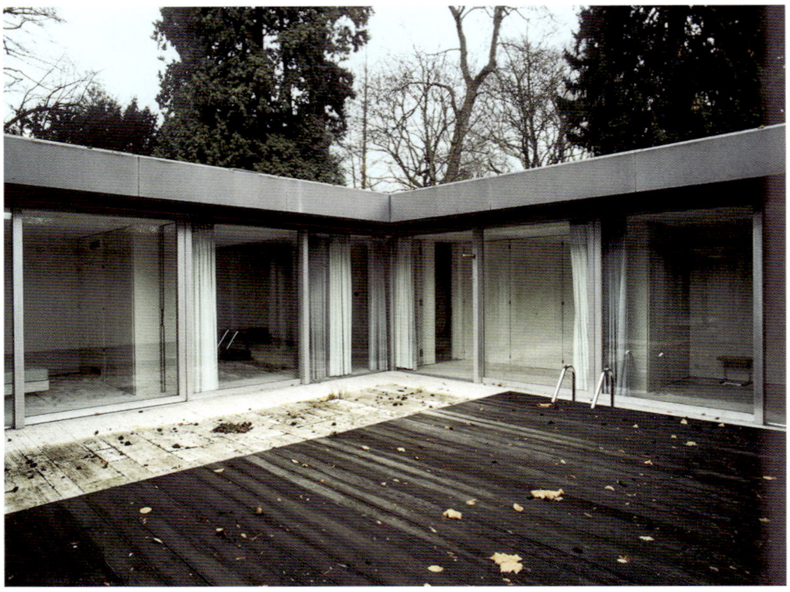

Abb. 4 Privatbereich, Atrium mit Schwimmbad

Metaphorisch ist der Kanzlerbungalow Sinnbild für die politische Westbindung der Bundesrepublik an die USA in Zeiten des Kalten Krieges.

Nach der Zeit des deutschen Größenwahns im Nationalsozialismus war in der jungen Demokratie Bescheidenheit angesagt. Nur vorsichtig und äußerst zurückhaltend setzte man die aufkeimende politische Macht in Architektur um. Der relativ kleine Doppelbungalow, der die Wohnung des Bundeskanzlers mit seinen offiziellen Empfangsräumen verbindet und trotzdem klar voneinander trennt, verzichtet auf Gesten der Repräsentation und gibt sich mit seinen großen Glasflächen elegant und offen. »Leichtigkeit und Transparenz«, die die Architektur des Kanzlerbungalows ausmachen, sind »die programmatischen Eigenschaften der Baukunst des jungen demokratischen Staates«.[2] Modernes Bauen für ein modernes Deutschland steht für eine politisch-gesellschaftliche Aufbruchsstimmung, die seit 1968 in der »bleiernen Zeit«[3] - auch verursacht durch den nicht wirklich umgesetzten gesellschaftlichen Wandel und die mangelnde Bereitschaft, durch den Nationalsozialismus geprägte Biografien aufzuarbeiten - schon bald wieder einen Dämpfer bekommen sollte.

Abb. 5 Innenaufnahme, Büro

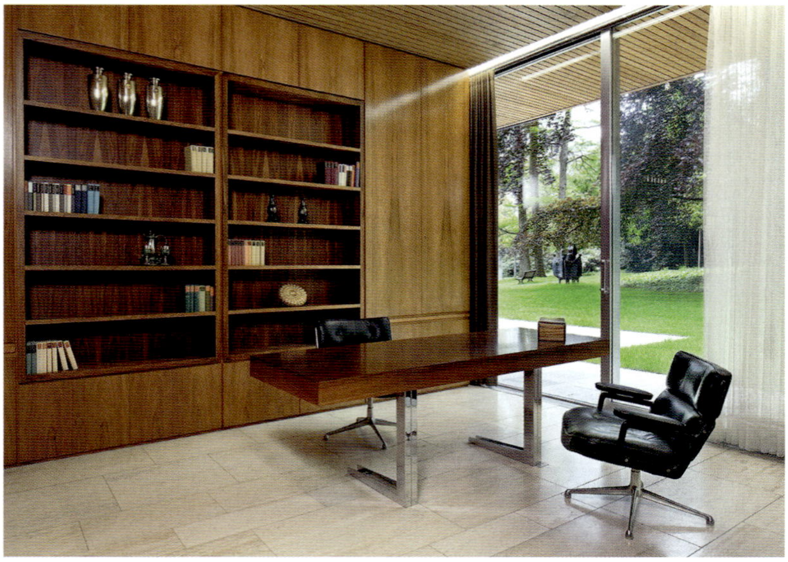

Die um einen Innenhof gruppierten Wohnräume sind in Größe und Ausstattung geradezu spartanisch, und auch die ebenfalls um ein Atrium angeordneten Empfangsräume sind zurückhaltend ausgestattet, dafür aber offen und die umgebende Parklandschaft in die Raumwirkung mit einbeziehend. »Maß halten« war das bekannte Credo von Ludwig Erhard. »Maß halten« verlangte er von den Bürgern. Maß hielt er selbst in seinen Wohn- und Repräsentationsansprüchen. »Nicht die Repräsentation ist das Entscheidende, sondern die menschliche Begegnung«[4], so Erhard.

Der Kanzlerbungalow war eine Stätte der Begegnung, die, dem Funktionalismus huldigend, auf Pomp verzichtete und so eine neue Form der demokratischen Repräsentation schuf. Nicht alle Zeitgenossen konnten diese Auffassung und deren moderne Umsetzung goutieren. Am Beispiel des Kanzlerbungalows wurde vehement über moderne Architektur und Staatsrepräsentation gestritten - eine Diskussion, in die sich auch der Deutsche Werkbund und Walter Gropius einbrachten.[5]

»Sie lernen mich besser kennen, wenn Sie dieses Haus ansehen, als etwa, wenn Sie mich eine politische Rede halten hören«[6], sagte Ludwig Erhard, ohne den der moderne Bau nicht entstanden wäre. Jedoch weder sein Vorgänger Konrad Adenauer noch sein Nachfolger Kurt Georg Kiesinger hätten Sep Ruf den Auftrag gegeben. Beide fanden den Bungalow unbewohnbar und zu Repräsentationszwecken völlig ungeeignet. »Ich weiß nicht, welcher Architekt den Bungalow gebaut hat, aber der verdient zehn Jahre«, soll Adenauer 1967 Kiesingers schlechte Meinung zu dem Gebäude bestärkt haben.[7] Kiesinger zog dennoch ein, nachdem die Stuttgarter Innenarchitektin Herta-Maria Witzemann das Gebäude durch Umbauten und Austausch von Ausstattung »wohnlicher« gemacht hatte.

Nach Erhard hatten die Bundeskanzler hier ihren dienstlichen Wohnsitz - mit unterschiedlicher Begeisterung: Willy Brandt mochte in das Haus nicht einziehen und lud - wie auch Gerhard Schröder - seine Gäste nur zu repräsentativen Veranstaltungen und Gesprächen hierher ein. Nachdem Kurt Georg Kiesinger sich nicht mit der modernen Architektur hatte anfreunden können und erste Veränderungen vorgenommen hatte, schätzte Helmut Schmidt das Gebäude und ließ sogar Rückbauten vornehmen. Aber es war vor allem Helmut Kohl, der eine für die 1980er Jahre typische Zeitschicht der Biederkeit in den Kanzlerbungalow brachte, die neben der architekturgeschichtlichen Bedeutung der Erbauungszeit eine weitere denkmalbegründende Facette darstellt. Neben baulichen Veränderungen verhüllte Kohl die Ziegelmauern mit hellen Wandbespannungen und schuf – mit neuen Lampen, Orientteppichen, Möbeln und Gardinen – eine konservative »Gemütlichkeit«.

Nach längerem Leerstand wurde der Bungalow vor wenigen Jahren aufwendig durch die Wüstenrot Stiftung instandgesetzt. Das Mischkonzept sah die Wiederherstellung der Architektur Sep Rufs vor, machte aber zugleich auch die letzte Nutzungsphase unter Helmut Kohl ablesbar. Nutzer ist das Haus der Geschichte der Bundesrepublik Deutschland mit einer Dauerausstellung zur Geschichte des Gebäudes. Eigentümer ist weiterhin die Bundesrepublik.

Helmtrud Köhren-Jansen

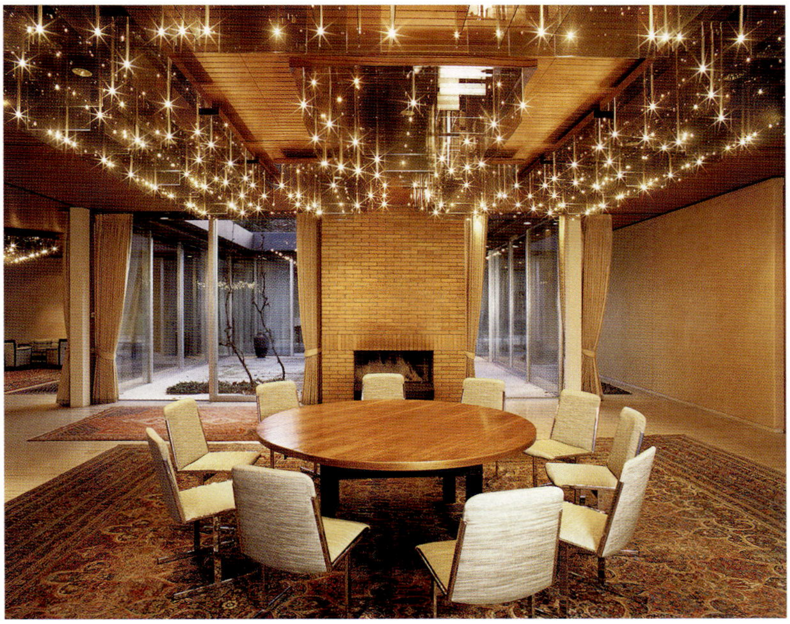

Abb. 6 Repräsentationsbereich, Kaminzimmer

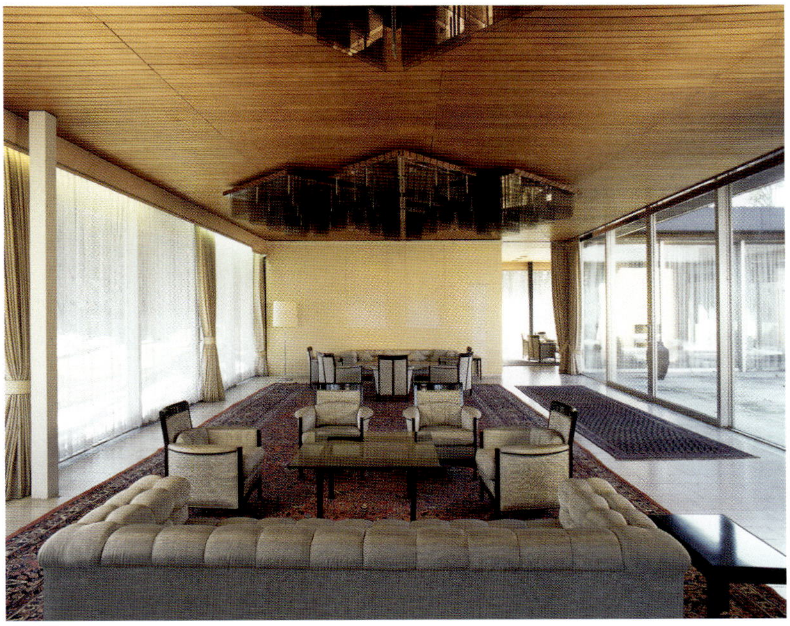

Abb. 7 Repräsentationsbereich, Gesellschaftszimmer

1 Elke Janßen-Schnabel: Denkmalbereich Regierungsviertel in Bonn, in: KuLaDig, Kultur.Landschaft.Digital, https://www.kuladig.de/Objektansicht/O-9518-20110405-2 (28.8.2018).

2 So formuliert es treffend ein Flyer der Deutschen Stiftung Denkmalschutz zum Sep-Ruf-Bau in Bonn. Ein Haus der Deutschen Stiftung Denkmalschutz (gemeint ist die ehemalige Bayerischen Landesvertretung, Schlegelstr. 1, in Bonn), Bonn 2014.

3 Spielfilmtitel der Regisseurin Margarethe von Trotta aus dem Jahr 1981.

4 Zit. n. Uta Winterhager: ... in die Jahre gekommen: »Kanzlerbungalow« in Bonn, in: Deutsche Bauzeitung, Nr. 7/8, 2013, S. 58.

5 Irene Meissner: Sep Ruf, 1908/1982, Berlin/München 2013, S. 280.

6 Zit. n. Meissner (wie Anm. 5), S. 274.

7 Zit. n. Meissner (wie Anm. 5), S. 280.

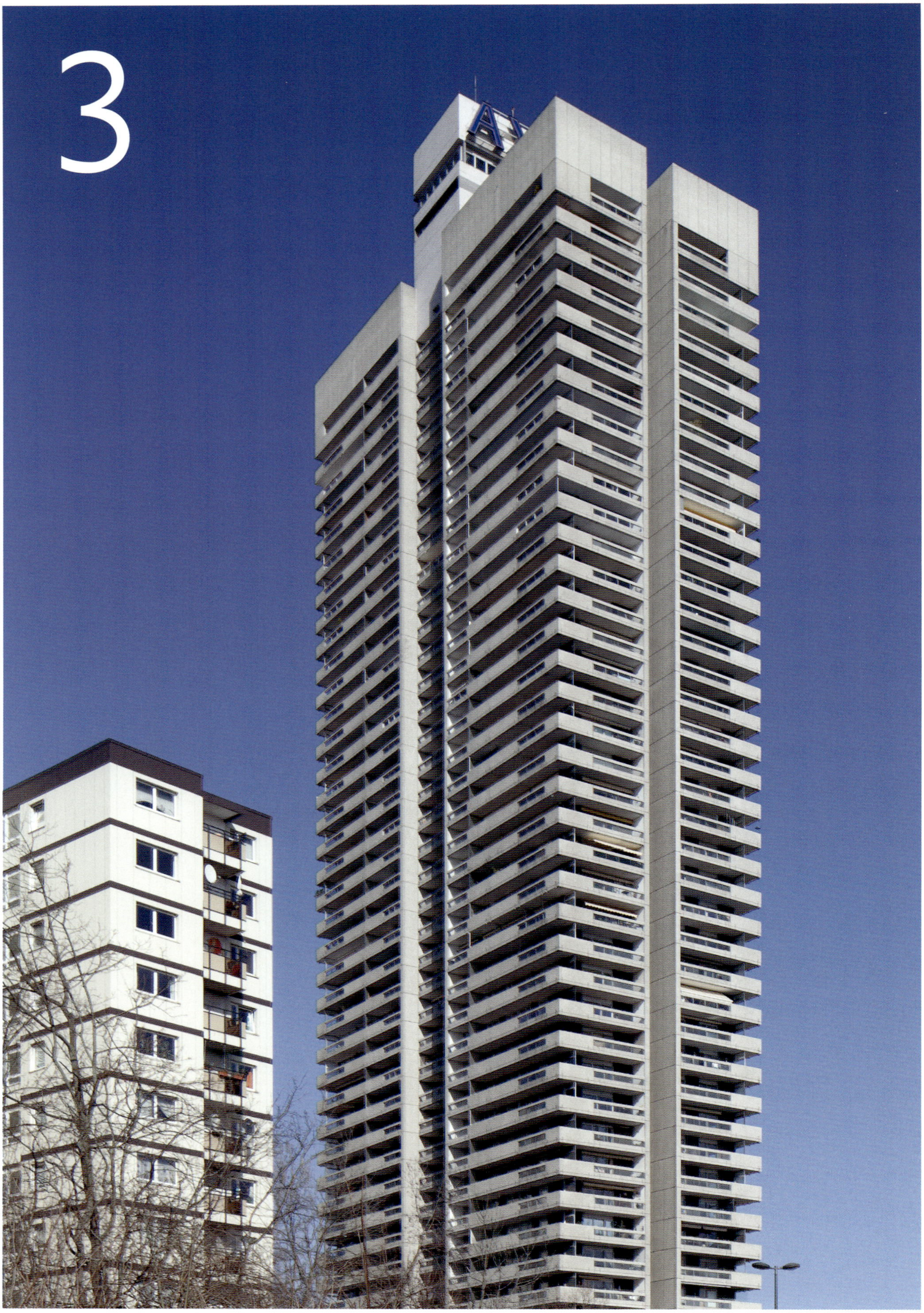
3

Hoch hinaus

Schon in den Jahren zwischen den beiden Weltkriegen gab es, auch unter dem NS-Regime, eine Begeisterung für Hochhäuser, doch dachte man zunächst an Bürobauten in den Innenstädten und betrachtete sie besonders unter städtebaulichen Aspekten. Noch für die britische Militärregierung wurde 1946 in Hamburg mit dem Bau innerstädtischer Wohnscheiben mit bis zu 15 Geschossen, der Grindelhochhäuser, begonnen. Von prominenten Sonderfällen, etwa den Wohntürmen im Hansaviertel im Rahmen der Interbau in West-Berlin oder an der Stalinallee in Ost-Berlin, abgesehen, entstanden Wohnhochhäuser in den 1950er und 1960er Jahren jedoch eher in den Großsiedlungen an den Stadträndern. Dort waren sie in eine eigens komponierte, weitläufige Stadtlandschaft aus unterschiedlich hohen Bauten als Merkpunkte integriert.

In den 1970er Jahren wurden Wohnhochhäuser vermehrt in den Städten errichtet. Sie erreichten größere Höhen und richteten sich in Westdeutschland oft an ein wohlhabenderes Publikum. So waren sie etwa mit aufwendigen privaten Freizeiteinrichtungen wie Schwimmbädern, Saunen und Fitnessräumen ausgestattet und die Grundrisse häufig auf Paare oder Singles zugeschnitten. Das neue Leitbild von Urbanität durch Dichte und die gesteigerte Bedeutung der Freizeit ermöglichten eine hohe Wertschöpfung, fielen doch höhere Mieten mit dichterer Bebauung zusammen.

Wie bei anderen Bauaufgaben wurden auch beim Bau von Wohnhochhäusern allgemeine Tendenzen der architektonischen Gestaltung aufgegriffen. Die eher schlichten, überschaubaren Formen der ersten Nachkriegsjahrzehnte wurden von zumeist plastischeren und komplexeren Volumina abgelöst, Wohnungsgrundrisse wurden vielfältiger und experimenteller und die gestalterischen Freiheiten blieben nicht mehr einzelnen »Großmeistern« wie Alvar Aalto (Neue Vahr, Bremen, 1961) oder Le Corbusier (Unité d'Habitation, Berlin, 1958) vorbehalten, sondern setzten sich auf breiter Front durch. In dem Rahmen, den das industrielle Bauen mit Großtafeln und die Sozialstruktur setzten, galt die Entwicklung zu größerer Komplexität auch in Ostdeutschland, so etwa bei den Bauten am Leninplatz, heute Platz der Vereinten Nationen, in Berlin.

Stefan Kleineschulte

Wohnen auf höchstem Niveau

Colonia-Hochhaus

An der Schanz 2
Köln-Riehl
Nordrhein-Westfalen

Architekt: Henrik Busch
Bauzeit: 1970–73

Die Colonia-Versicherung ließ 1970–73 ein 146 Meter hohes Wohnhaus in exponierter Lage am linken Kölner Rheinufer errichten und benutzte es mit seiner Leuchtreklame als weithin sichtbaren Werbeträger. Drei Jahre lang blieb das von Henrik Busch entworfene Gebäude mit 352 Wohnungen das höchste Haus Europas. Zurzeit ist es noch das zweithöchste Hochhaus Kölns und auf Platz 16 der Liste der höchsten Gebäude Deutschlands.

Köln ist – verglichen etwa mit Frankfurt – bis heute eine an Hochhäusern arme Stadt. Stets sorgte man sich um die historische Stadtsilhouette, die jahrhundertelang vom Kölner Dom und den Türmen der romanischen Kirchen geprägt wurde. Umso mehr fällt im Stadtbild noch heute – trotz der leicht zunehmenden Zahl an jüngeren Hochhäusern – das Colonia-Hochhaus[1] auf, das seit der Übernahme der Versicherung durch den AXA-Konzern den Werbeschriftzug gewechselt hat.

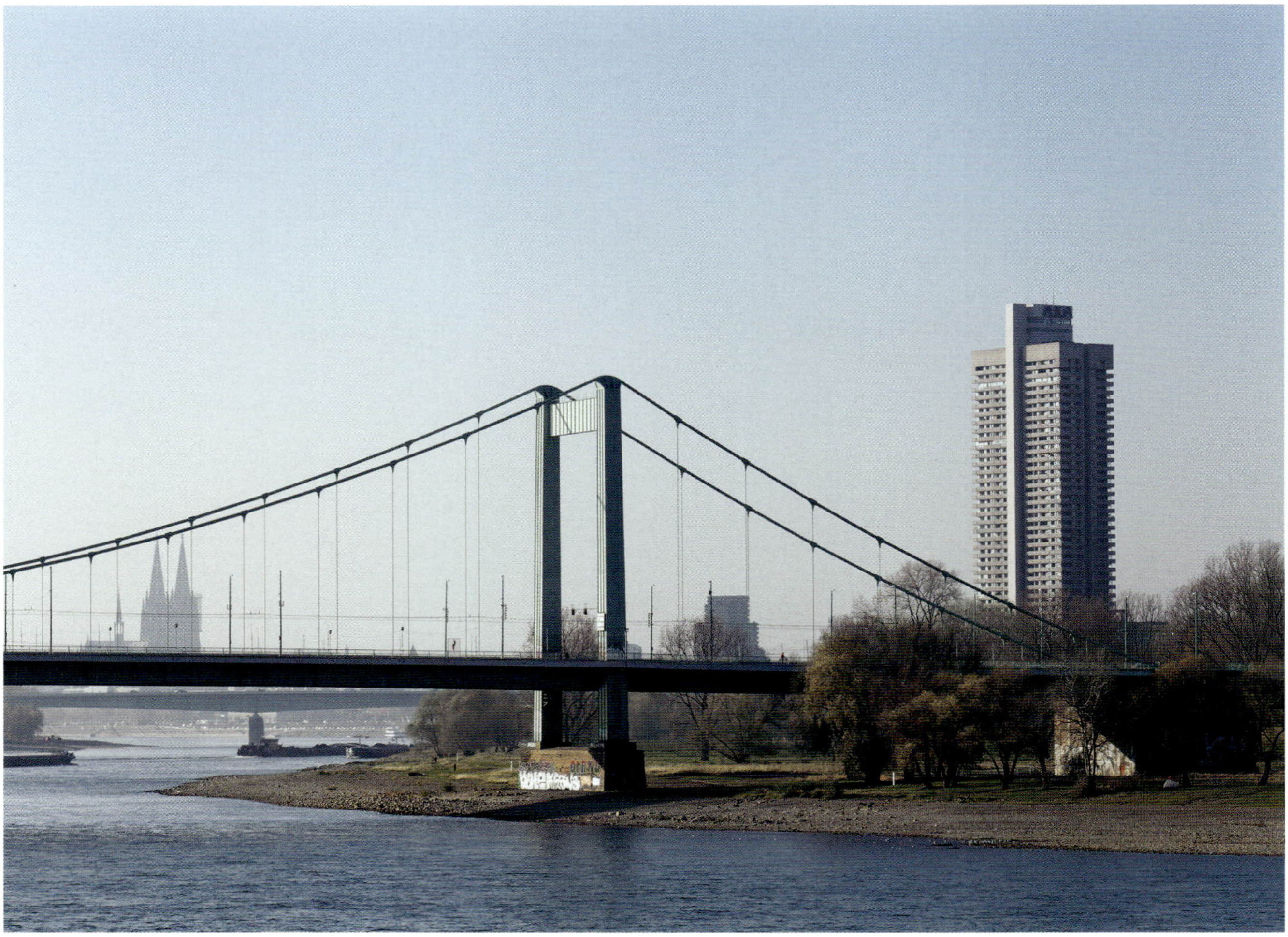

Abb. 1 Blick von Nordosten (Köln-Mülheim) auf das Colonia-Hochhaus, im Vordergrund die Mülheimer Brücke

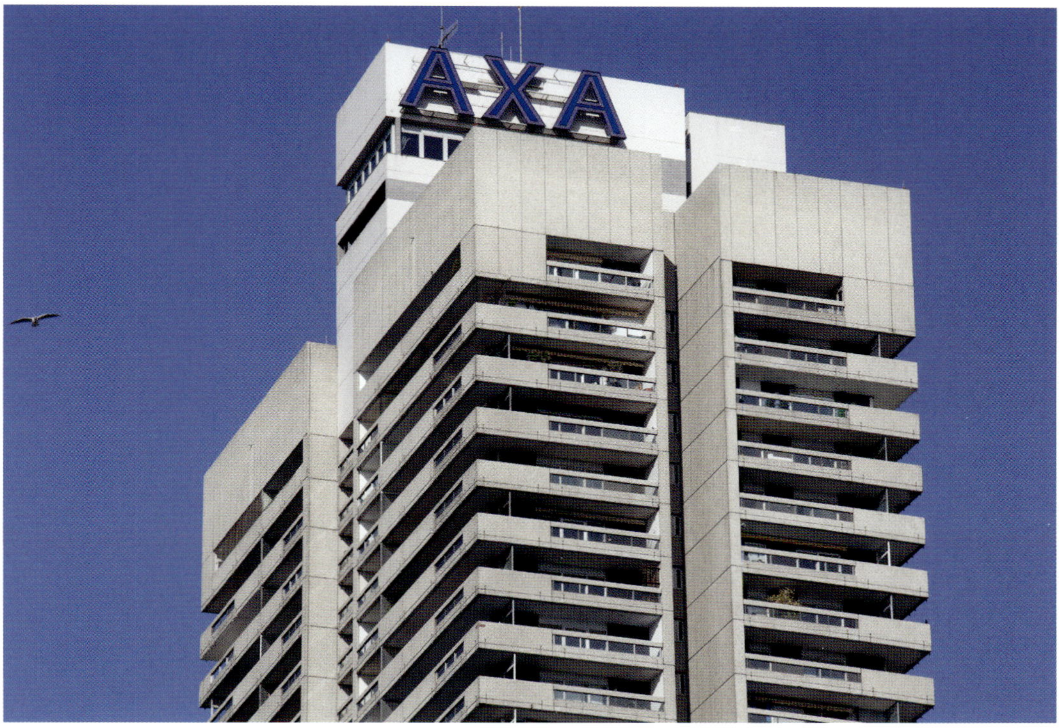

Abb. 2 Detailansicht

Nachdem die ersten Kölner Hochhäuser in den 1950er und 1960er Jahren noch ohne städtebauliches Gesamtkonzept erstellt worden waren - das erste als Hansahochhaus bezeichnete, 65 Meter hohe Gebäude in der Kölner Neustadt wurde schon 1925 von Jakob Koerfer erbaut -, wurde Werner Baecker Oberbaudirektor. Während seiner Amtszeit (1966–88) entstanden nicht nur die meisten Hochhäuser, die das Stadtbild Kölns bis heute prägen; vielmehr wurden sie auch erstmals nach einem Hochhauskonzept errichtet, das Baecker für Köln entwickelt hatte. Danach sollte an den wichtigsten Ausfallstraßen der Stadt auf Höhe des inneren Grüngürtels ein Hochhauskranz entstehen, der die niedrigere Bauhöhe der historischen Kölner Innenstadt mit dem Dom und den anderen mittelalterlichen, wiederaufgebauten Kirchen respektierte. Je weiter das Stadtzentrum entfernt lag, umso höher durften die Hochhäuser werden (sogenanntes Schüsselprinzip). Auf diese Weise sollten Markierungspunkte in der Stadt entstehen, die sowohl der Orientierung dienen als auch städtebaulich Bezug aufeinander nehmen sollten. Zum Kölner Hochhauskranz gehören nicht nur Wohnbauten, sondern auch Verwaltungsgebäude sowie der Fernsehturm.[2] Im Einzelnen zu nennen sind etwa das Herkules-Hochhaus (102 m, 1973, Peter Neufert) in Köln-Ehrenfeld, das Uni-Center an der Luxemburger Straße (133 m, 1973, Werner Ingendaay), der Fernmeldeturm Colonius (253 m, 1981, Erwin Heinle) an der Inneren Kanalstraße, das Justizzentrum (105 m, 1980–83, Henrik Busch) sowie das benachbarte Arbeitsamt (1981–87, Henrik Busch mit HPP), beide ebenfalls an der Luxemburger Straße.

Der Kölner Architekt Henrik Busch, dessen Werk noch nicht aufgearbeitet ist, hat in den 1960er bis 1980er Jahren immer wieder in Köln geplant und gebaut, zum Teil mit anderen Architekturbüros zusammen: mehrgeschossige Wohnhäuser, Atriumhäuser, ein großes Ladenzentrum, eine Neubausiedlung mit großzügigen Freiflächen sowie das Justizzentrum und das Arbeitsamt (in Kooperation mit HPP). 1972 beteiligte sich Busch am Wettbewerb »Innenstadt Köln« und erhielt dafür den ersten Preis.

In den 1960er Jahren war der Wohnungsmangel im Bundesgebiet weitgehend beseitigt. Man konnte sich nun der Verbesserung der baulichen Standards für die Bevölkerung widmen. »Gesunde Wohn- und Lebensbedingungen« wurden als Ziele im Gesetzesentwurf zur Städtebauförderung aus dem Jahr 1963 formuliert.[3] Der Kölner Oberbaudirektor Werner Baecker sprach von wohnwertsteigernden Elementen und meinte damit Sportanlagen, Spielplätze, Swimmingpools, Gesellschaftsräume und Kindergärten, die in große Wohngebäude integriert werden sollten. Diese neuen Wohnansprüche ließen sich am besten in hochverdichteten Intensivräumen, wie Hochhäusern, realisieren. Dem zunächst vorherrschenden Prinzip der »aufgelockerten Stadt« wurde die Maxime der »Urbanität durch Dichte«

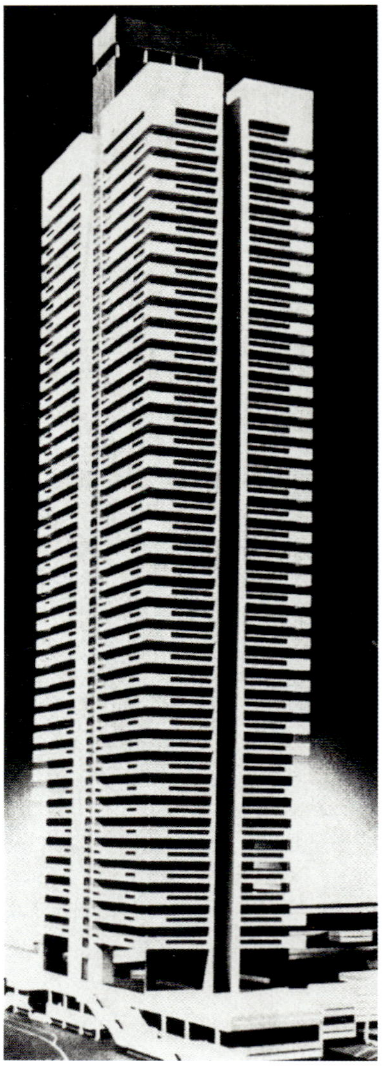

Abb. 3 Repro aus: Bauwelt, Jg. 61, H. 50, 1970, S. 1984

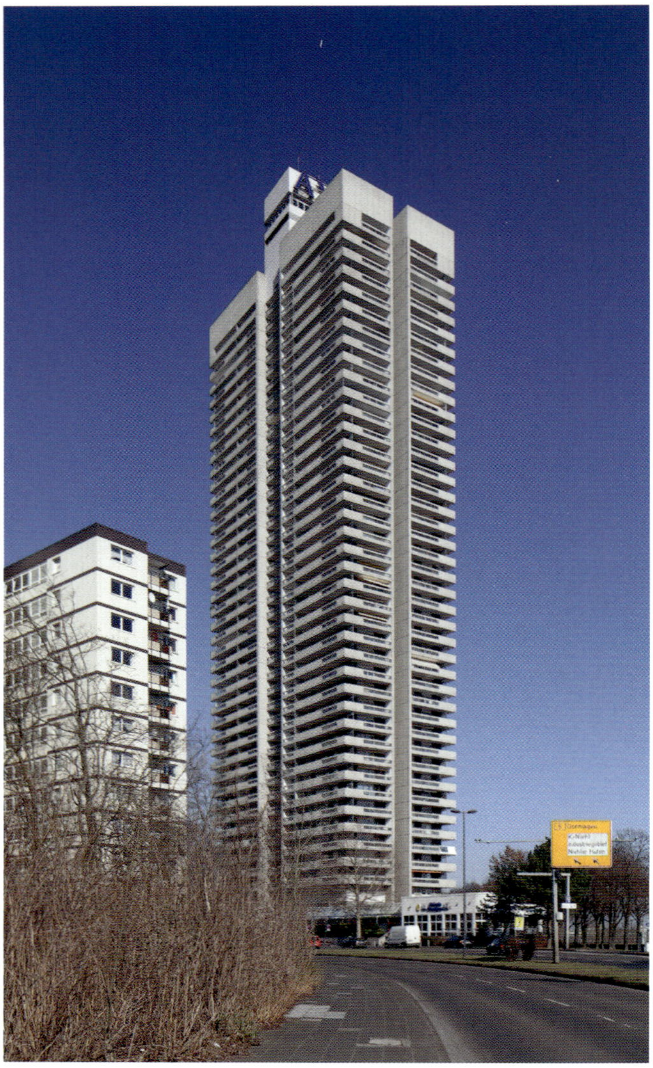

Abb. 4 Gesamtansicht

entgegengesetzt. Dafür ist der Hochhausbau, der sich in Deutschland bereits in den 1950er Jahren durchzusetzen begann, das beste Beispiel. Hier konnten zahlreiche Wohnungen auf relativ kleiner Fläche bei hohem städtebaulichem Wert realisiert werden. Zudem ermöglichte die sich rasant entwickelnde maschinelle Fertigteilproduktion ein serielles und damit schnelles, aber auch relativ günstiges Bauen.[4]

Für diese gesellschaftspolitische Entwicklung ist die »Kleinstadt« des Colonia-Hochhauses ein gutes Beispiel: In der großflächigen, unterkellerten Basis des Gebäudes sind – ebenso wie in den ersten drei Geschossen des auf rechteckigem Grundriss errichteten Hochhauses – Gewerbeflächen und Gemeinschaftsräume untergebracht. Dazu zählen ein Supermarkt, ein Brauhaus sowie ein Fahrradkeller und ein Parkhaus mit darüberliegendem städtischem Kindergarten, der die umgebenden Flachdächer des breiten Unterbaus als Freiflächen nutzt. Außerdem finden sich hier Waschmaschinen- und Trocknerräume, Fitness- und Tischtennisräume, eine Arztpraxis, ein Schwimmbad mit Rheinblick sowie eine Sauna mit Tauchbecken und Ruheraum.

In den Etagen 4 bis 42 sind je neun Wohnungen mit flexibel handhabbaren Raumeinteilungen unterschiedlichen Zuschnitts und Komforts eingerichtet, die über einen zentralen Erschließungsturm mit vier Highspeed-Aufzügen für je 18 Personen erreicht werden können. Ein Pförtner sorgt für die notwendige Sicherheit. Der auch statisch relevante Erschließungskern ragt über die reinen Wohngeschosse hinaus. Dieser Aufbau, in dem auch ein Partyraum untergebracht ist, bildet das optische Gegengewicht zur breit gelagerten Basis des Gebäudes.

Das weithin sichtbare Hochhaus besticht durch seine skulpturale Qualität: Seine Ausgewogenheit zwischen Vertikalität und Elementen wie den Balkonen, die das Horizontale betonen, ist bemerkenswert. Die Wohnungen, die allesamt Balkone aufweisen, sind derart um den Erschließungskern angeordnet, dass im äußeren Erscheinungsbild der Eindruck von vier Eckrisaliten entsteht, zumal die Fassaden mittig zurückgesetzt sind und auf zwei Seiten den Blick auf den Gebäudekern ermöglichen. In die Balkonbetonbrüstungen aus Waschbeton sind regelmäßig Glasscheiben zur besseren Belichtung der Balkone eingelassen. Diese tragen erheblich zur Rhythmisierung der Fassaden bei. In seiner bemerkenswerten ästhetischen, städtebaulich überaus wirksamen Gestaltung und seiner bis heute zweckmäßigen Funktionalität ist das Colonia-Hochhaus ein bedeutender und vielfach rezipierter Beitrag zur architektonischen Entwicklung des Massenwohnungsbaus in den 1970er Jahren.

Helmtrud Köhren-Jansen

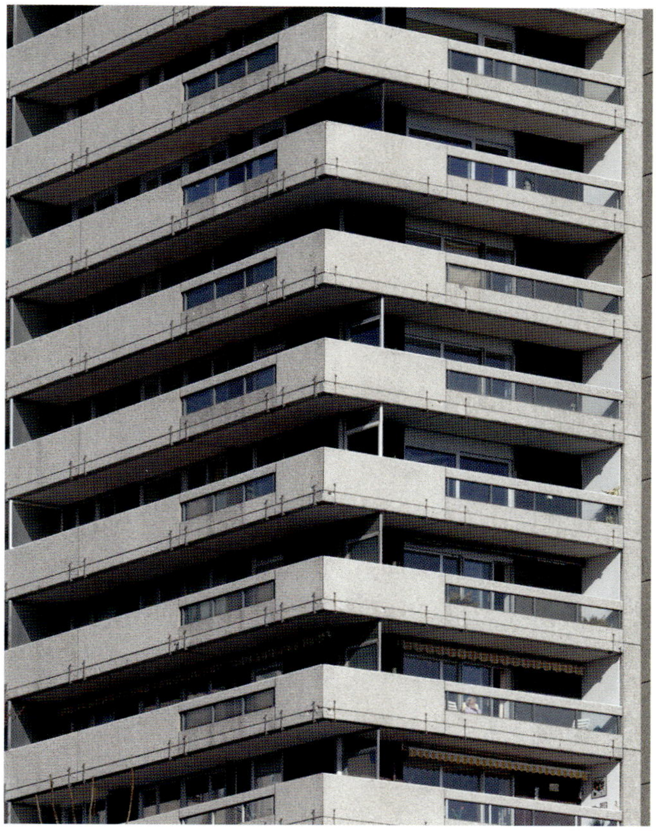

Abb. 6 Detailansicht

Abb. 5 Detailansicht

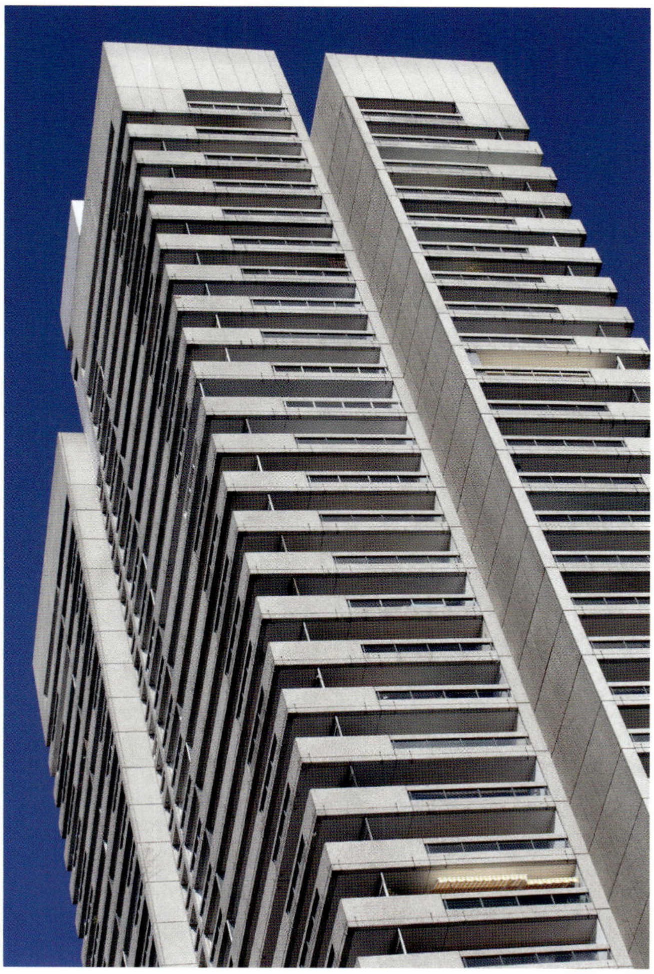

1 Vgl. v. a. Lena Schulten: Das Colonia-Hochhaus in Köln – Wohnen auf hohem Niveau in den frühen 1970er Jahren, in: Denkmalpflege im Rheinland, 2013, S. 97–101 und Godehard Hoffmann: Gutachten zum Denkmalwert des Colonia-Hochhauses, 18.2.2014, Bauakte LVR-Amt für Denkmalpflege im Rheinland.

2 Einen Überblick über die Kölner Hochhäuser liefert Felix Feldhofer: »It must be tall, every inch of it tall«: Studien zu Kölner Hochhäusern der Sechziger- und Siebzigerjahre, Masterarbeit Kunsthistorisches Institut der Universität zu Köln, 2016, S. 13–17, https://www.feldhofer.com/masterarbeit_koelner_hochhaeuser.pdf (21.10.2018).

3 Olaf Asendorf: Großbauten um 1970: ein kurzer gedanklicher Aufschlag zur Verantwortung des Bundes sowie zu kulturhistorischen Aspekten, in: Klötze und Plätze. Wege zu einem neuen Bewusstsein für Großbauten der 1960 und 1970er Jahre. Dokumentation der Tagung am 4. und 5. Juni 2012 im Rathaus Reutlingen, BHU, Bonn 2012, S. 172.

4 Gustav Hassenpflug, Paulhans Peters: Neue Wohnhochhäuser. Scheibe Punkt und Hügel, München 1966, S. 53.

Steiler Zahn am Hauptbahnhof

Wintergartenhochhaus

Wintergartenstraße 2
Leipzig
Sachsen

Architekten: Georg Eichhorn, Frieder Gebhardt
Bauzeit: 1970–72

An der Nordostecke des Leipziger Stadtzentrums erheischt eine weithin sichtbare Dominante volle Aufmerksamkeit: ein 94 Meter hohes Gebäude über achteckigem Grundriss. Hell strahlen die verkleideten Fassadenflächen, setzen die zwischen Mauerscheiben oder über Eck gespannten Balkone und Loggien Akzente durch burgunderrote Brüstungen. In der Messestadt wurde in den 1960er und frühen 1970er Jahren internationale Moderne zelebriert.

Das Punkthochhaus an der Wintergartenstraße entstand nach mehrjährigen Vorbereitungen 1970 im Gleitbauverfahren, der Ausbau erfolgte bis 1972. Eine Neuerung im Bauwesen der DDR betraf die Außenwandverkleidung, deren 25.000 Platten erstmals oberflächenfertig im Bauablauf eingebracht wurden.[1] Bei dem kurz vorher ebenfalls als Gleitbau errichteten Sektionsgebäude der Universität am damaligen Karl-Marx-Platz (ab 1990 wieder Augustusplatz) waren die Fassadenelemente beispielsweise erst im Nachhinein an den Betonwänden angebracht worden. Dieses mit 142,5 Metern höchste Gebäude in Leipzig und das 1972 zur Nutzung übergebene Wohnhochhaus Wintergartenstraße bildeten nunmehr – neben dem 115 Meter hohen Turm des Neuen Rathauses – »die weithin sichtbaren Akzente in der Leipziger Stadtsilhouette«.[2]

Eingeordnet und bezogen war das Gebäude auf den großzügigen Bahnhofsvorplatz, der als Verkehrsknoten, vor allem aber als Entrée zur Innenstadt fungierte. Dem Hauptbahnhof als öffentlichem Gebäude und Hauptkommunikationspunkt[3] kam eine zentrale Bedeutung zu, beherrscht doch dessen 298 Meter breite Sandsteinfassade den Platz. Markant waren zudem das direkt gegenüber liegende, in großzügiges Grün eingebettete Interhotel »Stadt Leipzig« aus den Jahren 1963 bis 1965 (abgebrochen) sowie das mit der Westfront des Bahnhofes in Beziehung stehende »Hotel Astoria« aus dem Jahr 1915. Der städtebauliche Akzent wird verstärkt durch die innerhalb des Rings gegenüber liegende Grünanlage »Schwanenteich«. Als Eckbau und Höhendominante kam dem Wohnhochhaus eine besondere Funktion zu, wobei nach Überlegungen der Stadtplaner neben dem Hotelflügel des »Astoria« an der Gerberstraße ein weiteres Wohnhochhaus korrespondierend geplant war.

Als gestalterische Grundlage der neuen Leitlinien für den um das Leipziger Stadtzentrum führenden Ring darf der Generalbebauungsplan von Architekt und Stadtbaurat Hubert Ritter aus dem Jahr 1929 gelten. Für den sehr kleinen historischen Altstadtkern war eine Bewahrung der Trauf- und Firsthöhen festgeschrieben, ebenso die Belassung des überkommenen Verkehrsraums. Bereits im 18. Jahrhundert war mit Baumpflanzungen vor der Stadtmauer begonnen worden, ein Abbruch der um die Altstadt gezogenen Befestigungen erfolgte ab 1773. Auf den verfüllten Gräben entstanden Promenaden. Ein großstädtischer Ausbau Leipzigs zur Ringcity fällt ins letzte Drittel des 19. Jahrhunderts. Ritter sah auf den äußeren Grundstücken am Ring eine höhergeschossige Bebauung vor, die durch Turmhäuser – ein Beispiel hierfür ist das 1929 erbaute Europahaus am Augustusplatz – ergänzt und rhythmisiert werden sollte. Diese stadtplanerischen Ansätze fanden später auch bei Nachkriegsneubauten Anwendung, beispielsweise der Wohnanlage am Roßplatz (1953–55) und den in Reihe stehenden Wohnblöcken am Georgiring (1960–62).

Erste Pläne für das Wintergartenhochhaus stammen von 1967, Bohrungen zur Standortprüfung fanden bereits 1959 statt. Federführender

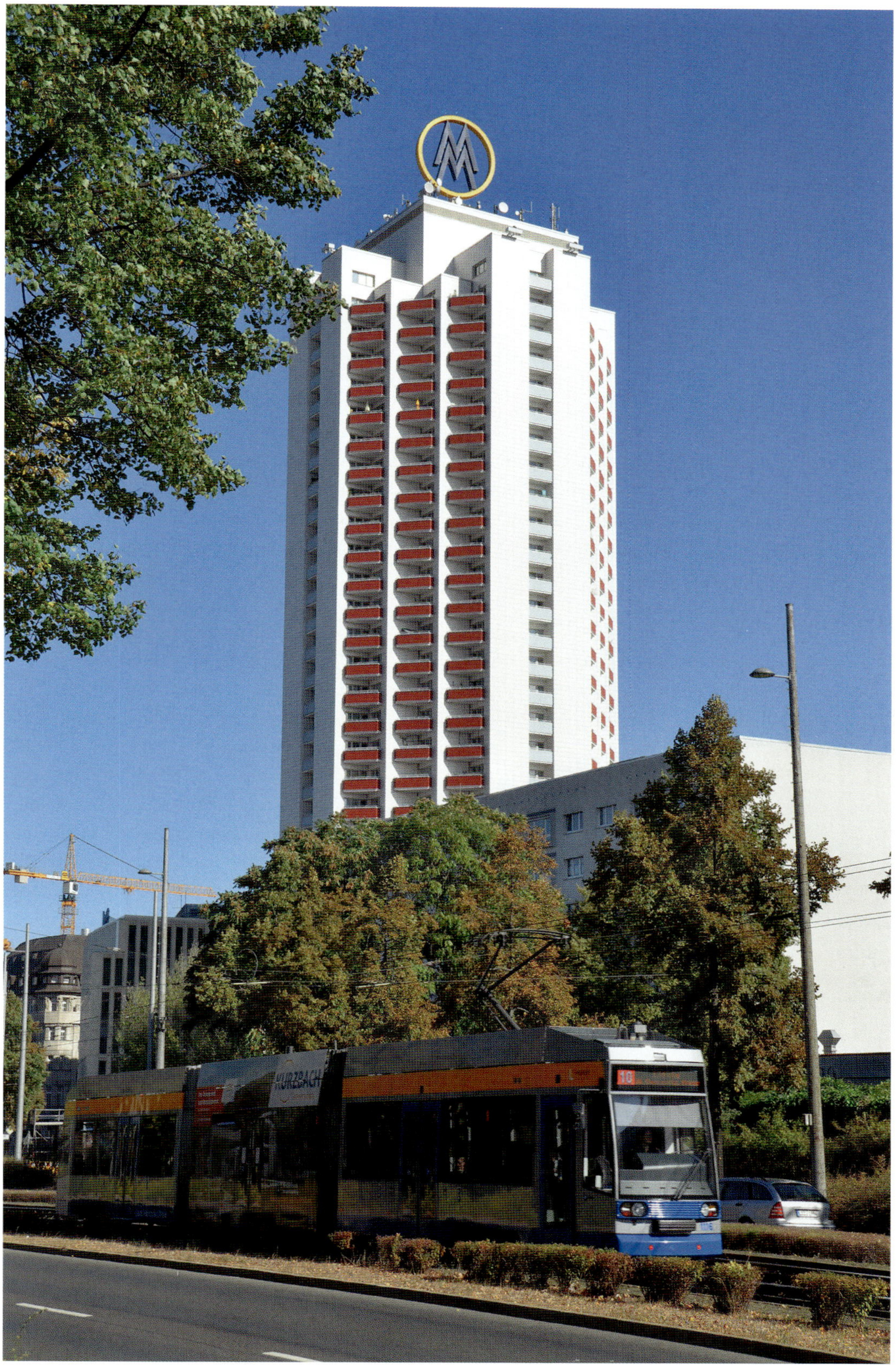

Abb. 1 Blick von der Schwanenteichanlage über den Georgiring, unmittelbar hinter den Bäumen ein Gebäude der Wohnblockzeile (1960–62, neu gedämmt), links daneben die neue LWB-Zentrale im Bau

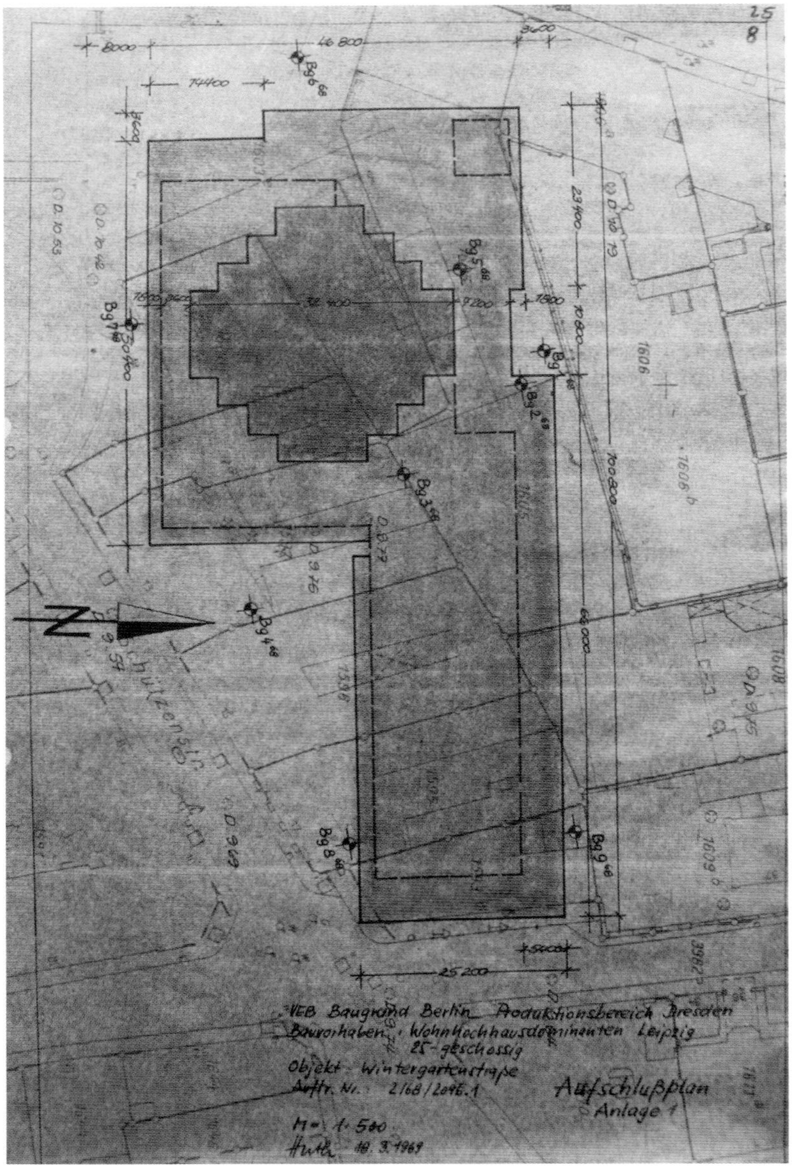

Abb. 2 Georg Eichhorn, Frieder Gebhardt, Grundrissplan der Einordnung des Hochhauses in die Flachbauzone (Bauakte, Leipzig), 1969

Architekt innerhalb eines Kollektivs war Frieder Gebhardt für die Entwürfe, Architekt Georg Eichhorn hinsichtlich der städtebaulichen Einordnung.[4] Zum 1. Juni 1969 begannen die Bauarbeiten durch den Hauptauftragnehmer, das Volkseigene Wohnungs- und Gesellschaftsbaukombinat Leipzig (VE WGK), das bereits über Erfahrungen bei Gleitbauprozessen verfügte. Als Bauherr fungierte der Rat der Stadt Leipzig, Hauptplanträger Stadtzentrum. Bauvorbereitend waren zahlreiche Häuserabbrüche notwendig, das Rammen von Spundwänden im Bereich Schützenstraße, das Bohren von Brunnen zur Grundwasserabsenkung. Am 15. Juli 1970 sollte mit dem Gleitbau begonnen und dieser bis zum Einsetzen der Frostperiode abgeschlossen werden. Vorgesehen waren 208 Wohnungen, ein Versammlungsraum, im Keller ein Raum für die Steuergeräte einer Lichtsignalanlage am Bahnhofsvorplatz. Vom März 1970 datiert ein Schreiben zu einem einzurichtenden Schutzraum.[5] Gemäß TGL-Entwurf 9552 war für jeweils drei Wohneinheiten ein Fahrradstellplatz vorzusehen.[6] Ein hoher Stellenwert wurde der Lichtgestaltung am Außenbau beigemessen. Da wegen der Wohnnutzung eine Anstrahlung weitgehend ausgeschlossen war, galt es, die Hochhauskrone hervorzuheben: »Als besondere Bekrönung des Gebäudes wird die Anordnung des Symbols der Leipziger Messe als freitragendes Leuchtwerbeelement vorgesehen, welches durch Drehbewegung um die eigene Achse allseitig in Erscheinung treten soll.«[7]

Eingebettet wurde das Hochhaus in eine zweigeschossige Basiszone, die neben dem Hauszugang eine Verkaufseinrichtung für Waren des täglichen Bedarfs umfasste (Kaufhalle), ferner ein Restaurant, ein Café und einen Kindergarten.[8] Auf der Dachterrasse des Flachdachs lagen Wäschetrockenplätze für Mieter und Spielflächen für die Kinder der Tagesstätte. Notwendige Kostenreduzierungen kamen offensichtlich nur für die Basiszone infrage.[9] Kosten und Aufwand des laufenden Vorhabens dürften ausschlaggebend dafür gewesen sein, dass auf den Bau weiterer Leipziger Wohnhochhausdominanten u.a. an der Gerberstraße und am Johannisplatz verzichtet wurde.

Technologisch galt das Unterfangen als in höchstem Grade anspruchsvoll. Um Komplikationen, Unfällen oder gar einem Scheitern vorzubeugen, erfolgten die Einberufung einer Sonderkontrollkommission und zur bautechnischen Vorbereitung die Durchführung eines großtechnischen Versuchs auf dem Lagerplatz des VE WGK an der Diezmannstraße im Ortsteil Kleinzschocher (Ausführung 1970).[10]

Im Jahr 1999 gelangte der Antrag auf Sanierung und denkmalschutzrechtliche Genehmigung der Wintergartenstraße 2 zur Einreichung, seine Umsetzung fand 2004–06 statt. Der Baukörper erhielt eine neue wärmedämmende Vorhangfassade,[11] die sich dem ursprünglichen Erscheinungsbild anpasst. Umfänglich verändert hingegen zeigt sich die (neue) Basiszone nach Komplettabbruch des ehemals umgebenden Flachbaus und Fenstereinbrüchen in den nun freiliegenden unteren Stockwerken. Nach einer langjährigen Konsolidierung der 1990 als hundertprozentige Tochter der Stadt Leipzig gegründeten Leipziger Wohnungs- und Baugesellschaft bmH als Nachfolgerin der Kommunalen Woh-

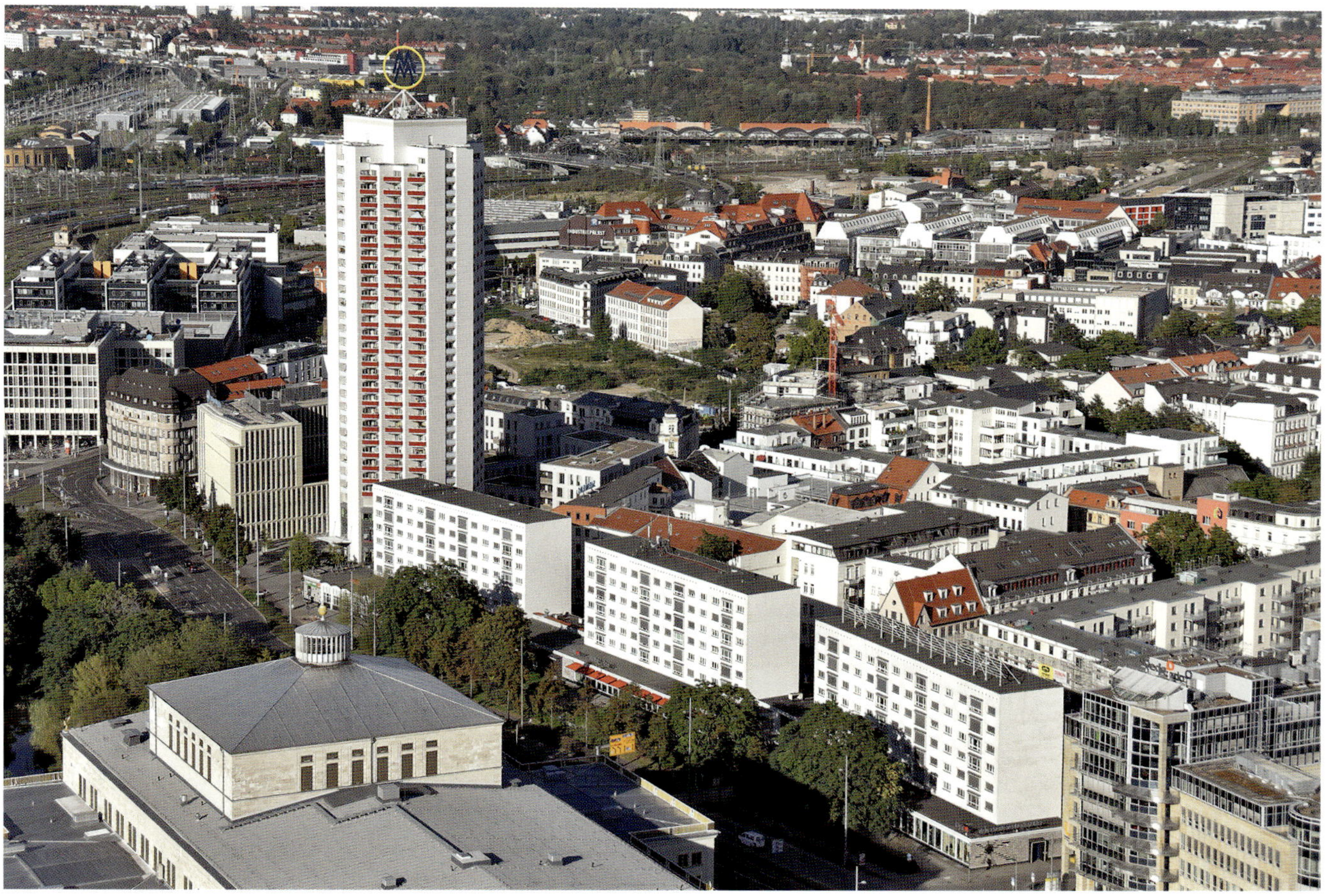

Abb. 3 Blick vom Universitätshochhaus über das Bühnenhaus der Oper. Rechts des Wintergartenhochhauses die Wohnblöcke am Georgiring, links der LWB-Neubau

nungsverwaltung aus DDR-Zeiten begann 2013 die Errichtung einer neuen Firmenzentrale unmittelbar neben dem Hochhaus. Den internationalen Wettbewerb gewann das Büro »Schaltraum Architektur« aus Hamburg. 2018/19 entstanden mehrgeschossige Wohn- und Geschäftshäuser in rückwärtiger Lage, geschuldet dem Paradigmenwechsel Leipzigs von einer schrumpfenden hin zur wachsenden Stadt. Das Hochhaus hat somit eine neuerliche Einordnung an die umliegende Bebauung erhalten, wenngleich die Rückbesinnung auf die Ursprungsidee der unmittelbaren Einbettung in einen niedrigen Baukörper nicht erfolgte. Doch zieht der elegante hohe Baukörper noch immer die Blicke der Reisenden auf sich, die aus den großzügigen Empfangshallen des Leipziger Hauptbahnhofes treten.

Thomas Noack

1 Vgl. Wohnhochhauskomplex Wintergartenstraße in Leipzig, in: Architektur der DDR, Nr. 6, 1977, S. 366–368.

2 Vgl. Architekturführer DDR. Bezirk Leipzig, Berlin 1976 (1. Auflage), S. 11.

3 Vgl. Bauakte Bd. III, ohne Blattzahl, Lichtgestalterische Aufgabenstellung, 14.7.1970, erarbeitet durch das Büro des Chefarchitekten.

4 Vgl. Architekturführer DDR (wie Anm. 2), S. 39.

5 Gemäß Richtlinie für die bautechnische Projektierung von Trümmerschutzräumen, September 1969.

6 TGL ist die Abkürzung für Technische Normen, Gütevorschriften und Lieferbedingungen. Vgl. zum Bauprojekt allg. Bauakte Bd. III, ohne Blattzahl.

7 Vgl. Bauakte (wie Anm. 3).

8 Geplant waren 72 Plätze in vier Gruppen, die Ausstattung jedoch für 86 Kinder. Durch die anfängliche Überbelegung sollte eine immer mindestens hundertprozentige Auslastung gewährleistet werden. Vgl. Bauakte Bd. III, ohne Blattzahl.

9 Vgl. Bauakte, Bd. III, ohne Blattzahl, Schreiben u. a. vom 11.12.1970 mit Verweis auf laufende Untersuchungen zur Funktionsänderung und Kostenreduzierung der Basiszone.

10 Vgl. Bauakte Stadtarchiv Leipzig, 3 Bde., 25796, 25797, 25798.

11 Das Wintergartenhochhaus Leipzig, hrsg. von der Leipziger Wohnungs- und Baugesellschaft bmH, Leipzig 2006, ohne Seitenzahl.

Hoch hinaus für jedermann

Hochhaus

Heinrichstraße 27–45
Gera
Thüringen

Architekten: Hochbauprojektierungsabteilung Gera (Günther Vogel, Günter Meißgeier, Ralf Reif, Karlheinz Günther)
Bauzeit: 1959–63

Zentrumsnah sollte in der Bezirksstadt Gera ein Zeichen für den Aufbruch in die neue Zeit der sozialistischen Industriestadt gesetzt werden. Mit dem prägnanten Baukörper und seiner anspruchsvollen Fassadengestaltung wurde ein Abbild des Bauwillens und -könnens in das historische Stadtgefüge implantiert.

Die Planung für ein Hochhaus mit nach Süden anschließenden niedrigeren Wohnscheiben begann schon 1953.[1] Aber um Baufreiheit für den privilegierten Wohnbau zu schaffen, mussten zunächst Grundstücke arrondiert und ab 1959 freigeräumt werden. Schließlich sollte vorrangig für Beschäftigte des Bergbaubetriebes SDAG Wismut eine Wohnanlage unmittelbar südlich des Stadtkerns an der historischen Ausfallstraße errichtet werden. Die Gebäude sollten in prägnanter Kubatur, zeitgemäßer Architektursprache und entsprechender Grundrisslösung sowie Ausstattung entstehen. Mit der anspruchsvollen Aufgabe wurde die Hochbauprojektierungsabteilung Gera mit Günther Vogel, Günter Meißgeier, Ralf Reif und Karlheinz Günther betraut.

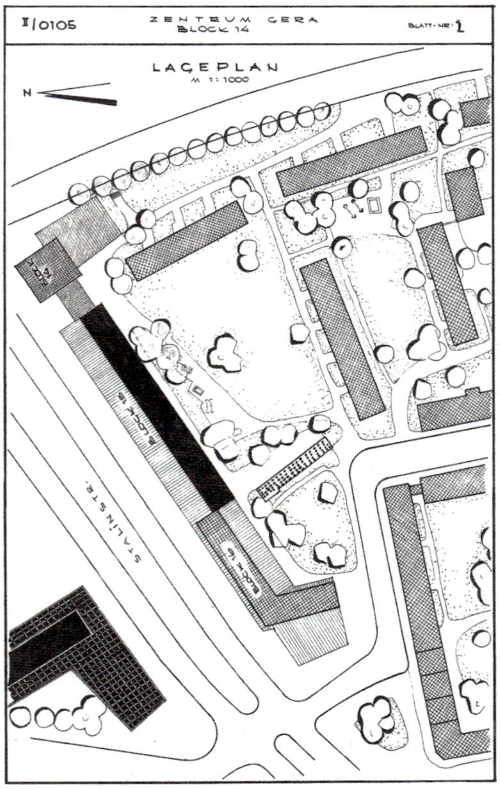

Abb. 1 Lageplan, 1963

Ob die jungen Bauingenieure und Architekten, die im Umkreis des älteren Werner Lonitz[2] ausgebildet waren und arbeiteten, dabei auch Stadtreparatur im Sinne hatten? Jedenfalls wurde die Bauflucht der kriegsbeschädigten und niedergelegten Bebauung weitgehend aus der zweiten Hälfte des 19. Jahrhunderts an der historischen Handelsstraße diskutiert und schließlich bewahrt. Der eigentlich im Bebauungsplan von 1959 vorgesehene Abbruch des wenig nördlich noch vor dem ehemaligen Stadttor gelegenen Stadtmuseums (Zucht- und Waisenhaus) wurde nicht realisiert. Aber die Bebauung an der gegenüberliegenden Straßenseite 1965/67 (Interhotel) wurde dann deutlich aus der Flucht zurückgesetzt und so ein neuer Platzraum geschaffen. In diesem erscheint heute das Hochhaus an der Ecke zur Reichsstraße freigestellt und raumwirksam.

Bauherr ist die Staatliche Bauaufsicht/Rat der Stadt Gera, als Investitionsträger firmiert der VEB (volkseigene Betrieb) kommunale Wohnungsverwaltung, als Planer der Rat der Stadt Gera, VEB Hochbauprojektierung Gera. Hauptmieter sollten Beschäftigte des 1946 gegründeten Bergbauunternehmens Wismut AG (seit 1954 SDAG (Sowjetisch-Deutsche Aktiengesellschaft) Wismut) sein, das sich bis 1990 zum weltweit viertgrößten Produzenten von Uran entwickeln

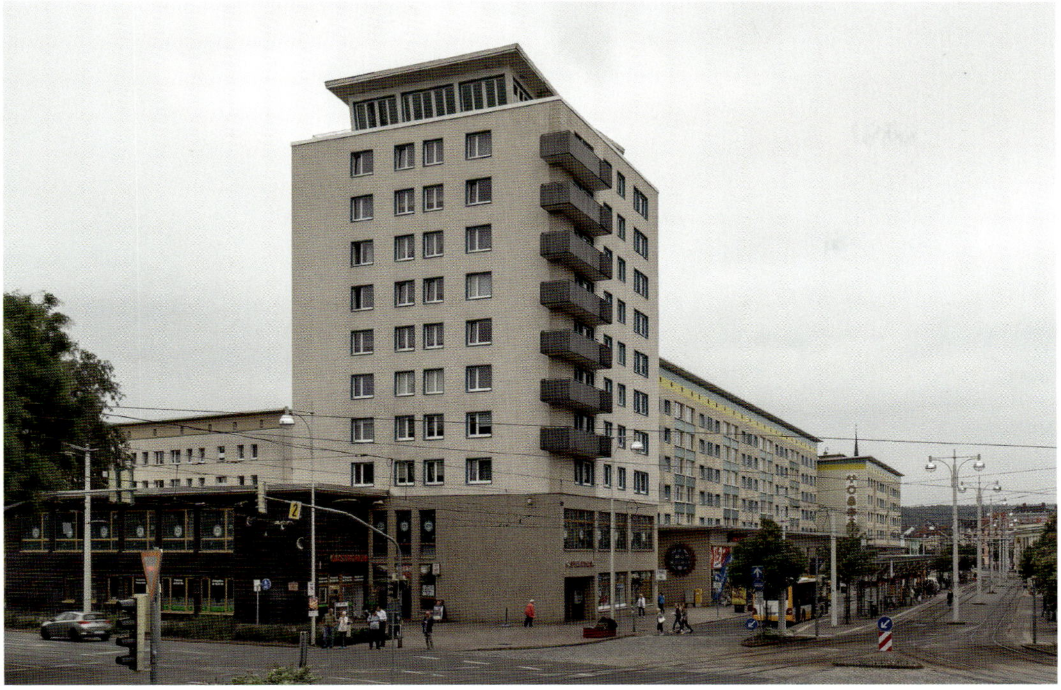

Abb. 2 Block 14 und 15, Ansicht von Norden, 2018

sollte. Nahe der Abbau- und Aufbereitungsstätten in Ostthüringen und Westsachsen wurden für das Unternehmen seit den 1950er Jahren zahlreiche Wohn-, Schul- und Versorgungsbauten, unter anderem in Gera, errichtet.

Nach Baugrunduntersuchung 1959 und Baugenehmigung vom März 1960 wurde zunächst »Block 15« (Heinrichstraße 29–37) mit 50 Wohneinheiten und Ladengeschäften, darunter staatlicher Reiseverkehr, errichtet. Ihm folgten »Block 16« (Heinrichstraße 39–45) mit Wohnungen, Buchhandlung, Blumenladen und Lebensmittelgeschäft, dann mit Baugenehmigung vom Juli 1961 der Zwischenbau und das »Block 14« bezeichnete Hochhaus mit Wohnungen und HO-Gaststätten sowie ab 1963 die Gestaltung der Freiflächen mit Spielplatz.

Entstanden ist eine Wohnanlage mit Geschäftsbereichen, bestehend aus dem zehngeschossigen Hochhaus auf quadratischem Grundriss als Kopfbau mit Attikageschoss und anschließender sechsgeschossiger Wohnbebauung unter Flachdach mit zweigeschossigen Ladeneinrichtungen.

Die Fassaden der Wohnscheiben waren bauzeitlich teilweise mit Spaltklinkern in Sandfarben, Gelb und Meergrün verblendet, teilweise verputzt; mit einer Ausnahme sind sie von der Hofseite erschlossen, wo auch bauzeitliche Balkone die Putzfassaden auflockern. Die Gebäude in Reihung sind in Ziegelgroßblockbauweise über monolithischem Betonbau des Erd- und ersten Obergeschosses konstruiert, die Lochfassaden durch hochrechteckige Holzverbundfenster (außen mit Beton-, innen Kunststein-Sohlbank) regelmäßig gegliedert, die Dachgeschosse als Mezzaningeschoss mit Okuli-Fenstern gebildet. Von besonderer Qualität sind die vorgezogenen, vollflächig verglasten, zweigeschossigen Ladengeschäfte unter weit überstehendem Flachdach mit Rabitzdecke. Die Fensterrahmen und Brüstungsgeländer der geschwungenen Treppen sind

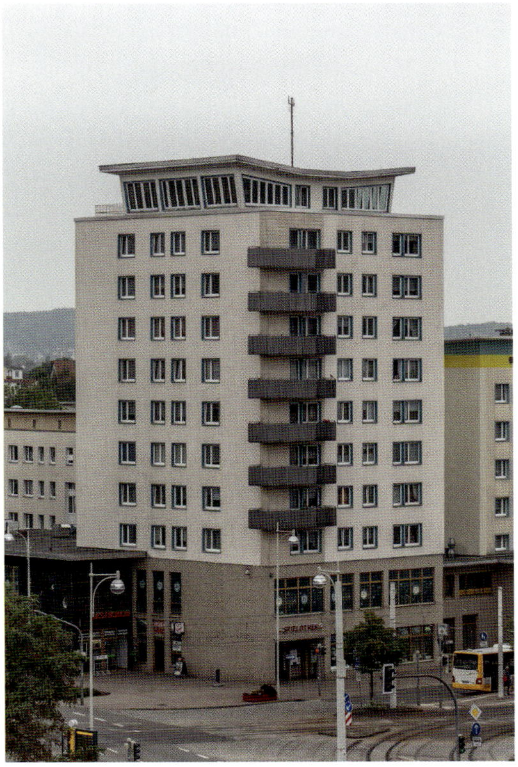

Abb. 3 Block 14, Ansicht von Norden, 2018

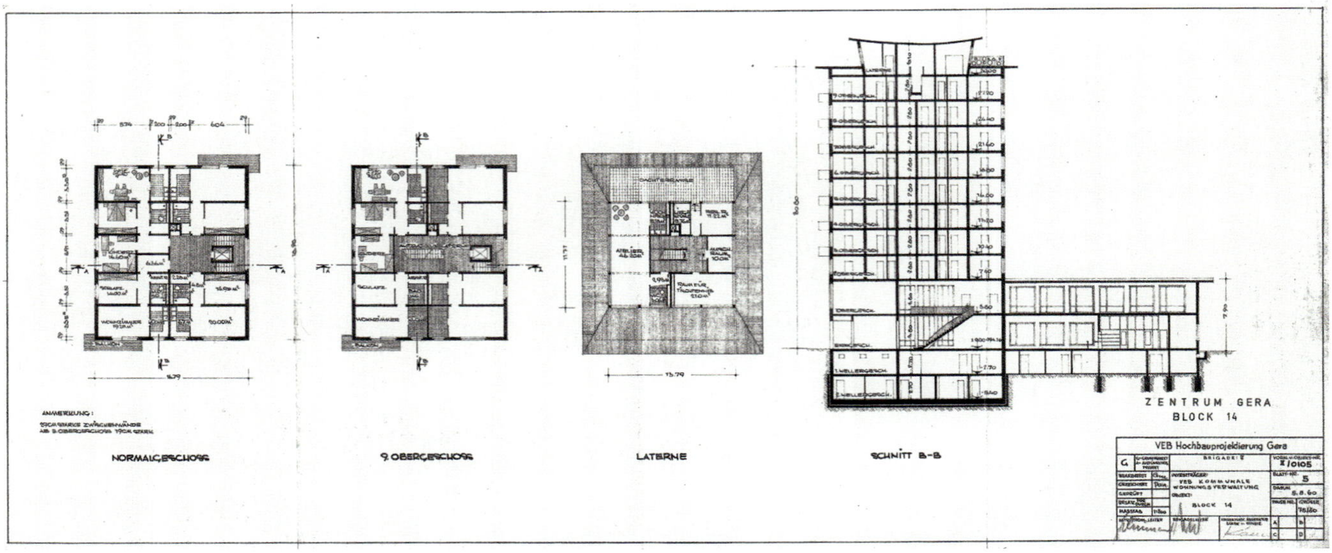

Abb. 4 Block 14, Grundrisse und Schnitt, 1960

aus eloxiertem Alu gefertigt. Von der einst aufwendigen Innenausstattung sind lediglich die Treppenanlagen erhalten. Im Inneren der Wohnbereiche sind die Treppenhäuser mit massiven gegenläufigen Terrazzotreppen und Holzgeländer zeittypisch in Form und Material ausgebildet. Je zwei Ein- bis Drei-Raum-Wohnungen mit Küche und Bad pro Etage entsprechen dem zeitgemäßen Raumangebot, die Krölpalit-Innenwände des VEB Betonwerks Krölpa dem zeitgenössischen Bauwesen. Die Wohnungen waren mit Einbauküche und Badeinrichtung sowie Wandschränken aus Holz im Flur einheitlich ausgestattet.

Markanter und individueller präsentiert sich das zehngeschossige Hochhaus[3] mit zurückgesetztem Attikageschoss (Laterne) unter Flachdach (»Schmetterlingsdach«) und umlaufender Dachterrasse. Durch einen zweigeschossigen Zwischenbau ist es mit den Wohnscheiben verbunden. Die Straßenfassaden sind über den beiden Geschäftsetagen durch Fenstergruppierung und Eckbalkone sowie an der Reichsstraße durch einen zweigeschossigen Vorbau unter weit vorkragendem Flachdach rhythmisiert. Die Erschließung der Wohngeschosse und das verglaste Treppenhaus liegen an der Südseite. Nach Funktion differenziert wurde unterschiedliche Fassadenverkleidung gewählt: für Erdgeschoss und erstes Obergeschoss mit Gastronomie sowie für den Zwischenbau kleinformatige Spaltklinker in Grau, Rot, Schwarz und Blau, für die Wohngeschosse sandfarbene Spaltklinker, für den Gaststättenvorbau glasierte Klinker in Schwarz. Um den Erschließungskern mit Treppenhaus, Aufzug und Vorplatz sind je Etage vier unterschiedlich große Zwei- und Drei-Raum-Wohnungen angelegt. Konstruiert ist das Gebäude in Mischbauweise (Ziegelgroßblock über monolithischem Stahlbetonbau des Keller-, Erd- und ersten Obergeschosses) mit Wenko-, teilweise Menzel- und Rabitzdecken, Betonestrichböden mit teils Marmor-, Keramik- und Terrazzobelag, vorgefertigten Fensterrahmenelementen (Beton, Terrazzo-Innensohlbank). Die Innenwände sind in Leichtbauweise mit vorgefertigten Türrahmenelementen (Stahlzargen) ausgeführt, die Küchen und Bäder gefliest. Neben »Moccabar« und »Spezialkaffee« im Erd- und ersten Obergeschoss, das über eine geschwungene Treppe in großzügiger Diele erschlossen ist, verweisen Tischtennisraum, Klubraum und Atelier in der Laterne auf den hohen Anspruch.

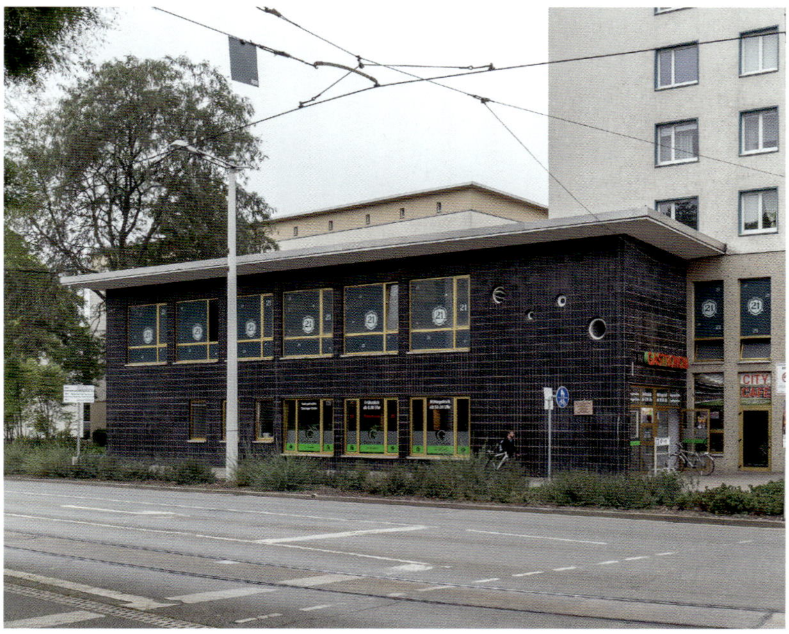

Abb. 5 Block 14, Vorbau Gastronomie von Nordosten, 2018

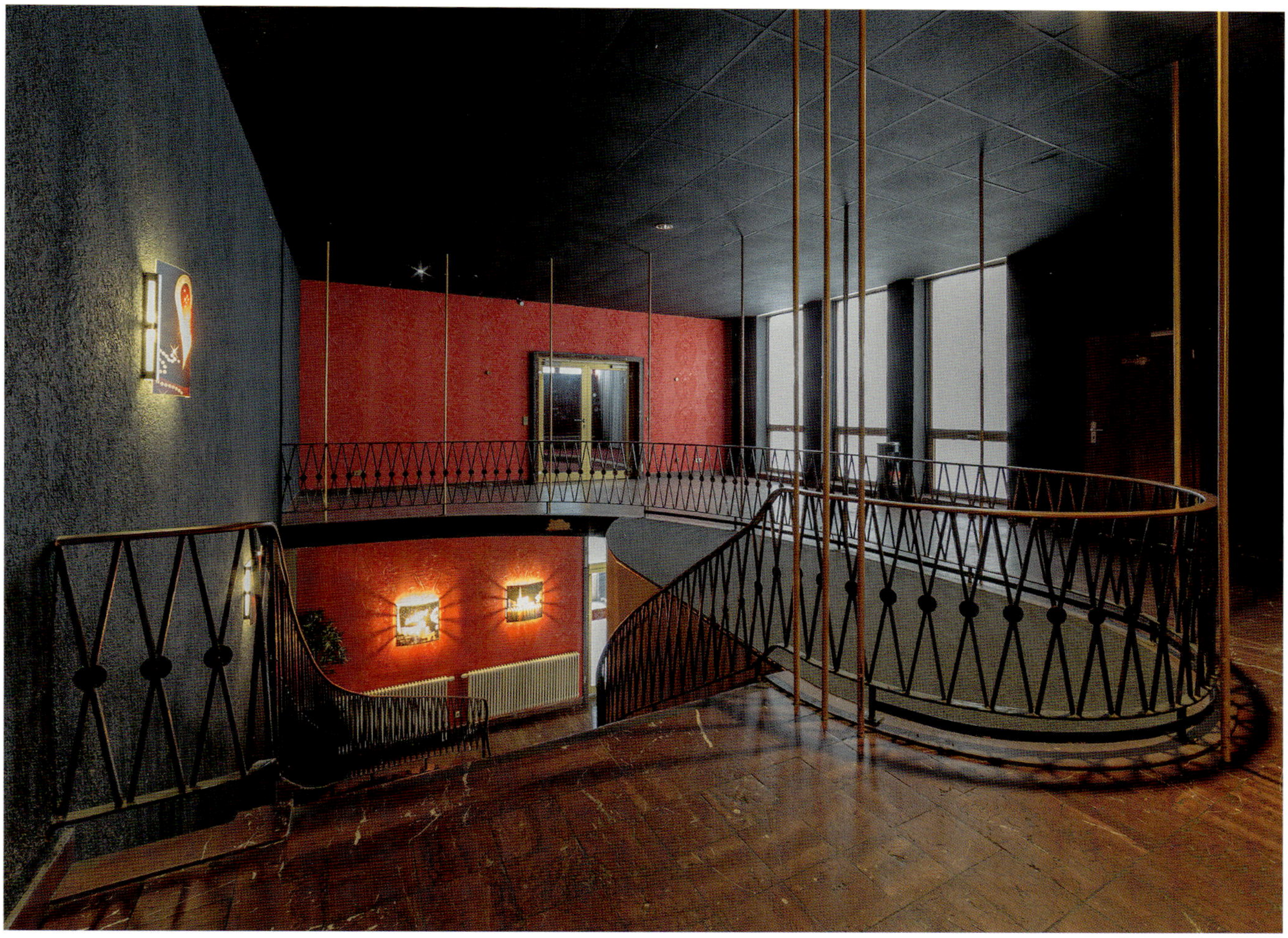

Abb. 6 Block 14, 1. Obergeschoss, Diele, Blick nach Norden, 2018

Die Bedeutung des Wohnungsbaus liegt in der zeittypischen Querwand-Mischbauweise mit Betonrahmen und Montageelementen, der modernen Formensprache, besonders aber in der Umsetzung des städtebaulichen Konzepts zur Neugliederung der durch Kriegsschäden und großflächige Beräumung entstandenen innerstädtischen Freifläche. Mit der Bebauung Heinrichstraße (ehemals Stalinstraße) 27–45 wurde die Gestaltung des Platzraumes, der durch weitere Geschäfts- und Wohnbebauung bis 1981[4] geschlossen wurde, maßstabgebend begonnen. Mit umfassender städtebaulicher Umgestaltung seit 1990 wurden große Bereiche abgebrochen, in der Höhe reduziert, durch Neubauten ersetzt, sodass die älteste Anlage nach Sanierung als einzige vollumfänglich erhalten werden konnte. Bei der Sanierung, die sukzessive seit 1995 insbesondere Ladenumnutzungen, Wohnraummodernisierung und Fassadensanierung umfasste, konnte weitgehend bauzeitliche Substanz erhalten oder zumindest dem Erscheinungsbild angepasst ersetzt werden[5]. Die individuelle Ausformung des Sonderbaus mit zweigeschossiger Ladenzeile steht im Kontext der frühen Montagebauweise im Bauwesen der DDR und ist zugleich Zeugnis der Auseinandersetzung mit der Architektur der Moderne in Westdeutschland und Westeuropa.

Nicola Damrich

1 Zur Baugeschichte: Vgl. Bauarchiv Stadt Gera, Hausakte Heinrichstraße (damals Stalinstraße) 27–45 und allgemein Denkmaltopographie Bundesrepublik Deutschland. Kulturdenkmale in Thüringen, hrsg. vom Thüringischen Landesamt für Denkmalpflege und Archäologie, Anja Löffler, Bd. 3, Stadt Gera, 2007, S. 609–612.

2 Er war von 1913 bis 1976 Kreisdenkmalpfleger und 1953 Retter eines »feudalen Bauwerkes«, der kriegszerstörten Orangerie in Gera-Untermhaus.

3 Bauabnahme 30.9.1963

4 Interhotel, Heinrichstraße 22, 1965/67; Wohnungsbau Rudolf-Breitscheid-Straße 1–7 und 4–12, 1974/76; Wohnungsbau Sonnenhof, 1972/74; Haus der Kultur 1977/81

5 Austausch der Fenster, Reparatur und teilweise Austausch der Fassadenbekleidung, der Balkonbrüstungen, Erweiterung des Treppenhauses im Hochhaus

Dancing Queens

Wohnpark Schlossgut

Freiherr-von-Varnbüler-Straße 2 und 4
Hemmingen bei Stuttgart
Baden-Württemberg

Architekt: Paul Stohrer
Bauzeit: 1971–74

Hemmingen im Landkreis Ludwigsburg: Am Ortsrand schrauben sich ungewöhnliche Hochhäuser in den Himmel. Sie erzählen gleich drei Geschichten: Von »Wolkenkratzern« auf dem Land, vom »Society-Architekten« Paul Stohrer und von der Suche nach neuen Formen im Hochhausbau zu Beginn der 1970er Jahre.

Abb. 1 Wohnpark Schlossgut in Hemmingen, Aufnahme 2011

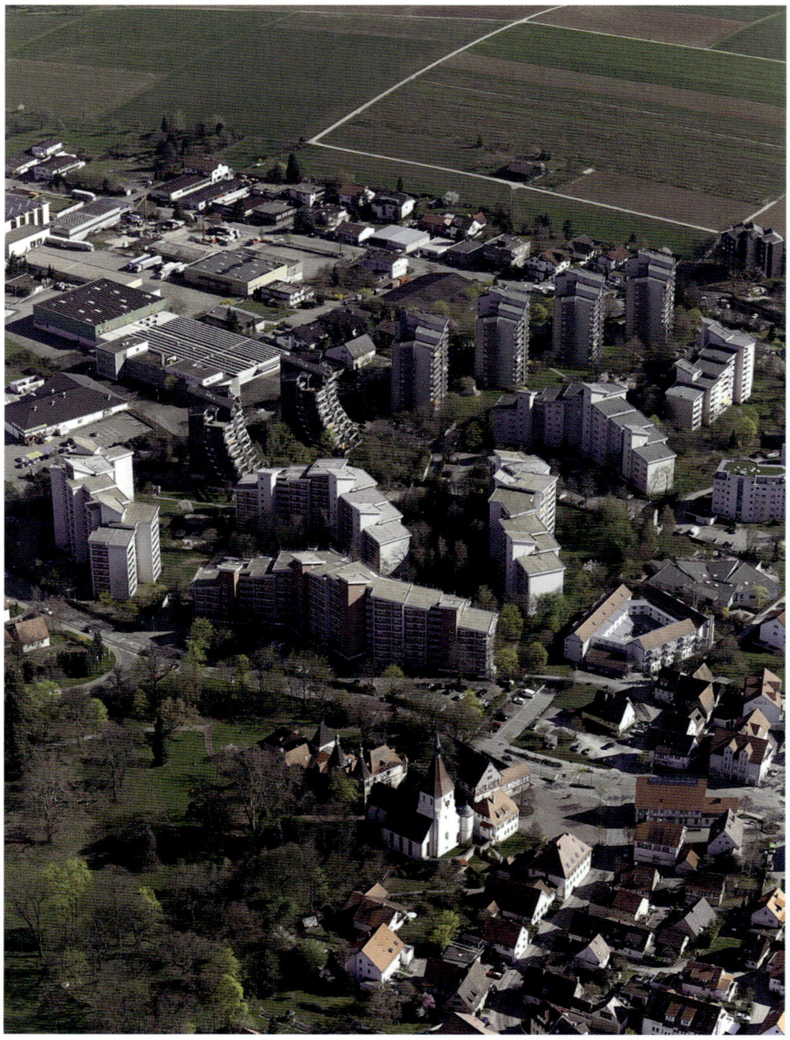

Hemmingen: Ein klassisches Haufendorf, frühmittelalterliche Gründung, gelegen auf besten Böden im Strohgäu bei Stuttgart, ein bemerkenswertes Schloss mit Park, eine im Kern spätgotische Pfarrkirche, ein klassizistisches Rathaus, Fachwerkhäuser aus allen Epochen. Ein ganz normales Dorf also? Nicht wirklich, denn schon von weitem macht Hemmingen mit einer wahren Skyline auf sich aufmerksam. Der »Wohnpark Schlossgut Hemmingen« mit seinen Hochhäusern prägt heute das Ortsbild und steht in starkem optischen Kontrast zur guten Stube im alten Ortskern. Was ist passiert?

Der kleine Ort hat zu Beginn der 1950er Jahre gut 1500 Einwohner und ist noch weitgehend ländlich geprägt. Anfang der 1970er Jahre wagt die Gemeinde den Quantensprung in eine neue Dimension. Mit zunehmender Ansiedlung von Gewerbe und Industrie wird auch die Wohnraumfrage in Hemmingen immer drängender. Im April 1971 erfolgt auf einer frei gewordenen, ortsnahen Fläche der erste Spatenstich für das Projekt »Wohnpark Schlossgut«. Nach drei Jahren Bauzeit sind 352 neue Wohnungen bezugsfertig, die Einwohnerzahl steigt am 28. Juli 1973 über die magische 5000er-Grenze, die politische Selbstständigkeit Hemmingens in der Gemeindegebietsreform bleibt gewahrt. Die Hochhäuser am Ortsrand, die dieses wichtige Ziel ermöglichen, werden damals ambivalent wahrgenommen. In einem zeitgenössischen Bericht in der örtlichen Kreiszeitung wird der Wohnpark zitiert als »eine glückliche Kombination von großstädtischem Wohnkomfort und ländlicher Atmosphäre, die gerade unter sozial-psychologischen Aspekten die Chance hat, zukunftsweisend zu sein«. Aber es gibt auch kritische Stimmen, u.a. das folgende Schmähgedicht: »Seh ich hinaus in Strohgäus Auen, dann fasst mich an ein stilles Weh! Ja, schlimmer noch, mich packt das

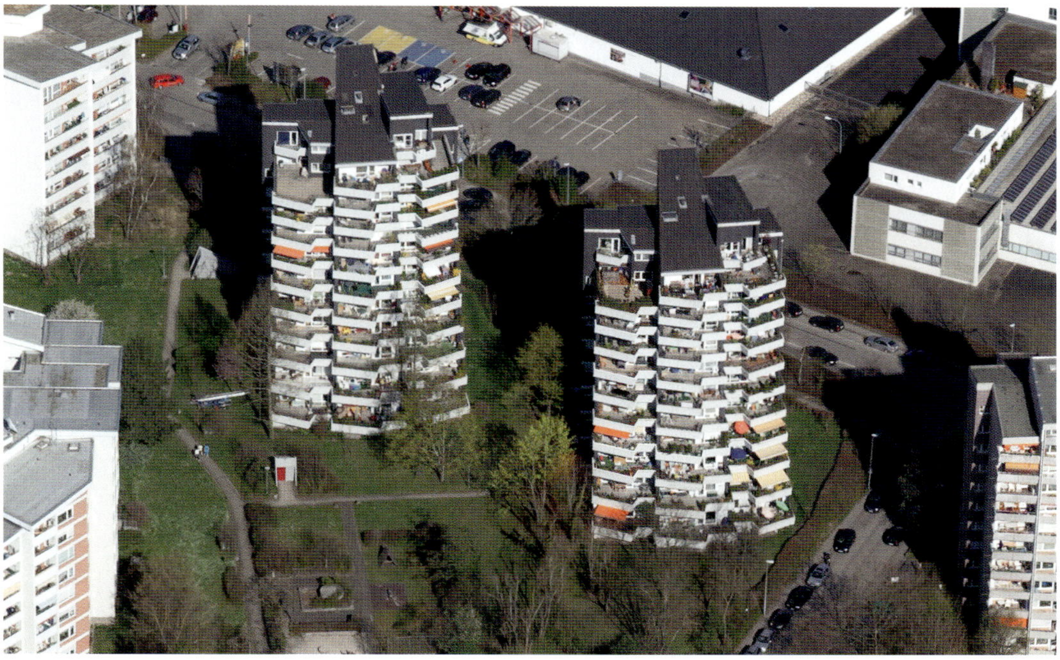

Abb. 2 Die beiden schrägen Hochhäuser im Luftbild, Aufnahme 2011

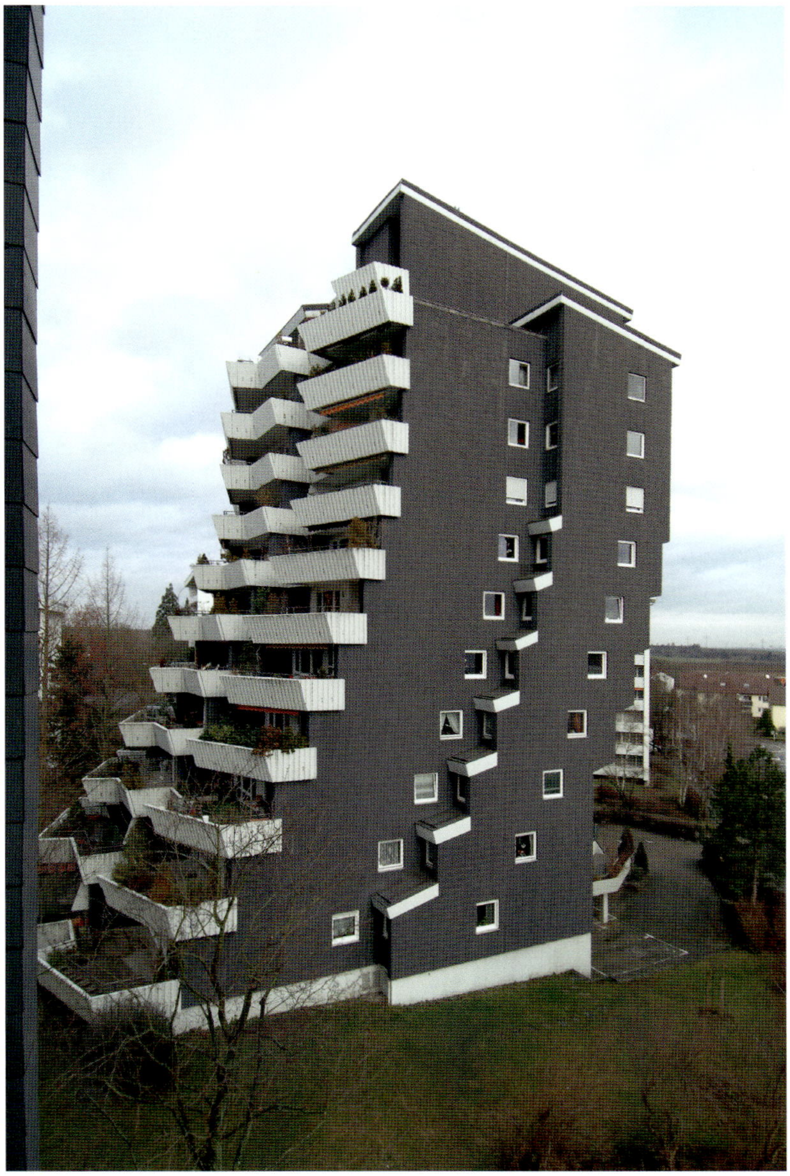

Abb. 3 Schwingendes, scheinbar kippendes Hochhaus, Aufnahme 2011

Grauen, wenn ich den Wohnpark Schloßgut seh! Liegt Hemmingen in USA? Es ist ja nicht zu fassen! Im Strohgäu ein Utopia mit düstern Betonmassen!«[1] Hochhäuser auf dem Lande sind also nicht unumstritten und auch heute, gut 35 Jahre später, empfindet man diese land(!)läufig als städtisch bezeichnete Wohnform des Hochhauses in einem Dorf als ungewöhnlich.

Wer steckt hinter der Planung dieser Anlage? Für den Bebauungsplan mit fünf- bis zwölfgeschossigen Wohnblöcken und insgesamt 700 Eigentumswohnungen zeichnet der Stuttgarter Architekt Paul Stohrer verantwortlich. Für ihn ist dies eigentlich ein ungewöhnliches Projekt, kennt man ihn doch eher als »Society-Architekt« oder als »Salonlöwe mit Phantomgepard«. Falsch ist in der Tat die gerne kolportierte Geschichte von einem Geparden als Haustier des Architekten mit Spaziergängen in der Stuttgarter Königstraße. Richtig ist, dass der weltgewandte Stohrer extravagante Häuser baut, so zum Beispiel die

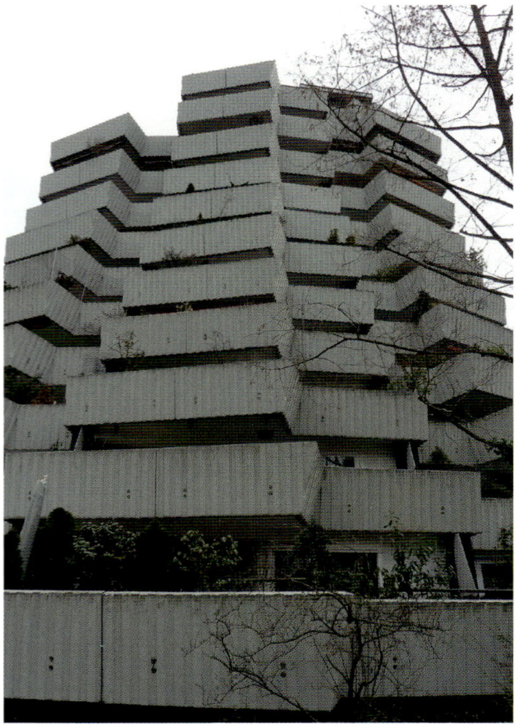

Abb. 4 Grafisches Muster der Betonbalkone, Aufnahme 2010

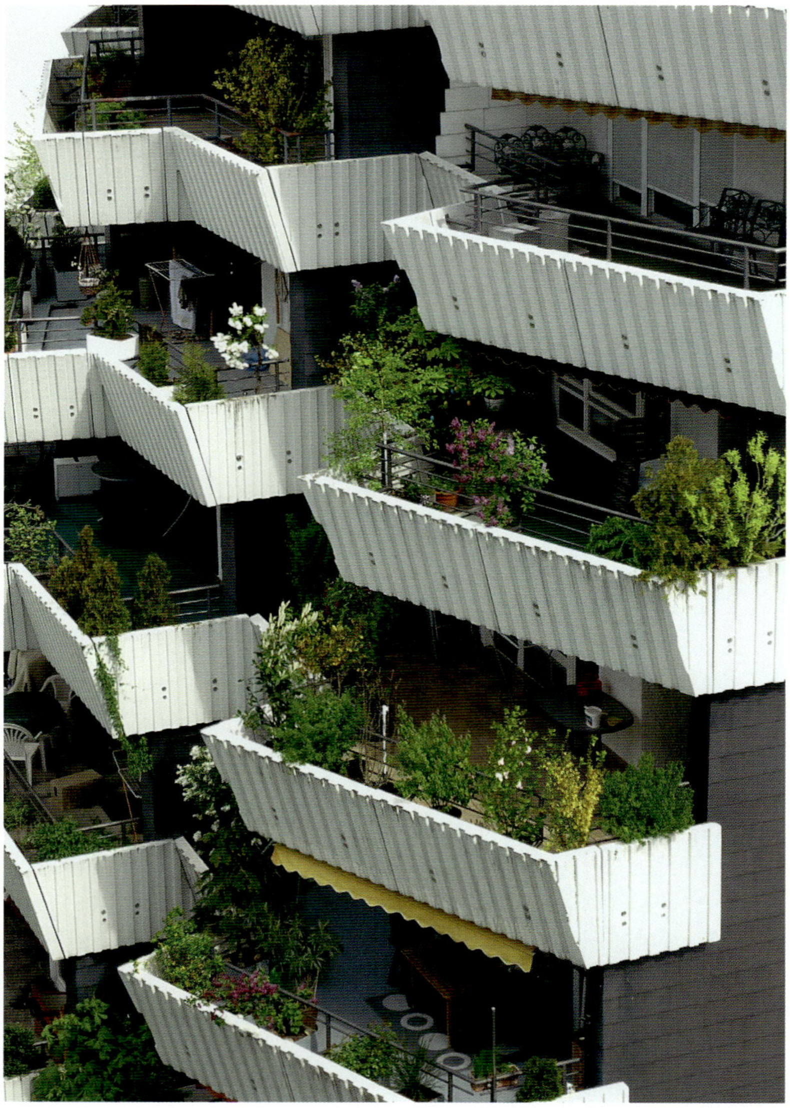

Abb. 5 Grüne Pflanztröge auf den Balkonen, Aufnahme 2011

Villa Domnick in Nürtingen für den gleichnamigen Arzt und Kunstmäzen, ein wahres Kunstwerk für Kunstwerke. In der Nachkriegszeit zählt er zu den prominentesten Architekten im Raum Stuttgart, ist für exklusive Wohn- und Geschäftshäuser wie auch für moderne Ausstattungen von Theatern und Kinos bekannt.[2] Die Wohnblöcke in Hemmingen weisen eine durchaus interessante Formensprache auf, zwei Hochhäuser stechen dabei aber ganz besonders hervor: Die sogenannten Himmelsleitern, 1971–74 errichtet. Wie von einem Tornado gepackt, drehen und winden sie sich gen Himmel.[3] Hier zeigt sich die eigenwillige und ausdrucksstarke Formensprache des charismatischen Architekten und Hochschullehrers par excellence.

Auffälligstes Merkmal der Terrassenhäuser sind die geschossweise zurückspringenden, gefalteten Balkone an der Südwestseite, deren Tiefe nach oben hin geringer wird. Großzügige Pflanztröge gewähren Schutz vor Einblicken auf die darunter liegenden Terrassen. An der gegenüberliegenden nordöstlichen Hausseite kragt ein Teil der Geschosse aus. Die parallele Verschiebung der Etagen beschreibt in der Seitenansicht der Häuser geschwungene Linien, sodass die Gebäude wegzukippen scheinen. Diese Wirkung wird durch das verwendete Material an den Fassaden verstärkt. Die Außenwände sind mit dunklen Faserzementplatten verkleidet, gegen die sich hell-

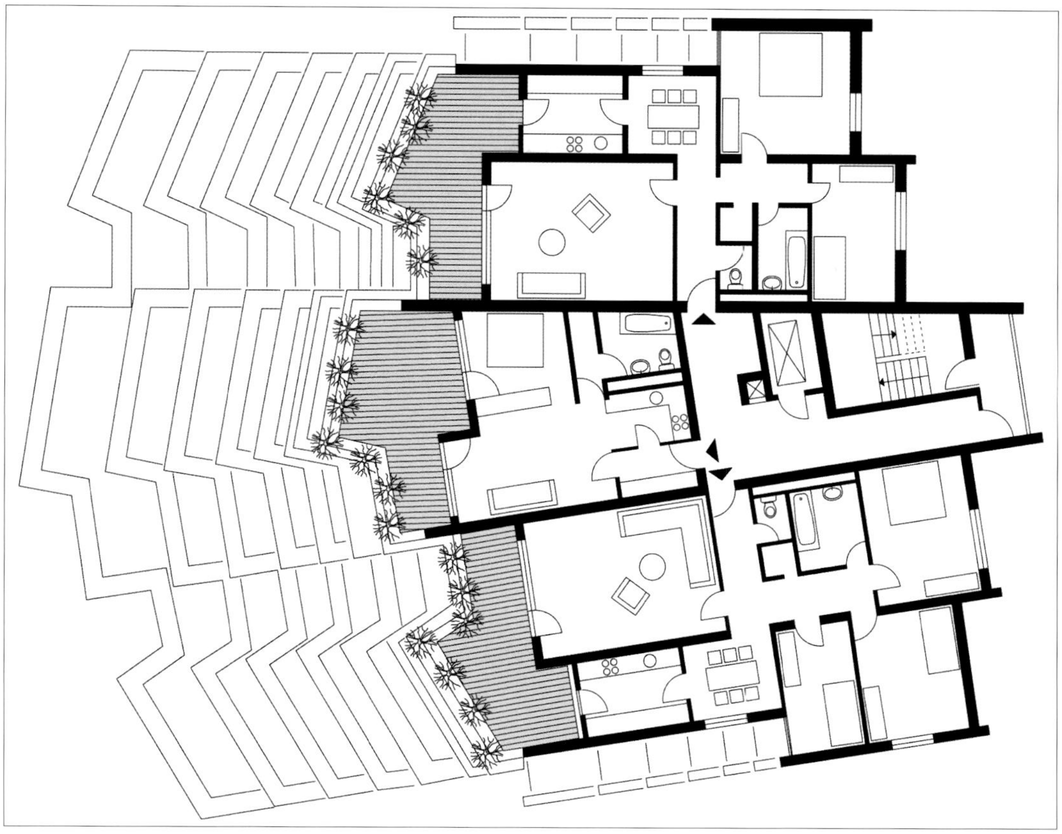

Abb. 6 Beispielhafter Grundriss des sechsten Obergeschosses, Zeichnung 2012

graue, vertikal strukturierte und schräg nach außen geneigte Betonbrüstungen absetzen. Die Häuser sind im Grundriss als Dreispänner organisiert und enthalten jeweils 34 Einheiten. Die Räume öffnen sich fächerförmig nach Südwesten, in den oberen Geschossen befinden sich Atelierwohnungen.

Stohrers Bauten zeigen damit überaus eindrucksvoll, wie man zu Beginn der 1970er Jahre nach neuen Formen für das Wohnhochhaus sucht, in einer Zeit, in der man der schlichten »Betonkisten« überdrüssig ist, angestachelt auch von der zunehmenden Kritik am Städtebau dieser Zeit und seiner »Unwirtlichkeit«. Hochhäuser kombiniert man jetzt mit Terrassenhäusern wie etwa beim Komplex »Apollo« in der Stuttgarter Trabantensiedlung Freiberg oder es werden völlig neue Formen und Strukturen wie die Anlagen »Schnitz« bzw. »Tapachstraße« konzipiert, die als Hügelhäuser funktionieren. Vor diesem Hintergrund des verdichteten Wohnungsbaus ist auch Stohrers eigenwillige, geradezu futuristisch wirkende Variante dieses Bautyps in Hemmingen zu sehen.

So sind heute die »Himmelsleitern« auch ein identitätsstiftendes Wahrzeichen der Gemeinde geworden. Ins Ortswappen haben es die beiden »Dancing Queens« freilich noch nicht geschafft.

Martin Hahn

1 Gemeinde Hemmingen (Hrsg.): Heimatbuch Hemmingen, Horb am Neckar 1991, S. 225.

2 Ursula Grammel: Paul Stohrer 1909–1975. Architekt in der Zeit des Wirtschaftswunders, Fellbach 2012.

3 Karin Hopfner, Christina Simon-Philipp, Claus Wolf (Hrsg.) u. a.: größer höher dichter. Wohnen in Siedlungen der 1960er und 1970er Jahre in der Region Stuttgart, Stuttgart 2012, S. 252–253; Edeltrud Geiger-Schmidt: »Hemminger Himmelsleitern«. Die zukunftsweisenden Terrassenhochhäuser des Wohnparks Schlossgut, in: Denkmalpflege in Baden-Württemberg, Nr. 2, 2012, S. 119–120.

Bewegte Zeiten für den Brutalismus

Wohnanlage Orpheus und Eurydike

Soxhletstraße 6, Ungererstraße 65
München-Schwabing
Bayern

Architekten: Jürgen Freiherr von Gagern, Peter Ludwig, Udo von der Mühlen
Bauzeit: 1971–73

Mit der Wohnanlage Orpheus und Eurydike bringt ein Münchener Architektentrio 1971 eine Dynamik in den Wohnhausbau, die mit den meist starren Rastern der zeitgenössischen Bauten deutlich kontrastiert. Nicht nur die Ansichten zeigen sich geradezu bewegt, auch im Inneren überraschen abwechslungsreiche und vielfältige Grundrisslösungen.

Orpheus und Eurydike ist der Name einer Wohnanlage aus den 1970er Jahren im nördlichen Schwabing. Für ihre beiden Baukörper lieferte möglicherweise jener Moment in der griechischen Sagenwelt die Anregung, in dem sich Orpheus in der Unterwelt umdrehte und deswegen für immer von seiner Geliebten Eurydike getrennt wurde. Die brutalistische Architektur von Orpheus und Eurydike ist entsprechend spannungsreich: Auf- und Grundrisse sind dynamisiert. Im Vorfeld der Olympischen Sommerspiele von 1972 hatte sich in München ein wahrer Bauboom entwickelt, geschuldet dem starken Bevölkerungswachstum in den 1960er Jahren von über 300.000 Personen auf etwa 1,3 Millionen Menschen im Jahr 1972. Waren die Jahre um 1970 in München ohnehin eine gesellschaftspolitisch aufgeheizte Zeit, stießen die Entwicklungsstrategien der Stadt immer stärker auf Kritik.[1] 1968 organisierte sich eine Gruppe aus Architekten, Planern und Bürgern zum Münchner Forum. Mitinitiator war Jürgen Freiherr von Gagern. Von Gagern wie auch Peter Ludwig und Udo von der Mühlen aus der gemeinsamen Architektengemeinschaft wandten sich entschieden gegen Großprojekte wie die gerade entstehende Satellitenstadt Neuperlach. Auch sie traten für bezahlbaren Wohnraum und verdichtetes Bauen ein. Ihr erklärtes Vorbild war die 1952 durch den Architekten Le Corbusier in Marseille fertiggestellte Unité d´Habitation, deren Materialehrlichkeit und sozialpolitische Ideen Merkmale brutalistischer Wohnhausarchitektur geworden waren.[2] Gleichzeitig wollten von Gagern, Ludwig und von der Mühlen eine in Formen und Grundrissen vielfältigere Architektur verwirklichen. Zwei Wohntürme in München-Solln waren mit dieser Haltung bereits realisiert worden.

Abb. 1 Wohnanlage Orpheus (vorn) und Eurydike (hinten), Ansicht von der Ungererstraße, 2018

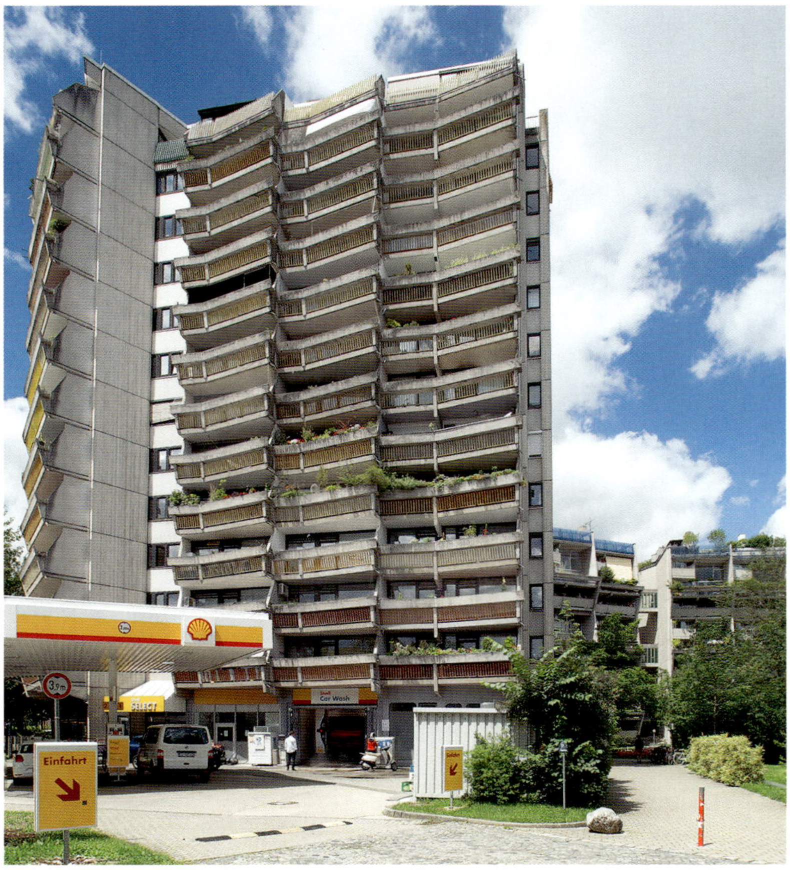

Mit dem Projekt Orpheus und Eurydike gingen sie noch einen Schritt weiter. Für das attraktive Eckgrundstück unweit des Englischen Gartens gliederten sie die große Baumasse in zwei verschieden große und hohe Gebäude. Sie entwar-

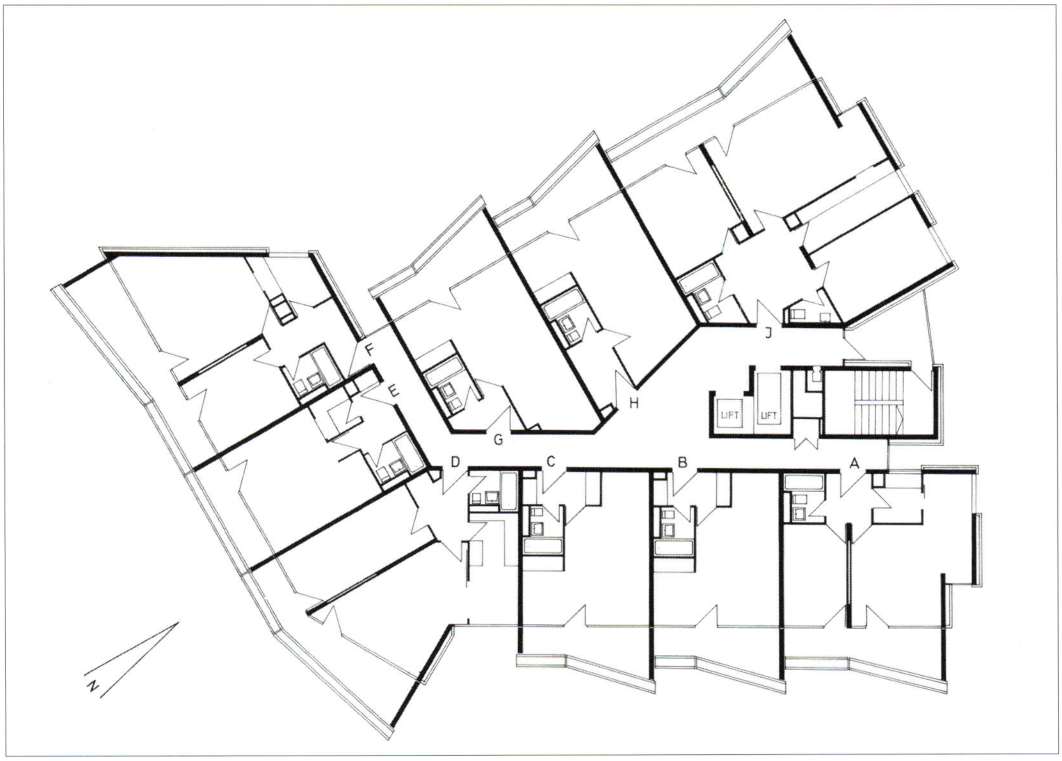

Abb. 2 Grundriss 2. bis 11. Geschoss Orpheus, Ungererstraße 65, 1971

fen 148 Wohnungen unterschiedlichster Größe mit variierten Zuschnitten und verplanten dabei reichlich Beton.[3] Zur ruhigen Soxhletstraße entstand 1973 das breitgelagerte, neungeschossige Gebäude Eurydike, zur vielbefahrenen Ungererstraße das mächtige, hochaufragende 13-stöckige Hochhaus Orpheus. Eine Tankstelle mit drei Zapfsäulen wurde Orpheus vorgelagert, deren schweres Dach über drei schlanken Stützen balanciert. Orpheus ist ein Sichtbetonbau auf einem polygonalen, annähernd trapezförmigen Grundriss mit 112 Eigentumswohnungen. Seine Fassaden werden zu drei Seiten durch breite, versetzt angeordnete Balkone aus Betonfertigteilen bestimmt. Die Balkone haben abknickende, flügelähnliche Grundflächen, sich nach außen neigende Brüs-

Abb. 3 Gartenansicht Eurydike, Soxhletstraße 6, 2018

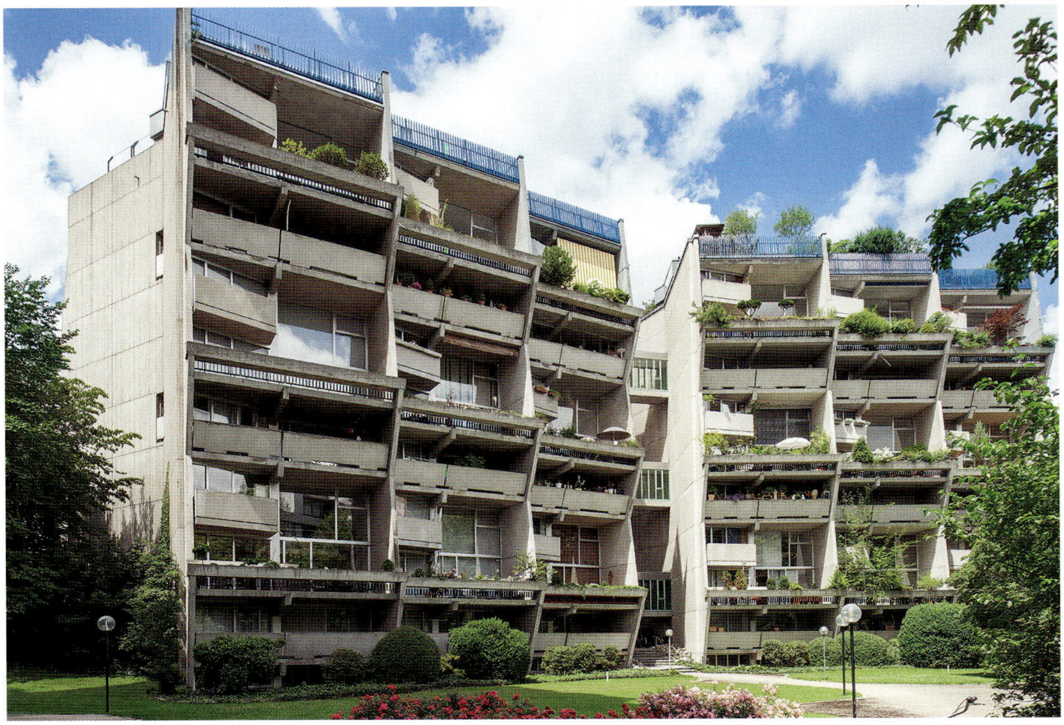

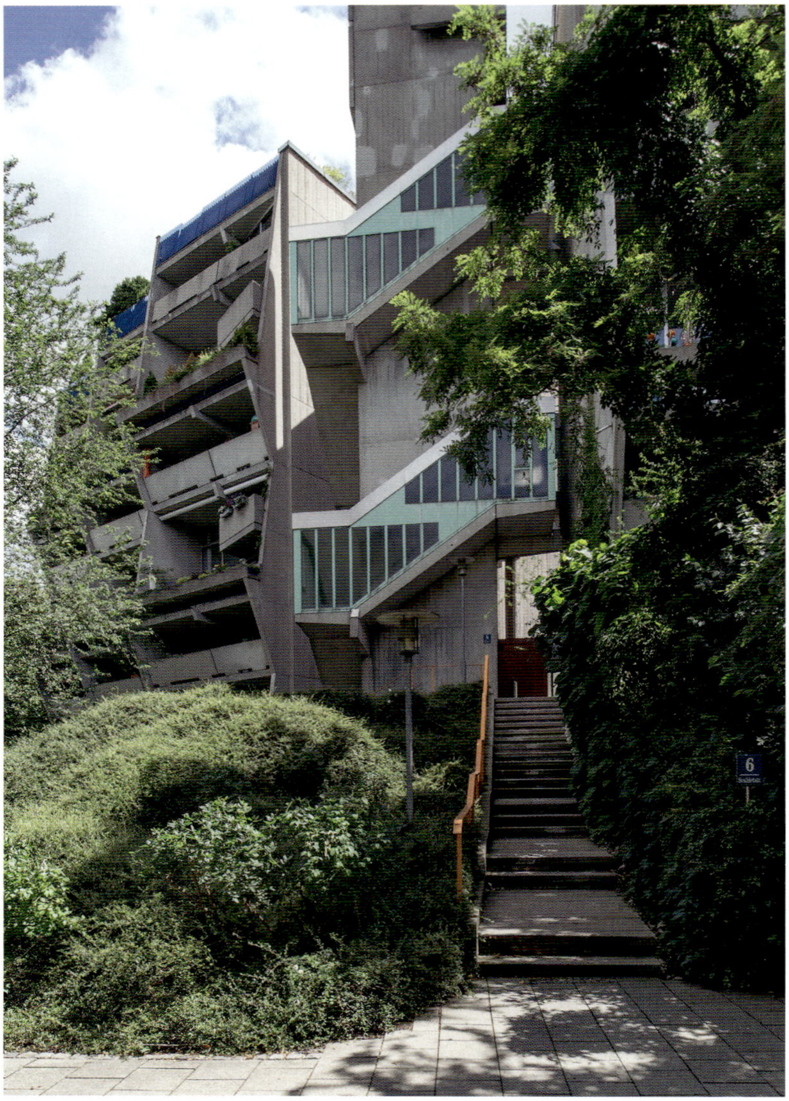

Abb. 4 Zugang und Treppenturm Eurydike, Ansicht von der Soxhletstraße

tungen mit farbigen Metallgittern und Pflanztrögen sowie trapezförmige Trennwände. Jedes Geschoss besitzt neun unterschiedlich geschnittene Wohnungen mit ein, zwei oder drei Zimmern. Mit seinen bewegten Fassaden und Grundrissen vermittelt das Hochhaus trotz seiner Größe und rauen Materialität Beschwingtheit, Leichtigkeit und eine gewisse Aufbruchsstimmung. Bis auf das oberste Geschoss mit drei großzügigen Terrassenwohnungen richten sich die kleinen bis mittelgroßen Eigentumswohnungen des Orpheus an den durchschnittlich verdienenden Münchner.

Ganz anders die 36 großzügigen bis luxuriösen Wohnungen der »schönen« Eurydike, die einer wohlhabenderen Käuferschicht vorbehalten blieben. Eurydike besteht aus zwei im flachen Winkel zueinander stehenden, in sich geknickten Flügeln aus Sichtbeton, zwischen denen ein freistehender Sichtbetonturm mit umlaufendem Treppenaufgang und verglasten Verbindungsbrücken die beiden Gebäudehälften erschließt. Zur Straße wie zur rückwärtigen Gartenanlage zeigen die Fassaden vor einer vollflächigen Verglasung teils weit vorspringende Sichtbetonelemente. Wie im Orpheus wirken auch hier die Balkone bestimmend, die durch die vorgezogenen Wohnungstrennwände eher als Loggien ausgebildet sind. Die Fassadengliederung Eurydikes ergibt sich aus den Grundrissen der Wohnungen, die als ineinander verschränkte, durchgesteckte Maisonettes jeweils auf einer Seite eine und auf der anderen zwei Etagen einnehmen. Doppelgeschossige Räume mit

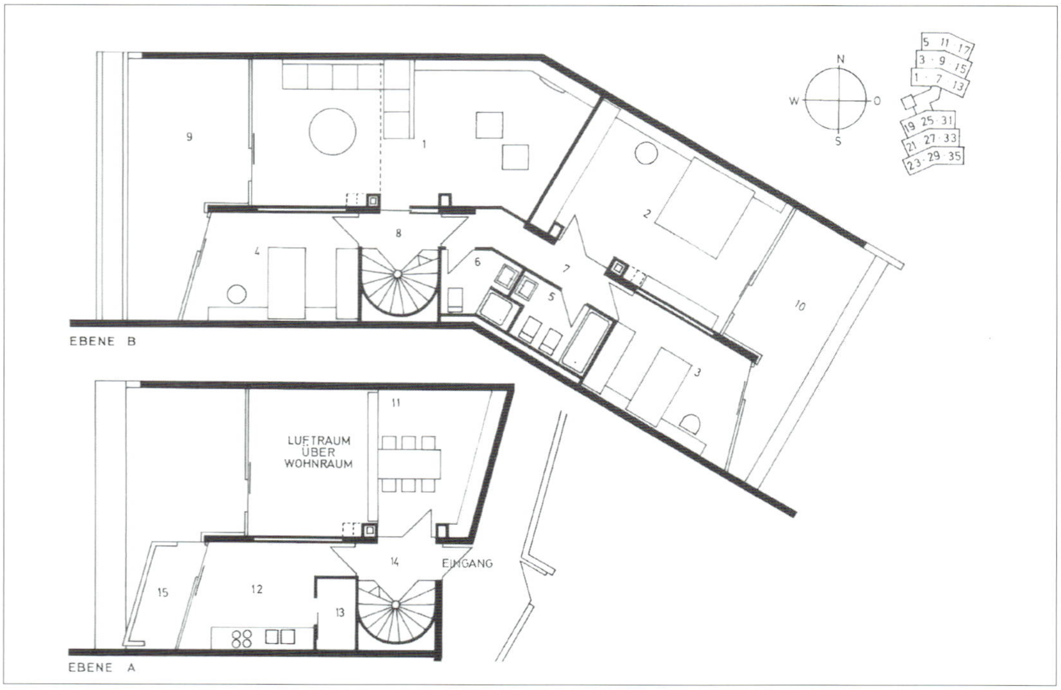

Abb. 5 Grundrissvorschlag für den Westtyp der Eurydike, Soxhletstraße 6, 1971

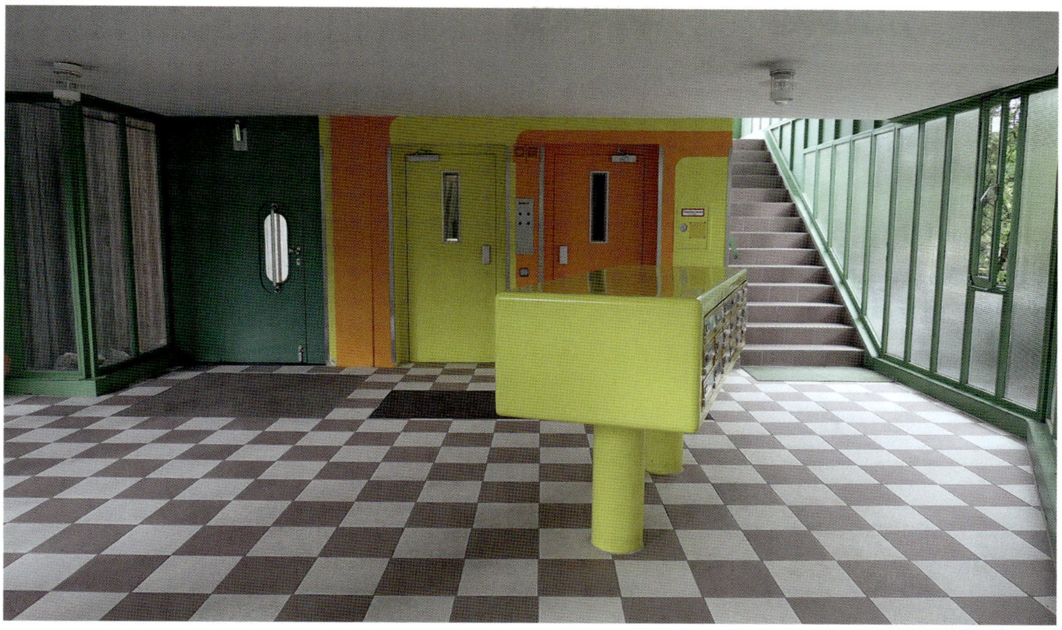

Abb. 6 Eva-Maria von Gagern-Hübsch, Eingangsgestaltung Eurydike, Soxhletstraße 6, 2018

breitem Balkon in der unteren Wohnebene und seitlichem, schräg gestelltem Küchenbalkon in der oberen Ebene der einen Maisonettewohnung wechseln sich in der Ansicht mit den breiten und tiefen Balkonen vor den Schlafzimmern der nächsten Wohnung ab. Es sind zwei Typen von Wohnungen vorhanden. Beim Osttyp wird die Wohneinheit auf der Wohnebene unten betreten und über eine Wendeltreppe das obere Geschoss erreicht, der Westtyp dagegen hat seinen Eingang auf der oberen Ebene. Die obersten sechs Wohnungen erstrecken sich über drei Etagen. Die Grundrisse und der Ausbau der Wohnungen waren durch die Eigentümer entsprechend der eigenen Bedürfnisse individuell wählbar.[4] Die Vorgaben der Architekten endeten damit an der Wohnungstür. Konstruktive Voraussetzungen wurden durch den Verzicht auf tragende Querwände geschaffen. Um dennoch eine ausreichende Aussteifung zu erreichen, sind die Längswände leicht geknickt und erzielen so die markante Gebäudeform. Die gemeinschaftlichen Flächen erhielten im Unterschied zu den Wohnungen eine sehr differenzierte Gestaltung. Aufzüge, Klingelschilder, Briefkastenanlage, gestreifte Auslegware und Noppenböden in den Fluren wurden im Hinblick auf die Vorgaben der Tankstelle durch Eva-Maria von Gagern-Hübsch farbenfroh in Gelb, Orange, Grau und Pastellgrün gewählt. Die Verkaufsbroschüre hob folglich das Zusammenspiel von Fantasie und technischer Beherrschung des Stahlbetons hervor.[5]

Beide Bauten wurden in Halbfertigbauweise erstellt.[6] Die tragenden Stahlbetonwände bestehen aus Großtafeln und sind im Bereich der nichtgedämmten Bauteile wie dem Treppenhaus oder den Balkonen sichtbar. Die übrigen vorspringenden Flächen in Ortbeton zeigen ein ungewöhnlich deutlich ausgeprägtes Schalungsprofil.

Die in Sichtbeton errichtete Wohnanlage mit ihren abwechslungsreichen Fassaden ist ein bedeutendes Beispiel für die Wohnhausarchitektur des Brutalismus. Architektonische Elemente wie die durchgesteckten Maisonettes, tiefe Balkone, die Auflösung eines strengen Fensterrasters, Ablesbarkeit von Funktionen und Materialität wurden aus der Wohnmaschine in Marseille übernommen. Das rigide Wohnungsraster Le Corbusiers hingegen wurde zugunsten einer Vielfalt an Wohnungsgrößen, Wohnungstypen und Flexibilität der Grundrisse abgewandelt. Unter dem Einfluss der 68er-Bewegung erhielt der Brutalismus in der Wohnanlage Orpheus und Eurydike so eine eigene Münchner Ausprägung.

Wiepke van Aaken, Burkhard Körner

1 Städtebau München. Blindes Treiben, in: Der Spiegel, Nr. 31, 1968 [29.7.1968], S. 80/81, http://www.spiegel.de/spiegel/print/d-45995992.html (2.10.2018).

2 Gespräch von Jürgen Freiherr von Gagern mit Burkhard Körner und Wiepke van Aaken, München, 26. Juni 2018.

3 Zur Konstruktion und Baugeschichte siehe: Bauakt Soxhletstraße 6 und Bauakt Ungererstraße 65, Landeshauptstadt München, Lokalbaukommission.

4 Von Gagern 2018 (wie Anm. 2).

5 Baufinanz Dr. Bullmer & Rüttenauer GmbH & Co. KG: Eigentumswohnungen am Ungererbad. Projekt Eurydike München-Schwabing (Verkaufsbroschüre), München 1971, S. 3.

6 Ebd., S. 19.

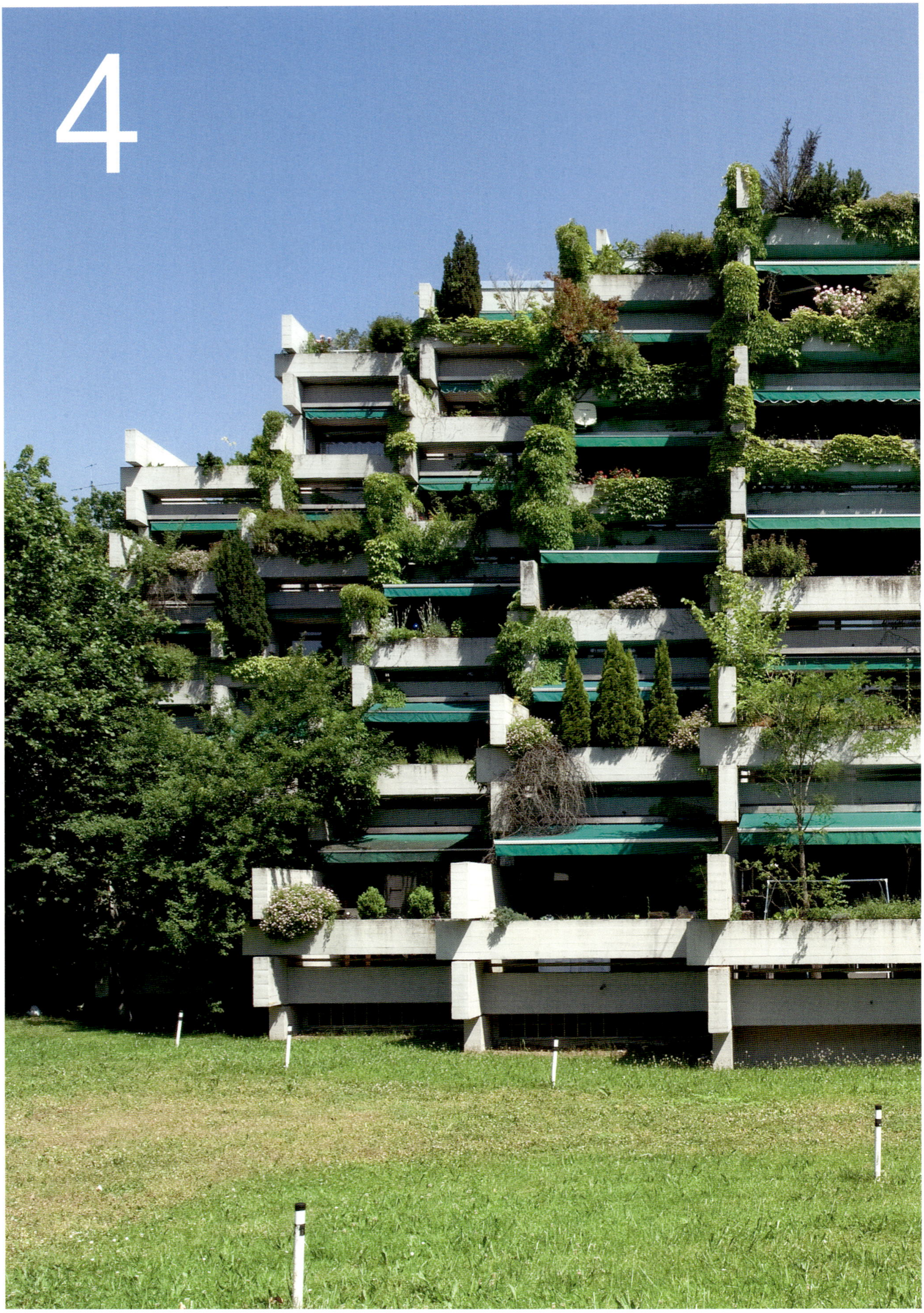
4

Zwischen Teppich und Terrasse

Ein großer Teil des enormen Wohnraumbedarfs in der Nachkriegszeit wurde im Ideal des Einfamilienhauses und in der Realität von Großwohnsiedlungen verwirklicht. Daneben entwickelten Planer und Architekten jedoch weitere neuartige Wohnformen. Deren Ziel war vor allem eine städtebauliche Verdichtung bei gleichzeitig größtmöglicher Privatheit.

Einzelne Bungalows, eine Wohnform, die in den 1960er Jahren aus den USA nach Europa herüberschwappte, wurden beispielsweise winkelförmig aneinandergefügt: Reihen oder Teppiche entstanden. Wo es die Topografie erforderte, manchmal aber auch in der Ebene, stapelte man Wohnungen aufeinander: Terrassensiedlungen oder Hügelhäuser fanden Eingang in das Immobilienrepertoire in Stadt und Land. Eine Vielfalt an Architekturformen und Baustoffen sowie Wohnungs- und Siedlungsgrundrissen kennzeichnet das Planen und Bauen dieser Zeit. Charakteristisch ist auch die sorgfältige Behandlung der Flächen zwischen den Gebäuden: Ob bepflanzter Sichtschutzbalkon oder parkähnliche Landschaft, die Grün- und Freiflächen sind trotz der Baudichte immer ein Thema.

Solche kompakten, verdichteten Wohnanlagen finden sich sowohl in Großsiedlungen zur architektonischen, funktionalen und sozialen Durchmischung als auch in Einzellage im Stadtgefüge. Es sind oft vergleichsweise exklusive Wohnanlagen, vielfach von renommierten Architekten geplant und im Eigentum entwickelt.

Der Blick auf den Bestand zeigt, dass insbesondere die solide und robust geplanten und anspruchsvoll umgesetzten Teppich- oder Terrassensiedlungen anschaulich überliefert sind. Allzu Experimentelles oder gar Serielles dagegen ist heute vielfach verändert und überformt, besonders dann, wenn einzelne Eigentümer ihre persönlichen Gestaltungsvorstellungen im Lauf der Zeit durchsetzten. Gerade im einheitlichen Gesamtbild solcher Wohnanlagen besteht indes der Zeugniswert für die städtebauliche Entwicklung der »Boomjahre« in Deutschland.

Martin Hahn

Topografie in Schwarz-Weiß

Siedlung »Im Schneider«

Trollingerweg 11/4, 13/5, 15/1, 17/3, 19/2, 19/6, 21/1, 21/5, 23, 23/1, 23/2, 23/3, 23/4, 25, 27, 29, 31, 33, 35, 37, 39
Waiblingen-Neustadt
Baden-Württemberg

Architekten: Hans Kammerer, Walter Belz
Bauzeit: 1971/72

Einst zum Weinbau genutzt, später als Streuobstwiese in Gebrauch, zur Siedlung versteinert 1972 – ein Südhang im Remstal bei Stuttgart. Neue Farben kennzeichnen nun das Hanggrundstück: Das Schwarz von Faserzementplatten, das Weiß von Fenstern und das charakteristische Grau des schalungsrauen Betons. Dazwischen lugt das Grün der Koniferen hervor und ist damit Reminiszenz an die einstige Natur an dieser Stelle.

Die Menschheit ist seit jeher auf der Suche nach geeignetem Siedlungsboden. Archäologen können ein Lied davon singen, wer wann wo und wie gesiedelt und gebaut hat. Die hochwasser- oder sturmflutgefährdeten Tallagen bzw. Niederungen meidet man früher, die Schutz bietenden oder Macht demonstrierenden Höhenlagen werden schon häufiger gewählt. Das meiste spielt sich aber irgendwo dazwischen ab, also am Hang. Dass die schiefe Ebene aber kein einfacher Baugrund ist, weiß spätestens derjenige, der im eigenen Reihenhausgarten das Planschbecken für den Nachwuchs mit Wasser füllen will.

Weite Teile Deutschlands sind gekennzeichnet durch eine belebte Topografie, auch die Stadtlandschaft Stuttgarts mit ihren berühmten Halbhöhenlagen als bevorzugte Wohngebiete im reichen Südwesten. Solche Hanglagen werden im frühen 20. Jahrhundert zunehmend erschlossen und meist mit vornehmen Villen in ausgedehnten Gärten bebaut. In den 1960er und 1970er Jahren zeigt sich aber ein absehbares Ende der Bau-

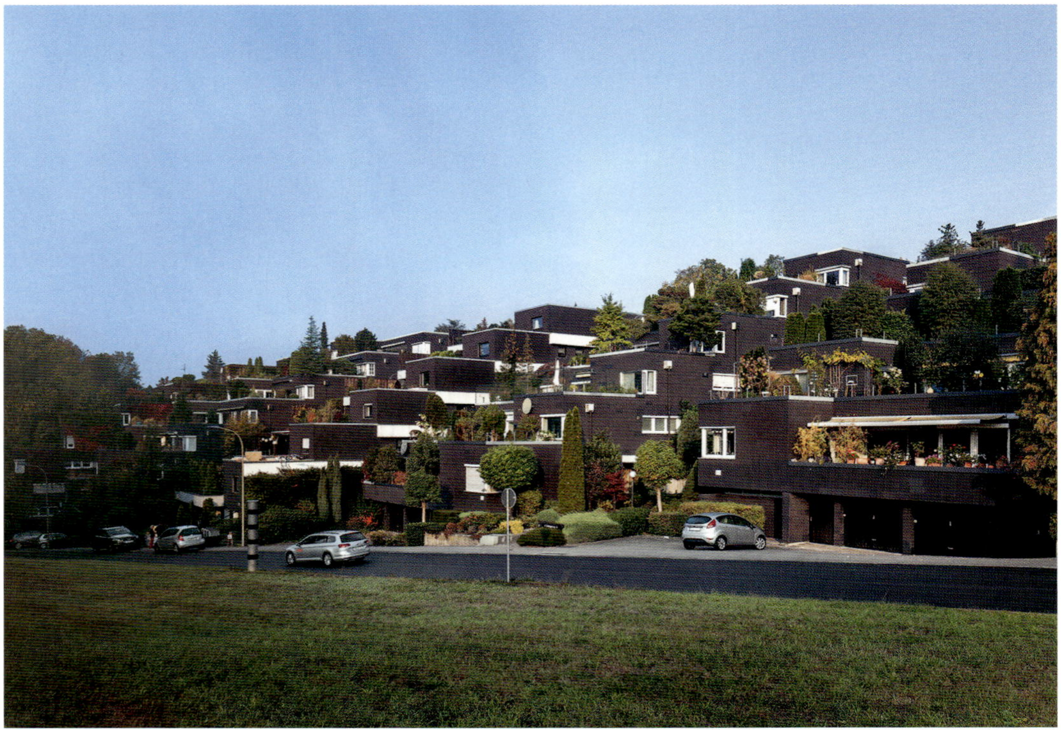

Abb. 1 Siedlung »Im Schneider« am Hang, Aufnahme 2018

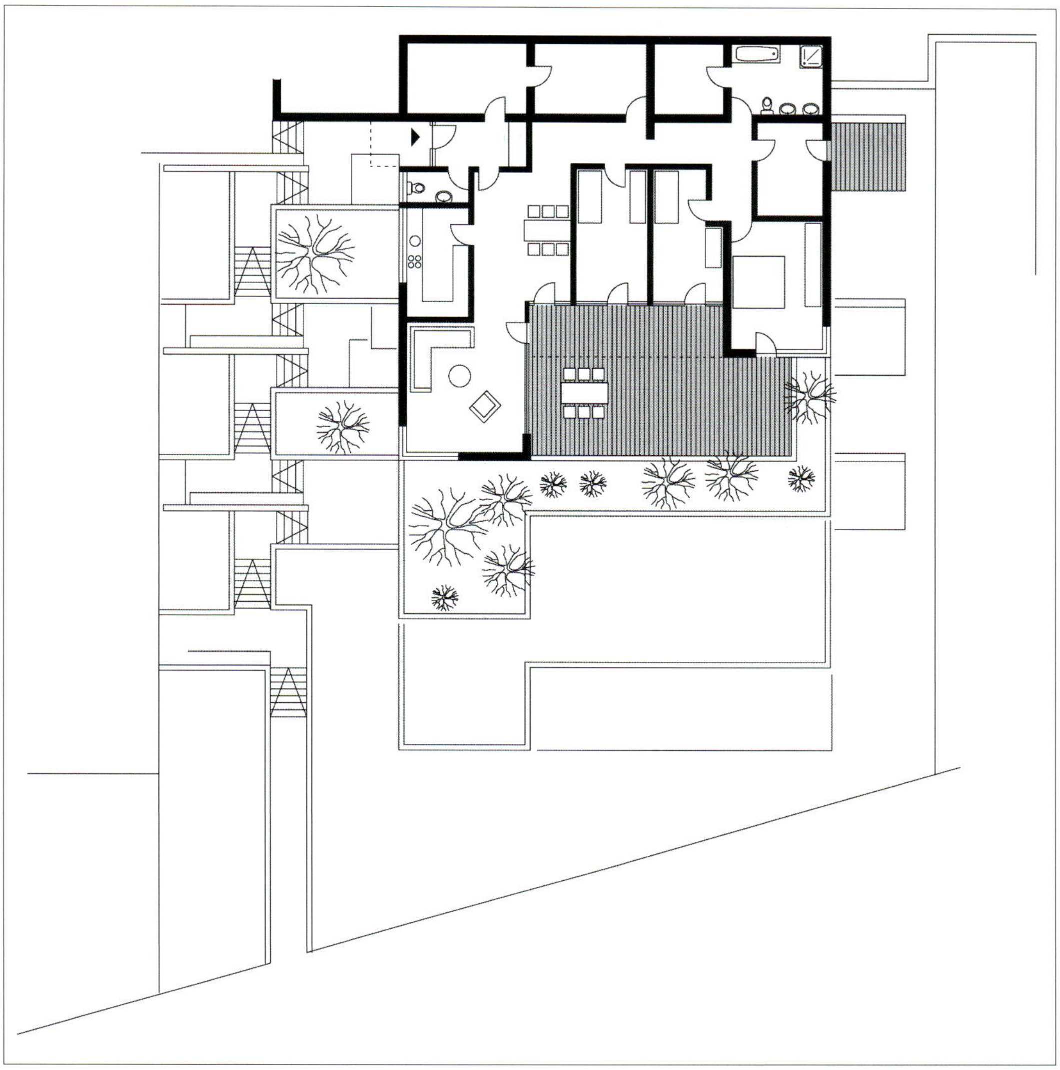

Abb. 2 Beispielhafter Grundriss einer Terrassenwohnung, Zeichnung 2012

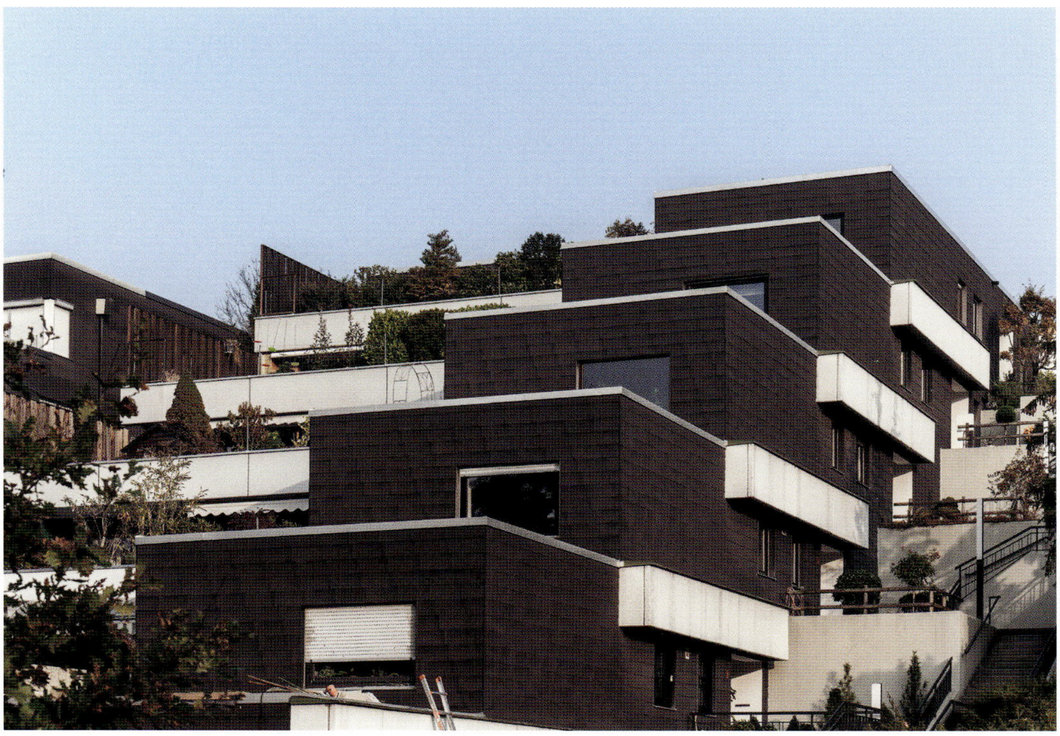

Abb. 3 Aufeinandergestapelte Wohnungen, Aufnahme 2018

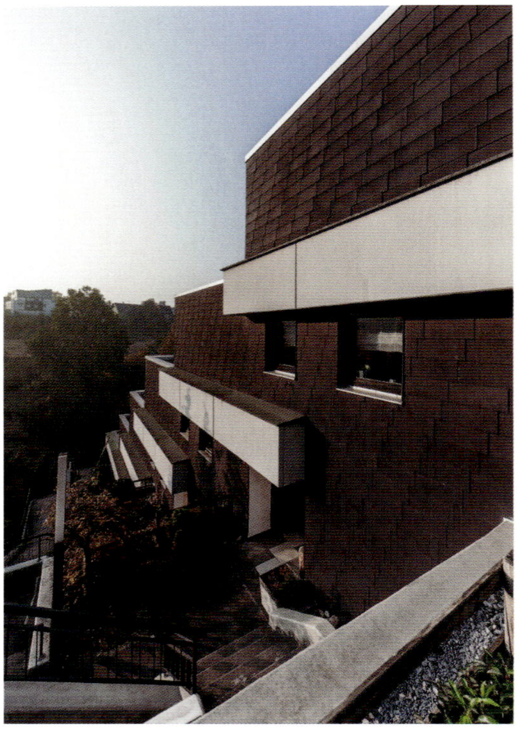

Abb. 4 Ausgeklügelte Treppenerschließung, Aufnahme 2018

grundstücke in den großen Städten Deutschlands. Sie sind weit über den historischen Stadtkern hinaus ins Umland gewachsen, ja gewuchert. Neben einigen Satelliten- und Trabantenstädten spielt sich in den stadtnahen Verdichtungsräumen das Bauen und Wohnen vor allem im Eigenheim ab, auch im Land der württembergischen Häuslebauer. In ganz Schwaben? Nein! Einige von unbeugsamen Architekten geplante Siedlungen hören nicht auf, dem Flächenverbrauch Widerstand zu leisten. Mit dem Motto »größer-höher-dichter« ist der Städtebau der 1970er Jahre angetreten, die endliche Ressource Boden effizienter zu nutzen, auch am Hang!

Das nicht nur in Baden-Württemberg bekannte und renommierte Architektenduo Hans Kammerer und Walter Belz baut zunächst einmal selbst am Hang und zwar 1961–63 die eigenen Wohnhäuser. Die beiden Architekturprofessoren an der Universität Stuttgart kennen sich also aus mit Split-Levels, dem Ausnutzen der Topografie, dem Nebeneinander von Verdichtung und zugleich der Wahrung der Privatheit.[1] Bei der Siedlung »Im Schneider« im Waiblinger Stadtteil Neustadt laufen die beiden dann zur Höchstform auf: Die wie immer schwierige Hanglage wird virtuos genutzt. 34 Einfamilienhäuser werden aufeinander gestapelt und mit kunstvoll inszenierten Treppen verbunden. 1971/72 gelingt so eine im höchsten Grad ansprechende, bis ins Detail durchdachte, robust geplante und solide ausgeführte Wohnanlage, die den Geist der 1970er Jahre bis heute bewahrt.[2]

Die zunächst kritisch beäugten Terrassenhäuser mit Flachdächern durchbrechen die gewohnte Einfamilienhausidylle. Sie sparen als Großform außerordentlich viel Platz und bieten den Bewohnern zugleich Privatheit und Individualität. Die winkelförmig konzipierten Terrassenwohnungen staffeln sich am Hang, Zugang zu den einzelnen Wohnungen schaffen imposante und im Detail genial verwinkelte Betontreppen. Sie sind beileibe keine gewöhnliche

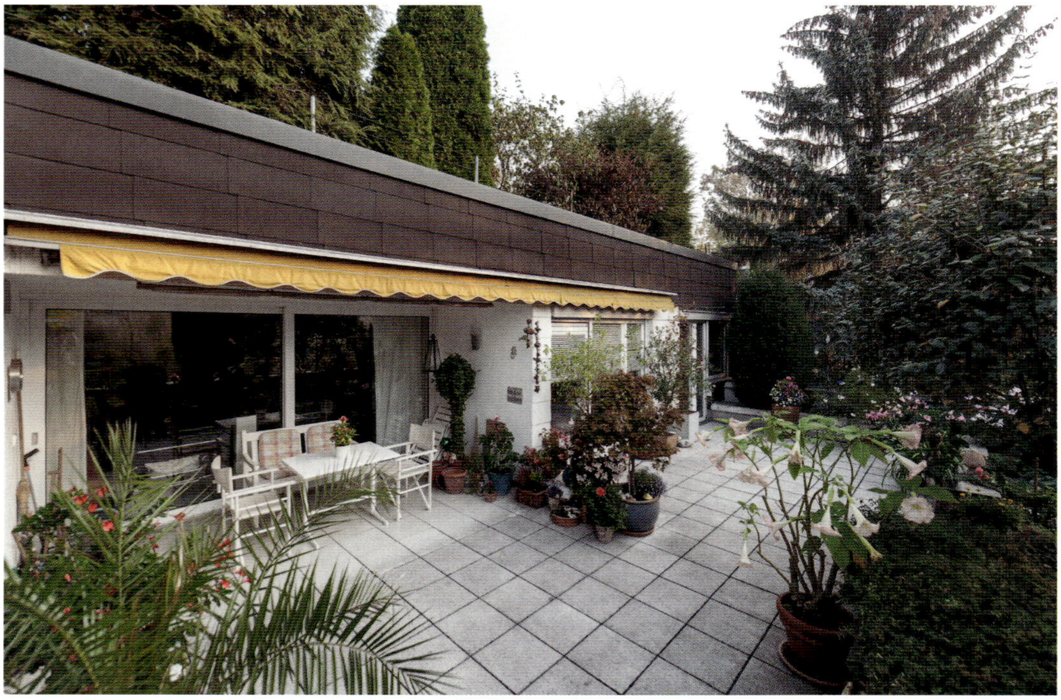

Abb. 5 Großzügige Terrassen mit Privatsphäre, Aufnahme 2018

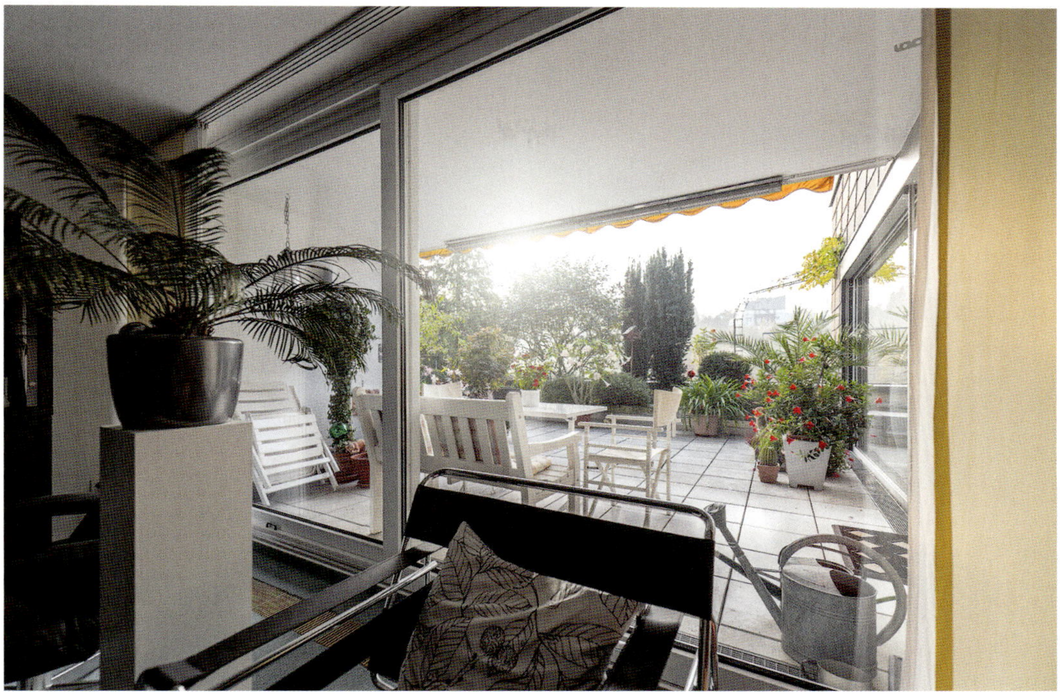

Abb. 6 Lichte Öffnung der Wohnräume nach außen, Aufnahme 2018

Hangerschließung, sondern bieten mit ihren Podesten und Blumenbeeten viel Abwechslung und gewähren individuelle Zugangs- und Eingangssituationen. Die Liebe zum Detail wird in der Siedlung auch an Leuchten, Geländern und Wasserspeiern deutlich. Jede Wohnung besitzt eine großzügige, teilweise überdachte Terrasse, einen kleinen Gemüsegarten und eine Wirtschaftsterrasse. Breite Pflanztröge schirmen die große Terrasse von den darüber bzw. darunter gelegenen Wohnungen ab, so bleibt die Privatsphäre gewahrt. Die Wohn- und Schlafräume öffnen sich mit großzügigen Fensterflächen zur kaum einsehbaren Terrasse, Küche und Wirtschaftsräume sind dagegen in den Hang geschoben.

Aus der Ferne wirkt die Anlage wie eine einzige große Skulptur. Das spielerische Bauen am Hang drückt sich auch in der Farbgebung aus: Bestimmend für die Wohnanlage und kennzeichnend für die 1970er Jahre, vor allem auch für das Œuvre der beiden Architekten, sind die dunklen Faserzementplatten der Firma Eternit. Darin stechen markant die weißen Holzfenster und Vordächer hervor, begleitet vom Grau des rohen Betons, besänftigt schließlich durch das Grün der Koniferen auf den Terrassen, das die Anlage ein wenig als zurückeroberten Naturraum wirken lässt.

In charakteristisch schwäbischem Understatement bezeichnet Hans Kammerer die Wohnanlage »Im Schneider« 1994 als »passable Ersatzlösung für solitären Besitz«. Dabei demonstriert sie als konsequente und hochwertige Verdichtung doch überaus eindrucksvoll die Bauaufgabe der damaligen Zeit: Wie könnte man ein Hanggrundstück geschickter ausnutzen? Wie könnte man besser Dichte und individuelle Freiheit verbinden? Heute ist diese Wohnform unverständlicherweise aus der Mode gekommen. Dabei bietet sie einen hohen Wohnwert mit flexiblen, gut nutzbaren Grundrissen und solider Baugestaltung, vor allem viel Freiheit im Gemeinsamen. Und bis heute identifizieren sich die Bewohner mit ihr.

Die »Stein« gewordene Topografie in Neustadt ist also mitnichten ein gesichtsloses Betonmonster, das die einstige Natur verdrängt und zerstört hat, sondern ein bemerkenswertes Zeugnis dafür, dass der Mensch auch gegen Ende des 20. Jahrhunderts innovative Ideen für das Bauen am Hang entwickelt und qualitätvoll umsetzt. Der Hang bietet also immer wieder Neues: Wir dürfen gespannt sein, wie Archäologen in 1.000 Jahren dieses Siedeln beurteilen!

Martin Hahn

1 Werkbericht: Kammerer + Belz, Kucher und Partner, Stuttgart 1985.

2 Karin Hopfner, Christina Simon-Philipp, Claus Wolf (Hrsg.) u. a.: größer höher dichter. Wohnen in Siedlungen der 1960er und 1970er Jahre in der Region Stuttgart, Stuttgart 2012, S. 246–247; Simone Meyder: Große Individualität trotz Verdichtung. Reihen- und Terrassenhäuser der Siedlung »Im Schneider« in Waiblingen-Neustadt, in: Denkmalpflege in Baden-Württemberg, Nr. 3, 2011, S. 164–165.

Hängende Gärten für Wissenschaftler

Siedlung

Titurelstraße 5–9
München-Oberföhring
Bayern

Architekt: Walter Ebert
Bauzeit: 1966–69

Einen begrünten Hügel inmitten weiter Grünflächen hat die Volkswagenstiftung in München-Oberföhring als Wohnsiedlung für in- und ausländische Wissenschaftler bauen lassen. Die nach oben zurückgestaffelte Anlage hat vor den großen Balkonen Pflanztröge, die hinter ihren teils üppigen Bepflanzungen das Gebäude fast verschwinden lassen. Die Wohnsiedlung, erbaut 1966–69 nach Entwurf von Walter Ebert, ist eines der frühesten Hügelhäuser in Deutschland.

Ob die Hängenden Gärten der Semiramis als eines der antiken Weltwunder Vorbild für die Entwicklung von Hügelhäusern waren, ist nicht bekannt. Zumindest wirken die Hügelhäuser mit ihrer oftmals reichen Bepflanzung wie dessen moderne Interpretation, so auch die Wohnsiedlung für Wissenschaftler in der Titurelstraße in München-Oberföhring.

Eingebettet in die Landschaft liegt sie am Rande eines ausgedehnten Grünraumes. In Nord-Süd-Richtung erstreckt sich der malerische Brunnbach, der in der Nähe in die Isar mündet. Von Osten stößt die langgestreckte Parkanlage samt naturnahen Flächen der Wahnfriedallee auf die Bachlandschaft. Für Forschung braucht man einen freien Kopf, mag sich die Stiftung Volkswagenwerk gedacht haben, als sie hier in ländlicher Abgeschiedenheit und zugleich mitten in der Stadt von dem Münchner Architekt

Abb. 1 Siedlung Titurelstraße 5–9, Südansicht, 2018

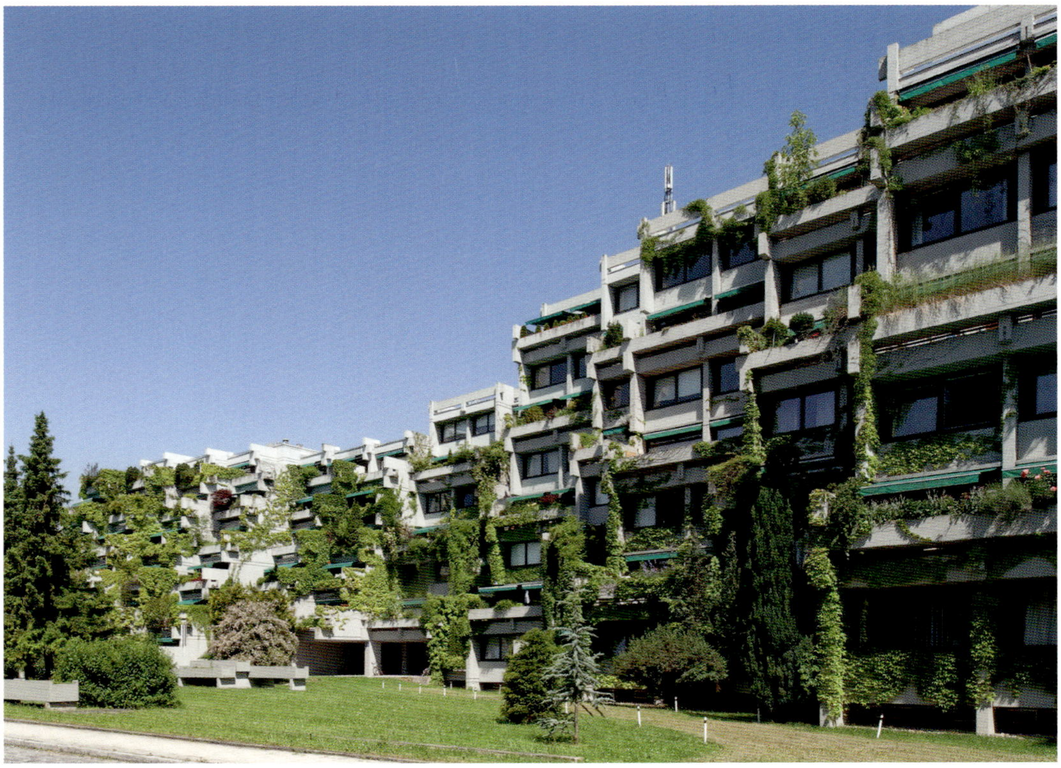

Walter Ebert eine Wohnanlage planen ließ.[1] In- und ausländische Wissenschaftler sollten temporäre und langfristige Wohnmöglichkeiten in einem gemeinsamen Bau erhalten, Forschung auch im nachbarlichen Miteinander gefördert werden.

Realisiert wurde die Siedlung zwischen 1967 und 1969 als halbierter Hügelbau mit 55 Apartments mitten im Grün. Ihre zugleich urbane Dichte ergibt sich aus der in der Tiefe, Breite und Höhe gestaffelten Baumasse. Gegliedert ist das Hügelhaus in zwei Flügel mit etwa gleichvielen Wohneinheiten, die eine gemeinsame Freifläche umfassen. Der sechs- bis achtgeschossige Westflügel ist als Wohnhaus für Gastwissenschaftler aus dem Ausland vorgesehen, der drei- bis fünfgeschossige Ostflügel für deutsche Wissenschaftler. In dem nach Süden vorgewölbten Gästeflügel besitzt jede Wohneinheit auf dem Dach der tiefer liegenden Etage eine geräumige, sonnige und kaum einsehbare Terrasse. West- und Ostflügel verbindet ein zurückversetztes Mittelstück mit Durchgang nach Norden. Die Wohneinheiten des Ostflügels sind linear gestaffelt und die Terrassen nur auf jedem zweiten Geschoss angeordnet.

Die Zugänge zur Siedlung liegen auf der nördlichen Rückseite, die weitgehend ohne Öffnungen auskommt. Im Innern des Westflügels ergibt sich eine dreigeschossige, sich nach oben verjüngende Eingangshalle. Hier liegt die großzügig bemessene einläufige Treppenanlage mit umlaufenden Gängen, die als Kommunikationsraum und Treffpunkt der Gäste dient. Das Treppenhaus ist hinsichtlich seiner Materialien wie Hirnholzparkett qualitätvoll ausgestattet und unterscheidet sich auch darin von den beiden zurückhaltend gestalteten Treppenhäusern des Ostflügels.

Aufgrund der vertikalen Staffelung der Siedlung nehmen die Größen der Wohnungen nach oben hin ab. Im Gästeflügel befinden sich auf

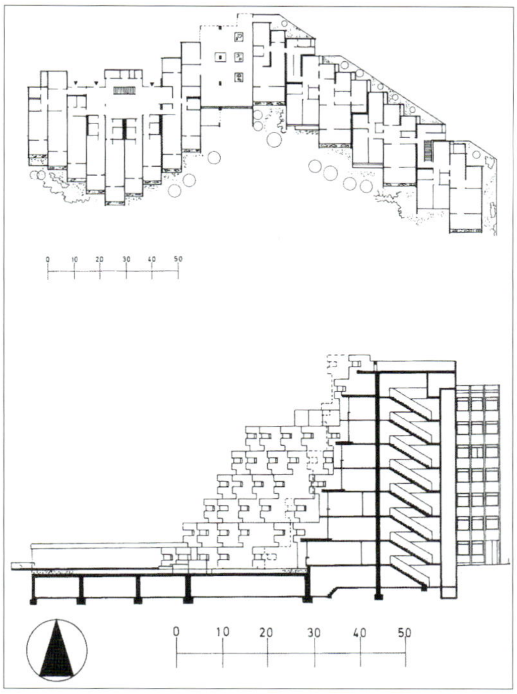

Abb. 2 Grundriss der Siedlung und Schnitt Ostflügel, Titurelstraße 5–9, 1969

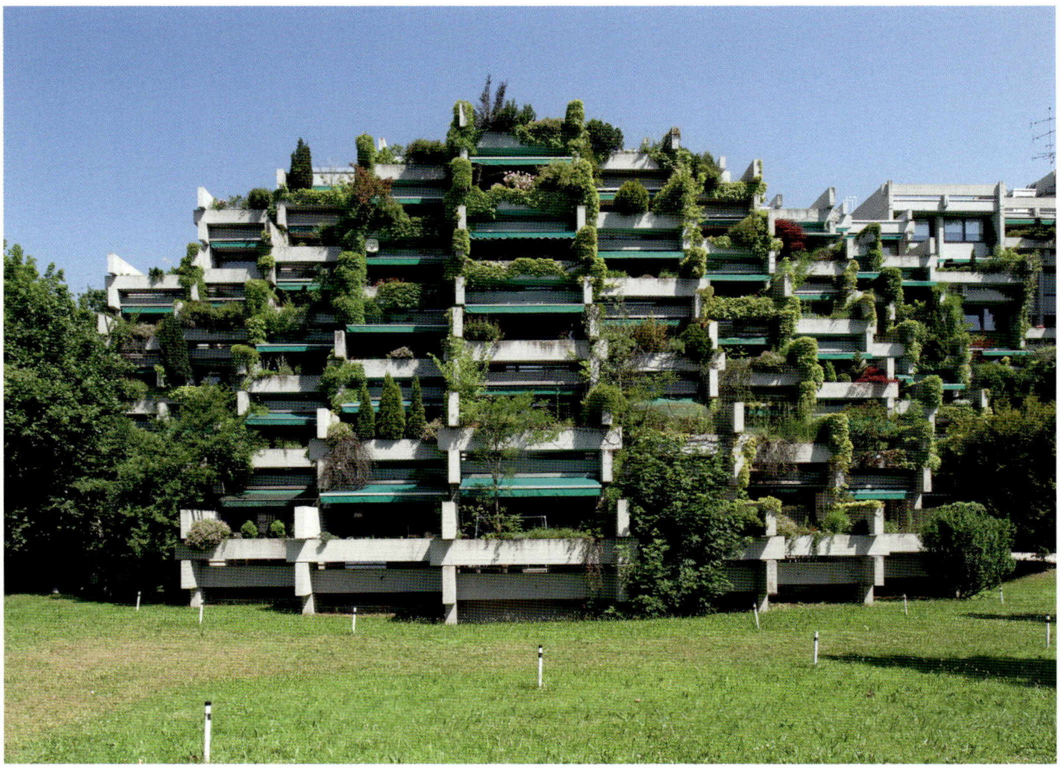

Abb. 3 Westflügel für Gastwissenschaftler, Titurelstraße 5, 2018

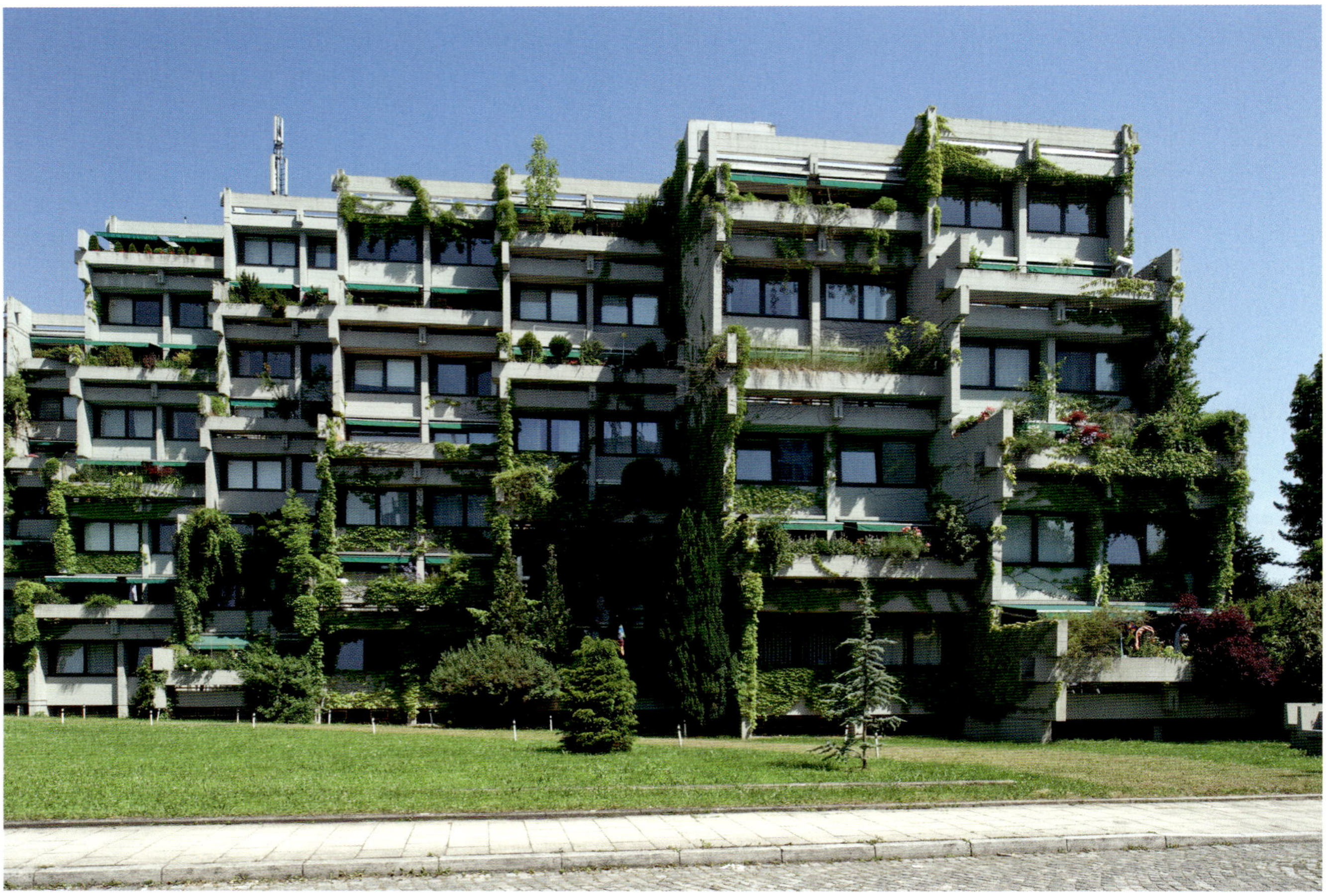

Abb. 4 Ostflügel für deutsche Wissenschaftler, Titurelstraße 9, 2018

Abb. 5 Harald Deilmann, Jörg C. Kirschenmann und Herbert Pfeiffer, Systematisierung der Wohnungen nach der Beziehung der Räume untereinander wie Flure (F), Kommunikationsbereiche (K), Küche (KÜ), Sanitär (S) und Individualbereiche (J), Erscheinungsform und Belichtung, Bauform und erwartetes Wohnverhalten (von oben nach unten), Titurelstraße 9, 1973

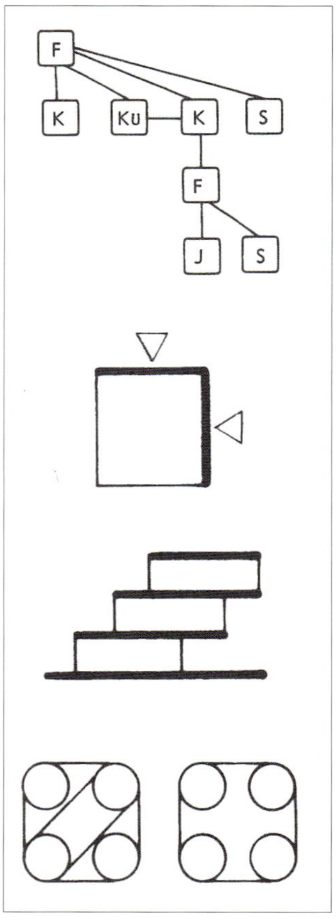

schmalen, langgestreckten Grundrissen Einzimmerapartments. Im Flügel für deutsche Wissenschaftler dominieren Mehrzimmerwohnungen. Die Grundrisse der Wohnungen zeigen hier eine nahezu völlige Trennung zwischen Wohn- und Schlafbereichen. Sanitärräume sind beiden Bereichen gleichermaßen zugeordnet.

Errichtet ist der Hügelbau in Sichtbeton-Schottenbauweise mit einem Achsabstand von 3,80 Metern und innenliegender Dämmung. Anders als die rationelle Architektursprache suggeriert, war eine durchgängige Vorfertigung der Siedlung aufgrund ihrer relativ kleinen Größe damals noch nicht wirtschaftlich. Die werkseitige Fabrikation umfasste daher großflächige Elemente und kleinere Bauteile wie Treppen und Blumentröge.[2] Die zur Bauzeit sehr streng erscheinende Struktur wird heute von der über die Jahre gewachsenen Bepflanzung der Terrassen überlagert. Zum fließenden Übergang zwischen Architektur und Natur tragen auch die freistehenden Betonpflanzschalen und die den Bau allseitig umgebenden Grünflächen bei.

Die Siedlung wurde in die erste internationale, systematische Studie zu Wohnungsbauten

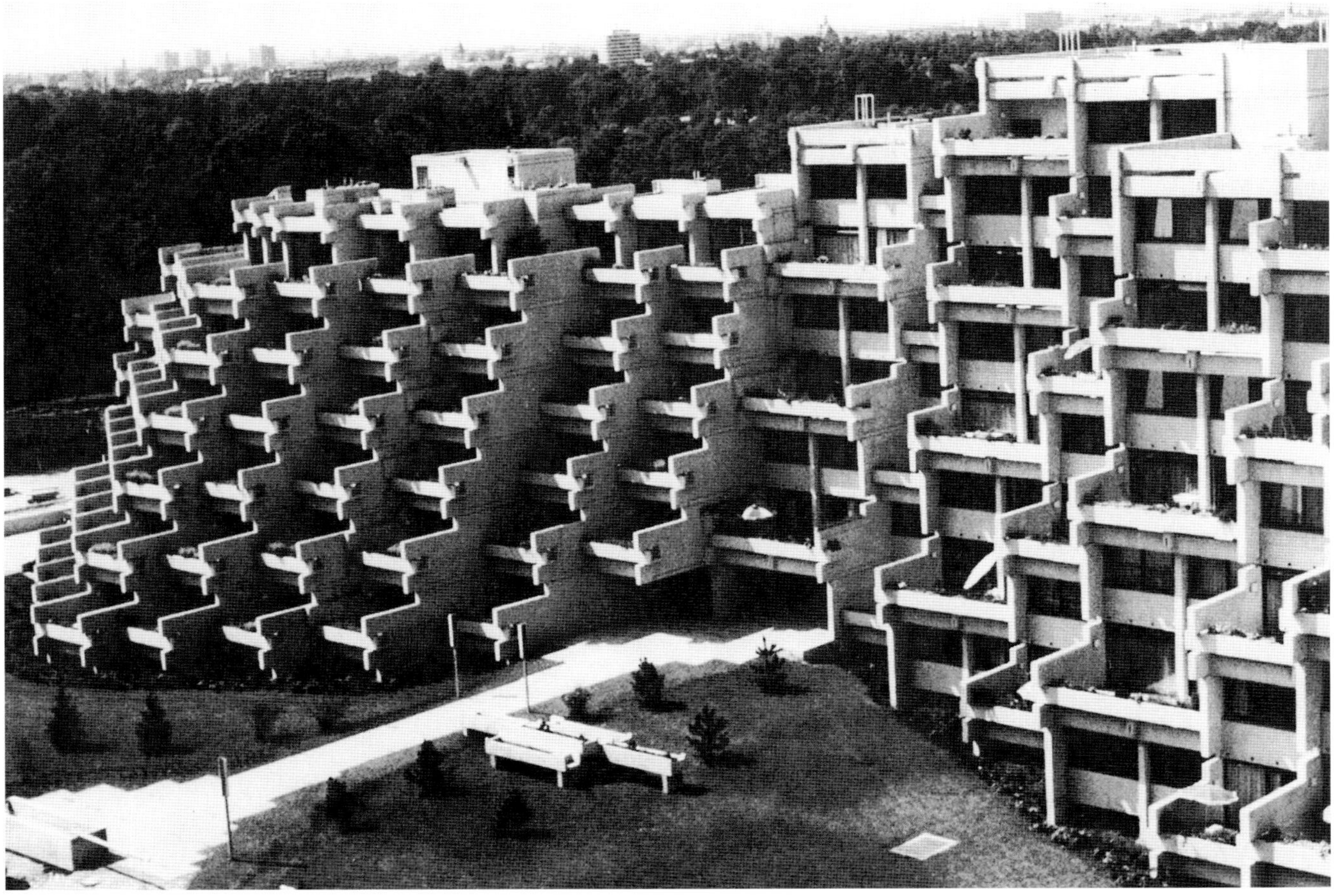

Abb. 6 Südansicht, Titurelstraße 5–9, 1973

der Zeit aufgenommen, die eine Grundlage für zukünftige Planungsvorhaben schaffen sollte.[3] Neben der Erfassung von Bauform und Lichtverhältnissen wurde auch detailliert die Beziehung der Wohnräume untereinander erhoben. Die vergleichende Studie kam zu dem Ergebnis, dass die Wohnsiedlung in der Titurelstraße, vielleicht im Sinne eines modernen Elfenbeinturms, individuelles Wohnverhalten fördere.[4]

In Bayern fand das Hügelhaus viel Lob. Der Münchner Merkur schrieb: »Im Rathaus zeigte man sich erfreut über die neuzeitliche Idee«[5], und in der Abendzeitung las man gar von einem »supermodernen Gebäude«[6]. Tatsächlich war die Siedlung nach den beiden ersten Hügelhäusern in Marl und in Bochum der dritte Bau seiner Art in Deutschland. Er stand am Anfang einer Entwicklung, in deren Rahmen so bekannte Bauten wie das Olympische Dorf in München entstanden. Damals war man überzeugt, dass dem Hügelhaus die Zukunft gehöre, weil es als eine Art gestapeltes Eigenheim städtebauliche Verdichtung fördere. In der Stiftung Volkswagenwerk hoffte man vermutlich auch, dass fortschrittliche Architektur zukunftsweisende Forschung begünstige. Wenngleich das Hügel- wie auch das Terrassenhaus zur Mitte der 1970er Jahre an Relevanz verloren, ist die Siedlung in der Titurelstraße ein früher und vorbildhafter Bau des damals neuen Wohntyps.

Wiepke van Aaken, Burkhard Körner

1 Zur Konstruktion und Baugeschichte siehe Bauakt Titurelstraße 5–9, Landeshauptstadt München, Lokalbaukommission.

2 Halbierter Wohnberg, in: Baumeister, Nr. 2, 1970, S. 162–163.

3 Zur Einordnung der Grundriss- und Nutzungsorganisation siehe: Harald Deilmann, Jörg C. Kirschenmann, Herbert Pfeiffer: Wohnungsbau, Stuttgart 1973.

4 Ebd., S. 136–137.

5 Eine Pyramide zum Wohnen, in: Münchner Merkur, 18. Oktober 1967, S. 15.

6 In München steht bald ein Hügelhaus, in: Abendzeitung, 18. Oktober 1967, S. 23.

Häuser, wie gewebt

Siedlung mit verdichtetem Wohnen

Schlesienstraße 20–90 (gerade Nummern), 31
Münster
Nordrhein-Westfalen

Architekten: Max Clemens von Hausen, Ortwin Rave
Bauzeit: 1963/64

Privatheit, höchster Wohnkomfort und architektonische Qualität zu einem überschaubaren Budget – dies waren die Verheißungen des verdichteten Wohnungsbaus in den frühen 1960er Jahre. In Münster zeigt ein Projekt, wie diese Konzeption in gelungener Weise verwirklicht werden konnte.

In den Jahren 1963/64 konnten die Münsteraner Architekten Max Clemens von Hausen und Ortwin Rave ihre Vorstellung von zeitgemäßem Wohnen in einer sogenannten Teppichsiedlung umsetzen.[1] Günstige Umstände erlaubten es, dass etwa 6 Kilometer südlich vom Stadtzentrum eine Fläche für 36 Einfamilienhäuser und ein Mehrfamilienhaus gefunden werden konnte. Eine Bauträgergesellschaft vermittelte die Objekte an die künftigen Hauseigentümer. Der Grundgedanke lautete, eine Siedlung aus Atriumhäusern zu erstellen, bei der einerseits Individualität und Rückzugsraum gewährleistet waren, andererseits sich eine Gemeinschaft etablieren konnte. Auch die Architekten wollten dort mit gleichgesinnten, modern eingestellten Menschen leben.[2] Von Hausen und Rave wandten sich mit ihrem Entwurf von verputzten Flachdachbauten entschieden gegen das regional vorherrschende traditionelle Bauwesen, das im Münsterland dem Backsteinmauerwerk und Satteldach verpflichtet war. Bereits mit dem von ihnen – gemeinsam mit Harald Deilmann und Werner Ruhnau – konzipierten Theaterbau in Münster hatten sie Mitte der 1950er Jahre einen starken Kontrapunkt zur konservativen Architekturauffassung gesetzt und für Aufsehen gesorgt. Mit ihrem Siedlungsentwurf schufen sie nun auch ein städtebauliches Novum im Münsterland. Durch die Wahl einer Teppichsiedlung als verdichtete Siedlungsform zeigte man zudem eine Lösung gegen den »Flächenfraß« auf, zumal die Bauflächen in Münster schon Ende der 1950er Jahre knapp geworden waren.

Von Hausen und Rave war die neuartige Idee einer platzsparenden Siedlung, bei der die Bewohner in einer Eigentümergesellschaft agieren und jeweils Miteigentum an Gemeinschaftsanlagen haben, durch das Experiment in Halen bei Bern bekannt. Dort wurde 1959 nach längerer Planung vom Atelier 5 mit dem Bau begonnen. Ungeachtet des vergleichbaren Konzepts ist die Umsetzung mittels Hausreihen in Hanglage formal jedoch anders.

Erste, nicht umgesetzte Überlegungen zu einer Siedlung mittels gereihter Flachdach-

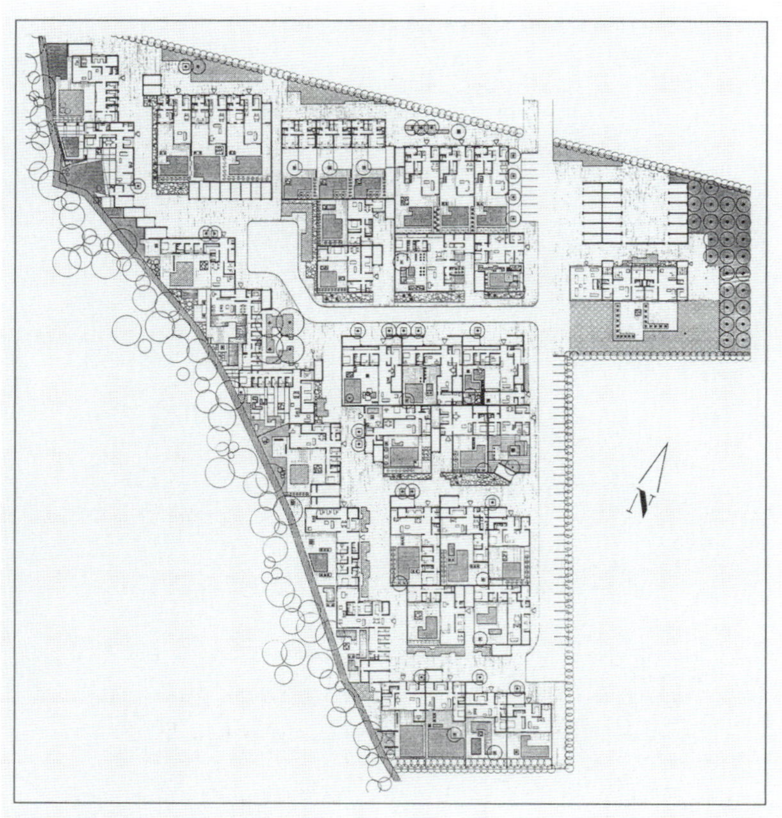

Abb. 1 Max Clemens von Hausen, Ortwin Rave, Siedlung Schlesienstraße, Münster, 1964, Lageplan

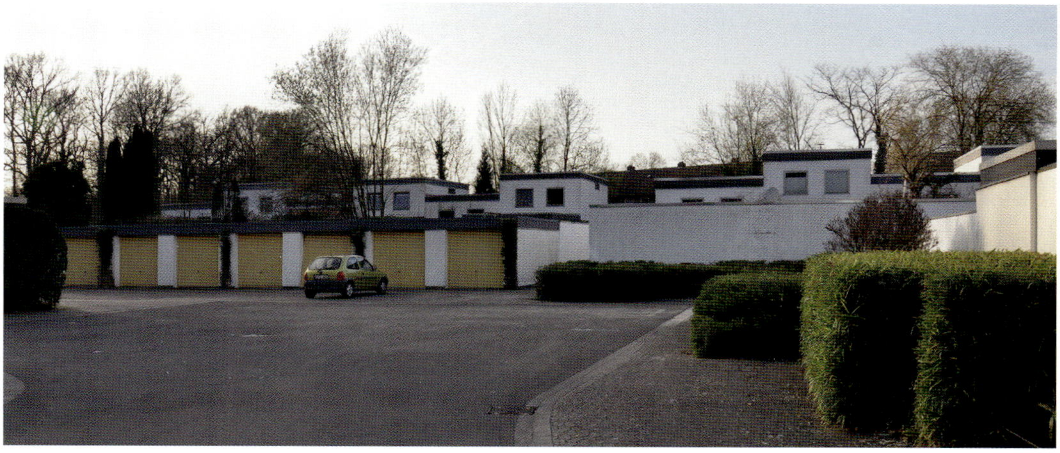

Abb. 2 »Dorfplatz« nach Nordwesten, hinter den Garagen erscheint die Gruppe der doppelgeschossigen Häuser (Nr. 36–30), 2018

Winkelhäuser hatte Ludwig Hilbersheimer bereits um 1930 angestellt. Anregungen zur Gruppierung von Gartenhofhäusern wiederholte Walter Schwagenscheidt 1957, als Eduard Ludwig zeitgleich auf der Berliner Interbau eine kleine Teppichsiedlung vorstellte. Das um 1960 international diskutierte Siedlungskonzept wurde zunächst in Skandinavien, Österreich und insbesondere in der Schweiz realisiert, so in Reinach bei Basel. Bereits im Bau fand die Münsteraner Siedlung als eine der frühesten in Deutschlang große Beachtung. 1968 wurde ihr der erstmals vergebene Architekturpreis des BDA Münsterland zuerkannt: »Der Versuch, in verdichteter Bauweise eine Gruppe von Einfamilienhäusern zusammen zu errichten, ist hier besonders gut gelungen. Ein gutes Beispiel dafür, wie man der Zersiedelung unserer Landschaft entgegentreten kann und auf engstem Raum hohe Wohnqualität schafft.«[3]

Das Siedlungsgelände hat etwa die Form eines rechtwinkligen Dreiecks. Drei verschieden lange Stichstraßen führen zu den unterschiedlich großen Hausgruppen. Die längste im Norden endet in einem Wendehammer, mitunter gar als »Dorfplatz« bezeichnet. Zum besonderen Charakter der Siedlung trägt bei, dass alle Verkehrs- und Freiflächen in Gemeinschaftseigentum verblieben und somit nur halböffentlich sind. Da die Schlesienstraße eine Sackgasse ist, gelangen nur die Bewohner mit dem Pkw über die Stichstraßen zu ihren Garagen. Diese sind fester Konzeptbestandteil und in jeweils unterschiedlicher Weise an die Hauskörper angefügt. Letztlich wurde dem Fußgängerverkehr klar der Vorzug gegeben.[4] Als privates Bauvorhaben verfügte die Siedlung über eine eigene Heizzentrale, und bis heute sind die Bewohner in einer Siedlungsgemeinschaft mit Vorstand organisiert.

Der Siedlung liegt eine streng orthogonale Gliederung zugrunde, wobei alle Gartenhöfe nach Süden und Westen ausgerichtet sind. Bei den Atriumhäusern gibt es mehrheitlich den winkelförmigen Typ, bei dem die beiden Flügel zusammen mit Einfassungsmauern den Hof uneinsehbar für den Nachbarn umschließen. Am Nordrand befin-

Abb. 3 Südliche Begrenzung des »Dorfplatzes« (Nr. 54), 2018

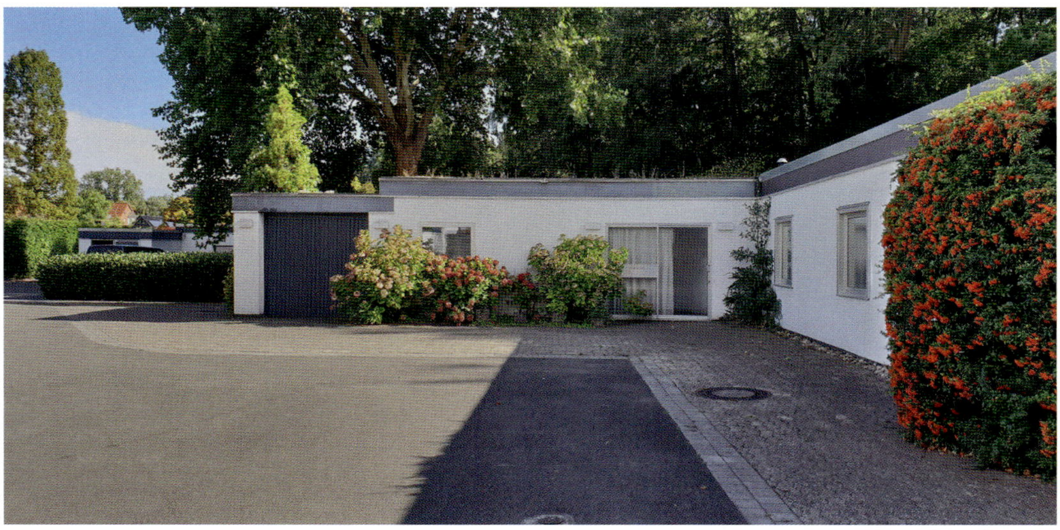

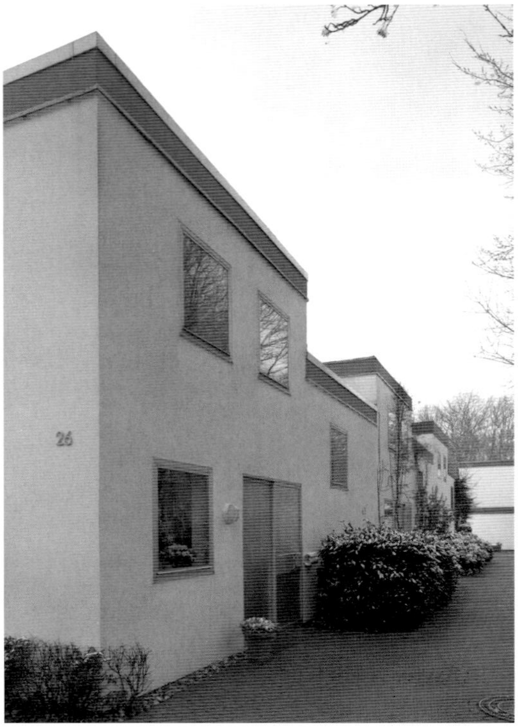

Abb. 4 Doppelgeschossige Hausgruppe Nr. 26–30 von Nordosten, 2000

den sich die einzigen doppelgeschossigen Häuser. Diese höhengestuften, kompakt gehaltenen Winkelbauten erscheinen in drei Dreiergruppen gestaffelt und bieten im Inneren durch ihre Split-Level-Bauweise flexible Nutzungsmöglichkeiten.[5]

Entlang des Baches an der Westgrenze besteht eine Folge von Bauten, bei denen die Nord- und Ostflügel jeweils rechtwinklig aufeinandertreffen.[6] Die Höfe öffnen sich hier zum Wald hin. Mit seiner Doppelwinkelform bildet das darin integrierte Haus des Architekten von Hausen (Nr. 82) eine Sonderform aus. In den Binnenfeldern der Siedlung treten neben Winkeltypen auch Häuser auf, deren Grundform auf dem Rechteck basiert. Den Südabschluss bildet eine Reihe von vier versetzten Rechteckhäusern. Schließlich gibt es Sondertypen mit je zwei Höfen (Nr. 66 und 48). Überhaupt wurde die Vielfalt der Häuser auch dadurch gesteigert, dass die Käufer Einfluss nehmen konnten, z. B. im Hinblick auf die Lage des Eingangs und die innere Aufteilung.

Jenseits, d. h. östlich der Schlesienstraße, baute man ein viergeschossiges Haus mit 22 Eigentumswohnungen (Nr. 29/31), das die Heizungszentrale im Keller und Läden im Erdgeschoss aufnehmen sollte. Durch die Querausrichtung zur Straße wollte man morgendliche Verschattung, aber auch Einsicht in die Höfe von den Balkons aus vermeiden.

Im Gesamtgefüge bewahrt jedes Einfamilienhaus seine selbstständige Erscheinung. Nach außen hin wirken die weißen kubischen Flachdachbauten durch den Verzicht auf Fassaden und ihre geschlossenen Wandflächen eher abgrenzend. Charakteristisch sind die aus Aluminium gefertigten Türen, die schmalrahmigen Fenster und dünnen Dachkantenprofile. Es kommen verschiedene Fensterformate vor, nicht selten finden sich bei den nach außen weisenden Fenstern liegende Formate mit Schiebeelementen. Die Häuser sind aus Bimsstein aufgemauert und mit Stahlbetondecken versehen, Sturzelemente waren vorgefertigt.

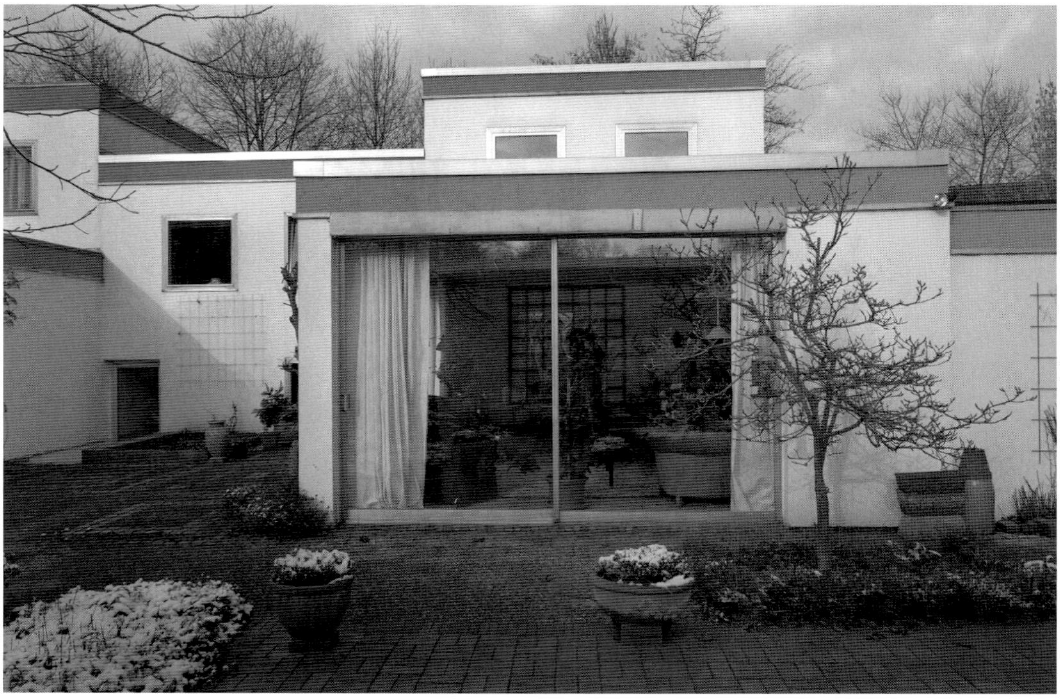

Abb. 5 Doppelgeschossiges Haus Nr. 26–30 von Süden, 2000

Besonders beim »Winkeltyp« wird die funktionale Gliederung offenkundig: Ein Flügel beinhaltet in der Regel die meist zum Garten weisenden Schlafräume, »entweder mit einem Spielflur zum Hof oder einem Schrankflur zum Weg«[7]. Der andere Flügel nimmt den langgestreckten Wohnraum sowie den Essbereich auf. Die überwiegend nahe dem Eingang platzierte Küche als Teil einer größeren Wirtschaftseinheit, die meist dem fehlenden Keller geschuldet ist, verfügt über ein zum Weg gerichtetes Fenster. Zur Belichtung der Flure werden Oberlichter eingesetzt. Grundsätzlich ging es um die Minimierung von Nebenräumen und die Maximierung von Haupträumen. Wie konsequent modern die Vorstellungen der Architekten waren, verdeutlichen Beispiele aus der Innenraumkonzeption. So sollten die Wände unbeeinträchtigt von Nägeln und Lichtschaltern bleiben, weshalb man Bilderschienen in die Decken einließ und Trittschalter im Boden platzierte. Vorgesehen war ferner eine Deckenstrahlungsheizung.

Das Prinzip der fließenden Räume charakterisiert auch den Übergang vom Wohnbereich zum Gartenhof, der durch wandhohe Verglasung in Flügelbreite bzw. Schiebetüren geöffnet wird. Die Höfe wurden grundsätzlich als erweiterter, architektonisch gestalteter (Wohn)Raum aufgefasst. Augenfällig demonstriert dies das Haus von Rave (Nr. 44), bei dem Waschbetonplatten sowohl im Hausinneren als auch im Hof auftreten. Die sechs Höfe, die der Gartenarchitekt Heinz-Günther Schulten gestaltete, folgen streng geometrischen Formen, wobei Anregungen von der IGA 1963 in Hamburg aufgenommen wurden. Es dominieren Betonpodeste, Brunnen und Wasserflächen, Pflanzen treten vereinzelt auf. Das Grünkonzept für den halböffentlichen Bereich wurde nur in Ansätzen realisiert, indessen gibt es dort skulpturale Elemente aus Betonteilen von Ernst Hermanns.

Michael Huyer

1 Grundlegend: Tina Brandt, Joseph Lammers: Modern wohnen in den Sechzigern: Die Siedlung Schlesienstraße in Münster, in: Denkmalpflege in Westfalen-Lippe, Nr. 2, 2000, S. 60–71.

2 Zudem lebte der Statiker Appels in der meist von jungen Familien bewohnten Siedlung, darunter nicht wenige Künstler und Freiberufler.

3 LWL-Denkmalpflege, Landschafts- und Baukultur in Westfalen, Münster, Objektakte, Ausführung von H. Krafft vom 25.4.1969.

4 In Nord-Süd-Richtung kann die Siedlung nur zu Fuß durchmessen werden.

5 Die Wohnfläche beträgt bei diesem Typ etwa 92 qm plus 35 qm im Souterrain.

6 Die Wohnfläche beträgt bei Nr. 68 etwa 130 qm.

7 Brandt/Lammers (wie Anm. 1), S. 68. Am Flügelende liegt das Elternschlafzimmer.

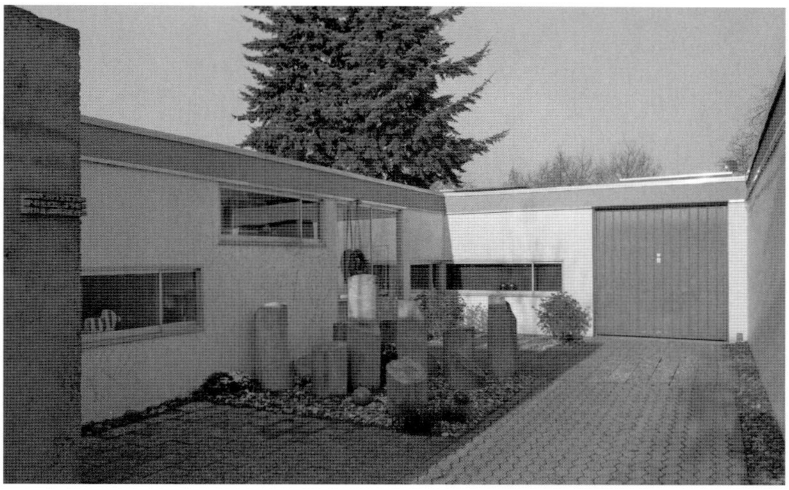

Abb. 6 Eingangssituation von Nr. 44, 2000

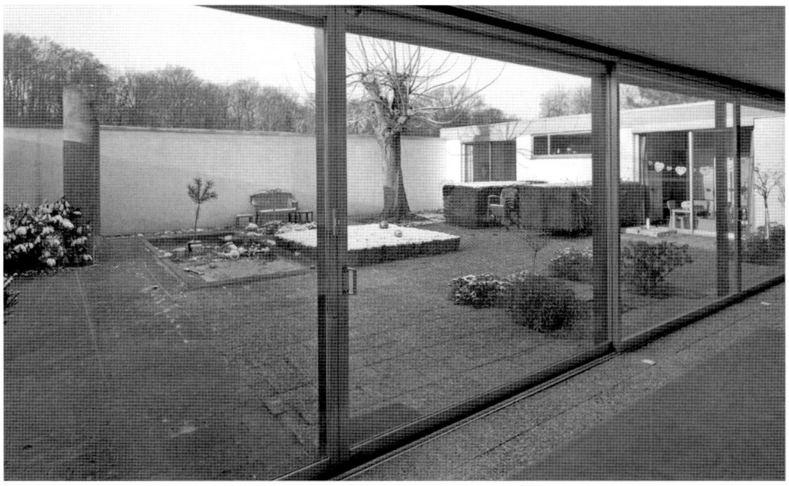

Abb. 7 Blick nach Nordwesten, vom Wohnbereich in den Gartenhof von Nr. 44, 2000

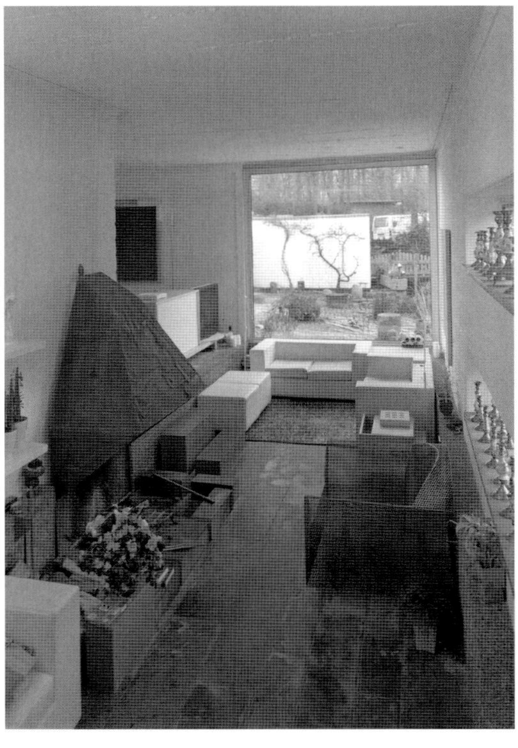

Abb. 8 Kaminzimmer von Nr. 82 nach Süden, 2000

Spiderleg in Quickborn

Siedlung Marienhöhe

Marienhöhe 5–95, teils mit zugehörigen Gärten
Quickborn-Marienhöhe, Kreis Pinneberg
Schleswig-Holstein

Architekt: Richard Neutra, Los Angeles, USA
Bauzeit: 1964/65

Als die Verantwortlichen der BEWOBAU gegen Ende der 1950er Jahre auf die kühne Idee kamen, »Klein-Amerika« nördlich von Hamburg erstehen zu lassen, hatten sie die gehobene Hamburger Mittelschicht als Klientel im Blick. Der Name des renommierten Architekten Richard Neutra sollte locken. Sein Plan: Gartenbungalows mit einer eleganten »spiderleg«-Konstruktion – Spinnenbeine in Schleswig-Holstein!

Schleswig-Holstein ist geprägt durch traditionelles ländliches Bauen, Gutsanlagen, Heimatschutz und Einflüsse des dänischen Klassizismus – nicht bekannt ist das Land für eine Vorreiterrolle bei der Baukunst der Moderne. Die Stadt Quickborn, im Kreis Pinneberg im Süden Schleswig-Holsteins gelegen, also im nördlichen Speckgürtel Hamburgs, machte hierin bis in die Nachkriegszeit hinein keine nennenswerte Ausnahme. Im Jahr 1961 beauftragte die Hamburgische BEWOBAU[1] den in den USA lebenden Architekten Richard Neutra mit der Errichtung einer Wohnanlage in Quickborn-Marienhöhe. Der Bauträger orientierte sich an Eigenheim-Siedlungen nach amerikanischem Muster und baute nicht verdichtet in die Höhe, sondern nutzte den damals preisgünstigen Baugrund, um ein- bis zweigeschossige Backsteinbungalows mit zugehörigen Freiflächen und Gärten zu errichten. Für die Gestaltung der Grünflächen gewann man den Hamburger Landschaftsarchitekten Gustav Lüttge. Das Projekt wurde aufwendig beworben[2], u.a. setzte man auf den populären Theatermann Gustav Gründgens als Sympathieträger und bot Prämien wie einen VW-Käfer für die ersten Kunden. Zielgruppe waren Angehörige der gebildeten Hamburger Mittelschicht, zudem vertraute man einer allgemeinen Orientierung auf die amerikanische Kultur. Die Ausgangslage schien gut, denn auch die Verkehrsanbindung war durch Straße und Schiene gegeben. Die Preise der teils mit edlen amerikanischen Baustoffen und Ausstattungen errichteten »Gartenhäuser« waren aber vergleichsweise hoch, weshalb sich der Absatz der Bungalows sehr schleppend gestaltete. Dies veranlasste die Bauherren, lediglich einen ersten Bauabschnitt mit 67 Bungalows nach Neutras Plänen umzusetzen. Den größeren Teil der ursprünglich auf 190 Wohneinheiten geplanten Siedlung ließ die BEWOBAU mit einem hauseigenen Architekten und mit Flachdachhäusern in vereinfachter Version vollenden, weitergehende Planungen ließ man gänzlich fallen.[3]

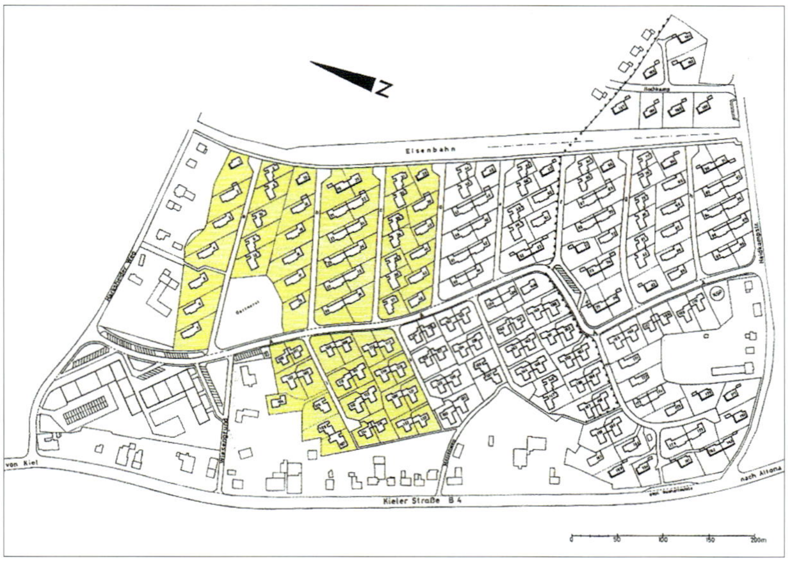

Abb. 1 Übersicht des Siedlungsplans, realisierter Bereich gelb

Für die Marienhöhe entwarf Neutra neun unterschiedliche Haustypen mit Wohnungsgrößen zwischen 97 und 160 Quadratmetern auf Grundstücken von 530 bis 1380 Quadratmetern. Alle Typenentwürfe haben gemeinsame Gestaltungselemente wie weit vorkragende Flachdächer,

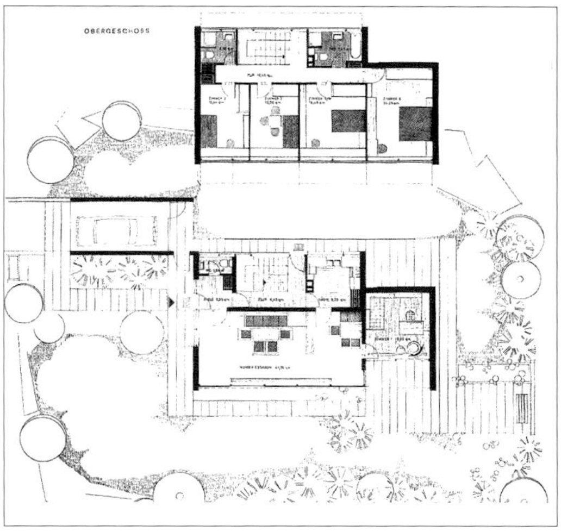

Abb. 2a Grundriss des Gebäudetyps C

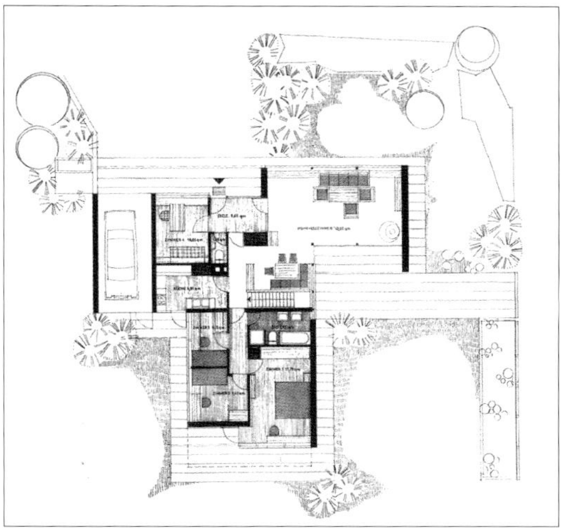

Abb. 2b Grundriss des Gebäudetyps D

Wandscheiben, die sich raumbildend nach außen verlängern, und wandhohe Verglasungen. Die als »spiderleg« bekannte Tragwerkskonstruktion – schlanke und freitragend über die Außenwände hinausragende Metallstützen – ermöglicht durchgängige Glasecken im Wohnraum und somit die Öffnung des Baukörpers zum umgebenden Garten. Edle Pitchpine-Verkleidungen an den Decken führen Vordächer und Auskragungen optisch in den Außenraum fort. Ebenso ergänzen spiegelnde Wasserbecken, sogenannte »reflecting pools«, dieses Konzept der gegenseitigen Durchdringung und des Zusammenspiels von Architektur und Natur. Die Siedlung mit ihren Freiflächen und Gärten war von Neutra und Lüttge ursprünglich nach amerikanischem Vorbild als fließend und möglichst offen konzipiert. Der Schlüssel dazu lag vor allem in der Gestaltung des Außenraumes, der in öffentliche, halböffentliche und private Bereiche gegliedert wurde: Die Asphaltstraßen mit den abzweigenden Stichwegen waren als öffentliche Freiflächen geplant, die repräsentativen Vorgärten sollten halböffentlich – ohne den in Deutschland üblichen Zaun – gestaltet werden. Selbst im privaten Bereich waren fließende offene Räume vorgesehen, unterbrochen durch eigens von Lüttge entworfene, berankte Lattenzaunelemente[4].

Der Architekt Richard Joseph Neutra wurde 1892 in Wien geboren, studierte dort u. a. an der Technischen Hochschule sowie an der Adolf-Loos-Bauschule und orientierte sich an den Ideen Otto Wagners sowie des Züricher Gartenarchitekten Gustav Ammann. In seiner Berliner Zeit war Neutra von 1921 bis 1923 im Büro von Erich Mendelsohn tätig. Anders als seine Zeitgenossen und späteren Protagonisten der Internationalen Moderne wie Walter Gropius, Ludwig Mies van der Rohe oder Hannes Meyer emigrierte Neutra schon 1923 in die USA. Dort arbeitete er zunächst im Atelier Frank Lloyd Wrights. Als freier Architekt wurde Richard Neutra als einer der Hauptvertreter des Internationalen Stils schnell durch großzügige Villen und Privathäuser sowie seine architekturtheoretischen Werke bekannt.

Neutras Schaffen in Europa blieb überschaubar, am bekanntesten sind seine Villenbauten in Deutschland und der Schweiz. Neben Quickborn realisierte er in den 1960er Jahren eine zweite Bungalowsiedlung in Mörfelden-Walldorf bei Frankfurt. Dort entstanden zwischen 1963 und 1964 im ersten Bauabschnitt nur 42 »echte Neutras«, auch hier wurde vereinfachend weitergebaut.

Die Bauten in Quickborn zeigen die Rückkehr der (internationalen) Moderne nach Deutschland, in das Land, in dem sie begründet worden ist. Es handelt sich um ein in Schleswig-Holstein singuläres und für das Schaffen Neutras in Deutschland signifikantes Werk. Verglichen mit seinen amerikanischen Entwürfen ist es hier gelungen, auf kompakten Grundstücken kleine Häuser zu einer dichten Siedlungslandschaft zu

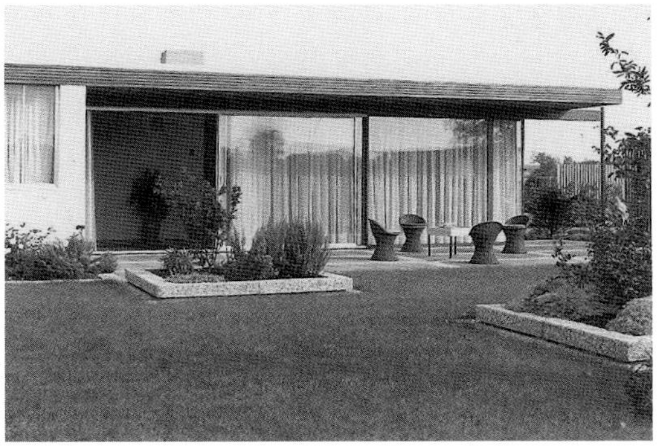

Abb. 3 Gartenseite eines Hauses kurz nach der Fertigstellung

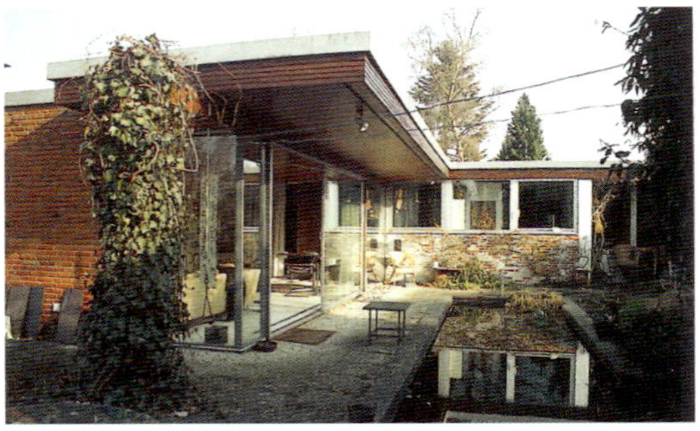

Abb. 4 Eingeschossiges Musterhaus vom Typ N mit Wasserbecken (Zustand 2003)

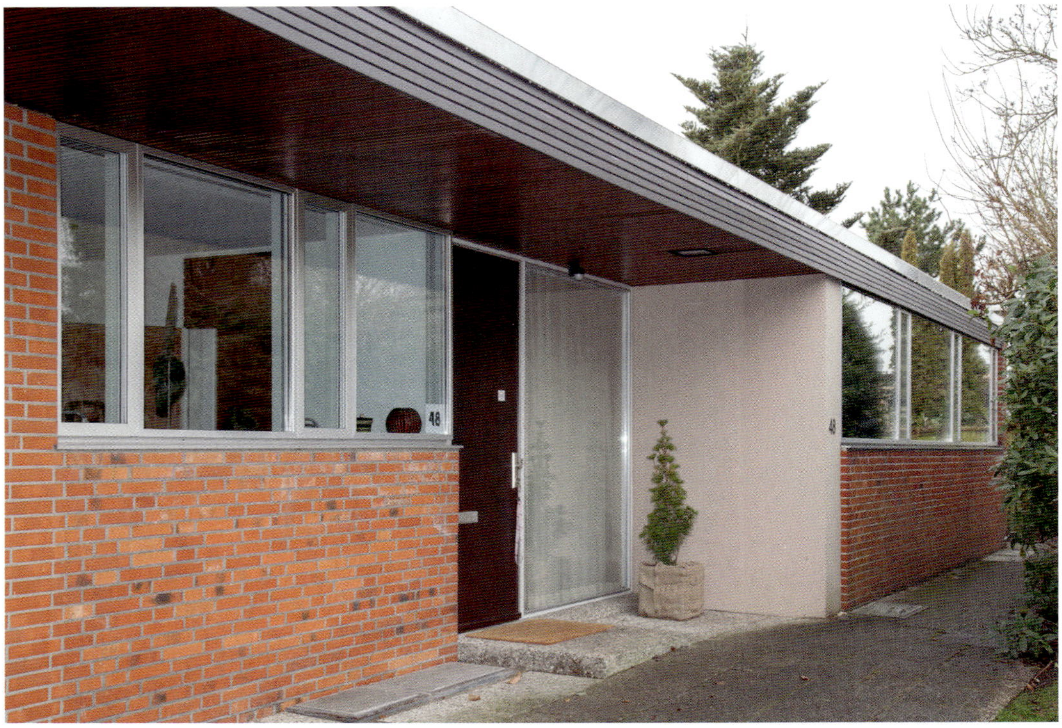

Abb. 5 Marienhöhe 48, Ostansicht, Zustand nach Restaurierung 2018

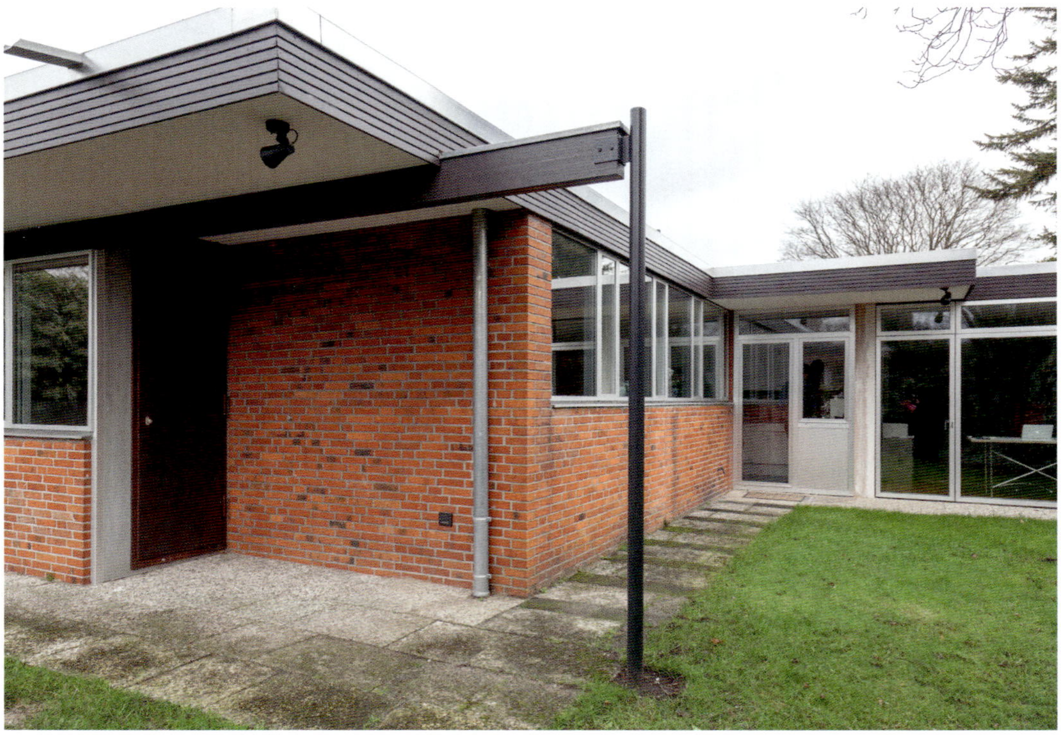

Abb. 6 Marienhöhe 48, Baudetail mit »spiderleg«, Zustand nach Restaurierung 2018

verbinden, die durch die Mischung der Hausgrößen jegliche Monotonie verhindert. Trotz teils erheblicher Veränderungen an den Bauten und den Freiflächen ist die Grundstruktur der Siedlung anschaulich erfahrbar.

Im Jahr 2005 wurden sämtliche 67 Bungalows in ihrem Äußeren und die zugehörigen Gärten der Neutra-Siedlung Quickborn als Kulturdenkmale in das Denkmalbuch aufgenommen. Eine Welle von Klagen bewirkte in den Folgejahren die Aufhebung des Denkmalstatus für einen Bungalow und vier Gärten. Heute hat die Siedlung kein Akzeptanzproblem mehr, die architektonische Moderne ist schick geworden und die Garten-Bungalows sind begehrt wie nie.

Bastian Müller

1 Betreuungs- und Wohnungsbau-GmbH mit Sitz in Hamburg

2 Hierzu ließ die BEWOBAU ein aufwendiges Verkaufsprospekt drucken.

3 Vgl. auch zu den weiteren Angaben den grundsätzlichen Beitrag von Eva von Engelberg-Dočkal: Richard Neutras Siedlung in Quickborn. ›Kalifornische Moderne‹ in Schleswig-Holstein, in: Denkmal. Zeitschrift für Denkmalpflege in Schleswig-Holstein 2003, S. 37–47 und die Denkmalbuchakte zur Marienhöhe/Quickborn (ab 07/2006) im LDSH.

4 Vgl. Baunetzwoche Nr. 364, 2014, S. 19.

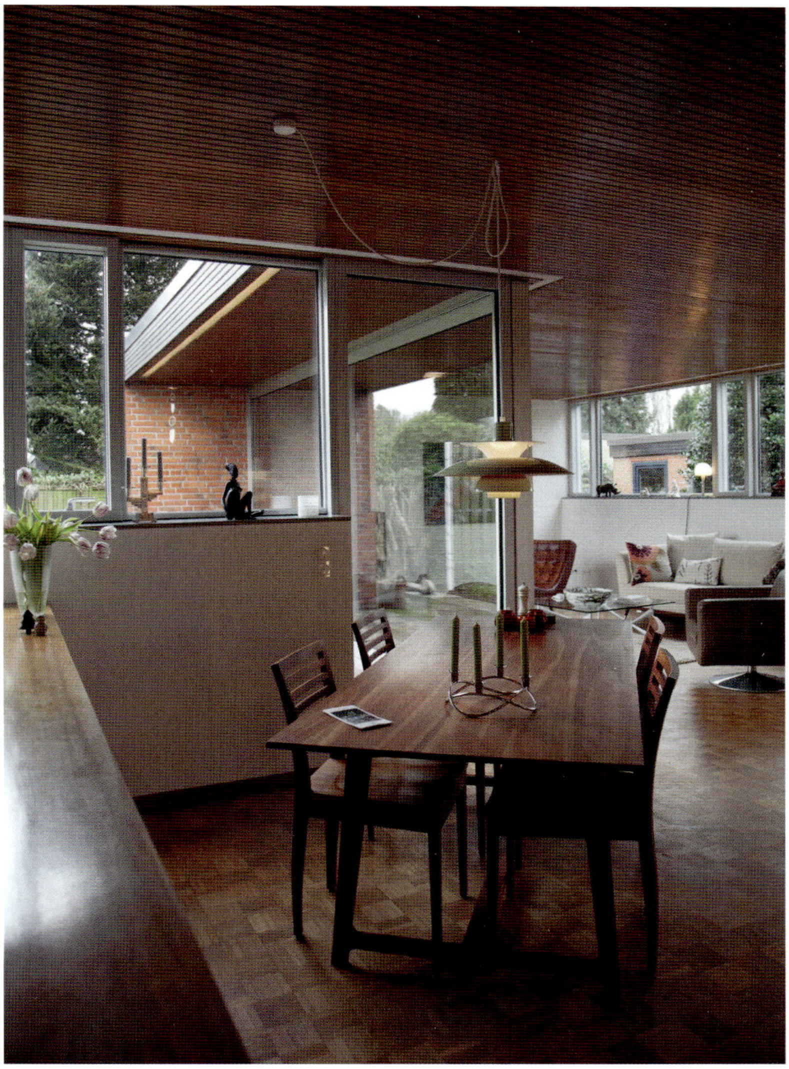

Abb. 7 Marienhöhe 48, Innenraum, Zustand nach Restaurierung 2018

Abb. 8 Marienhöhe 48, Innenraum, Zustand nach Restaurierung 2018

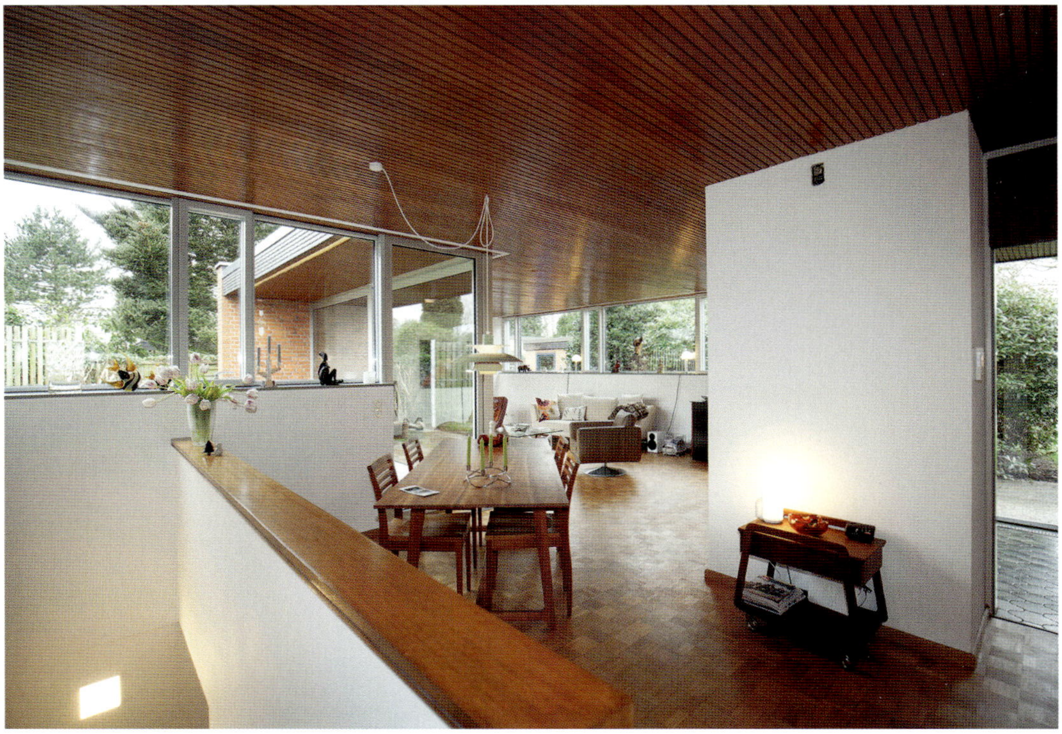

Kalifornische Moderne in Rheinland-Pfalz

Siedlung am See

Am See 2–5, 7, 7a, 8, 8a, 9, 9a, 10–21, 22, 22a, 23a, 23b, 24–33
Worms
Rheinland-Pfalz

Architekt: Friedrich Seeger
Bauzeit: 1964–68

In den Jahren 1964 bis 1968 entstand nach den Plänen des Architekten Friedrich Seeger eine einzigartige Bungalowsiedlung am Rande der Stadt Worms, die in ihrer intelligenten Gesamtkonzeption ein gelungenes, ungeachtet bisheriger Veränderungen selten intaktes und geschlossenes Beispiel für die Rezeption der Kalifornischen Moderne in der Bundesrepublik der 1960er Jahre darstellt. Weitab südlich des Stadtzentrums konnte hier inmitten von Ackerflächen eine anspruchsvolle Einfamilienhausbebauung nach modernsten Maßstäben realisiert werden, die durch geschickte Einbeziehung der natürlichen Umgebung ein Höchstmaß an Erholung bieten sollte.

Friedrich Seeger (1924–2013) etablierte sich Anfang der 1950er Jahre als bestimmende Gestalt des Nachkriegswiederaufbaus in der Region. Sein Wirken war insbesondere durch seine Partner, den renommierten Städte- und Hochschulplaner Hans-Joachim Aminde sowie den Architektenkollegen Egon Tempel, geprägt. Letzterer brachte Seeger nicht nur die skandinavische und japanische Architektur nahe, sondern stellte auch den persönlichen Kontakt zu dem amerikanischen Architekten Richard Neutra her, der als Hauptvertreter der Kalifornischen Moderne maßgeblich die deutsche Nachkriegsarchitektur beeinflusst hat. In den 1960er Jahren besuchte Neutra den Wormser Architekten sogar in der von ihm

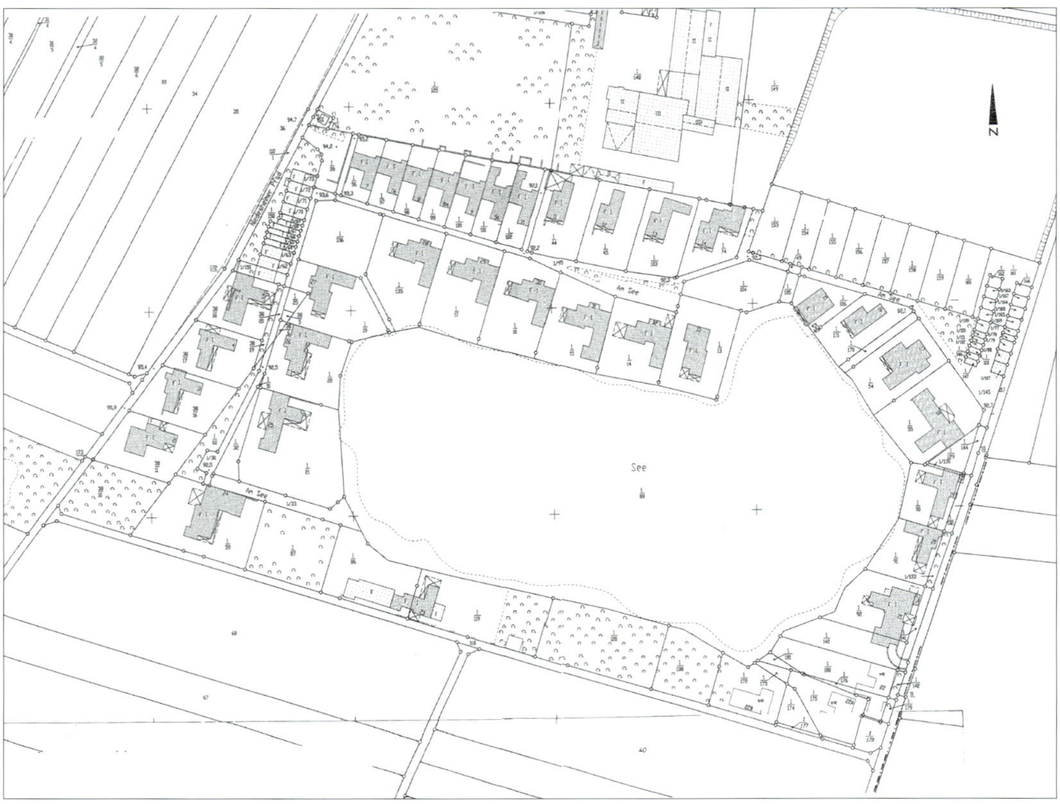

Abb. 1 Lageplan der Siedlung »Am See«

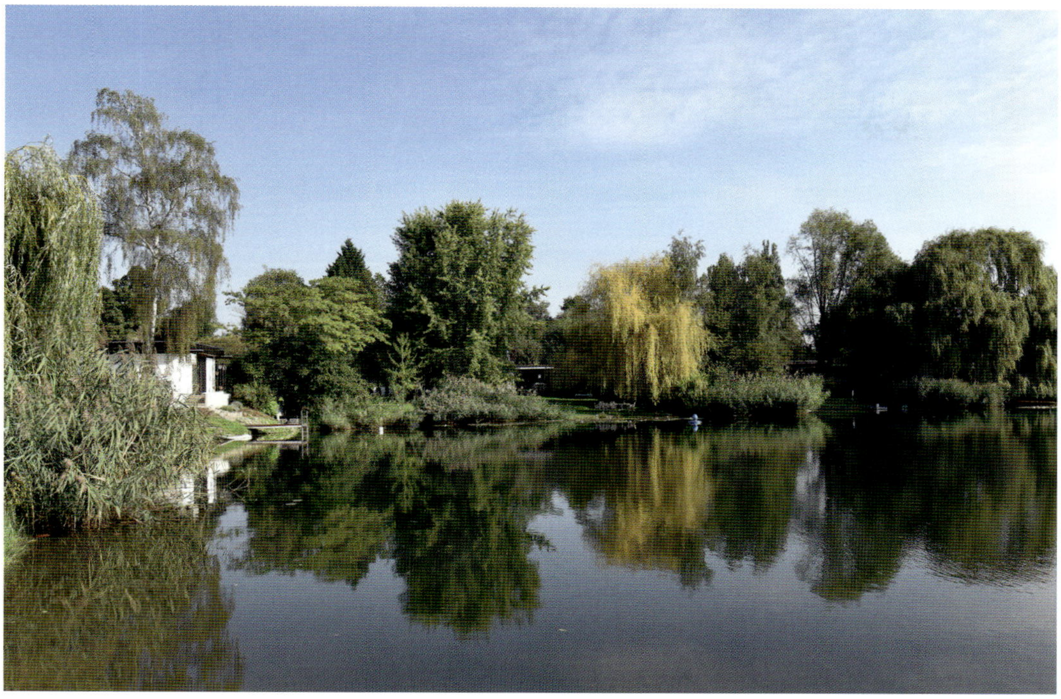

Abb. 2 Blick über den See, Aufnahme 2016

geplanten Siedlung, bei der sich Seeger explizit mit den Ideen sowie Gestaltungs- und Konstruktionsprinzipien Richard Neutras auseinandergesetzt hatte.

Ihre Entstehung verdankt die um einen Kiesweiher gruppierte Siedlung einer privaten Initiative. Für das Gebiet, auf dem sich früher eine Ziegelei befunden hatte, arbeitete Seeger gemeinsam mit seinen Mitarbeitern im Jahr 1964 einen Bebauungsvorschlag aus. Obwohl das Projekt zahlreiche Gegenstimmen erhielt, wurde es von der Stadt schließlich genehmigt.[1] Gemeinsam mit den Eigentümern der Grundstücksgemeinschaft wurde das Gelände in mehreren Bauabschnitten erschlossen und die Siedlungsstruktur geplant. Um ein einheitliches Erscheinungsbild und eine gemeinsame Nutzung zu garantieren, gaben sich die zukünftigen Bewohner, zu denen auch der Architekt selbst gehörte, eine Satzung, die für die Struktur und Ensemblewirkung relevante Bestimmungen enthält, wie etwa die Trennung der Verkehrsarten, die Einschränkung des

Abb. 3 Eingangsfassaden der Häuser, Aufnahme 2016

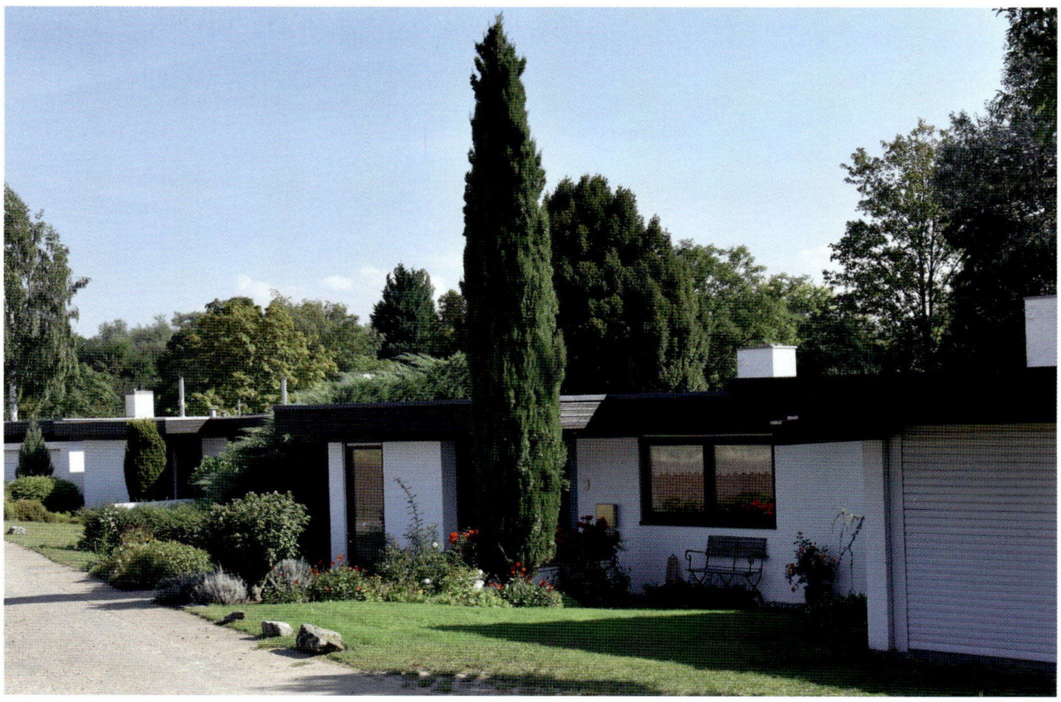

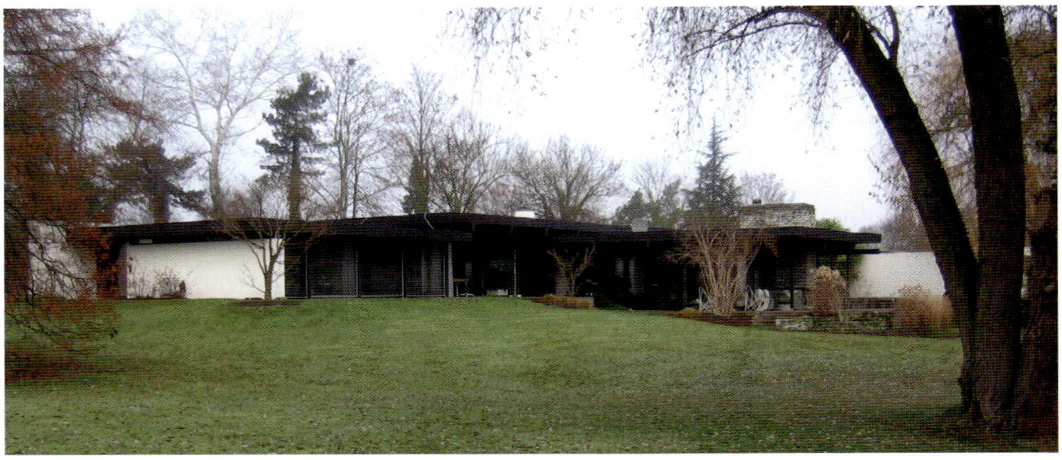

Abb. 4 Gartenseite des Hauses Seeger, Aufnahme 2009

Automobilverkehrs auf den Privatwegen sowie das Konzept peripherer Garagenhöfe. Außerdem wurde auf eine gemeinsame Landschaftsplanung, die den alten Baumbestand und die Anpflanzung heimischer Sträucher und Gehölze vorsah, sowie auf eine gemeinsame Nutzung des Seeufers Wert gelegt.[2] Zugunsten des Eindrucks der offenen Parklandschaft mit ihren weitläufigen Grünflächen wurde zudem auf jegliche Abgrenzungen durch Mauern oder Zäune verzichtet. Die Häuser selbst, die unter Berücksichtigung der Wohnvorstellungen der Eigentümer einheitlich gestaltet sein sollten, entstanden in drei Bauabschnitten in Bungalowbauweise.

Die zumeist freistehenden, winkelförmigen Flachdachbauten wurden in Holzkonstruktion errichtet und in lockerer Gruppierung in der Parklandschaft um den zentralen See angeordnet. Der Architekt entwickelte vier Typenbauten mit unterschiedlichen Grundrissen, um auf die jeweiligen Wohnbedürfnisse der privaten Bauherren zu reagieren. So ist ein Teil der Häuser im Grundriss konventioneller geblieben, während bei anderen offene Grundrisse zur Anwendung kamen und weitgehend auf raumunterteilende Wände verzichtet wurde. Was die Bauweise betrifft, stand eine möglichst rationelle, kostensparende Fertigung im Vordergrund, die mithilfe von Fertigteilen, denen ein Rastermaß zugrunde liegt, erreicht wurde.[3] Alle Häuser zeichnen sich demnach durch eine bewusst sparsam gestaltete Konstruktion in Verbindung mit wenigen, ausgewählten Materialien aus.

In Anknüpfung an die Ideen Richard Neutras galt es, die Bauten in die Landschaft einzubetten und zu integrieren: Natur, Garten und Wohnraum sollten als Einheit erlebt werden. Vor allem die am Ufer gelegenen Häuser sind daher durch Terrassierung harmonisch in das Gelände eingefügt und bieten differenzierte Ausblicke in die umgebende, parkartige Landschaft mit dem künstlich angelegten See. Zum Erschließungsweg hin zeigen sie weitgehend geschlossene, weiß geschlämmte Kalksandsteinfassaden, wobei die hellen Flächen eindrucksvoll mit den dunkel gebeizten Holzteilen der Konstruktion und den holzverschalten Flachdachfronten kontrastieren. Zum Garten hin öffnen sich die Gebäude hingegen mit raumhohen, großflächigen Glasfronten. Die Verbindung zwischen innen und außen wird an dieser Stelle nicht nur durch großzügige Blickbeziehungen hergestellt, sondern auch durch die in den Garten ausgreifenden Umfassungsmauern und die weiten Dachüberstände, welche die tragende Holzbalkenkonstruktion und die innere Deckenverkleidung mit Holzpaneelen deutlich sichtbar machen. Vereinzelt bilden auch Bruchsteinwände ein Gestaltungselement. Nicht nur die Binnengrundrisse und die vorhandenen offenen Kamine, sondern auch wesentliche Teile der bauzeitlichen Ausstattung sind großteils intakt überkommen. In vielen Häusern lässt sich etwa noch die bauzeitliche

Abb. 5 Wohnraum des Hauses Seeger, Aufnahme 2016

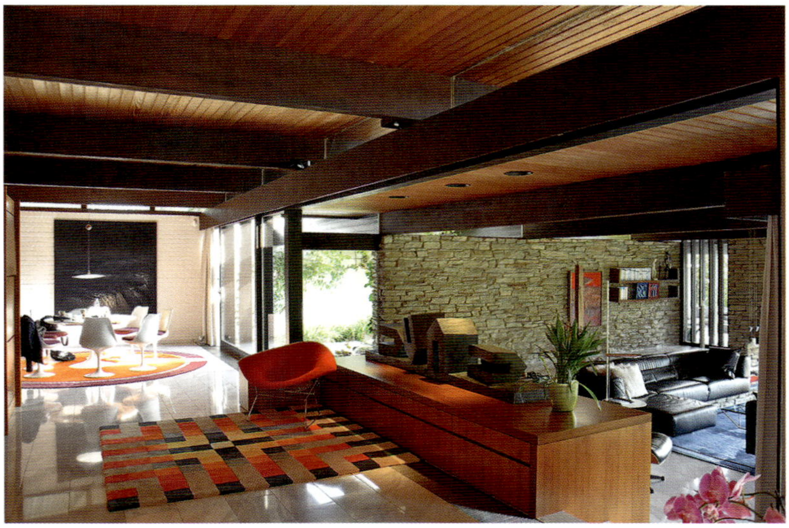

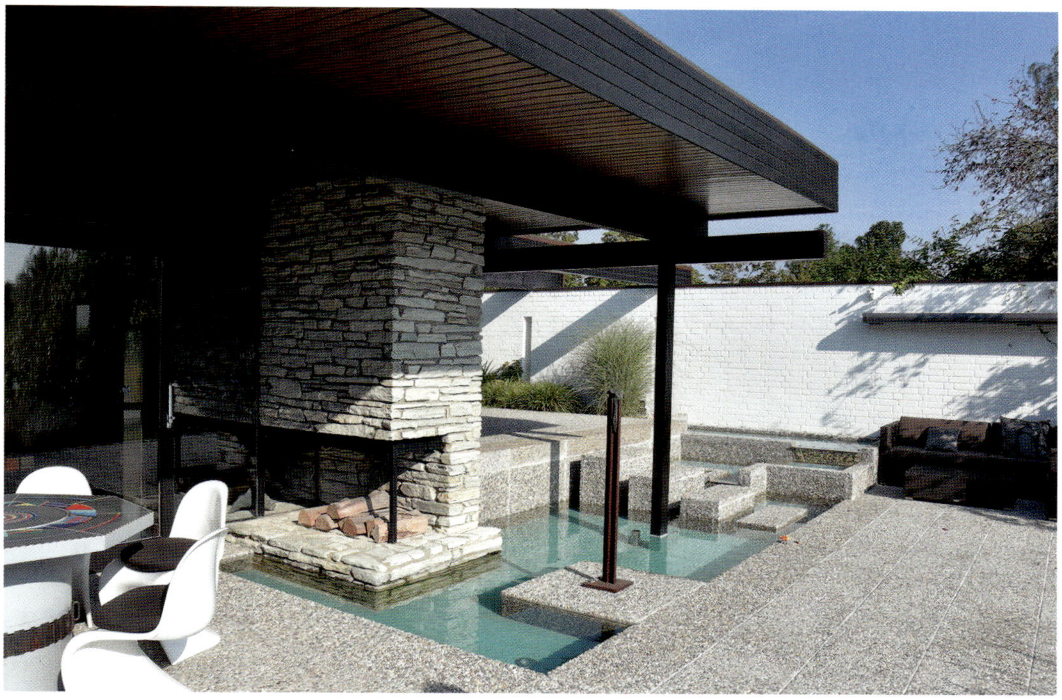

Abb. 6 Terrasse des Hauses Seeger, Aufnahme 2016

Möblierung des Essbereichs finden mit den klassischen, von Eero Saarinen inspirierten *tulip chairs* und den entsprechenden in Weiß gehaltenen, runden Esstischen. Vereinzelt gibt es nachträgliche Anbauten wie Carports und Wintergärten sowie später hinzugefügte Neubauten am östlichen und südlichen Seeufer, die sich dem ursprünglichen Duktus in mancher Hinsicht verweigern. Ungeachtet dieser Veränderungen lässt sich die Siedlung jedoch bis heute als weitgehend unberührtes Ensemble wahrnehmen.

Seine persönlichen Vorstellungen vom zeitgemäßen Wohnen setzte Friedrich Seeger schließlich an seinem eigenen, für die Siedlung beispielhaften Bungalow um, der sich vorbildlich und bis in viele Details hinein original erhalten hat. Das Innere ist durch eine für die Bauzeit charakteristische offene Raumkonzeption geprägt, die durch die Split-Level-Bauweise hervorgehoben wird. Die versetzten Ebenen verleihen dem Wohnraum dabei einen fließenden Charakter, der sich bis in den Garten fortsetzt. Eine optische Gliederung der Wohnbereiche erfolgt durch die eigens angefertigten, unterschiedlich hohen Einbaumöbel in Nussholz. Der Bezug zum Außenraum wird hier ebenfalls mit der raumhohen Verglasung im Süden hergestellt, die idyllische Ausblicke auf See und Garten zulässt. Die für Seeger so wichtige Durchdringung mit der Natur geht an manchen Stellen sogar so weit, dass große Öffnungen zur Integration von Bäumen im weit auskragenden Dach ausgespart wurden. Der Garten ist durch weitläufige Wiesenflächen geprägt, die nur an wenigen Stellen durch vereinzelte Baumsolitäre akzentuiert sind. Die mit Waschbetonplatten versehene Terrasse mit überdachtem Sitzplatz, Wasserbecken und Wasserspiel sowie dem aus Bruchstein gemauerten, offenen Kamin wird durch diverse Sträucher und Gehölze gerahmt, sodass trotz der großzügigen, umgebenden Freiflächen eine intime Atmosphäre gewahrt bleibt. Seegers eigenes Haus gehört zu einem charaktervollen Ensemble, das innerhalb der europäischen Nachkriegsmoderne ein bedeutendes Zeugnis einer städtebaulichen und architektonisch durchgängig konzipierten Wohnanlage darstellt und zugleich anschaulich den Lebensstil und die Wohnkultur der westdeutschen gehobenen Mittel- und Oberschicht dokumentiert. Bereits 1972 wurde die Gesamtanlage im Rahmen des Wettbewerbs »Vorbildliche Bauten« durch die Architektenkammer Rheinland-Pfalz ausgezeichnet. Seit 2017 kann die sogenannte Siedlung »Am See« samt Freiflächen auch als geschützte bauliche Gesamtanlage im Sinne des Denkmalschutzgesetzes von Rheinland-Pfalz gelten.

Leonie Köhren

1 Siedlung am See in Worms, in: DLW-Nachrichten, Jg. 45, 1967, S. 55.

2 Wohngruppe am See bei Worms, hrsg. von der Kalksandsteinindustrie Gruppe Süd, Karlsruhe o. J.

3 Wohngruppe am See bei Worms (wie Anm. 2).

Wohnhäuser in verdichteter Bauweise

Habichtshorststraße 19–23
Hannover Groß-Buchholz
Niedersachsen

Architekten: Dieter Bahlo, Jörn Köhnke, Klaus Stosberg
Bauzeit: 1977/78

Die Gründer des hannoverschen Architekturbüros BKSP, Dieter Bahlo, Jörn Köhnke und Klaus Stosberg, verwirklichten 1977 mit dem Bau der eigenen Wohnhäuser ihre Idee des gemeinschaftlichen Wohnens als privates Demonstrativbauvorhaben. Bei der Umsetzung des strukturalistischen Entwurfs für die netzartig verbundenen Reihenhäuser übertrugen die Architekten die seinerzeit geltenden Vorgaben des sozialen Wohnungsbaus auf das selbstgenutzte Einfamilienhaus.

Kennzeichnend für die Stadtentwicklung nach 1950 ist die rasche Abfolge teilweise gegensätzlicher städtebaulicher Leitbilder, die mit prägnanten Begrifflichkeiten wie Gliederung, Auflockerung und Autogerechtigkeit der Stadt, Idealvorstellungen von »Urbanität durch Dichte« und Ideen zum »Strukturalismus in Architektur und Städtebau«[1] die Baukultur auch im Wohnbausektor prägten. Unterstützt durch staatliche Förderung und entsprechende Bodenpolitik mutierte der grüne Rand bundesdeutscher Städte zunächst zu einem groben Gewebe freistehender Einfamilienhäuser, die mit dem Versprechen individualisierter Privatheit das Phänomen der Stadtflucht auslösten. Um diese mit der Auflösung des Stadtkörpers verbundene Wanderungsbewegung wieder aufzufangen, wurden in der Folge ambitionierte Konzepte des individuellen Wohnungsbaus innerhalb des Stadtgebiets entwickelt, die sich nun in kompakterer Form als urbane Alternative zur flächenverbrauchenden Stadtrandsiedlung anboten.

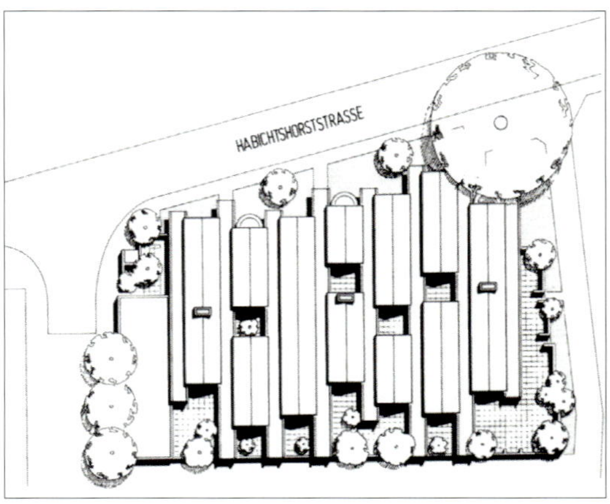

Abb. 1 Lageplan der Wohnhäuser mit Dachaufsicht

Waren in der unmittelbaren Nachkriegszeit neue Siedlungs- und Stadterweiterungsplanungen noch am Schema der »organischen Stadtbaukunst«[2] mit strikter Funktionstrennung und großzügiger Durchgrünung orientiert, so wurden in den 1960er Jahren insbesondere niederländische Entwurfspraktiken attraktiv, die neben dem städtebaulichen Verdichtungsaspekt auch die soziologischen Kriterien des gemeinschaftlichen Lebens einbezogen. Die vom niederländischen Architekten Aldo van Eyck als Vertreter des Strukturalismus eingeführte Theorie der »konfigurativen Komposition«[3] speiste sich aus kulturwissenschaftlichen und anthropologischen Erkenntnissen, die auf intensiven Studien zu Bauformen nordafrikanischer Quartiere (Kasbah) und nordamerikanischer Dörfer (Pueblo) fußten. Das daraus abgeleitete strukturalistische Kompositionsprinzip folgte der Anordnung archetypischer Formen innerhalb eines nicht hierarchischen Gewebes, das dem Nutzer, der als »homo ludens« begriffen wurde, vielfältige Aneignungsmöglichkeiten und Gestaltungsspielräume eröffnete.

Dem Architektenkollektiv Bahlo, Köhnke und Stosberg, das 1974 mit der Realisation des wabenartig gegliederten Bahlsen-Verwaltungsgebäudes in Hannover größere Bekanntheit erlangt hatte, diente das Motiv der »labyrinthischen Klarheit«[4] gemäß dieser Vorstellungen als Inspirationsquelle für das eigene Wohnprojekt. So sollten die Grenzen der von einer neutralen Struktur überlagerten, ineinander verzahnten Wohneinheiten äußerlich nicht ablesbar sein. Die strukturelle Vielfalt, unterstützt durch den seriellen Einsatz des geneigten Daches, trat an die Stelle autonomer Architekturtypologie und narrativer Bildhaftigkeit. Mit dem selbstbewussten Aufgreifen des von der Klassischen Moderne aussortierten Satteldaches gelang der Ortsbezug zu den Häusern in der Nachbarschaft. Darüber hinaus bildete die an Architekturen Louis Kahns erinnernde, linear strukturierte Reihenhausgruppe einen deutlichen Gegenpart zu der nördlich der Habichtshortstraße gelegenen, expressiv terrassierten Großwohnanlage. Diese war 1974 von den hannoverschen Architekten Spengelin und Luz nach dem Vorbild der seinerzeit vielbeachteten Schweizer Siedlung Halen (1955–61) unter Einsatz von Sichtbeton und Flachdach noch in spürbar brutalistischer Prägung erbaut worden.

Das Strukturkonzept der vernetzten Reihenhäuser basierte auf einem alternierenden Grundraster aus schmalen, flachgedeckten und breiten, dachüberspannten Abschnitten. Räume und Raumabfolgen der unterschiedlich großen Hauseinheiten wurden den Nutzeranforderungen entsprechend individuell eingefüllt. Mit der flexiblen Einbindung grüner Gartenhöfe als introvertierte Erlebnis- und Bewegungsräume konnten innerhalb der verdichteten Struktur die notwendigen Belichtungs- und Belüftungsfunk-

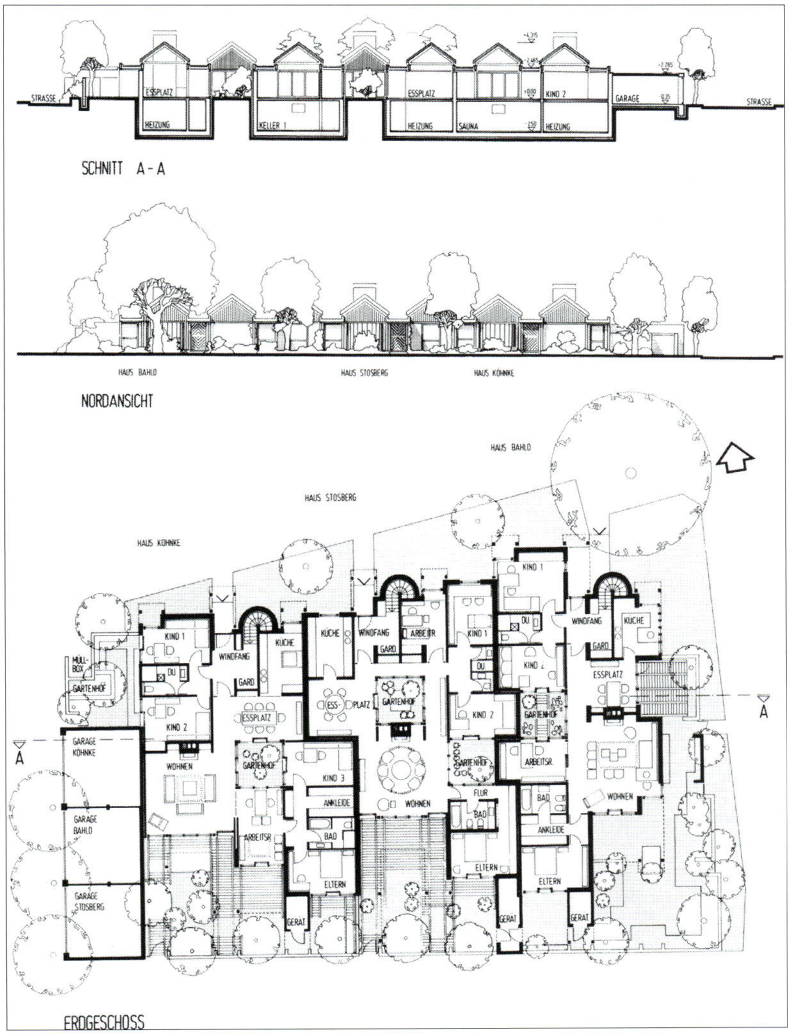

Abb. 2 Grundriss, Querschnitt und Ansicht der Reihenhausanlage

Abb. 3 Hauseingänge an der Habichtshorststraße

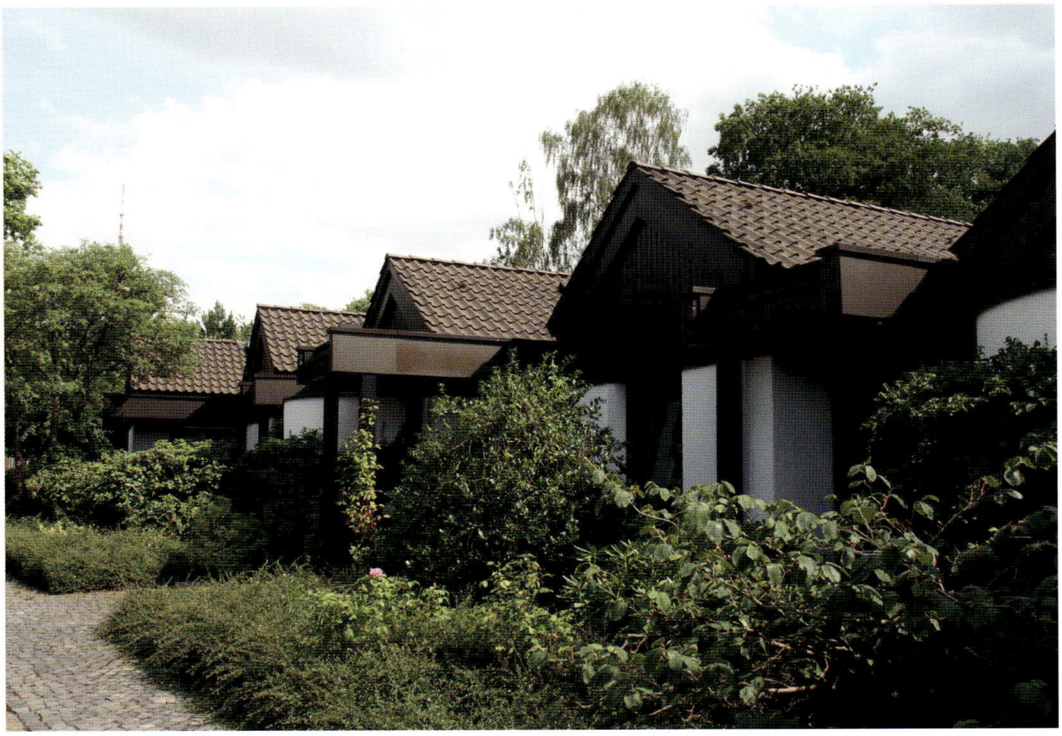

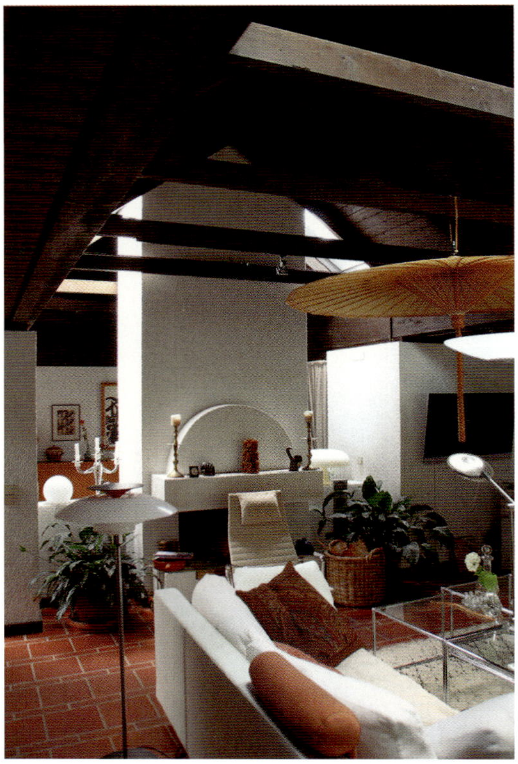

Abb. 4 Offener Wohnbereich mit Kamin

tionen erfüllt werden. Die dem Entwurfskonzept eingeschriebene sphärische Durchdringung von Wohn- und Freiräumen bewog den beauftragten Hamburger Landschaftsarchitekten Uwe Isterling, die Planung nicht als konkurrierenden Gegenentwurf zur Architektur, sondern als deren gartenkünstlerische Interpretation vorzunehmen. Isterling beantwortete die architektonische Gestaltung mit reduziertem Materialeinsatz und pointierter Kontrastbildung. Das ökologische Gefüge von Gräsern, Sträuchern, Natursteinen, Hölzern und die Integration flacher Wasserbecken nach dem Vorbild japanischer Gartenkunst waren sowohl in ästhetischer als auch in mikroklimatischer Hinsicht bedeutsam.

Mittels engmaschiger Verflechtung der Reihenhäuser und der Beschränkung der wohnungsbezogenen Freiräume auf die »wohnnotwendige«[5] Fläche sollte privater Wohnungsbau in der Verdichtung erprobt sowie der Nachweis erbracht werden, dass die Errichtung eingeschossiger Einfamilienhäuser in geschlossener Bauweise mit der angestrebten Grundflächenzahl von 0,6 auch im urbanen Kontext gelingen kann. Der ökonomische Umgang mit der zur Verfügung stehenden Grundstücksfläche fand seine Entsprechung in der auf reduzierten Materialeinsatz ausgerichteten Baukonstruktion. Materialehrlichkeit war im Zusammenspiel mit Konstruktionsgerechtigkeit wesentlicher Bestandteil dieser Wohnarchitektur, die sich zudem in Primär- und Sekundärsysteme untergliederte. Die lesbare Fügung der unbekleideten Bauelemente sollte detailgenau den Konstruktionsaufbau veranschaulichen und zugleich den Bauprozess dokumentieren. Das repetitive Element des

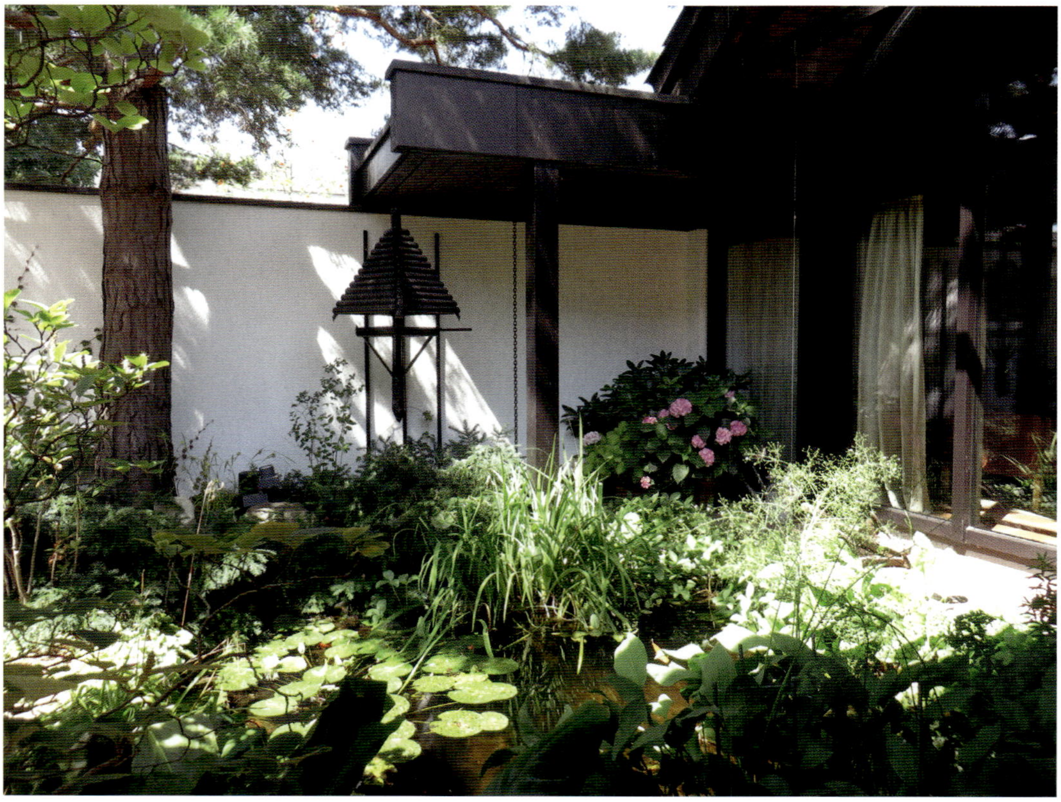

Abb. 5 Gartenarchitektur eines Wohnhofes

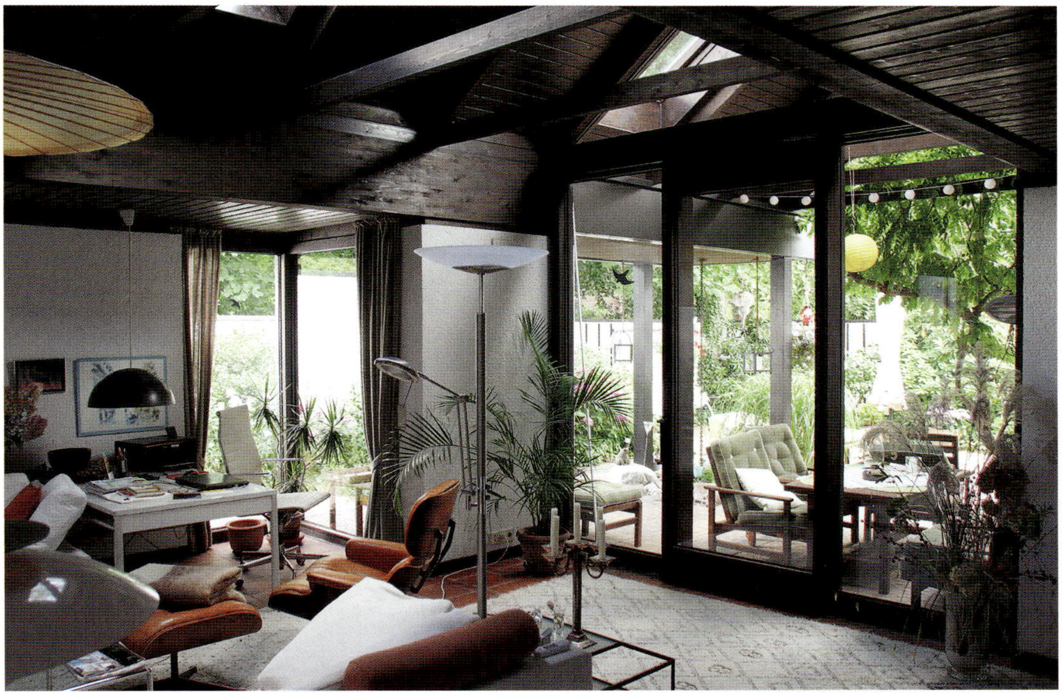

Abb. 6 Wohnraum mit Öffnung zum Gartenhof

Satteldachs, geformt aus vorgefertigten Dreiecksbindern, wurde auf die in Längsrichtung verlaufenden, weit in die Freibereiche auskragenden Unterzüge des Holztragwerks aufgesetzt. Handelsübliche, auf die sichtbare Holzschalung der offenen Dachkonstruktion aufgelegte Betonplatten halfen, die sommerliche Erhitzung der bis zum Dachfirst erlebbaren Raumvolumina einzudämmen. Als Kontrapunkt zu den dunkel gebeizten Hölzern wurden Außen- und Innenwände gleichermaßen als hell verputztes Ziegelmauerwerk in das Tragsystem eingliedert. Weiß gestrichene Treppenhäuser markierten als halbrunde Apsiden die Eingangsbereiche der einzelnen Häuser zur Straße. Neben Holz, Ziegel und Glas fanden auch keramische, den handwerklichen Aspekt betonende Materialien insbesondere bei Bodenbelägen großflächige Anwendung.

Anhand der strukturalistisch motivierten Differenzierung der Baumasse, der Kontrastbetonung bei Materialeinsatz, Farbwahl und Raumkomposition sowie der Verbindung von handwerklicher Herstellung und industrieller Präfabrikation entwickelten die Architekten ein überzeugend individuelles Beispiel modellhaften Bauens, für das sie im Jahr 1980 mit dem BDA Preis Niedersachsen ausgezeichnet wurden.

Sonja Olschner

Abb. 7 Durchdringung von Außen- und Innenraum

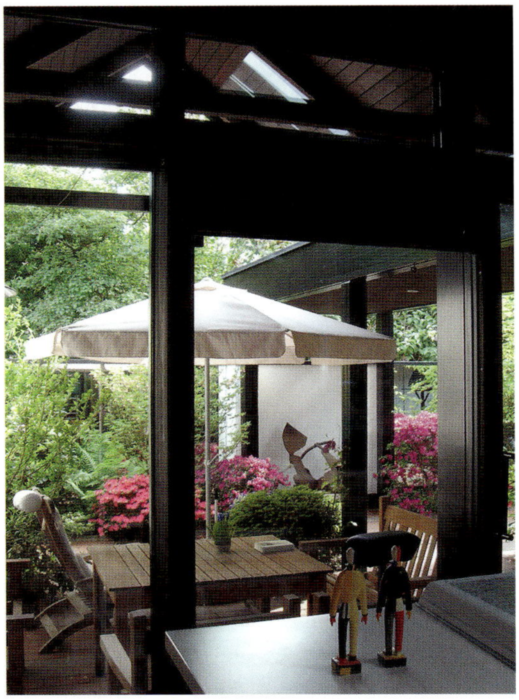

1 Arnulf Lüchinger: Strukturalismus in Architektur und Städtebau, Stuttgart 1981.
2 Hans Bernhard Reichow: Organische Stadtbaukunst. Von der Großstadt zur Stadtlandschaft, Braunschweig 1948.
3 Vittorio Magnago Lampugnani (Hrsg.): Eyck, Aldo van, in: Lexikon der Architektur des 20. Jahrhunderts, Ostfildern-Ruit 1998, S. 102.
4 Vittorio Magnago Lampugnani: Strukturalismus, wie Anm. 3, S. 363.
5 Ot Hofmann, Christoph Repenthin: Der Wohnhof, in: Neue urbane Wohnformen, Darmstadt 1969, S. 33.

Glück auf kleinem Stück

Wohnhof Schilksee

Seekante 15–27
Kiel-Schilksee
Schleswig-Holstein

Architekten: Carsten Brockstedt, Ernst Discher, Hans-Peter Brand
Bauzeit: 1975/76

»Die Architekten der Moderne in Schleswig-Holstein wollten auch immer fliegen – leider haben sie dabei meistens vergessen, die Gummistiefel auszuziehen!«[1]
Die vorgestellte Wohnhausgruppe in Kiel-Schilksee ist ein Bindeglied zwischen Eigenheimmonotonie und individuellem Bungalow und kann in diesem Sinne als geglückter Flugversuch angesehen werden.

»Wie im Kuhstall!«, »Pariser Hinterhof!« und »Eigentlich müsste man das sprengen!« – so oder so ähnlich lauteten damals die Kommentare Außenstehender angesichts der uneinheitlich bunten, unverputzten und mit Welldächern gedeckten Hausgruppen, die in Kiel um die Mitte der 1970er Jahre als neue soziale Wohnformen realisiert wurden.[2]

Die olympischen Segelwettbewerbe im Jahr 1972 haben der Stadt Kiel besondere Impulse gegeben. Die hierfür reichlich fließenden Bundesmittel gaben der Stadt die Möglichkeit, wichtige Bauprojekte und lange aufgeschobene Strukturmaßnahmen zu realisieren. Der Schwerpunkt lag sicher auf dem olympischen Segelzentrum in Kiel-Schilksee – der »Fliegende Holländer«, der vom Volksmund so getaufte Olympiabau des Büros Storch und Ehlers mit den Wettkampfstätten und dem olympischen Dorf wurde knapp zehn Kilometer nördlich des Kieler Zentrums an der Außenförde angelegt. Das erst 1920 zu Kiel eingemeindete ehemalige Fischerdorf Schilksee erfuhr dadurch einen gravierenden strukturellen Wandel und einen beispiellosen Bedeutungszuwachs.

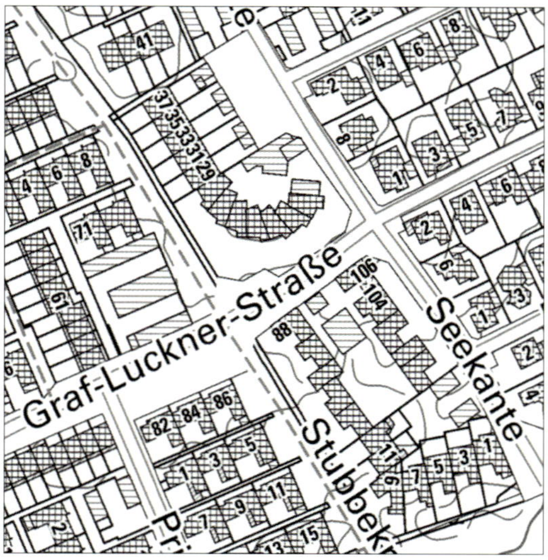

Abb. 1 Lageplan

Die Weideflächen südlich des Ortes entlang der Steilküste wurden in diesem Zuge von der Stadtbauverwaltung als Bauland für gemischte Bebauung mit etwa 1000 Wohneinheiten ausgewiesen. Als Besonderheit war hier auch Raum für mehrere Versuchsgruppen vorgesehen, die verdichtetes Bauen auf kleinem Raum praktizieren konnten.

Zwischen 1974 und 1976 wurden dort vier Wohnprojekte umgesetzt, die der öffentlichen Diskussion um das »Stadthaus« als städtischer oder stadtnaher Wohnalternative auf engem Raum und mit flexibler Nutzung zuvorgekommen waren. Angesichts akut steigender Baugrundstückspreise und einsetzender Landflucht setzte um 1978 ein allgemeines Umdenken ein, das innerstädtisches Wohnen zunehmend als unwirtlich sowie die bisherigen Eigenheimsiedlungen als zu klein und spießig erkannte. Angestoßen vom Bundesbauministerium[3] diskutierten Architektenkongresse[4] den »Bautyp der Zukunft«, erprobten Bauausstellungen wie die Hamburg Bau '78 in Poppenbüttel[5] »Lebensqualität auf kleinem Grundstück« und ministerielle Studien ergründeten die Möglichkeiten von »Einfamilienhäusern in verdichteter Bauweise«[6].

In Kiel-Schilksee entstanden in enger zeitlicher Abfolge und in dichter räumlicher Nähe

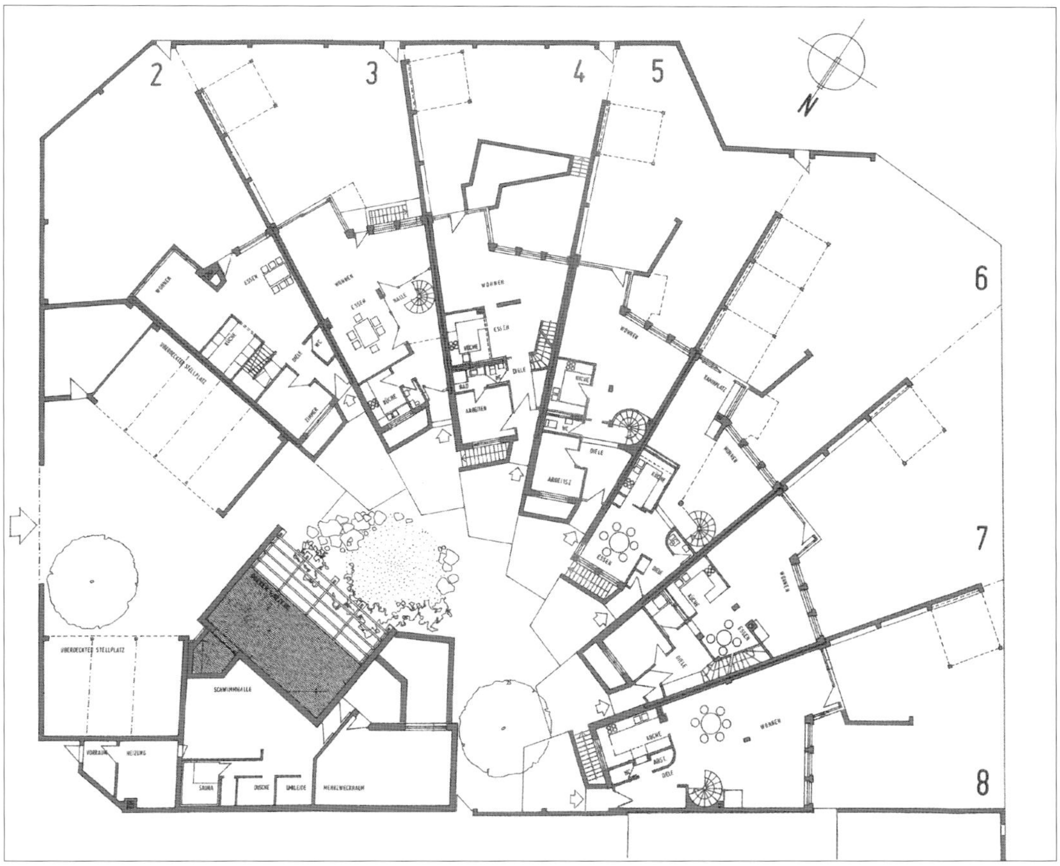

Abb. 2 Grundriss Erdgeschoss

bereits frühzeitig vier solcher Wohnprojekte in bester Wohnlage. Die stadtnahen Bauflächen eröffneten den direkten Blick auf die Kieler Außenförde (der Seeblick ist mittlerweile von einer jüngeren Siedlung mit freistehenden Bungalows verbaut). Der Kieler Architekt Carsten Brockstedt (Büro Brockstedt und Discher) realisierte 1976 gemeinsam mit sechs Eigentümern den »Wohnhof Schilksee«, ein Wohnprojekt auf etwa halbkreisförmigem Grundriss. Die annähernd gleich großen Reihenhauseinheiten liegen aufgefächert aneinander, jeweils auf radial geschnittenen

Abb. 3 Wohnhof Schilksee, Straßenansicht 2017

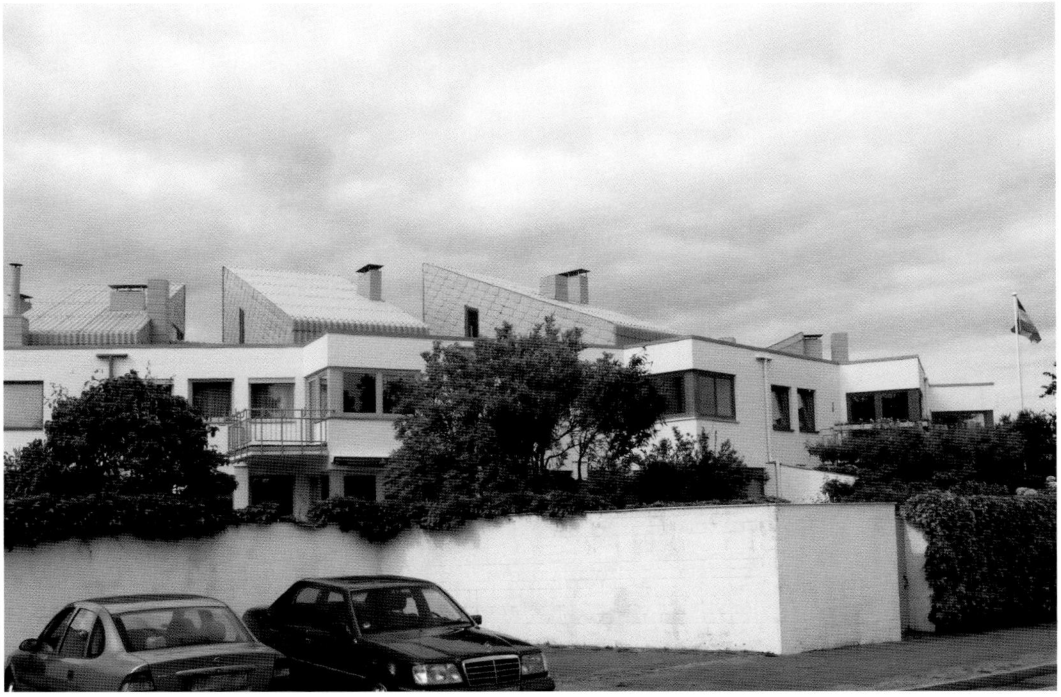

Abb. 4 Wohnhof Schilksee, Straßenansicht 2017

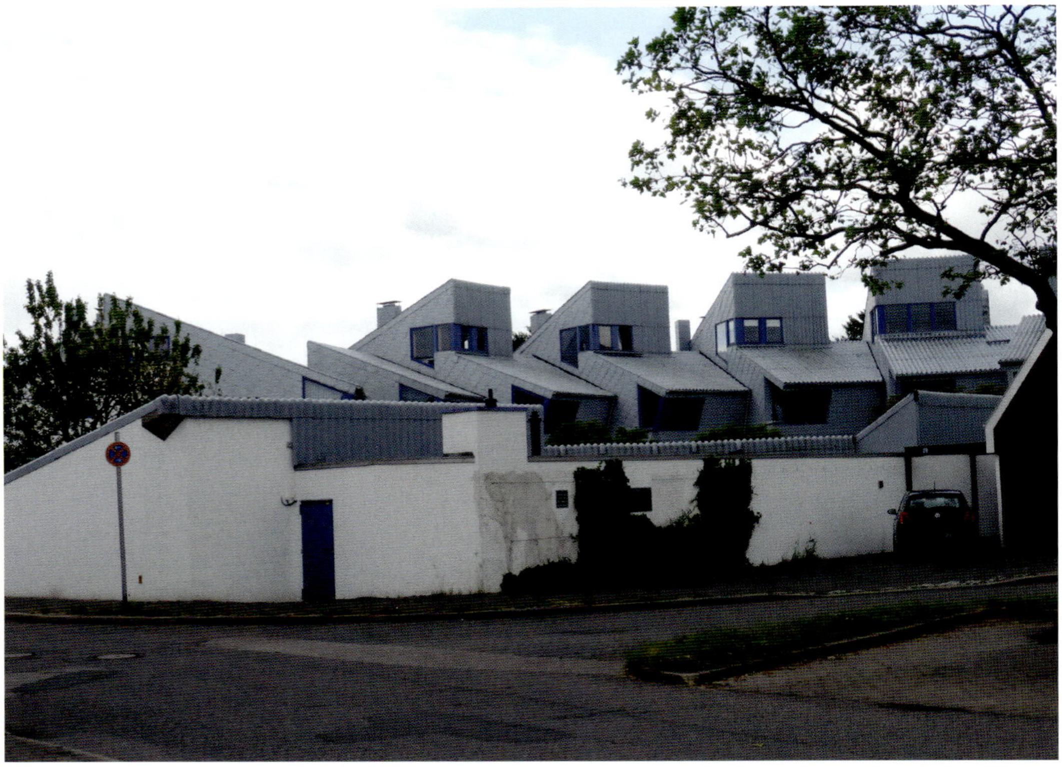

Abb. 5 Wohnhof Schilksee, Ansicht Hofseite 2018

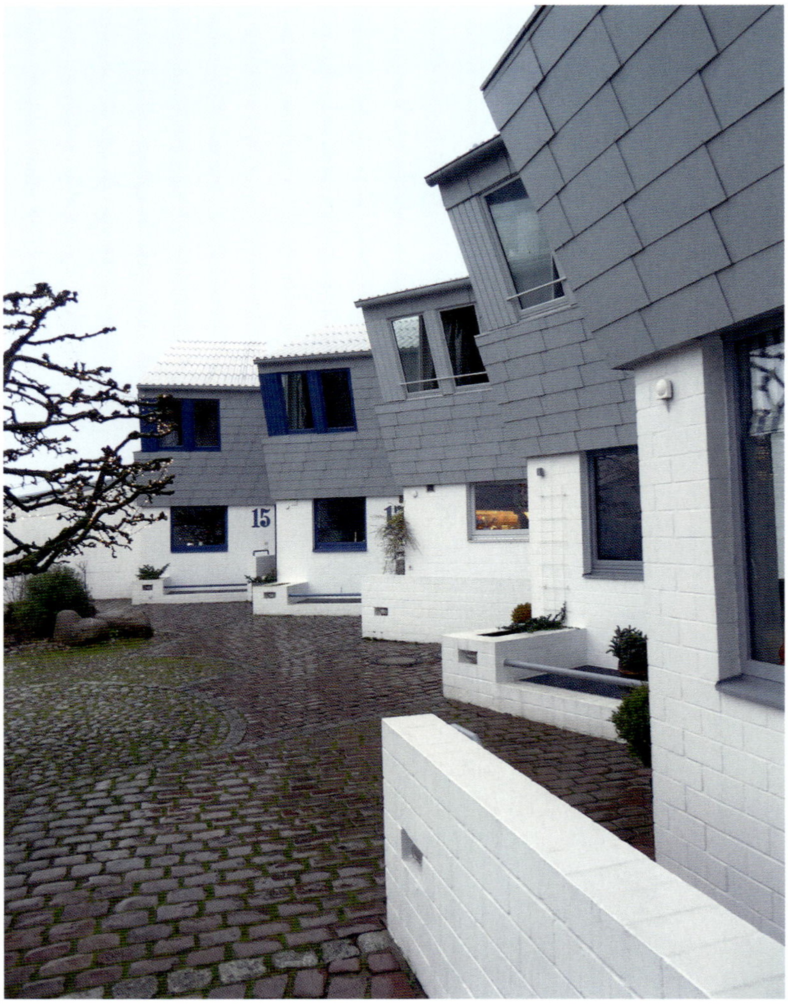

Grundstücken. Die Zugänge weisen zu einem gemeinsamen gepflasterten Innenhof und jeder Hausteil besitzt an der Rückseite einen privaten Garten, der jeweils durch Mauern zum Nachbarn, als auch umlaufend zur Straße abgegrenzt ist. Ein niedriger Riegel mit gemeinschaftlicher Nutzung schließt die offene Hofseite; die somit gut abgeschirmte Anlage wird durch einen trichterförmigen Garagenhof erschlossen.

Die zwei- bis dreigeschossigen Häuser sind in hellem Kalkstein errichtet, die flach gegeneinander geneigten Pultdächer sind mit Welleternit gedeckt und in dunklem Grau von den hellen Mauern abgesetzt. Auch die Eingangstüren und Fenster bilden dunklere Farbkontraste, wurden damals jedoch von den Eigentümern individuell in einem farblichen Spektrum zwischen Grau und Blau gefasst. Vielfalt herrscht auch im Inneren der einzelnen Häusern. Die Grundrisse und Raumdispositionen folgten jeweils den individuellen Wünschen und Ansprüchen der Bewohner. Es finden sich Häuser mit gleichgeschossiger Anlage, mit Split-Levels in geschossübergreifenden Räumen – neben traditionellen oder fließenden Grundrissen werden die Etagen mal durch ein- oder mehrläufige Treppen, mal durch Wendeltreppen erschlossen. Über großflächige Verglasungen wird eine Verbindung zwischen Innen- und Außenraum hergestellt. Jeder Hausteil besitzt eine große Terrasse, über die das Untergeschoss am abschüssigen Gelände belichtet

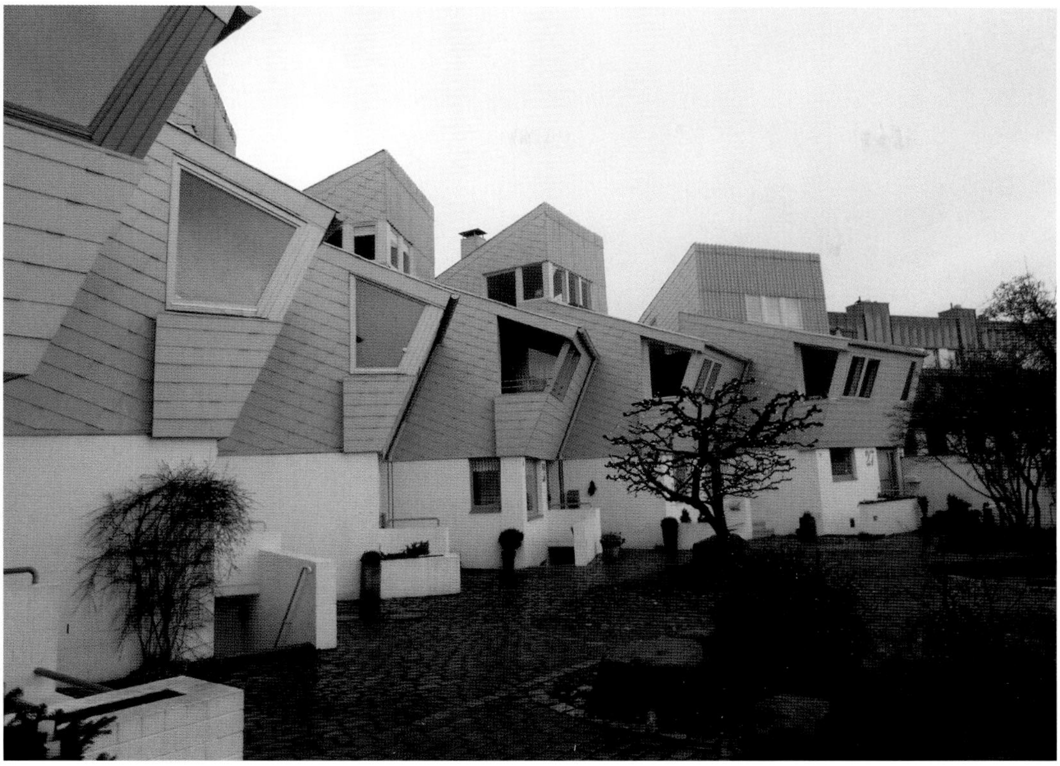

Abb. 6 Wohnhof Schilksee, Ansicht Hofseite 2018

und erschlossen wird. Die tortenstückförmigen Gartenflächen sind großzügig bemessen. Das Gemeinschaftshaus, ein vom Innenhof zugänglicher eigenständiger Bau, nimmt einen Versammlungsraum, ein kleines Schwimmbad und seit 2014 ein Blockheizkraftwerk auf. Der Wohnhof Schilksee erhielt 1979 den Preis des Bundes Deutscher Architekten Landesverband Schleswig-Holstein.

Ausgezeichnet wird die Wohnanlage durch die enge Verbindung von gemeinsam genutztem und privatem Raum, die jedem Bewohner gleichzeitig eine soziale Einbindung wie auch eine individuelle Sphäre verschafft. Durch die gelungene räumliche Verdichtung schufen die Planer in enger Zusammenarbeit mit den Bauherren ein ökonomisch höchst attraktives gemeinschaftliches Wohnmodell mit hoher Wohnqualität. Dass ein großer Teil der Gründungsmitglieder bzw. deren Erben das Wohnmodell und die Gebäude weiterhin pflegen, belegt das Funktionieren und die Nachhaltigkeit des damals als Experiment begonnenen Wohnprojekts.

Bastian Müller

1 Frei zitiert nach Kurt Gelhaar, Peter Hense, Klaus Sye: Moderne in Schleswig-Holstein. Eine Bautenauswahl, in: Der Architekt, Nr. 9, 1984, S. 415.

2 Vgl.: Freudvolle Gasse, in: Der Spiegel, Nr. 34, 1978, S. 168–171, und Grün vor dem Haus, in: Der Spiegel Nr. 30, 1978.

3 Dieter Haack (SPD), Bundesminister für Raumordnung, Bauwesen und Städtebau 1978–1982.

4 So zum Beispiel der Architektenkongress »Wohnen in der Stadt – Neue Wohnformen«, veranstaltet am 3.6.1978 in Westerland, Sylt von der Akademie der Architektenkammer Nordrhein-Westfalen und der Deutschen UNESCO-Kommission, vgl. Hans-Dieter Dyroff, Paul Tümena u. a.: Wohnen in der Stadt – neue Wohnformen, München 1979.

5 Hamburg Bau '78, Bauausstellung und städtisches Bauprogramm, vgl. Arndt Neumann: Unternehmen Hamburg. Eine Geschichte der neoliberalen Stadt, Göttingen 2018, S. 179–181.

6 Vgl. Einfamilienhäuser in verdichteter Bauweise. Vergleichende Untersuchung über städtebauliche und gebäudetypologische Möglichkeiten und deren Einfluss auf Nutzung und Wohnwert. Fraunhofer IRB Verlag Fraunhofer-Informationszentrum Raum und Bau, o. O. 1980, https://www.irbnet.de/daten/rswb/81079060036.pdf (16.12.2018).

Alternativ und innovativ

Siedlung Schafbrühl

Berliner Ring 39, 41, 43, 43/1, 45, 47, 49, 53, 57, 61, 65, 69, 73, 77
Tübingen
Baden-Württemberg

Architekten: Joachim Eble, Burkhard Sambeth, Wolfgang Oed, Gottfried Häfele
Bauzeit: 1984/85

Die 1984¬/85 verwirklichte Tübinger Mietwohnungssiedlung »Schafbrühl« zu Füßen der Hochhäuser einer Trabantenstadt ist die lehrbuchhaft gebaute Alternative zu ihrem Nachbarn: organische Strukturen, natürliche Baumaterialien, viel Grün und Raum für ein gesellschaftliches Miteinander und vor allem viele Entfaltungsmöglichkeiten für Kinder.

Ölkrise, Waldsterben, Tschernobyl: nur drei schlagwortartige Begriffe, die in den 1970er und 1980er Jahren die Grenzen des grenzenlos geglaubten Fortschritts ankündigen. Die Endlichkeit der Ressourcen und wachrüttelnde Umweltkatastrophen setzen einen ökologischen Wandel in Gang – global, aber auch lokal. Die Studentenstadt Tübingen ist eine Keimzelle der Ökobewegung: Bereits 1971 wird hier mit dem Bund für Umweltschutz (BfU) die erste Umweltorganisation in der Bundesrepublik Deutschland gegründet. Die lässig gekleideten, langhaarigen Ökos der Anfangszeit verstehen sich als Gegenreaktion zum Establishment. Sie verurteilen dessen leichtfertigen Umgang mit der Natur sowie dessen Fortschrittsgläubigkeit zulasten von Gesundheit und Wohlbefinden der Menschen. Die Ökos verfolgen einen alternativen Lebensstil, der über den Umweltschutz hinausgeht. In den 1980er Jahren hat die Bewegung ihren Höhepunkt er-

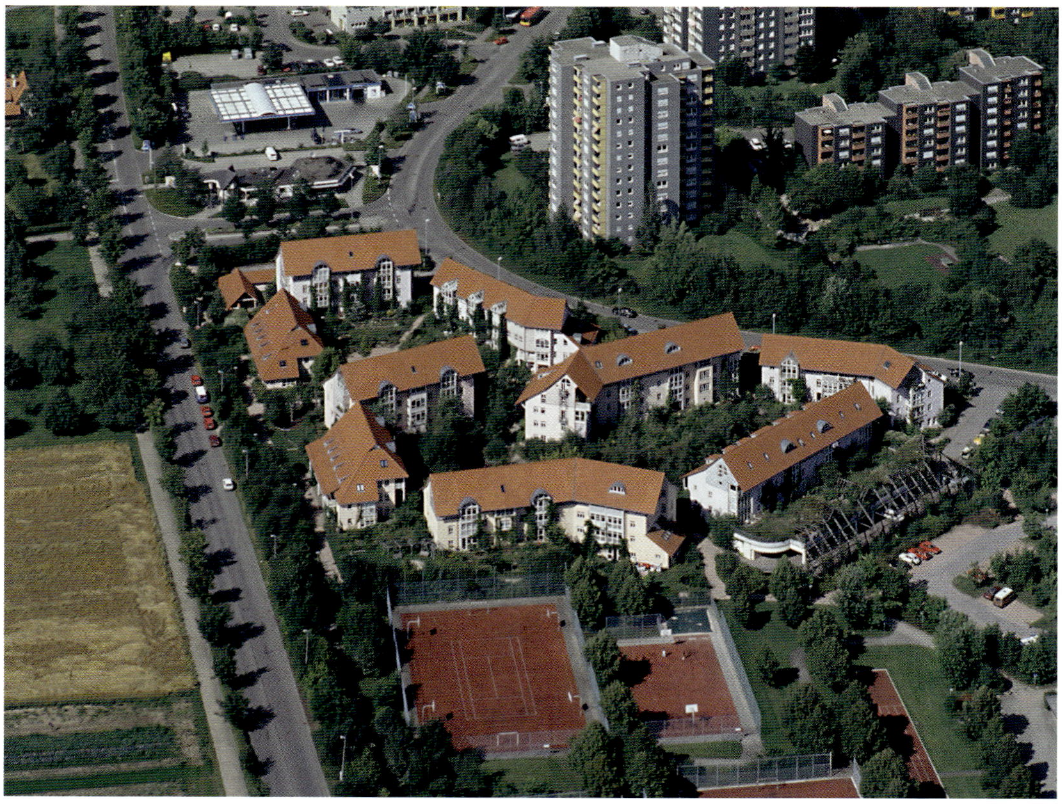

Abb. 1 Die Ökosiedlung Schafbrühl neben der Satellitenstadt Waldhäuser-Ost

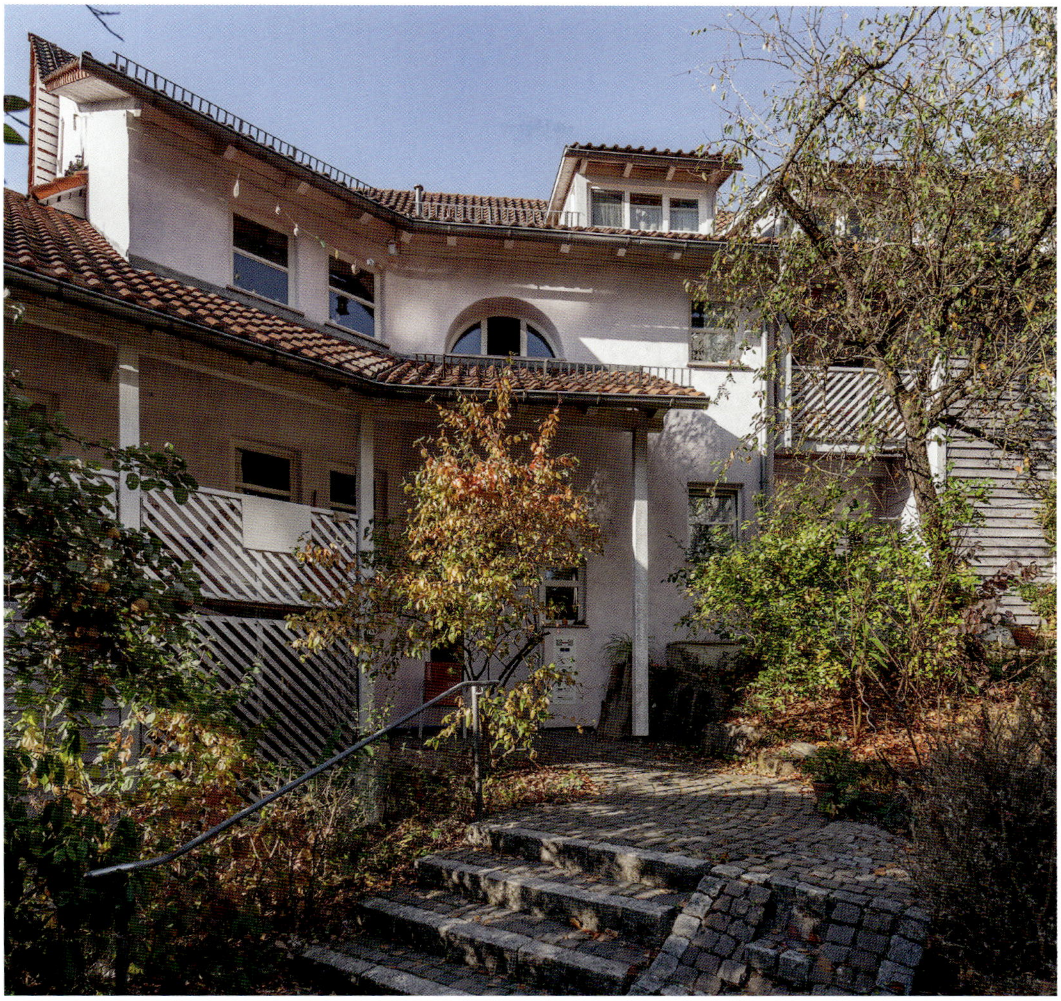

Abb. 2 Abwechslungsreiche Architektursprache und begrünte Wege, Aufnahme 2018

reicht und beginnt sich zugleich selbst zu etablieren: Die Partei »Die Grünen« wird gegründet, Greenpeace und andere internationale Organisationen kämpfen für mehr Ökologiebewusstsein.

Auch im Wohnungsbau verbreiten sich Bestrebungen, wieder bewusst im Einklang mit der Natur zu bauen, natürliche Materialien zu verwenden und die vorhandenen Ressourcen schonend zu nutzen. Nach ökologischen Gesichtspunkten entstehen zahlreiche exklusive Einfamilienhäuser und erste Siedlungen privater Bauherren. Es ist ein Glücksfall für Tübingen, dass sich bei der Planung des »Schafbrühls« alle Beteiligten – Bauherr, Architekten, Verwaltung – auf das Experiment einlassen, diese Prinzipien auch bei Mietwohnungen in Geschossbauweise umzusetzen. Dass diese damals neuartige Wohnform bis heute funktioniert, ist nicht nur den durchdachten baubiologischen Prinzipien zu verdanken, sondern auch der Berücksichtigung von sozialen Aspekten des menschlichen Zusammenlebens. Leitidee ist damals die Verwirklichung einer gebauten Ökogemeinschaft als soziales Modell.

Abb. 3 Grundriss mit dem Familienzimmer als Mittelpunkt, 1984/85

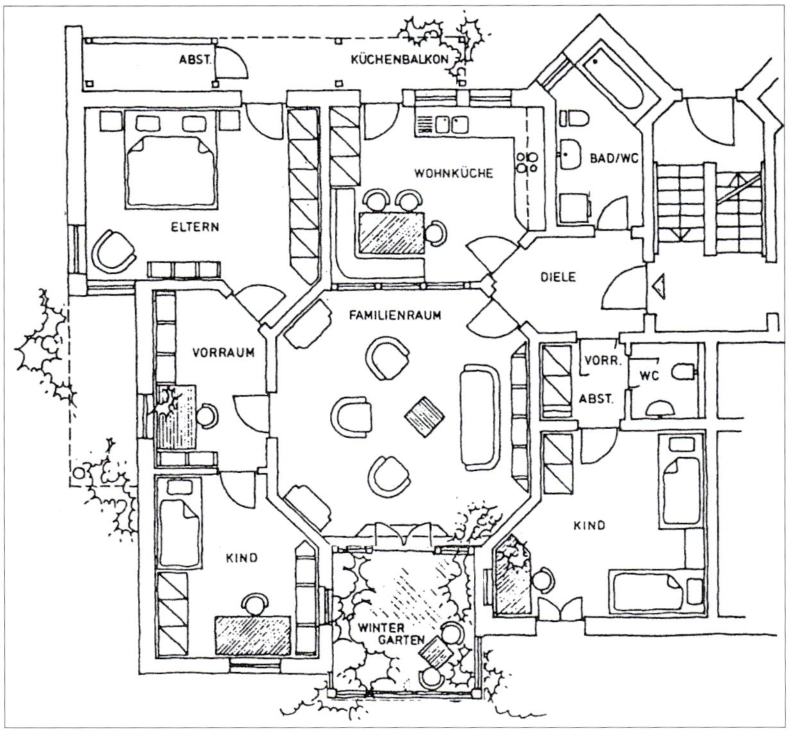

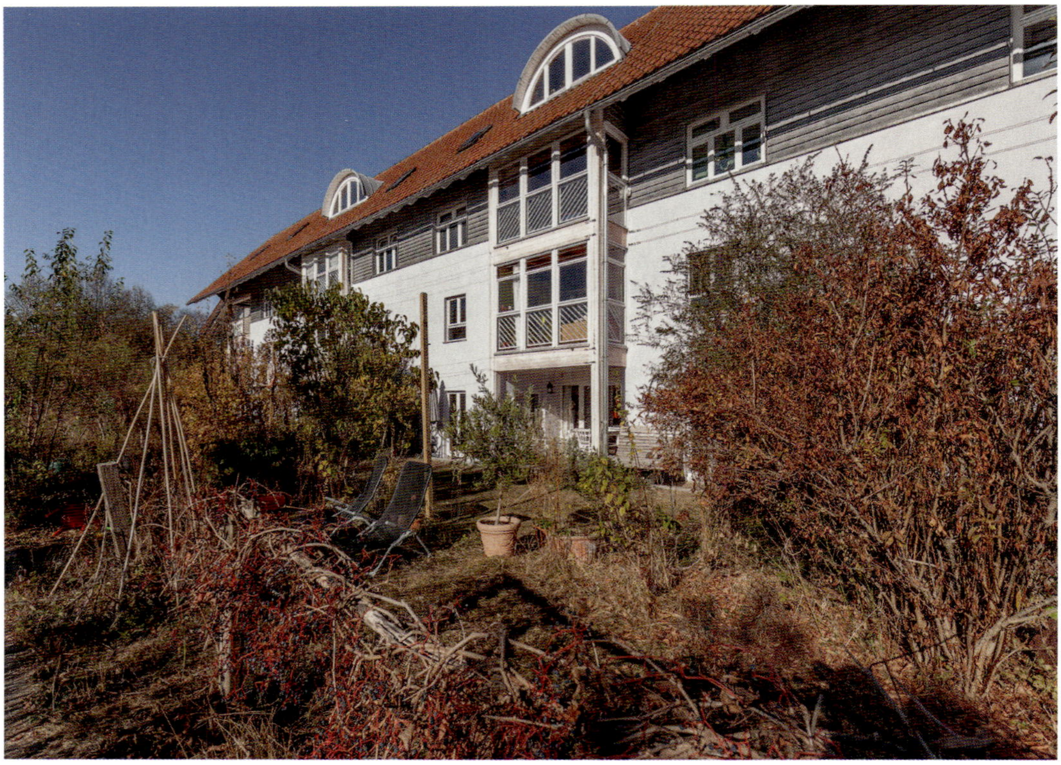

Abb. 4 Südfassade mit Wintergärten, Aufnahme 2018

Die Architekten Joachim Eble, Burkhard Sambeth, Wolfgang Oed und Gottfried Häfele aus Tübingen erhalten von der Karlsruher Lebensversicherung den Auftrag, auf dem Grundstück 107 Mietwohnungen und drei Gewerbeeinheiten unterzubringen. Die Planer orientieren sich in der Architektursprache an den ländlichen Bauten des nahegelegenen Weilers Waldhausen. Neun Gebäude gruppieren sich in organischer Anordnung um zwei begrünte Innenhöfe. In Randlage finden sich neben notwendigen Stellplätzen, Großraumgarage und Carport auch eine Kompostieranlage, Hasenställe wie auch begrünte Laubengänge entlang der Gehwege. Trotz der hohen Bebauungsdichte wird hier eine Siedlung von außergewöhnlicher Wohn- und Lebensqualität mit dem Streben nach einem dörflichen Charakter realisiert.[1]

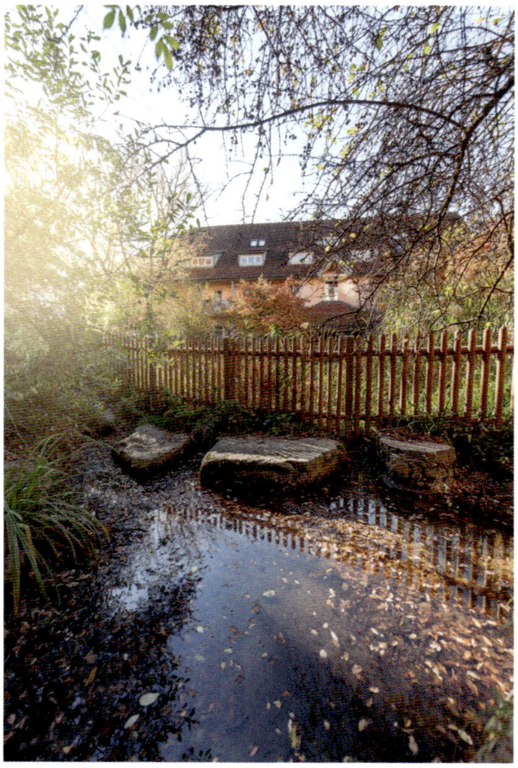

Abb. 5 Kleiner Weiher im Innenhof, Aufnahme 2018

Die Orientierung am Standort unter Berücksichtigung von Besonnung und Windrichtung bestimmen nicht nur die Anordnung und Höhenabstufungen der Gebäude zueinander, sondern auch die Grundrisse. Um die Sonnenenergie optimal zu nutzen, sind die (im Sommer zu Loggien umbaubaren) Wintergärten idealerweise nach Süden ausgerichtet. Im Norden liegen für gewöhnlich die Küchen, davor Küchenbalkone mit Abstellräumen. Ein verhältnismäßig hoher Prozentsatz der Wohnungen ist für Familien ausgelegt, daher wird großer Wert auf familiengerechte Wohnungsgrundrisse gelegt. Zentraler Raum ist in der Regel ein achteckiges Familienzimmer, sodass ein »Durchwohnen« der Grundrisse stattfindet. Die Wände sind »atmungsaktiv« durch Kalkfarben im Inneren und aufwendige Lasurputze an der Außenfassade. Wo der Wind rauer bläst, sind die Dächer weiter nach unten gezogen, die Gebäude hier zum Teil nur ein- bis zweigeschos-

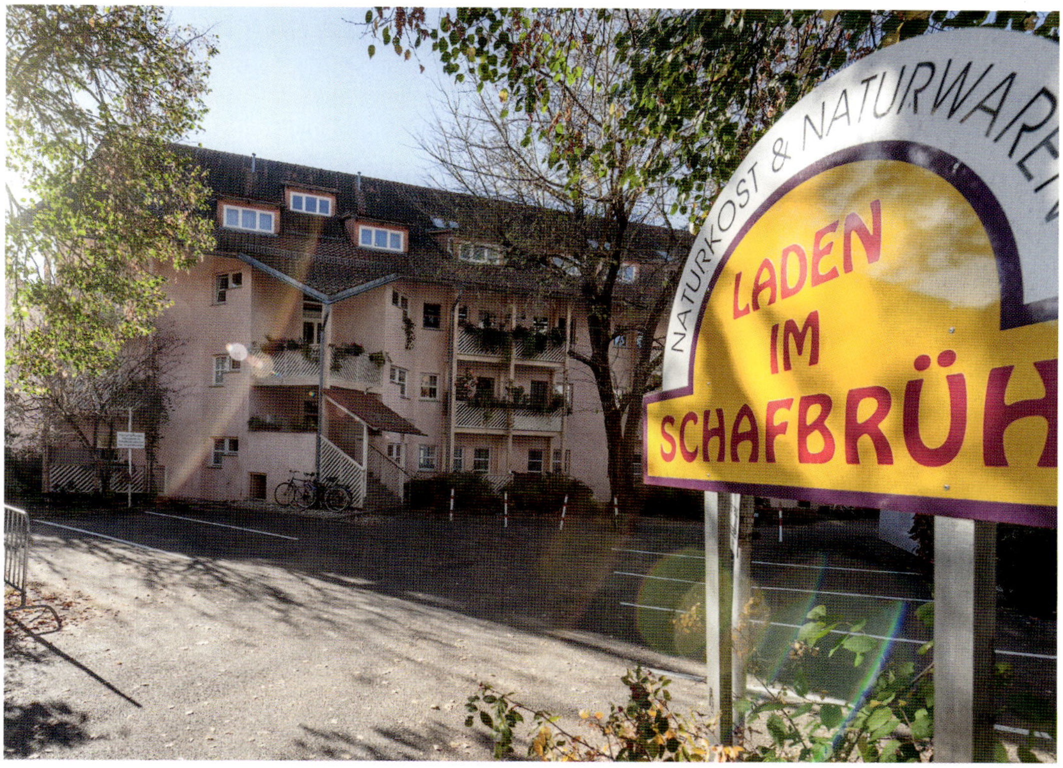

Abb. 6 Der Ökoladen als beliebter Treffpunkt in der Siedlung, Aufnahme 2018

sig. Zu den sonnigen Innenhöfen dagegen öffnen sie sich in bis zu vier Geschossen mit den großen Glaserkern der Wintergärten, die im Sinne der damals vorherrschenden Postmoderne teilweise nach oben halbrund abgeschlossen sind. Allzu aufwendige oder gar modische architektonische Gestaltung wird nicht eingesetzt. Vielmehr ergeben sich hier verschiedene Gebäudetypen in unterschiedlicher Farbgebung, die das Bild eines gewachsenen »Dorfes« verstärken sollen.

Wichtig für das soziale Miteinander ist auch der öffentliche Freiraum, der deshalb in seiner Gestaltung die größtmögliche Aufmerksamkeit erfährt. So sind die beiden Innenhöfe nach pädagogischen Grundsätzen von Hugo Kükelhaus gestaltet: Das Erfahren und Erleben aller Sinne steht im Mittelpunkt. Die Wasserinstallationen gehören zu den ersten Projekten von Herbert Dreiseitl, ein heute weltberühmter und international agierender Landschaftsarchitekt. Für die Grünanlagen werden ausschließlich heimische Gehölze und alte Obstsorten gewählt. Außerdem gibt es kleine private Hausgärten, die den Erdgeschosswohnungen zugeordnet sind.

Der »Schafbrühl« in Tübingen war und ist bis heute ein nicht nur in der Fachwelt vielfach beachtetes Wohnprojekt. Zahlreiche Publikationen und renommierte Architekturpreise zeugen von seiner Wertschätzung. Es handelt sich um eine Pionierleistung im ökologischen Siedlungsbau, aber auch um eine gebaute Sozialidee. Die Ökosiedlung ist wegweisend für einen neuen, nachhaltigen Städtebau, der sich bewusst als Gegenmodell zu den Siedlungen der Nachkriegsmoderne mit ihrer damals sehr kritischen Rezeption positioniert. Zahlreiche ökologische Wohnprojekte im In- und Ausland gehen auf diese Wurzeln zurück.

Sabine Kraume-Probst

1 Kurt E. Becker, Martin Greiffenhagen, Klaus Waltenbauer: Realisierte Alternative – Wohnen auf dem Schafbrühl in Tübingen, Forum Bauen und Leben Bd. 8, Bonn 1992; Sylvia Greiffenhagen: Die Ökologische Siedlung »Schafbrühl« in Tübingen, in: Schwäbische Heimat, Nr. 43, 1992, S. 212–221.

Wider die Monotonie – Wohnen und die documenta

documenta urbana

Hans-Leistikow-Straße, Heinrich-Lauterbach-Straße, Heinrich-Schütz-Allee, Hermann-Mattern-Straße
Kassel
Hessen

Bauzeit: 1980–82

Architekten:

- Otto Steidle und Partner
- Herman Hertzberger
- Dieter Patschan, Asmus Werner und Bernhard Winking
- Hinrich Baller und Partner
- Heinz Hilmer und Christoph Sattler
- Roland Rainer
- Johannes Olivegren, Raimund Herms
- ASB-Arbeitsgruppe Stadt/Bau (Baufrösche)
- Planungskollektiv Nr. 1 Berlin

Am westlichen Stadtrand von Kassel wurde 1982 ein neues Quartier bezogen, das im Namen nicht nur den Titel der weltberühmten Kunstausstellung documenta trägt, sondern sich auch mit seinen unkonventionellen neuen Gestaltungs- und Wohnideen der vorherrschenden Monotonie des Massenwohnungsbaus mutig entgegenstellte.

Die Einbindung der Baukunst in die Kasseler Kunstausstellung documenta beschäftigte deren Gründer Arnold Bode (1900–1977) schon seit Ende der 1950er Jahre. 1966 verfestigte sich in Bodes Konzepten der Begriff einer »documenta urbana«, ohne dass aber diese Idee konkretisiert und zeitnah realisiert werden konnte.[1] In der Öffentlichkeit erschien der Terminus »documenta urbana« erstmals in einem Interview, das Bode im Vorfeld der documenta 6 gab.[2] Er verstand diesen Begriff als Hinwendung zu Architektur und Umwelt im Rahmen einer von ihm vorgeschlagenen dritten Ausstellungsabteilung zum Thema Raum. Bode

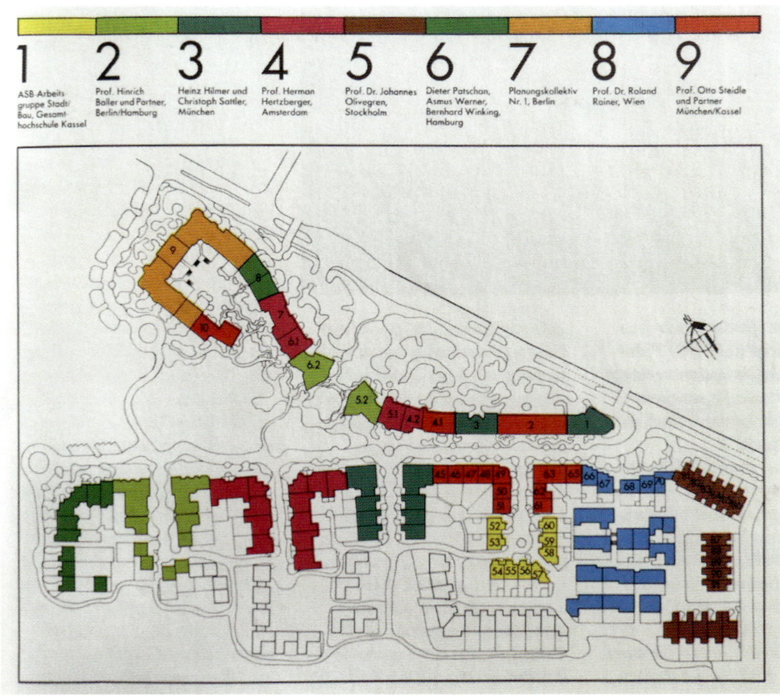

Abb. 1 Lageplan des 1. Bauabschnitts nach ursprünglicher Planung, 1982

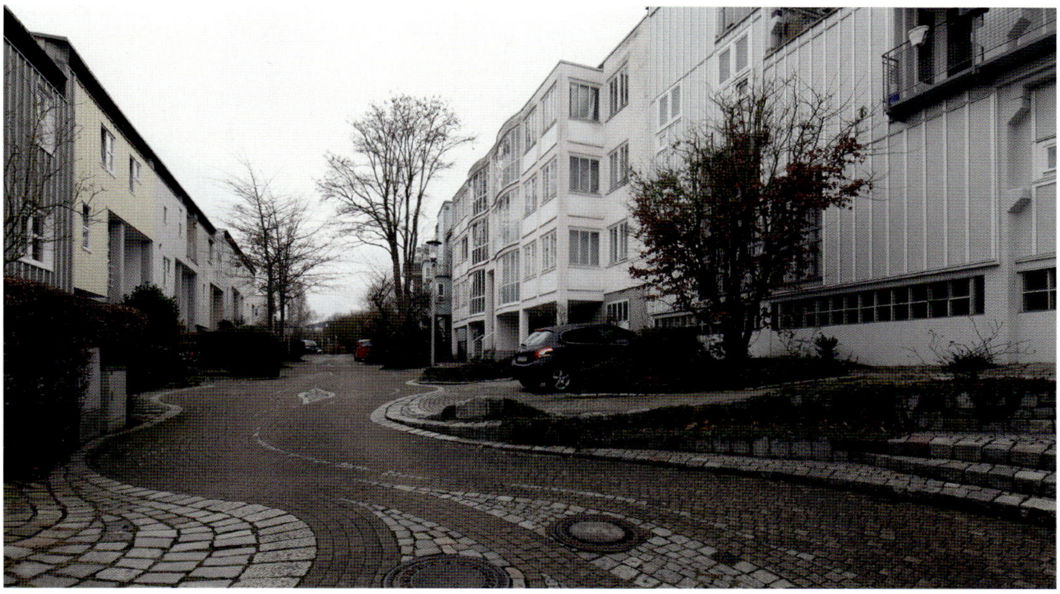

Abb. 2 Gesamtansicht der Hermann-Mattern-Straße

war allerdings bei der Ausstellung nicht mehr federführend und erlebte auch die langwierige Planung und Realisierung seines städtebaulichen Projektes »documenta urbana« nicht mehr. Nach Bodes Tod schlug Hans Eichel, damals Oberbürgermeister von Kassel, vor, »das Andenken Bodes durch Tat« in Ehren zu halten und nach Möglichkeiten zur Realisierung von dessen Ideen zu suchen.[3] Unter Bodes Titel »documenta urbana« wurde schließlich 1978 ein in der Gemarkung Niederzwehren gelegenes Neubaugebiet des sozialen Wohnungsbaus in Angriff genommen.

Im Sommer 1979 fand ein Kolloquium mit acht in- und ausländischen Architekten statt, die in Kassel ihre Vorstellungen von »zeitgemäßer und richtungsweisender Wohnarchitektur«[4] präsentierten. Einer der Beteiligten lobte: »Was wir einzeln in Europa schon mal gebaut haben, können wir hier zusammenführen […].« Dazu weiter die Lokalzeitung: »Die Aufgabe stellt sich, die Erzeugnisse unterschiedlicher gestalterischer Handschrift zu einem annehmbaren Gesamtgebilde zu fügen. Dem Raum zwischen den Gebäuden, der Straße, gilt dabei das besondere Interesse.«[5] Dabei sollten sowohl bei Miete als auch beim Erwerb kostengünstige »Lösungen mit hohem Wohnwert« in einem Wohnumfeld von Qualität entstehen. Als Gutachter wirkten zu-

Abb. 3 Otto Steidle & Partner, Hermann-Mattern-Straße 4

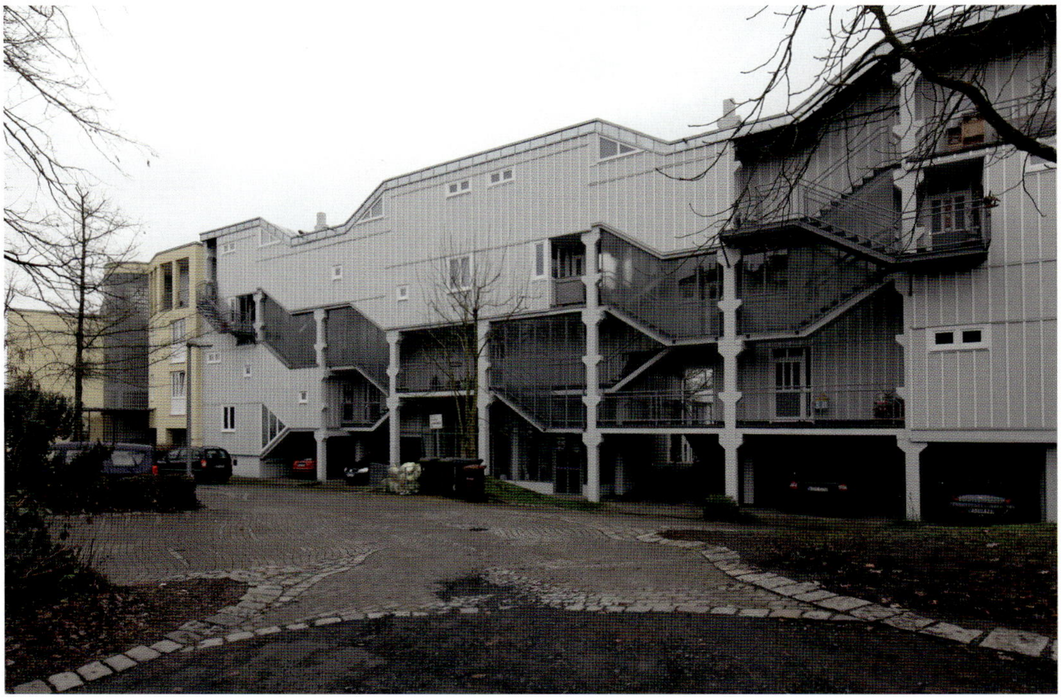

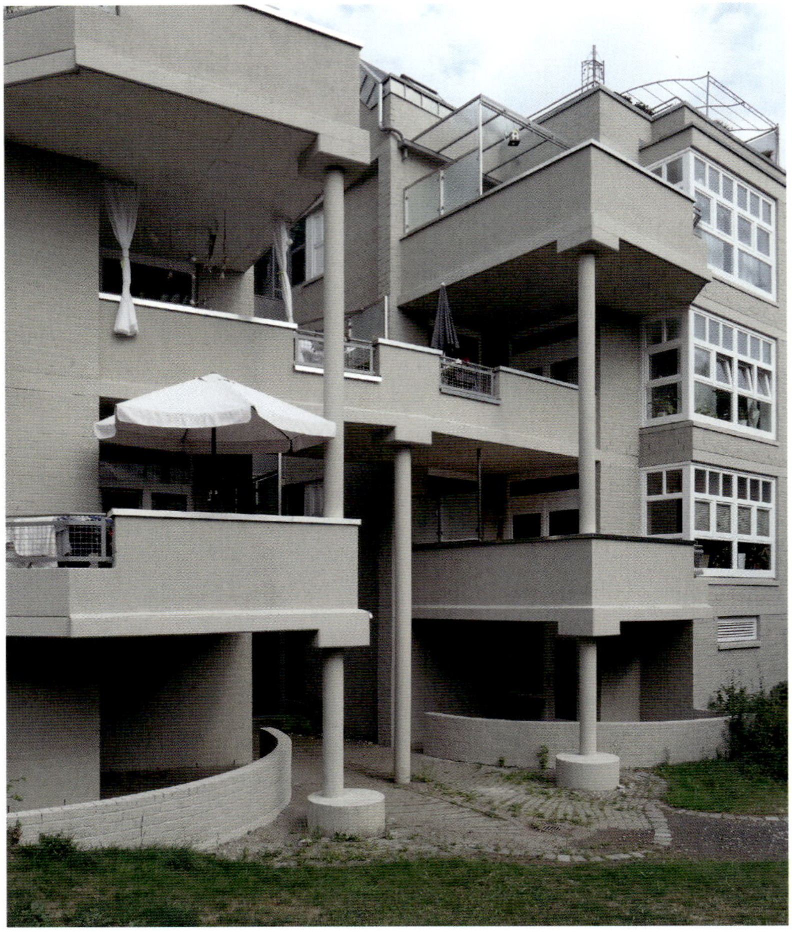

Abb. 4 Herman Hertzberger, Heinrich-Schütz-Allee 244

Abb. 5 Hinrich Baller & Partner, Heinrich-Schütz-Allee 242

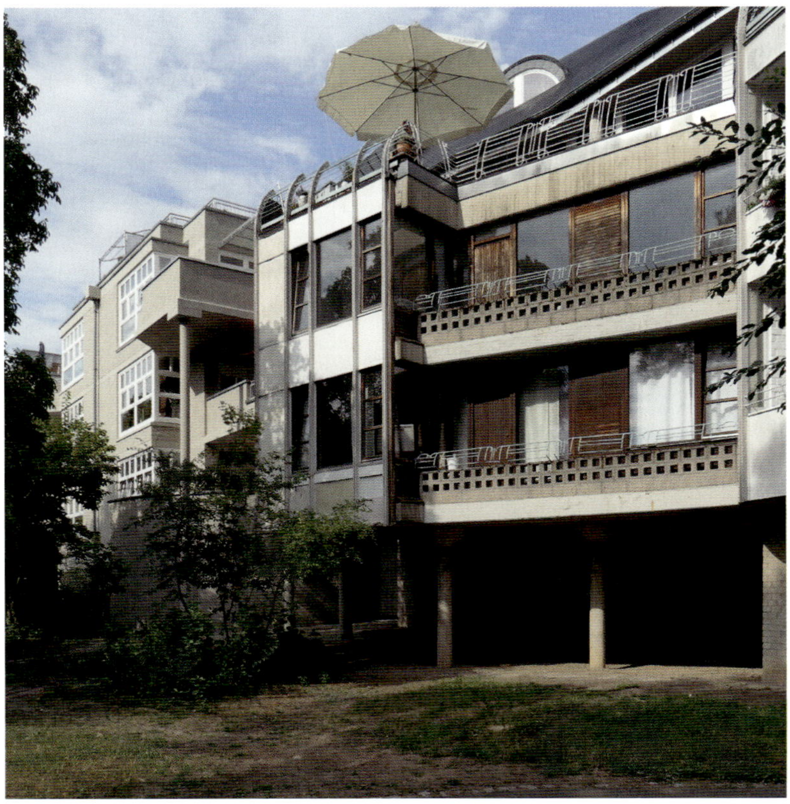

nächst die Architekten Baller und Winking (Hamburg) sowie Wehrhahn (Berlin). Später wurde ein prominent besetzter Beirat für die planerischen, gestalterischen, sozialen, ökologischen und künstlerischen Belange installiert, der die Arbeit für die Stadt Kassel begleitete. Als Bauträger engagierten sich die Neue Heimat und die städtische Wohnungsbaugesellschaft GWG. Ende 1979 präsentierten die Architekten ihre Entwürfe öffentlich in einer Ausstellung.

Zur Grundsteinlegung am 25.9.1980 war von 124 öffentlich geförderten und 72 frei finanzierten Wohneinheiten im ersten Bauabschnitt die Rede, für den neun Architekten die in ein gemeinsam erarbeitetes Gesamtkonzept eingepassten Entwürfe geliefert hatten.[6] Zur halboffiziellen Eröffnung im Laufe der documenta 7 am 15.8.1982 waren 137 Wohneinheiten fertig oder im Bau. Am Ende der documenta 7 hatte man etwa 50.000 Besucher in dem Neubaugebiet gezählt.[7] Im Ausstellungskatalog war das Bauprojekt freilich nicht enthalten; es gehörte nicht zum offiziellen Programm. Der seinerzeit veröffentlichte Plan des ersten Abschnitts wurde nicht vollständig realisiert; der Weiterbau erfolgte nach anderen Detailplänen, das Projekt kam ins Stocken. 1984 gab es schließlich 89 Mietwohnungen sowie 13 Eigentumswohnungen und 35 Eigenheime.

Die Organisation von Planen und Bauen erfolgte ohne Ausschreibung durch die beteiligten Architekten in einem kooperativen Modell – sicherlich eine Rarität. Im Übrigen wurde ausschließlich für das Wohnen geplant, es gab und gibt keine Läden und Gewerbeflächen, abgesehen von einem Künstleratelier. Um die angestrebte Individualität der Architektur sowohl innen als auch außen zu wahren und gleichzeitig ein stimmiges Gesamtbild zu erreichen, mussten alle Planer und Entwerfer aufeinander zugehen und waren auf Kompromisse angewiesen.

»Im Rohbau fertig ist vor allem das Kernstück, die sogenannte Schlange, eine zusammenhängende Reihe von drei- bis viergeschossigen Wohnhäusern, die sich in gekrümmter Linie an der Hangkante entlangbewegt und an ihrem nordwestlichen Ende einen u-förmigen Haken schlägt. Der Haken umschließt einen Anger. Schon die Wortwahl, Anger und nicht Platz, enthält einen Hinweis auf den erstrebten Charakter der Siedlung. Das Heil kommt, wie so häufig heute, aus der Vergangenheit. Die direkten Vorbilder für einen landschaftsbezogenen, sozial hochwertigen Siedlungsbau stammen aus den 1920er Jahren. Die gefühlsmäßigen Assoziationen gehen weiter zurück. Sie teilen sich in Begriffen

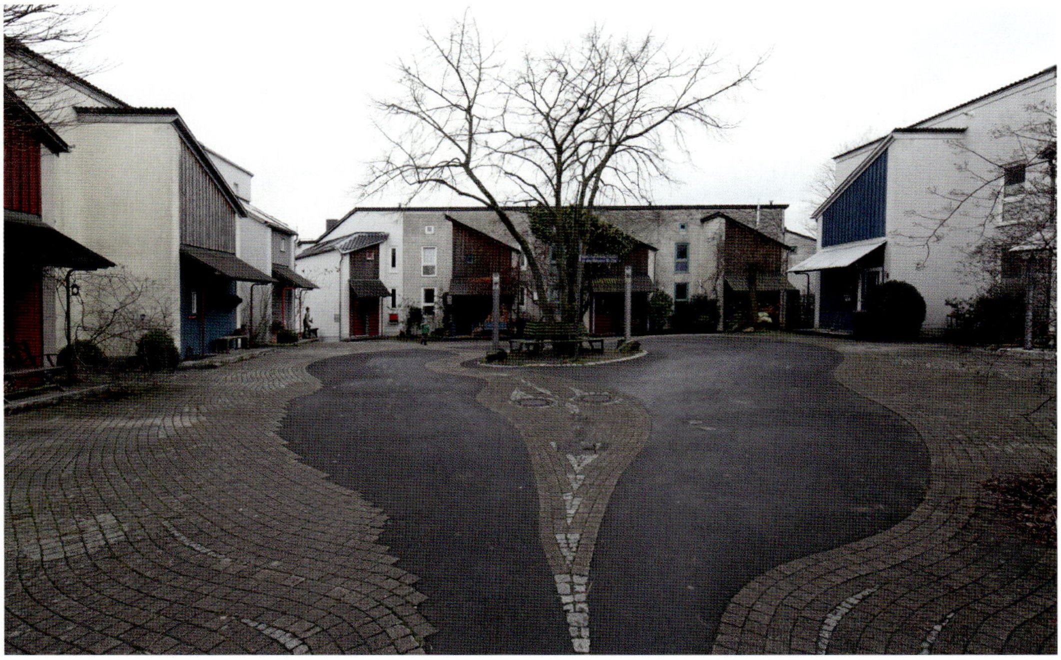

Abb. 6 Büro Baufrösche, Hans-Leistikow-Straße mit Häusern des 1. Bauabschnitts

mit wie Anger und Hof, Tor und Erker. Mit ihnen verbindet sich die Vorstellung eines sowohl privat behüteten wie auch sozial intensiven Wohnens. Die Leitidee ist dialektisch. Und die architektonischen Formen spiegeln diese Dialektik von Offenheit und Geschlossenheit, Einheitlichkeit und individueller Selbständigkeit.«[8] Die gewollte Kleinteiligkeit ist bis heute erkennbar und macht einen großen Teil der architektonischen und städtebaulichen Qualität des Ensembles aus.

Auch aus ökologischer und sozialer Sicht war und ist die Siedlung bemerkenswert. In einem Haus wurde eine Wärmepumpe eingebaut, ein Blockheizwerk versorgt die Wohnungen mit Wärme, und in den lichten Treppenhäusern gab und gibt es Gemeinschaftsräume. Auf dem flachen Dach der Baugruppe Heinrich-Schütz-Allee 248–258 wurden Gewächshäuser platziert; auch auf anderen Gebäuden entstanden Dachgärten. Das Konzept der Wohnungserschließung durch Laubengänge wurde mehrfach variiert. Die Häuser unterscheiden sich durch die Verwendung unterschiedlicher Bau- und Fassadenmaterialien.

Die Straßen sind gewunden, bei der Pflasterung aus Verbundsteinen wurden organische Ziermotive eingefügt. Die Grünanlage südlich des Angers wurde durch Hügel modelliert, eine kleine Wasserkaskade lädt zum Spielen ein.

Heute besticht die documenta urbana nicht nur durch ihr immer noch eindrucksvoll vielseitiges Gesamtkonzept, sie ist auch ein wichtiges Zeugnis der architektonischen und gesellschaftlichen Entwicklungen ihrer Zeit.

Thomas Wiegand

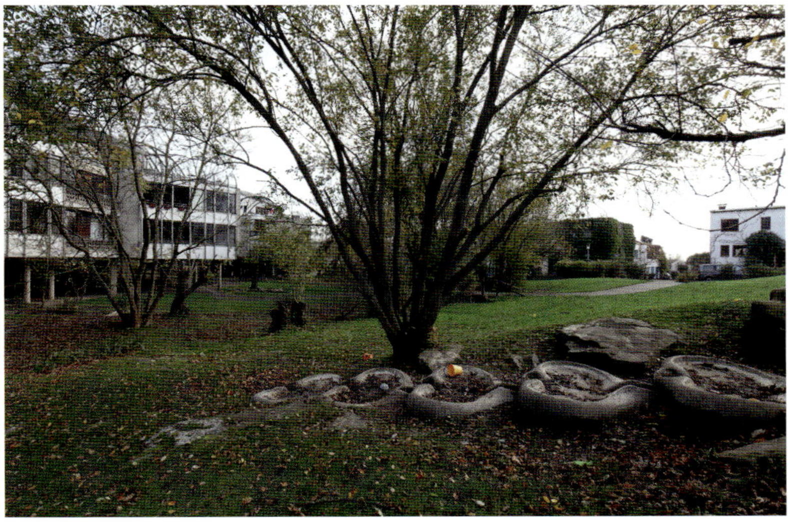

Abb. 7 Raimund Herms, Grünfläche zwischen der »Schlange« und dem Rand der Dönche

1 Sandra Dotlic: documenta urbana. Arnold Bode und die Genese einer Idee der Vermittlung von Gestaltung gebauter Umwelt. Eine Rekonstruktion in Dokumenten, Kassel 2010 (Diss.), S. 125ff. und S. 79ff.
2 Hessische Allgemeine Kassel (künftig: HA), 16.11.1973.
3 HA 7.10.1977.
4 HA 12.7.1979.
5 HA 9.6.1979.
6 Kassels »Schöne Aussicht« im Bau. documenta urbana, Themenheft von: Stadt – Monatshefte für Wohnungs- und Städtebau, hrsg. v. Vorstand der Unternehmensgruppe Neue Heimat, Heft 8/1982.
7 HA 16.8.1982 und 24.9.1982.
8 HA 17.4.1982.

5

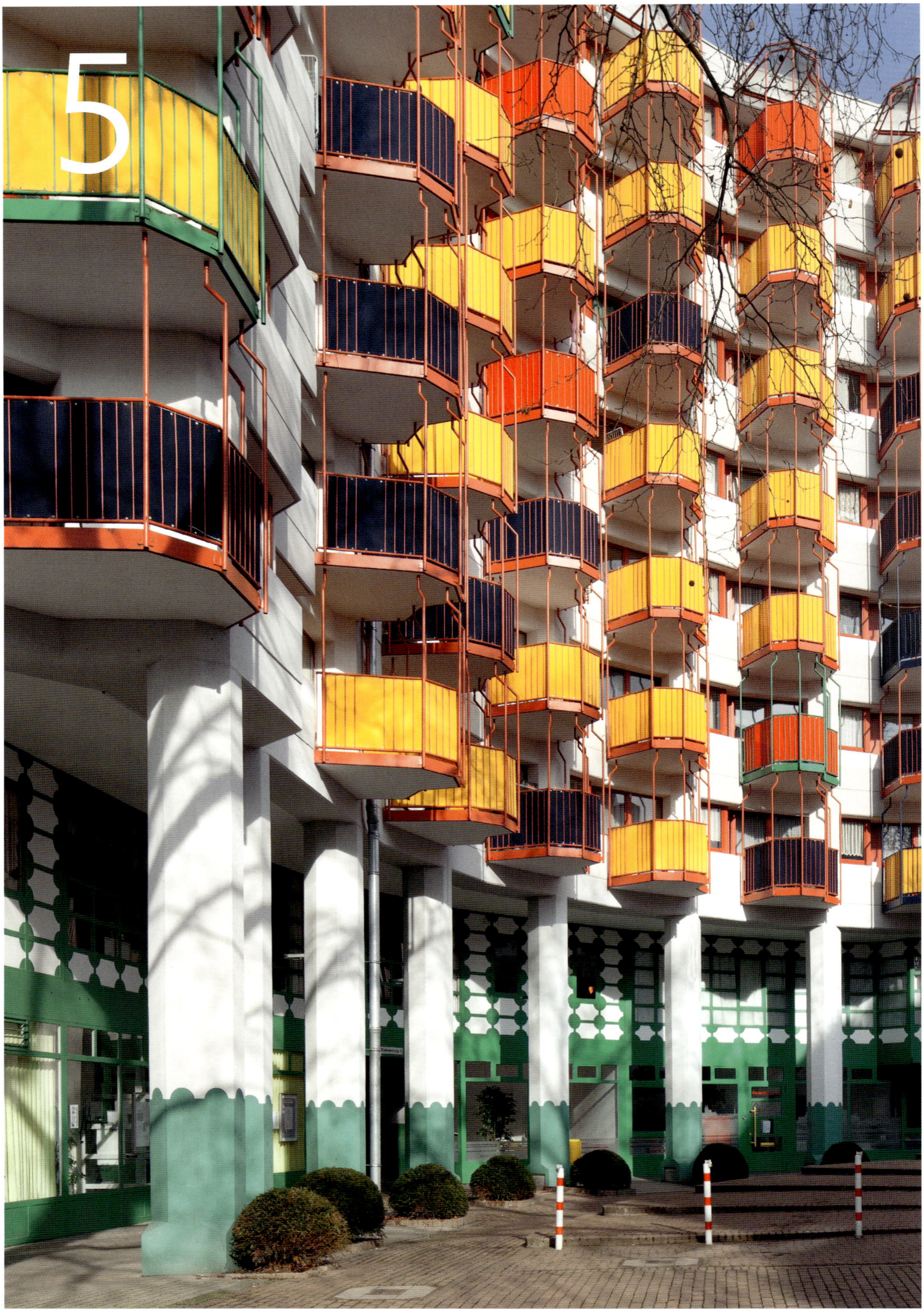

Big is beautiful

Ausreichender Wohnraum war eines der drängenden Probleme im Städtebau der 1960/70er Jahre. In nahezu jeder größeren Stadt entstanden große Neubausiedlungen. War in den 1950er Jahren noch die aufgelockerte, gegliederte Stadt das Leitbild, so setzte in den 1960er Jahren ein Paradigmenwechsel zu Urbanität durch Dichte ein. Charakteristisches Kennzeichen von Großsiedlungen dieser Zeit ist die Trennung der Verkehrsarten, häufig eine Ringerschließung mit Sackgassen für den motorisierten Verkehr sowie Fußgängerwege in Grünanlagen. Typisch ist auch die Durchmischung mit Bauten verschiedener Größenordnung, unterschiedlicher Grundrissstruktur sowie differenzierten Eigentumsverhältnisse, z. B. Hochhäuser inmitten von Teppichsiedlungen. Eine sehr bewusste Freiflächengestaltung und eine eigene Infrastruktur mit Geschäftszentrum, Schule und Kirche kommen hinzu. Im Westen werden die städtebaulich dominanten »Leuchttürme« der neuen Siedlungen oft von renommierten Architekten geplant. Im Osten wird in der Regel das Plattenbausystem der DDR angewandt.

Schon bald ernteten die Großsiedlungen heftige Kritik: Ihre »Unwirtlichkeit« wurde bemängelt, ihr fehlender menschlicher Maßstab, ihre monotonen Baustoffe, ihre Anonymität. Das Märkische Viertel in Berlin wurde regelrecht zur Zielscheibe. Auch andere Großwohnsiedlungen wie die Neue Vahr in Bremen, Neuperlach in München oder Halle-Neustadt waren und sind berühmt-berüchtigt. 1971 schafften es die ungeliebten »Trabantenstädte« gar in einen Band der Asterix-Reihe.

In den letzten Jahren und auch weiterhin wird im Rahmen von Sanierungsmaßnahmen in das originale Erscheinungsbild und die zeitgenössische Struktur der Siedlungen massiv eingegriffen. Wohl kaum ein Beispiel dieser Großsiedlungen wird im ursprünglichen Zustand erhalten bleiben. Auch wenn sie als Zeugnisse des Städtebaus des 20. Jahrhunderts prinzipiell im Gesamten betrachtet werden sollten, so muss sich die Denkmalpflege in der Praxis vielerorts auf die markanten und noch gut überlieferten Renommierobjekte beschränken. Um die immer noch negativ konnotierte, aber sehr produktive Phase des Städtebaus der Nachkriegszeit als historisch kulturellen Wert ins Bewusstsein aller zu rufen, bedarf es jedoch weiterer Partner.

Martin Hahn

Zwischen Stadtlandschaft und Urbanität

Stadtteil Detmerode

John-F.-Kennedy-Allee, Konrad-Adenauer-Allee, Theodor-Heuss-Straße u. a.
Wolfsburg-Detmerode
Niedersachsen

Architekten: Alvar Aalto, Paul Baumgarten, Toni Hermanns, Dieter Oesterlen, Hans Scharoun, Georg Wellhausen und andere
Bauzeit: 1961–70

Als Gegenentwurf zum städtebaulichen Leitbild des totalitären NS-Regimes, das in den zentralen Bereichen von Monumentalität, Axialität und Symmetrie gekennzeichnet war, entstand der Stadtteil Wolfsburg-Detmerode zwischen 1961 und 1970. Obwohl bereits kurz nach Fertigstellung als formal und den Anforderungen an einen Stadtorganismus wenig entsprechend geschmäht, sind die architektonischen Qualitäten einiger Quartiere und Einzelbauten dank städtischer und bürgerschaftlicher Initiativen heute noch authentisch erlebbar.

Im Jahr 1938 wurde die Stadt Wolfsburg, zu der die Großsiedlung Detmerode gehört, als *Stadt des KdF-Wagens* gegründet. Für die Standortwahl des Gebietes östlich von Fallersleben war neben der guten Verkehrslage am Mittellandkanal und dem weiten Hinterland vor allem die »wehrgeografisch« günstige Lage in der Mitte des Reiches ausschlaggebend.[1] Mit dem Entwurf der Stadt wurde Peter Koller, der ehemalige Kommilitone Albert Speers, auf dessen Empfehlung hin betraut.[2] Dieser sah nördlich des Mittellandkanals das Werk mit einer Schaufront nach Süden, Erweiterungsflächen nach Norden und Werkseingängen im Westen und Osten vor. Daraus leitete sich wiederum das städtische Verkehrsnetz ab: eine Schmalseitenerschließung mit der Hauptzufahrt zur Stadt von Süden. Bestehende Höhenunterschiede wurden durch ringförmig geführte Straßen überwunden, ergänzt mit einer Achse, die auf die zukünftige Stadtmitte auf einer Anhöhe, allein mit Parteigebäuden bebaut, fluchten sollte. Diese hierarchischen Planungsprinzipien setzten sich, unter dem Primat von Symmetrie und Monumentalität, im Stadtinneren in Form höherer und dichterer mit nach außen hin nied-

Abb. 1 Stadt Wolfsburg, Modell Detmerode, 1965

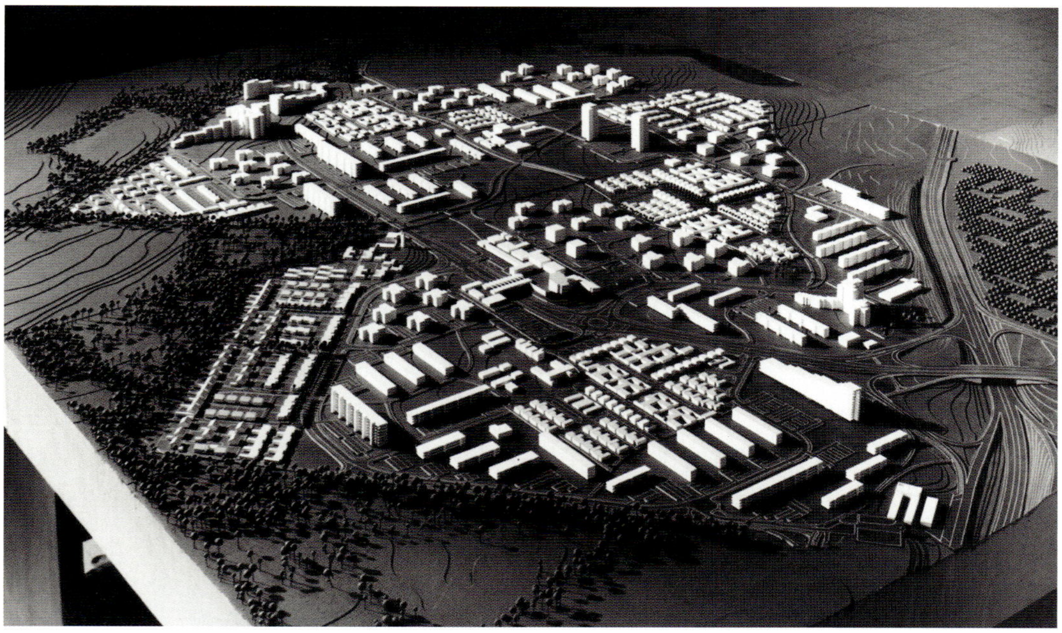

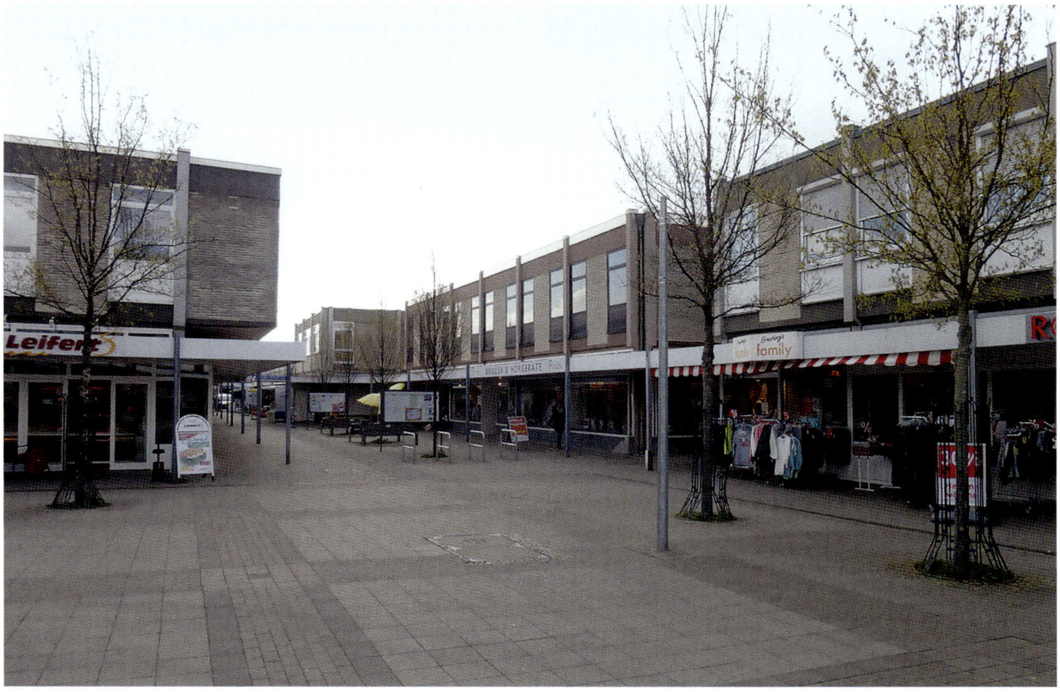

Abb. 2 Georg Wellhausen, Ladenlokale, 1963–69

rigerer und offenerer Bebauung fort, die gleichermaßen in die Landschaft auslief. Die einzelnen Siedlungsteile waren durch Grünzüge voneinander getrennt.

Unter diesen Planungsmaximen war die Bebauung des sogenannten Mörse-Vierecks, also in etwa des Geländes des heutigen Detmerode, bereits 1938 zur Bebauung vorgesehen. Aber erst der starke Bevölkerungsanstieg und die Auslastung innerstädtischer Bebauungsbereiche nach dem Zweiten Weltkrieg führten 1961 zur Wiederaufnahme der Vorkriegsplanungen durch den neuen Stadtbaurat Rüdiger Recknagel.[3] Aus einem beschränkten städtebaulichen Wettbewerb gingen Paul Baumgarten und Walter Rossow aus Berlin als Sieger zur Weiterbearbeitung der Planungen hervor. Bereits im Mai 1962 wurde deren durch das Stadtplanungsamt nochmals überarbeiteter Entwurf als Grundlage für einen Bebauungsplan beschlossen. Wie gingen die Planer nun mit den vorliegenden Entwürfen, die als »politisch belastet« gegolten haben dürften, um? Zunächst wurde

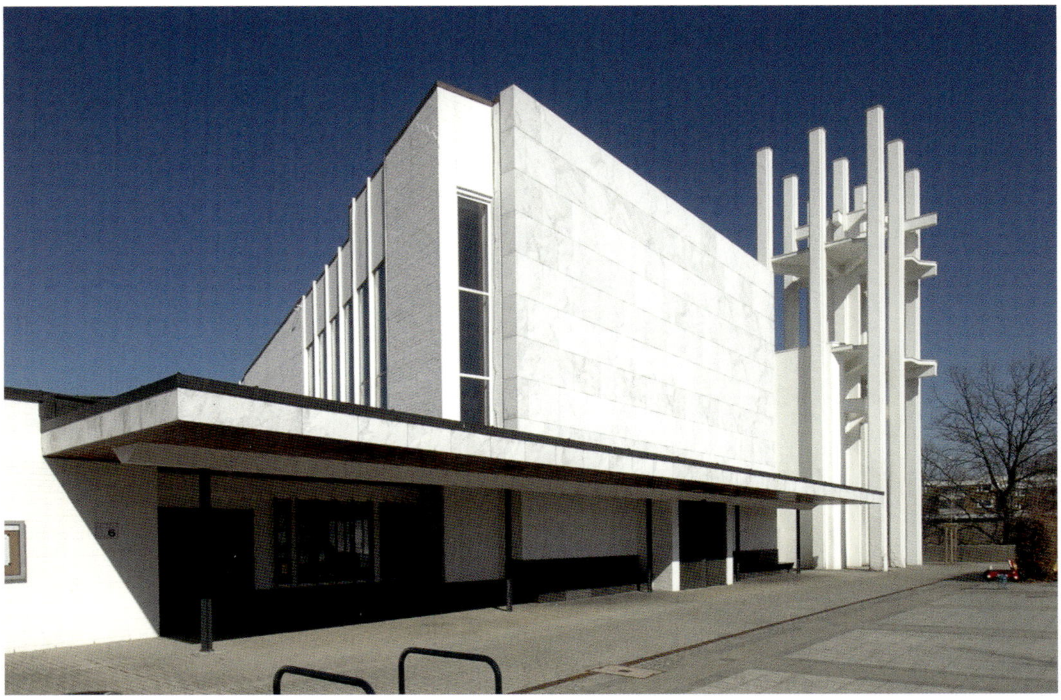

Abb. 3 Alvar Aalto, Stephanuskirche, 1965–1968

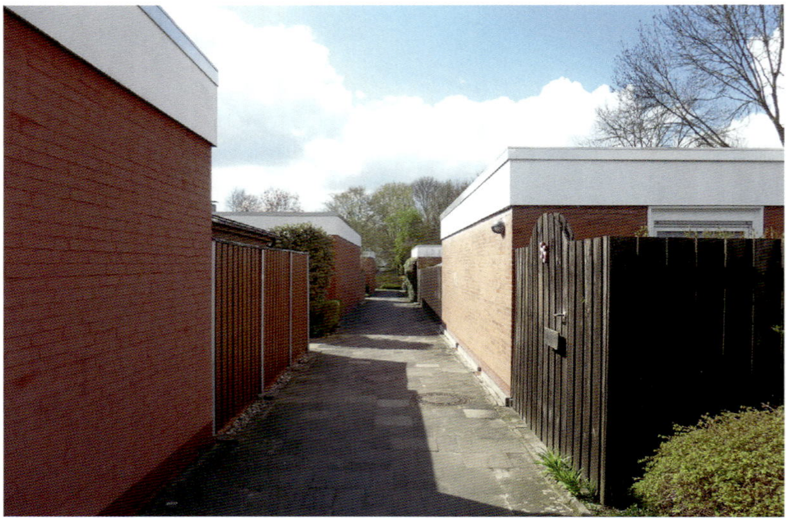

Abb. 4 Einfamilienhausquartier, 1965/66

die neue Siedlung nach einer Wüstung auf dem Gebiet des zukünftigen Stadtteils in *Detmerode* umbenannt.[4] Das durch Grünzüge begleitete, vormals als »organisch« bezeichnete Erschließungssystem mit der konsequenten Trennung von Fahr- und Fußgängerverkehr wurde beibehalten. Wesentliche formale Planungsprinzipien erfuhren jedoch eine Umkehr: So wurde die Gesamtdisposition der Siedlung asymmetrisch konzipiert und in drei »Nachbarschaften« mit jeweils 5.000 Einwohnern unterteilt. Diese wurden durch unterschiedliche Gebäudetypen wie Punkt- und Kettenhochhäuser, ein Stufenhochhaus, Zeilenbauten und Einfamilienhäuser gebildet.[5] Deren Anordnung sieht eine Höhenentwicklung an den Rändern der Siedlung vor und soll damit, nach Bekunden der Planer, einem möglichen Auseinanderfließen der Siedlung in die Landschaft vorbeugen. Eine solche Disposition, die an seinerzeit höchst aktuelle niederländische Vorbilder anknüpft, widerspricht konventionellen Vorstellungen von Urbanität und erfordert einen neuartigen Umgang mit der architektonischen Fassung des öffentlichen Raums. So sah die zeitgenössische Publizistik denn auch die »Gefahr der Entöffentlichung«: »Hier entsteht bei mittiger Zentrumslage die widersprüchliche Verdichtung der Ränder und eine Verdünnung gerade der öffentlichen Bereiche.«[6]

Einzelne Gebäude sind durch Architekten von internationalem Renommée entworfen und errichtet worden, so die evangelisch-lutherische Stephanuskirche von Alvar Aalto, das sogenannte Schwedenhochhaus von Dieter Oesterlen oder der Stephanuskindergarten von Hans Scharoun. Die Errichtung der Einfamilienhäuser begann 1962/63 mit einem Architektenwettbewerb, in dem 13 regionale Architekturbüros zur Erarbeitung von Entwürfen für Reihen-, Ketten- und Gartenhofhäusern jeweils verschiedener Größen, aber einheitlicher Höhen aufgefordert wurden. Die prämierten Entwürfe wurden anschließend auf einer »Architektenmesse« der Bevölkerung gezeigt und an Interessierte vermittelt. So entstanden beispielsweise verschiedene Bereiche, die als hervorstechendes Baumaterial roten

Abb. 5 Einfamilienhausquartier, 1966/67

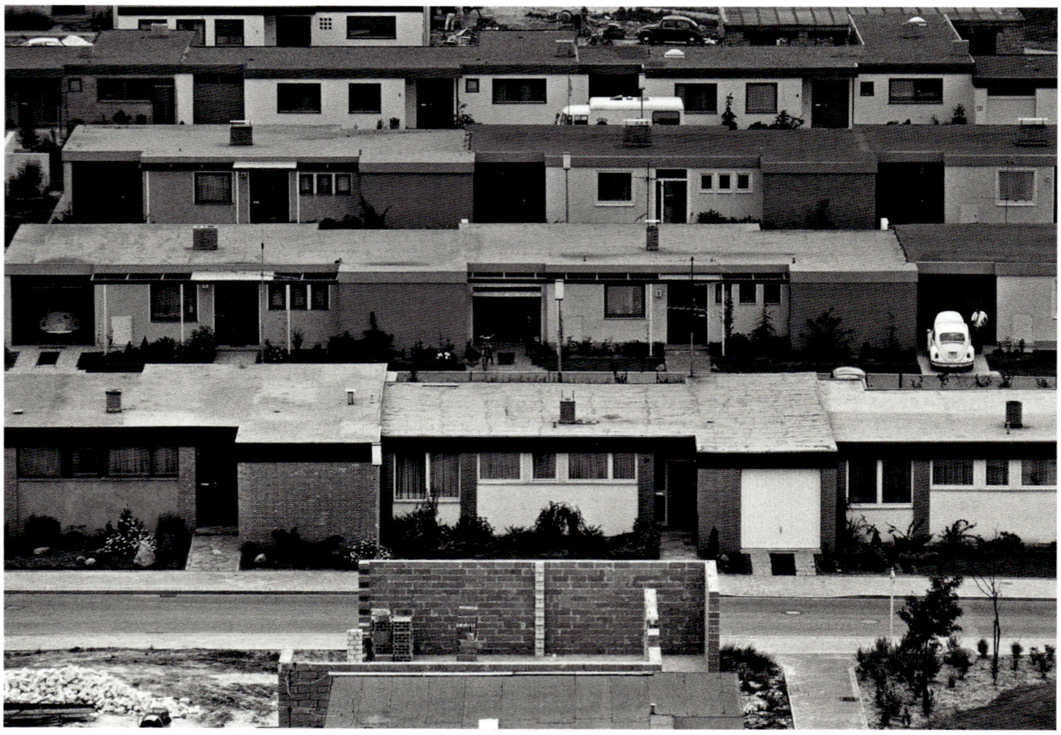

Backstein aufweisen. Wiederholend aneinandergereihte ein- bis anderthalbgeschossige Bauten unter Flachdach mit breiter weißer Attika prägen hier das Straßenbild. Unterbrochen werden die Wandflächen von weißen Holzfenstern und -türen mit lisenenartiger Gliederung. Davor befindet sich jeweils das Eingangspodest aus zeittypischem Waschbeton, das von begrünten, nicht eingefassten Freiflächen begleitet wird.

Durch Bündelung bzw. Koordinierung der einzelnen Bauherrenwünsche konnte Wohnraum nunmehr in Großserie und damit wirtschaftlich gewinnbringend produziert werden. Das Bauen an der Kranbahn, das den rechten Winkel erfordert, ist Ausdruck der Rationalisierung auch im Wohnungsbauwesen;[7] handwerkliche Fertigungsmethoden wurden durch industrielles Bauen ersetzt. Gleichzeitig gelang es damit, die enorme Zahl an Wohnungsbedürftigen in den Nachkriegsjahrzehnten zu versorgen und dabei die Wohnfläche pro Kopf sowie den Wohnkomfort zu steigern. Im später errichteten Stadtteil Westhagen verstärkte sich gemäß der zeitgenössischen städtebaulichen Leitbilder die in Detmerode schon angelegte Tendenz zur Verdichtung der Baumassen und damit einhergehenden Reduzierung der Grünflächen. Die Siedlung Detmerode kann damit als Verbindungsglied zwischen dem Leitbild der »gegliederten und aufgelockerten Stadt« der 1950er und frühen 1960er Jahre, der Stadtlandschaft und der anschließenden Planungsmaxime »Urbanität durch Dichte« der späten 1960er und 1970er Jahre gelten. Sie ist ein eindrucksvolles und gestalterisch vielfältiges Exempel einer Großsiedlung der Nachkriegsmoderne.

Maja Albert

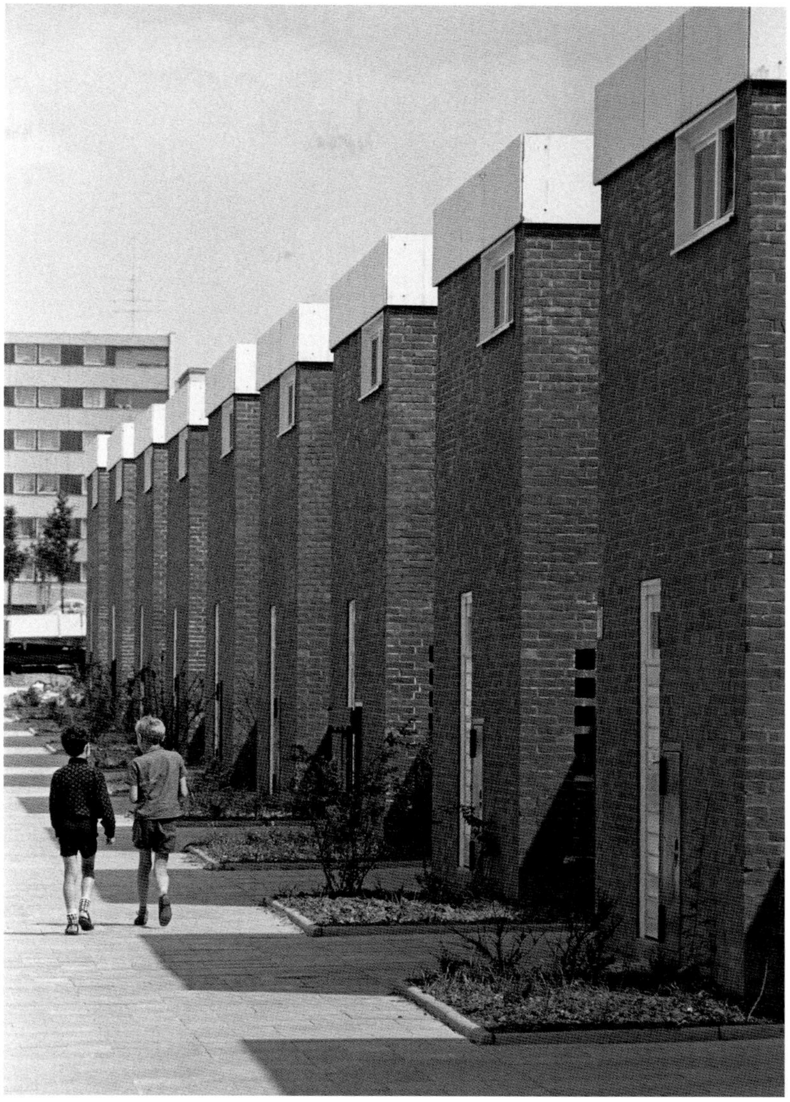

Abb. 6 Einfamilienhausquartier, 1965/66

1 Werner Durth: Städtebau und Weltanschauung, in: Rosemarie Beier: Aufbau West – Aufbau Ost. Die Planstädte Wolfsburg und Eisenhüttenstadt in der Nachkriegszeit, Ostfildern-Ruit 1997, S. 35–50.

2 Sigurd Trommer: Peter Koller, Erbauer der Stadt des KdF-Wagens, Stadtbaurat von Wolfsburg, in: Beier (wie Anm. 1), S. 75–80.

3 Dietrich Kautt: Wolfsburg im Wandel städtebaulicher Leitbilder, in: Beier (wie Anm. 1), S. 99–110.

4 N.N.: Wolfsburg nach dreißig Jahren. Umrisse einer gegründeten Stadt. Sonderdruck. Bauwelt, 1968, S. 1343–1394.

5 Thomas Kellmann: Wolfsburg und Salzgitter – Stadtgründungen der 30er Jahre im Wandel städtebaulicher Leitbilder, in: Ensembleschutz und städtebauliche Entwicklung, hrsg. von der Vereinigung der Landesdenkmalpfleger in der Bundesrepublik Deutschland und dem Landesamt für Denkmalpflege Baden-Württemberg, Stuttgart 2001, S. 13–21.

6 Mechthild Schumpp, Manfred Throll: Wolfsburg-Detmerode. Porträt eines neuen Stadtteils, in: N.N. (wie Anm. 4), S. 1378 und S. 1362.

7 Holger Pump-Uhlmann: Einfamilienhausquartiere in Detmerode. Handlungsleitfaden für die Modernisierung, Wolfsburg 2014, S. 11.

Eine Mustersiedlung in Ost-Berlin

Siedlung Ernst-Thälmann-Park

Prenzlauer Berg
Berlin

Bauzeit: 1984–86

Architekten:

- E. Schröder, H. Stingl, D. Kabisch, D. Krause, M. Battke (Städtebau)
- D. Kabisch, G. Mantey, U. Weigert, M.Zumpe, U. Pommeranz (Wohnungsbau)
- E. Swora, G. Derdau, G. Mantey, H. Pautsch (Gemeinschaftseinrichtungen)
- Lew Kerbel (Thälmann-Denkmal)
- Baudirektion Berlin, Erhardt Gißke (Oberleitung)

Wenn die Politbüromitglieder der SED in ihren Limousinen von ihrem Wohnort in der Waldsiedlung Wandlitz (siehe 2.1 Wohnen im Kollektiv) über die sogenannte Protokollstrecke zum DDR-Regierungszentrum am Marx-Engels-Platz fuhren, begrüßte sie bei der Einfahrt in die Berliner Innenstadt die ausgestreckte Faust des monumentalen Ernst-Thälmann-Denkmals an der Greifswalder Straße. Für diese Begegnung mit dem von den Nazis ermordeten Kommunistenführer haben Erich Honecker und seine Genossen selbst gesorgt. Sie bestimmten das Gelände im nordöstlichen Prenzlauer Berg zum Standort des Denkmals und legten fest, dass eine neu zu erbauende Wohnsiedlung den Hintergrund für das Denkmal bilden und beide in einer Parklandschaft eingebettet sein sollten. Am Vorabend des 100. Geburtstags Ernst Thälmanns, am 15. April 1986, wurden Denkmal und Siedlung im Beisein der Polit-Prominenz der DDR eingeweiht.

Abb. 1 Das Thälmanndenkmal von Lew Kerbel vor Hochhäusern der Siedlung Ernst-Thälmann-Park

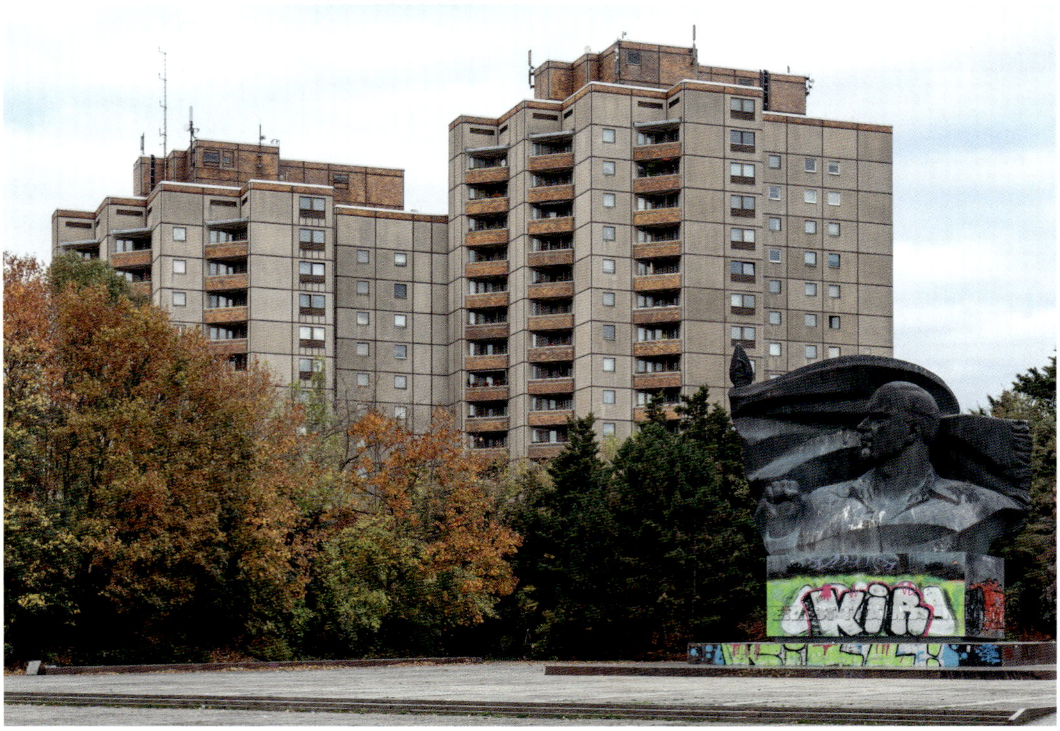

Die Siedlung Ernst-Thälmann-Park und das Thälmann-Denkmal waren Prestigeprojekte des Ausbaus Berlins zur Hauptstadt der DDR in den 1970er und 1980er Jahren. Der Hauptstadtausbau wurde seiner Bedeutung entsprechend nicht von der Berliner Stadtplanung, sondern von der Baudirektion Berlin des Ministeriums für Bauwesen der DDR unter der Leitung von Erhardt Gißke koordiniert. Die Ernst-Thälmann-Siedlung gehört damit zu einer Gruppe von Großprojekten wie dem Palast der Republik, dem Friedrichstadtpalast, dem Neubau der Charité, dem Centrum Warenhaus, dem Sport- und Erholungszentrum, dem Nikolaiviertel, aber auch dem Wiederaufbau des Gendarmenmarkts mit Schinkels Schauspielhaus.[1]

Die Siedlung Ernst-Thälmann-Park ist ein Konversionsprojekt. Ein über 100 Jahre altes Gaswerk mit stadtbildprägenden gemauerten Gasbehältern wurde für die Siedlung, unter Protest in der Bevölkerung, bis auf einige Verwaltungs- und Nebengebäude abgerissen. In die erhaltenen Gaswerksgebäude und einen neu erbauten Veranstaltungssaal mit Restaurant zog ein Kulturzentrum ein. Der Entwurf der Wohnsiedlung war das Ergebnis eines Wettbewerbs. Den Auftrag erhielt der VEB Wohnungsbaukombinat Berlin mit dem Generalprojektanten Helmut Stingel. Beteiligt wurde auch Manfred Zumpe von der Technischen Hochschule Dresden, der einen neuartigen Wohnhochhaustyp eigens für diese Siedlung entwickelt hatte.

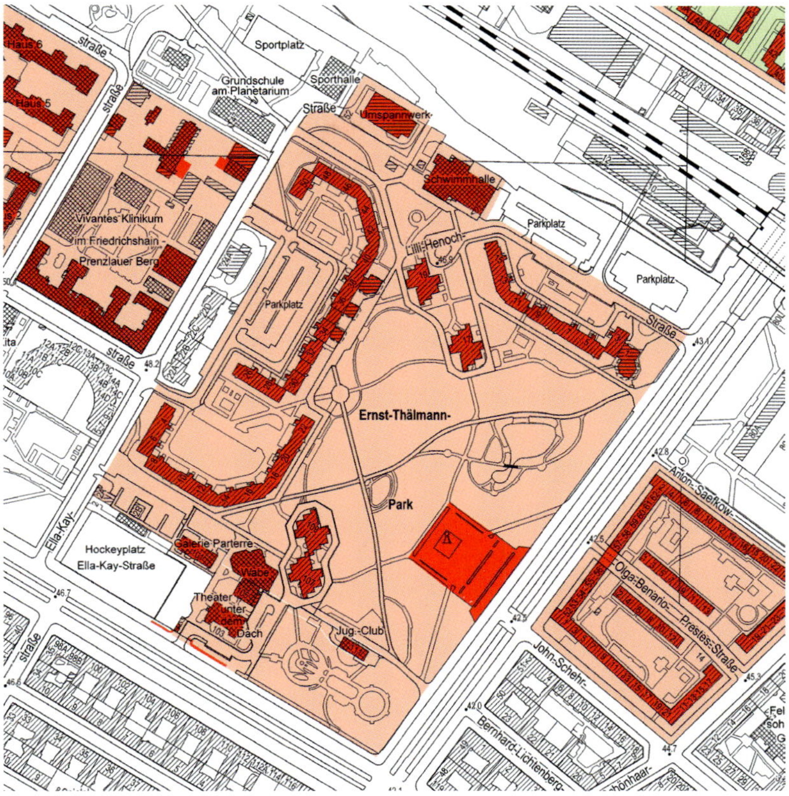

Abb. 2 Denkmalkarte Berlin, in der Mitte das Thälmann-Denkmal, der Park und die Siedlung Ernst-Thälmann-Park

Die städtebauliche Anlage der Siedlung erschließt sich am besten vom Lew Kerbels Thälmann-Denkmal aus. Das 14 Meter hohe und 15 Meter breite, monumentale Denkmal beherrscht einen Kundgebungsplatz an der Greifswalder

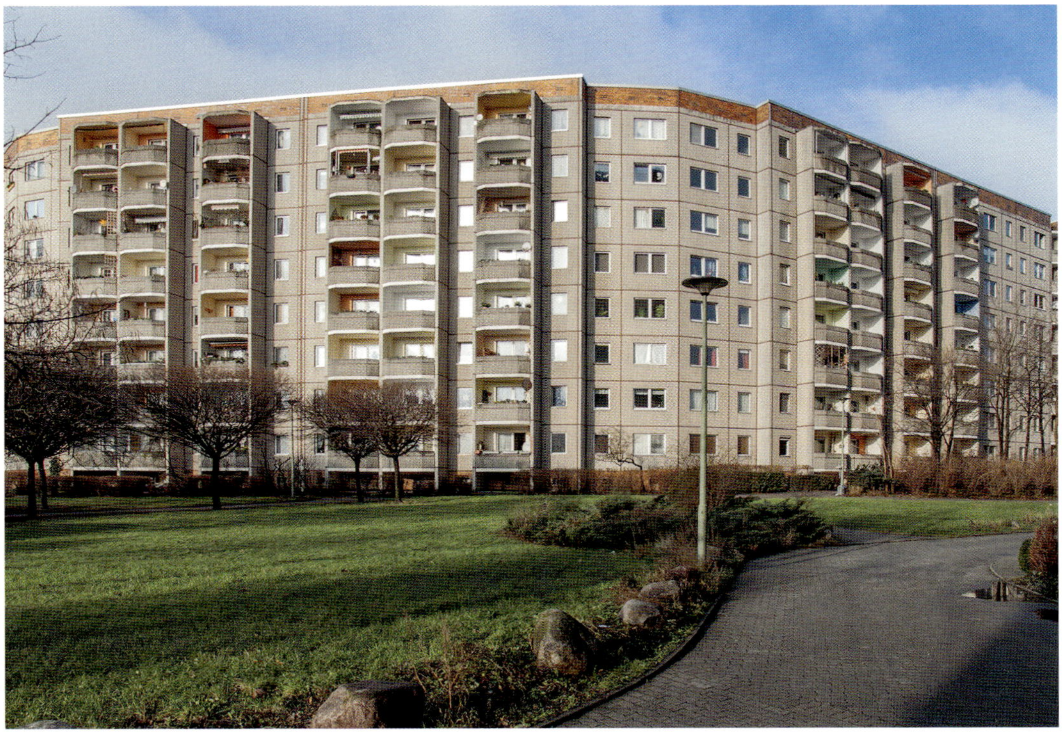

Abb. 3 Wohnbauten der Wohnungsbauserie 70 mit Winkelelement

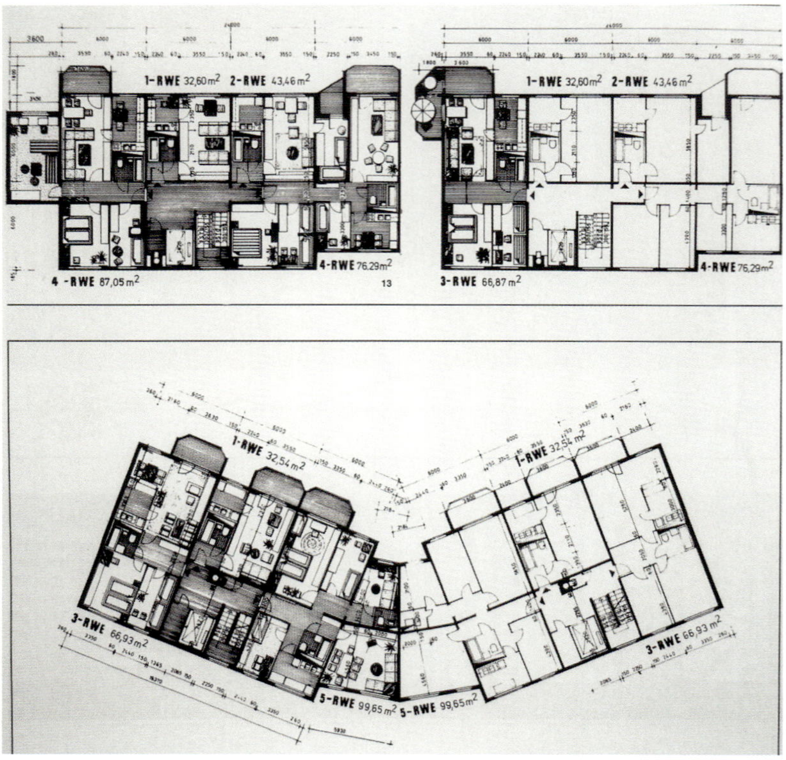

Abb. 4 Grundrisse der WBS 70-Bauten

Straße. Thälmanns Büste mit der Faust des Rotfrontkämpferbundes steht auf einem Granitsockel vor dem Hintergrund einer wehenden Fahne. Eingefasst ist das Denkmal von einem Ehrenhain. Die Siedlung hinter dem Denkmal ist wie ein Bühnenbild aufgebaut. Etwas zurückgesetzt flankieren zwei Hochhausgruppen das Denkmal, den Hintergrund bilden drei Gruppen aus abknickenden Wohnzeilen. Zur Siedlung gehörten neben der Parklandschaft und dem Kulturzentrum ein Schwimmbad, Gaststätten, eine Milch-Eis-Bar, Läden, Kindergarten, Sportplatz, Schule usw.

Obwohl die Ausführenden immer betont haben, dass bei der Siedlung die damals üblichen Wohnstandards eingehalten wurden, kann man die Ernst-Thälmann-Siedlung als einen Höhepunkt des »komplexen Wohnungsbaus« in der DDR bezeichnen. Dieser Begriff meint Wohnungsbau mit vollständiger sozialer Infrastruktur. Die Siedlung zeigt beispielhaft auf kleinem Raum, und vor allem vollständig ausgeführt, die Variationsmöglichkeiten, die das industrialisierte Bauen in der DDR bis Mitte der 1980er Jahre erreicht hatte.

Die Wohnzeilen mit 856 Wohnungen wurden nach dem etwas modifizierten System WBS 70 gebaut.[2] Anstatt 11-geschossig sind die Zeilen nur 8-geschossig, um mit den umliegenden historischen Bauten besser zu harmonieren. Durch Winkelelemente konnten die Normalblöcke mit drei bis vier Wohnungen pro Etage zu abknickenden Wohnschlangen gereiht werden. Die Winkelelemente ermöglichten es, neben den üblichen 1- bis 4-Zimmer-Wohnungen, Großwohnungen mit fünf Zimmern einzurichten. Gebäudeverbinder mit Durchgängen stellten die Durchlässig-

Abb. 5 Wohnhochhäuser «Ernst-Thälmann-Park«

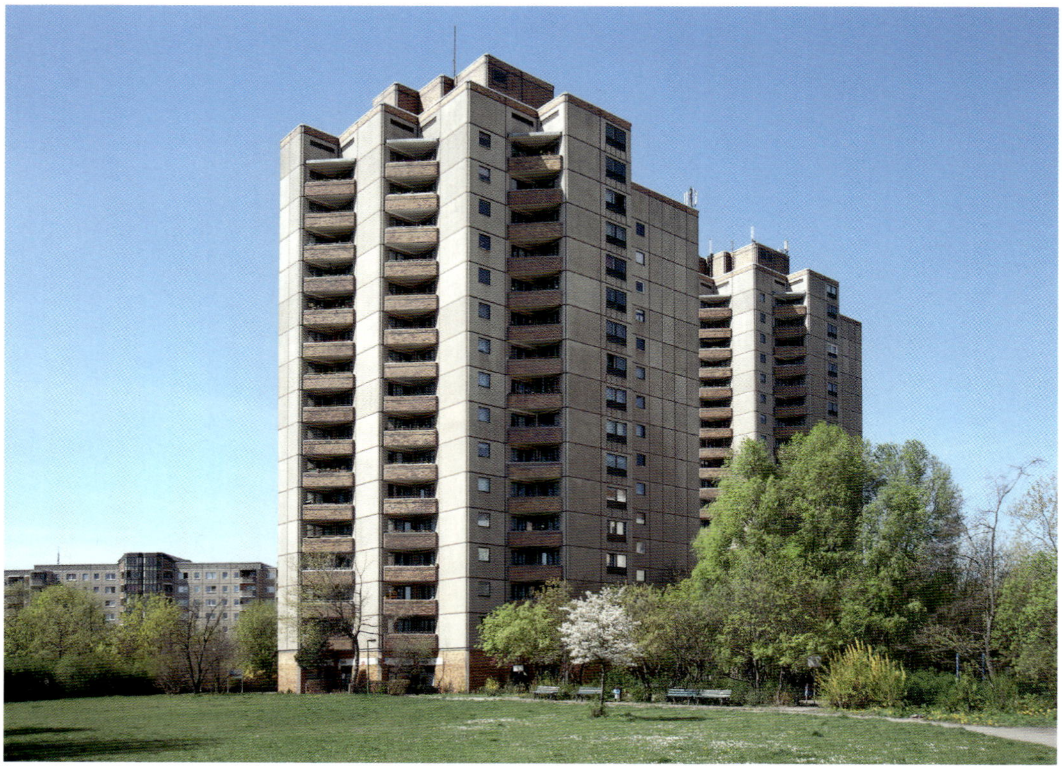

keit der Wohnanlage her. Neu hinzugefügte Gliederungselemente sind unter anderem verglaste Loggien, die in vier Fällen in den Dachbereich reichende Maisonettewohnungen mit Ateliers umfassen. Die Fassadenplatten wurden abweichend vom Standard in der Größe halbiert, um eine interessantere Fassadengestaltung und zusätzliche Balkone zu ermöglichen. Sockel-, Attika- und Eingangsbereiche sind mit Klinker verkleidet - eine Erinnerung an die historischen Gaswerksgebäude. Loggien-Brüstungen bestehen aus geriffeltem Sichtbeton, der auch für Mauern im Park genutzt wurde.

Die nordwestliche Wohnhausschlange besitzt drei sogenannte Funktionsvor- oder -unterlagerungen. Das sind in die Erdgeschosszone eingebaute Läden, deren Verkaufsräume weit vor die Fassade vorgezogen sind. Für den WBS 70-Wohnungsbau waren Dietrich Kabisch, Gerfried Mantey und Ulrich Weigert verantwortlich.

Die fächerförmig angelegten Wohnhochhäuser mit insgesamt 480 Wohnungen wurden 1984 von Manfred Zumpe extra für den Thälmannpark entwickelt, aber auch an anderen Stellen in Berlin gebaut. In zwei Gruppen zu je zwei Häusern rechts und links hinter dem Denkmal steigen sie von 12 über 15 zu 18 Geschossen an. Auch die Hochhäuser sind in Großtafelbauweise erbaut, die Erdgeschosszone ist jedoch vor Ort in Beton gegossen. Unter anderem durch den Einsatz von Ortbeton konnte das Elementsortiment des Baukastensystems für diesen Hochhaustyp gegenüber vergleichbaren Hochhäusern um die Hälfte verringert werden. Anders als die üblichen Hochhäuser auf rechteckiger oder quadratischer Grundfläche fächern sich die Häuser mit dreieckigen Loggien nach Westen und Osten auf. Pro Geschoss hat das Haus acht 1- bis 4-Zimmer-Wohnungen, wovon sechs mit Loggien ausgestattet sind. Zu den dreieckigen Loggien öffnen sich zwei Zimmer. Auch bei den Hochhäusern sind Sockel- und Dachbereich sowie die Loggien mit Klinker verkleidet. Die Wetterschicht der Großtafeln besteht aus ausgewaschenem hellen Mamorsplitt. In den Erdgeschossen waren Funktionsräume und gesellschaftliche Einrichtungen, z. B. Gaststätte, Buchhandlung, Drogerie und Klubräume der Nationalen Front, untergebracht. Im Dachgeschoss befanden sich Werkstätten und Trockenräume.

Die Siedlung ist in den Park eingebettet und wird von kleineren Stichstraßen erschlossen. Zum Park hin verbindet eine Promenade mit Sitznischen, Pergolen und Hochbeeten die Wohnhäuser und die gesellschaftlichen Einrichtungen. Etwas erhöht blickt man über weite Wiesen, Baumgruppen und einen Teich. Hubert Matthes, Erhard Stefke, Hans-Georg Büchner, Eberhard Horn und Gottfried Funeck vom Büro für Städtebau bzw. dem Stadtgartenamt entwarfen die Grünanlagen.

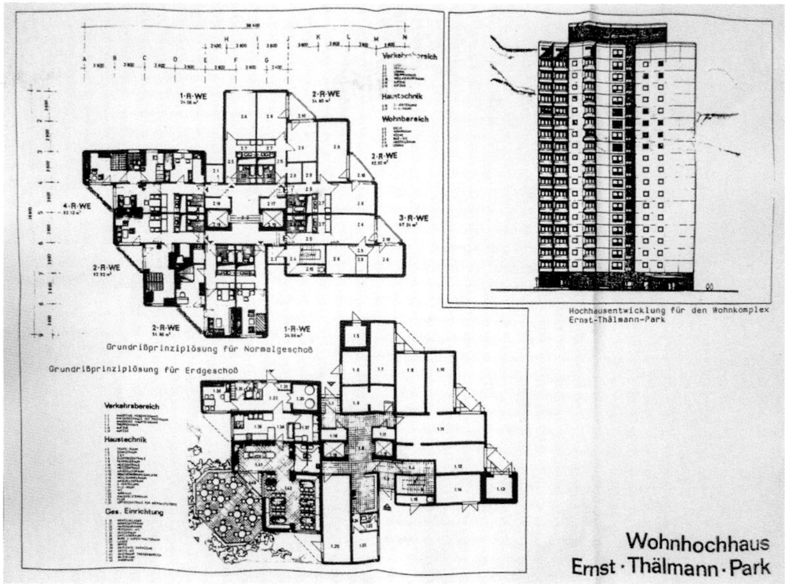

Abb. 6 Grundrisse und Ansicht der Wohnhochhäuser

Zwischen 1971 und 1990 wurden vor allem in den Erweiterungsgebieten von Ost-Berlin etwa 228.000 Wohnungen gebaut.[3] Nur in einigen Zentren verfügten die Wohngebiete über eine ähnlich gute Ausstattung und einen ähnlich variantenreichen Ausbau wie in der Siedlung Ernst-Thälmann-Park. Umfangreiche Abriss-, Sanierungs- und Verdichtungsprogramme haben die meisten der großen Plattenbausiedlungen zum Teil bis zur Unkenntlichkeit verändert. Mit dem Thälmann-Park ist eine größtenteils auch im Äußeren authentische Anlage erhalten. Sie stellt einen Höhe- und auch Endpunkt des Städtebaus der DDR dar - eine Siedlung, die Planen und Bauen im späten 20. Jahrhundert mustergültig dokumentiert.

Bernhard Kohlenbach

1 Erhardt Gießke (Hrsg.): Bauen in Berlin 1973–1987, Berlin 1987.

2 Wohnungsbausystem (WBS) 70 ist ein Anfang der 1970er Jahre entwickelter normierter Wohnblocktyp in Plattenbauweise. Es ist das am meisten verwendete System in der DDR.

3 Günter Peters: Historische Stadtplanungen für den Berliner Nordosten, Berlin 1997.

Wohnen über der Autobahn

Autobahnüberbauung Schlangenbader Straße

Wilmersdorf
Berlin

Bauzeit: 1973–81

Architekten:

- Georg Heinrichs mit Wolf Bertelsmann, Gerhard und Klaus Detlev Krebs
- Paul-Heinz Gischow und Walter Rossow (Außenanlagen)
- Haus-Rucker-Co (Laubentor-Environment)
- Georg Seibert (Skulpturen »Frühling« und »Sommer«)

Die 1960er Jahre waren eine autoverrückte Zeit. In West-Berlin sollte ein System von Stadtstraßen um das innere Zentrum autobahnmäßig ausgebaut werden. Es wurde in Kauf genommen, dass die Autobahnen mitten durch dichte Wohngebiete führten. Erst gegen Ende des Jahrzehnts, als die ersten Abschnitte der Stadtautobahn bereits fertiggestellt waren, machte man sich an der Technischen Universität Berlin Gedanken über die erheblichen Nachteile der Innenstadtautobahnen wie Lärm- und Schmutzbelästigung, Zerschneidung von Wohnvierteln und Flächenverbrauch. Glücklicherweise ist nur ein Bruchteil der geplanten Autobahnen in Berlin wirklich realisiert worden. Auf einem Teilstück der Autobahn nach Berlin-Steglitz hat man Stadtraum zurückerobert und über die Autobahn den bemerkenswerten Prototyp einer Autobahnüberbauung gebaut.

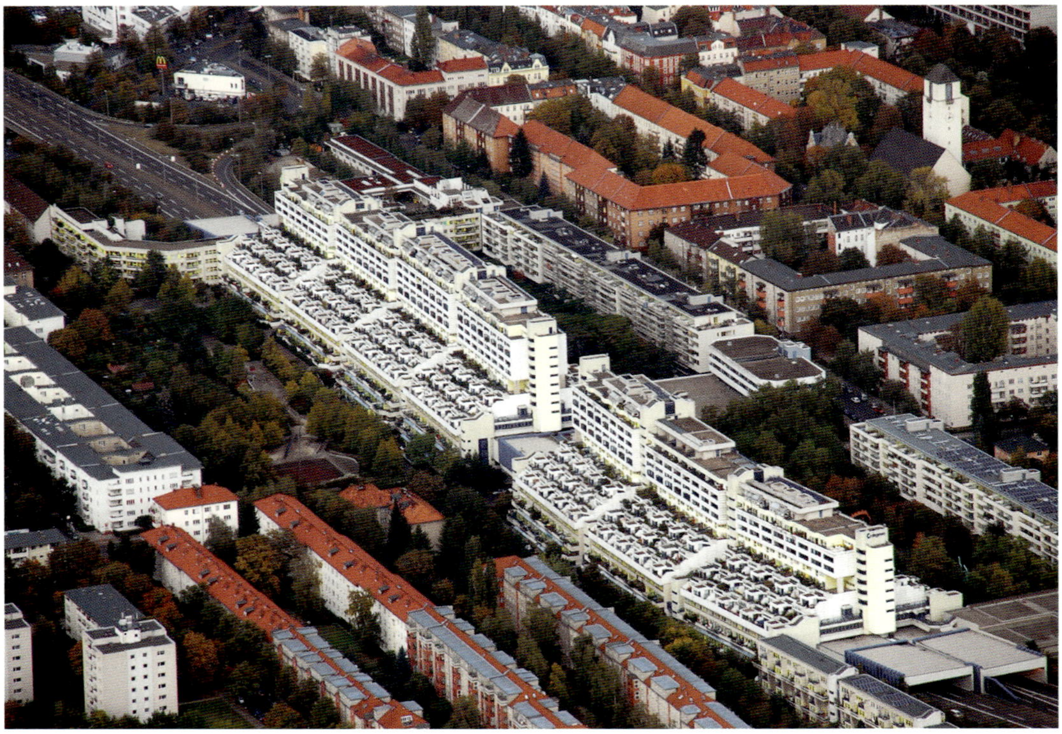

Abb. 1 Autobahnüberbauung, Blick nach Norden

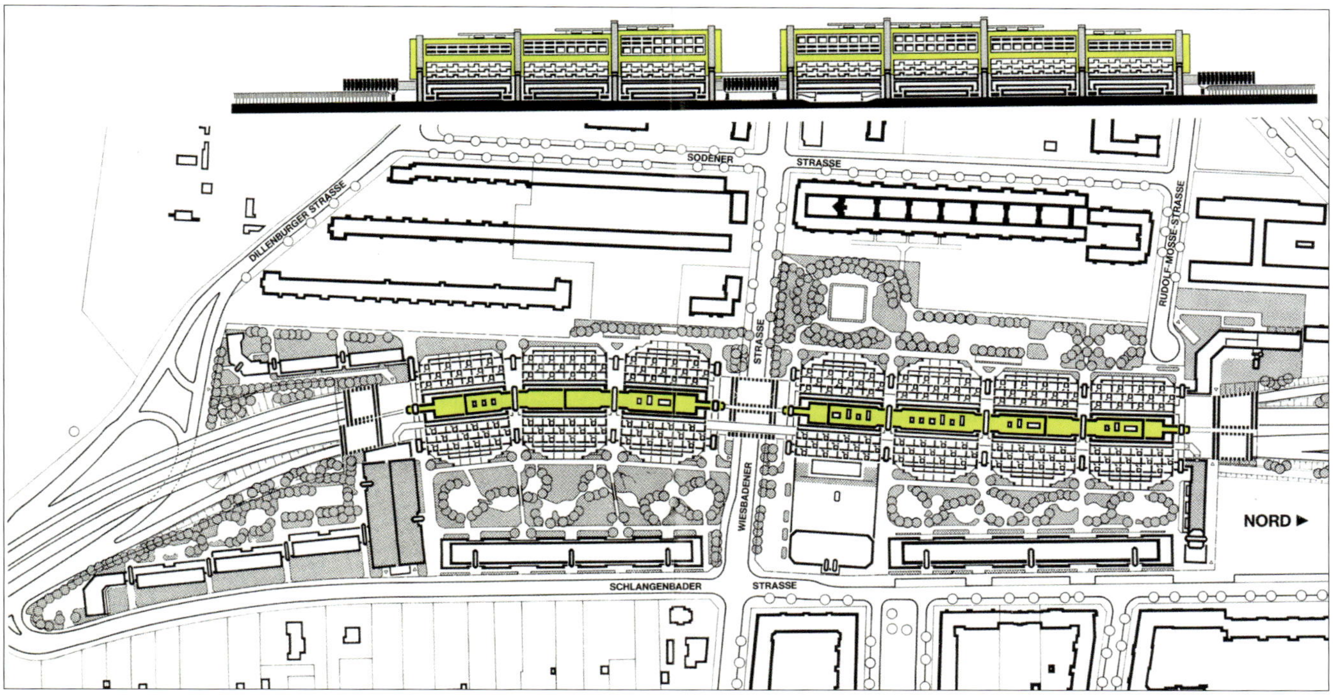

Abb. 2 Lageplan der Gesamtanlage

Das Problem des rapide zunehmenden Verkehrs hatten viele Städte der Welt und in den letzten 100 Jahren gab es Vorschläge und Entwürfe, wie man störende oder flächenfressende Verkehrsanlagen überbauen könnte. Aber eine wirklich fertiggestellte Autobahnüberbauung wie in Berlin von fast 600 Metern Länge mit über 1.000 Wohnungen nur in der Überbauung und insgesamt 1.750 Wohnungen für fast 4.000 Menschen ist einzigartig auf der Welt.

Die Autobahnüberbauung ist als Terrassenhaus konzipiert, das in sieben aneinandergereihten Hausabschnitten mit 50 × 60 Metern Grundfläche der leichten S-Kurve der Autobahn folgt. Die zwei Tunnel der Autobahntrasse sind hochgelegt, um die kreuzenden Stadtstraßen überbrücken zu können. Die Tunnel liegen im 2. und 3. Obergeschoss der Überbauung. Auf beiden Seiten nach Osten und Westen sind Terrassen- und Maisonettewohnungen vorgeblendet, auch die

Abb. 3 Schnitt durch den Baukörper

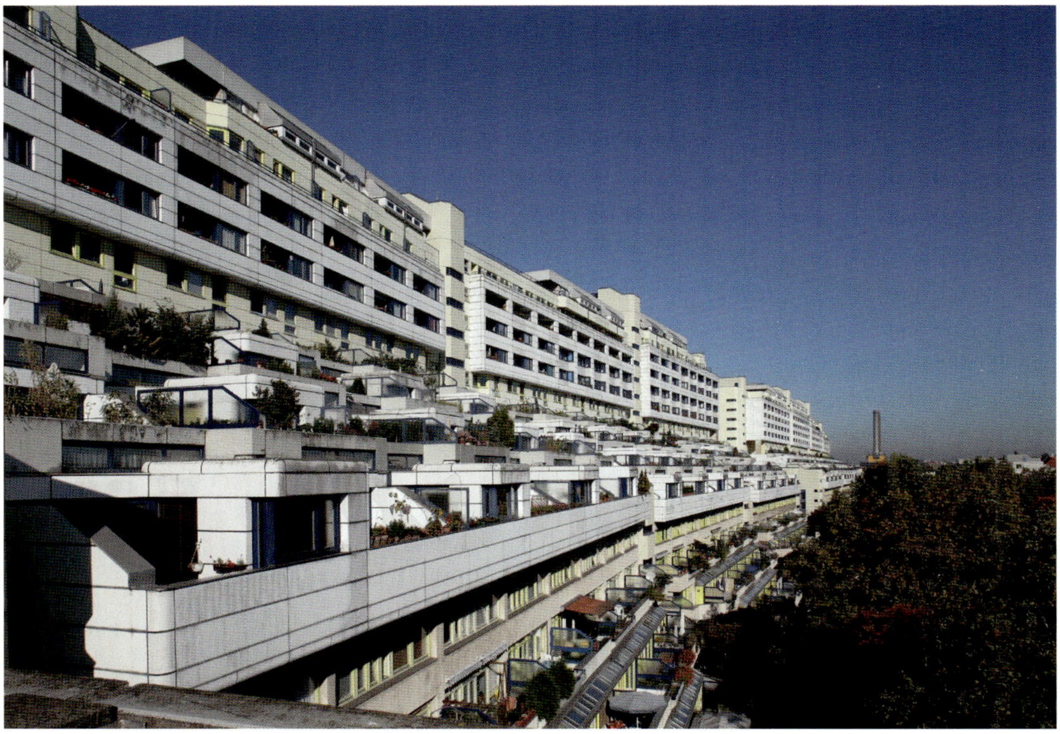

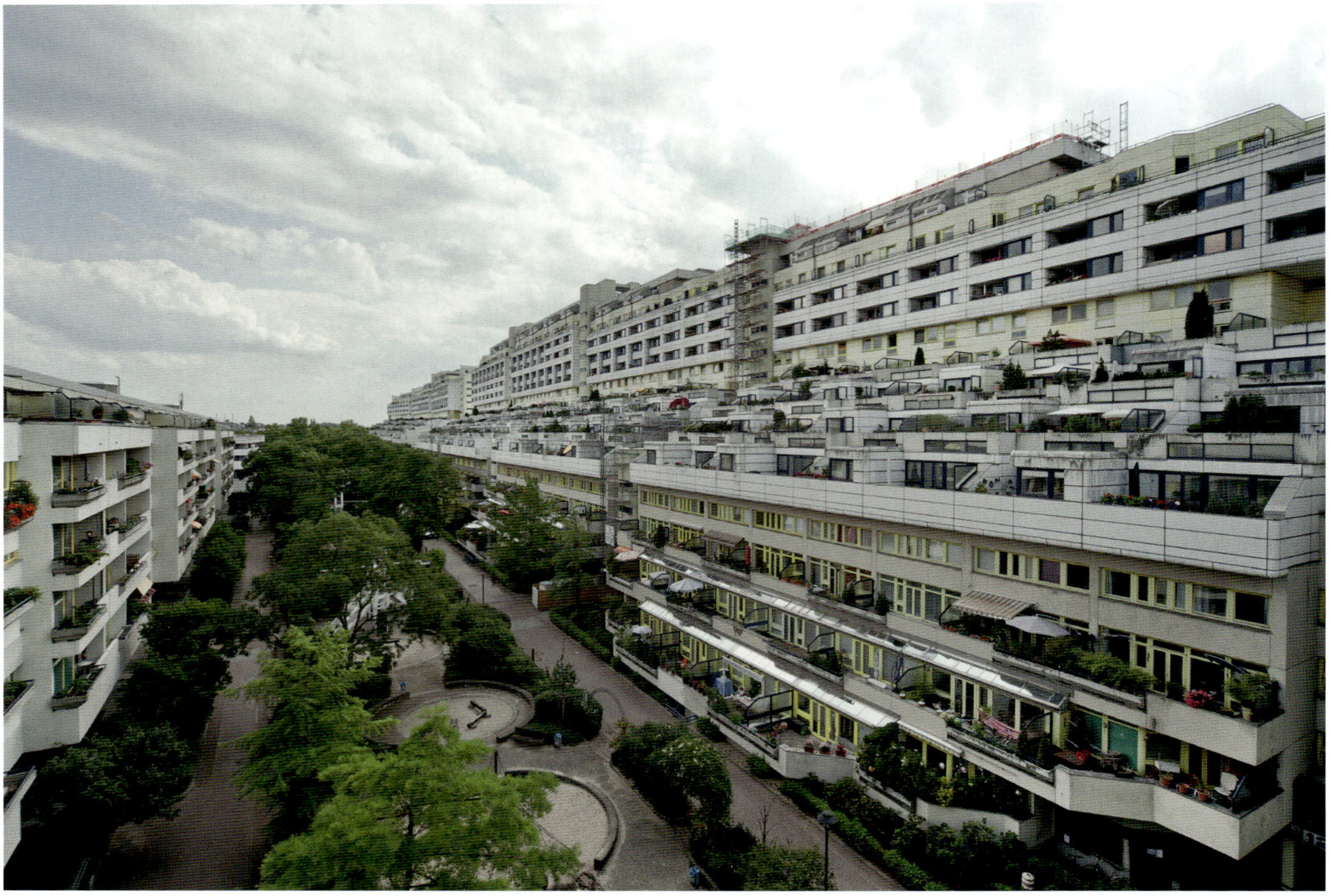

Abb. 4 Gartenhof zwischen Straßenrandbebauung und Autobahnüberbauung

Flächen auf den Tunneln werden für zurückweichende Terrassenwohnungen genutzt. Darüber erhebt sich ein Wohnhochhaus, durch das die Anlage über ihre gesamte Länge eine Höhe von 14 Stockwerken erreicht. Unter der Autobahn ist eine zweigeschossige Garage untergebracht. Die Betonröhren der Tunnel liegen auf Neoprenlagern und sind gedämmt, dadurch werden weder Schall noch Erschütterungen auf die Tragekonstruktionen und auf das Haus übertragen. In den Wohnungen ist die Autobahn nicht wahrnehmbar. An beiden Enden der Überbauung gehen die Tunnel etwa 50 Meter über das Haus hinaus, um die Wohnungen und Terrassen vor Abgasen zu schützen.

Auf der Ostseite bildet eine Blockrandbebauung entlang der Schlangenbader Straße zusammen mit der Überbauung große Gartenhöfe. Auch auf der anderen Seite der Autobahn sind aufwendige Grünanlagen angelegt. Alle Hauseingänge in der Autobahnüberbauung dienen auch als öffentliche Durchgänge unter der Autobahn. Die quer verlaufende Wiesbadener Straße teilt die Überbauung in zwei Teile. Die Autobahntunnel werden hier als Überbrückung der Straße sichtbar. Zu der Gesamtanlage gehören weiterhin ein kleiner Hof mit Geschäften und Gaststätten, ein Geschäftshaus, ein weiteres Parkhaus und zusätzliche, die Autobahn flankierende Wohnhäuser, die sogenannten Schallschutzbauten.

Der stufige Aufbau der Terrassen, der Hochbau und die straßenbegleitenden Bauten ermöglichten den Architekten, ein Dutzend Wohnungstypen zu entwerfen, die in 120 Varianten ausgeführt wurden. Etwa ein Drittel der meist als Sozialwohnungen ausgewiesenen Wohnungen hat ein bis eineinhalb Zimmer, ein Drittel zwei Zimmer und das letzte Drittel zweieinhalb bis dreieinhalb Zimmer. Der Wohnstandard liegt in diesem Versuchsbau über dem normalen Niveau von Sozialwohnungen. Die wichtigsten Grundrisstypen sind Terrassen- und Maisonettewohnungen. Die Terrassenwohnungen sind zum Teil mit damals neuartigen Küchen mit Bar ausgestattet. Die Tiefe einiger Hausbereiche über dem Tunnel wurde für Gemeinschafts-, Hobby- und Kellerräume genutzt. Den Architekten ist es gelungen, die Großform sinnvoll zu gliedern und die komplexen städtebaulichen, architektonischen und technischen Anforderungen in einer überzeugenden Gestaltung zusammenzuführen. Die hellen Farben Weiß und Gelb mit blauen Absetzungen geben

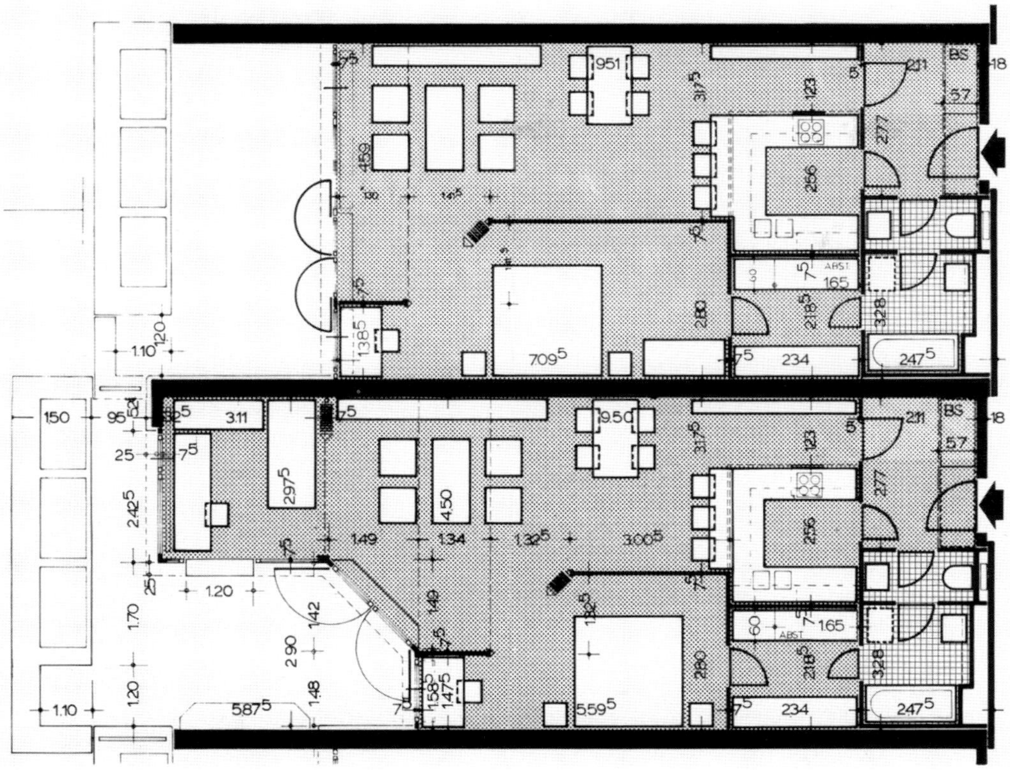

Abb. 5 Grundriss einer Terrassenwohnung

dem Haus eine gewisse Leichtigkeit, die übergroße Masse wirkt wegen der Terrassen zu keiner Seite hin bedrückend. Das bekannte Gartenbaubüro Paul-Heinz Gischow und Walter Rossow schuf die Grünanlagen, die mit ihren unterschiedlichsten Spiel- und Ruheplätzen für alle Altersgruppen sehr einladend und von einer durchdachten Zweckmäßigkeit sind. Die Anlage ist bei den Bewohnern sehr beliebt. Sie bietet großzügige Terrassen und schützt die Wohnqualität in der Umgebung, die ohne die Überbauung erheblich beeinträchtigt wäre.

Namhafte Architekten haben im Verlauf des 20. Jahrhunderts ähnliche Anlagen entworfen. Walter Gropius entwickelte 1919 sogenannte Wohnberge, Stahlskelettbauten mit eingehängten Wohnungen über einer Straße. Le Corbusier entwarf ab 1931 seinen »Plan Obus«, einen Superhighway für Algier. Die Straße sollte innerhalb einer endlosen Hauszeile am Meer entlangführen. Kenzo Tange wollte 1959 in der Bucht von Boston im Wasser aufgeständerte Straßen mit großen Häusern überbauen. Paul Rudolph erstellte ab 1967 für die Ford Foundation eine sehr ambitionierte Planung für die Überbauung des »Lower Manhattan Expressway« in New York. Von allen diesen Zukunftsfantasien konnte nur das Berliner Beispiel in die Realität umgesetzt werden.

Bernhard Kohlenbach

WBR SL 3600 – ein Denkmal?

Eckwohnblock

Brüderstraße, Parkstraße
Bernau
Brandenburg

Architekt: Wilfried Stallknecht und Kollektiv
Bauzeit: 1979–89

In Bernau wollte die DDR-Führung ein Modell für die ganze Republik erproben: Aus einer sanierungsbedürftigen Altstadt sollte ein neuer sozialistischer Stadtkern werden - errichtet in Plattenbauweise. Bernau wird damit zu einem der radikalsten Umbauprojekte der DDR-Geschichte.

Bernau am Ende des Zweiten Weltkriegs: Die Stadt ist nur wenig zerstört, der Altstadtkern mit seinen malerischen Straßen und Gassen hat kaum Schäden erlitten. Neben eindrucksvollen mittelalterlichen Architekturzeugnissen bestimmen Wohn- und Wirtschaftsgebäude aus dem 17. bis 19. Jahrhundert das Bild. Doch wurden an den meisten Häusern seit der Vorkriegszeit keine Reparaturen mehr vorgenommen. Sie unterbleiben auch in den kommenden Jahrzehnten - der DDR-Bauwirtschaft fehlen dafür die Kapazitäten. Die katastrophalen Folgen: Bernau verfällt immer mehr; der Altstadtkern wird schließlich von den politischen Entscheidungsträgern als nicht mehr reparabel eingestuft.[1] Ein radikaler »Umbau« beginnt.

Abb. 1 Hohe Steinstraße kurz vor dem Flächenabriss

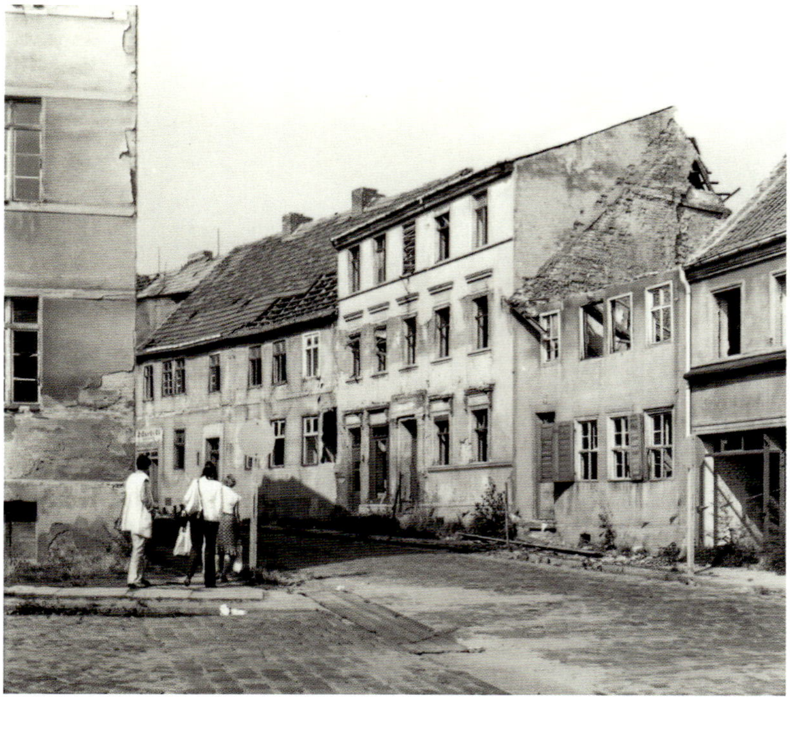

In den Jahren 1979 bis 1989 ist die Bernauer Altstadt eine einzige Baustelle. Der Abrissbirne fallen während dieser Periode mehr als zwei Drittel des historischen Gebäudebestands zum Opfer. Auf den beräumten Flächen entstehen neue Wohnstätten aus zwei- bis viergeschossigen, in industrieller Plattenbauweise erstellten Blöcken. Das alte Zentrum verschwindet für immer. Innerhalb kürzester Zeit erleidet die einstige Ackerbürgerstadt einen dramatischen Substanz- und Identitätsverlust.

Parteipolitische Kreise propagieren das Bernauer »Umbauprojekt« als richtungweisend. Modellhaft sollen hier Lösungen für den Umgang mit anderen maroden Stadtkernen in der DDR aufgezeigt werden. Bisher waren komplexe Wohnsiedlungen in Montagebauweise nur am Stadtrand auf der »grünen Wiese« zur Ausführung gekommen. Nun erwägt die Baupolitik erstmals den großflächigen Einsatz der Plattenbautechnologie in Altstadtbereichen. »Wir wollen keine Wiedergeburt der mittelalterlichen Stadt«, fordert der damalige Bernauer Bürgermeister Ernst Hube.[2]

Mit der Planung des Bernauer Großvorhabens wird 1972 das zur Bauakademie der DDR gehörende Institut für Wohnungs- und Gesellschaftsbau (IWG) betraut, genauer: ein dort tätiges Forschungskollektiv unter Leitung des Architekten Wilfried Stallknecht. Im Verlauf der Entwurfsphase entwickelt er gemeinsam mit anderen Projektanten eine speziell auf die örtlichen Verhältnisse zugeschnittene Wohnbaureihe, genannt

WBR SL 3600. »Mit den Mitteln industrieller Bauweisen«, so Stallknecht, wolle man versuchen, »durch differenzierte Gestaltung der Gebäude dem Maßstab der Stadt zu entsprechen«.[3]

Von den betroffenen Grundstücksbesitzern wird dieser umwälzende Prozess ambivalent aufgenommen. Es gibt Altbesitzer, die sich der Enteignung widersetzen, mitunter erfolgreich. Andere hingegen begrüßen das Vorhaben. Ihre maroden Wohnhäuser könnten sie, so die Hoffnung, nun gegen eine moderne Wohnung mit allem Komfort eintauschen. Sie empfinden den Stadtumbau als Aufbruch in eine neue, bessere Phase der Stadtgeschichte.

Doch die Wohnblöcke, die während des ersten Bauabschnitts fertiggestellt werden, überzeugen wenig. Selbst staatsnahe Baupolitiker kritisieren das Ergebnis als zu monoton und fordern eine sensiblere Herangehensweise. Das Äußere der Neubauten solle künftig durch differenziertere Gestaltungsformen aufgewertet und dem Charakter des Altstadtgebiets besser angepasst werden. Es kommt zu technischen und gestalterischen Verbesserungen, die während der nächsten Bauetappen bis 1989 umgesetzt werden. Sie markieren den Beginn einer Suche nach Lösungen, von denen der Staat sich letztlich eine breitere Akzeptanz der als »alternativlos« postulierten innerstädtischen Plattenbauweise erhofft.

Von solchem Umdenken zeugt die seit 2017 als Denkmal geschützte dreigeschossige Wohnbebauung Brüder-/Ecke Parkstraße. Sie besteht aus zwei im rechten Winkel angeordneten, gelenkartig durch einen Zwischenbau verbundenen Teilblöcken. Als Baumaterial für die Außenwände kamen erst kurz zuvor entwickelte Dreischicht-Betonplatten zum Einsatz, deren

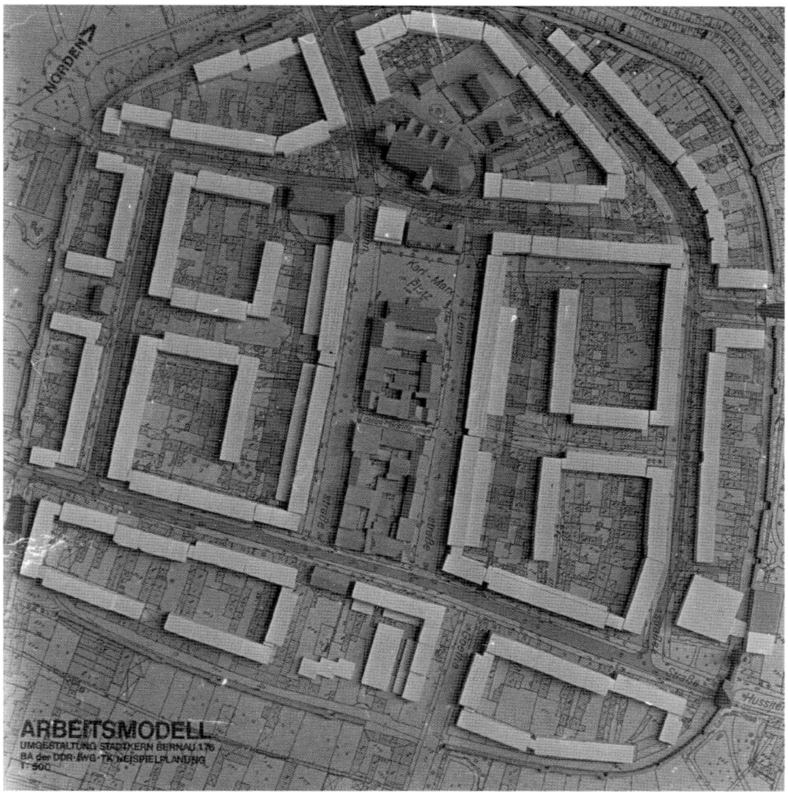

Abb. 2 Projekt Stadtumbau Bernau, Arbeitsmodell: Bestandsgrundriss und aufgesetzte Neubebauung

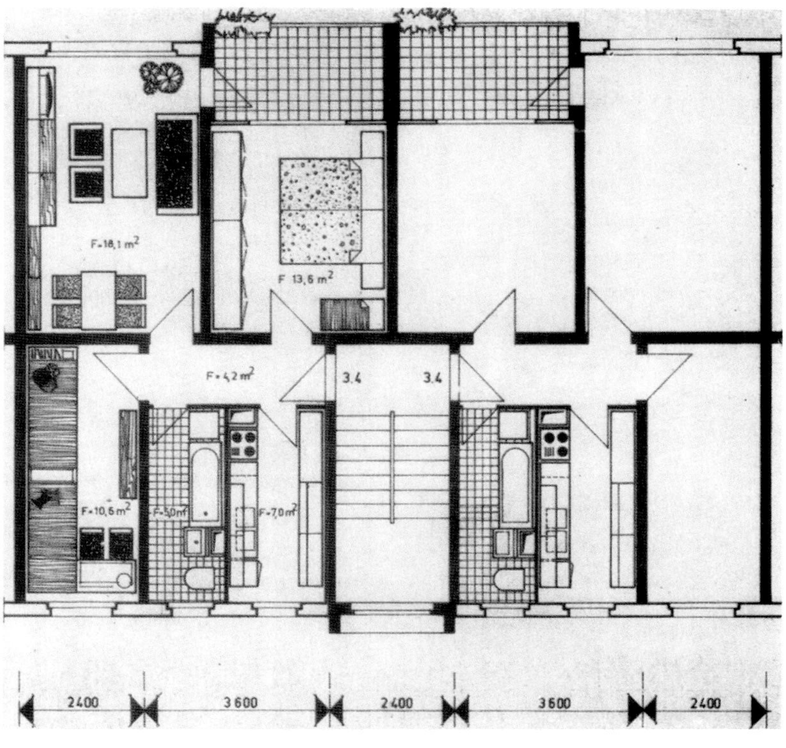

Abb. 3 Projekt Stadtumbau Bernau, Typenreihe WBR SL 3600, Grundrissvariante

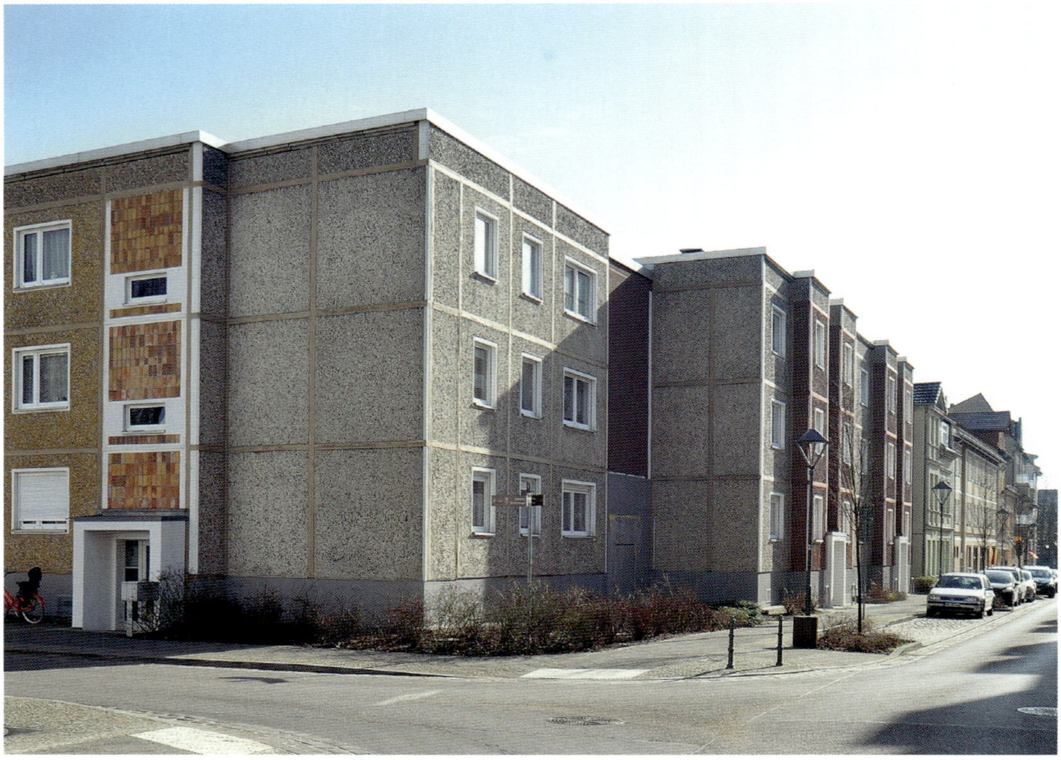

Abb. 4 Brüderstraße 28–30/Parkstraße 1–3, Eckbebauung

Sichtflächen bereits werkseitig mit einem Belag aus Natursteinsplit versehen wurden. Die mittlere Plattenschicht fungiert als Kerndämmung. Wie im Bauabschnitt zuvor wird das Äußere der Blöcke weiterhin vom strengen Raster der Betonplatten und den genormten Fensteröffnungen bestimmt. Um eine allzu eintönige Wirkung zu vermeiden, erhalten die Fassaden nun jedoch auflockernde Vor- und Rücksprünge. Für einzelne Achsen oder Zonen werden in Farbe und Oberflächenstruktur abweichende Platten verwendet. Hofseitig tragen paarig angeordnete Loggien zur Belebung der Außenansicht bei sowie auch kleine Mietergärten, die den Erdgeschosswohnungen vorgelagert werden.

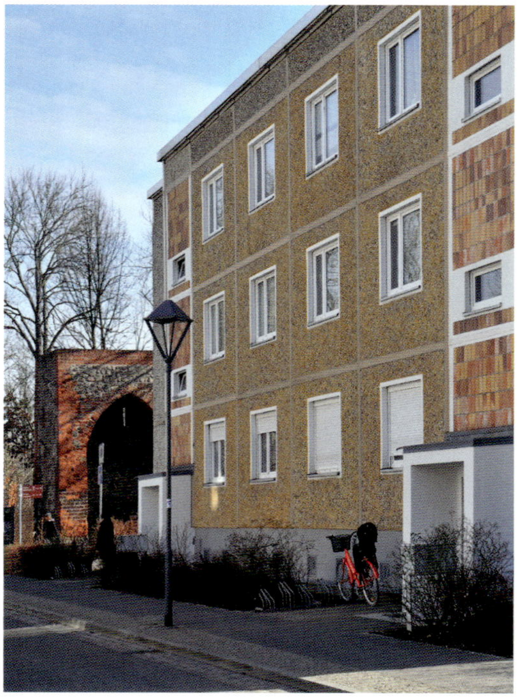

Abb. 5 Eckbebauung, Teilblock an der Parkstraße 1–3

Trotz solcher »Nachbesserungen« wird das Gesamtergebnis des Modellprojekts schon damals als nicht befriedigend beurteilt. Ob Architekten, Städtebauer, Einwohner oder Besucher der Stadt – alle sind sich einig: Die seriell erstellten Betonblöcke erzeugen keinerlei Altstadtcharme. Nach 1990 bieten sich Chancen, die Gleichförmigkeit abzumildern. Forciert durch Förderprogramme verschwindet die Plattenbau-Optik binnen weniger Jahre hinter Wärmedämmsystemen und farbenfrohen Neuanstrichen. An viele Blöcke werden Balkone und Aufzüge angefügt, mancher Block erhält sogar nachträglich ein altstädtisch wirkendes Satteldach.

Durchstreift man heute den Bernauer Stadtkern, so lässt sich der Prozess des »sozialistischen Stadtumbaus« nicht mehr ohne weiteres nachvollziehen. Nur wenige Wohnblöcke haben sich authentisch bewahrt, darunter die Eckbebauung an der Brüder-/Parkstraße. Sie erinnert exemplarisch an das damalige Prestigeprojekt und dessen Bedeutung für die Architekturentwicklung in Ostdeutschland. Mit seiner Fokussierung auf innerstädtische Bereiche läutete es eine neue Etappe im Massenwohnungsbau der DDR ein.

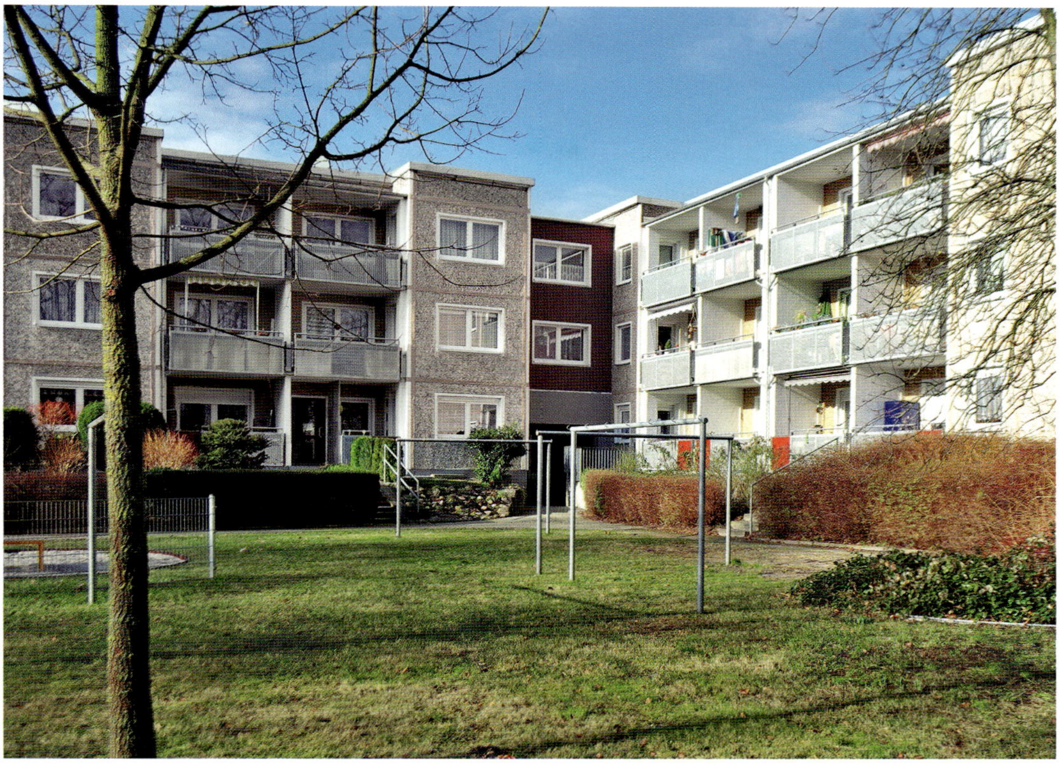

Abb. 6 Wohnblock Brüder-/Ecke Parkstraße, Innenhof

Inzwischen lässt sich ein wachsendes Interesse an dieser Entwicklung konstatieren. Zunehmend richtet sich dabei die Aufmerksamkeit auch auf das Schaffen des Architekten Wilfried Stallknecht, der die Bernauer Typenbauten federführend projektiert hat. Stallknecht wirkte von Beginn an als treibende Kraft bei der Erstellung neuer, massenhaft in der DDR ausgeführter Plattenbauserien (P2, WBS 70[4]). Auf deren Grundlage entwickelte er später flexible Varianten für städtebaulich herausragende Standorte, vor allem im Zentrum Ost-Berlins.

Ilona Rohowski

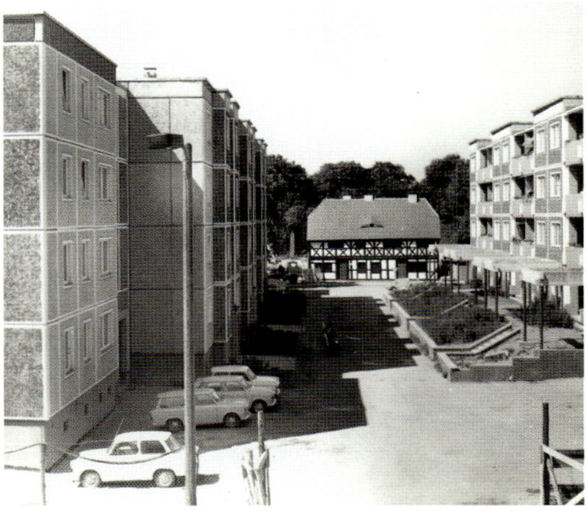

Abb. 8 Neue Straße nach dem Stadtumbau

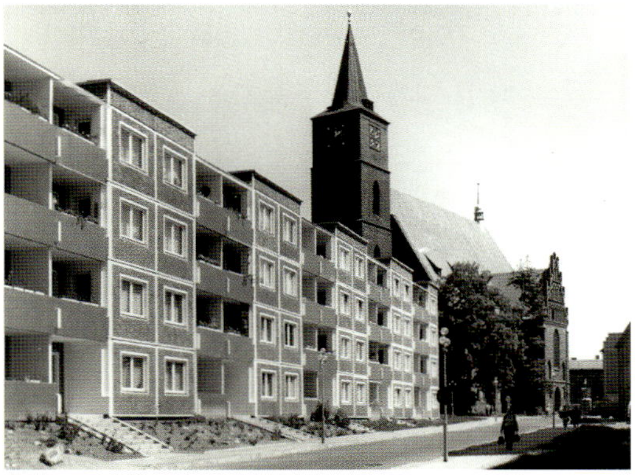

Abb. 7 Grünstraße nach dem Stadtumbau

1 Ludwig Deiters: Bernau bei Berlin. Über das Stadtbild und seinen Wandel in der Nachkriegszeit, in: Brandenburgische Denkmalpflege, Neue Folge, Jg. 3, Heft II, S. 57–66.

2 Vgl. Harald Engler: Wilfried Stallknecht und das industrielle Bauen. Ein Architektenleben in der DDR, Berlin 2014, S. 64.

3 BTU Cottbus/ IRS Erkner (Hrsg): Entwerfen im System. Der Architekt Wilfried Stallknecht (Ausst.-Kat.), Cottbus 2009, S. 34.

4 P2: Das »P« steht für »parallel«, in diesem Fall für den Verlauf der tragenden Wände zur Hauptfassade; die »2« bezieht sich auf das Vorhandensein zweier Eingänge pro Gebäudeeinheit. »WBS« ist die Abkürzung für Wohnbauserie, die »70« steht für den Entwicklungsbeginn des Typs, bei dem gegenüber den P2-Bauten Material und Kosten eingespart wurden.

Skulpturaler Brutalismus als soziale Stadt

Großsiedlung

Riphahnstraße, Compesstraße, Zörgiebelstraße
Köln-Chorweiler-Seeberg-Nord
Nordrhein-Westfalen

Architekten: Gottfried Böhm, Adolf Schmitt
Bauzeit: 1969–74

Der von Gottfried Böhm innerhalb der Neuen Stadt Köln-Chorweiler konzipierte Siedlungsbereich in Seeberg-Nord erinnert mit seiner für Großsiedlungen ungewöhnlichen Abfolge von engen Gassen und sich weitenden Plätzen sowie der Mischung verschiedener Wohnformen und Haustypen an einen langsam gewachsenen Ort. Seine skulpturale Betonarchitektur ist vielseitig und farbig gestaltet und wurde durch ein ausgefeiltes Freiraumkonzept zu einem Highlight der Satellitenstadt.

Die auf dem Reißbrett geplante und in vier Bauabschnitten realisierte Neue Stadt Chorweiler war damals eine der größten Satellitenstädte der Bundesrepublik – geplant für etwa 100.000 Einwohner. Der rund 500 Meter südöstlich des Zentrums von Chorweiler gelegene zweite Bauabschnitt Seeberg-Nord wurde von der Allgemeinen Aachener Gemeinnützigen Siedlungs- und Wohnungsbaugesellschaft erstellt. Er besteht aus drei Siedlungsbereichen mit überwiegend öffentlich geförderten, aber auch frei finanzierten Wohnungen.[1] Kleine Appartements, Wohnungen für Familien und ältere Menschen, finden hier ebenso Raum wie Gewerbeeinheiten, die sich um einen zentralen Platz gruppieren. Fritz Lill stand der Wohnungsbaugesellschaft damals vor. Er war mit den Architekten Fritz Schaller und Gottfried Böhm befreundet, die er 1966/67 um die Ausarbeitung eines Bebauungsplanes für diesen Bereich bat. Dabei konnte sich Böhm mit seinen Vorstellungen weitgehend durchsetzen. Die Planungen

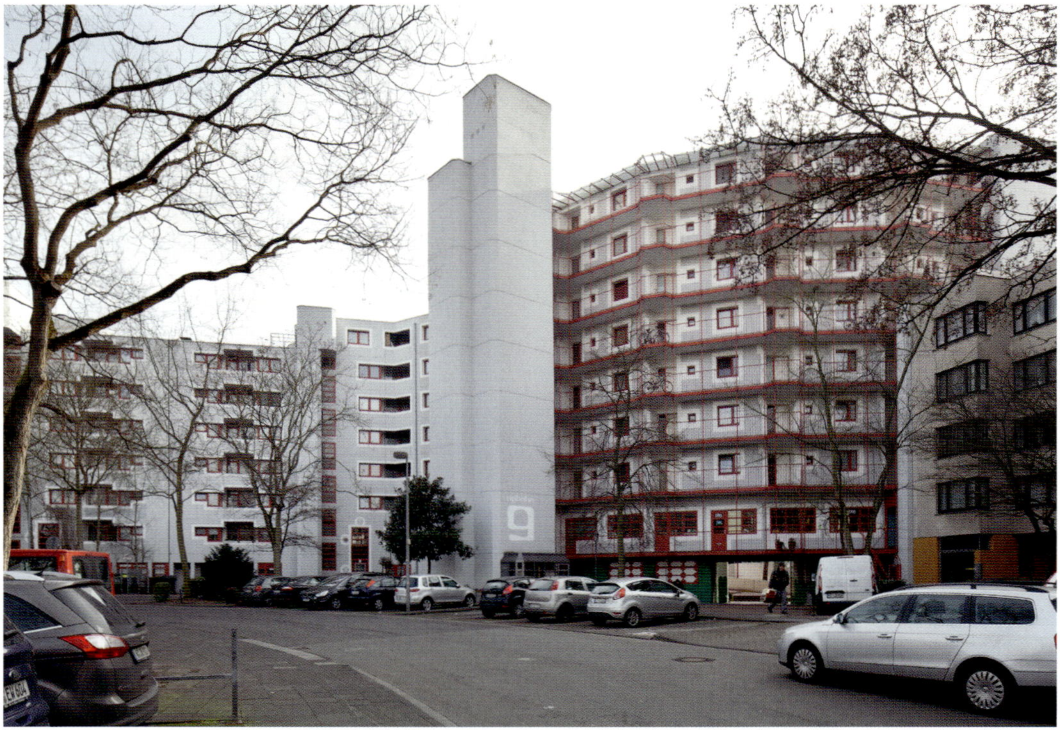

Abb. 1 Ansicht von Norden auf das Appartementhaus auf viertelkreisförmigem Grundriss rechts und beginnende Häuserzeile links

wurden in drei Bauabschnitten realisiert, die Fritz Lill, Fritz und Christian Schaller sowie Gottfried Böhm verantworteten. Die Freiraumplanungen übernahm der renommierte Landschaftsarchitekt Adolf Schmitt.[2] Die Umsetzung der Entwürfe Böhms verzögerte sich, weil die Finanzierung des für den sozialen Wohnungsbau vergleichsweise teuren Komplexes erst 1969 gesichert werden konnte.

Die Verkehrsarten sind in der von Gottfried Böhm gestalteten Siedlungseinheit streng voneinander getrennt. Der Architekt hält sich konsequent an die damals geltenden Vorstellungen einer idealen Verkehrsplanung nach dem Konzept des Radburn-Systems, benannt nach der 1928 gegründeten Planstadt Radburn in New Jersey: Die Hauptverkehrsstraße führt an der Siedlung vorbei. Sammel- und Stichstraßen mit Wendekreisen erschließen das Siedlungsinnere, das somit autofrei bleiben kann. Parkmöglichkeiten gibt es außerhalb des Areals oder in der Tiefgarage.

Etwa 200 Wohneinheiten sind in dem Siedlungsbereich Böhms untergebracht. Dennoch wirken Aufbau und Gestaltung der höhengestaffelten Anlage, die aus zwei parallel angeordneten Häuserzeilen sowie einer Platzbebauung besteht, keinesfalls monoton und schematisch.

Den zentralen, mit einer halbrunden Treppenanlage und einem Spielort versehenen Platz des Siedlungsbereichs dominiert ein neungeschossiges Appartementhaus auf viertelkreisförmigem Grundriss. Dicht gesetzte Balkone geben

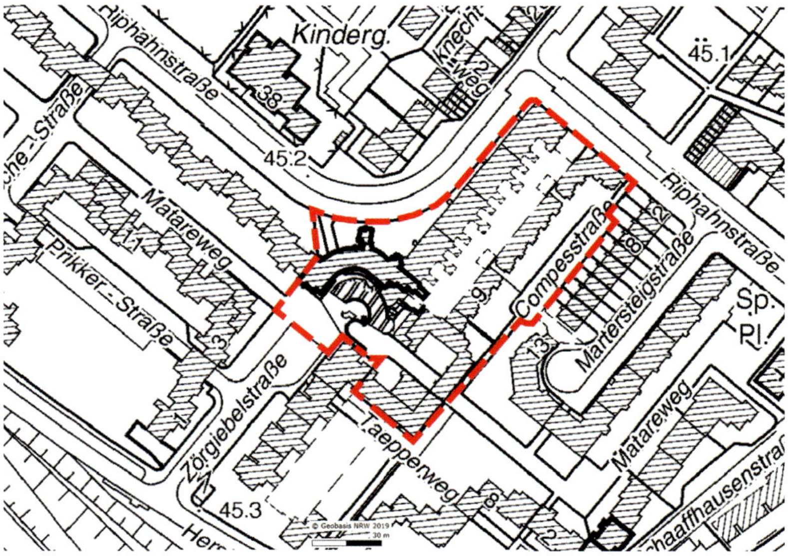

Abb. 2 Lageplan der Siedlung

dem Bau eine starke Plastizität. Gegenüber stehen ein fünf- bis sechsgeschossiges Laubenganghaus auf L-förmigem Grundriss mit freistehendem Treppenturm sowie ein aufgeständertes Ärztehaus. Alle den Platz begrenzenden Gebäude weisen ein- bis zweigeschossige Arkaden auf. Hier befinden sich Büros, Geschäfte und Restaurants. Offene Durchgänge führen vom Platz zu den rückwärtig liegenden Außenräumen und in einen nur Fußgängern vorbehaltenen Wohnweg, den zwei parallele zwei- bis viergeschossige skulpturale Häuserzeilen begleiten. Zahlreiche Loggien, Terrassen und durch Mauern einge-

Abb. 3 Ansicht der Altenwohnungen von Süden

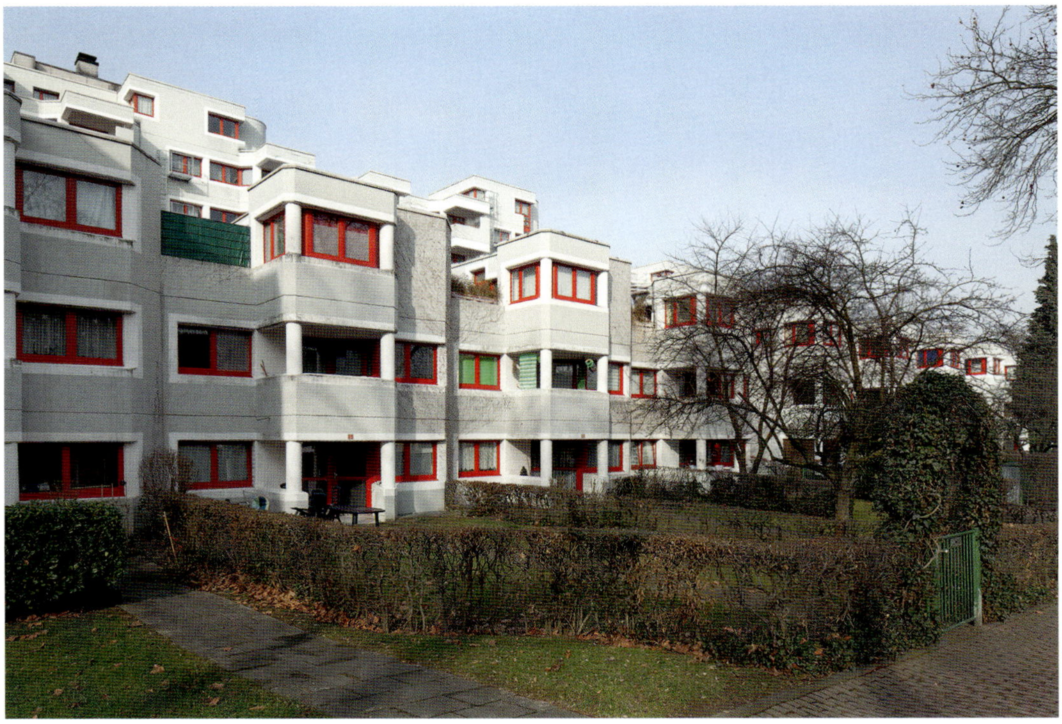

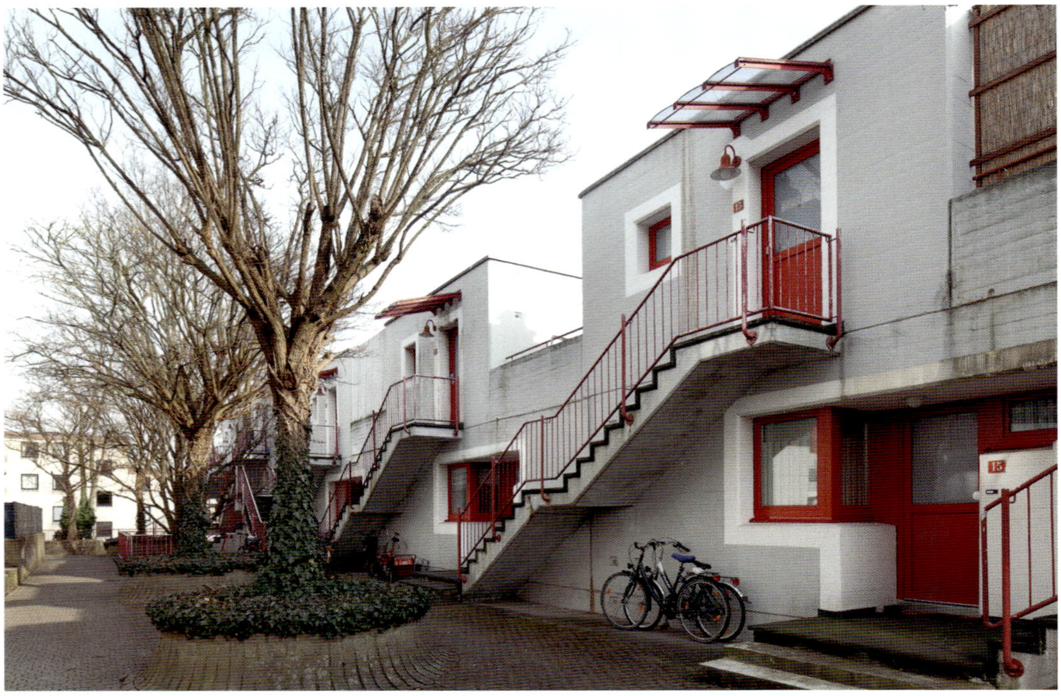

Abb. 4 Wohnweg, Blick von Westen auf die Altenwohnungen

fasste private Gartenhöfe machen die Wohnbauten attraktiv. Gleiches gilt für die Wohnungsgrundrisse in den Häuserzeilen, die »durchgängig«[3] angelegt sind, d. h. der Hauptraum erhält von zwei Himmelsrichtungen Licht. Die verglaste Küche befindet sich in der Mitte des Wohnraums.

Eine mittig gepflanzte Baumreihe sorgt für die Begrünung des sich weitenden und sich verengenden Wohnweges, der erhöht über dem Garagentrakt angelegt ist. Schmale Durchgänge zwischen den Gebäuden führen vom Wohnweg zu den südöstlichen, tiefer liegenden privaten Gärten und zu einer autofreien Straße. Die durch die Platzierung der Tiefgarage entstandenen Niveauunterschiede werden geschickt genutzt, um private und öffentliche Bereiche voneinander zu trennen. Die konsequente Trennung von Autoverkehr und Fußgängern hat auch zur Folge, dass insbesondere die Häuserzeilen weder eindeutige

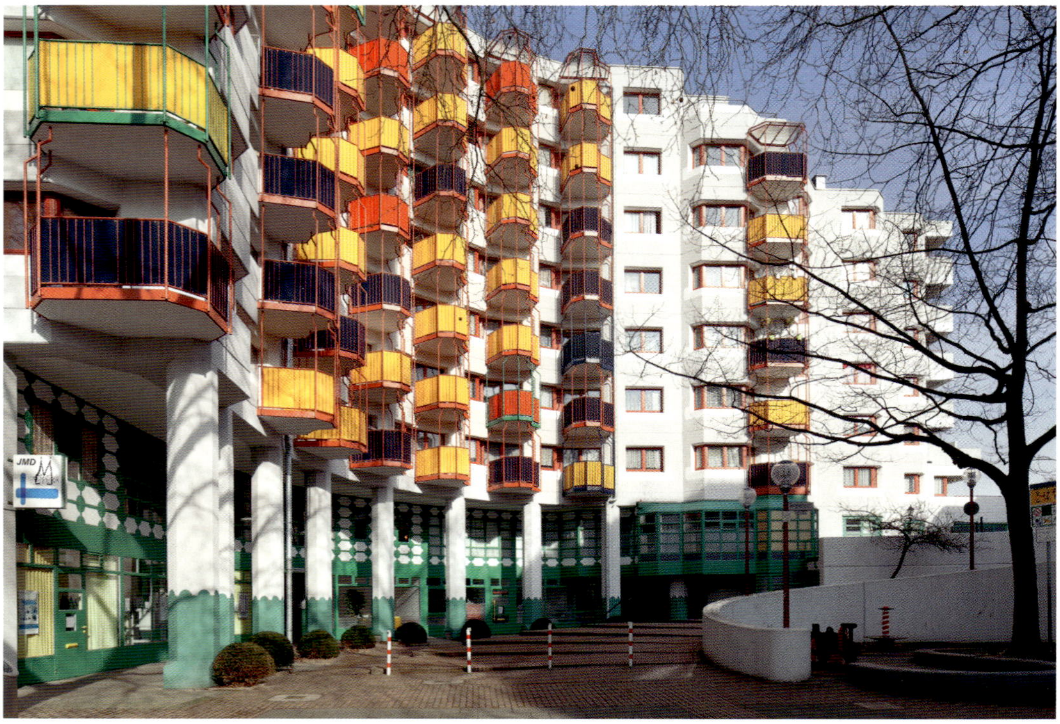

Abb. 5 Blick von Südwesten auf das Appartementhaus mit zentralem Platz

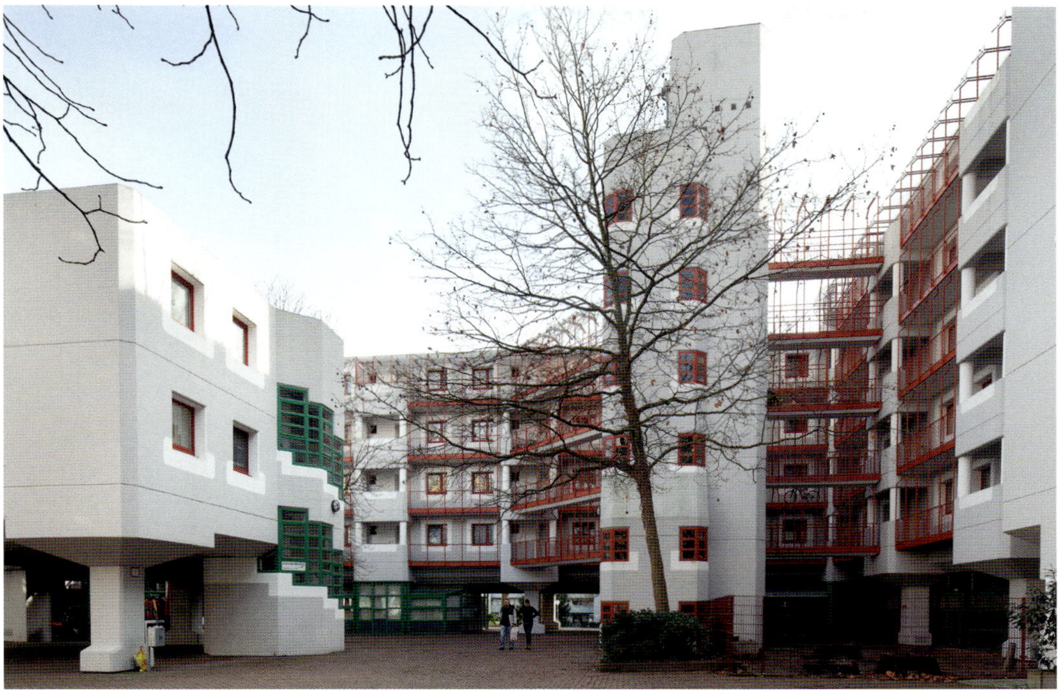

Abb. 6 Blick von Nordwesten auf den Treppenturm und das Laubenganghaus

Straßen- bzw. Vorderfronten noch klare Garten- bzw. Hofseiten aufweisen. Beide Fassaden sind gleichermaßen öffentlich.

Böhm versuchte, in seinem Siedlungsbereich zwei Gedanken umzusetzen, die uns heute sehr vertraut und aktueller denn je sind: das generationenübergreifende Wohnen und die Partizipation. Der Architekt wünschte sich »eine enge Verbindung älterer Menschen mit jungen Familien«[4]. Die von Böhm geschaffene Siedlungsstruktur soll die Bewohner zu einem intensiven Kontakt untereinander animieren.

Auch richtete Böhm zusammen mit seiner Frau eine Musterwohnung mit günstigen, aber dennoch kreativen Lösungen ein, um den Bewohnern Ideen für die eigene Wohnung zu geben. Darüber hinaus formulierte er: »Einige Loggien wurden zum Teil mit Schablonen farbig behandelt, um die Bewohner anzuregen, selbst etwas zu tun, zumindest damit sie wissen, daß sie zur Verschönerung ihres Bereiches beitragen dürfen. Das wird nur sehr zaghaft angenommen.«[5] Gleichwohl hebt sich die Siedlung in Plastizität, Farbigkeit und Formenreichtum von den übrigen Siedlungsbereichen in Chorweiler deutlich ab. Die ursprünglich in Sichtbeton (Ortbeton) erstellten Fassaden weisen kontrastierende rote und grüne Elemente wie filigrane Balkone, Laubengänge, Geländer, Fensterrahmen und weiße Faschen um Fenster und Türen auf. Die Farbigkeit wird durch die von den Bewohnern angebrachten bunten Windschutzvorrichtungen der Balkone am Appartementhaus noch gesteigert.

1974 wurde Gottfried Böhm dafür der Berliner Kunstpreis verliehen, ein Jahr später der Kölner Architekturpreis.[6] »Der Spiegel« jubelte in seinem Artikel »Oase in der Kartonagen-Architektur«: »Die große Linie überzeugt« und lobt zugleich die »Integrationskraft dieser humanen Achse«[7] (gemeint ist der Wohnweg).

Innerhalb der zahlreichen gesichtslosen Satelliten- und Trabentenstädten der 1960er Jahre galt die Siedlung Böhms als Lichtblick, der nur durch die ungewöhnliche und seltene Kooperation einer Wohnungsbaugesellschaft und eines namhaften Architekturbüros entstehen konnte.[8]

Helmtrud Köhren-Jansen

1 Der Inhalt dieses Textes basiert im Wesentlichen auf dem Text von Katja Hasche, den diese für den ersten Band des in Arbeit befindlichen Siedlungsinventars Nordrhein-Westfalens (hrsg. vom LVR-Amt für Denkmalpflege im Rheinland) formuliert hat. Der Band erscheint voraussichtlich Ende 2020. – Die Siedlung ist (noch) nicht in die Denkmalliste der Stadt Köln eingetragen, erfüllt jedoch nach Auffassung des LVR-Amtes für Denkmalpflege im Rheinland die Kriterien gemäß § 2 DSchG NRW für eine Unterschutzstellung.

2 Schmitt (1923–2014) war von 1967 bis 1973 Präsident des Bundes Deutscher Gartenarchitekten BDGA.

3 Svetlozar Raèv (Hrsg.): Gottfried Böhm – Vorträge, Bauten, Projekte, Stuttgart 1988, S. 34–39, hier S. 36.

4 Raèv (wie Anm. 4), S. 36.

5 Zitiert nach Raèv (wie Anm. 4), S. 38.

6 Veronika Darius: Bauten der sechziger Jahre, Düsseldorf 1988, S. 79/80.

7 http://www.spiegel.de/spiegel/print/d-41599993.html (30.11.2018).

8 Paulhans Peters: Sozialer Wohnungsbau. »Baukunst« oder »Bauen«, in: Baumeister, Jg. 78, 1981, S. 678.

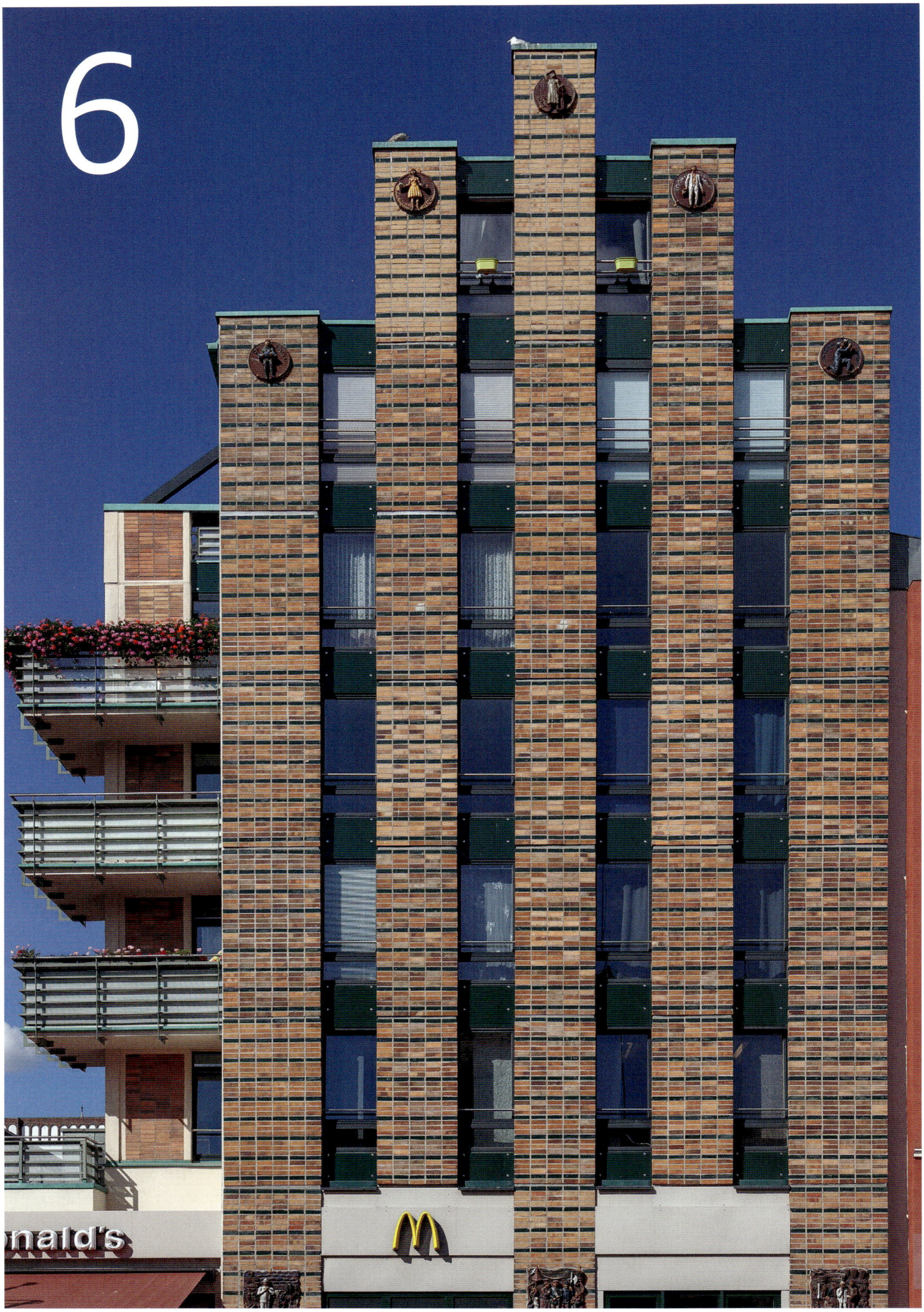
6

Die Entdeckung der Altstadt

Der Großsiedlungsbau und die Flächensanierungen der 1960er Jahre führten in den USA, dann auch in Deutschland zu einer kritischen Öffentlichkeit. Jane Jacobs Streitschrift »The Death and Life of Great American Cities« (1961) und Alexander Mitscherlichs »Die Unwirtlichkeit unserer Städte. Anstiftung zum Unfrieden« (1965) befeuerten die Diskussionen.

Diese Kritik wurde ein Ansatzpunkt für das postmoderne Bauen, aber auch für die Abkehr vom Funktionalismus hin zu einer kontextualen Architektur, die die historischen Bauformen der Altstadt aufnahm und anverwandelte. Die Stadtreparatur wurde das Ziel, nicht mehr die Stadterneuerung. Die Sehnsucht nach der Alten Stadt konnte so weit gehen, dass sie sogar rekonstruiert wurde. Ein Leuchtturmprojekt der DDR war in den Jahren von 1983 bis 1987 die Rekonstruktion des Nikolai-Viertels in Ostberlin. Dort entstanden, orientiert am alten Stadtgrundriss, rekonstruierte Gebäude des 18. und 19. Jahrhunderts neben historisierenden Neubauten im sogenannten Tunnelschalverfahren, einer Variante zum Plattenbau. Das Nikolai-Viertel war auch eine Antwort auf die Internationale Bauausstellung in West-Berlin, die mit dem Konzept der sogenannten Kritischen Rekonstruktion das Leitmodell für die Europäische Stadt entwickelte. Einhergehend mit der Rekonstruktion der historischen Römer-Ostzeile entstand in der von Hochhausbauten dominierten Stadtmitte von Frankfurt am Main mit der Saalgasse ein postmoderner Straßenzug, der die Idee der Alten Stadt aufnahm und zugleich ironisch brach.

Detlef Knipping

Stadtreparatur mit Steinen statt mit Klötzen

Werkbundhäuser im »Dörfle«

Am Künstlerhaus, Fasanenstraße,
Waldhornstraße
Karlsruhe
Baden-Württemberg

Bauzeit: 1978–92

Architekten:
Karlhans Hirschmann, Ernst Jung, Martin Walter, Gerd Gassmann, Georg Kasimir, Friedrich Lehmann, Annelie Memcke-Lehmann, Heinz Mohl, Dietrich Oertel, Barbara und Johannes Jakubeit, Gerhard Assem, Vladimir Nikolic, Christoph Sattler, Dieter Stahl

Auch Karlsruhes Stadtplaner und Architekten waren nach Ende des Zweiten Weltkrieges von der Tabula-Rasa-Mentalität des Neubeginns ergriffen. Das Arbeiterquartier »Dörfle« ging noch auf die Gründerjahre des 18. Jahrhunderts zurück und war von Bombardierungen weitgehend verschont geblieben, aber in einem baulich und sozial prekären Zustand. So ging die Stadt Mitte der 1950er Jahre daran, die historische Bebauung der Jahrzehnte nach der Stadtgründung von 1715 vollständig zu beseitigen und diesen Stadtteil »verkehrsgerecht« und modern zu gestalten. Die rigorose Kahlschlagsanierung brachte sterile Bebauungsmuster und eine überbreite Straßenachse. Das einst pittoreske »Dörfle« wurde damit zum Opfer einer der letzten großen Flächensanierungen in Deutschland. Dennoch gehörten die Karlsruher Planer bald zu den Ersten, die reumütig zur Blockrandbebauung zurückkehrten.

Wie alles begann: Um die städtebauliche Radikalkur durchzusetzen, wurden seit 1961 etwa 3500 Menschen in Neubaugebiete umgesiedelt. Bürgerbeteiligung gab es so gut wie nicht, dennoch rührte sich der Unmut und man begann, das Konzept der Flächensanierung aus kulturhistorischer, sozialer und städtebaulicher Sicht zunehmend kritischer zu diskutieren und so startete 1970 ein Wettbewerb zur Altstadtsanierung. In den Jahren 1972 bis 1994 erlebte das »Dörfle« dann eine Sanierung der Sanierung nach Entwurf des Architekturbüros Hilmer & Sattler aus München, die nun alte Strukturen und historischen Baubestand berücksichtigte, Verlorenes wiederherstellte sowie Neues behutsam einordnete.[1] In diesem Kontext bot die Stadt Karlsruhe dem Deutschen Werkbund Baden-Württemberg ein städtisches Grundstück an, um exemplarisch eine Alternative zur jüngst verworfenen Planungsweise erarbeiten zu lassen.[2] In rücksichtsvoller Einfügung sollte modernes Wohnen in der alten Stadt in modellhafter Planungsgemeinschaft und künstlerischer Individualität entwickelt werden. Als Ensemble im dreiseitigen Blockrand waren zwölf Stadthäuser in unaufdringlicher, städtebaulich gut integrierter Vielfalt zu entwickeln. Anfang 1978 wurden die Rahmenbedingungen von den 15 beteiligten Architekten festgelegt: Verputzte Einfamilienhäuser mit einem traufständigen Satteldach mit Zinkblech sollten es sein, alle über Grundstücken

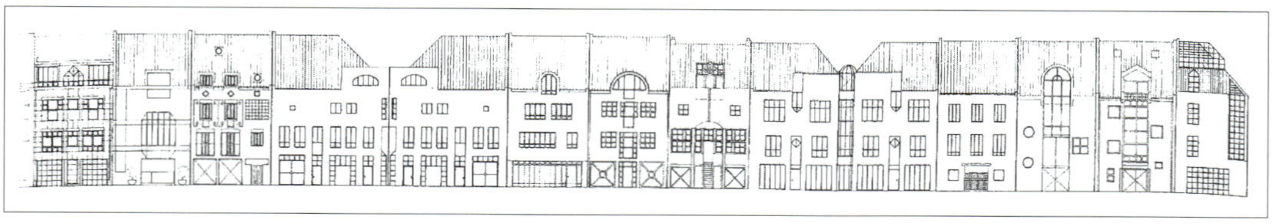

Abb. 1 Gesamtabwicklung der Werkbundhäuser im Dörfle, 1980

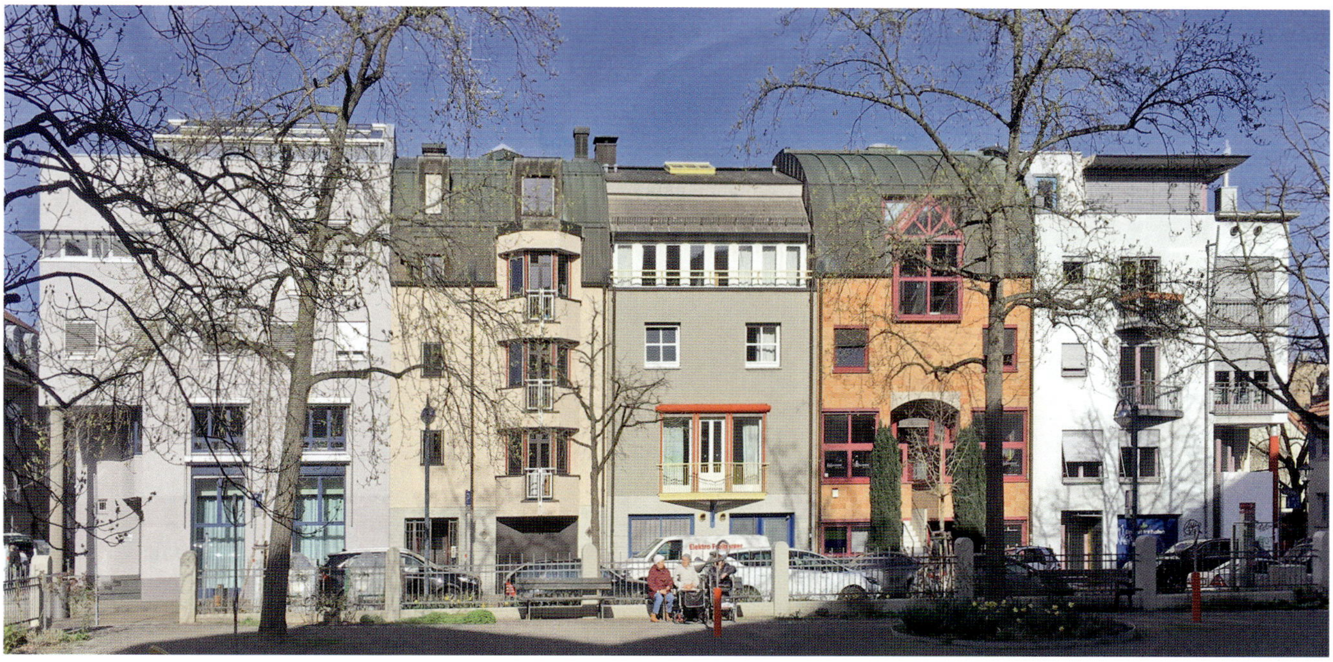

Abb. 2 Ansicht vom Waldhornplatz, Aufnahme 2019

mit einheitlicher Tiefe und Breite, einer Garage und Brandmauer an Brandmauer.

Alle Architekten hatten in der Folge einen Normaltyp und einen Eckhaustyp zu entwerfen, denn die Parzellen wurden verlost. Man kam überein, nur die Mittelzone der Fassaden individuell zu gestalten, welche mit besonderen Fensterformen, Balkonen, Gauben und Dachhäusern ausgestattet werden durfte. Die zwölf Häuser boten schließlich eine Fülle klassisch-moderner und auch postmoderner Formideen mit eigenwilligen Fassadenabschlüssen in Rund- oder Dreiecksformen, Erkern und Fensterrasterungen, industriellen Elementen aus Stahl und Drahtglas sowie großzügigen Verglasungen. Reich dekorierte Fassaden stießen auf schlichtere Ordnungen. Doch schon in der ersten Phase des Projekts zeigten sich gravierende Abweichungen von den vereinbarten Planungsprinzipien, wie etwa ein Tonnendach und Steinfassaden.[3] Bald gab es Misstöne und Egoismen im

Abb. 3 Ansicht der Ecksituation Am Künstlerhaus, Aufnahme 2017

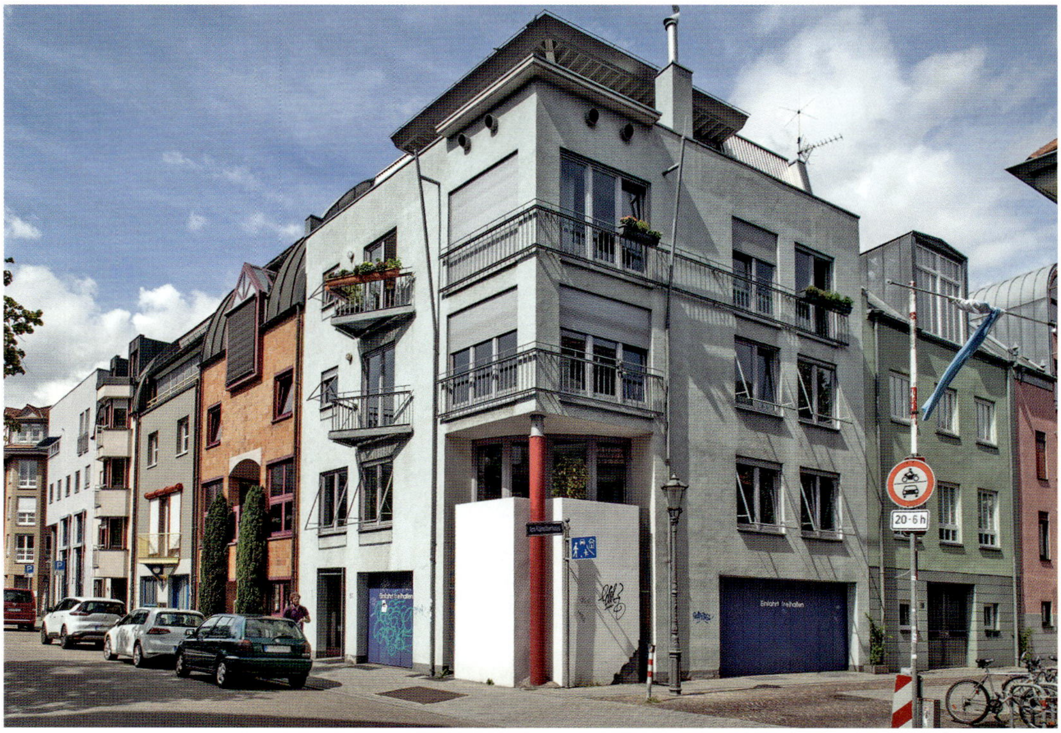

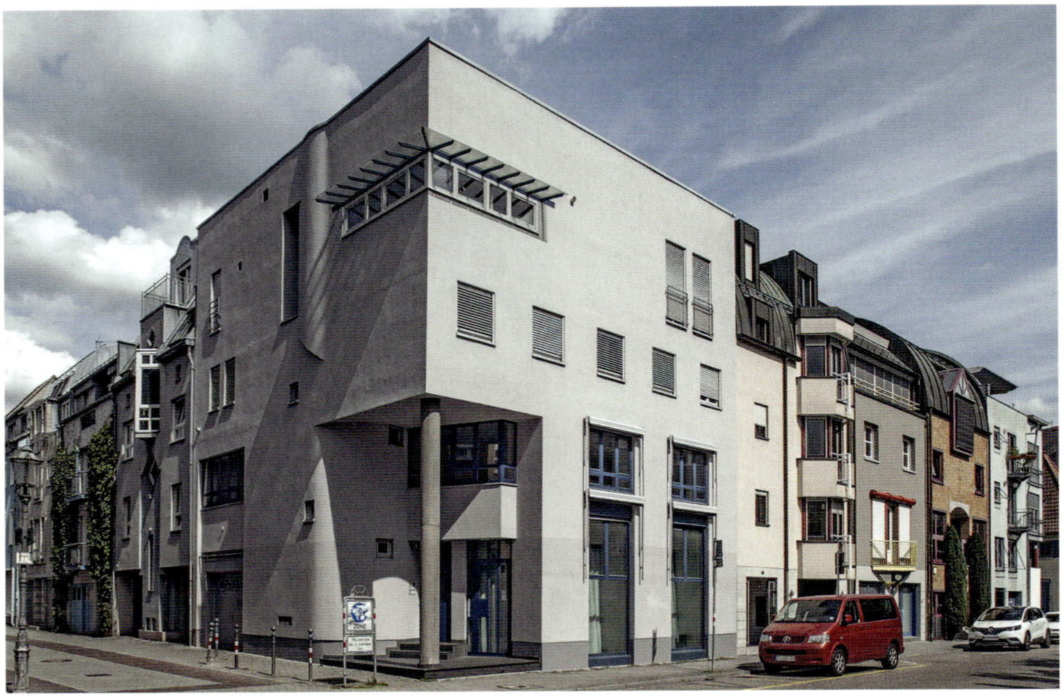

Abb. 4 Ansicht der Ecksituation Fasanenstraße, Aufnahme 2017

zunächst versöhnlich gestarteten Architekten-Kollektiv. Auch die Bauherren zeigten sich eigensinnig, wie ein Haus am Waldhornplatz deutlich macht, das nicht für nur einen Haushalt gebaut wurde, sondern, abweichend vom Konzept, Einzelwohnungen erhielt. Auch weigerte sich ein Bauherr, dem Plan des Architekten zu folgen, und ließ in eigener Regie planen.

Bei allen Unwägbarkeiten und Misstönen: Aus heutiger Sicht bildet das Werkbundprojekt »Dörfle« ein bemerkenswertes architektonisches Zeugnis stadtplanerischer Neubesinnung in den 1970er Jahren. Dabei entstand eine architektonische Wunderkammer als Ergebnis eines planerischen Modellversuchs, der für die 1980er Jahre in seiner kreativen Vielfalt, Konzentration und Qualität beachtlich ist. In einem soziologisch-ästhetischen Laboratorium reiften individuelle und gleichzeitig modellhafte Lösungen für Stadthäuser in der wiederentdeckten Blockrandbebauung

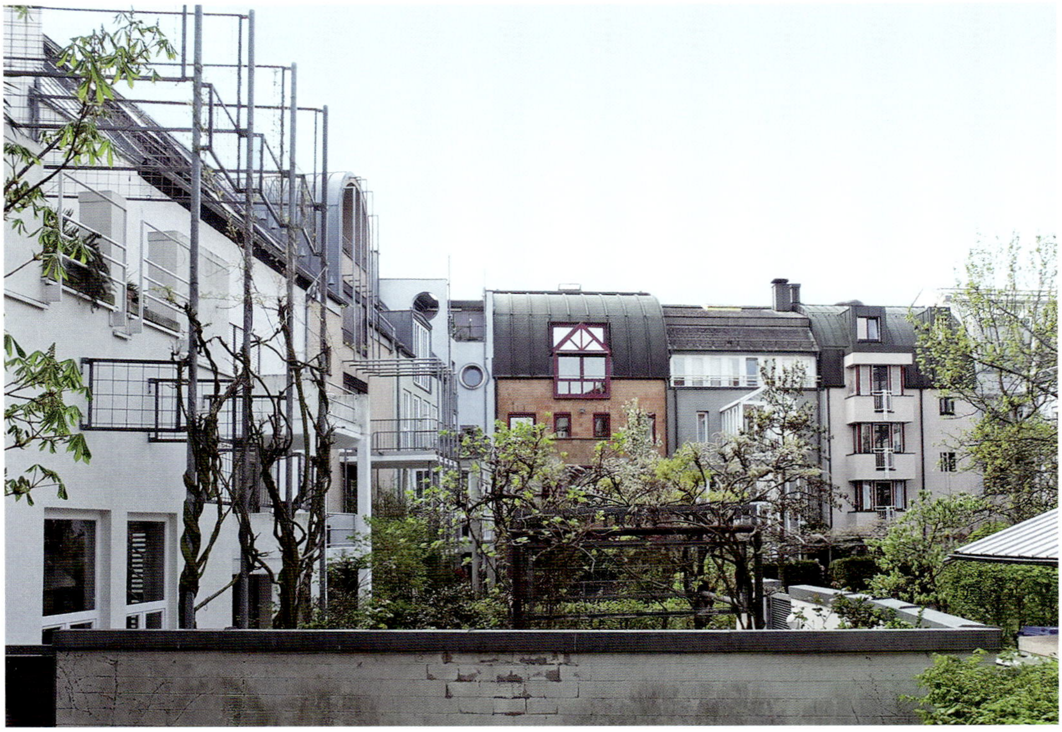

Abb. 5 Blockinneres, Aufnahme 2017

mit innerem Grünbereich. Freilich wurde das Projekt schon während der Bauzeit scharf kritisiert: Vielfalt und historisch gewachsene Stadtatmosphäre lasse sich keineswegs am Reißbrett entwickeln, außerdem seien Einfamilienhäuser in dem alten, ursprünglich von Mietwohnungen geprägten Stadtviertel völlig fehl am Platz.[4] Dennoch – im Licht der Zeitgeschichte, mit einer Generation Abstand, erweist sich das Projekt als überaus innovativ, wegweisend und baukünstlerisch wertvoll. In den auf das Projekt folgenden Jahrzehnten wurden und werden von städtischen und auch privaten Planern oder Investoren immer wieder ähnliche Planungsraster formuliert und unter strengeren Vorgaben durchgeführt. Fast regelmäßig mit dem Ziel, innerstädtische Brachen nicht mit Großstrukturen zu besetzen, sondern eine im Detail hochwertig geplante, kleinteiligere, individuelle und letztlich lebenswerte Neubebauung im historisch gewachsenen städtischen Umfeld zu erreichen.

Clemens Kieser

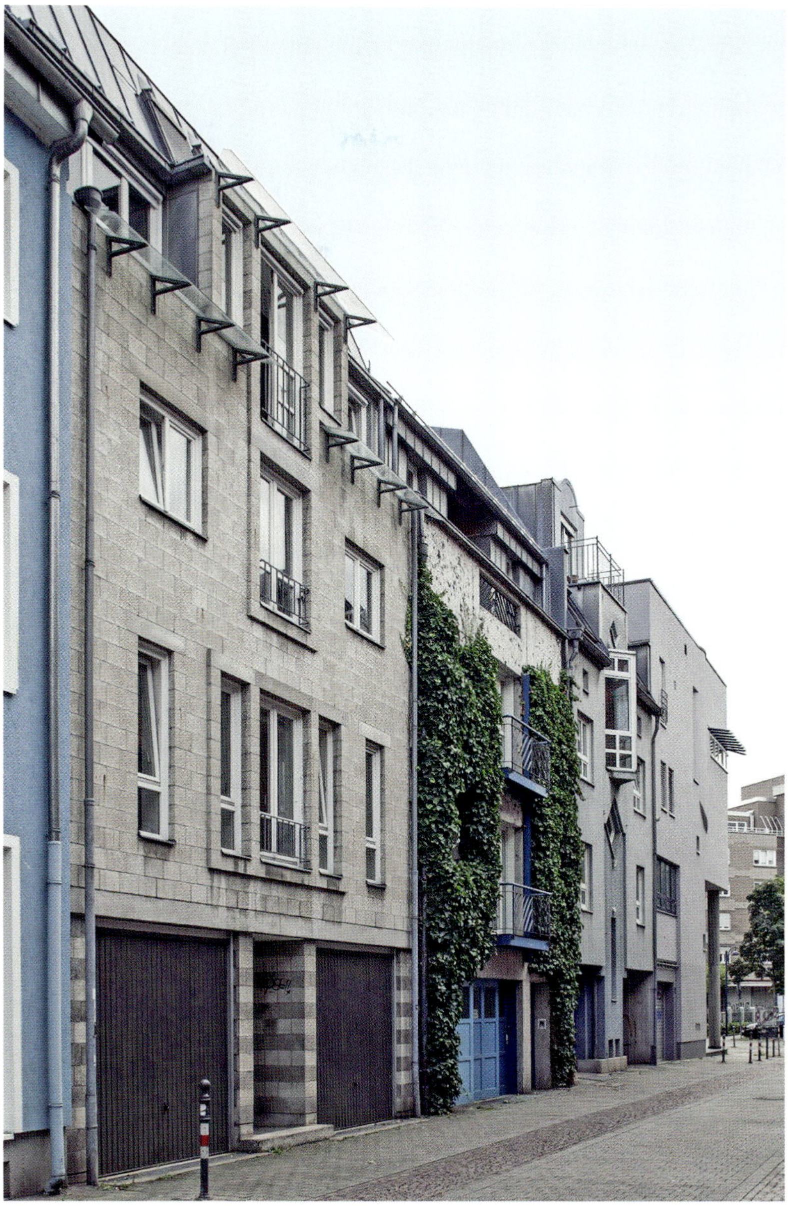

Abb. 6 Wohnhäuser in der Fasanenstraße, Aufnahme 2018

1 Stadt Karlsruhe (Hrsg.): Altstadtsanierung »Dörfle« Karlsruhe 1954–1994, Karlsruhe 1995.

2 Deutscher Werkbund Berlin (Hrsg.): Bauen und Wohnen. Die Geschichte der Werkbundsiedlungen, Tübingen, Berlin 2016, S. 216–223.

3 Gerhard Assem u. a.: Stadtreparatur mit Steinen statt mit Klötzen. 12 Werkbundhäuser im Karlsruher »Dörfle«, in: Bauwelt, Heft 21, 1979, S. 858–862; Stadt Karlsruhe und Neue Heimat Baden-Württemberg (Hrsg.): Altstadtsanierung »Dörfle« Karlsruhe. Eine neue Perspektive für das Wohnen in der Stadt: 12 Häuser am Waldhornplatz (Faltmappe mit 12 Plänen), o. O. 1980.

4 Klaus-Dieter Weiß: Babylonische Stadthäuser. Kommt eins zum anderen oder die Vielfalt von der Stange, in: Bauwelt, Heft 47, 1988, S. 2012–2023, hier S. 2018.

Frankfurts Strada Novissima

Stadthäuser

Saalgasse 2–18 und 22–30
Frankfurt am Main
Hessen

Sieger des städtebaulichen Wettbewerbs: Büro Dietrich Bangert, Bernd Jansen, Stefan Scholz und Axel Schultes (BJSS), Berlin
Bauzeit: 1979–86

Architekten der einzelnen Häuser:
- Büro Dietrich Bangert, Bernd Jansen, Stefan Scholz und Axel Schultes, Berlin
- Büro Norbert Berghof, Michael A. Landes, Wolfgang Rang, Frankfurt am Main
- Christoph Mäckler, Frankfurt am Main
- Projektgruppe Architektur und Städtebau (PAS) mit Jochem Jourdan, Bernhard Müller, Frankfurt am Main
- Detlef Unglaub, Wilhelm Horvarth, Frankfurt am Main
- Planungsgemeinschaft Peter Fischer, Dieter Glaser, Dietrich Kretschmer, Frankfurt am Main
- Büro Johann Eisele, Nicolas Fritz, Darmstadt
- Büro Meinhard von Gerkan, Volkwin Marg und Partner (gmp), Hamburg
- Peter Aribert Herms, Berlin
- Charles Moore, Los Angeles
- Adolfo Natalini, Florenz

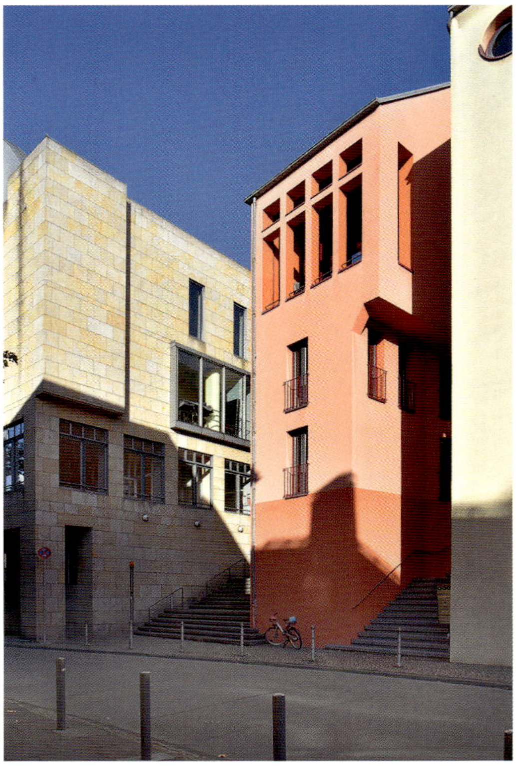

Abb. 1 Fassadentypologie, das öffentliche Gebäude Schirn, links, und das von Charles Moore entworfene Wohnhaus, rechts

Frankfurt am Main war lange Zeit Synonym für die Herrschaft der Banken und eine geschichtsvergessene Stadtentwicklung. Mit der Gründung des Deutschen Architekturmuseums 1979 und dem Beginn der Planungen für das Museumsufer beidseits des Mains 1980 änderte sich das architektonische Selbstverständnis der Stadt wie deren Wahrnehmung von außen. Ein zentraler Baustein in diesem Prozess waren die Rekonstruktion der Römer-Ostzeile, der Bau der Schirn und die Neubebauung der Saalgasse als Paradebeispiel postmoderner Architektur.

Im ältesten Kerngebiet der Stadt verbindet die Saalgasse das Domareal mit dem weiter westlich gelegenen Saalhof, der die karolingische Pfalz in ihrer Funktion als Stadtfestung ablöste. Nach der weitgehenden Zerstörung der Frankfurter Innenstadt gegen Ende des Zweiten Weltkriegs wurde der Mainufersaum südlich der Saalgasse Anfang der 1950er Jahre mit öffentlich gefördertem Wohnungsbau räumlich wieder geschlossen. Auf der nördlichen Saalgassenseite zwischen Dom im Osten und Rathaus Römer im Westen zeigte sich dagegen für einen Zeitraum von über dreißig Jahren weiter das Bild einer Brache. Von den zahlreichen in der Nachkriegszeit verfolgten Planungskonzepten für das Gebiet wurden Anfang der 1970er Jahre nur der Erweiterungsbau des Historischen Museums und das inzwischen abgebrochene Technische Rathaus als letztlich funktional-konstruktive Zweckbauten verwirklicht. Zufrieden war man damit nicht. Deswegen wurde im Oktober 1979 ein Wettbewerb ausgeschrieben, der endlich eine städtebaulich tragfähige Lösung für den gesamten historisch bedeutsamen Bereich zwischen Dom und dem Römer bringen sollte. Während für die östliche Platzrandbebauung des Römerbergs die verbindliche Vorgabe galt, den Zustand vor der Kriegszerstörung rekonstruierend wiederherzustellen, konnten die Wettbewerbsteilnehmer bei den Vorschlägen für den dominierenden Freizeit- und Kulturtreff »Schirn«[1] sowie für die Saalgasse frei gestaltend agieren.

Das Berliner Büro »Bangert, Jansen, Scholz und Schultes« ging siegreich aus dem Wettbewerb hervor. Sie fanden ihren ganz eigenen Weg, um an die Historie des Ortes und die entsprechende umgebende Bebauung anzuknüpfen. Der langgestreckte Schirn-Baukörper steht mit seiner Sandsteinverkleidung im bewussten Kontrast zur Kleinteiligkeit und Formenvielfalt der Saalgasse. Die Saalgasse ihrerseits vermittelt mit ihren individuellen, postmodernen Gestaltungselementen zwischen den architektonischen Extremen des Großbaus und der geplanten rekonstruierten Fachwerkostzeile.

Auf anschauliche Weise verdeutlichen die Anfangssätze der Würdigung durch die Preis-

Abb. 3 Saalgasse, im Vordergrund links Wohngebäude von Charles Moore

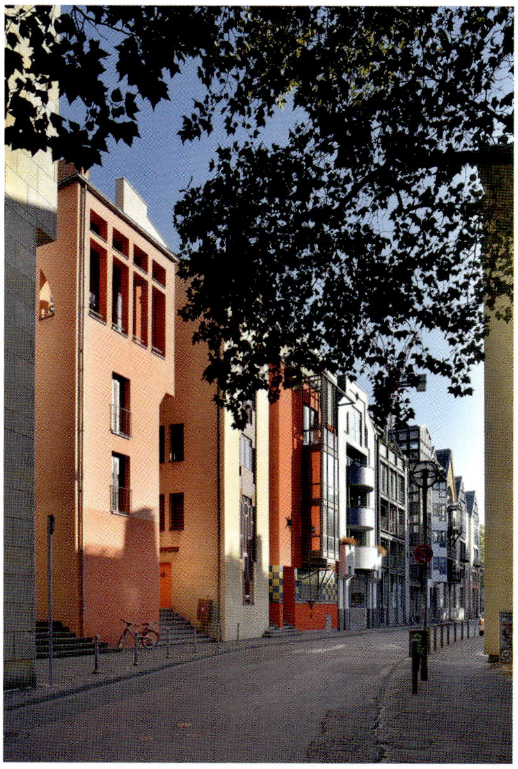

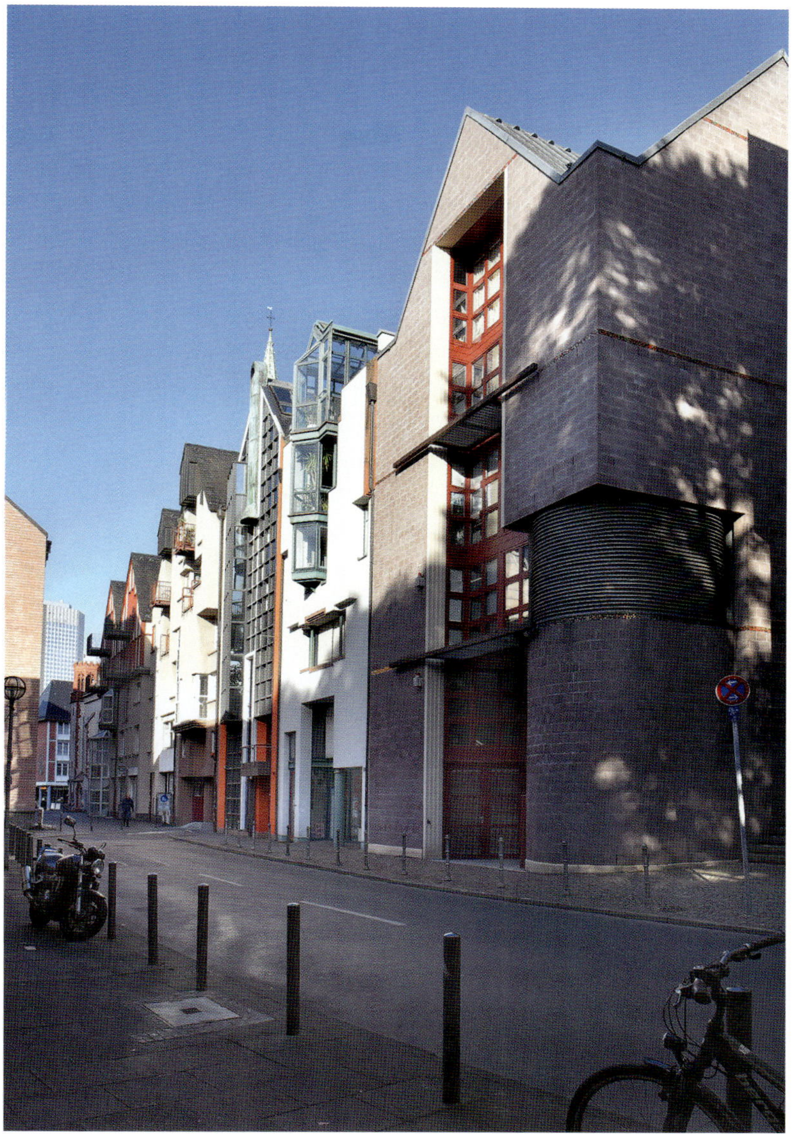

Abb. 2 Saalgasse, von rechts nach links: Wohngebäude von Adolfo Natalini, von Jourdan, Müller und Albrecht, von Fischer, Glaser und Kretschmer sowie von Heinrici und Geiger. Im Fluchtpunkt der Saalgasse mehrgeschossiger Wohnungsbau aus den 1950er Jahren.

gerichtsjury die vielschichtige Komposition des Entwurfs von Bangert, Jansen, Scholz und Schultes: »Der Verfasser macht nicht den Versuch, sich durch eine einheitliche Bebauung in die Umgebung einzupassen, sondern stellt im Entwurf selbst den Widerspruch und die Unterschiedlichkeit, die in der Randbebauung vorgegeben ist, dar. Dieses als dialektisch zu nennende Prinzip ist der wesentliche Beitrag zur städtebaulichen Lösung. Die Wohnzeile im Süden nimmt baulich das Thema der vorhandenen Wohnbebauung auf und versucht, den ›Altstadt-Charakter‹ dieser Bebauung zu assimilieren«.[2] Die Verwirklichung des gesamten Schirn-Projekts erstreckte sich bis 1986.[3]

Für den Anschluss der südlichen Wohnzeile entlang der Saalgasse an die Schirn wurde im

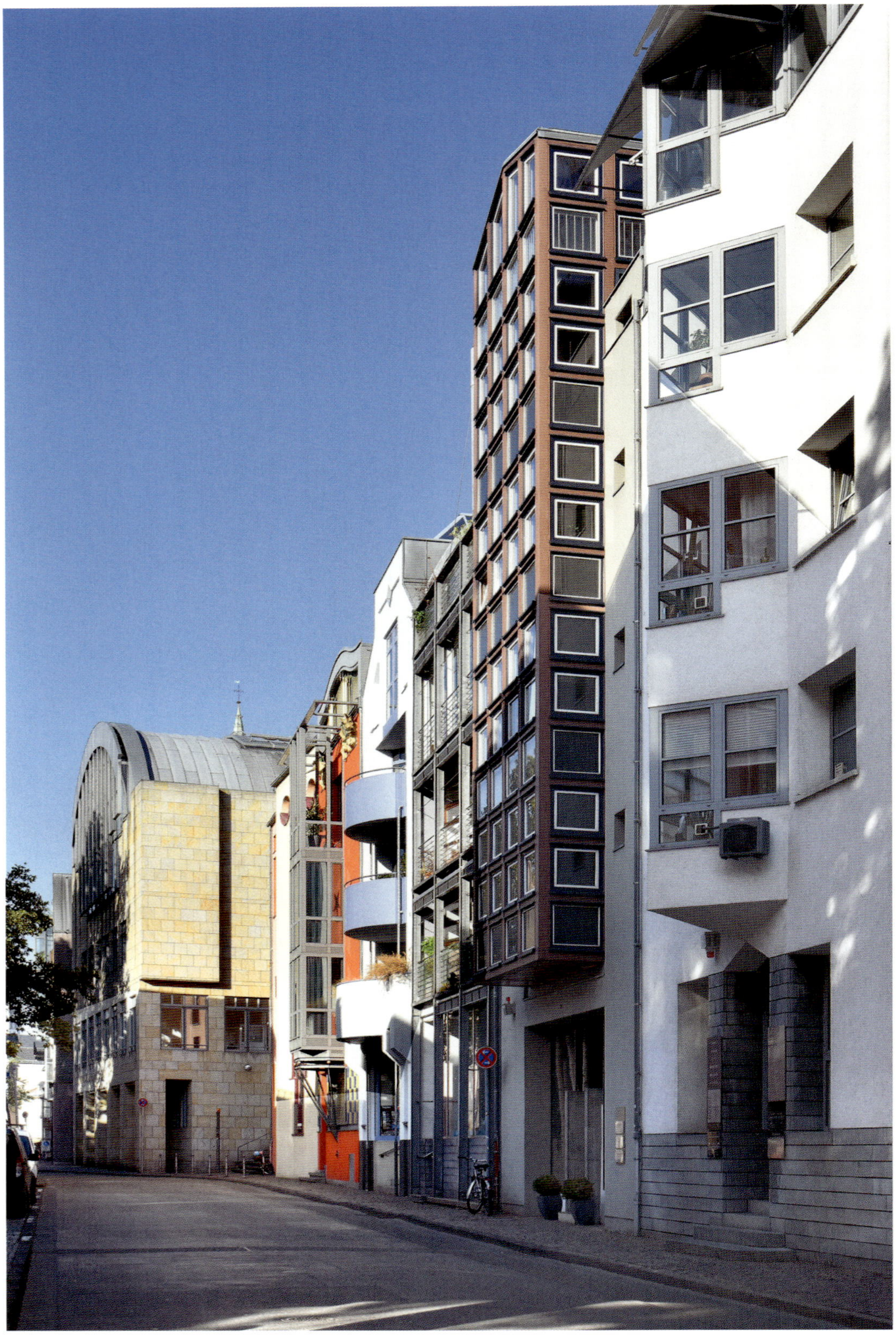

Abb. 4 Saalgasse, von links nach rechts: Schirn, Wohngebäude von Charles Moore, von Berghof, Landes und Rang, von Detlef Unglaub und Wilhelm Horvath, von Eisele und Fritz, von Christoph Mäckler, von Gerkan und Marg

Westen das Frankfurter Büro Heinrici und Geiger, das dort auch die geforderte Rekonstruktion des »Schwarzen Engel« zu bewältigen hatte, beauftragt und im Osten schräg gegenüber dem Dom das im Wettbewerb siegreiche Büro aus Berlin.

Für die Saalgassenbebauung wurde die Kernnutzung Wohnen mit der Möglichkeit festgelegt, eine Ladengalerie oder ein Büro zu integrieren, ferner Viergeschossigkeit über einem durchgehenden niedrigen Sockel und eine von Giebelständigkeit geprägte Dachlandschaft. Die Erschließung sowohl von der Saalgasse als auch vom höheren, zur Schirn gelegenen Innenhof aus ermöglichte ein variables Wohnungsangebot.

Die Fassadenelemente Zugang mit Treppe, Fenster, Erker oder Loggia waren frei zu gestalten wie auch ihre formale Anordnung.

Die verwirklichten Straßenfassaden zeigen in ihrem Aufbau eine nicht unbedingt zu erwartende Dominanz der Symmetrie. Zu den überwiegenden Putzflächen von teils starker Farbigkeit trat ein Materialreichtum bei der Detailausbildung in Kontrast. Unverkennbar wird in der Saalgasse die architektonische Auseinandersetzung mit dem Fassadenrelief, mit der Tiefe von Fassaden und des gesamten Baukörpers als vereinigendes Motiv deutlich. Die damit einhergehende Plastizität der Baukörper führt in Einzelfällen bis zu einer expressiven Zerklüftung, so beispielsweise bei dem durch einen Treppenweg zweigeteilten Wohnhaus von Charles Moore, das in seinen unterschiedlichen, malerisch gegliederten Fassaden einen historisch gewachsenen Zustand suggeriert. Das angrenzende Wohnhaus des Frankfurter Büros Berghof, Landes und Rang verkehrt oben und unten, indem es mit verspielt ironischer Geste der knallig roten Fassade durch ein Erkermotiv eine zweite, auf den Kopf gestellte Fassade vorblendet.

Im Rückblick auf die Entstehungszeit stellt sich die Frage, ob sich die von der Planung erhoffte Assimilation eines »Altstadtcharakters« tatsächlich eingestellt hat. Fällt eine Antwort vielleicht schon aus Gründen der Vagheit des Begriffs schwer, so kann aus inzwischen eingetretener zeitlicher Distanz doch festgestellt werden, dass der Frankfurter Versuch in der Saalgasse als Momentaufnahme des auch andernorts verfolgten »Neuen Bauens in der alten Stadt«[4] im Zeitraum Ende der 1970er und Anfang der 1980er Jahre zu sehen ist.

Aus Frankfurter Perspektive stellt sich das Saalgassenprojekt im Zusammenhang mit der Errichtung der Schirn und der Rückbesinnung auf die historische Kontur des Römerbergs in Grund- und Aufriss als zeitliches Scharnier zwischen den 1950er Jahren und der aktuell abgeschlossenen neuen Überformung des Dom-Römer-Bereichs dar. Nach Wiederaufbau des Rathauses Römer 1950 wurde kurz darauf auch der Platzumriss Römerberg im Norden und anschließend im Osten mit Stadthäusern wieder bebaut, die auf überkommener Parzellenstruktur und unter Integration erhaltener Architekturfragmente in Konstruktion und Gestaltung eine eigenständige zeitgenössische Architektur repräsentierten – eine Entwicklung, die seinerzeit keinen Bestand hatte und in der Gleichzeitigkeit von Wiederherstellung des Untergegangenen und neuer Interpretation erst wieder mit dem Schirn-Projekt fortgesetzt wurde. Die Saalgassen-Bebauung blieb bedingt durch die Einzelbeauftragungen ein Dokument individueller Architektentypologien, quasi eine Frankfurter Version der von Paolo Portoghesi konzipierten Strada Novissima, die auf der Architekturbiennale von 1980 in Venedig zu sehen war und aus zwanzig Fassaden in der ehemaligen Seilhalle des Arsenals unterschiedlich bedeutender Architekten bestand, die eine Art Kulissenarchitektur einer postmodernen Straße bildeten.

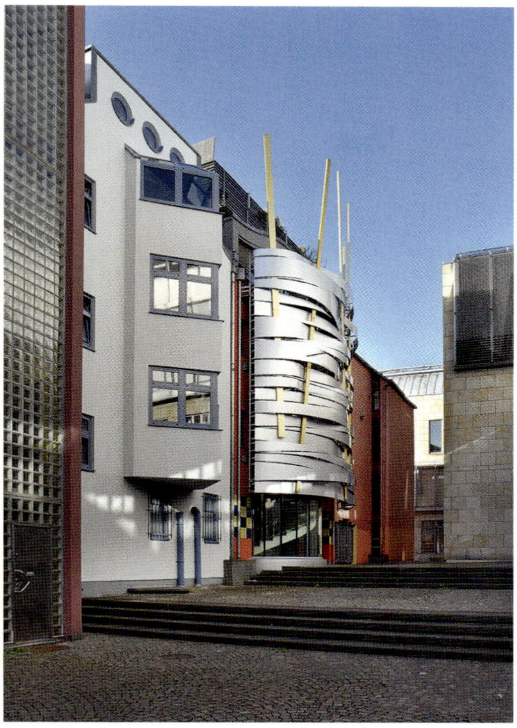

Abb. 5 Saalgasse, Rückseite der Gebäude von Detlef Unglaub und Wilhelm Horvath, von Berghof, Landes und Rang und Charles Moore

Heinz Wionski

1 Die Namensgebung spielt auf die offenen Warenstände in der früheren Frankfurter Altstadt an.

2 Dom-Römerberg-Bereich, Wettbewerb 1980, hrsg. von der Stadt Frankfurt am Main, Magistrat-Baudezernat, Braunschweig 1980, S. 46–49.

3 Vgl. auch das Kapitel Kunsthalle Schirn von Heinz Wionski: Postmoderne Architektur im Stadtbild von Frankfurt am Main, in: Die Denkmalpflege, Jg. 74, 2016, S. 166ff.

4 So der Titel einer Dokumentation vergleichbarer Projekte aus demselben Zeitraum in Marburg: Neues Bauen in der alten Stadt, Geplantes und Gebautes, Ausstellung zu Projekten für die Marburger Altstadt, Skizzen, Entwürfe, Modelle und Objekte, hrsg. vom Magistrat der Stadt Marburg, Stadtplanung/Sanierungsbüro, Marburg 1989.

Die Altstadt wird postmodern

Wohnviertel Marterburg

Marterburg, Komturstraße, Kolpingstraße Bremen

Architekten: Wolfram Goldapp, Thomas Klumpp
Bauzeit: 1979–96

Was ist das denn?! Toll! Faszinierend! Oder aber auch: Albern!, Schnickschnack!, Effekthascherisch! – Das sind typische Reaktionen, wenn es um die auffällig-bizarren, bunten Wohnhäuser in der Bremer Marterburg geht. Wie zu ihrer Entstehungszeit polarisieren sie bis heute, obwohl die Zustimmung inzwischen überwiegt. Sehr abfällig äußerte sich noch 1988 der spottlustige Kolumnist »Goswin« in der »Bauwelt« über Klumpp und Goldapp: »Ich frage mich, was haben diese Architekten noch im Kopf? Nach diesem Exorzismus des schlechten Geschmacks, farbenblinder Kalauer, koketten Bauschäden muß man doch mit geläuterter Seele ganz von vorne anfangen können.«[1] Kommt das Gespräch hingegen heute auf die geplante Unterschutzstellung des Ensembles als Kulturdenkmal, so erntet man mittlerweile weder Unverständnis noch Ablehnung. Die Häuser werden nicht nur als etwas Besonderes wahrgenommen, sondern auch als charakteristische Exponenten einer inzwischen abgeschlossenen kultur- und architekturgeschichtlichen Epoche: der Postmoderne.

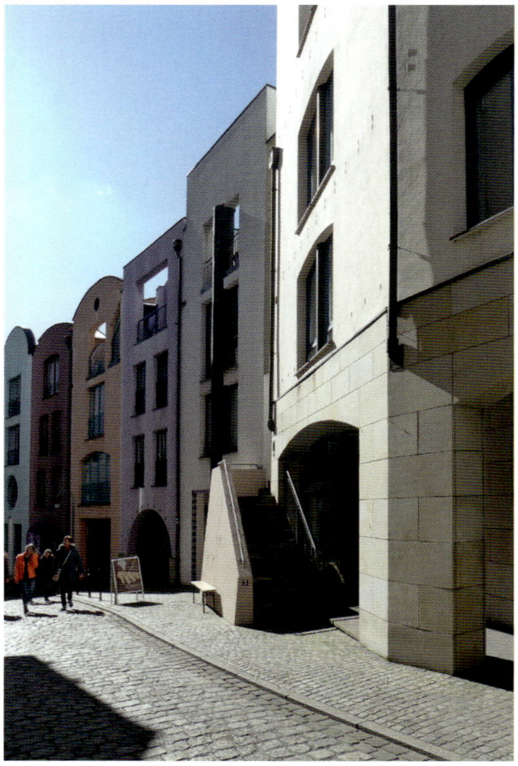

Abb. 1 Goldapp und Klumpp, Wohnbebauung Marterburg, Bremen, 1979–96, Ansicht Marterburg

Das Wohnviertel an Marterburg, Komturstraße und Kolpingstraße mit 27 viergeschossigen, schlanken Reihenhäusern entstand in der Zeit zwischen 1979 und 1996 nach einer Konzeption des Bremer Architektenbüros Goldapp+Klumpp (Wolfram Goldapp, 1950–1995 und Thomas Klumpp, geb. 1943) in der Bremer Innenstadt, am Rand des bekannten Altstadtviertels »Schnoor«, in einer stark bewegten Topografie mit großen Höhenunterschieden. Es handelt sich um das markanteste Beispiel postmoderner Wohnhausarchitektur in Bremen, aufgrund seiner Skurrilitäten bekannter geworden noch als die vergleichbaren, 1983–86 von Peter Weber an der Deichstraße in Bremerhaven errichteten Reihenhäuser. Das Marterburg-Quartier erregte überregional Aufmerksamkeit und fand Widerhall in Fachzeitschriften und Überblickswerken zur deutschen Nachkriegsarchitektur.[2] Thomas Klumpp ist der namhafteste Vertreter der Postmoderne unter den Architekten Bremens. Neben dem Marterburg-Ensemble zählen in Bremen auch die frühere Eislaufhalle (1983 gebaut, 1996 bereits wegen Erweiterung des Messezentrums wieder abgerissen) und das Congress Centrum auf der Bürgerweide (1989–92), Klumpps eigenes Wohnhaus in der Rutenstraße (1983–85) und der Umbau einer ehemaligen Stockwerksfabrik für das Möbelhaus Flamme am Ostertorsteinweg (1983–84) zu seinem postmodernen Portfolio. Er gehört auch zu den Architekten, die ihr eigenes Tun in Publikationen reflektiert haben, der manifestartige Titel lautet: »Emotionale Architektur«.[3] Klumpp vertritt darin radikale gesellschafts- und architekturkritische Positionen. Strenge serielle Architektur sei nicht menschengerecht und »kein adäquates Pendant zur Vielfalt und Unterschiedlichkeit ihrer Bewohner«.[4] Klumpp trat später auch durch spektakuläre organische Großformen hervor, wie das metallisch schimmernde walartige Bremer Wissenschaftsmuseum »Universum« (1999–2000) und die Baugruppe aus Klimahaus (eröffnet 2009) und Atlantic Hotel Sail City (2008) in Bremerhaven.

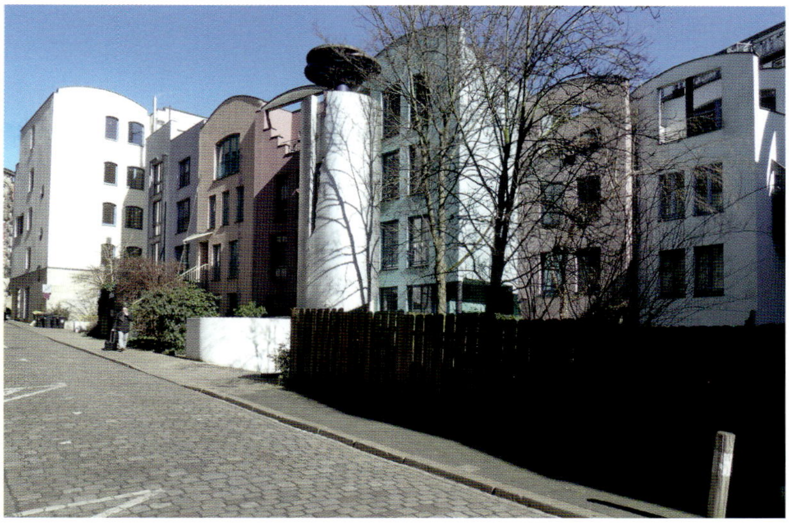

Abb. 2 Ansicht Komturstraße

Die verspielte, ironische, vielgestaltige und krass farbige Erscheinungsform des Marterburg-Ensembles wirkt exzentrisch und extrovertiert. Goldapp und Klumpp hatten versucht, die dicht gedrängte Bauweise des benachbarten historischen Schnoorviertels mit postmodernen Mitteln aufzunehmen und weiterzuentwickeln. Maßstäbliche und differenzierte Altstadt-Ergänzung in Abkehr vom funktionalistischen Wohnungsbau der 1960er Jahre war hier das zeittypische Motiv. Über einem Erdgeschoss-Ladenlokal mit aufgesetztem Galeriegeschoss für gewerbliche oder Wohnnutzung erheben sich jeweils zwei reine Wohngeschosse. Ziele waren die Realisierung einer typisch altstädtischen, zugleich moderne Anforderungen erfüllenden Wohnform, die starke Betonung des Hausindividuums – kein Haus gleicht dem andern – und die Entwicklung einer »charakteristischen Architektur, die identifizierbar und identifikationsfähig ist« (Klumpp). Trotz ihrer Vielgestaltigkeit sollten die Häuser einer »gemeinsamen Familie von Gestaltelementen«[5] und einheitlichen Ordnungsprinzipien folgen. Viele außergewöhnliche, verspielte Details mit Mut zu Manieriertheit und Ironie prägen das Ensemble, so etwa ein paradoxer Pseudo-Schwibbogen zwischen zwei Hausfassaden, der freitragend kurz vor dem Erreichen einer der beiden Baukörper in der Luft endet. Der Ästhetik zuliebe

Abb. 3 Ansicht Komturstraße, Detail

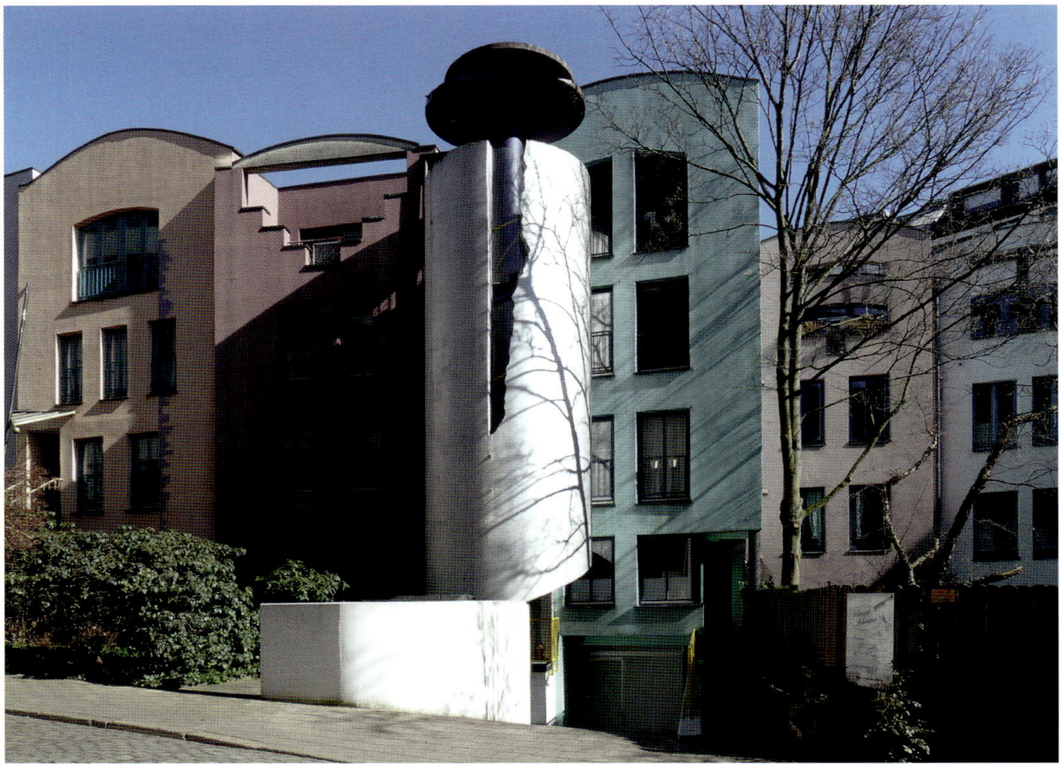

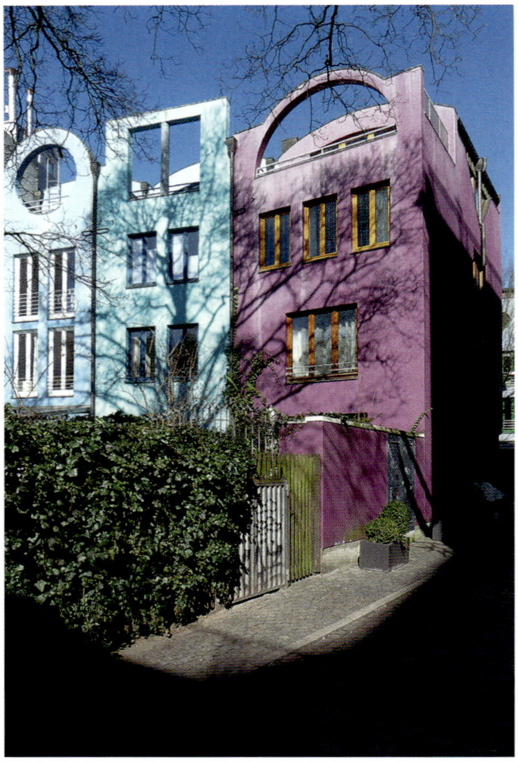

Abb. 4 Drei Rückfronten unterhalb der Kolpingstraße

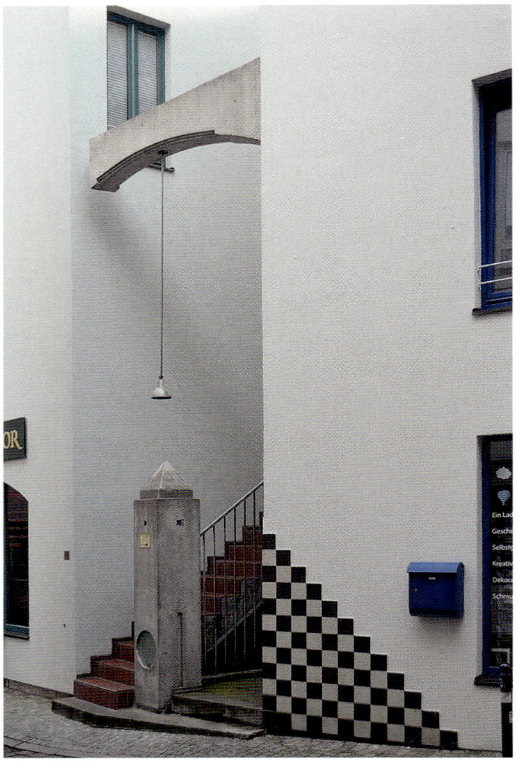

Abb. 5 Pseudo-Schwibbogen an der Marterburg

wurden Einbußen bei der Funktionalität hingenommen, was besonders an den steilen Außenstiegen deutlich wird. Mit dem von einem Riss durchbrochenen Zylinder einer außen liegenden Treppenhausspindel spielte Klumpp mit der Ruinenästhetik im Stil der berühmten Product Showrooms der Firma Best Products in den USA, entworfen von James Wines/SITE.

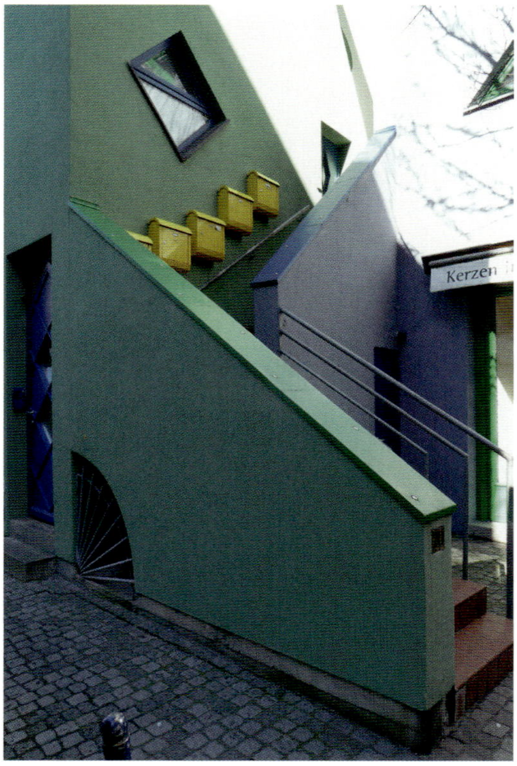

Abb. 6 Verspielter Treppenaufgang an der Kolpingstraße

Ein großformatiges Foto der Marterburg-Häuser diente Klaus-Dieter Weiß als Aufmacher seines postmoderne-kritischen Essays »Babylonische Stadthäuser« in der »Bauwelt« (1988), in dem er diverse prominente Beispiele postmoderner Reihenhausprojekte in Altstadtquartieren polemisch attackierte.[6] Die künstliche Vielfalt dieser Gebilde ohne das innewohnende Ordnungsprinzip eines historischen Altstadtquartiers mit natürlicher Varianz war Ziel seiner Kritik. Inhaltlich beschäftigte sich Weiß in seinem Text aber nur en passant mit dem Duo Klumpp/Goldapp, dessen Bremer Marterburg-Bebauung er nur kurz als »Kuriosum«[7] abtat, und arbeitete sich stattdessen an den Beispielen Kasseler »Schöne Aussicht« und, intensiver noch, am Karlsruher »Dörfle« und an der Frankfurter Saalgasse ab, bei deren Ausgestaltung einiges an Architektenprominenz vertreten war. Dabei berief er sich auf Kronzeugen wie O.M. Ungers und Ulrich Greiner. Ungers wütete gegen das, »was man heute Postmoderne nennt, nämlich albernes, dummes Zeug, das sich damit beschäftigt, sich irgendwie an der Geschichte als Zitatensammlung zu orientieren, aus der Geschichte einen Schrotthaufen zu machen«.[8] Greiner, damals Feuilletonchef der »Zeit«, dekretierte bonmothaft: »Das Prinzip Ordnung ist riskant. Das Prinzip Unordnung ist unbrauchbar.«[9] Doch all diese Verdikte passen nicht wirklich auf das Beispiel Marterburg. Klumpp und Goldapp, die gegenüber den anderen Beispielen allerdings auch den Vorteil hatten, ein ganzes Quartier allein zu planen, haben durchaus ihre Zielsetzung einer Einheit in der Vielfalt erreicht, oder, um es in ihren eigenen Worten auszudrücken: »Eine Gruppe von ›Hausindividuen‹ mit gemeinsamen Strukturprinzipien und -elementen, aber jeweils eigenständiger Charakteristik, bildet eine Art Familie, die genug Gemeinsames besitzt, um zusammenzugehören, aber auch genug Individuelles zulässt, um Identität zu schaffen. [...] Es entsteht eine Gestaltfamilie, die ein eigenes Repertoire entwickelt, das jedoch die ›Sprache‹ der Altstadt benutzt, ohne die Aussage zu wiederholen.«[10] Die Kontroverse zeigt, dass das Wohnviertel nicht nur ein wichtiges Beispiel für das postmoderne Bauen in der Alten Stadt ist, sondern darüber hinaus auch ein anschauliches Zeitzeugnis der damaligen Architekturdiskussion.

Rolf Kirsch

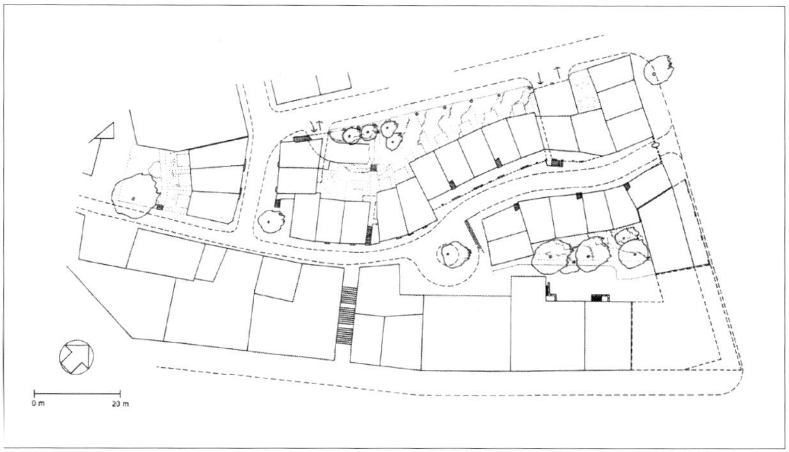

Abb. 7 Lageplan

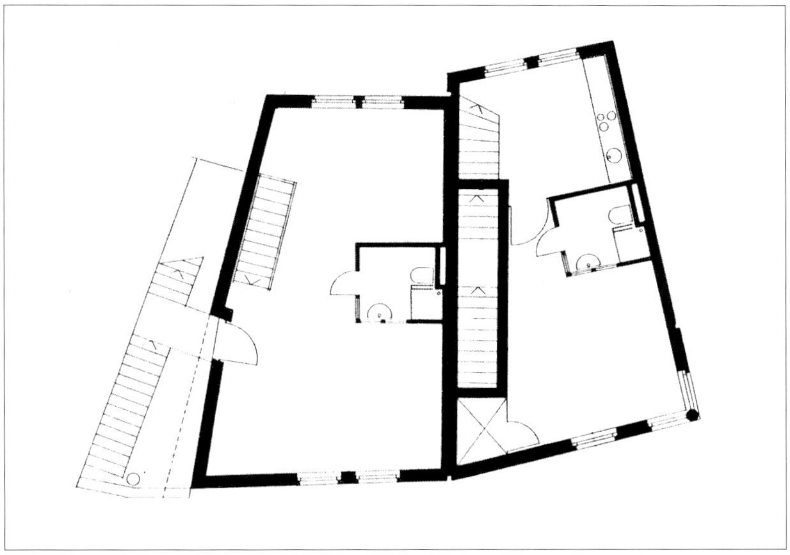

Abb. 8 Grundriss zweier Häuser im 1. Obergeschoss

Abb. 9 Ansicht von fünf Fassaden an der Komturstraße

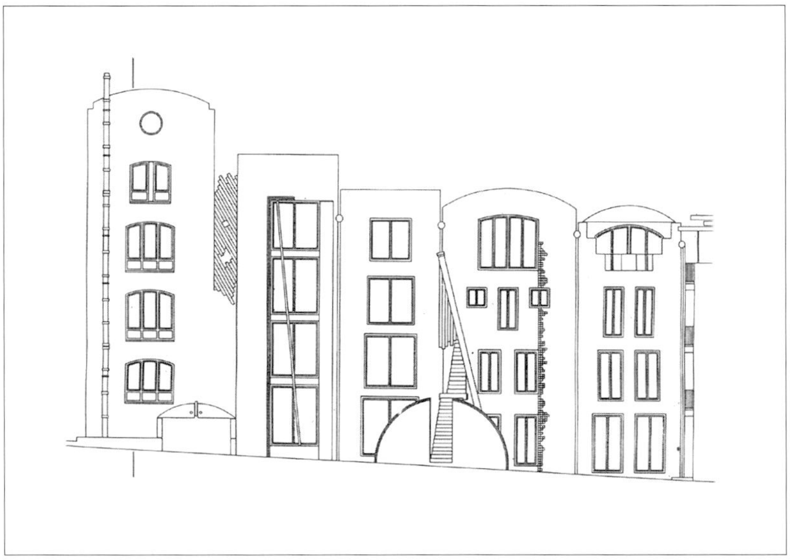

1 Goswin: Deutsche Städte, 23. Folge: Bremen, in: Bauwelt, Nr. 4, 1988, S. 190.
2 Architektur in Bremen und Bremerhaven, hrsg. von der Architektenkammer der Freien Hansestadt Bremen, dem Bund Deutscher Architekten im Lande Bremen BDA und dem Senator für Umweltschutz und Stadtentwicklung, Worpswede 1988, Objekt Nr.14; Claus Christian, Claus Paegelow: Architektur zwischen Bremer Haus und Postmoderne: Architekturführer Bremen, Bremen 2013; Andrea Gleiniger-Neumann, Hans-Peter Schwarz, Bauen heute. Architektur der Gegenwart in der Bundesrepublik Deutschland, Stuttgart 1989, darin: Wolfram Goldapp, Thomas Klumpp, Wohnbebauung Marterburg, Bremen, S. 173–175; Wolfram Goldapp, Thomas Klumpp: Goldapp + Klumpp. Komturstraße, Bremen, Tiergarten-Rauchstraße Berlin und andere gemeinsame Projekte, in: Arch+, Nr. 57/58, 1981, S. 32–35; Wolfgang Pehnt, Deutsche Architektur seit 1900, Ludwigsburg/München 2005, S. 407; Klaus-Dieter Weiß: Babylonische Stadthäuser, in: Bauwelt, Nr. 47, 1988, S. 2012–2023.
3 Thomas Klumpp, Emotionale Architektur, Delmenhorst 1996.
4 Thomas Klumpp (wie Anm. 3), »Essentials«, Nr. 5.
5 Beide Klumpp-Zitate: Thomas Klumpp (wie Anm. 3), Projekt Nr. 24 (Marterburg).
6 Weiß (wie Anm. 2).
7 Weiß (wie Anm. 2), S. 2013.
8 Zitiert nach Weiß (wie Anm. 2), S. 2022.
9 Zitiert nach Weiß (wie Anm. 2), S. 2023.
10 Zitiert nach Weiß (wie Anm. 2), S. 2012.

So würde Feininger den Roten Turm heute sehen

Wohnanlage

**Graseweg, Große Klausstraße, Oleariusstraße
Halle (Saale)**

Architekten: Wulf Brandstädter, Wolf-Rüdiger Thäder, Peter Weeck, Andreas Bollmann, Christine Gabriel
Bauzeit: 1985/86

Die Wohnanlage entstand 1985/86 auf einer durch Flächenabriss geschaffenen Brache inmitten der von Kriegszerstörung verschonten historischen Altstadt Halles. Sie ersetzte einen Straßenzug, der durch Lyonel Feiningers 1930 gemalten Blick auf den spätgotischen »Roten Turm« berühmt geworden war – ein Paradebeispiel für das Ideal der »Stadtreparatur« in den achtziger Jahren.

Abb. 1 Östlicher Eingang zur Großen Klausstraße mit Fachwerkhaus von 1590

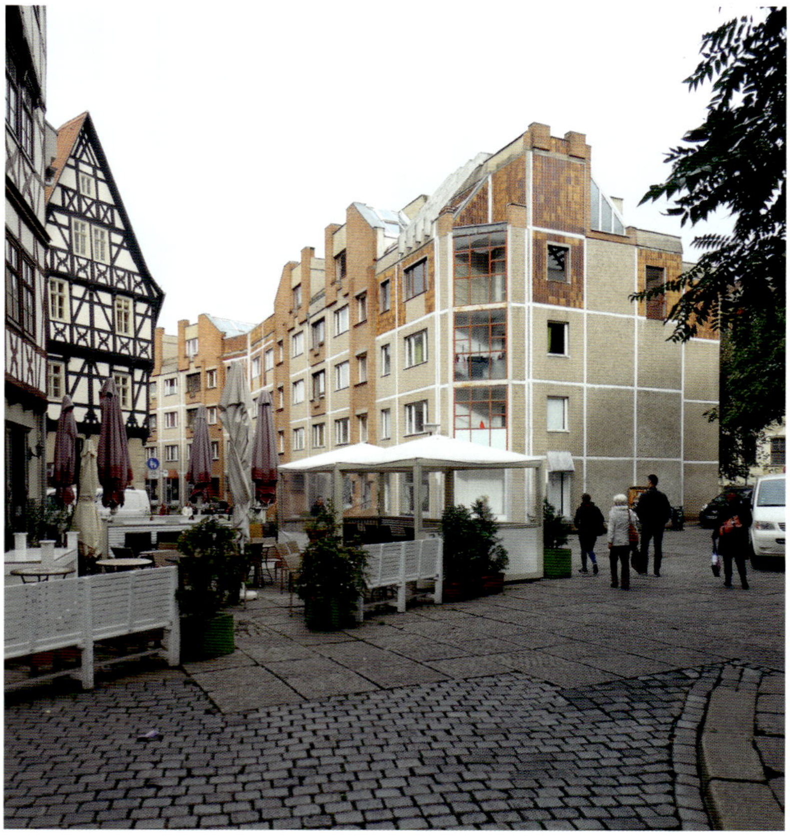

Für die hallesche Altstadt wog der durch großflächigen Abbruch entstandene Verlust der gewachsenen Bebauung im städtebaulichen und stadtgeschichtlichen Kern südlich des Marktplatzes – in unmittelbarer Nähe bedeutender Baudenkmale wie der spätgotischen Marktkirche, dem Roten Turm, dem Renaissancepalast »Kühler Brunnen«, dem Geburtshaus Georg Friedrich Händels, dem Dom und der Residenz Kardinal Albrechts von Brandenburg – schwer. Zehn Jahre nach dem Europäischen Denkmalschutzjahr 1975 war er stadtplanerisch kaum noch zu begründen. Die Neubebauung wurde in Form der unvermeidlichen »Plattenbauten« realisiert, die schon in vielen anderen Innenstädten der DDR einen Bruch mit der tradierten Stadtstruktur verursacht hatten (siehe Katalognummer 5.4 Bernau). Allerdings waren im Lauf der 1980er Jahre Bautypen entwickelt worden, die diesen Bruch weniger radikal vollzogen und eher dem Ideal einer angepassten, partiellen Stadterneuerung folgten. Als Prestigeobjekt im Herzen der kulturell reichen Bezirkshauptstadt Halle musste die entstehende innerstädtische Wohnanlage den Vergleich mit verwandten Projekten wie etwa dem Nikolaiviertel in (Ost-)Berlin (1979–87), der Inneren Westvorstadt (»Kolonnadenviertel«) in Leipzig (1984–90), der Johannisstraße in Erfurt (1984–87) oder der Kröpeliner Straße in Rostock (1984–86) bestehen. Der stilistische Einfluss der internationalen Postmoderne und das gewachsene gesellschaftliche Verständnis für Denkmalschutz blieben nicht ohne Wirkung auf die Planung, die von Wulf Brandstädter und Wolf-Rüdiger Thäder (Städtebau) im Büro des halleschen Stadtarchitekten sowie von Peter Weeck, Andreas Bollmann und Christine Gabriel (Hochbau) im Betriebsteil Projektierung/Technologie des VEB Wohnungsbaukombinat Halle erarbeitet wurde.[1]

Die entstandene vier- bis fünfgeschossige Wohnanlage in Großtafelbauweise, teils mit Ladenzeile im Erdgeschoss und rückwärtigen Frei-

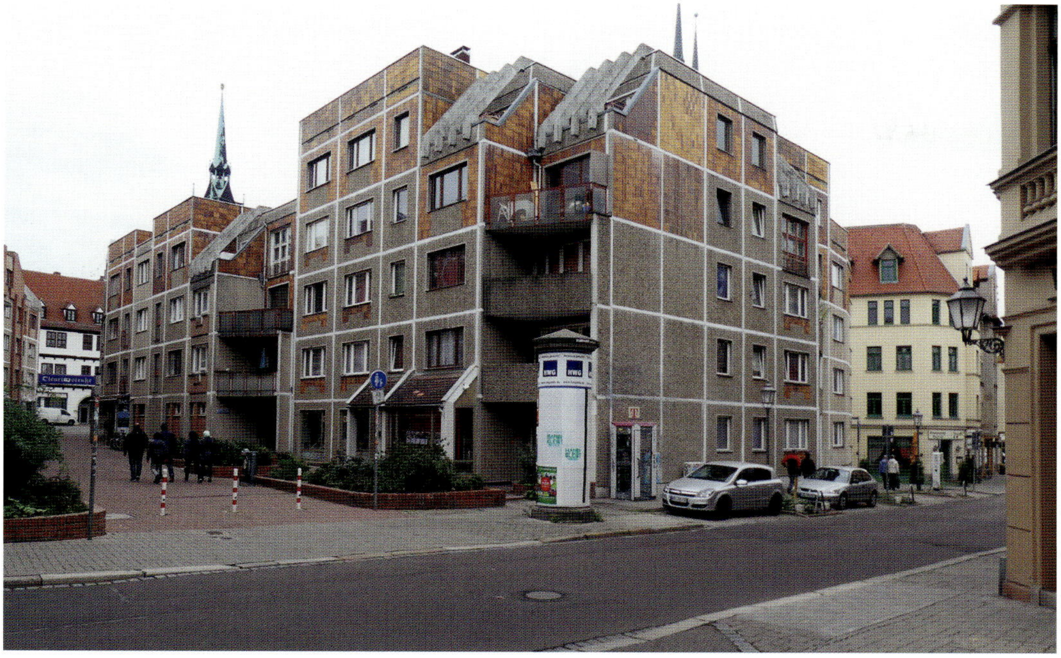

Abb. 2 Oleariusstraße, Blick von West in die Große Klausstraße

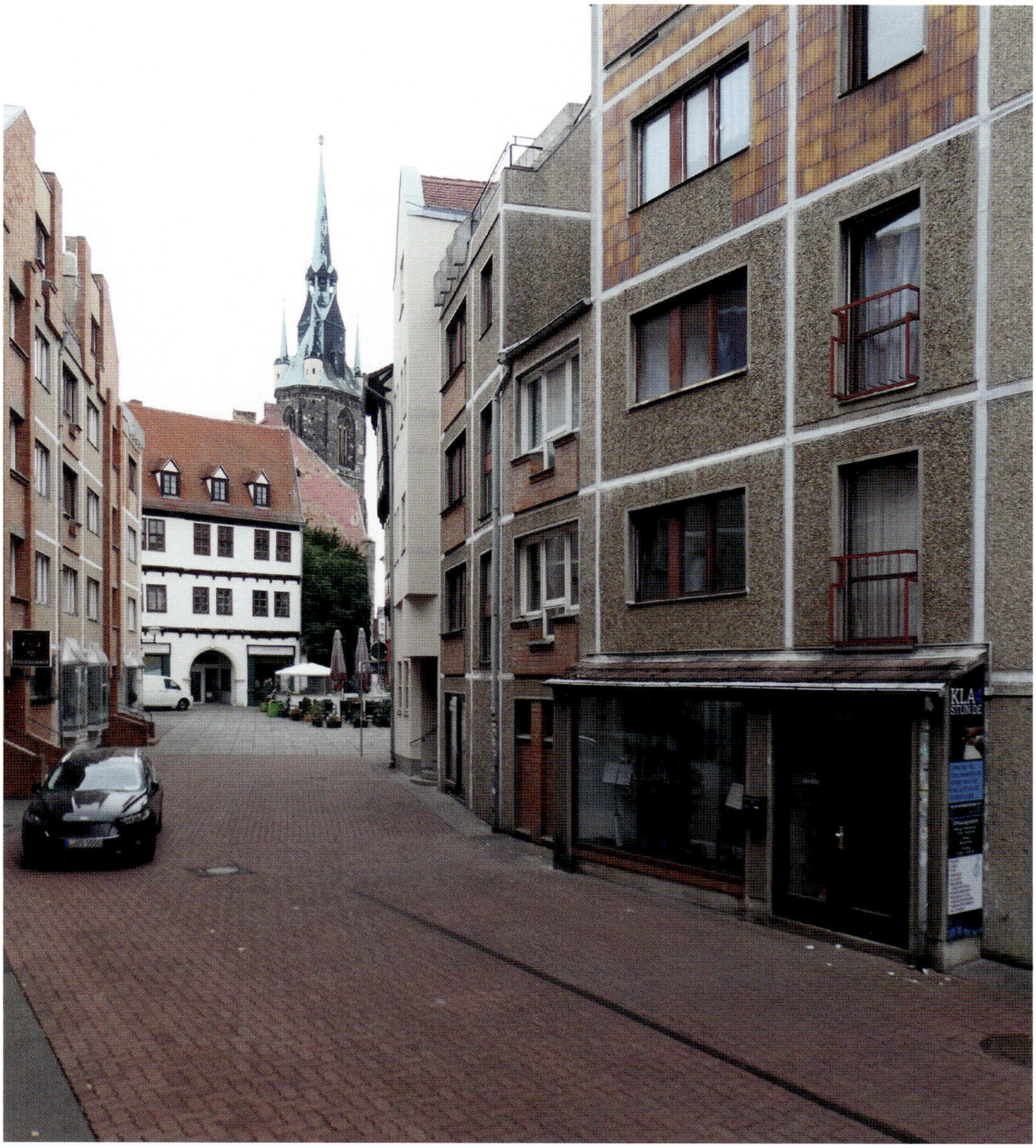

Abb. 3 Große Klausstraße: So würde Lyonel Feininger den »Roten Turm« heute sehen

flächen, dem historischen Straßenverlauf annähernd folgend, fügt sich durch die Orientierung an der städtebaulichen Struktur und die differenzierte Gliederung der Baumassen (Vor- und Rücksprünge, vielgestaltige Dachlandschaft) gut in den gewachsenen Stadtorganismus ein, ohne sich ihm im Detail anzubiedern.

Die Standard-Architektur der »Platte« wurde durch verschiedene Materialien und Oberflächen (Backstein, Waschbeton, Putz, Spaltklinker) sowie Sonderelemente (verglaste Loggien, Dachterrassen mit Stahlbetonlamellen, Erker, gemauerte Brüstungen, gesprengte Giebel, verschiedene Fensterformen und schräge Dachflächen) bereichert. Im unmittelbaren Anschluss an den erhaltenen Fachwerkbau Graseweg 6 aus dem Jahr 1590 vermittelt ein traditionell gemauerter Putzbau von expressionistischen Formen, die Geschosshöhen des Renaissancehauses aufgreifend, zwischen diesem und der südlichen Straßenzeile. Während die Erdgeschosszonen mit Einrichtungen für den Einzelhandel ausgestattet wurden, befinden sich in den Obergeschossen überwiegend Wohnungen verschiedener Größe, als Sonderlösungen Maisonette- und Atelierwohnungen.

Trotz aller Mühe und Sorgfalt in der Variation des Montagebaus bilden die Häuser einen Kontrast zu den angrenzenden älteren Baudenkmalen, der für manche wohl bis heute befremdlich wirkt. Die Ladenzeile erscheint hingegen als Reminiszenz an die Geschäfte in den dafür abgebrochenen Häusern und als Aufwertung der Innenstadt.

Die Wohnanlage stellt damit ein wichtiges Zeugnis für den Wandel städtebaulicher Auffassungen in den 1980er Jahren dar.[2] Das 1973 beschlossene Wohnungsbauprogramm der DDR mit dem Ziel, von 1976 bis 1990 zwei Millionen Wohnungen zu schaffen, betraf nahezu ausschließlich den Bau von Großwohnsiedlungen im randstädtischen Bereich. Zwar gab es vor allem in den 1970er Jahren diverse Planungen für die Innen- und Altstädte, doch waren hier vorwiegend Flächenabrisse und die Schaffung völlig neuer »freier« Strukturen ohne Bezugnahme auf den historisch gewachsenen Stadtgrundriss und den baulichen Bestand vorgesehen. Die unterlassene Ausführung dieser modernistischen Planungsideen bewahrte einen Großteil namentlich der Bezirksstädte vor schwerwiegenden Verlusten und drastischen Veränderungen im Stadtbild. Erst um 1980 setzte, getragen durch das Europäische Denkmalschutzjahr 1975 und zunehmendes bürgerschaftliches Engagement, ein Umdenken ein: Die jahrzehntelang vernachlässigten Alt- und Innenstädte erfuhren eine wachsende Wertschätzung, gerade im Hinblick auf ihre städtebaulichen Qualitäten. Nun versuchte man sich wieder stärker an den überlieferten Strukturen zu orientieren und urbane Räume zu schaffen, die Maßstäblichkeit zu wahren und ältere Bausubstanz zu erhalten und einzubeziehen. Das aus dem 16. Jahrhundert stammende Fachwerkhaus Graseweg 6, das gleichsam als Auftakt in die Wohnanlage Große Klausstraße integriert wurde, belegt diese Tendenz eindrucksvoll. Analog zur Vorgängerbebauung vorwiegend des 19. Jahrhunderts wurde die Wohnnutzung mit Gewerbeeinheiten im Erdgeschoss (u.a. Graveurwerkstatt, Optiker, Geigenbauer) unterlagert. Auch in der Architektur der Wohnanlage ist dieses Umdenken greifbar. Anders als bei den oftmals monotonen Großwohnsiedlungen auf der grünen Wiese wurde hier eine Bebauungsstruktur geschaffen, die durch ihre Kleinteiligkeit und Maßstäblichkeit, nicht zuletzt auch durch die Verwendung von bis dahin unbekanntem reichhaltigem Dekor, über die städtebaulichen Qualitäten hinaus eine Wiedererkennbarkeit und Individualität schafft. So entstand ein bis dahin im Wohnungsbau der DDR, vor allem im innerstädtischen Bereich, selten dagewesener Formenreichtum, der bis hin zu individuell angefertigten Verdachungen der Hauseingänge und Geländern an französischen Fenstern reicht, die von handwerklicher Ausführung zeugen. Sowohl die differenzierte Kubatur und Figuration als auch die Verwendung von dekorativen Elementen stellen die Wohnanlage als wichtiges Zeugnis postmodernen Bauens in der DDR heraus. Während das Bauen in der alten Stadt in der Bundesrepublik von einzelnen Planern und Bauherren abhing und demgemäß unterschiedlichste Konzepte zum Tragen kamen, zeigt die Wohnanlage in Halle eindrucksvoll, dass die zentralere Steuerung des Bauwesens und die industrielle Fertigung einer variantenreichen, angemessen auf ihre Umgebung reagierenden Architektur nicht entgegenstehen. Diese Leistung vertritt beispielhaft die innerstädtische kontextuelle Architektur, die in den 1980er Jahren in beiden Teilen Deutschlands Fuß fasste.

Benjamin Rudolph, Mario Titze

1 Landesarchiv Sachsen-Anhalt, I 589 VEB Wohnungsbaukombinat Halle (Saale), 1950–1990 (Bestand) [Benutzungsort: Merseburg].

2 Kirsten Angermann, Tabea Hilse: Altstadtplatten. »Komplexe Rekonstruktion« in den Innenstädten von Erfurt und Halle, Weimar 2013 (Forschungen zum baukulturellen Erbe der DDR, Bd. 2).

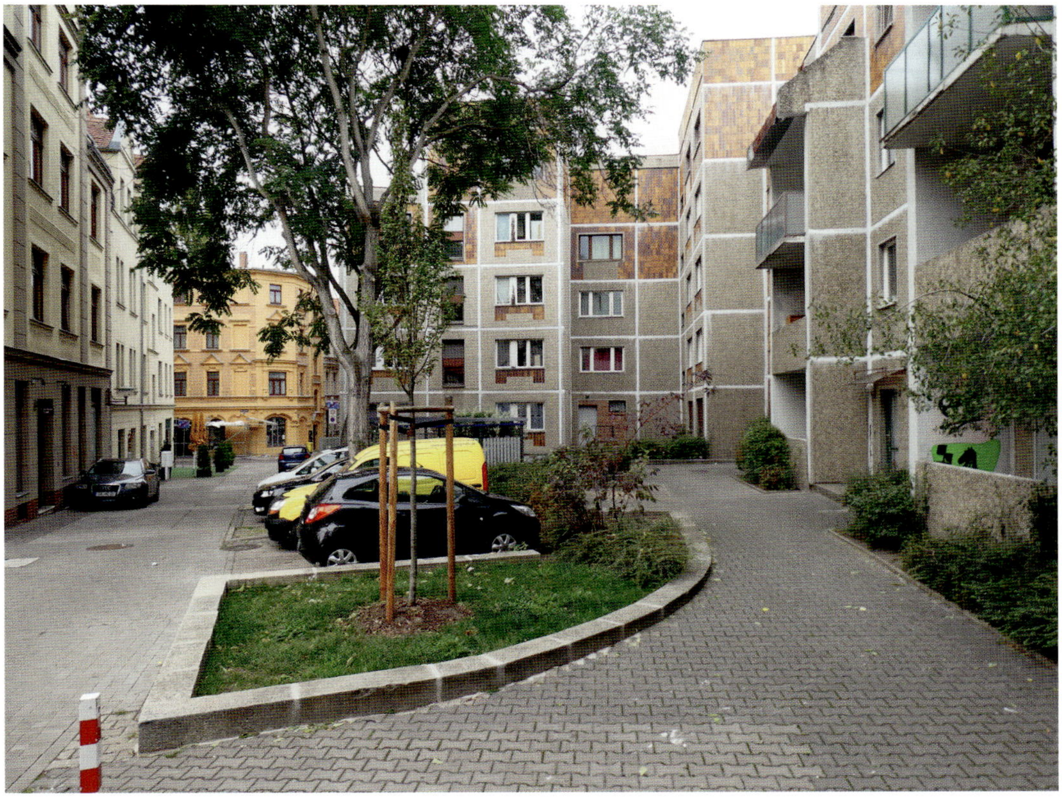

Abb. 4 Graseweg, Zugänge zu den Wohnungen in der Oleariusstraße 1a und der Großen Klausstraße 5 und 6

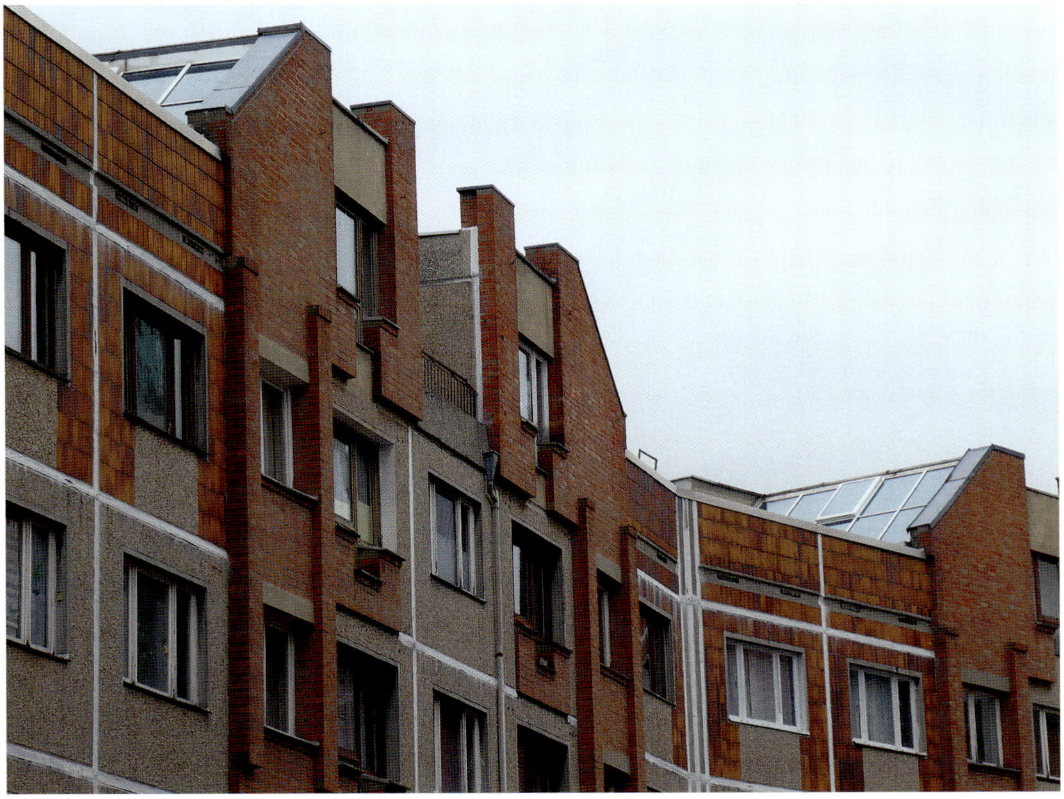

Abb. 5 Dachterrassen und verglaste Dachflächen der Maisonette- und Atelierwohnungen in der Großen Klausstraße 18–20

Neuer Nachbar am Markt

Wohn- und Geschäftshäuser

Kramerstraße 6, 8
Lemgo
Nordrhein-Westfalen

Architekt: Walter von Lom
Bauzeit: 1977

Im Herzen der Altstadt von Lemgo gelang es, eine Gruppe moderner Wohn- und Geschäftshäuser zu erstellen, ohne die traditionelle Identität des Ortes zu missachten. Mit ihrer Maßstäblichkeit und einer geglückten Interpretation historischer Formen fügten sich die Neubauten nicht nur nahtlos ein, sondern sie bewährten sich als gestalterisch gelungene Fortentwicklung des identitätsbildenden Marktplatzes.

Die beiden Wohn- und Geschäftshäuser auf der Westseite des Marktplatzes in Lemgo sind nicht nur wichtige Zeugnisse zeitgenössischer Wohnformen, sondern markieren zugleich einen Wendepunkt bundesdeutscher Altstadtsanierungen in den 1970er Jahren. Auch in der lippischen Stadt hatte es bereits in den 1960er Jahren bedenkliche Eingriffe in den denkmalwerten Bestand gegeben. Zugleich war festzustellen, dass die Einwohnerzahl in der Altstadt stetig sank und ein Verkehrsproblem bestand. Entsprechend den Leitlinien der Landesentwicklungsplanung wurde eine Stadtentwicklung angestrebt, die eine Erneuerung und Sanierung vorsah. Der Architekt und Stadtplaner Harald Deilmann aus Münster sollte dazu ab 1968 Vorschläge ausarbeiten, die er 1972 im Schlussentwurf vorlegte. Im Jahr nach der Verabschiedung des Städtebauförderungsgesetzes bestimmte man 1972 den Kernbereich der Altstadt als Sanierungsgebiet. Deilmanns Gesamtplan sah eine Erhöhung der Einwohnerzahl durch verdichtete Bebauung vor. Zugleich strebte er vor dem Hintergrund eines differenzierten Verkehrskonzepts eine autogerechte Struktur an, zu der nicht zuletzt Tiefgaragen gehörten.

Abb. 1 Lemgo, Luftbild der Marktwestseite (ca. 1965)

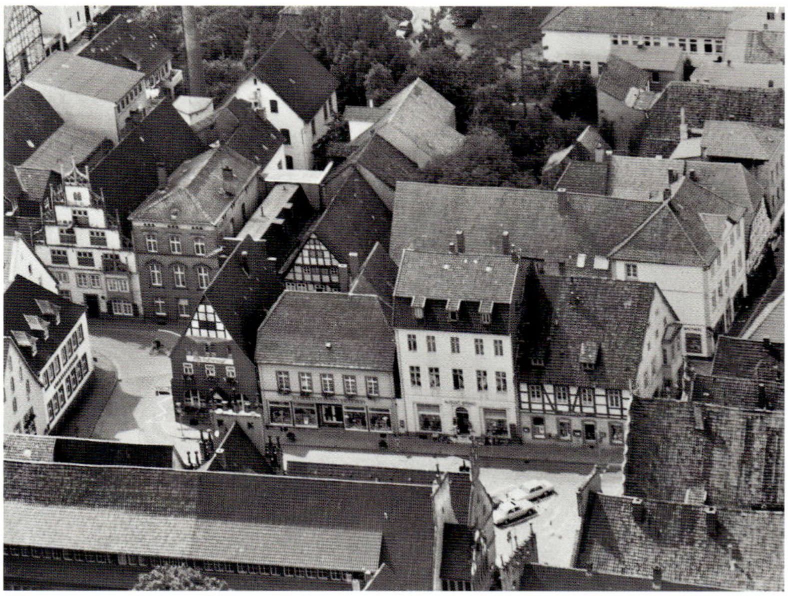

Angestoßen durch einen unmaßstäblichen Kaufhausneubau und das aus einem Guss bestehende Deilmann-Konzept entwickelten sich eine heftige Diskussion und zugleich bürgerschaftliches Engagement.[1] Dabei wurde klar, dass die Sanierung und Erneuerung einer Stadt nicht zentralistisch durch die Verwaltung umgesetzt werden kann, sondern nur im permanenten Dialog mit der betroffenen Bürgerschaft.

Unter dem Einfluss der Bürgerwünsche wurde die Bauleitplanung geändert und ein Wettbewerb zur Sanierung des Kernbereichs ausgelobt.[2] Im Mai 1973 erkannte das Preisgericht dem jungen Kölner Architekten Walter von Lom den ersten Preis zu.[3] Die Beibehaltung der historischen Straßen- und Wegeführung, der Parzellenstruktur sowie der raumbegrenzenden Wände und auch der Steildachlandschaft hatte die Jury überzeugt. Hervorgehoben wurde, dass »in allen Bereichen inbezug auf die Ergänzung des vorhandenen Gefüges durch Neubauten eine gute Maßstäblichkeit, Formgebung und Gestalt«[4] erzielt worden sei. Beeindruckt hatte nicht zuletzt

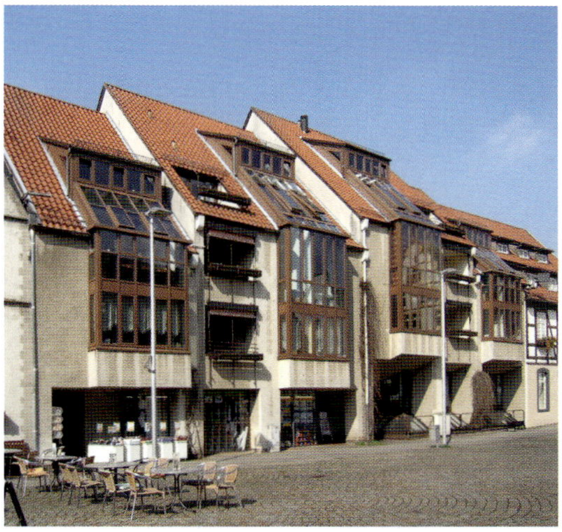

Abb. 2 Max von Lom, Wohn- und Geschäftshäuser Kramerstraße, Lemgo, 1977, Ansicht von Südosten

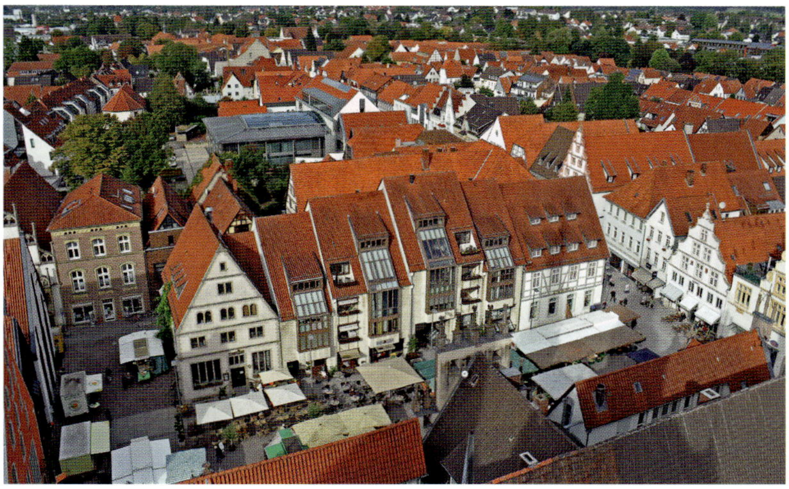

Abb. 3 Lemgo, Luftbild der Marktwestseite 2018

von Loms Vorschlag zur Behandlung der Marktplatz-Westseite. Von der Stadt Lemgo erhielt er den Auftrag zur Voruntersuchung dreier Komplexe im Umfeld des Marktplatzes.[5] Die entsprechenden Vorentwürfe wurden mit allen Betroffenen besprochen, und in die späteren Bauentwürfe waren Anregungen eingeflossen.

Bei der Realisierung der Häuser am Markt zeigt sich ein zentrales Thema im Werk von Loms: die Berücksichtigung des Ortes.[6] Hier standen vier Häuser, von denen nur den Kopfbauten im Süden und Norden ein historischer Wert beigemessen wurde. Dies waren die Alte Ratswaage (Markt 5) sowie Haus Asemissen, ein vierachsiger Bau mit Fachwerkobergeschoss (Kramerstraße 10).[7] Die beiden zwei- bzw. dreigeschossigen Bauten dazwischen wurden nach von Loms Plänen durch traufständige Neubauten ersetzt. Ziel war, den Gesamtmaßstab des Marktplatzes zu erhalten sowie das gegenüberliegende Rathaus nicht zu dominieren.

Obwohl es sich um zwei Gebäude mit unterschiedlichen Geschossniveaus handelt, sind die Häuser in Formgebung und Materialität gleich. Jeder Putzbau besteht – bei identischer Tiefe – aus zwei Satteldachbaukörpern, die jeweils breiteren liegen an der Hausgrenze, die schmaleren außen. Die Traufhöhen der Einzelabschnitte variieren, weshalb bei gleicher Dacherstreckung auch gestaffelte Firsthöhen entstehen.

Jeder Abschnitt wird durch einen fünfbahnigen Erker aus einer Glas-Stahl-Konstruktion gegliedert. Diese mehrgeschossigen, vollverglasten Elemente setzen über der Ladenzone an und durchstoßen die Traufe, indem sie in Schrägfenstern, fortgeführt mit Schleppgaupen, enden. Die Erker der schmalen Abschnitte sind niedriger als die der breiten.

Nur in den Letzteren sind zusätzlich Loggien angeordnet, wobei die jeweils oberste Loggia in das Dach eingeschnitten ist. Indem die Fassadengliederung in ihrer Grunddisposition an der Hausgrenze gespiegelt wurde, konnte von Lom mit relativ wenigen Motiven eine belebte, spannungsreiche Fassade erzeugen. Dies wird unterstützt durch den ruhigen Kontrast zwischen den weißgelb rauverputzten Wandflächen und den dunkelbraunen Metalloberflächen, zu denen auch die Rohrgeländer und Sonnenschutzelemente der Loggien gehören, sowie der braunen Ziegeldeckung.

Bemerkenswert ist, dass es keine explizite Vorder- und Rückseite gibt, zum Markt und zur dahinterliegenden Kramerstraße präsentieren sich die Häuser prinzipiell gleich. Beidseitig gibt es auch schräge Oberlichtfenster für die unter Erdgeschossniveau liegenden Ladenabschnitte mit Rohrgeländern davor. Jeweils im Süden der Häuser erlaubt eine integrierte Passage den

Abb. 4 Max von Lom, Wohn- und Geschäftshäuser Kramerstraße, Lemgo, 1977, Entwurfsmodell

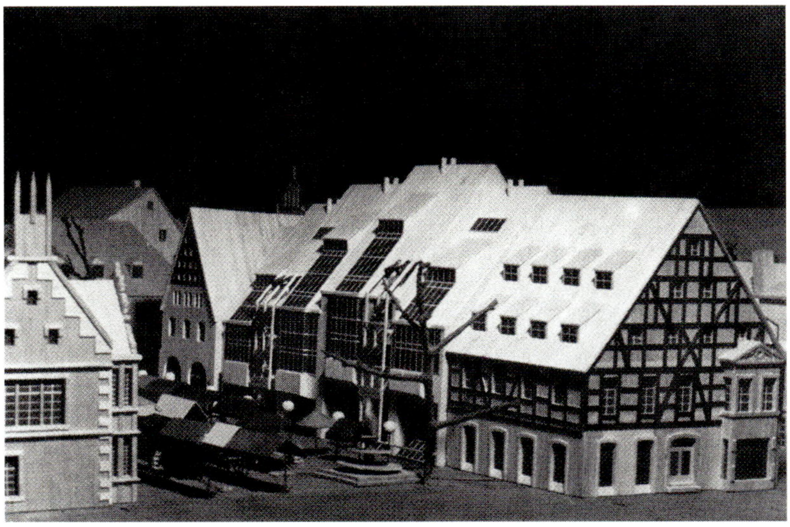

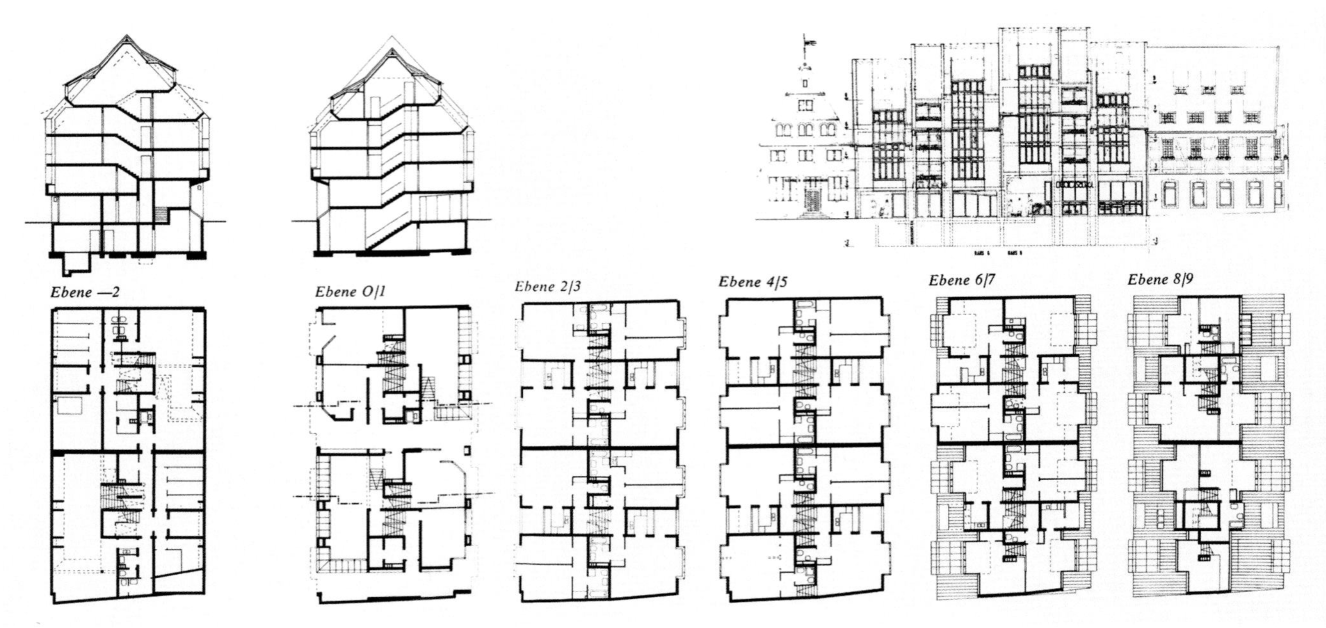

Abb. 5 Grundrisse, Schnitte und Ansicht zum Markt

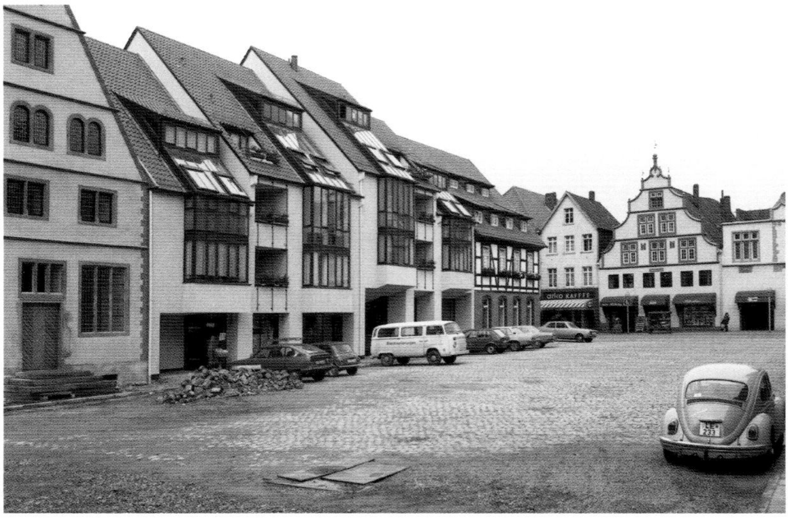

Abb. 6 Ansicht von Südosten unmittelbar nach Fertigstellung, 1977

Abb. 7 Der Markt nach Süden, 1981

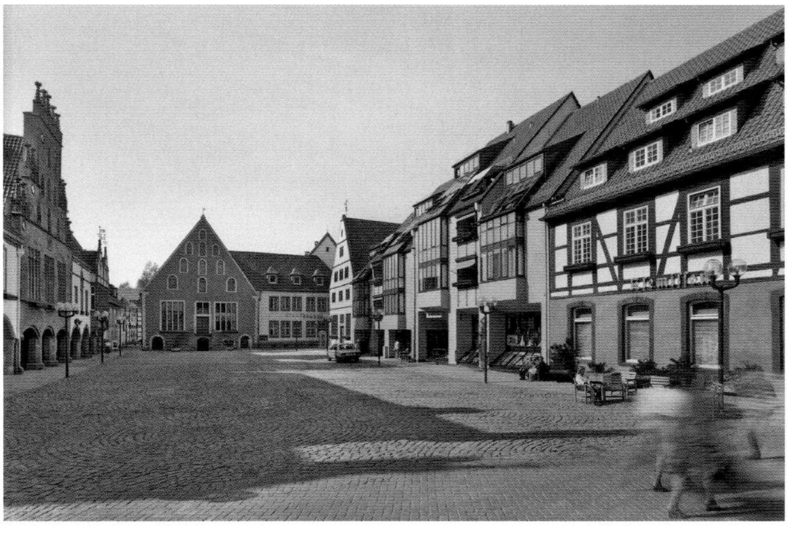

Durchgang vom Markt zur Kramerstraße.[8] Von diesen Passagen aus erfolgt der Zugang in die ungefähr mittig angeordneten Treppenhäuser. Die jeweils außen gelegenen Läden an der Passage zwischen Nr. 6 und Nr. 8 öffnen sich durch Schrägen trichterartig und werden ebenfalls von dem Durchgang her erschlossen.

Die Häuser bestehen aus einer tragenden Stahlbetonkonstruktion mit gemauerten Wänden und Brüstungen. Da die Betondecke in den oberen Geschossen an den äußeren Enden schräg nach oben geführt wurde, ergeben sich hier ungewöhnliche Raumeindrücke. Zu bemerken ist ferner, dass die unteren Dachabschnitte gleichfalls aus Beton ausgeführt wurden.[9]

Sowohl die Ladenlokale, die den Keller, das Erdgeschoss und Teile des ersten Obergeschosses einnehmen, als auch die verschieden großen Maisonette-Wohnungen in den Obergeschossen sind als Split-Level in Ost-West-Richtung angelegt. Dabei nutzen die obersten Wohnungen den Raum bis in den First hinein.

Im Inneren finden sich neben Wandschränken in den Fluren Türen mit Glasfüllungen sowie Ganzglastüren und neben Teppichböden geflieste Räume. Das Treppenhaus besitzt Kunststeinstufen, Metallgeländer und eine Bemalung mit wandhohen Halbkreisen in Gelb und Orange auf den schalungsrauen Betonwänden der Treppenabsätze.

Von Lom konnte in Lemgo auf seine Erfahrungen mit dem eigenen, 1975 fertiggestellten Wohnhaus in der Kölner Altstadt (Rheinstraße 16) zurückgreifen. Hier hatte er auf einer nur 7,8 Meter breiten Baulücke zwischen älteren Bauten eine vielbeachtete und mit Preisen ausgezeichnete -Lösung gefunden.[10] Für die im Spätsommer 1977 beendeten Gebäude erhielt Walter von Lom den DEUBAU-Preis.[11] Die Entwicklung in Lemgo und die baulichen Lösungen von Loms fanden bundesweit Beachtung und wurden damals als für das Stadtbild positiv gewürdigt.[12]

Im Zentrum von Lemgo lässt sich der Paradigmenwechsel in den 1970er Jahren im Umgang mit einer historischen Altstadt anhand eines der frühesten baulichen Zeugnisse anschaulich nachvollziehen. In den seit 2012 denkmalgeschützten Häusern fanden 2013 behutsame Erneuerungen im Inneren statt.

Michael Huyer

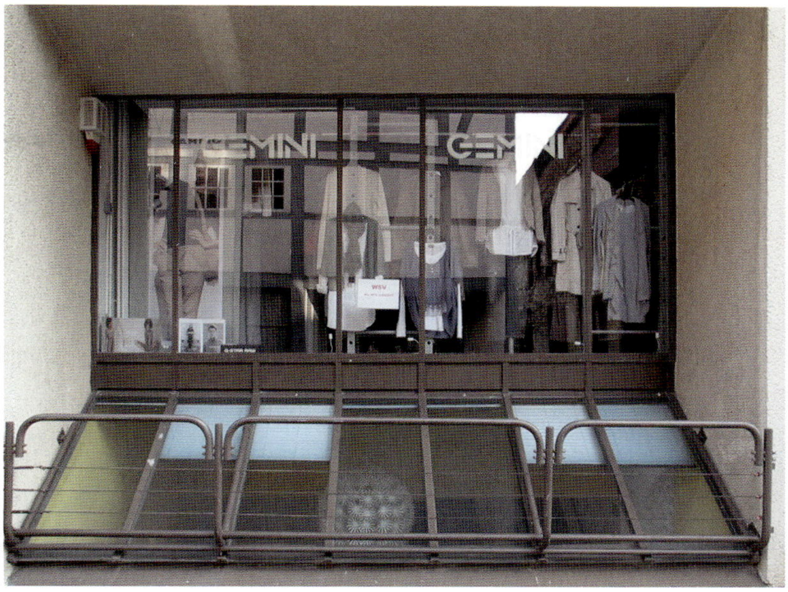

Abb. 8 Detail mit Oberlicht- und Schaufenster, 2011

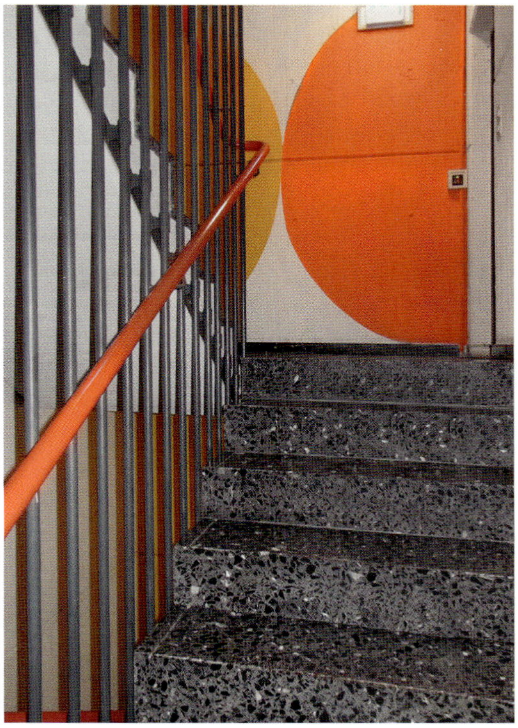

Abb. 9 Treppenhaus mit Farbkonzept, 2011

1 Besonders prägnant formulierte Marianne Kesting in ihrem Artikel »Sanieren um jeden Preis? Lemgos Planer und ihre Bürger« am 26.5.1973 in der FAZ, in dem sie fragte: »Vielleicht ist Lemgo noch zu retten?«. Ausführlich dazu: Friedrich Brand: Lemgo: Alte Hansestadt und modernes Mittelzentrum, Münster 1992 (Westfälische geographische Studien, 45), S. 95–101.

2 Für die gezielt aus Nordrhein-Westfalen, Niedersachsen und Berlin-West geladenen Architekten war der Abgabetermin am 18.12.1972; Baumeister, Nr. 11, 1972, S. 1369f.

3 J. W. Hollatz: Der Deubau-Preis 1977, hrsg. v. Ausstellungs- und Messe-GmbH Essen, Essen o. J. [1977]. Von Lom, der an der RWTH Aachen studierte, machte sich 1972 selbstständig, nachdem er seit 1966 im Büro Prof. Joachim Schürmann gearbeitet hatte und maßgeblich am Wettbewerbsentwurf Kölner Wohnquartier Martinsviertel von 1969/70 beteiligt gewesen war. 1974 erhielt er den Förderpreis des Landes Nordrhein-Westfalen, 1975 den Architekturpreis der Stadt Köln und 1975 BDA-Preis von Nordrhein-Westfalen.

4 Hollatz (wie Anm. 3), S. 6.

5 Walter von Lom: Vom Großen ins Kleine arbeiten – vom Einzelnen aufs Ganze kommen, in: Bauwelt, Jg. 69, Heft 6, 1978, S. 202–212.

6 Im April 1974 hatte von Lom den vorhandenen Altbaubestand aufgenommen.

7 Im Zuge der Sanierung wurde von Markt 5, einem Bau von 1562, kaum mehr als der steinerne Marktgiebel übernommen – allerdings rekonstruierend überformt und ergänzt. Vom Haus Asemissen erhielt man immerhin das Holzgerüst.

8 Zur Gestaltung gehören Kleinpflaster sowie Nischen mit Sitzbänken.

9 In die Schrägen wurden Dübel einbetoniert, auf denen man die Dachlatten auf Konterlatten befestigte.

10 Betonatlas, Ausgabe 1980, hrsg. v. Bundesverband der Deutschen Zementindustrie, Düsseldorf 1980, S. 82–85; Baumeister, Nr. 12, 1975, S. 1051f.

11 Hollatz (wie Anm. 3).

12 In Auswahl seien genannt: »Lemgo/Westfalen – Marktplatz«, in: Baumeister, Nr. 10, 1975, S. 890–896; Manfred Sack: Von Loms Lücken-Baukunst, in: Die Zeit, Nr. 37, 1977 (9.9.1977); Licht reingebracht, in: Der Spiegel, Nr. 28, 1978, S. 150f.; Heinrich Gräfenstein (Hrsg.): Lemgo – Gegenwart einer historischen Stadt, Bielefeld 1980, S. 26f.

Mehr Platte wagen

Wohn- und Geschäftshaus

Breite Straße/Kröpeliner Straße
Rostock
Mecklenburg-Vorpommern

Architekten: Peter Baumbach,
Erich Kaufmann und Kollektiv
Bauzeit: 1977–79

Gibt es Individualität im Plattenbau? Sind Kreativität und regionale Gestaltung unter der Herrschaft von Normen möglich? Rostocker Architekten starten in den 1970er Jahre einen eigenwilligen Versuch.

Die Wunden, die die Zerstörungen des Zweiten Weltkriegs an den Bauten des Rostocker Zentrums geschlagen hatten, insbesondere während der nächtlichen Luftangriffe im April 1942, waren beträchtlich. Sie zu schließen war eine Aufgabe, die trotz vielerlei Versprechen und radikaler Lösungsvorschläge bis in die beiden letzten Jahrzehnte der DDR-Zeit andauern sollte.

Das wichtigste Vorhaben, das dafür sorgte, in Rostock einen zentralen Ort mit hoher Aufenthaltsqualität, schönen Bauten und Werken bildender Kunst zu schaffen und mit dem es gelang, den historischen Auf- und Grundriss der Stadt weitestgehend zu respektieren, entstand ab Ausgang der 1970er Jahre am Universitätsplatz. Erst kurz vor dem Ende der DDR kam es zu einem Abschluss. Wesentliche Bestimmung für die sich im Laufe der Zeit verändernden Planungen an dem weitläufigen Platz mit seinen sich kreuzenden Straßen war es, dort neben Geschäften und Gastronomie vor allem neue Wohnungen zu errichten.

Der Auftakt zu dem großen Vorhaben setzte wie ein Fanfarenstoß ein und betraf die Bebauung der zu großen Teilen kriegszerstörten Ecke Breite Straße und Kröpeliner Straße in den Jahren 1977 bis 1979. Es folgten 1980 der »Brunnen

Abb. 1 Wohn- und Geschäftshaus und »Brunnen der Lebensfreude«, Aufnahme 2018

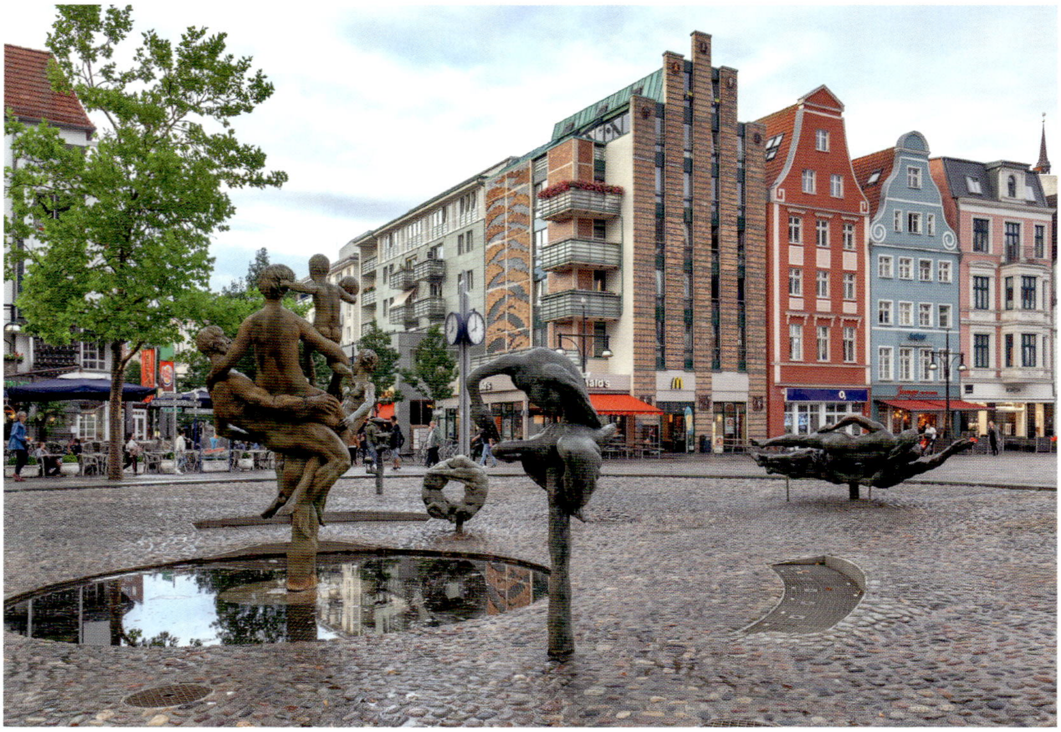

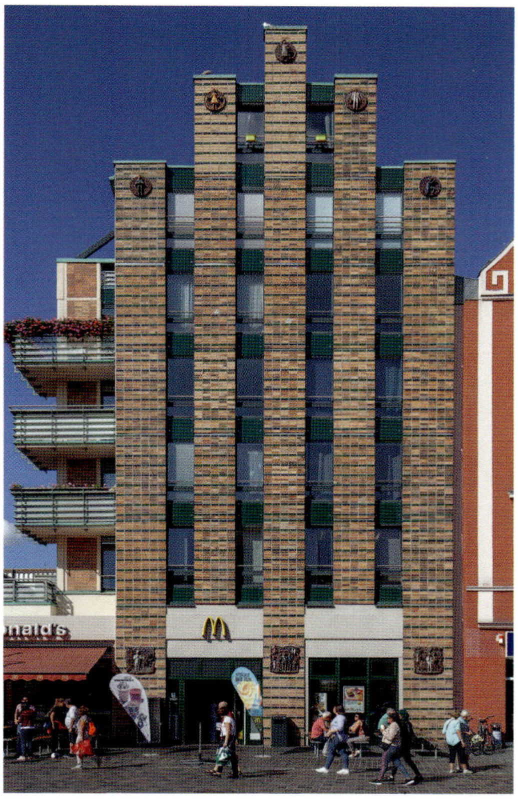

Abb. 2 Wohn- und Geschäftshaus, Giebelseite, Aufnahme 2018

der Lebensfreude« nach Entwurf der Bildhauer Jo Jastram (1928–2011) und Reinhard Dietrich (1932–2015) und 1986 das ein ganzes Quartier neu gestaltende Fünfgiebelhaus.[1] In einer Zeit, als der Einsatz industriell produzierter geschosshoher und wandbreiter Großtafeln das Bauen in der DDR bestimmte, also der Plattenbau vorherrschte, schienen Wohnungsbau und gute Architektur, vor allem in historischer Umgebung, unvereinbare Gegensätze zu bilden. Dass dies nicht immer der Fall war, zeigt der Eckbau, der auf den Entwurf der damaligen Architekten beim volkseigenen Wohnungsbaukombinat, Peter Baumbach und Erich Kaufmann (1932–2004), und ihres Kollektivs zurückgeht.[2]

Eigentlich hätte das Gebäude, mit dem die Neugestaltung begann, innerhalb der geltenden Genehmigungswege und Bedingungen keine Chance auf Realisierung gehabt, berichtet der heute 78-jährige Architekt und Hochschullehrer Baumbach in einem Gespräch.[3] Nur eine informelle Zusammenkunft auf einer feuchtfröhlichen Bahnfahrt von Berlin nach Rostock, auf der unterschiedliche hochrangige Entscheidungsträger und Fachleute beisammensaßen und einander gegenüber aufgeschlossen gewesen waren, habe den außergewöhnlichen Bau möglich gemacht, erinnert er sich. Es sollte, so die Absicht aller Beteiligten, etwas Bedeutendes und Eigenständiges für die Bezirkshauptstadt im Norden entstehen, etwas, auf das man stolz sein konnte. Ebenso habe es dazugehört, dass die beteiligten Architekten in Zusammenarbeit mit bildenden Künstlern sich mutig und mit fachlichem Können dafür einsetzten, fantasievolle Lösungen zu suchen und diese beharrlich umzusetzen.

Entstanden ist ein städtebaulich exponiertes Gebäude, dessen eine Seite an einen schlichten Wohnblock der späten 1950er Jahre anschließt und dessen Schauseite in Form eines gotischen Treppengiebels als typische norddeutsche »Hanse-Architektur« auf den Universitätsplatz wirkt. Der Treppengiebel fügt sich zusammen aus fünf Mauerwerksstreifen verschiedenfarbiger Ziegelschichten im Parallelverband und vier vertikalen Lichtbändern. Szenische und figürlich-symbolhafte Reliefs mit humorigen Darstellungen und versehen mit niederdeutschen Inschriften – Arbeiten des erwähnten Reinhard Dietrich – beleben diese klaren Formen schmuckhaft. Die Überleitung an der Ecke gelingt durch eingerückte Balkone mit gläsernen Brüstungen und wellenförmige Reliefs aus Backstein auf den anschließenden Wandflächen. Die Mauerwerksstreifen und Wandflächen zeigen deutlich an, dass hier die Grundelemente des industriellen Wohnungsbaus, die Großtafeln, zum Einsatz gekommen sind. In diesem Fall handelt es sich um die republikweit verbreitete und in ca. 640.000 Einheiten produzierte Wohnungsbauserie 70, kurz WBS 70.

Gelegen inmitten einer Fußgängerzone, die von 1968 bis 1969 als erste in der DDR in einer

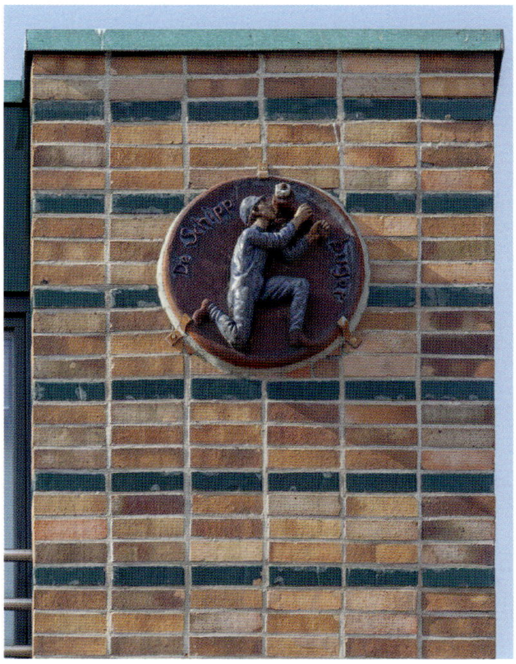

Abb. 3 Treppengiebel mit Relief, Aufnahme 2018

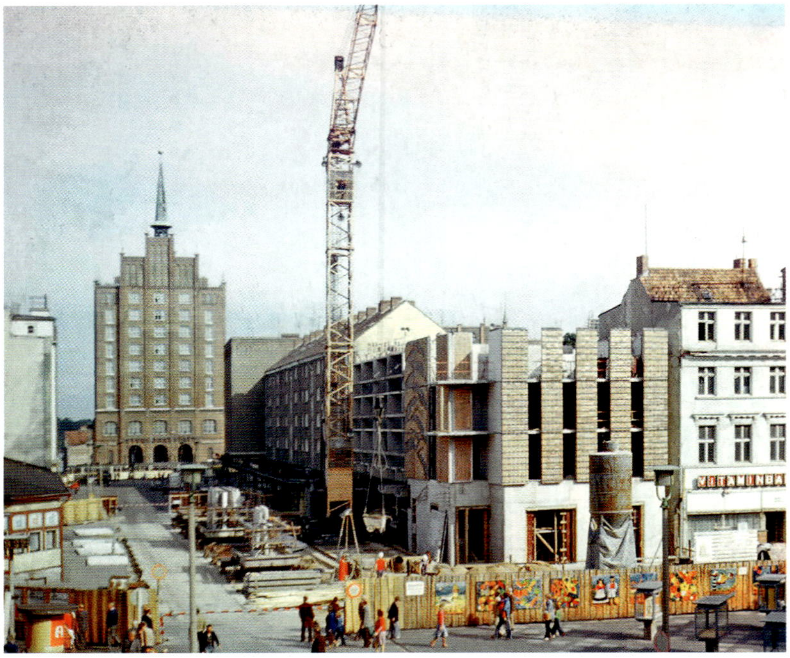

Abb. 4 Baustelle des Wohn- und Geschäftshauses, 1978

Altstadt eingerichtet worden war,[4] entwickelte sich der Bau schon bald zum Anziehungspunkt in der Innenstadt. Dafür sorgten auch ein im Erdgeschoss eingerichteter Schnellimbiss für über hundert Gäste und das sich über Erd- und erstem Obergeschoss erstreckende, mit einer Galerie und vielen Kunstwerken ausgestattete »Café Rostock«.

Nach der Fertigstellung erhielt diese Eckbebauung in einem DDR-weiten Architekturwettbewerb eine offizielle Anerkennung. Sie sei, so die Jury in der Zeitschrift »Architektur der DDR«, »der architektonisch gelungene erste Versuch der Anwendung der Plattenbauweise für einen innerstädtischen Ersatzneubau, mit dem der Beweis angetreten wurde, dass diese moderne Bauweise durchaus harmonisch mit historischen Bauformen in Einklang zu bringen sei«.[5]

Was hier zum einen als gestalterische Leistung mit den Mitteln des seriellen Plattenbaus vorgestellt und zum anderen als Ausweis für dessen Leistungsfähigkeit als System präsentiert wird, ist nur in Teilen zutreffend. Das übliche Raster der genannten Plattenbauserie, das bei einer feststehenden Höhe von 2,80 Metern die Breiten von 1,20 Metern, 2,40 Metern und 3,60 Metern etabliert und im Programm hatte, wurde hier zwar geistreich und innovativ umgesetzt. Doch ebenso ist festzustellen, dass dies durch im normalen System nicht vorgesehene Änderungen geschah. Das für die serielle Produktion konstitutive Rastermaß wurde hier vorsätzlich außer Kraft gesetzt, um einen besonderen gestalterischen Ausdruck zu erreichen.

Der hanseatisch inspirierte Treppengiebel, der auf den ersten Blick seinen Reiz daraus entwickelt, dass er aus gleichen normierten Einzelteilen zusammengesetzt sei, erhält zum Beispiel seine gestalterische Spannung in Wirklichkeit durch geringfügige, aber für die Gesamterscheinung notwendige Abweichungen vom Schema. Von den fünf Mauerwerksstreifen weisen die zwei äußeren, rahmenden Streifen eine die Norm übersteigende Breite von 1,50 Metern auf. Die drei mittleren hingegen haben das übliche Maß von 1,20 Metern. Erst durch die große Breite der Rahmenstreifen, die eine beträchtliche Abweichung in der seriellen Fertigung bedeutet, entsteht durch die schmaleren Streifen in der Mitte der Effekt der Höhenstreckung.

Abb. 5 Schaubild der Fassaden, 1976

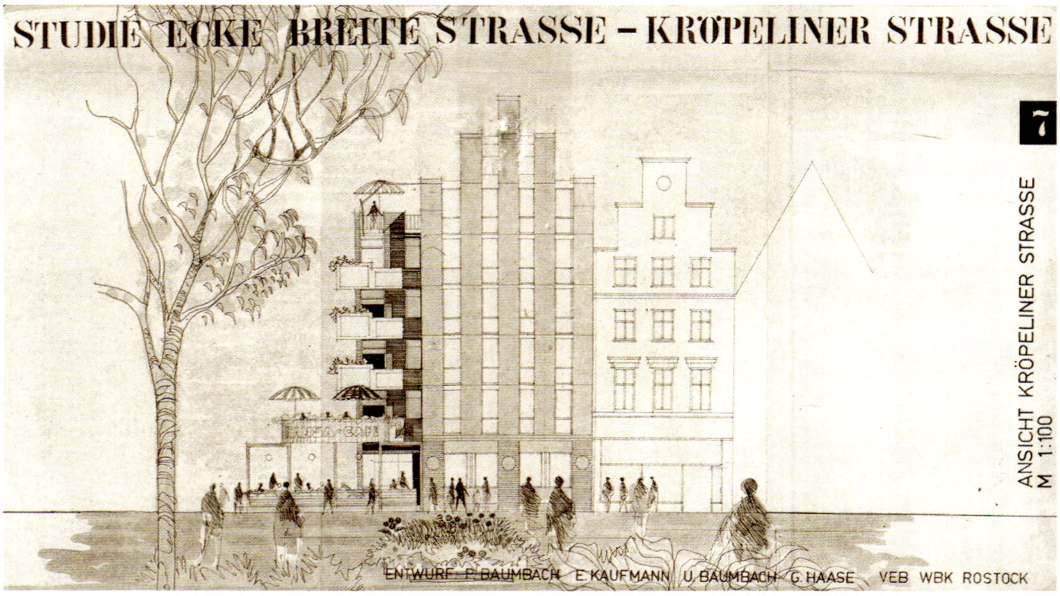

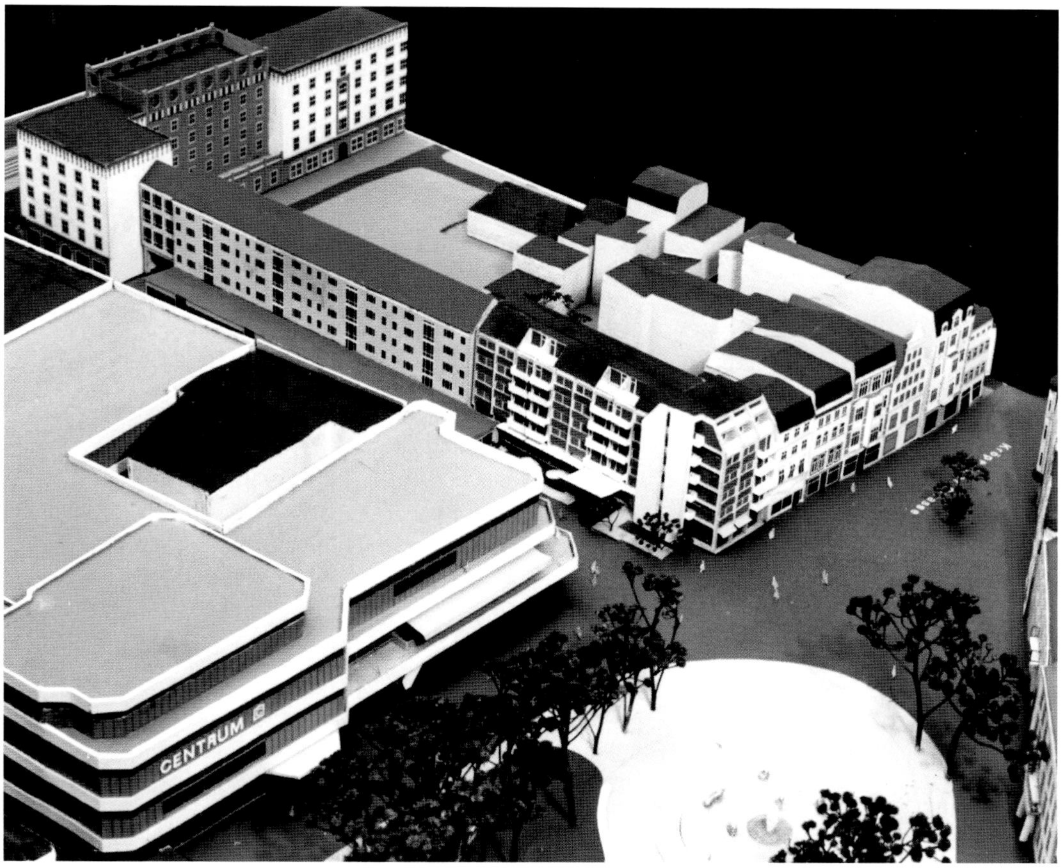

Abb. 6 Modellfoto der Bebauung Ecke Kröpeliner Straße/Breite Straße, 1975

Dass der Einsatz von Sonderformen und -formaten nicht thematisiert wurde, sondern man stattdessen die angebliche Leistungsfähigkeit des Schemas der WBS 70 in den Mittelpunkt rückte, lag wohl im Interesse aller Beteiligten: in dem der Architekten, die ihre Spielräume wahren wollten, und in dem der Funktionäre, die bestrebt waren, die Funktionsfähigkeit des Systems zu bestätigen.

Die gestalterische Qualität und Individualität der ausgeführten Lösung, die Baumbach, Kaufmann und ihr Kollektiv erstmals im Juli 1976 im Entwurf vorgestellt hatten, tritt durch Vergleich zur vorangegangenen Planung vom Februar 1975 deutlich hervor. Ein Modellfoto dieses Entwurfs zeigt ein um die Ecke geführtes Traufenhaus mit lediglich angedeutetem Giebelmotiv. Es handelt sich um eine kaum inspirierte Anwendung der industriellen Serienproduktion der historischen Altstadt, die glücklicherweise nicht zur Ausführung kam.

Bis heute bildet die Eckbebauung mit ihrem ursprünglich großen Anteil an Wohnungen – trotz zwischenzeitlicher Veränderungen wie den Zerstörungen im Inneren des Cafés – gemeinsam mit der in den folgenden Jahren verwirklichten Platzgestaltung durch den »Brunnen der Lebensfreude« und das angrenzende Fünfgiebelhaus ein Gesamtwerk, das der Stadt gut zu Gesicht steht. Unter den Bedingungen des Bauwesens der DDR ist es einer Vielzahl von Beteiligten gelungen, die Wunden der Kriegszerstörungen zu schließen und ein innerstädtisches Zentrum mit menschlichem Maß und liebenswerten Details neu zu schaffen – auch wenn bis dahin vierzig Jahre ins Land gegangen sind. Das vorgestellte Beispiel dokumentiert in jedem Fall eindrucksvoll, dass die DDR entgegen landläufiger Meinung auch »Altstadt bauen« kann.

Jörg Kirchner

1 Dirk Weise: Fünfgiebelhaus am Universitätsplatz in Rostock, in: Architektur der DDR, Jg. 36, Heft 12, 1987, S. 20–22.

2 Peter Baumbach, Erich Kaufmann: Eckbebauung Breite/Kröpeliner Straße in Rostock, in: Architektur der DDR, Jg. 15, Heft 11, 1981, S. 670–674.

3 Das Gespräch mit Prof. Baumbach führte der Verfasser am 5.6.2018.

4 Klaus Andrä, Renate Klinker, Rainer Lehmann: Fußgängerbereiche in Stadtzentren, hrsg. von der Bauakademie der DDR, Berlin 1981, S. 92.

5 [Ohne Autorennennung] Architekturwettbewerb 1981, in: Architektur der DDR, Jg. 15, H. 7, 1981, S. 463.

Kritische Stadtrekonstruktion – Internationale Bauausstellung 1987 (IBA 87)

Wohnanlage Am Berlin Museum

Kreuzberg
Berlin

Bauzeit: 1980–86

Adresse und Architekten:

- Am Berlin Museum 2–18, Alte Jakobstraße 129D, 134 (Kollhoff/Ovaska)
- Am Berlin Museum 1/27 (Jourdan-Müller-Albrecht, Hielscher-Mügge, Demblin)
- Alte Jakobstraße 129–133 (Frowein/Spangenberg)
- Alte Jakobstraße 135–136 (Stavoprojekt)
- Lindenstraße 19 (Arata Isozaki)
- Lindenstraße 15–17 (Kreis-Schaad-Schaad)

»Instandbesetzen statt Kaputtsanieren« war ein Motto der Kreuzberger Hausbesetzerbewegung, die seit dem Ende der 1970er Jahre mit spektakulären Aktionen gegen die West-Berliner Stadtsanierungspolitik der 1960er und 1970er Jahre protestierte. Zeitweise waren 165 Berliner Mietshäuser besetzt. Die Hausbesetzer waren mit ihrem Widerstand nicht allein: Viele Bewohner, die ihr Lebensumfeld verlieren sollten, organisierten sich in Bürgerinitiativen, die bei Architekten und Stadtplanern Unterstützung fanden. Aus der Auflehnung gegen die Abrisswelle bei Altbauten wurde eine allgemeine Absage an die Baupolitik und die neu geplanten Wohngebirge auf den Sanierungsflächen der Innenstadt. Die IBA trat 1987 an, alles anders und besser zu machen.

Abb. 1 Bauten und Grünanlagen der IBA 1987 in der südlichen Friedrichstadt

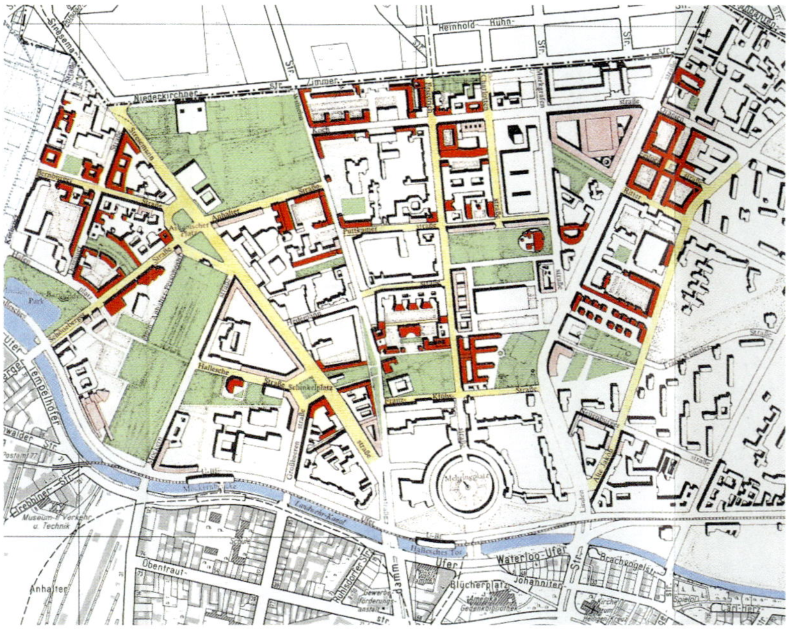

Wie in vielen anderen Städten Deutschlands und Europas war auch West-Berlin in den 1960er und 1970er Jahren Schauplatz einer radikalen Stadterneuerungspolitik. Es gab in Berlin Jahrzehnte nach Kriegsende noch weite beräumte Kriegsbrachen, aber auch großflächige Mietshausviertel, die nur notdürftig repariert und dann vernachlässigt worden waren. Der West-Berliner Senat hatte beschlossen, von den rund 500.000 Altbauwohnungen in West-Berlin 200.000 zu sanieren und etwa 170.000, hauptsächlich im Wedding und in Kreuzberg, abzureißen.[1] Ziel der Stadtsanierung war es, aus der stark beschädigten und maroden Stadt des 19. Jahrhunderts eine Metropole der Zukunft zu machen. Auf Kriegsbrachen und anstelle vernachlässigter Mietshausviertel sollten auch in der Innenstadt Siedlungen in der Art des Märkischen Viertels oder der Gropiusstadt entlang neu geplanter innerstädtischer Autobahnen errichtet werden.

1978 reagierte der Berliner Senat auf die massiven Proteste und fasste den Beschluss, eine Internationale Bauausstellung (IBA 1987) unter der Überschrift »Innenstadt als Wohnort« zu veranstalten. Sie sollte Alternativen zur umstrittenen herkömmlichen Stadtplanung bieten. Als Planungsgebiet wurden Sanierungsgebiete in Kreuzberg, in Tiergarten, ein zur Neubebauung vorgesehenes Gebiet in Tegel und ein zerstörter Platz in Wilmersdorf ausgewählt. Die Gebiete teilte man ein nach den Aufgaben Stadtneubau (IBA-Neubau), wenn Stadtteile neu gebaut oder ergänzt, und Stadterneuerung (IBA-Altbau), wenn Stadtteile mit Altbausubstanz behutsam saniert und Lücken geschlossen werden sollten. Im Ergebnis wurden über 170 Projekte verwirklicht. 150 (!) Architekten aus Berlin, Deutschland und der ganzen Welt waren eingeladen, eine Alternative zum großmaßstäblichen funktionalistischen Städtebau der Nachkriegszeit zu erschaffen.

Mit »Kritischer Rekonstruktion« der Stadt waren der Erhalt oder die Wiedergewinnung von Korridorstraßen, Blockrandbebauung, Plätzen, Grünanlagen und Parks gemeint. Neubaugebiete sollten mit den Nachbarstadtteilen und mit Resten der historischen Stadt zum Beispiel durch grüne Bänder verknüpft werden. Die Dominanz des motorisierten Verkehrs wurde zurückgedrängt und die Baudichte erhöht. »Kritisch« bedeutete, dass Fehler und problematische Entwicklungen der historischen Stadt nicht übernommen bzw. abgestellt wurden. Zusammenfassend kann man sagen, es sollten wieder Stadtteile gebaut werden und nicht homogene Siedlungen.

Die Südliche Friedrichstadt in Kreuzberg war im Krieg stark zerstört worden. Im IBA-Areal zwischen Lindenstraße und Alter Jakobstraße gab es auch in den 1970er Jahren noch großflächige Brachen, Ruinen und Halbruinen. Der IBA-Bereich »Kritische Rekonstruktion« (Stadtneu-

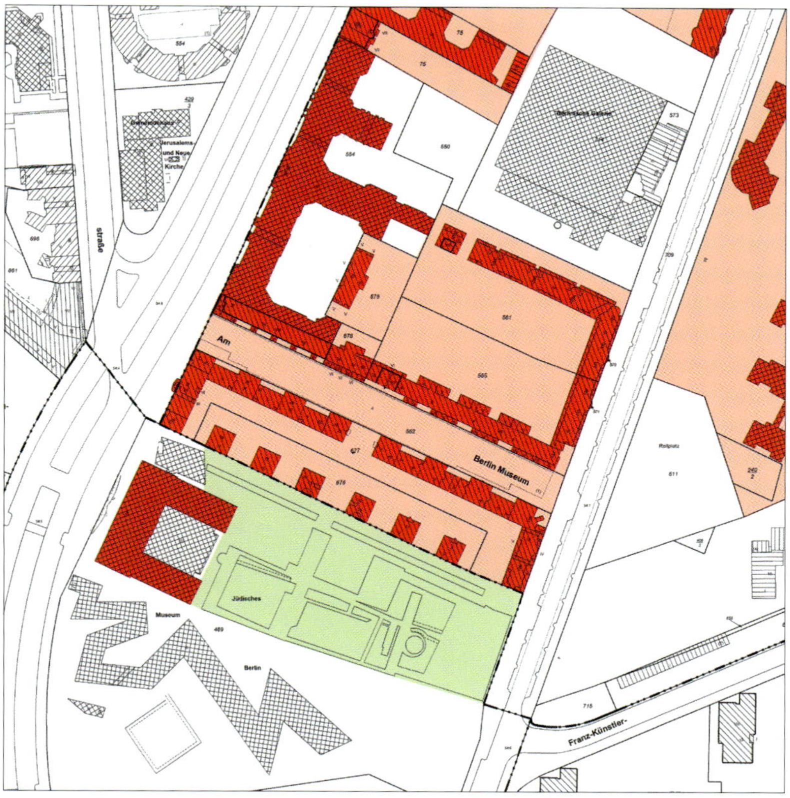

Abb. 2 Wohngebiet am Berlin Museum, Denkmalkarte

bau) errichtete hier drei große Wohngebiete, die sich in das historische Straßenraster der barocken Stadterweiterung Berlins einfügten. Die städtebauliche Konzeption der Wohnanlage mit 300 Wohnungen »Am Berlin Museum«, die hier beispielhaft vorgestellt werden soll, stammt von Hans Kollhoff und Arthur Ovaska.

Abb. 3 Am Berlin Museum, Mietshauszeile, 1984–86 von Hans Kollhoff und Arthur Ovaska

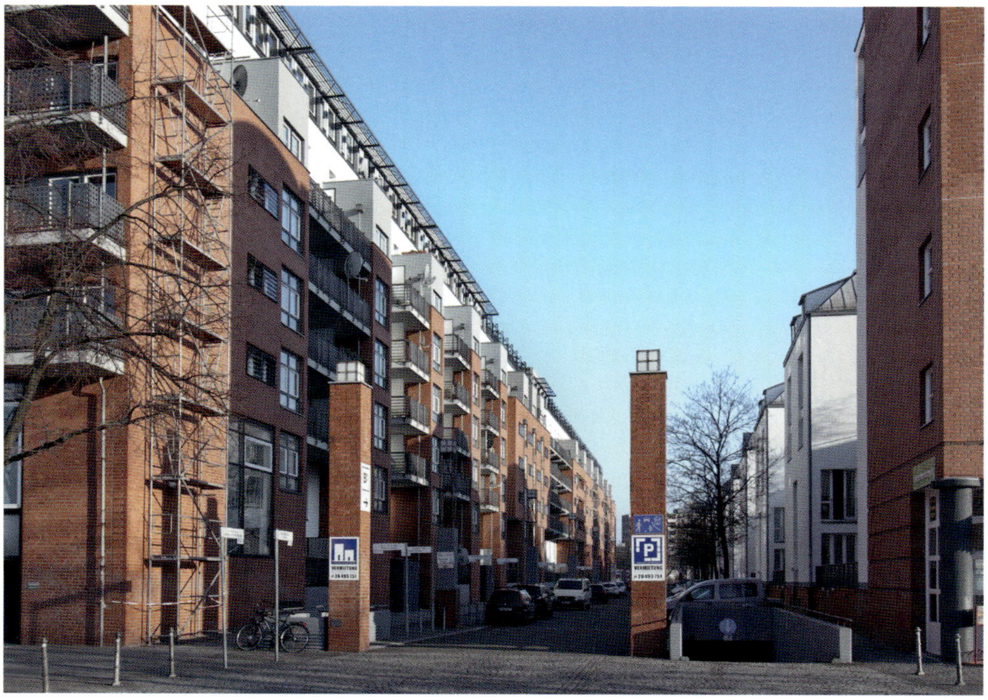

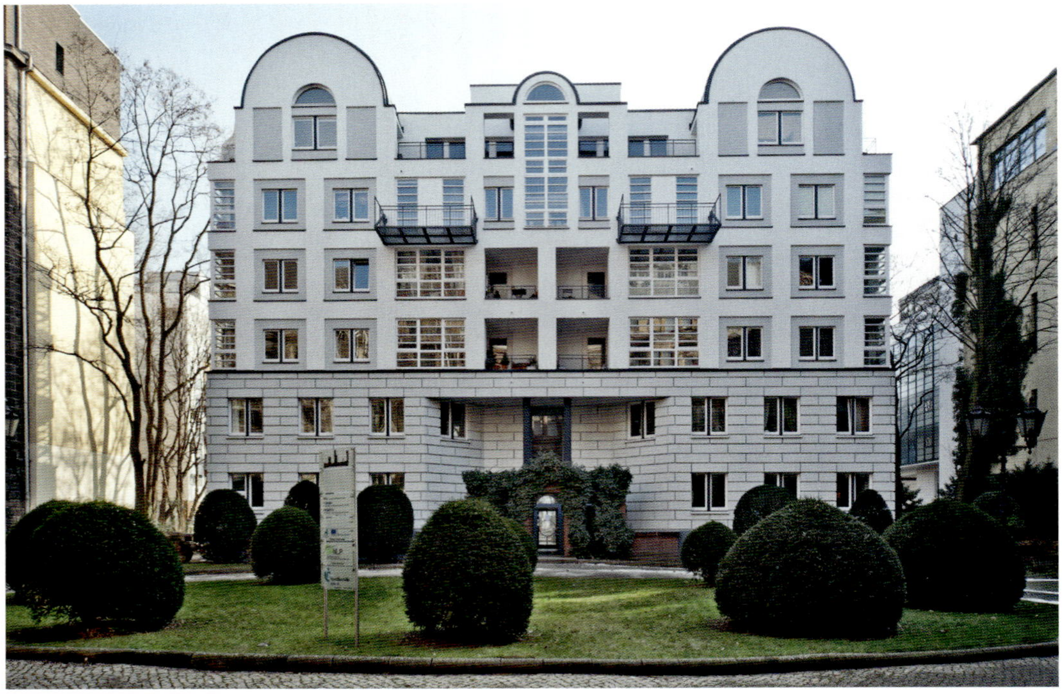

Abb. 4 Lindenstraße, Gartenhaus, 1984–86 von Arata Isozaki

Verschiedene Abschnitte des Wohngebiets wurden unter acht Architekturbüros aufgeteilt. Ihre Bebauungsvorschläge nahmen Rücksicht auf ein großes Geschäftshaus der Victoria-Versicherung von 1913 und auf ein Barockpalais, in dem damals das Berlin Museum[2] untergebracht war. Die individuellen architektonischen Entwürfe wurden aufeinander abgestimmt. Das nördliche Baugebiet an der neuen Erschließungsstraße »Am Berlin Museum« besteht aus Hausblöcken, die einen großen parkähnlichen Innenhof umschließen. Ein Torhaus ermöglicht den freien Durchgang. Der gegenüberliegende südliche Teil der Anlage ist im Blockinnenbereich mit sogenannten Stadtvillen bebaut.

Es wurde mit vielfältigen Wohnungsformen, u.a. für Senioren und für kinderreiche Familien, experimentiert, viele davon sind zweigeschossig mit innenliegender Treppe (Maisonettewohnungen).

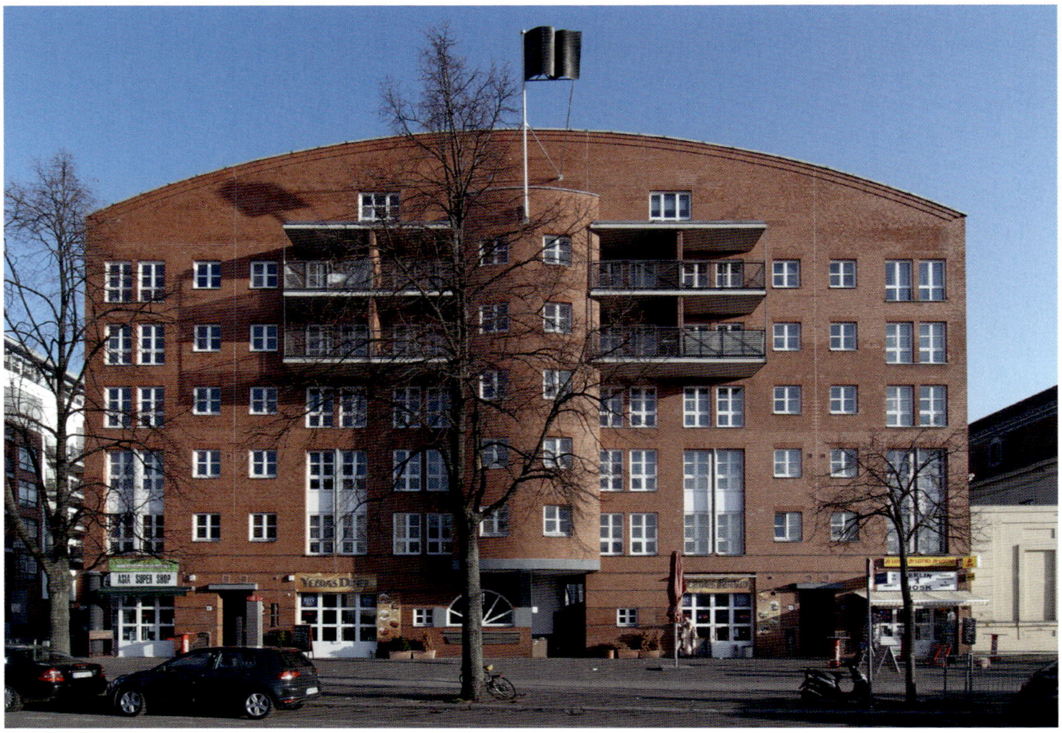

Abb. 5 Lindenstraße, Mietshaus, 1984–86 von Kreis-Schaad-Schaad

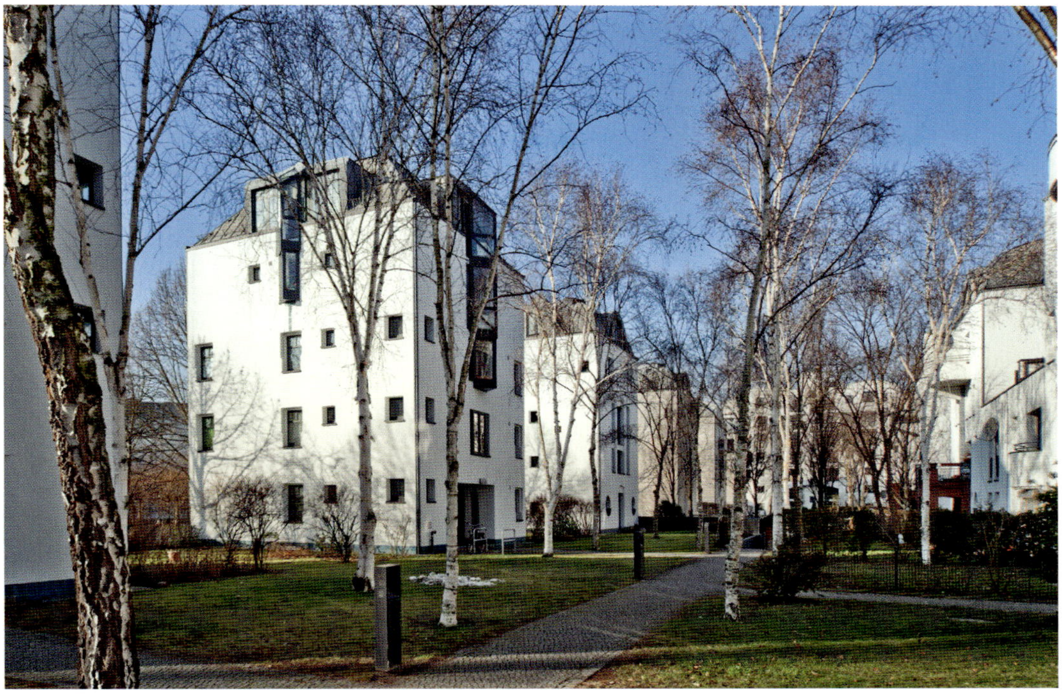

Abb. 6 Am Berlin Museum, Gartenhof und Stadtvillen

Der 170 Meter lange Block entlang der Straße »Am Berlin Museum« von Hans Kollhoff und Arthur Ovaska ist sehr variantenreich gegliedert. Einem weiß verputzten siebengeschossigen Gebäudeteil ist ein fünfgeschossiger verklinkerter Baukörper mit Loggien vorgeblendet. Das Haus enthält 102 Wohnungen von eineinhalb bis fünfeinhalb Zimmern. Es ist in mehrere Abschnitte aufgeteilt. Vor der Brandwand des Versicherungsgebäudes liegen kleinere Maisonettewohnungen, dann folgt ein Abschnitt mit Laubengangerschließung auf der Nordseite. Auch die Wohnungen im Brückenhaus über dem Eingang zum Innenhof kann man über Laubengänge erreichen. Die weiteren Hausabschnitte sind Zweispänner mit Wohnungen zwischen Innenhof im Norden und Straße im Süden. Auf dem Dach befinden sich ein Gewächshaus und eine gemeinschaftlich genutzte Dachterrasse.

Der japanische Architekt Arata Isozaki entwarf im Innenhof ein Gartenhaus in historisch wirkenden Formen und nutzte in Beton gegossene historische Bauelemente. Er stellte Wohnräume ohne tragende Wände zur Verfügung, die im Prinzip individuell einteilbar sind.

Vor dem Gartenhof auf der Südseite der Durchgangsstraße steht zur Lindenstraße ein autonomer, selbstbewusster Bau des Architekturbüros Kreis, Schaad, Schaad aus Zürich. Diese Weiterentwicklung des Berliner Mietshauses mit Erkern und Balkonen sollte zwischen Berlin Museum (heute Jüdisches Museum) und dem Versicherungsgebäude vermitteln, ohne sich anzupassen. Es besitzt einen großen, segmentbogigen Giebel mit einer Blechfahne als Akzent. Fundstücke aus zerstörten Bauten erinnern an die hochstehende Baukultur Berliner Mietshäuser.

Das Haus bietet einen Durchgang zu dem geschützten südlichen Gartenhof, in dem weiß verputzte sogenannte Stadtvillen mit Ziegelsockel und Zinkblechdach aufgereiht sind. Sie waren mit ihren großzügigen, zum Teil zweigeschossigen Wohnungen für Familien gedacht. Die Wohnungen besitzen Eigenheimqualitäten und einen direkten Zugang zur Natur beziehungsweise zum Garten.

Das Beispiel der IBA-Wohnanlage »Am Berlin Museum« zeigt, wie neue Wohn- und Lebensqualitäten in den durch Krieg verursachten Stadtbrachen geschaffen werden konnten. Das Wohngebiet ist nicht gegen die historische Stadt geplant, sondern im Einklang mit den überlieferten Stadtstrukturen. Die IBA 87 stand für ein Umdenken und eine Reform der Sanierungsstrategien der ersten dreißig Nachkriegsjahre und hat bis heute großen Einfluss auf die Stadtentwicklung in Berlin und auch anderswo.

Bernhard Kohlenbach

1 Wulf Eichstädt: Unter besonderen Voraussetzungen ..., in: Harald Bodenschatz, Vittorio Magnago Lampugnani, Wolfgang Sonne: 25 Jahre Internationale Bauausstellung Berlin 1987. Ein Wendepunkt des europäischen Städtebaus, Sulgen 2012, S. 137.

2 Heute befindet sich dort das Jüdische Museum Berlin mit dem spektakulären Anbau von Daniel Libeskind.

Platte in Barock

Plattenbau als Stadtreparatur

Dorotheenplatz, Kolonnadenstraße
Leipzig
Sachsen

Architekt: Frieder Hofmann, Siegfried Kober
Bauzeit: 1983–85

Individuell und liebevoll war das Restaurant »Apels Garten« eingerichtet, die Reservierung eines Tisches angeraten. Auch die anderen Gaststätten und die kleinen Geschäfte im Umfeld präsentierten sich in gehobenem Ambiente. Ein Kleinod sozialistischen Städtebaus war entstanden, als umfangreiche Stadtreparatur und ein Stück Wiedergutmachung für vier Jahrzehnte Vernachlässigung.

Nach Kriegsende wies auch die Leipziger Westvorstadt um die Achse Otto-Schill- und Kolonnadenstraße größere Schäden durch den Luftkrieg der Alliierten auf als das etwas glimpflicher davon gekommene Leipziger Zentrum. Zunächst ging es jedoch lediglich um ein Freiräumen der Straßen, den Abbruch irreparabler Ruinen und Reparaturen an bewohnten bzw. bewohnbaren Häusern. Von wissenschaftlichem Interesse sind am 1. Februar 1970 vorgelegte Planungen eines Architektenkollektivs um Günter Stahn und Hermann Henselmann für die westlich des Leipziger Rings gelegenen Areale[1] – mit weitgehendem weiterem Abbruch, einer Neuordnung des Straßen- und Wegesystems, markanten Architekturen an hervorzuhebenden Standorten in Korrespondenz zu Leitbauten der Innenstadt. Zwischen Friedrich-Ebert-Straße und Martin-Luther-Ring sollten Punkthochhäuser, in später folgenden Konzeptionen Blöcke vom Typ der Wohnungsbauserie 70 (WBS 70) entstehen, eine Schule nebst Sporthalle, Kindergarten sowie ein Skulpturenpark[2] als fußläufige Verbindung vom Innenstadtring nach Westen. Die Planunterlagen vergilbten, die Bausubstanz der Westvorstadt verfiel weiter.

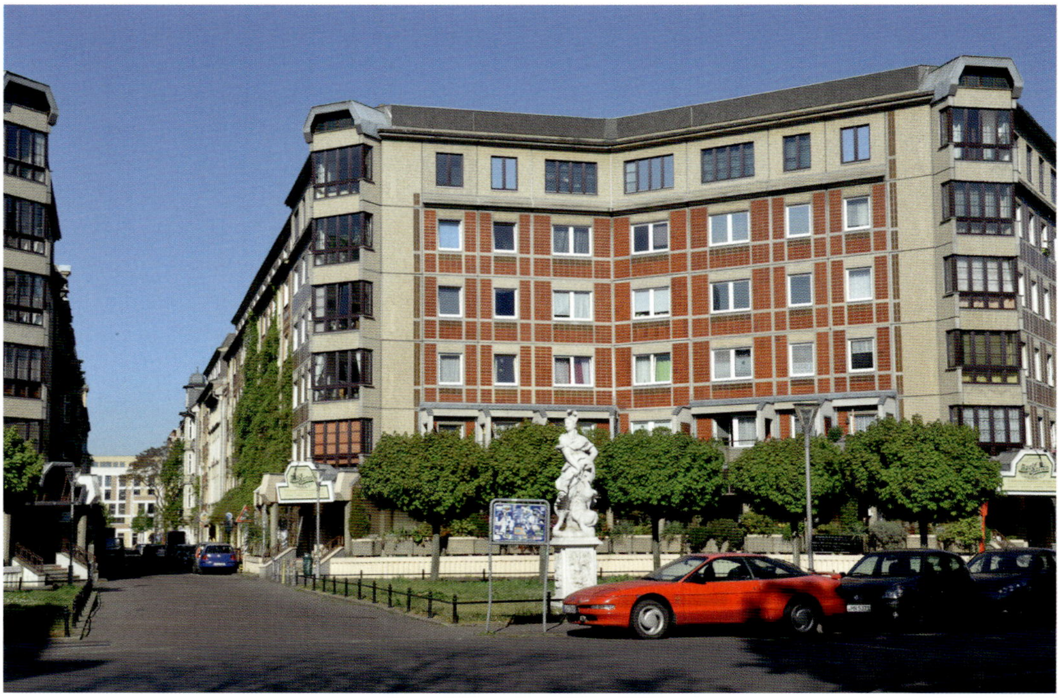

Abb. 1 Frieder Hofmann, Siegfried Kober, Wohn- und Geschäftshäuser, Leipzig, Dorotheenplatz 2, 1983-85, mit Blick in die Kolonnadenstraße, im Vordergrund die Kopie der Juno von Balthasar Permoser

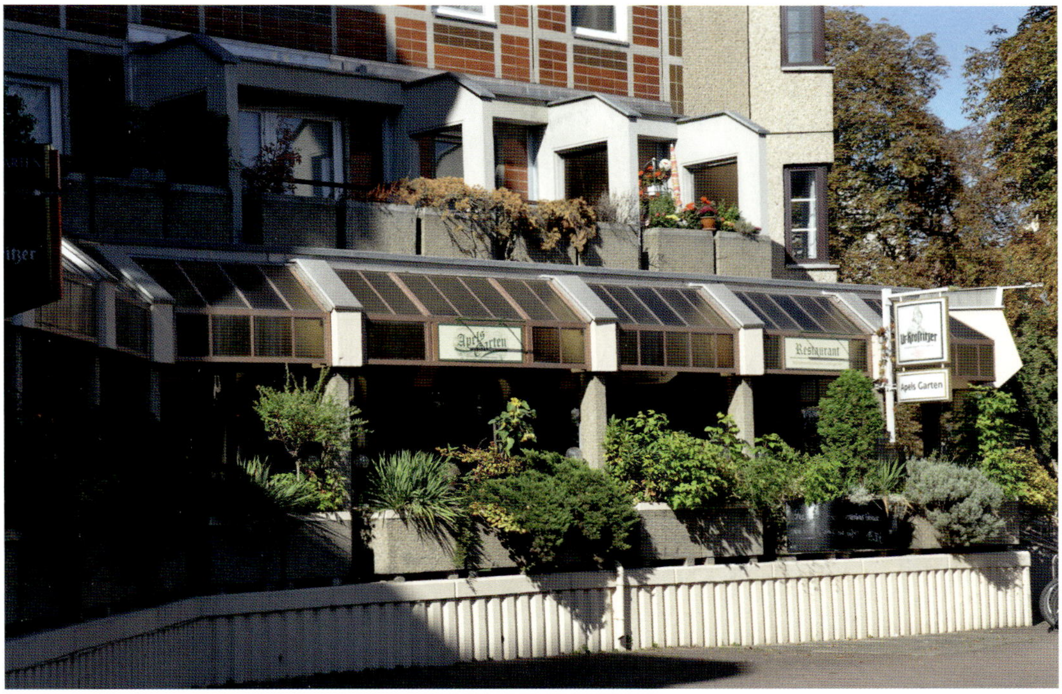

Abb. 2 Dorotheenplatz 2, 1983–85, überdachter Freisitz der Gaststätte Apels Garten

Erst um 1980 – das große randstädtische Neubauviertel Leipzig-Grünau war großflächig seit 1976 im Bau – rückte das Areal wieder in den Blickpunkt des Chefarchitekten und der Leipziger Stadtverwaltung. Gedacht war dieser Grünzug als (moderne) Fortführung des Promenadenringes, zudem als Pufferzone zwischen den Plattenneubauten und den herrschaftlichen Villengebäuden des Historismus an der südlich begrenzenden Karl-Tauchnitz-Straße. Zum gestalterischen Schwerpunkt jedoch wurden der Dorotheenplatz und die Kolonnadenstraße gekürt.[3] Über die Weiterleitung durch die Otto-Schill-Straße war eine direkte Anbindung an das Stadtzentrum gewünscht. Für die Kolonnadenstraße bedeutete dies eine Aneinanderreihung von Läden und Gastronomie in der Erdgeschosszone, 52 Wohnungsmodernisierungen in acht zu erhaltenden Altbauten sowie 80 neue Wohnungen in vier Experimentalblöcken. Als große Hürden stellten sich fehlende Lagerflächen für Baumaterialien, insbesondere aber inbezug auf die

Abb. 3 Dorotheenplatz 1, 3, 1983–85, Schauseite zum Platz, im Vordergrund die Kopie einer barocken Skulptur (Jupiter) von Balthasar Permoser

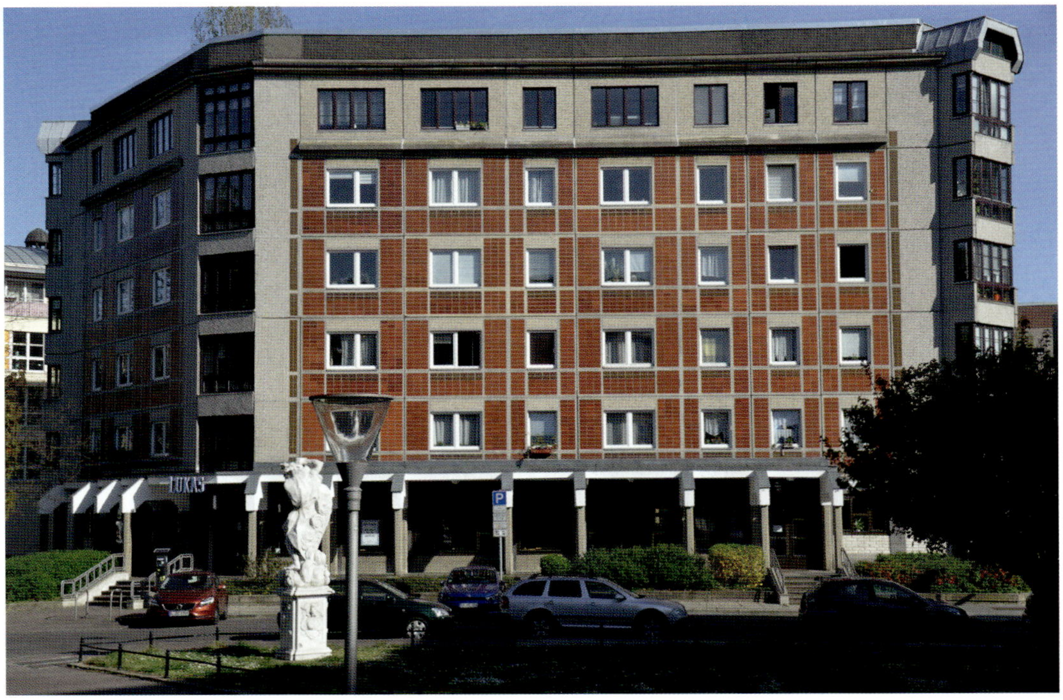

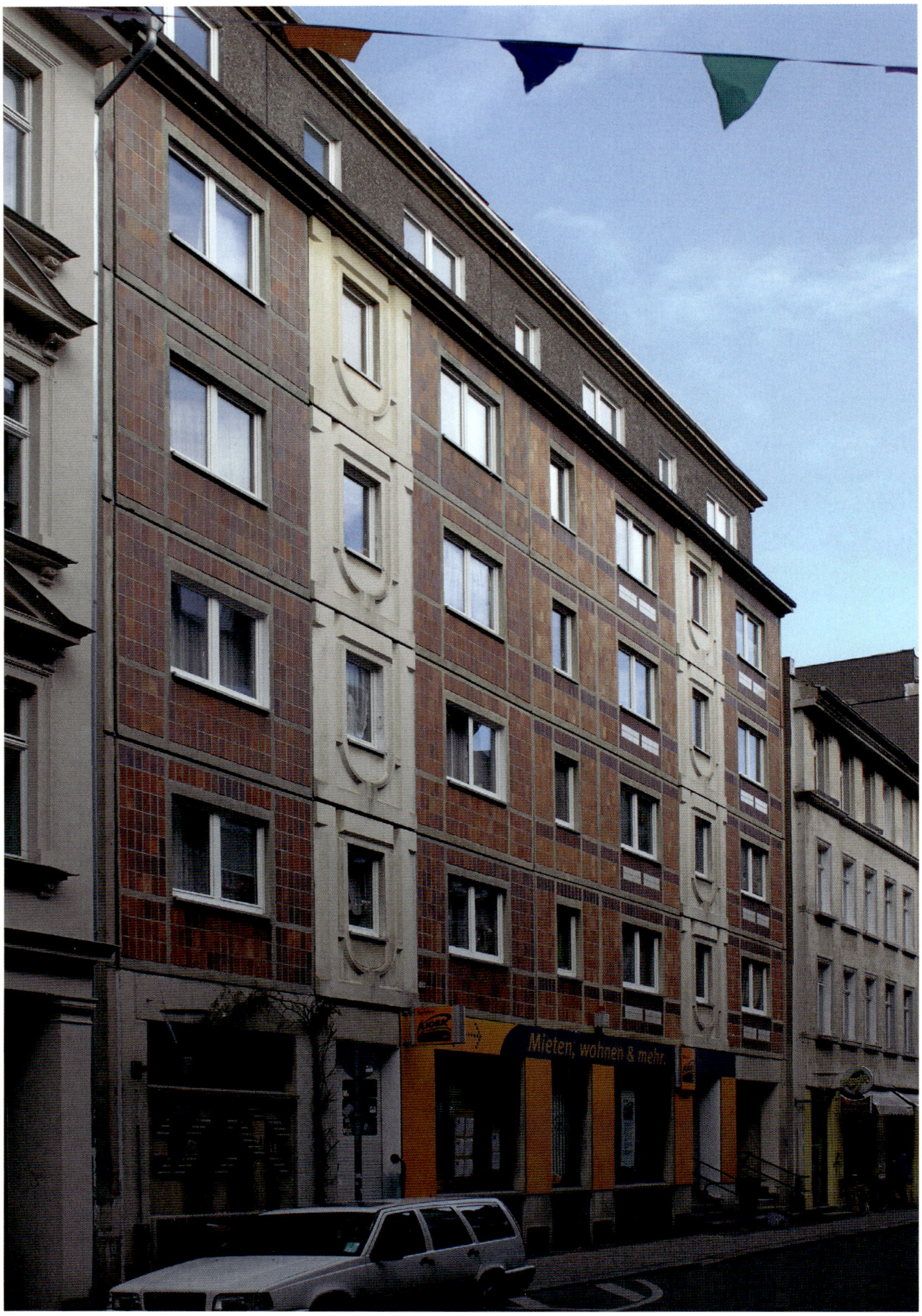

Abb. 4 Frieder Hofmann, Siegfried Kober, Wohn- und Geschäftshäuser, Leipzig, Kolonnadenstraße 14, Plattenbau als Lückenschließung, mit Staffelgeschoss

Montagetechnik die Enge der nur 11,60 Meter breiten Straße heraus. Das Bauvorhaben ging weit über eine einfache Lückenschließung hinaus, legte zudem Wert auf die Erhaltung historischer Bausubstanz und des historischen Straßenraumes.[4]

Nicht verwunderlich waren daher die intensiven Diskussionen in der Öffentlichkeit und die rege Beteiligung breiter Kreise der Bevölkerung am Vorhaben. So widmete die Leipziger Arbeitsgruppe Denkmalpflege im Kulturbund der DDR dem »Umgestaltungsgebiet Kolonnadenstraße« eine eigene Fachtagung.[5] Planer, Architekten und die Verantwortlichen für die Produktionsabläufe in den Plattenwerken versuchten herauszuholen, was herauszuholen war. Auf den zweiten Blick wird dies deutlich: Die ebenerdige Gewerbezone und die Trauflinie sowie plastische vertikale Gliederungselemente der Baulückenschließungen wurden der vorhandenen Bebauung angepasst,[6] ein zurückspringendes Dachgeschoss als moderne Interpretation eines ausgebauten Satteldaches oder Mansardgeschosses ausgebildet. Der Clou war eine zeitgleiche Montage der Neubauten und die Instandsetzung des erhaltenen Altbestandes. Details gehen beinahe unter, so einige mit flachen Reliefs gegliederte Bereiche der Erdgeschosse, die Anbringung von Keramikfliesen an Außenwandplatten auch der Gebäuderückseiten, künstlerisch hochwertige Keramikausstattungen in Verkaufsräumen. Eine Lösung gab es auch für eine etwa zweieinhalb Meter breite Lücke zwischen Nr. 12 und einem Neubau, indem mit traditioneller Ziegelbauweise ausgeholfen wurde.[7] Die Raffinesse im Plattenbau brach jäh jenseits der Max-Beckmann-Straße ab – entstanden hier Blöcke ohne die sogenannte Funktionsunterlagerung und teilweise von der Bauflucht zurückgesetzt mit Freitreppen zu den Hauseingängen. Hier wurde geklotzt, was in den großräumigen Plattenbaugebieten zur Tagesordnung gehörte und zur Monotonie der aktuell modernen WBS-70-Architektur zählte. Nicht jedoch am anderen, dem östlichen Ende der Kolonnadenstraße: Hier mündet der schmale Straßenraum in einen großzügigen Platz. Von der Innenstadt führt die recht breite, weil ehemals mit Vorgärten bedachte Otto-Schill-Straße zur Kreuzung Elsterstraße und Reichelstraße, die mit einer Platzaufweitung überrascht. Und hier entstanden die prägenden Architekturen.

Der Dorotheenplatz erhielt eine Rahmung von Blöcken mit besonderen Ecklösungen durch geschossübergreifende Erker und umlaufend höher gestellte Arkadengänge aus Betonfertigteilen, hinter denen Mietbereiche für Gewerbe und Gastronomie vorgesehen waren. Die Dächer wurden mansarddachähnlich ausgebildet. So entstand ein Plattenbau mit barockisierenden Anklängen. Diese wurden fortgesetzt in der Gestaltung der Grünfläche. Sie wollte an den ehemaligen Barockgarten mit Rasenfläche, Baumreihen und zwei aufgestellten Kopien von Barockplastiken erinnern. Zwischen der ebenerdigen Grünanlage und den Arkaden fanden Pflanzschalen für Blumen und niedrigwüchsige Buschpflanzen Einordnung. Werbung wurde nur dezent gesetzt. Sie war ja im Gefüge der sozialistischen Planwirtschaft de facto auch nicht notwendig.

Markant und vordergründig von Interesse ist jedoch der Grundriss der städtebaulichen Figuration – das fächerförmige Straßenraster. Dieses war von Denkmalpflegern immer wieder hervorgehoben und ins Bewusstsein gerufen worden, fand letztlich denkmalschützerische Bedeutung und war 1988 in der Bezirksdenkmalliste aufgeführt.[8] Bildhaft geworden war die Vorgängersituation durch einen Kupferstich Paul Christian Zinckes von 1720 mit der Ansicht von »Apels Garten«, einem der weit über die Stadtgrenzen berühmten Barockgärten Leipziger Bürger. Diese hatten die ungenutzten freien Flächen sumpfiger Niederungen oder der ehemaligen Befestigungen zu eindrücklichen Garten- und Parkanlagen gestaltet. Das Baufeld für den Dorotheenplatz wurde in überarbeiteter Fassung Anfang 1985 fertiggestellt, die ersten beiden Baufelder lagen bereits Dezember 1983 zur Beschlussfassung vor.[9] Städtebau, Freifläche und Gestaltung übernahm leitend der Architekt Siegfried Kober, der Architekt Frieder Hofmann die Federführung für die Hochbauten. Entstanden war damit eines der seltenen Beispiele postmoderner Stadtreparatur im Verein mit der Instandsetzung von Altbauten in der DDR.

Thomas Noack

1 Zum Entwurf der Deutschen Bauakademie vgl. hier: Juliane Richter: Experimente im Plattenbau. Innerstädtischer Wohnungsbau in der DDR am Beispiel der Inneren Westvorstadt in Leipzig 1945 bis 1990, Magisterarbeit 2012, S. 29–31.

2 Beschluss 0087/82 in der Sitzung des Stadtrates vom 2.6.1982.

3 Vgl. Frieder Hofmann, Dietmar Fischer, Siegfried Kober: Innere Westvorstadt. Verbindung von Tradition und Gegenwart, in: Leipziger Blätter (Periodika), Nr. 7, 1985, S. 26–29 (mit Abb.).

4 Die Erhaltung und Modernisierung nicht nur von Einzelgebäuden, sondern ganzer Wohngebiete wurde 1976 im Programm der SED gefordert.

5 Denkmalpflege in Umgestaltungsgebieten, 4. Bezirksfachtagung Denkmalpflege am 24./25. September 1983, Tagungsbroschüre geheftet.

6 Bauen im Bezirk Leipzig, hrsg. vom Rat des Bezirkes Leipzig, Bezirksbauamt, Gera 1986, S. 10.

7 Vgl. Richter (wie Anm. 1), S. 62/Abb. Nr. 78.

8 Kategorie »Begrenzte Bereiche und Ensembles«, Denkmalliste des Bezirkes Leipzig, 1988.

9 Vgl. Richter (wie Anm. 1), S. 63.

»Das ist unser Haus ...«

Ab 1981 besetzte Häuser

St. Pauli Hafenstraße
St. Pauli
Hamburg

Am 20. Dezember 1986 demonstrierten 12.000 Menschen in Hamburg ihre Solidarität mit den Hausbesetzern in der St. Pauli Hafenstraße. Vorangegangen waren fünf Jahre voller Auseinandersetzungen, und es sollte noch weitere neun Jahre dauern, bis eine befriedende Lösung des Konflikts umgesetzt war. Was war da los?

Wohnen in den 1970er und 1980er Jahren bedeutet nicht nur neue Materialien und Konstruktionen beim Hausbau oder neue Formen der architektonischen Gestaltung, es geht auch um neue Konzepte des Miteinanderlebens und des Verhältnisses von Einzelnem und Gesellschaft. Gerade weil Wohnen eine Grundbedingung menschlichen Lebens darstellt, ist es nicht losgelöst von gesellschaftlichen Rahmenbedingungen und Vorstellungen zu betrachten. Neben traditionellen individuellen, familienbezogenen oder streng geregelten gemeinschaftlichen Wohnformen (Klöster, Heime, Gefängnisse usw.) entstehen schon in den 1960er Jahren Wohngemeinschaften, in denen Menschen verschiedener Herkunft freiwillig teils aus Kostengründen, teils aus gemeinsamen Überzeugungen in mehr oder weniger festem Zusammenhang gemeinsam wohnen.

In den frühen 1970er Jahren begannen die Hausbesetzungen. Hintergrund war der zunehmende Mangel an günstigem innerstädtischem oder zumindest zentral gelegenem Wohnraum, denn im Rahmen der üblichen Flächensanierungen wurden den Grundstücken oft andere Nutzungen zugewiesen (etwa Büro- oder Verkehrs-

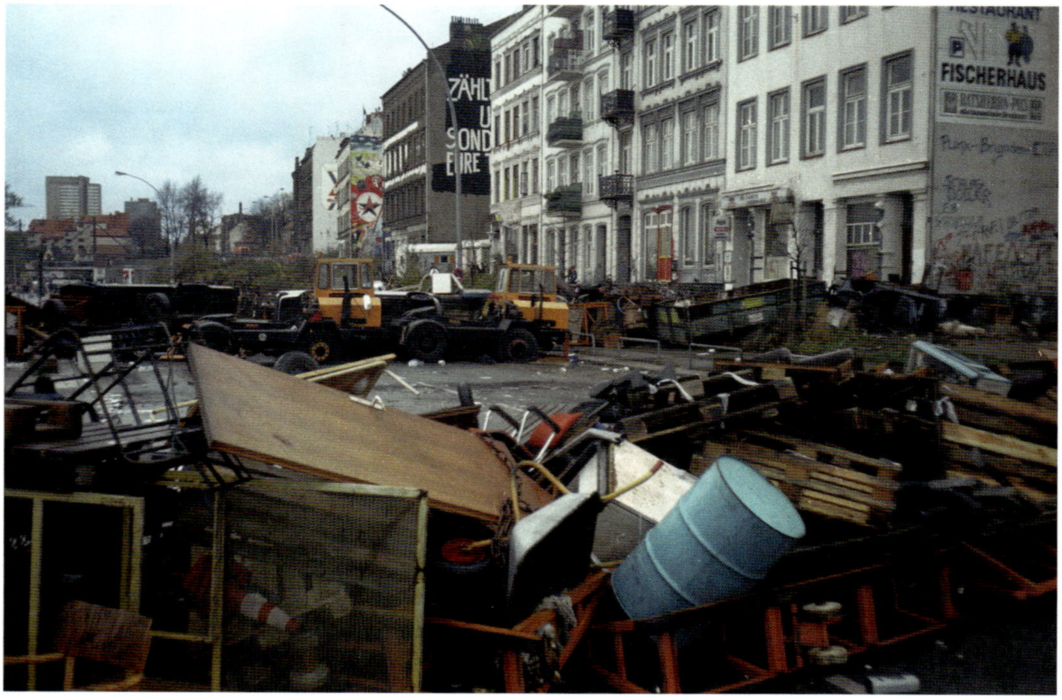

Abb. 1 St. Pauli Hafenstraße nach Westen, 1987

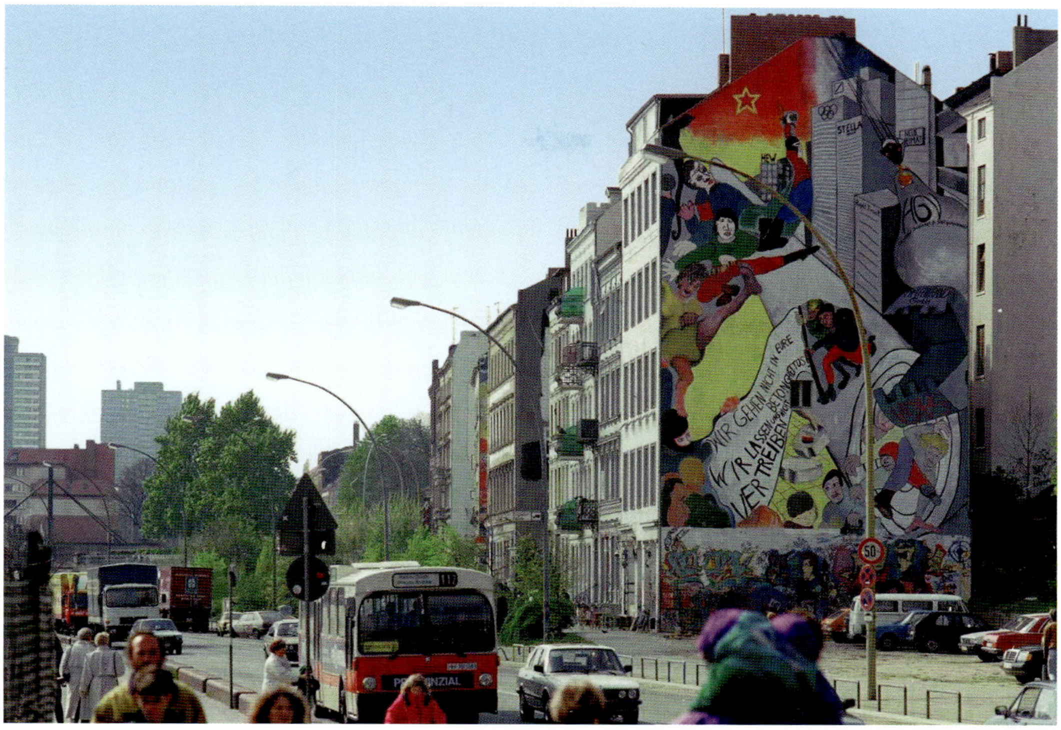

Abb. 2 St. Pauli Hafenstraße nach Westen, 1990

flächen) und die an selber Stelle neu errichteten Wohnungen waren mit ihrer besseren Ausstattung teurer. Letztlich waren es Probleme, die, heute in veränderter Form unter dem Schlagwort Gentrifizierung diskutiert, immer noch ungelöst sind. Gleichzeitig spielte der Wunsch nach nonkonformistischen, selbstbestimmten Lebensweisen in Freiräumen jenseits der staatlichen Einflusssphäre eine bedeutende Rolle.

Besonders breit wahrgenommen wurden die Besetzungen in Frankfurt am Main und West-Berlin. Doch auch in anderen, zum Teil deutlich kleineren Städten eigneten sich Menschen leerstehende Häuser an.[1] In Hamburg hatte 1973 die Besetzung des Hauses Ekhofstraße 39 im Stadtteil Hohenfelde für Aufmerksamkeit gesorgt. Allerdings wurde dieses Haus bereits nach fünf Wochen wieder geräumt.[2] Auch später versuchten Senat und Polizei, die Verstetigung von Besetzungen durch möglichst frühzeitige Eingriffe zu verhindern. Erst mit der Auseinandersetzung um die Häuser in der Hafenstraße in St. Pauli ab 1981 war diese Strategie gescheitert.

Schon als die Hafenstraße 1859 parallel zur Elbe in der Vorstadt St. Pauli angelegt wurde, war dies Teil einer städtebaulichen Umstrukturierung. Ehemals wenig genutzte und mit störenden Einrichtungen versehene Bereiche – benachbart etwa die Straße Bei den Thranbrennereien – vor der befestigten Stadt wurden nun viel intensiver besiedelt; die Großstadt griff auf die Vorstadt über. Zwischen 1860 und 1862 entstanden die Häuser St. Pauli Hafenstraße 106/116 und Bernhard-Nocht-Straße 42/44, viergeschossige verputzte Mietshäuser in den Formen klassizistischer Tradition mit Geschäften im Erdgeschoss.[3] Mit ihrer Lage und Gestaltung (teils Balkone, zeitgemäß schlichtes, aber nicht völlig reduziertes Fassadendekor) zielten sie auf eine Bewohnerschaft, die sich einen gewissen Wohnkomfort leisten konnte.

Als ab 1937 Hamburg als »Führerstadt« im NS-Regime neu gestaltet werden sollte, waren im Bereich der St. Pauli Hafenstraße großflächige Abrisse und der Neubau von Straßen und Kontorhäusern vorgesehen.[4] Um 1970 waren wiederum große Neubauten für Sitze der Firma Tchibo und des Verlags Gruner + Jahr geplant.[5] Angesichts dieser Reihe von nicht umgesetzten Planungen war in die Häuser, die dem städtischen Wohnungsunternehmen SAGA (Siedlungs-Aktiengesellschaft Altona) gehörten, nicht weiter investiert worden.

Anfang der 1980er Jahre standen einige Wohnungen leer, in anderen wohnten Altmieter oder Studenten in ehemals vom Studentenwerk als Zwischennutzung angemieteten Wohnungen.[6] Nach und nach wurden ab Herbst 1981 zunächst einzelne freie Wohnungen im Haus Hafenstraße 116 besetzt, bis schließlich die Häuser Hafenstraße 106 bis 126 und Bernhard-Nocht-Straße 16 bis 24 von den Besetzern eingenommen wurden.[7] Die Bewohnerschaft bestand aus unterschiedlichen Einzelpersonen und Gruppen, die drin-

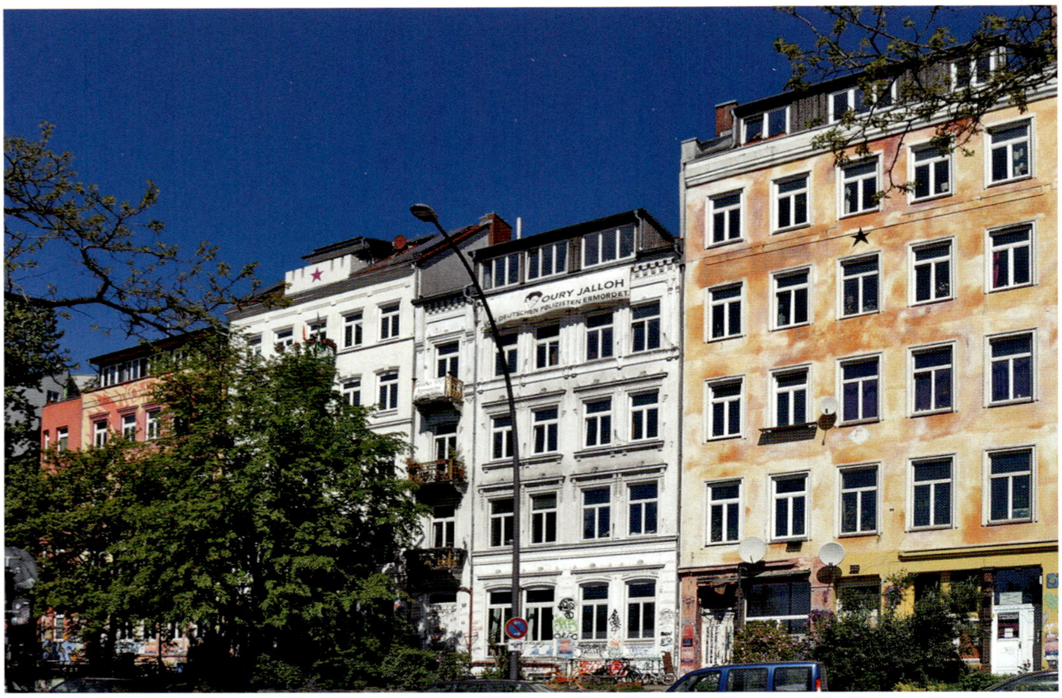

Abb. 3 St. Pauli Hafenstraße 106–116, 2020

gend günstigen Wohnraum, lebensweltliche Freiräume und/oder politische Gegenentwürfe zu Gesellschaft und Staat suchten. Die explizit linke Haltung zu Fragen auch jenseits der Hausbesetzungen gehörte zu ihrem Selbstverständnis.[8] In den folgenden Jahren wechselten Teilräumungen mit Wiederbesetzungen. Auseinandersetzungen wurden vor Gericht, in den Medien und auf der Straße geführt. Ende 1986 zeigten ganzseitige Zeitungsanzeigen mit Unterstützern wie Udo Lindenberg, Jan Philipp Reemtsma und Daniel Cohn-Bendit sowie die hohe Beteiligung von 12.000 Menschen an der Demonstration, wie weit die Solidarität mit den Hafenstraßen-Bewohnern inzwischen reichte; allerdings wurden sowohl Polizisten als auch Demonstranten teils schwer verletzt.[9] Nachdem der damalige Erste Bürgermeister Klaus von Dohnanyi (SPD) Ende 1987 in einer spektakulären Aktion sein Amt eingesetzt hatte, um gegen eine starke Opposition im Senat eine Zwangsräumung zu verhindern und eine Verhandlungslösung mit den Besetzern zu erreichen, schienen die Verhältnisse zunächst beruhigt. Doch bedurfte es noch mehrerer Jahre und vieler Auseinandersetzungen, bis 1995 die besetzten Häuser in das Eigentum der Genossenschaft

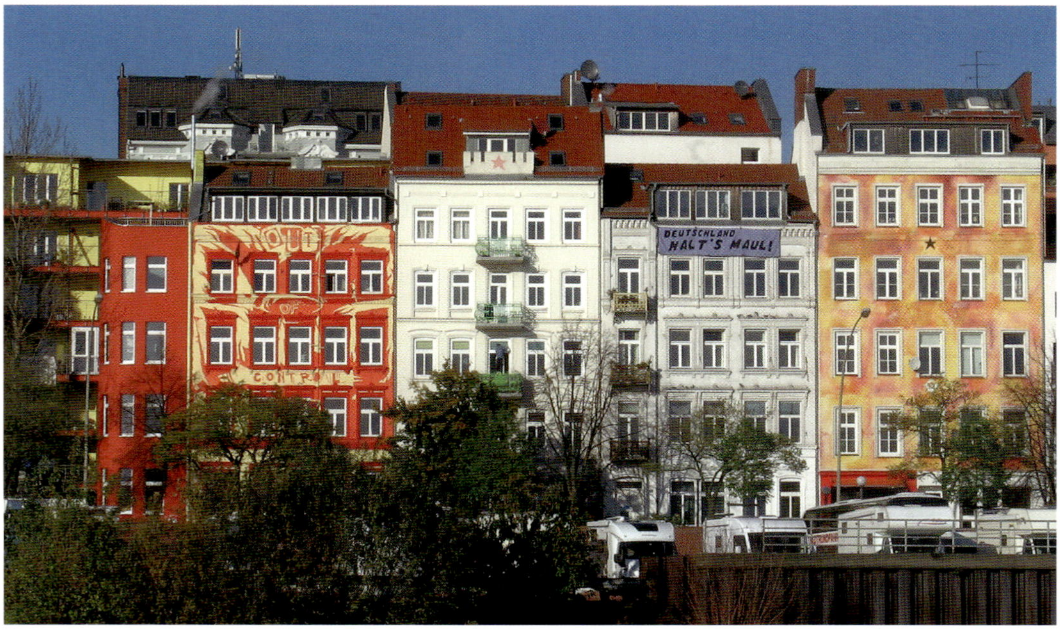

Abb. 4 St. Pauli Hafenstraße 106–115 von der Elbe aus, 2008

»Alternativen am Elbufer«, einer Gründung aus der Bewohnerschaft, übergingen.

Ab 1982 kommunizierten die Bewohner mit immer wieder der politischen Lage angepassten Graffiti, Transparenten und Wandbildern mit der Öffentlichkeit. Auch wenn dieses Vorgehen nichts Neues war, ermöglichte die weithin sichtbare Lage der Häuser – innerstädtisch, erhöht über der Elbe und durch die Baulücken nach Kriegszerstörungen mit mehreren freien Brandgiebeln – eine enorme Öffentlichkeitswirksamkeit. Die teils heftigen Reaktionen des Staates und der Medien auf die anhaltende Besetzung führten zu einer Solidarisierung weit über die linke Szene hinaus. Und auch in der Nachbarschaft gewannen die Bewohner der Häuser Sympathien, indem sie sich um einen Ausgleich für die das Viertel belastenden Konflikte (Polizeikontrollen, Barrikaden usw.) bemühten. Dass die Erfahrung von Ausgrenzung und Kontrolle in dem materiell armen, nichtbürgerlichen Stadtteil nachvollziehbar war, dürfte zu der Unterstützung beigetragen haben.[10]

Wie viele andere Denkmale auch, verfügen die Hafenstraßen-Häuser über vielfältige Bedeutungsschichten. Sie sind nicht nur Zeugnisse des Wandels zur Großstadt, spätklassizistischer Bauformen und des privaten Mietwohnungsbaus im mittleren 19. Jahrhundert. Vielmehr stellt die Zeitschicht der 1980er und 1990er Jahre, als die Bauten im Rahmen der Hausbesetzungen eine weit über Hamburg hinausreichende Beachtung erfuhren,[11] einen wichtigen Aspekt dar. Während andere Häuser nur vorübergehend besetzt oder die Besetzungen nur lokal wahrgenommen wurden, stehen die Häuser in der St. Pauli Hafenstraße für lang andauernde Auseinandersetzungen zwischen dem Staat und den sich selbst ermächtigenden Bewohnern, aber auch zwischen verschiedenen gesellschaftlichen Gruppen um die Vorstellung vom richtigen Leben. Diese Konflikte mögen sich heute stärker auf anderen Politikfeldern abspielen und an anderen Orten festmachen, doch gehören die Häuser in der Hafenstraße zu den zentralen Objekten, an denen der gesellschaftliche Wandel seit den 1960er Jahren ablesbar ist. Allerdings ergibt sich hier eine Schwierigkeit aus der Sicht der Denkmalpflege: Wie kann eine Institution des Staates etwas bewahren, für das gerade die Ablehnung staatlicher Direktiven konstituierend ist? Wie kann überhaupt ein Zustand festgeschrieben werden, wenn doch eigentlich der Wandel und die stets neue freie Entscheidung die wesentliche Bedeutung des Denkmals ausmachen?

Stefan Kleineschulte

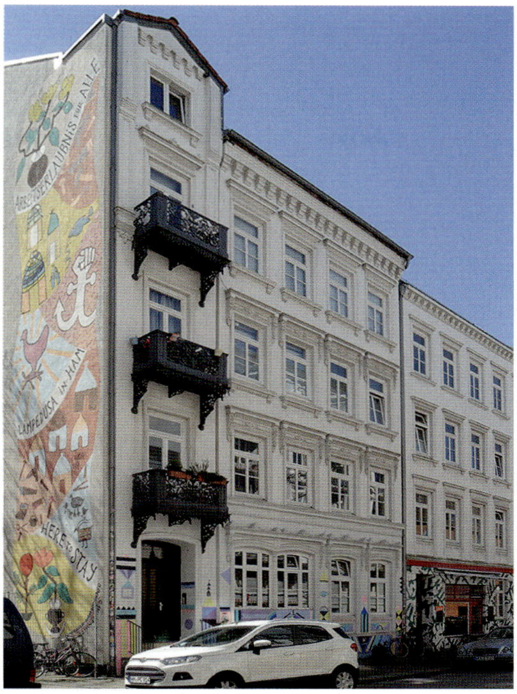

Abb. 5 Bernhard-Nocht-Straße 42/44, 2020

Das Zitat im Titel stammt aus: Ton, Steine, Scherben: Rauch-Haus-Song, auf: Keine Macht für Niemand, Berlin (David Volksmund Produktion) 1972.

1 Einen empathischen Überblick mit Zeitzeugen-Interviews geben Barbara Sichtermann, Kai Sichtermann: Das ist unser Haus. Eine Geschichte der Hausbesetzung, Berlin 2017.

2 Karl Christian Führer: Die Stadt, das Geld und der Markt. Immobilienspekulation in der Bundesrepublik 1960–1985, Berlin, Boston 2016, S. 175–187. Zwei kurze zeitgenössische Filme über diese Besetzung aus der Sicht der Polizei und der Besetzer bei youtube unter »Ekhofstraße Hamburg«.

3 Unterlagen dazu im Staatsarchiv Hamburg, Bestand 411-2 (Patronat St. Pauli), II E4061 und II E8949 sowie in den Bauakten des Bezirks Hamburg-Mitte.

4 Monika Sigmund: Die Hafenstraße und das »Wunder von Hamburg«. Selbstbestimmtes Leben im Widerstreit politischer Interessen, in: 19 Tage Hamburg. Ereignisse und Entwicklungen der Stadtgeschichte seit den fünfziger Jahren, hrsg. von der Forschungsstelle für Zeitgeschichte, Hamburg 2012, S. 265–279, hier S. 269. Ausführlich siehe Sylvia Necker: Konstanty Gutschow 1902–1978. Modernes Denken und volksgemeinschaftliche Utopie eines Architekten, Hamburg 2012, S. 220–226.

5 Sigmund (wie Anm. 4), S. 270.

6 Hella Küllmer: Zusammen leben, zusammen kämpfen, in: Häuserkampf II. Wir wollen alles – Hausbesetzungen in Hamburg, Hamburg 2013 (Bibliothek des Widerstands 22, hrsg. von Willi Baer und Karl-Heinz Dellwo), S. 75–89, hier S. 76.

7 Sichtermann (wie Anm. 1), S. 136/137.

8 Küllmer (wie Anm. 6), S. 75/76. Über das Leben in der Hafenstraße berichtet im Sinne einer teilnehmenden Beobachtung Carl-Heinz Mallet: Die Leute von der Hafenstraße. Über eine andere Art zu leben, Hamburg 2000.

9 Sichtermann (wie Anm. 1), S. 142/143.

10 Sigmund (wie Anm. 4), S. 268, 274–276.

11 So berichtete etwa die New York Times über den Verkauf der Häuser: Stephen Kinzer: Squatters Win! (A Checkbook Did It), in: The New York Times, 5.1.1996; siehe Sigmund (wie Anm. 4), S. 268.

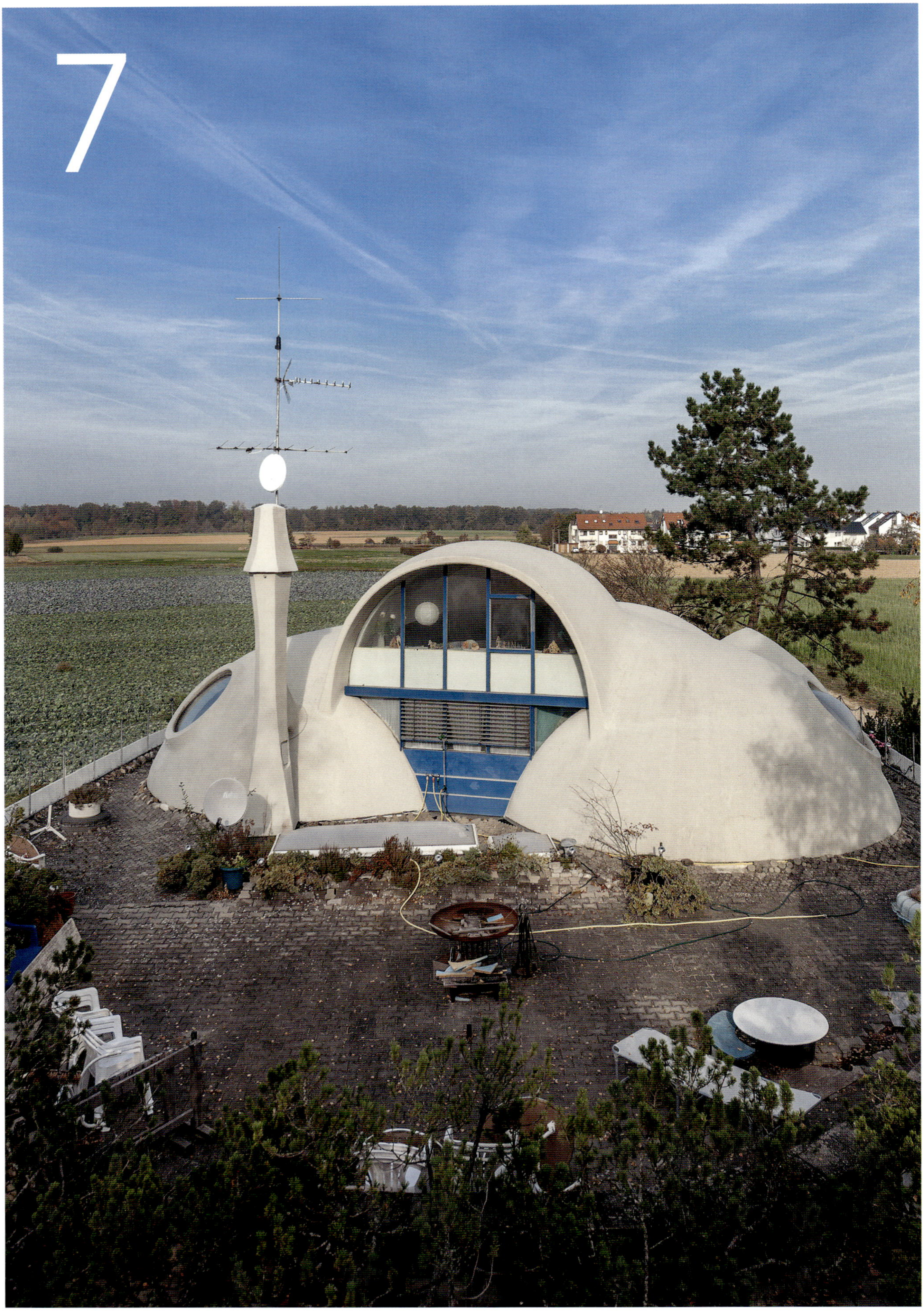
7

Experimente

»That's one small step for (a) man, one giant leap for mankind« – die erste Raumfahrt Gagarins und die ersten Schritte Armstrongs auf dem Mond waren nur ein Ausdruck für den Fortschrittsoptimismus der Nachkriegsjahrzehnte. Auch im Wohnungsbau wurden neue Konstruktionen wie die Schalenbauweise, neue Materialien wie die vielfältigen Kunststoffe und neue, freie Formen erprobt. Gerade unter den Einfamilienhäusern entstanden so sehr individuelle, kreative bis exzentrische Lösungen, die an Wohnkapseln oder Entwürfe aus Science-Fiction-Filmen erinnern. Im Massenwohnungsbau standen dagegen Standardisierung, Vorfertigung und Industrialisierung des Bauens im Vordergrund; so sollte der enorm hohe Bedarf an Wohnungen gedeckt werden. Während in der DDR die zentrale Steuerung ein sehr weitgehend industrialisiertes Bauen in Großserienfertigung auf der Grundlage der Großtafelbauweise ermöglichte, konnte sich in der BRD unter marktwirtschaftlichen Bedingungen wegen der Vielzahl der Auftraggeber und Anbieter kein Wohnungsbausystem durchsetzen, obwohl auch hier viele Bauten in dieser Technik errichtet wurden.

Besonders fortschrittliche Konzepte des Bauens unterschieden zwischen den dauerhaften, gemeinschaftlich vorgehaltenen Primärstrukturen einerseits und schneller wandelbaren, nach individuellem Bedürfnis dort eingepassten sekundären Raumkapseln andererseits. Allerdings blieb die Verwirklichung solcher metabolistischen Auffassungen eine wichtige Ausnahme. In ihnen zeigt sich ein langsamer Wandel, der in der BRD Anfang der 1970er Jahre mit dem Bericht des Club of Rome über die Grenzen des Wachstums (1972), der Ölpreiskrise (1973) und dem europäischen Denkmalschutzjahr (1975) einsetzte und gängige Entwicklungsmodelle und Vorstellungen von ständigem Wachstum infrage stellte. Modulares Bauen erlaubte dagegen auch Schrumpfungsprozesse, Mieter oder Wohnungseigentümer sollten stärker als bisher ihre Wohnungen mitgestalten und verändern können, und ökologische Aspekte bei der Haustechnik und der Ausrichtung der Gebäude spielten eine zunehmende Rolle.

An den Experimenten lassen sich, selbst wenn sie aus heutiger Sicht teils als gescheitert beurteilt werden, die zeitgenössischen Vorstellungen vom Wohnen und Leben besonders deutlich ablesen. In ihrer Entschiedenheit können sie auch heute noch als Inspiration dienen.

Stefan Kleineschulte

Poppiges Plastikhaus

Kunststoffhaus fg 2000

Industriestraße 6
Altenstadt
Hessen

Architekt: Wolfgang Feierbach
Bauzeit: 1968

Im hessischen Altenstadt befindet sich der einzige Prototyp eines Kunststoffhauses, welcher je eine bauaufsichtliche Zulassung erhielt. Das Haus gilt als einzigartiges Beispiel der deutschen Architekturavantgarde in der Popkultur der 1960er Jahre.

»Wir begannen um 6 Uhr in der Frühe des 18. Juli 1968 mit der Montage. [...] Nach 11 Stunden Teamarbeit war alles getan, das Haus stand und die Akteure hatten sich die Bewunderung von Fernsehen, Wochenschau, Rundfunk und einer Schar interessierter Besucher gesichert.«[1] Dies berichtete Wolfgang Feierbach, der Bauherr und Entwickler des ersten Prototyps des Kunststoffhauses fg 2000 (fg = engl. fibreglass) voller Stolz. Das Haus aus glasfaserverstärktem Kunststoff war das Ergebnis einer fünfjährigen Planungs- und Entwicklungstätigkeit, die 1963 mit der Vorstellung eines Modells auf der Düsseldorfer Kunststoffmesse einsetzte. Als gelernter Modellbauer begann Feierbach 1962 mit einer kleinen Werkstatt im hessischen Sulzbach am Taunus und spezialisierte sich auf glasfaserverstärkte Kunststoffe. Neben Produkten für die Bau- und Elektroindustrie entwickelte er auch Kunststoffmöbel in kleinen Serien. Architekten und Designer wie der Däne Verner Panton mit seinem Panton Chair aus Kunststoff oder der Amerikaner Eero Saarinen mit seinem Tulip Chair aus Leichtmetallguss entwarfen damals Ikonen der 1960er Jahre. 1965 gründete Feierbach seine eigene Firma »fg Design« in Altenstadt und etablierte sich mit seinen Möbeln aus Fiberglas am Markt. Daneben arbeitete er beharrlich an einem ersten Prototyp für ein Kunststoffhaus. Fertighäuser aus Holz, Stahl oder Beton besaßen zu dieser Zeit schon lange keinen Seltenheitswert mehr, Häuser aus Kunststoff hingegen schon. Seit den 1950er Jahren experimentierten Entwickler rund um den Erdball mit Kunststoffen im Hausbau. Von 1956 bis 1972 existierten weltweit nur 232 ausgeführte Beispiele von Prototypen, Unikaten sowie mehrfach ausgeführten Kunststoffhäusern. Entsprechend groß war die Aufmerksamkeit für derartige Bauten und ihre Entwickler.

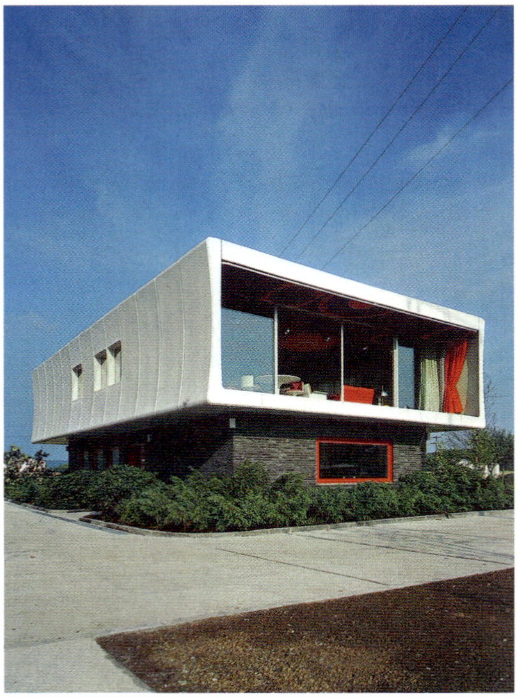

Abb. 1 Das Kunststoffhaus fg 2000 aus Vestopal-Polyesterharz, Aufnahme 1968

Der Prototyp des Kunststoffhauses fg 2000 entstand in unmittelbarer Nähe von Feierbachs Firmensitz. Auf einem gemauerten Sockelgeschoss sitzt eine 18 Zentimeter dicke, gut einen Meter auskragende Betonplatte, die die Bodenplatte des Kunststoffhauses bildet. Der von Feierbach entwickelte Prototyp fußt auf einem Ausbauraster von 1,25 Metern und setzt sich aus einem Dachelement sowie zwei Wandelementen zusammen. Die Konstruktion ist als steife Eckverbindung ausgebildet. 13 Deckenelemente und

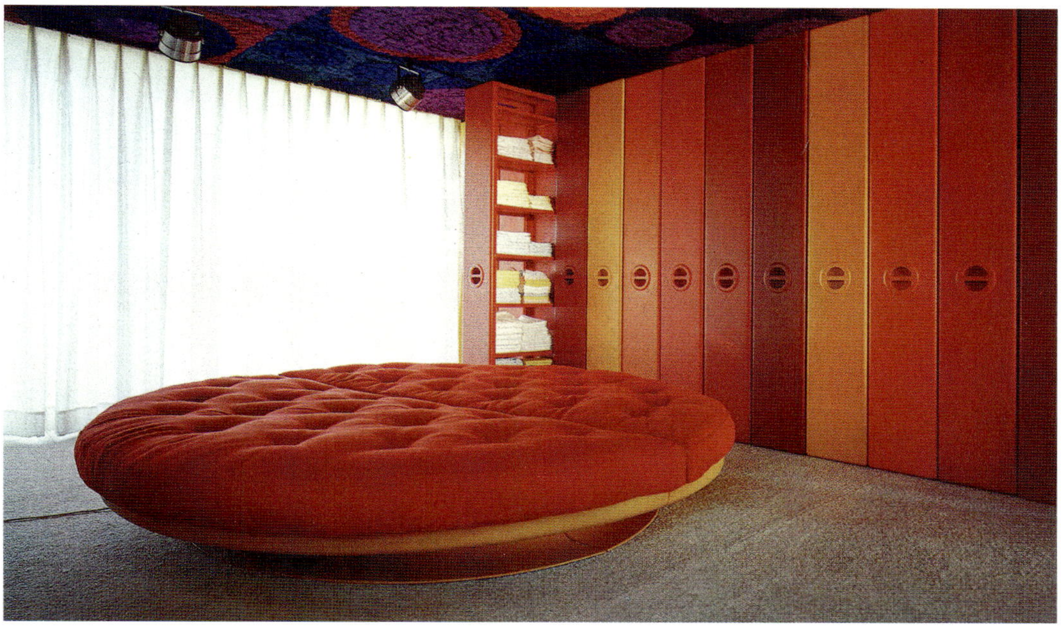

Abb. 2 Schlafbereich mit Rundbett und Einbauschränken, Aufnahme 1968

26 Wandelemente, teilweise mit eingebauten Fenstern, wurden nacheinander mit der Bodenplatte verschraubt und abgedichtet. Die Wandelemente waren in Querrichtung konkav geformt und sollten die Konstruktion versteifen, ebenso die ausgebildeten Flansche, die gleichzeitig zur Verschraubung der Wand- und Deckenelemente dienten. Die Verschlankung der Seitenwände sowie deren abgerundete Ecken gaben dem Haus ein geradezu futuristisches Aussehen. Zwischen den Wandschichten aus glasfaserverstärktem Kunststoff wurden sämtliche Installationen für die Haustechnik (Elektro-, Wasser- und Heizungsleitungen) untergebracht. Anschließend erhielten die Elemente eine Füllung aus Polyurethanschaum zur Wärmedämmung. Zu den Stirnseiten öffnen sich komplett verglaste Fensterfronten mit Schiebetüren, die auf Balkone führen. Der 160 Quadratmeter große, stützenfreie Grundriss erlaubte eine flexible Raumaufteilung. Lediglich das Bad konnte durch Vorhänge abgeteilt werden. Für den Innenausbau wurden ebenfalls synthetische Materialien verwendet. Dies gilt sowohl für den Teppichboden und die Einbauten als auch für die Deckengestaltung. Sämtliche Wände wurden mit Stoffen bespannt, um die Bildung von Kondenswasser zu vermeiden. Die Farbigkeit der Ausstattung entsprach ganz dem Geschmack der Zeit. Knallige Farben wie in der Pop Art üblich beherrschen die Innengestaltung des Kunststoffhauses. Ein siebenfarbiger Deckenteppich mit Kreismotiven aus unterschiedlich langen Dralonfasern dominiert bis heute den Raumeindruck des Hauses. Möbliert wurde es mit selbstentworfenen Möbeln aus glasfaserverstärktem Kunststoff in leuchtenden Rot- und Gelbtönen. Weder die Decken- noch die Wandelemente des Kunststoffhauses mussten bis zum heutigen Tag saniert werden. Dagegen wurden die Dichtungen zwischen denselben bereits einmal erneuert. Der Deckenteppich aus Dralon wird demnächst einer Restaurierungsmaßnahme unterzogen.

Das Bundesministerium für Städtebau und Wohnungswesen zeigte sich interessiert und erteilte Feierbach und seinem Team von Ingenieuren der Technischen Hochschule Darmstadt (Institut für das Bauen mit Kunststoffen,

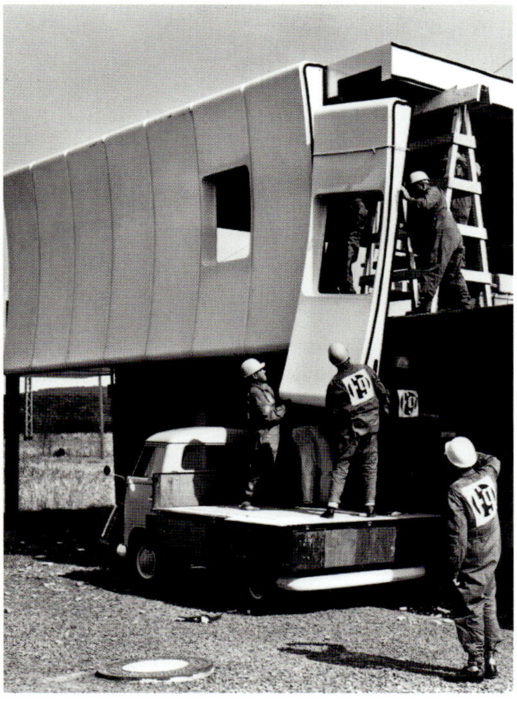

Abb. 3 Montage des Hauses im Juli 1968

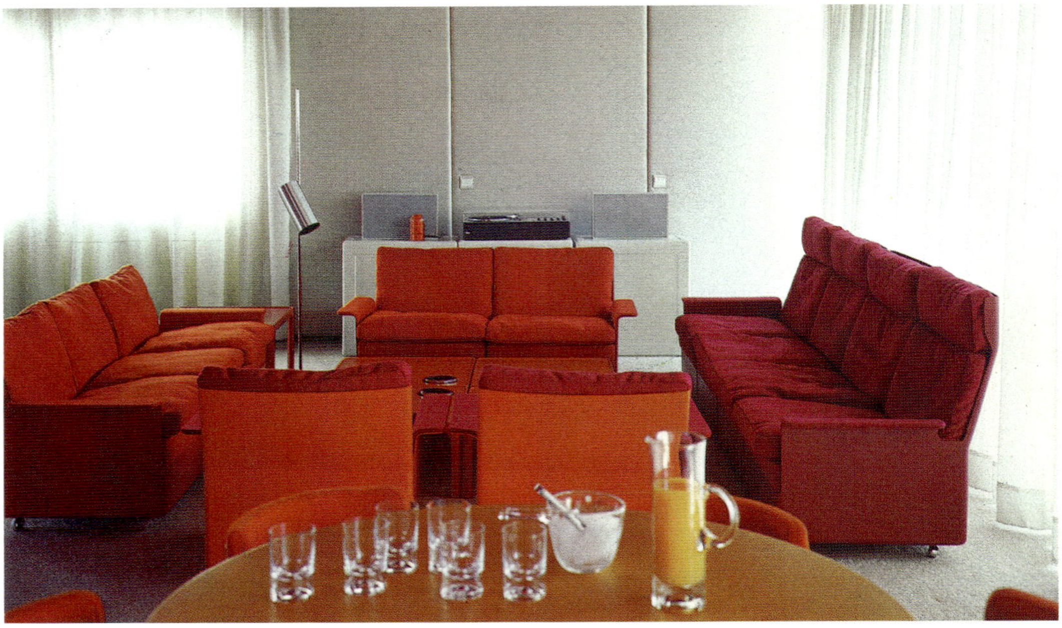

Abb. 4 Sitzgruppe im Wohnbereich, Aufnahme 1968

Leitung Amtor Schwabe) sowie weiteren Mitarbeitern den Auftrag, die Möglichkeiten zur Weiterentwicklung dieses Prototyps zu einem vorgefertigten Kunststoffhaus für die Serienproduktion zu untersuchen.[2] Verlangt wurden Nachweise für die Standsicherheit und Dauerhaftigkeit, für Brand-, Wärme- und Schallschutz sowie für den Schutz gegen Feuchtigkeit, Korrosion und Schädlinge. Das langwierige Prüfverfahren zog sich hin, doch Ende 1973 wurde die allgemeine bauaufsichtliche Zulassung erteilt. Damit war das Kunststoffhaus fg 2000 das erste System von Bauelementen aus Kunststoff zur Errichtung von Wohnbauten in der Bundesrepublik Deutschland. Es wurde insgesamt 35 Mal verkauft.

Bereits 1972 präsentierte sich fg design mit einem weiterentwickelten Haustyp auf der Kunststoffhaus-Ausstellung in Lüdenscheid, bereichert um Eckelemente für Innen- und Außenkanten, was eine flexiblere Grundrissgestaltung ermöglichte. Für den Geschossbau war das System hingegen nicht geeignet. Es zielte auf eingeschossige Wohn- und Ferienhäuser in der Art eines Bungalows. Doch auch kleine Wohnzellen, Hotelkabinen und Büros waren mit dem System einfach zu produzieren. So erhielt Feierbach Anfang der 1970er Jahre bereits mehrere Aufträge für Pförtnerkabinen auf dem Flughafen Frankfurt am Main.

Die Entwicklung eines serienreifen Kunststoffhauses Ende der 1960er Jahre kam jedoch

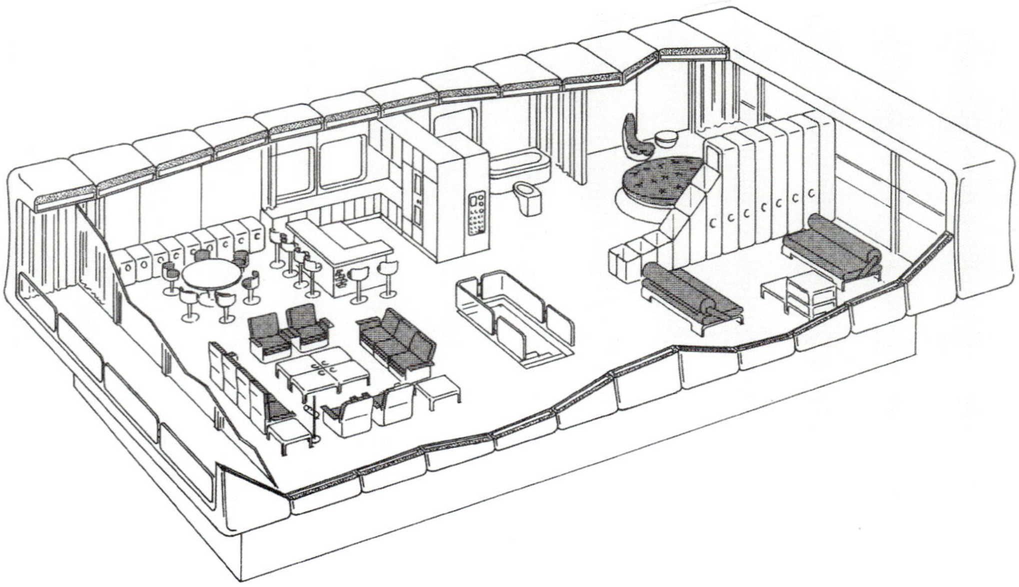

Abb. 5 Grundriss-Isometrie, Zeichnung 1968

zur Unzeit. 1972 publizierte das Expertengremium des Club of Rome seine berühmte Studie über »Die Grenzen des Wachstums«.[3] Im Zulassungsjahr des Kunststoffhauses 1973 kam es zur ersten Ölkrise im Westen. Nicht nur das Benzin wurde knapp und teuer, auch sämtliche ölbasierten Kunststoffprodukte verteuerten sich. Das kostspielige Ausgangsmaterial für Kunststoffhäuser ließ die Preise weiter ansteigen. Selbst ambitionierte Bauherren - und Feierbach produzierte für eine Käuferschicht, die auf Innovation und Repräsentation durchaus Wert legte - scheuten vor der Investition zurück.[4] Durch die spätere Begradigung der Wandelemente besaßen die Kunststoffhäuser nunmehr den Charakter von Baracken, was deren Attraktivität ebenfalls verminderte. Im Jahr der zweiten Ölkrise 1979 errichtete Feierbach sein letztes Kunststoffhaus als eigenes Wohnhaus und funktionierte den ersten Prototyp von 1968 zu einem Bürohaus um. Mit handgefertigten Kunststoffhäusern in kleiner Serie war kein Geld mehr zu verdienen. Sie blieben das Phänomen einer Epoche optimistischer Technikbegeisterung, in der alles machbar erschien. Ähnlich wie die Sputnik- und Apollo-Missionen der 1960er Jahre galten die Kunststoffhäuser als Zeichen einer neuen Zeit. Doch vor dem Hintergrund knapper werdender Ressourcen landeten deren Produzenten schon bald auf dem Boden der Tatsachen. Nach der Ausrufung des europäischen Denkmalschutzjahres 1975 wurden die Rufe nach mehr Nachhaltigkeit im Bauen lauter. Nichtsdestotrotz dokumentiert das Kunststoffhaus fg 2000 bis zum heutigen Tag die Pionierzeit der Kunststoffe im Bauwesen in seltener Eindrücklichkeit.

Ralf Dorn

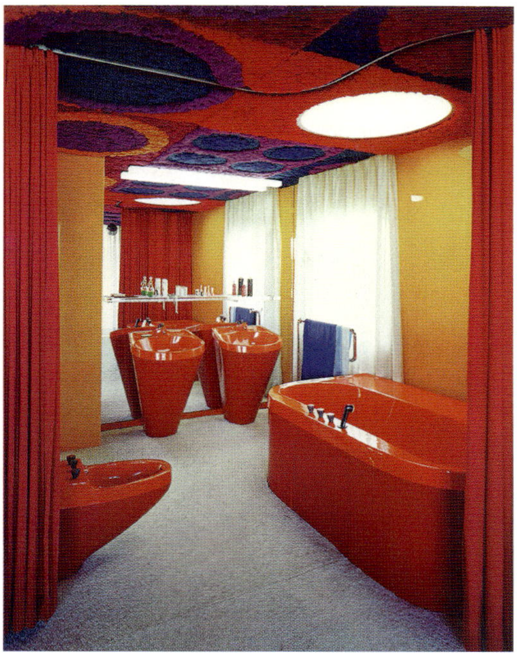

Abb. 6 Badezimmer mit Textildecke, Aufnahme 1968

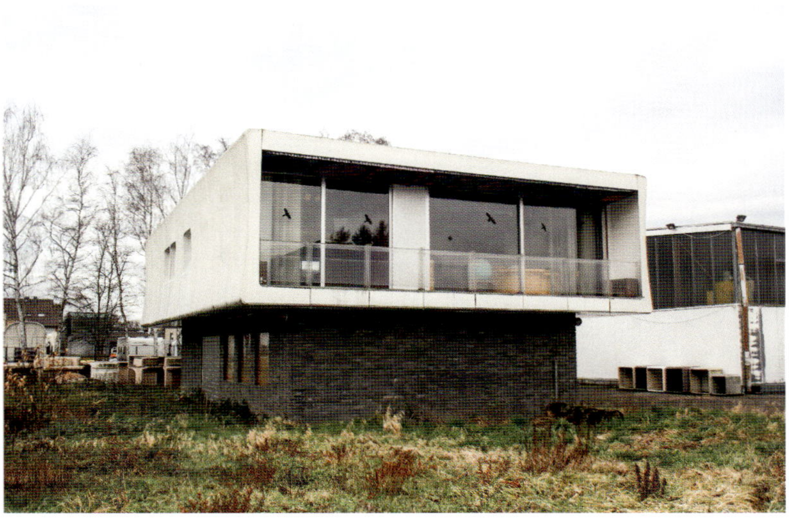

Abb. 7 Das Kunststoffhaus im heutigen Zustand, Aufnahme 2015

1 Wolfgang Feierbach: Kunststoffhaus fg 2000 (Schriftenreihe des Bundesministers für Raumordnung, Bauwesen und Städtebau 4; Bau- und Wohnforschung; 1), Bonn 1973, S. 23.

2 Elke Genzel, Pamela Voigt: Kunststoffbauten: Teil 1 - Die Pioniere, Weimar 2005, S. 190.

3 Donella und Dennis Meadows, Jorgen Anders: Die Grenzen des Wachstums. Bericht des Club of Rome zur Lage der Menschheit, Stuttgart 1972.

4 Pamela Voigt: Die Pionierphase des Bauens mit glasfaserverstärkten Kunststoffen (GFK) 1942 bis 1980, Weimar 2007, S. 50.

Ein echtes Unikat

Wohnhaus Wulf

Ehlershausen
Niedersachsen

Architekten: Erol Erman, Klaus Schuwirth
Bauzeit: 1978/79

Gerade in den 1960er und 1970er Jahren ist rückblickend eine große Experimentier- und Innovationsfreude im Bauen erkennbar. Eine breite Bevölkerungsschicht kam durch das »Wirtschaftswunder« in der alten Bundesrepublik in den Genuss, ein Eigenheim erwerben zu können. Die Nachfrage nach modern gestalteten und ausgestatteten Wohnhäusern stieg. Viele kostengünstige Fertigteilhäuser wurden zu der Zeit errichtet, aber auch die ein oder andere exklusive Sonderanfertigung, wie das Haus Wulf in Ehlershausen.

Außergewöhnlich mutet es an, das »Haus Wulf« in Ehlershausen, circa 30 Kilometer nordöstlich von Hannover gelegen. Mitten in einer schlichten Einfamilienhaussiedlung steht ein auberginefarben schimmerndes, zweigeschossiges Gebäude aus Stahl, Glas und Aluminium auf einem circa 1.500 Quadratmeter großen Waldgrundstück. Von der Straße durch die umstehenden, meterhohen Kiefern, Eichen und Birken ist es kaum zu erkennen.

Das Einfamilienhaus wurde von 1978 bis 1979 durch das Architekturbüro Erol Erman und Klaus Schuwirth aus Hannover für das Bauherrenehepaar Wulf errichtet. Das Objekt wurde nach den individuellen Vorstellungen und Bedürfnissen der Bewohner geplant. Den Bauherren war es von Anbeginn der Planungen wichtig, das Wohnhaus sorgsam in das bewaldete Grundstück zu setzen.

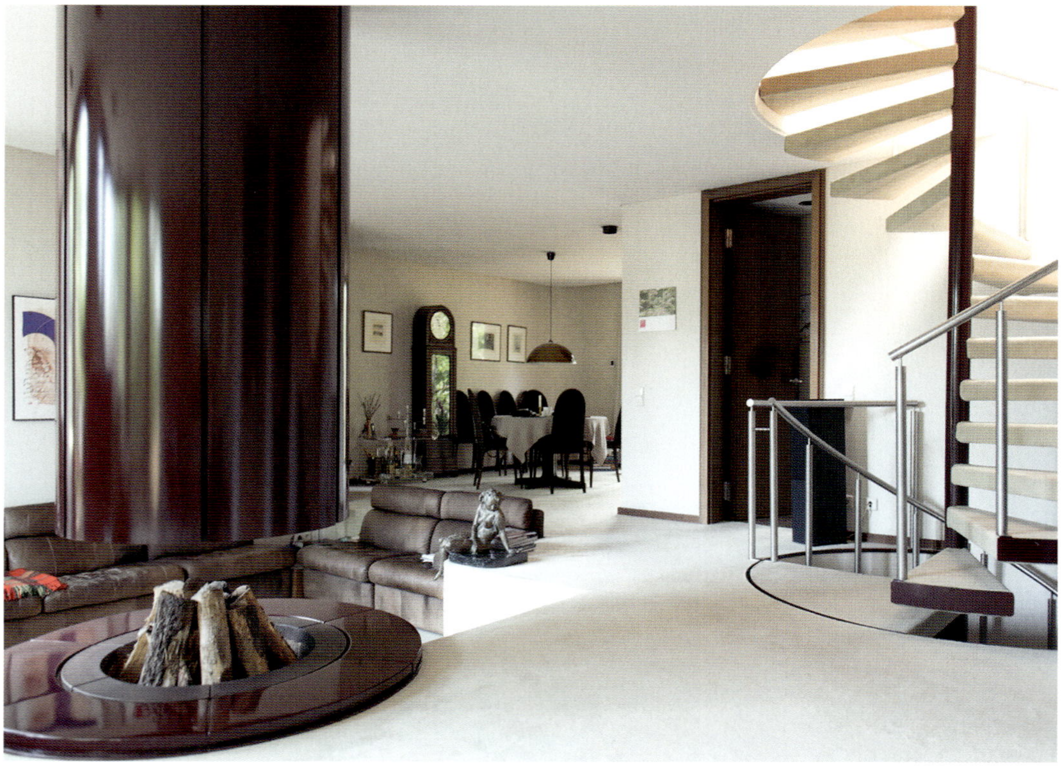

Abb. 1 Wohnbereich im Erdgeschoss mit Blick in Richtung Esszimmer, Aufnahme 2018

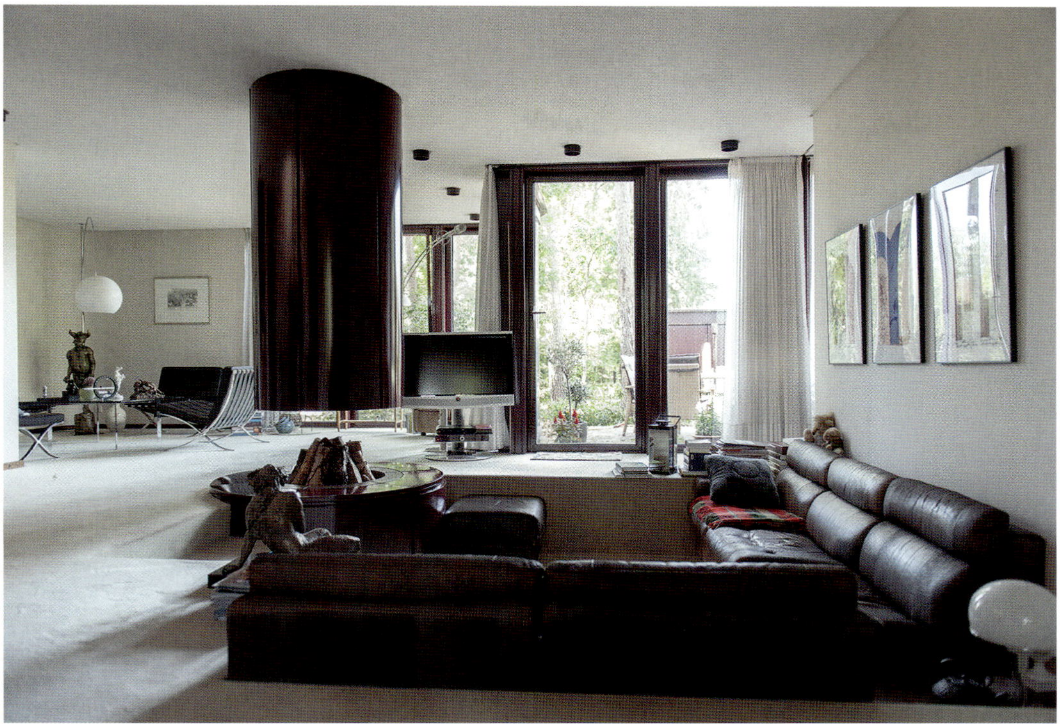

Abb. 2 Vertiefte Sitzgelegenheit mit Kamin im Wohnbereich, Aufnahme 2018

Entwurfsprägend war der Gedanke des schonenden Umgangs mit dem Umfeld und im Einklang mit der Natur zu wohnen. Realisiert wurde ein Gebäude, das in Kontrast zu der Natur steht: »Das Haus ist in das dicht bewachsene Waldgrundstück als ein Fremdkörper hineingesetzt worden, als ein bewusster Hinweis auf menschliches Bauen. Die Architekten wollten – im Sinne des Bauherrn – kein Andienen an die Natur. Natur und Kultur sollten sich selbstbewusst und selbständig gegenüberstehen und dennoch einen Dialog miteinander aufnehmen.«[1]

Der zweigeschossige Bau besteht aus einer Stahlskelettkonstruktion mit Wärmedämmelementen, vor die eine auberginefarbene eloxierte Aluminiumfassade gehängt ist.[2] Die Aluminium-

Abb. 3 Ansicht der Nordfassade, Aufnahme 2018

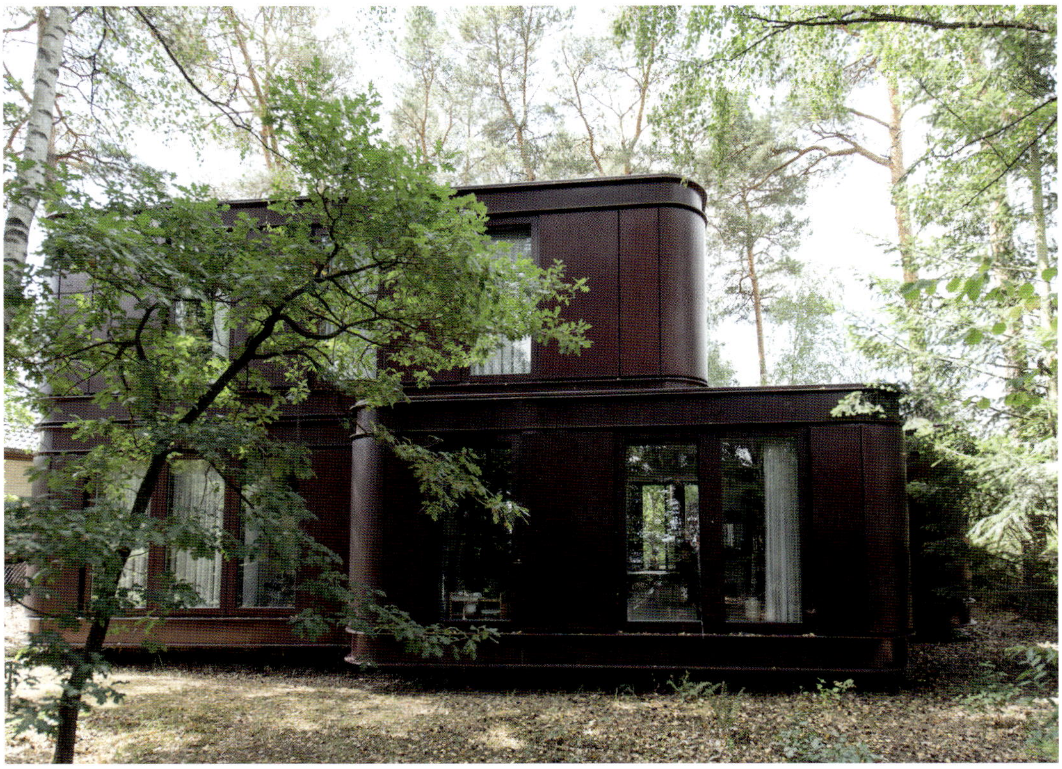

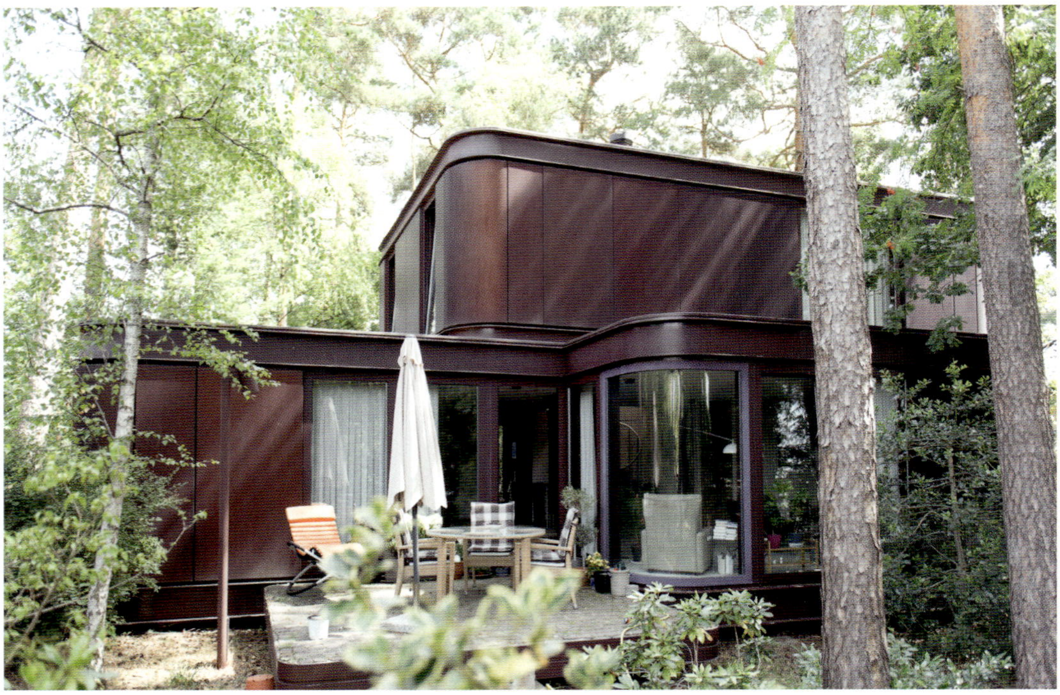

Abb. 4 Blick auf die Terrasse, dahinter der Eingang zum Wohnzimmer, Aufnahme 2018

bleche sind geschosshoch, ebenso wie die ungeteilten Fenster. Aus Aluminium gefertigte U-Profile gliedern das Haus in Ober- und Untergeschoss und geben auch den Vorbauten Kontur. Die gesamte Konstruktion ist erhöht aufgestellt, sodass dem Objekt optisch eine gewisse Leichtigkeit und ein schwebender Charakter verliehen wird. Im Grundriss scheint es, als wären im Erdgeschoss vier Kuben mit abgerundeten Ecken ineinander geschoben. Die nach Südwesten ausgerichtete Terrasse nimmt das Motiv der abgerundeten Ecken wieder auf, ebenso der Eingangsbereich mit Freitreppe. Am Grundstücksrand befindet sich eine Garage, die in gleichem Material und in gleicher Formensprache errichtet wurde.

Der durch Material und Gestalt bis heute modern anmutende Bau steht visuell im Kontrast zur Natur. Gerade zu einer Zeit errichtet, in der die Kritik an betonsichtiger, unwirtlicher und abweisend wirkender (Groß-)Architektur immer lauter wurde, versuchten die Architekten, auf das Material Beton zu verzichten und es durch anheimelnd wirkendes, dunkles Aluminium zu ersetzen. Und so wundert es nicht, dass die Form des Wohnhauses »an metallene Gebäckschachteln erinnern, die gern zum Aufbewahren von Kleinteilen benutzt worden sind. Schutz und Wohlgefühl vermitteln die Rundungen und die eloxierte Aluminiumfassade [...].«[3]

Die Innenräume verteilen sich großzügig auf zwei Etagen. Im Erdgeschoss befinden sich, neben einem Gästezimmer mit Bad, ein offener Wohnbereich mit einem spektakulären Kamin, eine Bibliothek, ein Esszimmer sowie ein Küchen- und Hauswirtschaftsbereich. Über eine Stahlwendeltreppe gelangt man in die oberen Räume. Der Treppenaufgang wird durch eine Milchglaskuppel mit Tageslicht erhellt. Im Obergeschoss befinden sich zwei Badezimmer, eine offene Ankleide und drei Schlafräume. Insgesamt 19 geschosshohe Fenster, die sich teilweise öffnen lassen, tragen zur Belichtung der Wohnräume bei. Durch die geschickte Komposition der Wand- und Fensterflächen ist man »immer auch ein wenig draußen«[4]. Dies erinnert sehr an Frank Lloyd Wright oder Richard Neutra, die unter anderem auch mit dieser Gestaltungsidee die klassische Moderne einläuteten. Kernstück und Blickfang des Hauses bildet der mit hellem Teppichboden ausgelegte Wohnbereich mit vertiefter Sitzgelegenheit und einem runden Metallkamin, der in gleicher Farbe wie die Fassade gehalten ist. Passgenaue dunkle Einbauschränke in Bibliothek, Wohnzimmer und Küche nehmen auch im Innenraum das Motiv der »abgerundeten Ecken« auf.

Beheizt wird das Gebäude durch eine Grundwasser-Wärmepumpe, vermutlich eine der ersten, die in Deutschland im Wohnungsbau eingesetzt wurden. Die Idee brachten die Architekten Schuwirth und Erman in das Projekt ein, gerade unter dem Aspekt, ökologisch und umweltfreundlich zu bauen. Durch eine Fußbodenheizung wird eine konstante Wärme von 20 Grad im gesamten Haus erreicht.

Industriell vorgefertigte Materialien, abgerundete Ecken, einheitlich durchgearbeitete Fassaden- und Fensterflächen sind Gestaltungsprinzipien, die sich auch in den Werken anderer damaliger Architekten widerspiegeln: beispielsweise bei den Büros Bahlo Köhnke, Stosberg & Partner sowie Storch & Ehlers oder auch Heinz Wilke, aus dessen Büro die Architekten Schuwirth und Erman stammen.[5] Der Architekt Heinz Wilke war es auch, der bereits ab 1974 den Hauptsitz der städtischen Sparkasse am Raschplatz in Hannover errichten ließ: ein Hochhauskomplex mit Stahlbetonkonstruktion und einer braun eloxierten feingliedrigen Aluminium-Vorhangfassade.[6] Es ist also nicht überraschend, dass die Gestalt des Wohnhauses an Verwaltungs- und Bankgebäude jener Zeit erinnert. »Die Architektur orientiert sich an Vorbildern aus der Großbautechnik wie etwa Verwaltungs-und Bankgebäuden und übernimmt deren Ästhetik und Technik sowohl im Äußeren wie im Inneren«[7], schrieb der Bauherr 1997. Und so reiht sich das ungewöhnliche Haus ein in die Zeit der Experimentierfreude der 1960er und 1970er Jahre und ist uns heute ein authentisches Beispiel für »maßgeschneidertes« Wohnen – eben ein echtes Unikat.

Christina Teufer-Hansen

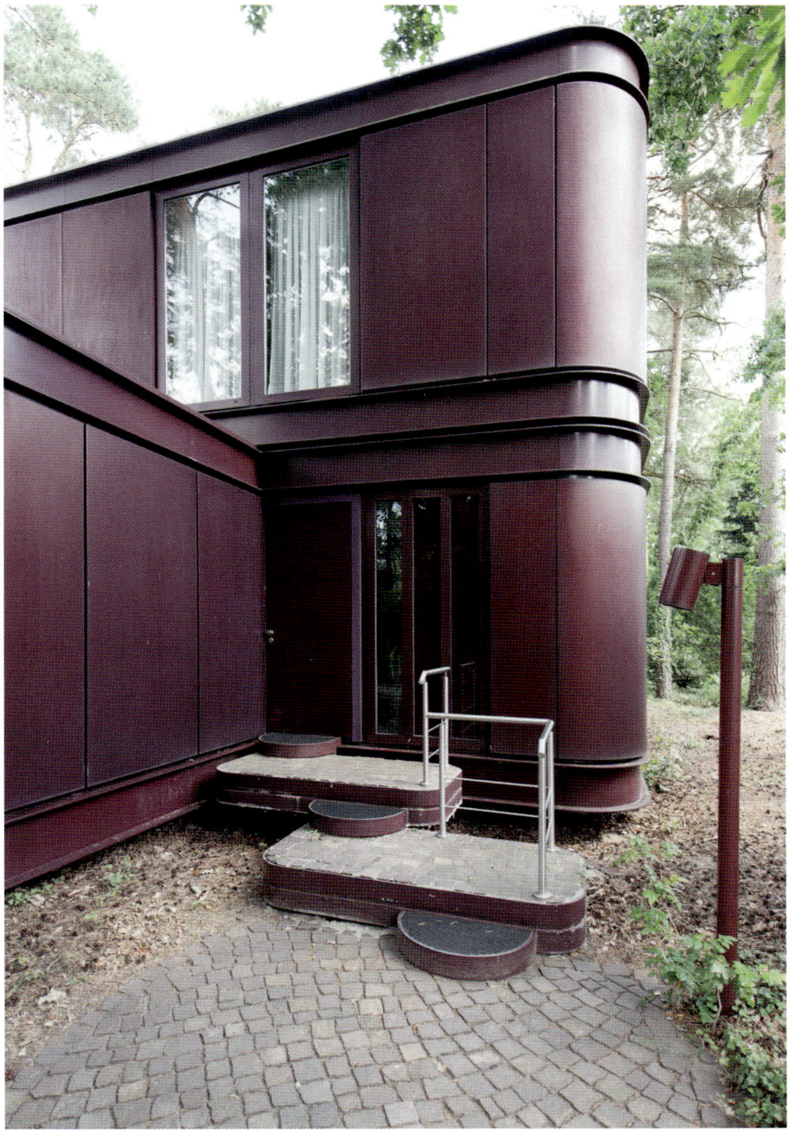

Abb. 5 Hauseingang mit abgerundeten Treppenstufen, Aufnahme 2018

1 Filippo Beltrami Gadola, Hein Thiel, Walter Wulf: Schuwirth, Erman & Partner. The Design of the City/ Stadtbauplan, Mailand 1999, S. 141.

2 Walter Wulf: Objektakte NLD, Haus Wulf, Denkmaleigenschaft gem. § 3 NDSchG, unveröffentlichtes Typoskript, 3.12.1997.

3 Gadola, Thiel, Wulf (wie Anm. 1), S. 141.

4 Gadola, Thiel, Wulf (wie Anm. 1), S. 141.

5 Wilhelm Lucka: Objektakte NLD, Denkmalverzeichnis für die Stadt Burgdorf, Begründung der Denkmaleigenschaft, unveröffentlichtes Typoskript, 22.2.1999.

6 Sonja Olschner: Systemstahl und Strukturbeton. Die Architektur von Heinz Wilke in Fotografien von Helmut Trexler. Eine Architekturausstellung in zeitgenössischen Fotografien veranstaltet vom Deutschen Werkbund Nord e. V. in Kooperation mit der Arbeitsgemeinschaft Spätmoderne, Hannover 2016, S. 26.

7 Wulf (wie Anm. 2).

Das Barbapapa-Haus

Wohnhaus Balz

**Gräbleswiesenweg 30, 30/1
Leinfelden-Echterdingen, Stetten
Baden-Württemberg**

Architekt: Michael Balz
Bauzeit: 1979

Es steht ein wenig abseits der Einfamilienhausidylle des Neubaugebietes in Stetten bei Stuttgart, auf freiem Feld, und wirkt dort wie ein gerade gelandetes UFO: die 1979 Realität gewordene Wohnutopie des Michael Balz.

»Der Weltraum – unendliche Weiten. Wir befinden uns in einer fernen Zukunft. Dies sind die Abenteuer des Raumschiffs Enterprise, das viele Jahre von der Erde entfernt unterwegs ist [...]«. Wer kennt sie nicht, die berühmten Sätze zu Beginn jeder Star-Trek-Folge, die ab 1966 die USA und am 27. Mai 1972 auch die bundesdeutschen Fernsehzuschauer begeistert. Anfang der 1970er Jahre kann die Zukunft gar nicht fantastisch genug ausgemalt werden. Ein Blick in zeitgenössische Kinderbücher zeigt atomgetriebene Fahrzeuge, die durch die Lüfte moderner Stadtlandschaften schweben, oder U-Boote, die zu neuen Wohnwelten tief im Ozean aufbrechen. Eine Mischung aus futuristischer Weltraum-Utopie und archaischer Höhle ist auch das Haus einer berühmten Zeichentrickfigur: 1970 erfindet die französische Architekturstudentin Annette Tison mit ihrem Partner die Comicfigur Barbapapa. Die etwas unförmigen, knetmasseähnlichen und wandelbaren Figuren dieser Familie wohnen »standesgemäß« in einer schaumblasenartigen Wohnhöhle mit glubschaugenförmigen Glaskuppeln, wie sie typischer für die Bubble-Futurismus-Ära nicht sein könnte.

Überall auf der Welt füllen solche Hausfantasien nicht nur Kinderbücher und TV-Serien, sondern auch die reale Welt, wenn auch in überschaubarem Ausmaß. Raumschiffe und Biosphä-

Abb. 1 Das ungewöhnliche Wohnhaus auf freiem Feld, Aufnahme 2018

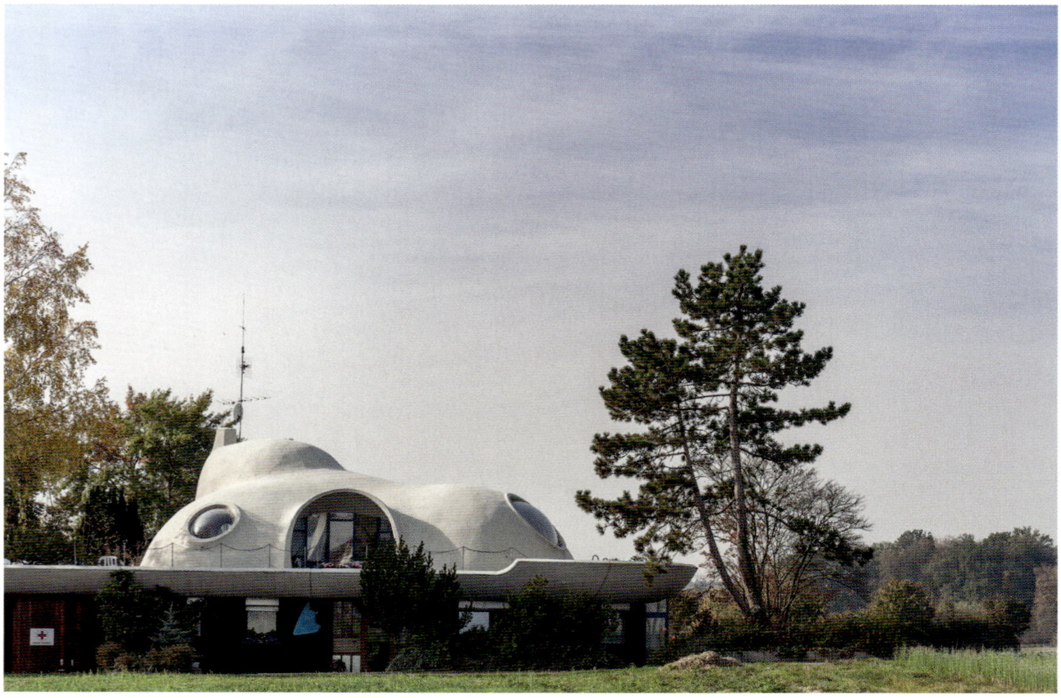

ren, an Molekülmodellen orientierte alternative Kugelwelten, Kokons und Seifenblasen aus Beton, fließende und höhlenartige, teils labyrinthische Wohnlandschaften unter Plexiglaskuppeln packen manchen Architekten und Planer. Der Finne Antti Lovag baut zum Beispiel über Jahrzehnte in Südfrankreich an einer solchen idealisierten Kuppelwohnlandschaft, der Italiener Dante Bini entwickelt die nach ihm benannte und patentierte »binishell« und in der damaligen DDR experimentiert und realisiert Ulrich Müther ebenso wie in der Schweiz Heinz Isler gewagte Schalenkonstruktionen.[1] Der Schweizer zählt wegen seiner Schalentragwerke aus Beton zu den renommiertesten Bauingenieuren des 20. Jahrhunderts. Seine Ideen werden auch in Deutschland aufgegriffen und finden im Schwäbischen unter anderem zwei bemerkenswerte Realisierungen: die Kuppeln der Freilichttheater in Grötzingen und Stetten. Bis heute stehen dort die (inzwischen denkmalgeschützten) freitragenden Schalen zur Überdachung der Zuschauertribünen und erfüllen - dank einer robusten Konstruktion ohne Schäden - ihren Zweck mit großer Eleganz. Der ortsansässige Architekt Michael Balz verwirklicht sie nach dem System und in Kooperation mit Heinz Isler und stellt sich 1979 direkt neben das »Theater unter den Kuppeln« in Stetten seinen eigenen Wohn(t)raum[2]:

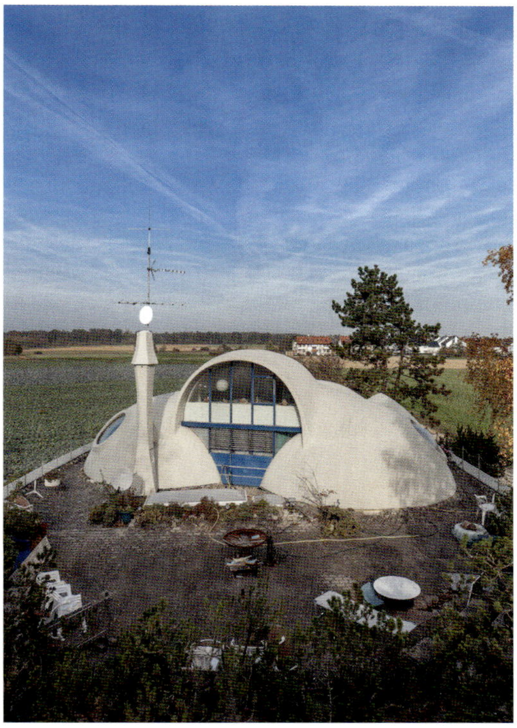

Abb. 2 Über der Terrasse erhebt sich die frei geformte Schalenkonstruktion, Aufnahme 2018

ein skulpturales Wohnen ohne Kanten und Ecken - dynamisch, organisch, sphärisch! Ein Barbapapa-Haus!

Auf einem Erdgeschoss in konventioneller Bauweise ruht eine Betonwanne. Sie bildet eine Dachterrasse aus, die eine dünnwandige, asym-

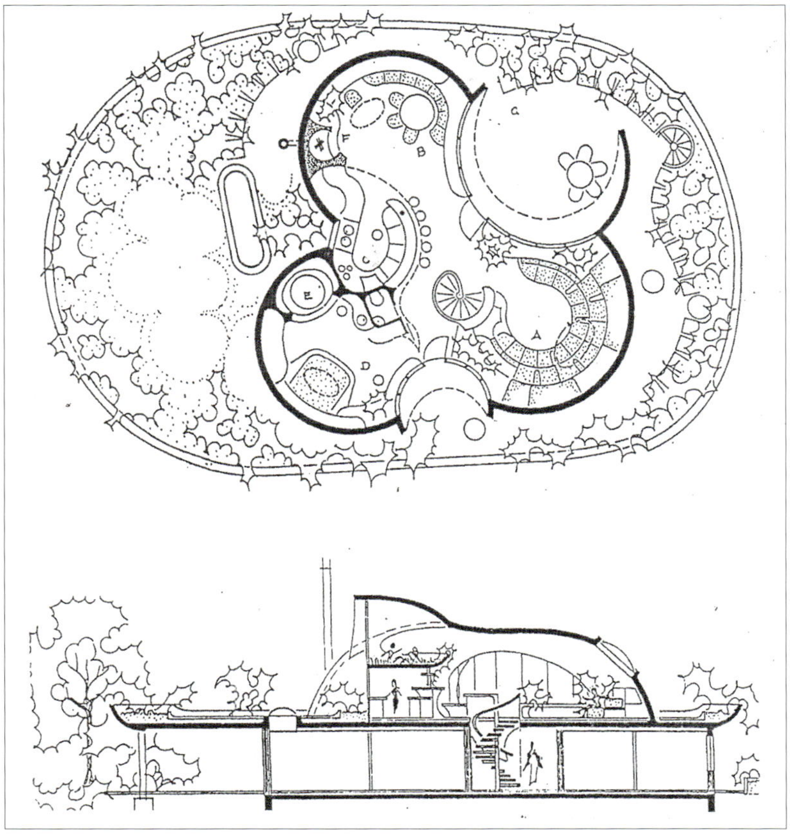

Abb. 3 Grundriss und Schnitt von 1979

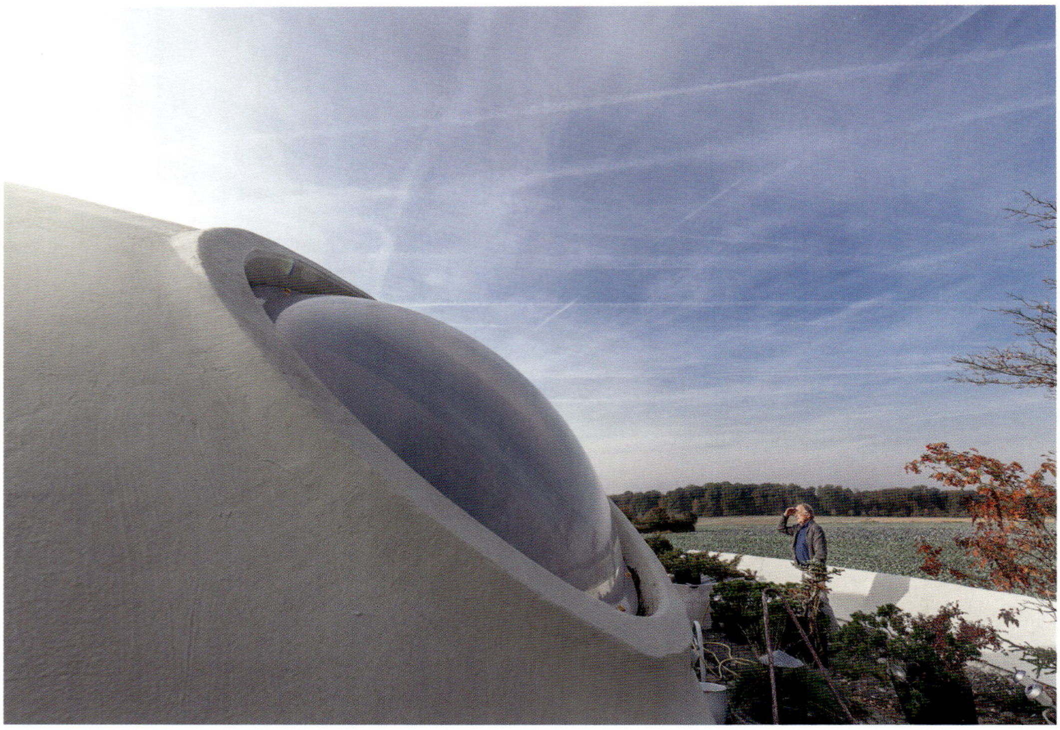

Abb. 4 Futuristische runde Plexiglas-Fenster erhellen den Wohnraum, Aufnahme 2018

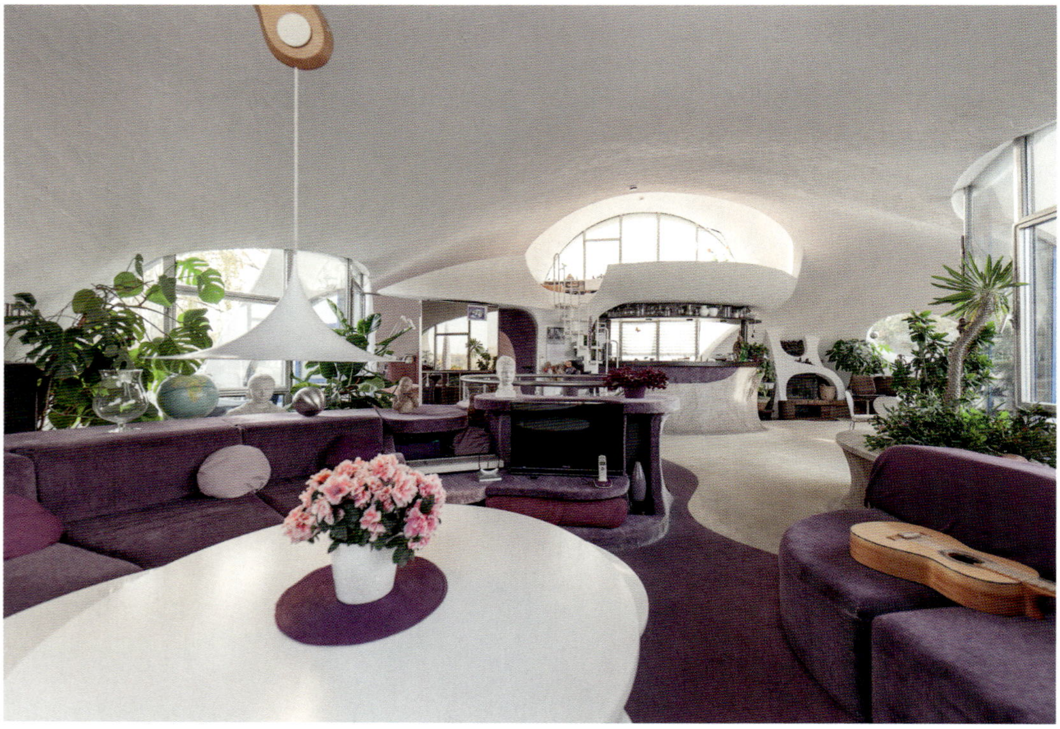

Abb. 5 Eine durchgehende Wohnlandschaft im Inneren ohne Ecken und Kanten, Aufnahme 2018

metrische Schalenkonstruktion trägt. Anders als bei den Betonschalen des Theaters, die durch Hängeversuche mit Membranen entwickelt werden, handelt es sich beim Wohnhaus um eine frei geformte Schale über kleeblattförmigem Grundriss. Ihre Formfindung erfolgt mittels pneumatischer Modelle. Dadurch weist die zwischen 10 und 15 Zentimeter dicke Betonschale vorwiegend Druckspannungen auf, ist sehr stabil und weitgehend wartungsfrei. Zur Herstellung der Kuppel wird die im Modell ermittelte Form als Bewehrung nachgewoben, mit einem zusätzlichen Drahtnetz bedeckt und von innen mit Putzmörtel bespritzt. Auf die so entstandene Schale wird anschließend von außen Beton aufgebracht. In Schale und Betonwanne ist eine Massivkollektor-Heizung integriert – ein bemerkenswert früher Versuch zur Einsparung von fos-

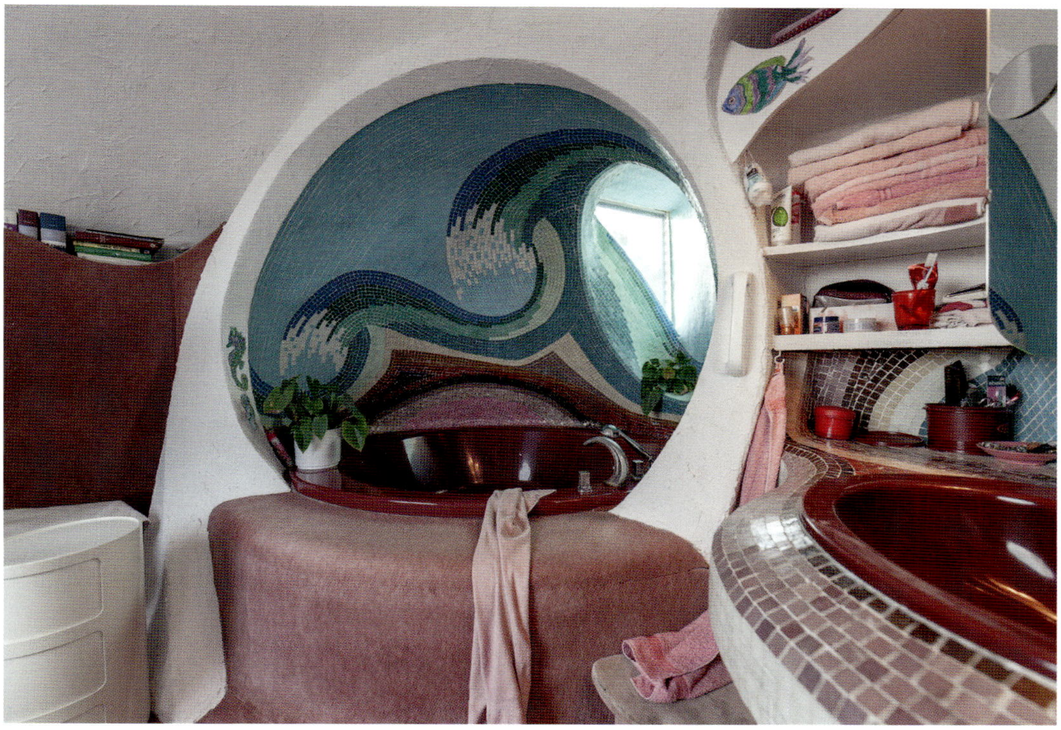

Abb. 6 Badewanne im Schlafraum mit der »Großen Welle«, Aufnahme 2018

silen Brennstoffen und Heizkosten in den Zeiten nach der Ölkrise.

Das Innere führt die futuristische äußere Form der »bubble« konsequent fort. Der weitgehend offene, fließende Raum ist eine einzige großzügige Wohnlandschaft mit eigens entworfenen Möbeln, z. B. der Sitzlandschaft unter den Rundfenstern mit konvex gewölbten Kunststoffscheiben, alles ohne Ecken und Kanten. Violetter Teppichboden erfasst jeden Winkel, nein – jede Wölbung des Raums. Über eine kleine Treppe ist ein Studiolo mit Ausblick in die Landschaft zu erreichen. Einzig das Schlafzimmer ist als Höhle abgetrennt und mit einer grottenartigen Badelandschaft versehen, darin als Mosaik eine Interpretation der »Großen Welle vor Kanagawa« des japanischen Künstlers Katsushika Hokusai.

99,9 % des Wohnens in der Region Stuttgart findet in klassischen Häusern mit Satteldach oder in Hochhäusern, Siedlungen und Einzelhäusern mit konventionellem Grund- und Aufriss statt. Das Wohnhaus Balz zählt dagegen zu den 0,1 % Experimenten, die nicht nur gedacht oder geträumt, sondern auch gebaut wurden. Das manchmal despektierlich als »UFO auf den Fildern« bezeichnete Wohnexperiment ist ein eindrucksvolles, ja erstklassiges Bauzeugnis der 1960er und 1970er Jahre. Es steht für eine organische Wohnarchitektur, aber auch für die Suche nach alternativen, ökologischen, zukunftsorientierten Wohnformen in dieser Aufbruchsära. Seine dünnwandigen Schalentragwerke werden freilich keine Wohnform für die Masse, ebenso wie das atomgetriebene Auto sich nicht durchsetzen kann. Der eigenheimverliebte Schwabe baut dann doch lieber konservativ und massiv und traut solchen »Spinnereien« nicht über den Weg.

Mit seinem Schalendach in organischen Formen ist das Haus Balz nach bisherigem Kenntnisstand einzigartig im Wohnbau in Baden-Württemberg. Es ist damit im wahrsten Sinne des Wortes ein »Denk-mal!«, weil es so überaus eindrucksvoll vor Augen führt, wie wir uns damals die Zukunft vorgestellt haben.

Martin Hahn

1 Niklas Maak: Atlas der seltsamen Häuser und ihrer Bewohner, München 2016.

2 http://shells.princeton.edu/Balz.html [20.1.2017]; http://www.michael-balz.de/ [23.11.2018]; Jörg Schlaich, Matthias Schüller: IngenieurbauFührer Baden-Württemberg, Berlin 1999, S. 360–361; Ekkehard Ramm, Eberhard Schunck: Heinz Isler – Schalen, Stuttgart 1986.

Mehrfamilienhaus Schweger

Pöseldorfer Weg 7
Rotherbaum
Hamburg

Architekt: Peter Schweger
Bauzeit: 1967/68

Wenn ein Architekt sich ein eigenes Haus baut, denkt man oft an eine Villa auf dem Land, wo er seine Entwürfe vermeintlich frei von äußeren Zwängen verwirklichen kann und der Bau als Solitär wirken darf. Im Falle von Peter Schwegers erstem Wohnhaus, 1967/68 erbaut, verhält sich die Sache etwas anders.

Auf der Suche nach einem freien Grundstück wurde der Architekt in Hamburg-Rotherbaum fündig, einem Viertel mitten in der Stadt mit vorwiegend historistischer Bebauung. Die Nachbarschaft dort ist geprägt von Boutiquen, Ateliers und Cafés und kann auf manche einen leicht versnobten Eindruck machen. Die bebaubare Fläche des Grundstücks war relativ klein, und die Baurichtlinien schrieben eine höchstens 3,5-geschossige, geschlossene Bauweise vor. Unter diesen Voraussetzungen scheint es schwierig, individuelle und moderne Formen umzusetzen; doch trotz oder vielleicht gerade wegen dieses geringen Spielraums entstand ein ausdrucksstarkes Gebäude, das selbstbewusst neue Akzente im Straßenbild setzt. Dem vorbeilaufenden Fußgänger präsentiert sich das mehrere Wohnungen umfassende Haus als massiver Baukörper mit gerundeten, hervortretenden Brüstungen, sodass es im Vergleich zu den filigran ornamentierten Nachbarhäusern eher an eine Betonfestung erinnert. Den Bewohnern bieten die Wohnungen dagegen erstaunlich viel Licht, da die von unten eher niedrig wirkenden Fensterbänder nach oben noch mit schräggestellten Oberlichtern verlängert werden, sodass ein Ateliercharakter entsteht.[1] Die Wölbungen unterhalb der Fenster präsentieren dabei nicht nur hervorragend den plastisch formbaren Charakter des Materials Beton, sondern optimieren auch den Lichteinfall in die darunter liegenden Wohnungen. Die verschiedenen Vor- und Rücksprünge und das Spiel mit Positiv- und Negativformen bei den Fensterbändern und Balkonen verleihen dem Bau skulpturale Qualitäten, die in ihrer künstlerischen Auffassung von Architektur an das Spätwerk Le Corbusiers erinnern.

Abb. 1 Straßenansicht von Süden, kurz nach 1968

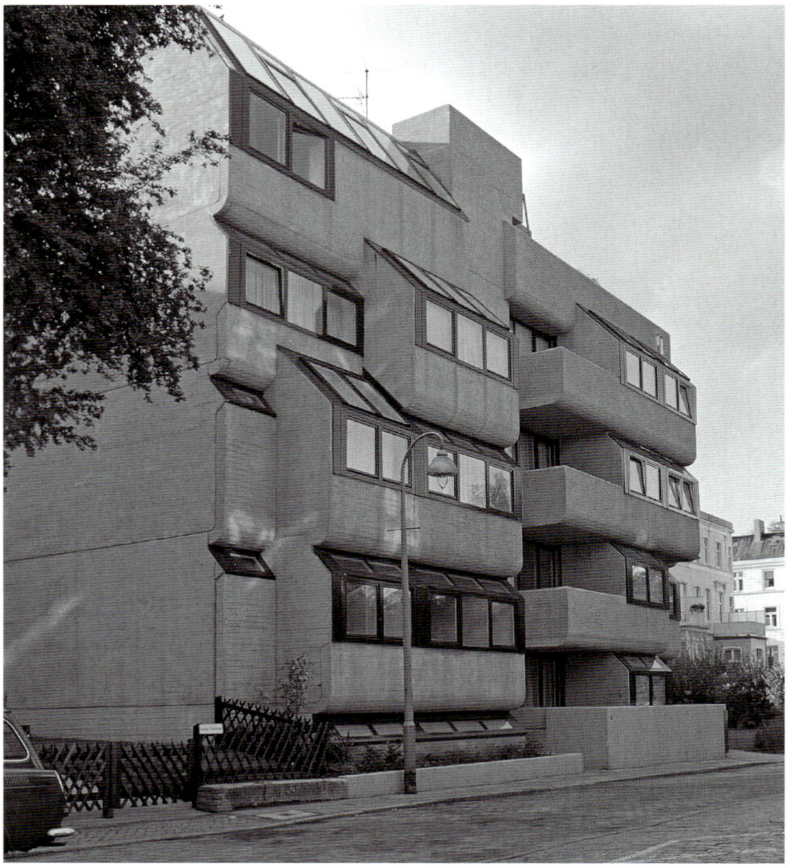

Die Aufteilung des Hauses im Inneren soll die bestmögliche Nutzung des vorhandenen Raumes ermöglichen. Das Dachgeschoss wird daher ebenfalls als vollwertiger Wohnraum genutzt. Die Größe der Wohnungen variiert zwischen kleinen Apartments und Familienwohnungen mit mehreren Zimmern. Die Eigentumswohnungen im nördlichen Gebäudeteil liegen jeweils auf einer Ebene, während die Wohnungen südlich des Treppenturms in zeittypisch moderner Split-Level-Bauweise ausgeführt sind, die sich auch deutlich in der Fassade abzeichnet und diese sehr wirkungsvoll strukturiert.[2] Im Inneren sind diese halbgeschossig versetzten Räume durch weitere Treppenläufe erreichbar, sodass sie sich verbinden oder einzeln mit Zugang zur zentralen Haupttreppe nutzen lassen. So befand sich eine Zeit lang in den unteren zwei Geschossen das neu gegründete Büro Graaf-Schweger, bis dieses in andere Räumlichkeiten umzog und die Etagen anderweitig vermietet werden konnten.

Für sich selbst und seine Familie plante der Architekt eine Wohnung in den obersten Etagen und nutzte einen zusätzlichen Arbeitsraum im Kellergeschoss. Diese große räumliche Trennung erwies sich für ihn allerdings als unbefriedigend, da spontanes Arbeiten nicht möglich war – die Büroarbeit musste bewusst geplant werden und bedeutete auch Isolation von der Familie.[3] Die Wohnung selbst wurde über die oberste Etage betreten, auf der sich die Küche, ein großes Esszimmer sowie ein weiterer Arbeitsplatz des Architekten befanden. Von hier gelangte man auch auf den großen Dachgarten, der für die beiden Kinder der Familie Platz zum Spielen bot. Über eine Treppe nach unten erreichte man das nächste Halbgeschoss, in dem sich der offene Wohnbereich mit Kamin und verschiedenen Sitzgelegenheiten befand, bevor man schließlich weiter nach unten zu den Schlafzimmern kam. Die Inneneinrichtung entsprach dem Geschmack der frühen 1970er Jahre: Man ließ sich auf Stahlrohrmöbeln und Ledersesseln nieder, die Füße im schwarzen Flokatiteppich, während der Blick über die abstrakte Kunst an den weiß gehaltenen

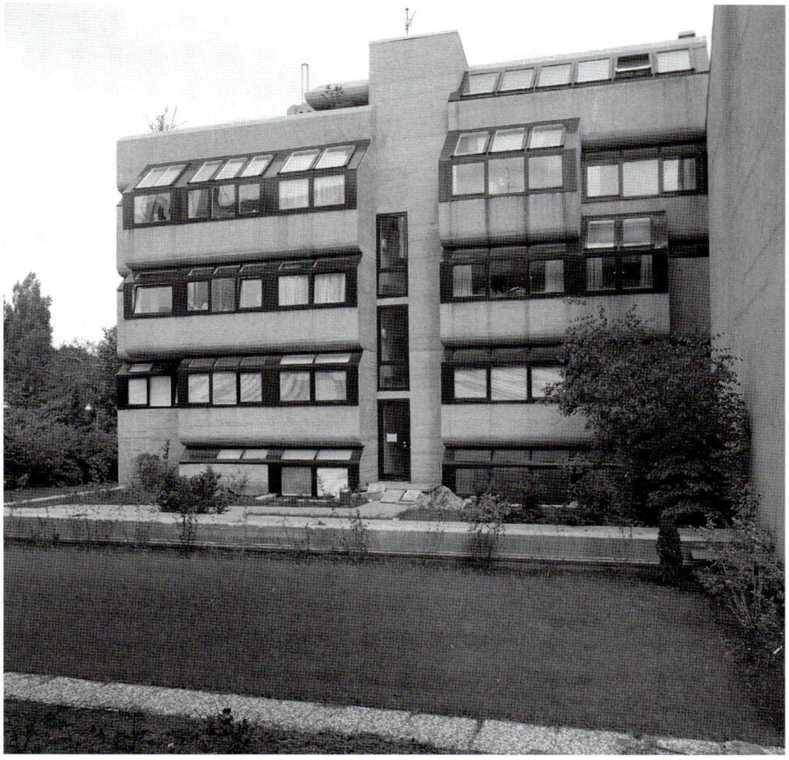

Abb. 2 Rückansicht, kurz nach 1968

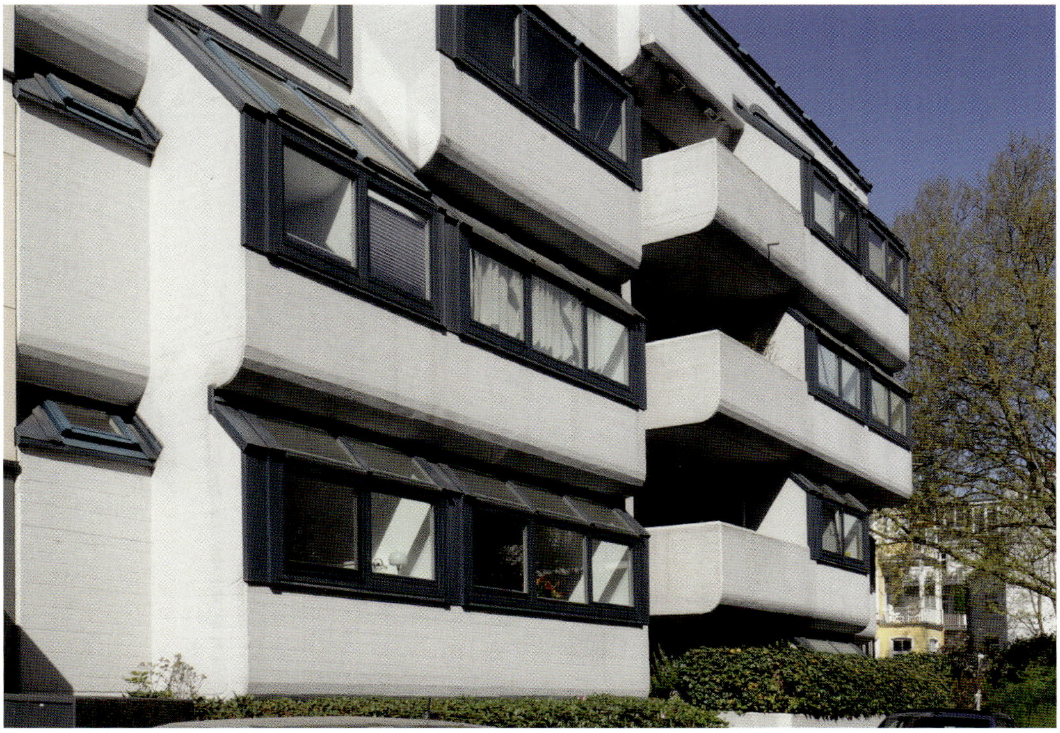

Abb. 3 Straßenansicht von Süden, 2020

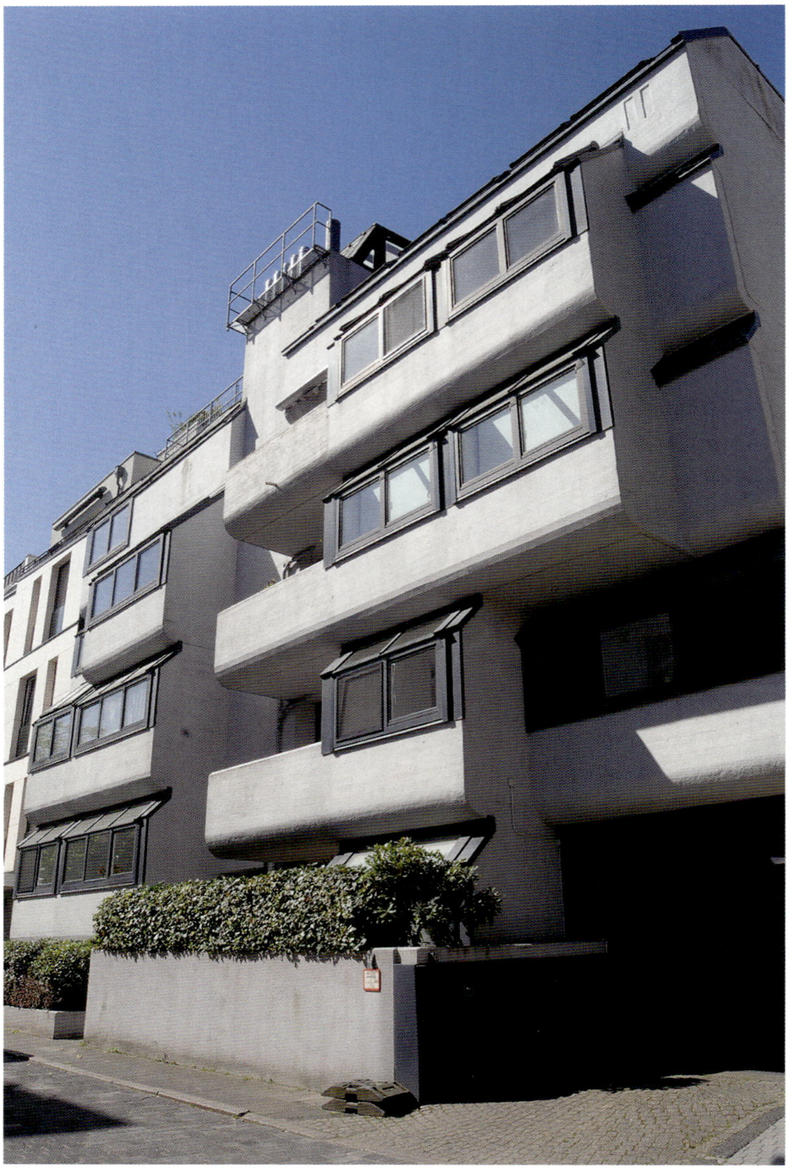

Abb. 4 Straßenansicht von Norden, 2020

Wänden glitt. Einzelne Möbelstücke, Lampen und Gegenstände setzten leuchtende Akzente in Rot und Orange. Durch die Verteilung der Räume auf mehrere Ebenen und den privaten Dachgarten wurde die Wohnung oft als »Haus im Haus«[4] beschrieben, andere sprachen von einer »Atelierburg«[5], sicher mit Blick auf den wehrhaften Charakter des sandgestrahlten Sichtbetonbaus außen. Obwohl die Wohnung somit alle Eigenschaften eines Eigenheims erfüllte, stellte sie insgesamt keine ideale Lösung für den Bauherrn dar. Manche Ideen erwiesen sich im Nachhinein als nicht zufriedenstellend. So entwarf Schweger zunächst Veränderungen wie Aufstockungen und Erweiterungen im Dachbereich, um einen besser integrierten Arbeitsbereich zu erhalten und die ursprüngliche Planung zu optimieren. Die meisten dieser Nachbesserungen wurden jedoch nicht umgesetzt. Der Architekt fand schließlich im Stadtteil Winterhude neuen Raum für seine Vorstellungen von Wohn- und Arbeitsräumen, wo er eine Villa von 1905 zu seinem neuen Wohnhaus umbaute. Durch das Bauen im Bestand setzte Schweger sich bei diesem Objekt direkt mit der historischen Bausubstanz auseinander und fügte ihr einen modernen Kontrast in Form eines gläsernen Treppenturms hinzu. Im Pöseldorfer Weg dagegen setzte der Neubau selbst einen starken modernen Kontrast zum umgebenden Viertel und interpretierte gewohnte historische Bauformen neu. So wurde aus dem Satteldach ein »Fensterdach«,[6] dessen Neigung durch die tieferliegenden Oberlichter weitergeführt wird, während das Treppenhaus an einen Turm erinnert. Statt durch Backstein oder Stuck wird die Fassade durch die Abdrücke der schmalen Schalungsbretter geschmückt, die im Streiflicht an den gerundeten Oberflächen besonders gut zur Geltung kommen.

Mittlerweile hat die Atelierburg mehr als eine Generation überdauert und standhaft ihren Platz im Viertel verteidigt. Schön zu sehen ist heute, wie die später dazugekommene Nachbarbebauung die markanten Formen des brutalistischen Baus aufnimmt und mit gerundeten Balkonen ähnlicher Dimension zitiert. Im schicken Rotherbaum, geprägt von historisierender, verschnörkelter Architektur der Jahrhundertwende, konnte sich aber selbst der massige Baukörper

Abb. 5 Detail an der Straßenseite, 2020

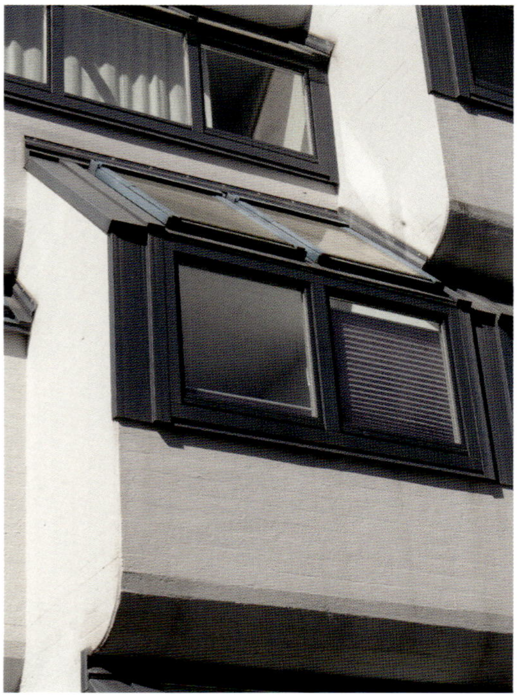

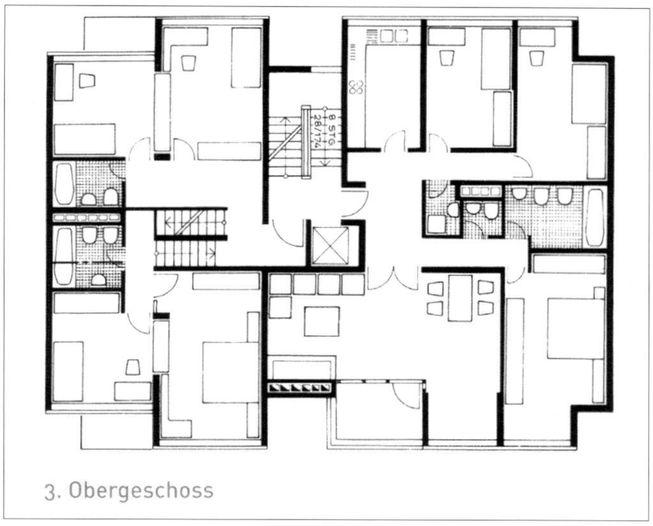

Abb. 6 Grundriss des dritten Obergeschosses

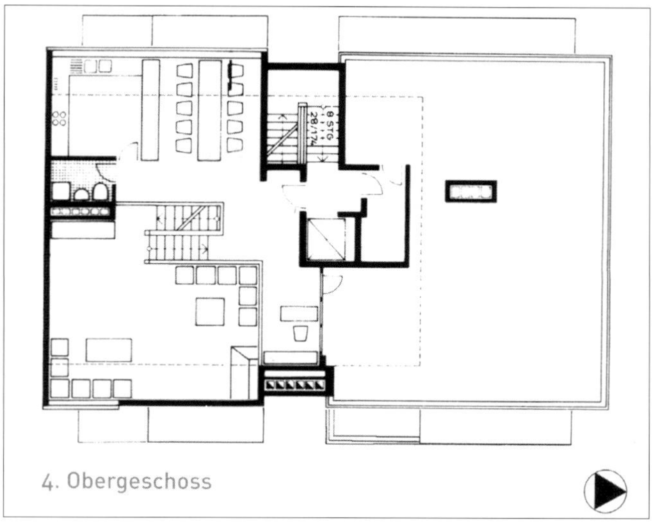

Abb. 7 Grundriss des vierten Obergeschosses

des Schwegerhauses gegen anpassende »Verschönerung« nicht wehren. Die ehemals weißen, dann dunkelgrünen Holzfenster sind heute in einem zurückhaltenden Grau gestrichen, und der einst in voller rauer Schönheit sichtbare Beton wurde mit einem hellen Anstrich gefasst. Seine skulpturalen Qualitäten hat der Bau dennoch nicht eingebüßt und bleibt als eines der wenigen Beispiele brutalistischen Bauens dieser Art in Hamburg erhalten.

Julia Tammert

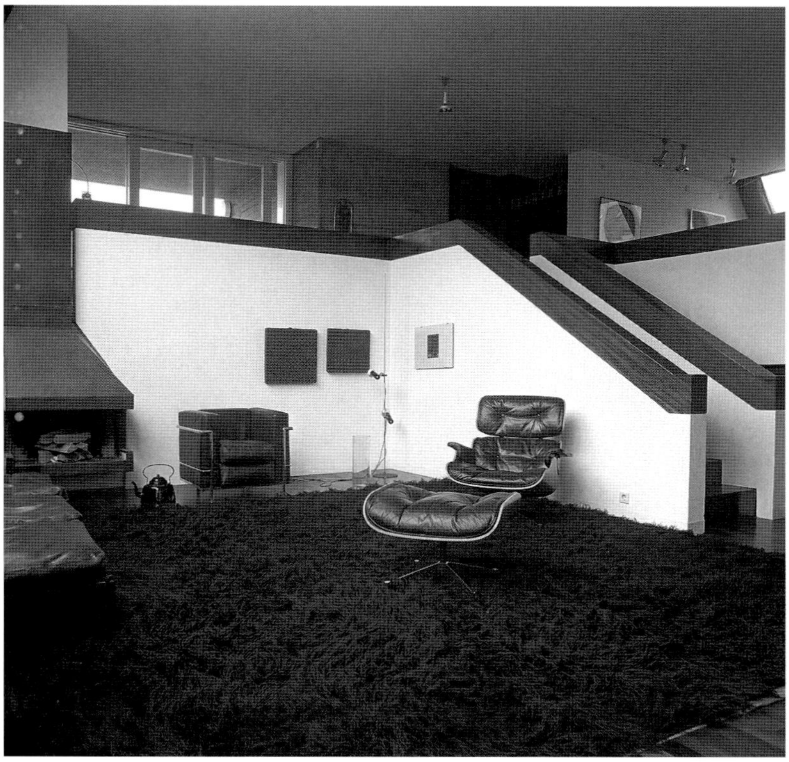

Abb. 8 Kaminzimmer, kurz nach 1968

1 Horst von Bassewitz, Ralf Lange (Hrsg.): 25 Jahre Planen und Bauen in der Demokratie 1950–75. Ausstellung, Beitrag der Freien Akademie der Künste in Hamburg, Sektion Baukunst zum Hamburger Architektursommer 2000, Hamburg 2000, Katalogteil, Ausstellungstafel 2.9.

2 Ralf Lange: Architektur in Hamburg. Der große Architekturführer. Über 1000 Bauten in Einzeldarstellungen, Hamburg 2008, S. 121.

3 Karin von Behr: Ein Haus im Haus, in: Architektur und Wohnen, Nr. 1, 1972, S. 10–11 und 133, hier S. 133.

4 von Behr (wie Anm. 3).

5 Jörg Schilling: Häusertürme, in: Der Architekt als Bauherr. Hamburger Baumeister und ihr Wohnhaus. Schriftenreihe des Hamburgischen Architekturarchivs, hrsg. von Gert Kähler und Hans Bunge, München 2016, S. 334–338, hier S. 334.

6 Schilling (wie Anm. 5).

Universell, sparsam und effektiv

Wohnblock

Koszaliner Straße 1/3/5/7
Neubrandenburg
Mecklenburg-Vorpommern

Architekten: VEB Wohnungskombinat Neubrandenburg und Bauakademie der DDR
Bauzeit: 1972/73

In Neubrandenburg wird – wie überall in der DDR der 1970er Jahre – experimentiert, um das staatliche Ziel der Verbesserung der Wohnverhältnisse sparsam und effektiv umzusetzen. Standardisierung und Uniformität sind dabei die Maximen des Handelns. Das menschliche Bedürfnis nach Individualität ließ sich mit WBS 70 indes nicht verwirklichen.

»Wir haben keine Zeit für Spielereien. Wir haben nur eine Aufgabe: Wohnungen für unsere Werktätigen zu bauen, so viele, so schnell, so billig wie möglich.«[1] So lässt Brigitte Reimann in ihrem Roman »Franziska Linkerhand« den Neustädter Stadtarchitekten Genosse Schafheutlin sprechen, als er seine neue Kollegin, die Architektin Franziska Linkerhand, in ihr neues Arbeitsfeld einweist.

In der mecklenburgischen Stadt Neubrandenburg, seit 1952 Bezirksstadt der DDR, steht in der Koszaliner Straße 1/3/5/7 ein fünfgeschossiger Wohnblock in der Plattenbauweise der Wohnungsbauserie 70 (WBS 70) unter Denkmalschutz. Von den zwischen 1971 und 1990 in der DDR entstandenen etwa 1,5 Millionen Wohnungen in Plattenbauweise waren um die 644 900 vom Typ WBS 70.[2] Es war das in der DDR am weitesten verbreitete System. Die Besonderheit des Neubrandenburger Wohnblocks, die schon 1984 zu einer Unterschutzstellung durch den Rat des Kreises Neubrandenburg führte, besteht darin, dass es sich um die Erstanwendung der WBS 70, um den ersten Experimentalblock Typ C2 der fünfgeschossigen Typenreihe C1/C2 in der DDR handelt.[3] Die Ersteinführung in Neubrandenburg erfolgte in einer Gemeinschaftsarbeit zwischen dem dortigen VEB Wohnungsbaukombi-

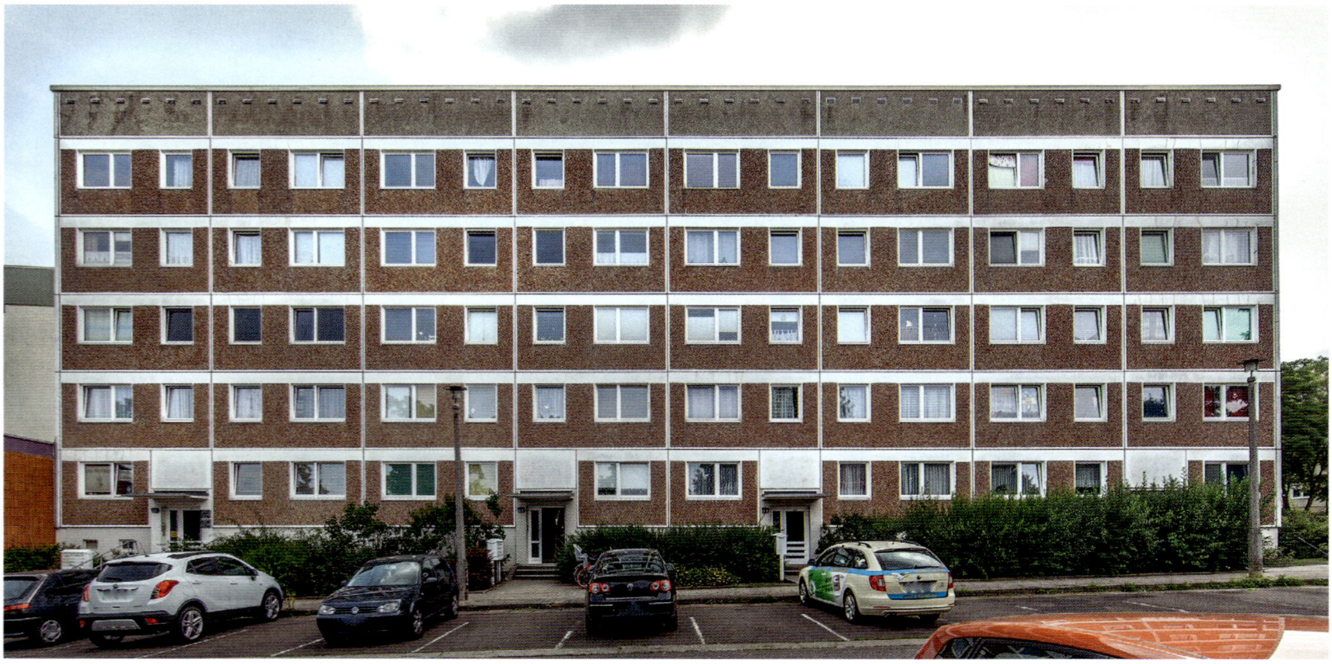

Abb. 1 Wohnblock an der Koszaliner Straße, Aufnahme 2017

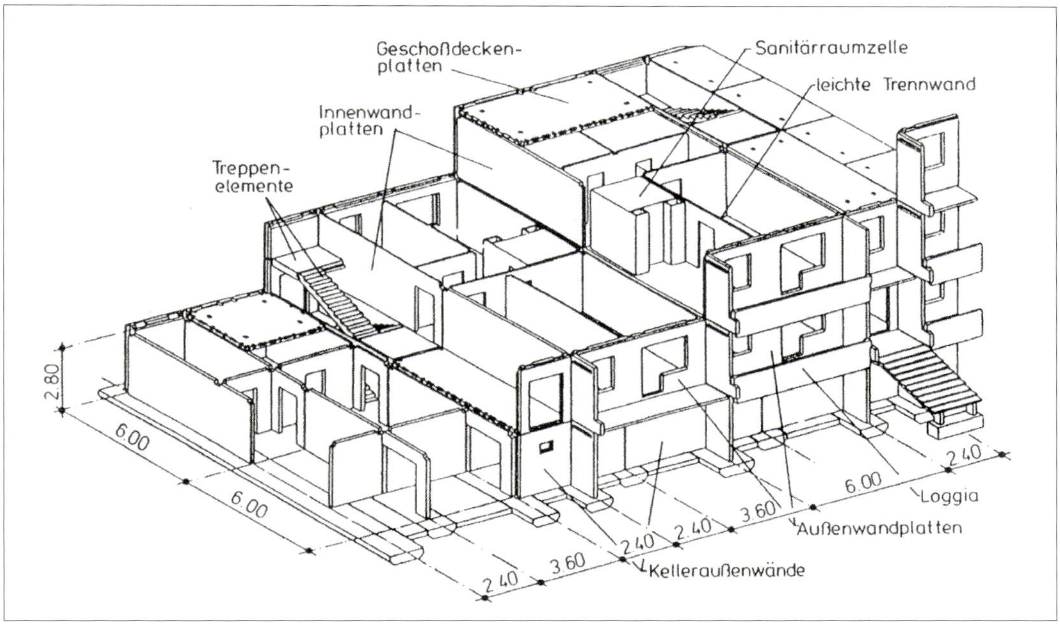

Abb. 2 WBS 70, Isometrie der Wand- und Montagebauweise

nat und der Bauakademie der DDR.[4] In einem neu errichteten Plattenwerk in Neubrandenburg begann im Oktober 1972 die Produktion, im November konnte der erste Wohnblock montiert und am 14. Juni 1973 bezogen werden. Das Wohngebiet »Oststadt« wurde zu einem Experimentierfeld für die neu entwickelte WBS 70. Hier erfolgten die ersten funktionellen, konstruktiven, technologischen und ökonomischen Erprobungen der Serie. Die WBS 70 ist eine Weiterentwicklung der Serien P1 und P2 und umfasste die Etappen der Planung und Projektierung, der Vorfertigung, des Transports, der Montage und des Ausbaus bis hin zur schlüsselfertigen Übergabe. Die »Industrialisierung und Typisierung« des Bauwesens war im April 1955 auf der erstmalig durch die Partei- und Staatsführung einberufenen Baukonferenz der DDR beschlossen und danach vom Ministerrat der DDR als Gesetz erlassen worden. In den auf dem 33. Plenum des Zentralkomitees der SED 1959 gefassten grundlegenden Beschlüssen zu Fragen des Wohnungsbaus in der DDR wurde eine Weiterentwicklung der Großblockbauweise festgelegt. Die erste Großplattenserie, die landesweit zum Einsatz gelangte, war die 1961 von dem Kollektiv unter Richard Paulick entwickelte Serie P1. Die neue Bauweise konnte sich aus ökonomischen Gründen nicht durchsetzen. Anfang der 1960er Jahre erhielt das Kollektiv um den Architekten Wilfried Stallknecht seitens der Bauakademie die Aufgabe, ein Konzept für eine neue Generation des mehrgeschossigen industriellen Wohnungsbaus zu entwickeln mit einer noch stärkeren Rationalisierung und Standardisierung. Für 363 000 Wohneinheiten kam diese neue Serie P2 zum Einsatz.[5] Da die Kosten sich noch als zu hoch erwiesen, sollte eine neue Plattenbauserie mit einem weiter reduzierten Bauelementekatalog weitere Kostensenkungen und höhere jährliche Produktionszahlen für Wohnungen bringen. Das Hauptziel war die als unwirtschaftlich eingestuf-

Abb. 3 Fassadendetail am Eingang des Wohnblocks, Aufnahme 2017

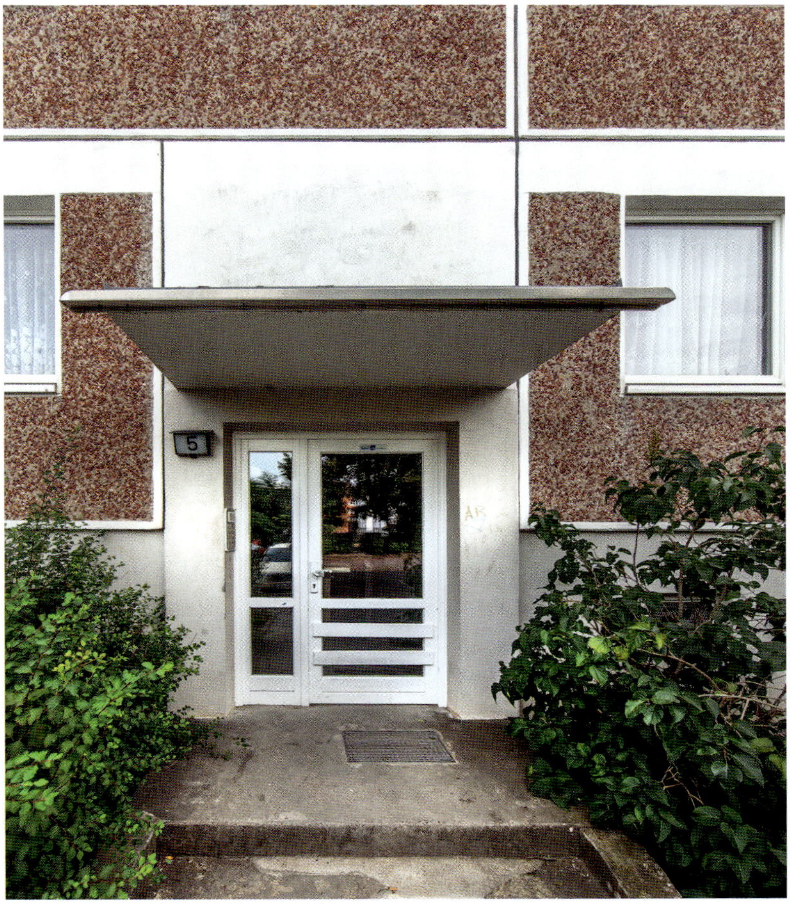

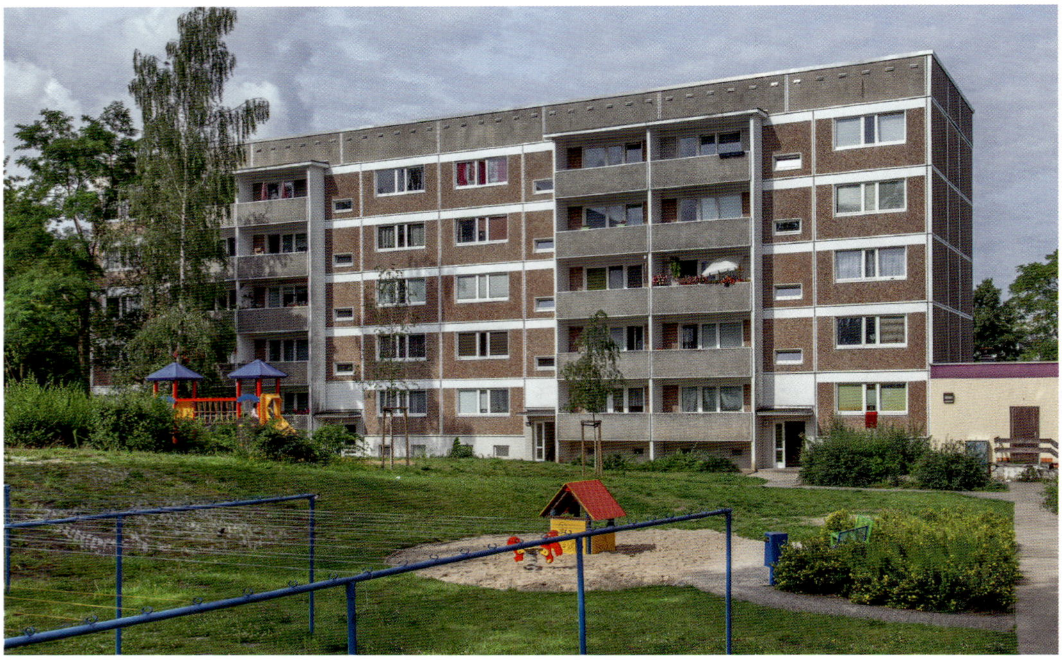

Abb. 4 Wohnblock von der Gartenseite, Aufnahme 2017

ten Produktionsserien durch eine rationellere Serie mit einem reduzierten Typenkatalog zu ersetzen und einen DDR-einheitlichen Wohnungstyp zu entwickeln. Geplant war also – man muss sich das tatsächlich vergegenwärtigen – ein Haus, einen Bautyp für ein ganzes Land zu schaffen. Auf dem VIII. Parteitag der SED zur Entwicklung der Volkswirtschaft war 1971 ein Wohnungsbauprogramm zur Verbesserung der Wohnverhältnisse beschlossen worden. Bis zu drei Millionen Wohnungen sollten neu gebaut oder modernisiert werden. Trotz einer wesentlichen Erhöhung der Investitionssummen war dieses Ziel nur bei einer gleichzeitigen Senkung der Kosten und einer höheren Bauleistung zu realisieren. Die Serie WBS 70 wurde als geeignet, effektiv und kostengünstig angesehen. Die Verbesserungen der Serie betrafen insbesondere die einheitliche Verwendung von plattenförmigen Elementen für Decken, Innen- und Außenwände auf einem horizontalen wie vertikalen Grundmaß von 6 × 6 Metern. Die Häuser wurden fünf, sechs und elf Stockwerke hoch gebaut mit einer einheitlichen Gebäudetiefe von 12 Metern und

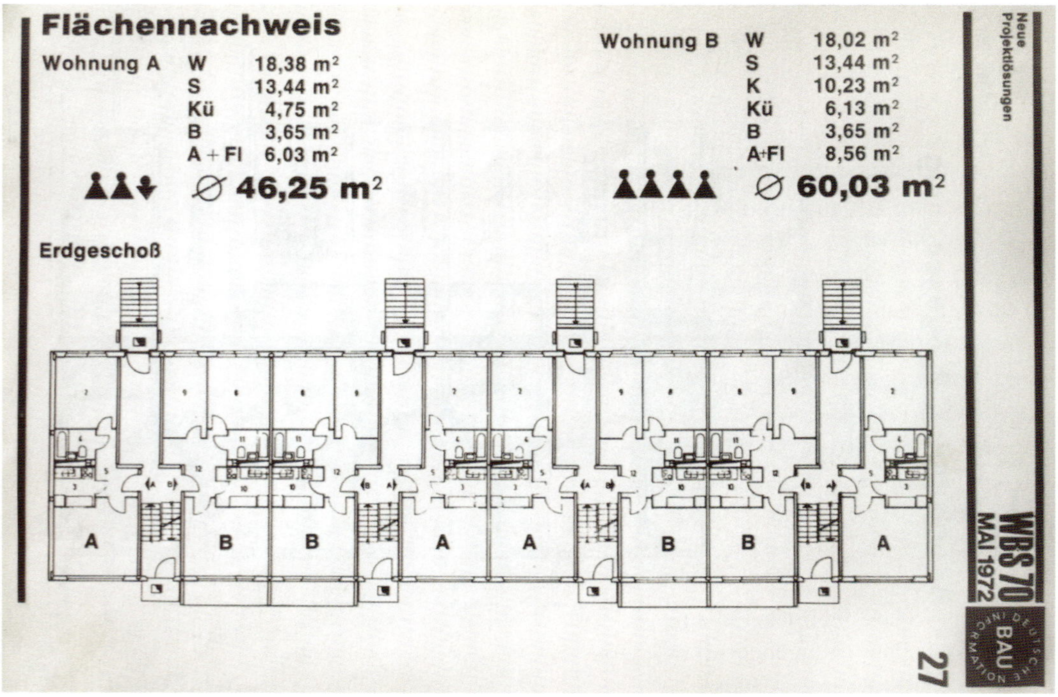

Abb. 5 Typengrundriss WBS 70 C 2

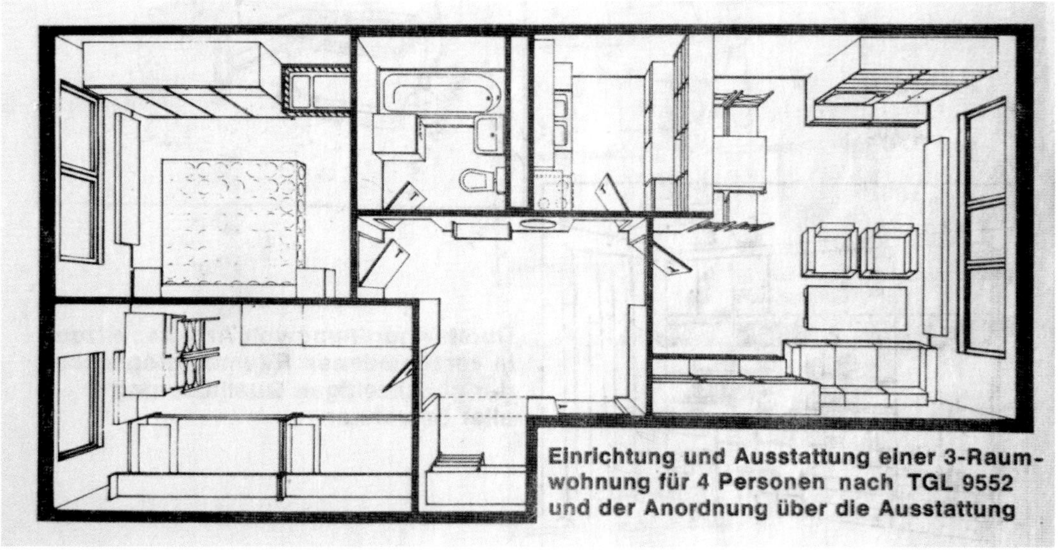

Abb. 6 Typengrundriss WBS 70, Ausstattung einer Dreiraumwohnung

einer Geschosshöhe von 2,80 Metern. Außerdem verwendete man dreischichtige Außenwände mit einer 50 Millimeter dicken Wärmedämmschicht, deren innere Tragschicht für die Längsstabilisierung der Wohngebäude statisch genutzt werden konnte, sodass eine Raumgliederung in Verbindung mit den Decken durch leichte Trennwände möglich war. Der fünfstöckige Wohnblock in der Koszaliner Straße 1/3/5/7 zeigt eine Schwerbetonwetterschale aus Waschbeton und offene Fugen zur Aufnahme der Temperaturausdehnungen in der Wetterschale. An der Wohnraumseite liegen Loggien, vier Eingänge erschließen hier das Haus. Der Wohnblock umfasst vier Segmente mit 40 Wohnungseinheiten, 20 Zweiraum-, vier Dreiraum- und 16 Vierraumwohnungen. Die Wohnungen sind mit innenliegenden Bädern aus vorgefertigten Sanitärraumzellen, außenliegenden kleinen Küchen ausgestattet und einem Wohnraum, der in den größeren Wohnungen durch die Loggia eine Erweiterung erfährt, außerdem mit Schlafzimmer(n) und einem Flurbereich mit Abstellmöglichkeiten. Die im staatlichen Wohnungsbau entwickelten standardisierten Grundrisstypen basierten auf dem Konzept der Kleinfamilie in der Kleinstwohnung mit einer eindeutigen Nutzungszuweisung der Räume und entsprechend den notwendigen Möbelstellflächen und den Bewegungsabläufen beim Wohnen.[6] Das Grundrisskonzept war von baulich-ökonomischen und politisch-administrativen Maßnahmen bestimmt, nicht von sozialen und psychischen Bedürfnissen der Bewohner.

Der einheitliche Wohnungstyp der WBS 70 wurde als einer entwickelten sozialistischen Gesellschaft adäquates Wohnmodell propagandistisch aufbereitet und die Entdifferenzierung und Reduzierung der Wohnbedürfnisse als Fortschritt dargestellt.[7] Inzwischen wird das so prägende Bild der gestalterisch monotonen Plattenbauweise in der DDR vielerorts durch ein anderes Bild ersetzt. Moderne Dämmsysteme in bunten Farben verkleiden die Fassaden, sodass die Montagebauweise nicht mehr sichtbar ist. Der Neubrandenburger Pionier des Typs WBS 70 ist nach einer denkmalgerechten Sanierung in seinem Umfeld inzwischen der einzige, der unverfälscht den Wohnungsbau der ehemaligen DDR repräsentiert. Hier kann man noch das Bauen und Wohnen in der »Platte« in Reinform erleben.

Beatrix Dräger-Kneißl

1 Brigitte Reimann: Franziska Linkerhand, 1974 posthum erschienen, 13. Auflage, Berlin 2013, S. 143–144.

2 Christine Hannemann: Die Platte. Industrialisierter Wohnungsbau in der DDR, Berlin 2000, S. 101; Harald Engler: Wilfried Stallknecht und das industrielle Bauen. Ein Architektenleben in der DDR, Berlin 2014, S. 93.

3 Schriftenreihe der Bauforschung. Reihe Wohn- und Gesellschaftsbauten, Bd. 25, Wohnungsbauserie 70. Ersteinführung in Neubrandenburg, hrsg. von der Bauakademie der DDR, Berlin 1974, S. 6.

4 Schriftenreihe der Bauforschung (wie Anm. 3), S. 6.

5 Jörg Kirchner: Kurze Geschichte der Architektur im Norden der DDR, in: Alles Platte?, hrsg. von der Abt. Landesdenkmalpflege im Landesamt für Kultur und Denkmalpflege Mecklenburg-Vorpommern durch Dirk Handorf und Jörg Kirchner, Berlin 2018, S. 40.

6 Hannemann (wie Anm. 2), S. 105.

7 Hannemann (wie Anm. 2), S. 100; Schriftenreihe der Bauforschung. Reihe Wohn- und Gesellschaftsbauten, Bd. 13, Wohnungsbauserie 70, hrsg. von der Deutschen Bauakademie Berlin, Berlin 1972, S. 30.

Experimentierfeld Wohnen

Wohnanlage

Genter Straße 13 / 13 a–f
München
Bayern

Architekt: Otto Steidle
Bauzeit: 1969–71

In der Genter Straße in München startete der Architekt Otto Steidle 1969 einen Versuchsfall zum Wohnen: Mit bisher nicht für den Wohnungsbau eingesetzten Materialien und mit Beteiligung der künftigen Bewohner gelang ihm eine sehr ungewöhnliche Häusergruppe, die sich zudem den sich verändernden Rahmenbedingungen der Nutzer anpassen sollte.

Die Wohnanlage an der Genter Straße in München-Schwabing war eine Neuerung des Architekten Otto Steidle für den Wohnhausbau am Ende der 1960er Jahre. Die aus sechs Reihenhäusern bestehende Gruppe ist aus vorgefertigten Bauteilen zusammengesetzt, die in diesen Jahren üblicherweise im Industriebau Verwendung fanden. Zudem sollten die Bauten eine gewisse Variabilität in der Raumanordnung ermöglichen. Steidle griff hierzu Ideen des Strukturalismus auf, einer damals noch jungen Strömung der Architektur. Auch bezog er die künftigen Bewohner in die Planung mit ein und berücksichtigte deren Wünsche und Anforderungen im Sinne des partizipativen Bauens.

Die Wohnanlage liegt in einer ruhigen Wohngegend im nördlichen Schwabing, zwischen Englischem Garten und Nordfriedhof.[1] Die umliegende Bebauung ist gekennzeichnet durch meist zweigeschossige Wohnhausbauten mit großzügiger Begrünung. Errichtet wurde die Reihenhausgruppe zwischen 1969 und 1971. Mitarbeiter von Otto Steidle an diesem Projekt waren Ralph und Doris Thut. Es folgten in unmittelbarer Nachbarschaft des Gebäudes in den Jahren 1972–74 und 1974–76 noch zwei weitere Baugruppen, ebenfalls nach Entwurf von Steidle.[2]

Die Hausgruppe ist ein sechsteiliger Flachdachbau, der aus einem Stahlbetongrundgerüst besteht, das sichtbar belassen ist und somit die

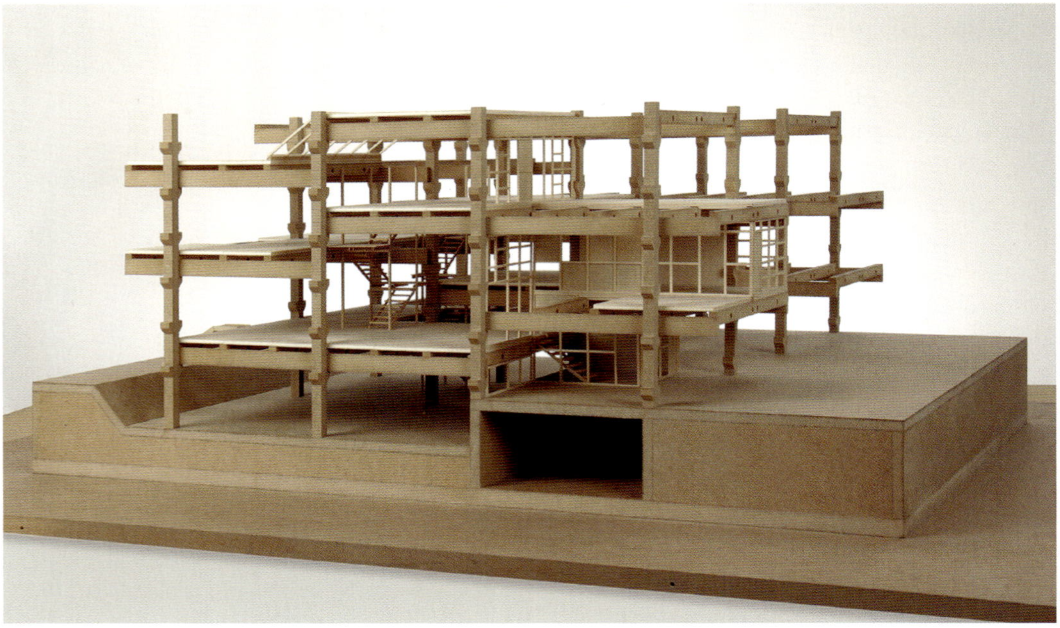

Abb. 1 Modell, Maßstab 1:33 1/3, Architekturmuseum der TU München, 2002

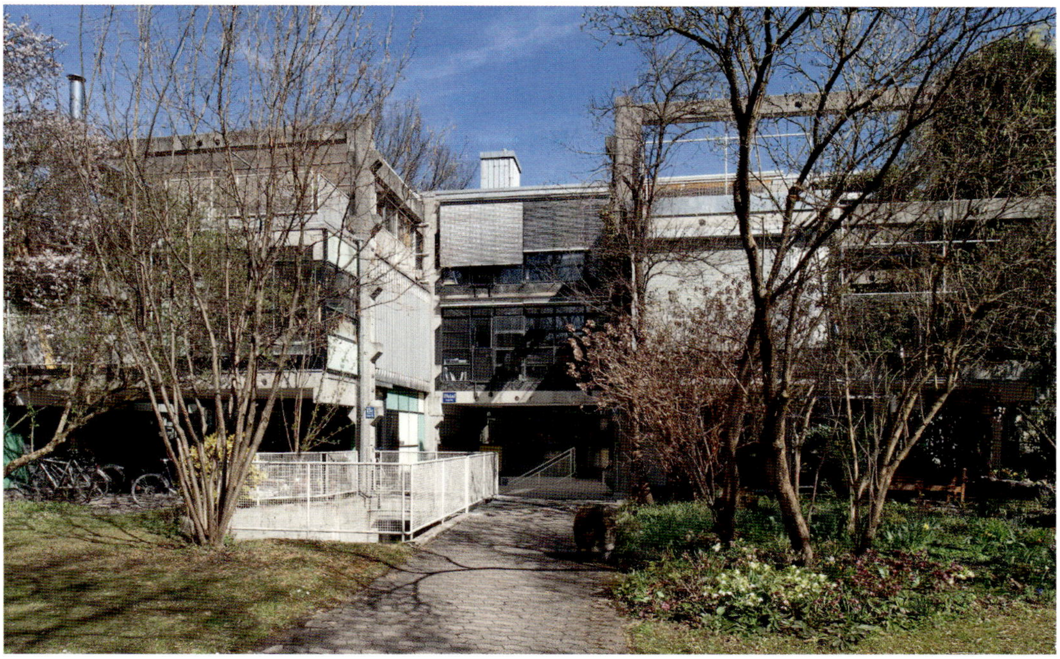

Abb. 2 Außenansicht

Struktur des Bauwerks ablesbar macht. Es handelt sich bei fast allen verwendeten Bauteilen um vorgefertigte Elemente. Die Grundlage bilden Stahlbetonstützen mit Konsolträgern, die im Abstand von 7,20 Metern senkrecht in den Boden eingegossen wurden.[3] Auf den Konsolen, die jeweils im Abstand einer halben Geschosshöhe angebracht sind, liegen die teils weit auskragenden Längsträger auf, die wiederum die Querträger tragen. Zusätzlich wird das Gerüst durch sechs senkrechte Installations- und Versorgungsschächte aus Ortbeton im Zentrum der Anlage ausgesteift. In dieses Stahlbetongerüst sind nun entsprechend den Wünschen und Bedürfnissen der Bewohner die Wohnräume und Terrassen eingesetzt. Dabei können die Geschosshöhen ebenso variieren wie die Größe und Anordnung der Räume. Aluspundwände, farbige Paneele und Stahlfensterelemente, meist seriell hergestellte Schaufenster, bilden die Außenhaut des Bauwerks. Der Zugang zu den Wohnungen außen und die Erschließung der Räume im Inneren erfolgt über versetzbare Stahltreppen. Zur Trennung der Räume und der Wohneinheiten voneinander wurden Gipskartonwände eingesetzt. Neben einer Tiefgarage ist auch ein Souterrain vorhanden, das ebenfalls als Wohnraum genutzt werden kann und wo sich ursprünglich ein Schwimmbad befand.

Die Wohnanlage von Otto Steidle ist der erste Bau in Bayern, der von den Ideen und Grundsätzen des Strukturalismus geprägt ist.[4] Der ursprünglich in der Linguistik entwickelte strukturalistische Ansatz wurde in der Nachkriegszeit als wissenschaftliche Methode in die Anthropologie und andere Humanwissenschaften eingeführt. Als Strömung in der Architektur und dem Städtebau kam der Strukturalismus gegen Ende der 1950er Jahre als Reaktion auf den von der Architektenvereinigung CIAM geforderten Rationalismus auf. Architekten wie der Niederländer Aldo van Eyck und die Gruppe Team X gelten als Initiatoren und Protagonisten dieser neuen Strömung. Entgegen der bisher von der CIAM propa-

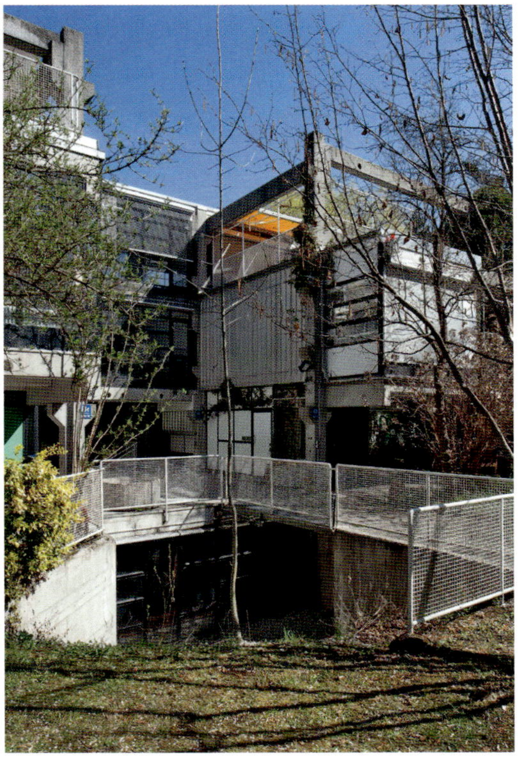

Abb. 3 Außenfassadengestaltung

Abb. 4 Isometrische Darstellung einer Wohnung mit Erschließung

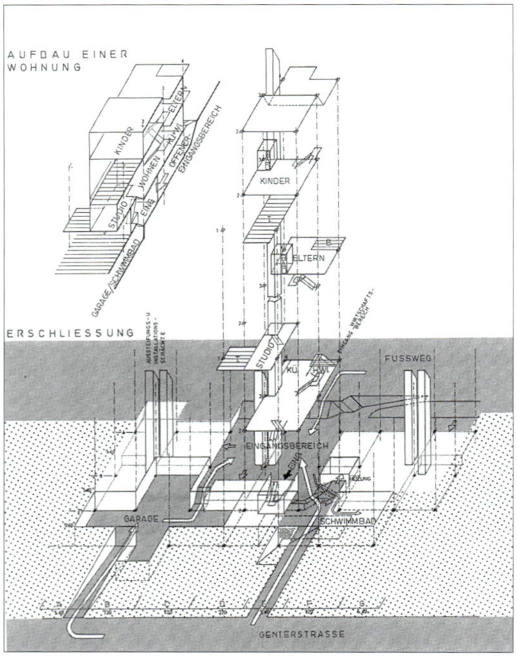

gierten rationalen Unterteilung der Stadt nach Funktionsbereichen wie Wohnen, Arbeit, Erholung und Verkehr forderten die Strukturalisten ein gemeinschaftliches und durchmischtes Stadt- und Wohnumfeld, das ein Gleichgewicht zwischen Öffentlichkeit und Privatheit herstellen sollte. Merkmale strukturalistischer Formfindung sind Raster, Modul, Zelle und Vorfabrikation, die eine schnelle und vor allem veränderbare Konstruktion ermöglichen.

Die Veränderbarkeit und Anpassungsfähigkeit der Bauten an die individuellen Bedürfnisse und Wohnverhältnisse der Bewohner war ein wichtiges Kriterium für die Strukturalisten und ist auch bei der Wohnanlage in der Genter Straße von entscheidender Bedeutung. Auch die Ablesbarkeit des konstruktiven Gerüstes als ein Grundprinzip des Strukturalismus ist hier sehr anschaulich.

Durch das Fehlen einer Einfriedung des gesamten Areals und durch die gemeinschaftliche Nutzung der zugehörigen Grünanlage durch alle Bewohner bleibt die Wohnanlage für die Öffentlichkeit zumindest theoretisch zugänglich. Dieses Zusammenspiel von privatem, halböffentlichem und öffentlichem Raum ist charakteristisch auch für spätere Bauten des Architekturbüros Steidle.

Im Vordergrund der Architektur Otto Steidles steht, geprägt von den Idealen der 68er-Generation, eine Bauform, bei der sich Flexibilität und Nutzung von vorgefertigten Elementen mit neuen Formen des Wohnens und Lebens verbinden ließen. Den Bewohnern sollte eine offene Struktur gegeben werden, in der sie sich individuell einrichten konnten, angepasst an den Lebenszyklus und eine sich verändernde Umwelt. Die Bauanlage ist ein herausragendes Beispiel für eine Systembauweise mit hohem Maß an gestalterischer Variabilität und Anpassungsfähigkeit.

Otto Steidle hat schon während des Entwurfsprozesses die zukünftigen Bewohner einbezogen und ihre Wünsche und Wohnvorstellungen zu berücksichtigen versucht. Die Wohnanlage Genter Straße ist somit ein frühes Beispiel für die

Abb. 6 Innenansicht mit sichtbar verwendeten Fertigbauteilen

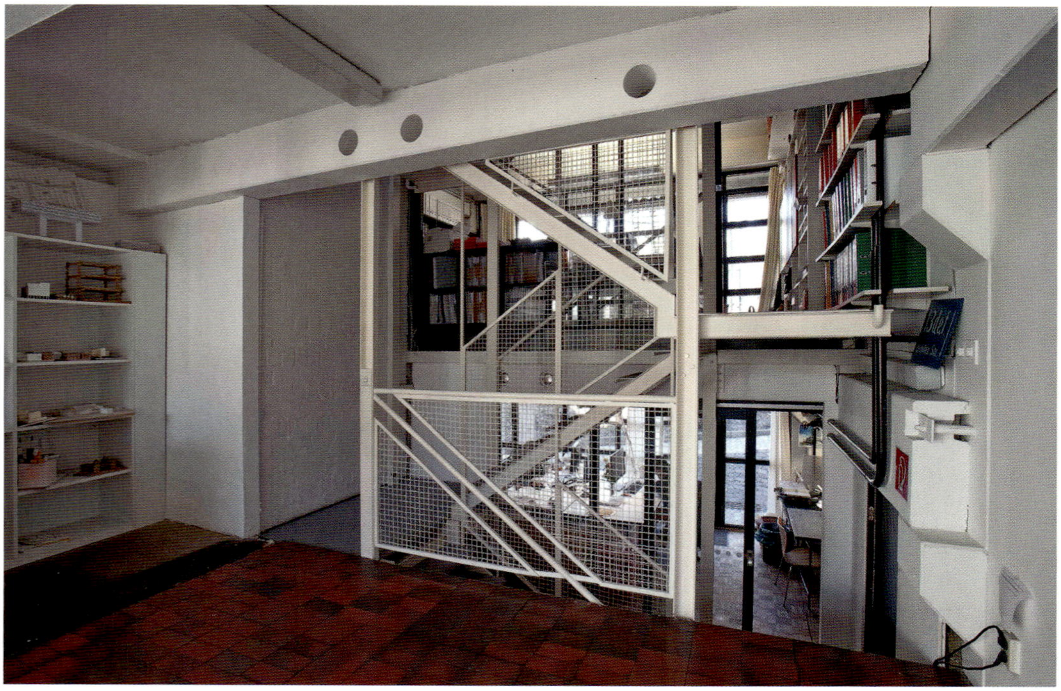

auch in der Folge immer wieder eingeforderte Beteiligung von Nutzern in die Planung ihres Wohnens, was eine der wesentlichen Forderungen des Strukturalismus ist. Die angebotene Variabilität wurde zwar kaum genutzt[5], war aber ebenfalls eine der zentralen Anforderungen des Strukturalismus. Darüber hinaus ist die Anlage ein wichtiges Beispiel für den Stahlbeton-Fertigteilsystembau im Wohnhausbau.

Burkhard Körner

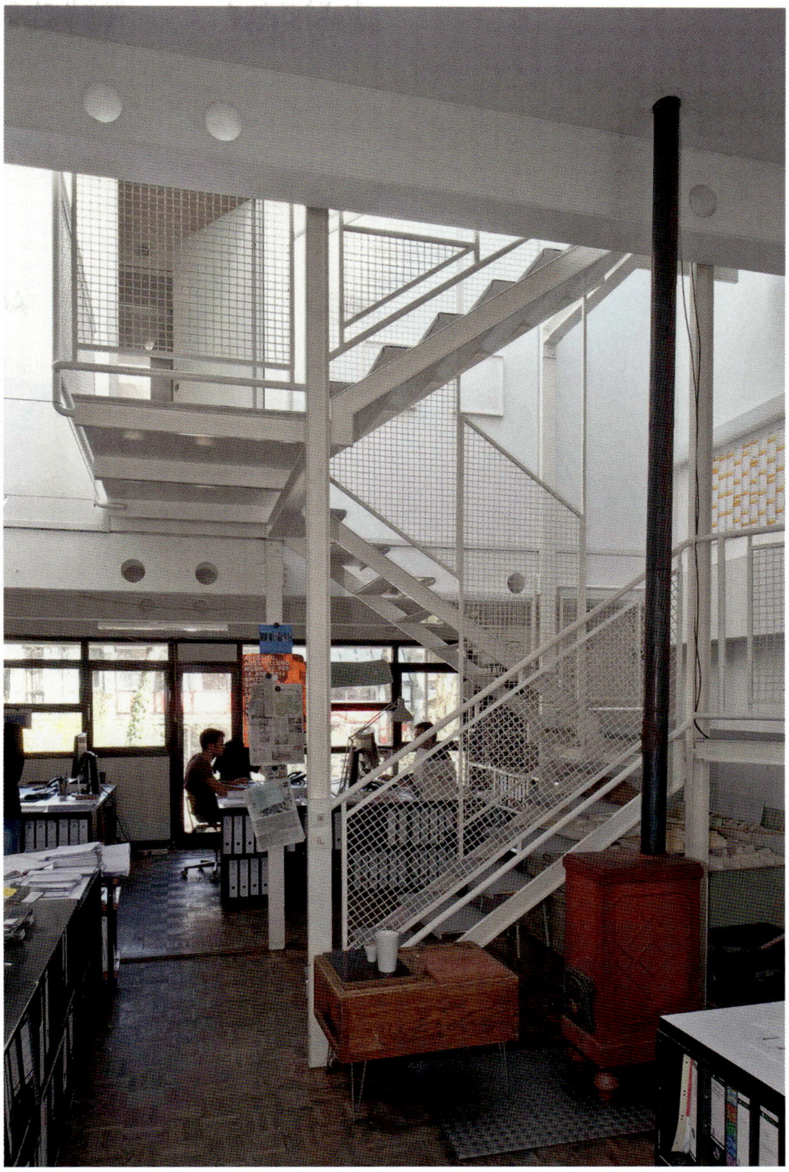

Abb. 6 Innenansicht einer Wohnung mit Treppe über 1,5 Geschosse

1 Zur Wohnanlage Genter Straße 13 siehe u. a. (chronologisch): Ein Versuchsbau mit flexiblen Wohnbereichen in München, in: Bauwelt, Nr. 1/2, 1972, S. 17–20; Otto Steidles vorfabrizierter Wohnungsbau in München, in: Baumeister 5/1972, S. 528; Habitations flexibles à Munich, in: Architecture d'aujourd'hui, April/Mai, 1972, S. 34–37; Otto Steidle, Gerhard Ullmann: Stadthäuser aus industriell hergestellten Teilen, in: Deutsche Bauzeitung, Nr. 1, 1980, S. 9–20; Gerhard Ullmann: Frühes Wohnbauexperiment. Wohnanlage in der Genter Straße in München, in: Wilfried Dechau (Hrsg.): ... in die Jahre gekommen. Wohnungsbauten von gestern heute gesehen, Stuttgart 1996, S. 53–61; Jean Wolfgang Stock: Was wurde aus ... Otto Steidles vorfabriziertem Wohnungsbau in München, in: Baumeister, Nr. 1, 2003, S. 18; Roland Krippner: Wohnanlage Genter Straße München, in: Winfried Nerdinger (Hrsg.): Exemplarisch. Konstruktion und Raum in der Architektur des 20. Jahrhunderts, München u. a. 2002, S. 110–113; Roland Krippner: Stahlbeton-Fertigteilsystem, in: Winfried Nerdinger (Hrsg.): Wendepunkt/e im Bauen. Von der seriellen zur digitalen Architektur, München 2010, S. 138f.

2 Zu Otto Steidle und seinem Werk siehe: Winfried Nerdinger (Hrsg.): Otto Steidle. Land Stadt Haus, Salzburg, München 2004.

3 Zur Konstruktion und Bauweise siehe: Bauakt Genter Straße 13 (mit 13 a–f), Landeshauptstadt München, Lokalbaukommission; Baubeschreibung Objekt: Genter Straße 13, Archiv Büro Otto Steidle.

4 Siehe hierzu: Michael Hecker: structurel/structural. Einfluss »strukturalistischer« Theorien auf die Entwicklung architektonischer und städtebaulicher Ordnungs- und Gestaltungsprinzipien in West-Deutschland im Zeitraum von 1959–1975. Unter besonderer Berücksichtigung städtebaulicher und gebäudekundlicher Aspekte. Diss. Universität Stuttgart, 2001 (Archiv Büro Otto Steidle); Hermann Hertzberger: Architecture and Structuralism – The Ordering of Space, Rotterdam 2015.

5 Siehe: Bauakt Genter Straße 13 (mit 13 a–f), Landeshauptstadt München, Lokalbaukommission: Enthält einen Plan zur Anlage einer Einliegerwohnung in Genter Straße 13d von 1976; siehe auch: BDA Bayern (Hrsg. Architekturführer Bayern. Bearb. v. Walter und Bea Betz, München 1985, S. 75; Winfried Nerdinger, Cornelius Tafel: Architekturführer Deutschland 20. Jahrhundert, Basel, Berlin, Boston 1996, S. 466.

Anhang

Auswahlbibliografie

Holger Barth (Hrsg.): Projekt Sozialistische Stadt. Beiträge zur Bau- und Planungsgeschichte der DDR, Berlin 1998

Karen Beckmann: Urbanität durch Dichte? Geschichte und Gegenwart der Großwohnkomplexe der 1970er Jahre, Bielefeld 2015

Adrian von Buttlar, Christoph Heuter (Hrsg.): denkmal!moderne – Architektur der 60er Jahre, Wiederentdeckung einer Epoche, Berlin 2007

Werner Durth, Paul Sigel: Baukultur. Spiegel gesellschaftlichen Wandels, 3 Bde., 2. Auflage, Berlin 2016

Jörn Düwel, Niels Gutschow: Städtebau in Deutschland im 20. Jahrhundert: Ideen – Projekte – Akteure, Berlin, Stuttgart 2005

Oliver Elser, Philip Kurz, Peter Cochola Schmal (Hrsg.): SOS Brutalismus. Eine internationale Bestandsaufnahme, Zürich 2017

Mark Escherich (Hrsg.): Denkmal Ost-Moderne: Aneignung und Erhaltung des baulichen Erbes der Nachkriegsmoderne. Symposium der Professur Denkmalpflege und Baugeschichte am 28. und 29. Januar 2012 in Weimar (Stadtentwicklung und Denkmalpflege, Bd. 16), Berlin 2012

Mark Escherich (Hrsg.): Ost-Moderne II: denkmalpflegerische Praxis der Nachkriegsmoderne: Dokumentation der gemeinsamen Tagung der Bauhaus-Universität Weimar, Professur Denkmalpflege und Baugeschichte, und der Wüstenrot Stiftung, Ludwigsburg, vom 31. Januar und 1. Februar 2014, Berlin 2016

Ingeborg Flagge (Hrsg.): 1945 bis heute. Aufbau-Neubau-Umbau (Geschichte des Wohnens, Bd. 5), Ludwigsburg, Stuttgart 1999

Ingeborg Flagge, Romana Schneider (Hrsg): Die Revision der Postmoderne. Post-modernism revisited (Ausst.-Kat. Frankfurt am Main), Hamburg 2004

Frank Eckhardt u. a. (Hrsg.): Welche Denkmale welcher Moderne? Zum Umgang mit Bauten der 1960er und 70er Jahre, Berlin 2017

Karin Hopfner, Christina Simon-Philipp, Claus Wolf (Hrsg.) u. a.: größer höher dichter. Wohnen in Siedlungen der 1960er und 1970er Jahre in der Region Stuttgart, Stuttgart 2012

Norbert Huse: Geschichte der Architektur im 20. Jahrhundert, München 2008

Vittorio Magnago-Lampugnani, Wolfgang Nagel (Hrsg.): Deutsche Architektur im 20. Jahrhundert, Berlin 2000

Ralf Lange: Architektur und Städtebau der Sechziger Jahre. Planen und Bauen in der Bundesrepublik Deutschland von 1960 bis 1975 (Schriftenreihe des Deutschen Nationalkomitees für Denkmalschutz, Bd. 65), Bonn 2003

Joachim Palutzki: Architektur in der DDR, Berlin 2000

Wolfgang Pehnt: Deutsche Architektur seit 1900, Ludwigsburg, München 2005

Register der Architekt*innen und Gartenarchitekt*innen

Abbildungsverweise sind **fett** hervorgehoben.

Abbildungsnachweis

Vorwort, S. 8–9
Abb. 1: Detlef Knipping

Moderne bewerten!, S. 10–15
Abb. 1: Detlef Knipping | Abb. 2: Michael Forstner (BLfD) | Abb. 3: Holger Ullmann, Frankfurt am Main | Abb. 4: Getty Images

Ein Haus mit Hang zur Moderne, S. 18–21
Abb. 1–7: Heiner Leiska, Seestermühle

Würfelträume eines Städtebauers, S. 22–25
Abb. 1–4: Wendelin Seebacher, Bremen | Abb. 5–7: Senator für Umwelt, Bau und Verkehr Bremen, Fachbereich Bau und Stadtentwicklung, Service Center Bau (Aktenarchiv): Bauakte

Ein Bungalow im Sozialismus, S. 26–29
Abb. 1: Stadtarchiv Dresden, 10, Bau- und Grundstücksakten Nr. 46434 | Abb. 2: Landesamt für Denkmalpflege Sachsen, Michael Müller | Abb. 3: Landesamt für Denkmalpflege Sachsen, Wolfgang Junius

Zwischen Tradition und Moderne, S. 30–33
Abb. 1, 4, 5: Rainer Müller, TLDA Erfurt | Abb. 2, 3: BAA Weimar

Vom Heimatstil zum Brutalismus – eine Architektenvilla am Ammersee, S. 34–37
Abb. 1, 4, 5: Hubert Michel, Privatsammlung | Abb. 2, 3, 6: Michael Forstner, BLfD

Innen ist außen und außen ist innen, S. 38–41
Abb. 1, 2: Landesdenkmalamt Saarland, Kristine Marschall | Abb. 3: Marlen Dittmann: Karl Hanus, Bauten und Projekte 1957–1993, Dillingen 1994, S. 75.

Konsequent modern wohnen, S. 42–45
Abb. 1: db Deutsche Bauzeitung, 8/1965, S. 641. | Abb. 2, 3: Stadt Ahlen, Bauakten | Abb. 4–9: LWL-Denkmalpflege, Landschafts- und Baukultur in Westfalen, Nieland

Betonsolitär im Steinbruch, S. 46–49
Abb. 1–3, 5, 6: Landesdenkmalamt Saarland, Kristine Marschall | Abb. 4: Peter Lüth

Extravaganz mit Maß und Ziel, S. 50–53
Abb. 1–6: Sabine Ganczarsky, Denkmalschutzamt Hamburg

Postmoderne in Arkadien, S. 54–57
Abb. 1, 5, 6: GDKE, Direktion Landesdenkmalpflege, Mainz, Leonie Köhren | Abb. 2–4: UAA Ungers Archiv für Architekturwissenschaft, Köln (Abb. 3: Stefan Müller)

Modern in Lübeck, S. 58–61
Abb. 1: Wojtkiewicz, Abt. Denkmalpflege der Hansestadt Lübeck | Abb. 2, 4–6: Ursula Dannien, 1970 | Abb. 3: Archiv, Bauordnungsbehörde Hansestadt Lübeck

»Wandlitz« – Wohnen im Kollektiv, S. 64–67
Abb. 1: BStU: MfS-HA-PS-Fo-0116-Bild-0013 | Abb. 2: ADN / Zimmermann, dpa-Report, Nr. 7075711 | Abb. 3: BStU: MfS-HA-PS-12257-Blatt-0003, Kartenbearbeitung: Kerstin Scholz | Abb. 4, 5: Anke Jeserigk, BLDAM, Messbildarchiv/Sammlungen | Abb. 6: BStU: MfS-SHB-5861-0041

Transparentes Wohnen am Rhein, S. 68–71
Abb. 1, 3, 5: LVR-ADR, Jann Höfer, 2010 | Abb. 2: Repro aus: Hans Wichmann: Sep Ruf, 1986, S. 123 | Abb. 4, 6, 7: Jürgen Gregori, 2006

Wohnen auf höchstem Niveau, S. 74–77
Abb. 1: LVR-ADR, Martha Berens, 2018 | Abb. 2, 4–6: LVR-ADR, Silvia Margrit Wolf, 2013 | Abb. 3: Repro aus: Bauwelt, Jg. 61, H. 50, 1970, S. 1984.

Steiler Zahn am Hauptbahnhof, S. 78–81
Abb. 1–3: Thomas Noack, Leipzig

Hoch hinaus für jedermann, S. 82–85
Abb. 1, 4: Bauarchiv Stadt Gera, Hausakte (Scans Stadtverwaltung Gera) | Abb. 2, 3, 5, 6: Werner Streitberger, TLDA Erfurt

Dancing Queens, S. 86–89
Abb. 1–5: Landesamt für Denkmalpflege Baden-Württemberg (Abb. 1, 2: Otto Braasch, Abb. 3–5: Edeltrud Geiger-Schmidt) | Abb. 6: Hochschule für Technik Stuttgart, Karin Hopfner

Bewegte Zeiten für den Brutalismus, S. 90–93
Abb. 1, 4: Michael Forstner, BLfD | Abb. 2, 5: Baufinanz Dr. Bullmer & Rüttenauer GmbH & Co. KG: Projekt Orpheus München-Schwabing (Verkaufsbroschüre), München 1971, S. 5 | Abb. 3, 6: Burkhard Körner, BLfD

Topografie in Schwarz-Weiß, S. 96–99
Abb. 1, 3–6: Landesamt für Denkmalpflege Baden-Württemberg, Felix Pilz | Abb. 2: Hochschule für Technik Stuttgart, Karin Hopfner

Hängende Gärten für Wissenschaftler, S. 100–103
Abb. 1, 3, 4: Michael Forstner, BLfD | Abb. 2: München und seine Bauten, München 1984, S. 308. | Abb. 5, 6: Greater London Council, Photographic Unit Department of Architecture & Civic Design

Häuser, wie gewebt, S. 104–107
Abb. 1–8: LWL-Denkmalpflege, Landschafts- und Baukultur in Westfalen (Abb. 1: Archiv, Abb. 2, 3: Huyer, Abb. 4–8: Nieland)

Spiderleg in Quickborn, S. 108–111
Abb. 1, 2: Verkaufsprospekt der BEWO-BAU 1963 | Abb. 3: Rita und Werner Baark, Quickborn | Abb. 4: Eva von Engelberg-Dočkal | Abb. 5–8: Cornelia Fehre, LDSH

Kalifornische Moderne in Rheinland-Pfalz, S. 112–115
Abb. 1–3, 5, 6: GDKE, Direktion Landesdenkmalpflege, Mainz (Abb. 2, 3, 5, 6: Dieter Krienke) | Abb. 4: Arne Schacht

Vernetztes Wohnen, S. 116–119
Abb. 1, 2: Bahlo, Köhnke, Stosberg & Partner: Bauen an einem Ort, Hannover 1994, S. 163 | Abb. 3, 4, 6: winterfuchs Bauforschung GbR Berlin, 2016 | Abb. 5, 7: Architekten BKSP Hannover, 2018

Glück auf kleinem Stück, S. 120–123
Abb. 1: Digitale Topographische Karte 1:5.000 (DTK5), Ausschnitt | Abb. 2: Denkmalbuchakte LDSH | Abb. 3–6: LDSH

Alternativ und innovativ, S. 124–127
Abb. 1: Archiv M. Grohe, Kirchentellinsfurt | Abb. 2, 4–6: Landesamt für Denk-

malpflege Baden-Württemberg, Felix Pilz | Abb. 3: Planungsgruppe Schafbrühl, Tübingen

Wider die Monotonie – Wohnen und die documenta, S. 128–131

Abb. 1: Repro aus: Kassels »Schöne Aussicht« im Bau – documenta urbana, Themenheft von: Stadt – Monatshefte für Wohnungs- und Städtebau, hrsg. vom Vorstand der Unternehmensgruppe Neue Heimat, Heft 8, 1982, S. 3 | Abb. 2–7: Thomas Wiegand, Kassel

Zwischen Stadtlandschaft und Urbanität, S. 134–137

Abb. 1: Stadt Wolfsburg, Institut für Zeitgeschichte und Stadtpräsentation | Abb. 2, 4: Maja Albert | Abb. 3: Ulrich Knufinke | Abb. 5, 6: Robert Lebeck, 1968 (Archiv Robert Lebeck, Berlin)

Eine Mustersiedlung in Ost-Berlin, S. 138–141

Abb. 1–6: Landesdenkmalamt Berlin (Abb. 1, 3: Bernhard Kohlenbach, Abb. 2, 4, 6: Archiv, Abb. 5: Wolfgang Bittner)

Wohnen über der Autobahn, S. 142–145

Abb. 1: Alfred Englert | Abb. 2–5: Landesdenkmalamt Berlin (Abb. 2, 3, 5: Archiv, Abb. 4: Wolfgang Bittner)

WBR SL 3600 – ein Denkmal?, S. 146–149

Abb. 1: IRS Erkner, Wiss. Sammlung, D1-24-19-233-82 | Abb. 2: IRS Erkner, Wiss. Sammlung, D1-5-B10-003 | Abb. 3: Entwerfen im System, Ausstellungskatalog (vgl. Anm. 3), S. 34 | Abb. 4–6: Anke Jeserigk, BLDAM, Messbildarchiv/Sammlungen | Abb. 7: IRS Erkner, Wiss. Sammlung, D1-5-B10-008 | Abb. 8: IRS Erkner, Wiss. Sammlung, D1-5-B10-010

Skulpturaler Brutalismus als soziale Stadt, S. 150–153

Abb. 1, 3–6: LVR-ADR, Vanessa Lange, 2017 | Abb. 2: https://www.geoportal.nrw/ (18.02.2019) – Bearbeitung durch LVR-ADR, Ulrich Jacobs

Stadtreparatur mit Steinen statt mit Klötzen, S. 156–159

Abb. 1: Stadt Karlsruhe und Neue Heimat Baden-Württemberg als Sanierungstreuhänderin (Hrsg.): Altstadtsanierung »Dörfle« Karlsruhe. Eine neue Perspektive für das Wohnen in der Stadt – 12 Häuser am Waldhornplatz (Faltmappe mit 12 Plänen. Perspektivzeichnung und Isometrie: Christoph Satter) o. O. 1980 | Abb. 2, 5: Clemens Kieser, LAD BW | Abb. 3, 4, 6: Bernd Hausner, LAD BW

Frankfurts Strada Novissima, S. 160–163

Abb. 1–5: Christine Krienke, Landesamt für Denkmalpflege Hessen

Die Altstadt wird postmodern, S. 164–167

Abb. 1–6: Landesamt für Denkmalpflege Bremen | Abb. 7: b.zb Bremer Zentrum für Baukultur | Abb. 8, 9: b.zb Bremer Zentrum für Baukultur

So würde Feininger den Roten Turm heute sehen, S. 168–171

Abb. 1–5: Landesamt für Denkmalpflege und Archäologie Sachsen-Anhalt, Mario Titze

Neuer Nachbar am Markt, S. 172–175

Abb. 1, 2, 6–8: LWL-Denkmalpflege, Landschafts- und Baukultur in Westfalen (Abb. 1, 2: Bildarchiv, Abb. 6: Korn, Abb. 7: Prüßner, Abb. 8, 9: Herden-Hubertus | Abb. 3: Nicole Ellerbrake, Lemgo | Abb. 4: J. W. Hollatz: Der Deubau-Preis 1977, hrsg. v. Ausstellungs- und Messe-GmbH Essen, Essen o. J. [1977], S. 6. | Abb. 5: Bauwelt, 89, Heft 6, 1978, S. 210f.

Mehr Platte wagen, S. 176–179

Abb. 1–3: Landesamt für Kultur und Denkmalpflege Mecklenburg-Vorpommern, Achim Bötefür | Abb. 4: Amt für Kultur und Denkmalpflege Rostock | Abb. 5, 6: Stadtarchiv Rostock

Kritische Stadtrekonstruktion – Internationale Bauausstellung 1987 (IBA 87), S. 180–183

Abb. 1–6: Archiv Landesdenkmalamt Berlin (Abb. 1, 2: Archiv, Abb. 3–6: Wolfgang Bittner)

Platte in Barock, S. 184–187

Abb. 1–4: Thomas Noack

»Das ist unser Haus ...«, S. 188–191

Abb. 1: Staatsarchiv Hamburg, 720-1/343-1/5908_33a | Abb. 2: Ottmar Landt, Staatsarchiv Hamburg, 720-1/343-1/C3805_18 | Abb.3, 5: Stefan Kleineschulte, Denkmalschutzamt Hamburg | Abb. 4: Dirk Ingo Franke

Poppiges Plastikhaus, S. 194–197

Abb. 1–6: Werbebroschüre »Kunststoffhaus fg 2000«, Wolfgang Feierbach. Kunststofftechnik, Altenstadt 1970 | Abb. 7: Landesamt für Denkmalpflege, Mareike Göddel

Ein echtes Unikat, S. 198–201

Abb. 1–5: Niedersächsisches Landesamt für Denkmalpflege, Carina Wehrstedt

Das Barbapapa-Haus, S. 202–205

Abb. 1, 2, 4–6: Landesamt für Denkmalpflege Baden-Württemberg, Felix Pilz | Abb. 3: Privatarchiv Michael Balz, Leinfelden-Echterdingen

Von Burgen und Beton, S. 206–209

Abb. 1, 2, 6–8 : Archiv Schweger | Abb. 3–5: Stefan Kleineschulte, Denkmalschutzamt Hamburg

Universell, sparsam und effektiv, S. 210–213

Abb. 1, 3, 4: Landesamt für Kultur und Denkmalpflege Mecklenburg-Vorpommern, Achim Bötefür | Abb. 2: Leitfaden für die Instandsetzung und Modernisierung von Wohngebäuden in der Plattenbauserie. Wohnungsbauserie 70-WBS 70, 6,3t, hrsg. vom Bundesministerium für Raumordnung, Bauwesen und Städtebau, Stuttgart 1997, S. 35. | Abb. 5, 6: Schriftenreihen der Bauforschung, Reihe Wohn- und Gesellschaftsbauten, Bd. 13, Wohnungsbauserie 70, hrsg. Deutsche Bauakademie Berlin, Berlin 1972, S. 27, 29.

Experimentierfeld Wohnen, S. 214–217

Abb. 1, 5: Architekturmuseum der TU München | Abb. 2–4, 6: Michael Forstner, BLfD

Impressum

Herausgeber: Vereinigung der Landesdenkmalpfleger in der Bundesrepublik Deutschland (VDL)
Idee, Konzeption und Redaktion: Martin Hahn, Clemens Kieser, Stefan Kleineschulte, Detlef Knipping
Bearbeitung: AG Inventarisation der VDL, 2019: Baden-Württemberg – Martin Hahn, Clemens Kieser | Bayern – Detlef Knipping (Sprecher) | Berlin – Sabine Schulte | Brandenburg – Christine Onnen | Bremen – Rolf Kirsch | Hamburg – Astrid Hansen, Stefan Kleineschulte | Hessen – Hanna Dornieden, Sandra Kress | Lübeck – Annegret Möhlenkamp | Mecklenburg-Vorpommern – Beatrix Draeger-Kneißl | Niedersachsen – Jan Lubitz | Rheinland – Helmtrud Köhren-Jansen | Rheinland-Pfalz – Leonie Köhren, Dieter Krienke | Saarland – Kristine Marschall | Sachsen – Michael Müller | Sachsen-Anhalt – Mario Titze | Schleswig-Holstein – Bastian Müller | Thüringen – Nicola Damrich | Westfalen – Michael Huyer sowie Hannover – Sonja Olschner | Österreich – Paul Mahringer
Redaktion: Helmtrud Köhren-Jansen, Dieter Krienke, Paul Mahringer, Kristine Marschall
Lektorat: Andrea Nabert, Leipzig
Gestaltung, Layout und Satz: Edgar Endl, bookwise medienproduktion gmbh, München
Corporate Design VdL: Schwerdtfeger & Vogt GmbH, Münster

Gedruckt in der Europäischen Union

Deutscher Kunstverlag GmbH Berlin München
Lützowstraße 33
10785 Berlin
www.deutscherkunstverlag.de

Ein Unternehmen der Walter de Gruyter GmbH Berlin Boston
www.degruyter.com

Bibliografische Information der Deutschen Nationalbibliothek
Die Deutsche Nationalbibliothek verzeichnet diese Publikation in der Deutschen Nationalbibliografie; detaillierte bibliografische Daten sind im Internet über http://dnb.dnb.de abrufbar.

ISBN 978-3-422-98154-6

Titelbild und Abb. S. 1: Wohnpark Schlossgut in Hemmingen, vgl. Abb. 5, S. 88
Abb. S. 16: Villa Steinmann in Ahlen, vgl. Abb. 7, S. 45
Abb. S. 62: Kanzlerbungalow in Bonn, vgl. Abb. 7, S. 71
Abb. S. 72: Colonia-Hochhaus in Köln-Riehl, vgl. Abb. 4, S. 76
Abb. S. 94: Siedlung in München-Oberföhring, vgl. Abb. 3, S. 101
Abb. S. 132: Großsiedlung in Köln-Chorweiler, vgl. Abb. 5, S. 152
Abb. S. 154: Wohn- und Geschäftshaus in Rostock, vgl. Abb. 3, S. 177
Abb. S. 192: Wohnhaus Balz in Stetten, vgl. Abb. 2, S. 203